MÉMOIRES

DU MARQUIS DE

BEAUVAIS-NANGIS

PARIS. — IMPRIMERIE DE CH. LAHURE ET Cie
Rue de Fleurus, 9

MÉMOIRES

DU MARQUIS DE

BEAUVAIS-NANGIS

ET JOURNAL DU PROCÈS

DU

MARQUIS DE LA BOULAYE

PUBLIÉS POUR LA PREMIÈRE FOIS

POUR LA SOCIÉTÉ DE L'HISTOIRE DE FRANCE

PAR MM.

MONMERQUÉ ET A. H. TAILLANDIER

A PARIS

CHEZ Mme Ve JULES RENOUARD

LIBRAIRE DE LA SOCIÉTÉ DE L'HISTOIRE DE FRANCE

RUE DE TOURNON, N° 6

M. DCCC. LXII

EXTRAIT DU RÈGLEMENT.

Art. 14. Le Conseil désigne les ouvrages à publier, et choisit les personnes les plus capables d'en préparer et d'en suivre la publication.

Il nomme, pour chaque ouvrage à publier, un Commissaire responsable, chargé d'en surveiller l'exécution.

Le nom de l'Éditeur sera placé à la tête de chaque volume.

Aucun ouvrage ne pourra paraître sous le nom de la Société sans l'autorisation du Conseil, et s'il n'est accompagné d'une déclaration du Commissaire responsable, portant que le travail lui a paru mériter d'être publié.

Le Commissaire responsable soussigné déclare que l'Édition des Mémoires du marquis de Beauvais-Nangis, *préparée par* MM. Monmerqué *et* A. H. Taillandier, *lui a paru digne d'être publiée par la* Société de l'Histoire de France.

Fait à Paris, le 15 mai 1862.

Signé : L. BELLAGUET.

Certifié,

Le Secrétaire de la Société de l'Histoire de France,

J. DESNOYERS.

INTRODUCTION.

I

La *Société de l'Histoire de France* publie enfin un livre qu'elle avait promis depuis longtemps aux membres qui la composent.

Dans sa séance du 1ᵉʳ décembre 1845, le Conseil avait décidé que les *Mémoires* (inédits) *de Nicolas de Brichanteau, marquis de Beauvais-Nangis*, qui lui étaient offerts par notre regrettable et savant confrère, M. Monmerqué, paraîtraient le plus tôt possible, et qu'un autre document, le *Journal du procès du marquis de La Boulaye*, compléterait le volume.

M. Monmerqué prit la peine de copier lui-même les *Mémoires de Beauvais-Nangis*, d'après le manuscrit autographe qu'il avait acquis en 1839, et lorsque ce travail ingrat fut terminé, il le mit sous presse le 1ᵉʳ décembre 1855. En consignant ces dates sur le premier feuillet du manuscrit original, M. Monmerqué ajoute l'aveu suivant avec une piquante franchise : « C'est un peu de ma faute si cette publication a été retardée. » Il faut chercher l'excuse de notre excellent confrère dans le charme plus grand qu'il trouvait à s'occuper de Tallemant des Réaux, dont il préparait une nouvelle édition, et surtout à travailler sans relâche à son œuvre de prédilection, une nouvelle publication des *Lettres de Mme de Sévigné*, à laquelle malheureusement il ne lui a pas été donné de présider.

Quoi qu'il en soit, nous avons fait de notre mieux, pour remplacer M. Monmerqué comme éditeur du présent volume.

Nous dirons d'abord que les six premières feuilles ont été imprimées du vivant de M. Monmerqué, et qu'à peu près toutes les notes de Beauvais-Nangis sont de lui. Nous nous sommes donc borné, en ce qui concerne ce dernier auteur, à revoir le texte sur le manuscrit original que Mme Monmerqué et la famille de notre confrère ont bien voulu nous confier et à y ajouter quelques notes qui nous ont paru indispensables.

Nous ne devons revendiquer pour notre part que la responsabilité du *Journal du procès du marquis de La Boulaye*, dont M. Monmerqué n'avait pas eu le temps de s'occuper, et auquel nous consacrerons plus de détails tout à l'heure.

Disons d'abord quelques mots de la famille de Beauvais-Nangis.

La maison de Brichantel, qui plus tard s'appela de Brichanteau, tirait son origine d'un fief ou hébergement situé en Beauce, et mouvant de la terre de Villiers-le-Morhier, près Maintenon.

Cette famille était fort ancienne, et on en trouve des traces dès l'année 1132[1]. Deux siècles plus tard, en 1331, Jean de Brichantel, écuyer, vivait, avec Mabile, sa femme, dans leur fief de la Beauce. Ils eurent pour fils Jean de Brichantel, qui fit l'aveu de son fief à Philippe Morhier, sire de Villiers, en 1362, et pour petit-fils, Robert de Brichantel, qui fit un aveu semblable, le 5 novembre 1389, à Étienne Morhier, chevalier.

Robert de Brichantel donna le jour à Jean qui vivait en 1440, et qui eut pour fils Charles de Brichanteau, lequel épousa Jeanne de Héméry. De ce mariage, naquit un fils appelé Louis, seigneur de Brichanteau. Il fut marié en secondes noces à Marie de Veres, dame de Beauvoir ou Beauvais-Nangis, la Croix-en-Brie, etc. Elle était fille unique et héritière de Jean de Veres et de Marie de Coustes. C'est ainsi que la terre de Nangis-en-Brie entra dans la famille de Brichanteau.

Louis de Brichanteau et Marie de Veres eurent pour fils Nicolas, né le 30 janvier 1510. C'est l'aïeul de l'auteur des *Mémoires*. Il servit dans la compagnie des ordonnances d'Antoine de Bourbon, duc de Vendôme, depuis roi de Navarre. Il fut aussi gentilhomme de la chambre de Henri II, en 1553, et fut fait chevalier de l'Ordre du Roi, par Charles IX, le jour de Saint-Michel, 1560.

---

[1]. *Additions* de Le Laboureur aux *Mémoires* de Castelnau, édition de 1731, T. II, p. 92. — Le P. Anselme, *Histoire généalogique de la maison de France*, t. VII, p. 888.

Nicolas de Brichanteau avait épousé Jeanne d'Aguerre. Il se retira dans son château de Nangis, après avoir reçu une blessure grave à la bataille de Dreux, et il mourut le 4 septembre 1564. « Il était également sage et vaillant, dit Le Laboureur; il entendait la guerre, et avait avec cela toutes les parties nécessaires à un homme de cour et à un homme ambitieux comme luy. » Il eut à souffrir de l'inimitié que lui portait d'Escars, favori d'Antoine de Bourbon; mais il eut pour soutien le duc de Guise, qui lui fit obtenir un bon accueil à la cour.

Du mariage de Nicolas de Brichanteau avec Jeanne d'Aguerre naquit, le 6 avril 1552, Antoine, père de notre auteur, et dont il est question dans la première partie de ces Mémoires.

Antoine de Brichanteau devint chevalier des Ordres du Roi et amiral de France. Il assista au siége de Mucidan, à la bataille de Moncontour et au siége de Saint-Jean d'Angely. Il accompagna le duc d'Anjou, depuis Henri III, en Pologne.

Sa bravoure le fit nommer par le Roi, malgré sa jeunesse, capitaine des gardes en remplacement de Du Guast, tué le 1er novembre 1575[1]. « Le Roi l'aymoit fort, dit Brantôme, et se fioit en luy, et lequel servit très-bien et fidèlement, et mesme au siége de La Fère et autres. Mais M. d'Espernon venant à estre couronnel, et Beauvais cryant tout haut qu'il ne luy obéyroit

---

1. V. ci-après, p. 16 et 17.

jamais, et qu'il s'estimoit autant que luy, fut défavorisé de son Roy, car il faut ce que le maistre veut, ou du tout quitter, et fut démis de sa charge [1]. »

Antoine de Brichanteau, ou plutôt Beauvais-Nangis, car lui et ses descendants sont plus connus sous ce nom, siégea aux Etats-Généraux de Blois, en 1588, où il représenta la noblesse du bailliage de Melun. Il s'opposa, si on en croit son fils, à l'assassinat du duc de Guise, résolu dans le conseil où il fut appelé par Henri III[2]. Il fut un fidèle appui de la cause de Henri IV, pendant la Ligue et est mentionné dans une lettre de ce prince au duc de Nevers, du 9 octobre 1591[3], et on voit par une autre lettre qu'Antoine de Beauvais-Nangis écrivit à ce duc le 15 juin 1593, combien il lui était attaché, ainsi que sa famille.

Nous publions ici cette lettre, la seule que nous ayons pu trouver dans les riches collections de la Bibliothèque impériale, des membres de la famille de Beauvais-Nangis.

« MONSEIGNEUR,

« Il n'appartient qu'à vous à obliger vos très-hum-

---

1. Brantôme, édit. Foucault, t. IV, p. 297.
2. Voy. ci après, p. 44. — La plupart des historiens disent que le maréchal d'Aumont seul fut d'avis de faire le procès au duc de Guise, et que Rambouillet, Beauvais-Nangis et les autres seigneurs qui avaient été convoqués à ce conseil combattirent ce projet qui étant rejeté, donnait lieu de *frapper un coup subit et vigoureux*. (M. de la Saussaye, *Histoire du château de Blois*, p. 301 de l'édit. de 1850, in-12.)
3. *Recueil des lettres missives de Henri IV*, publié par M. Berger de Xivrey, t. III, p. 499.

bles serviteurs, comme nous sommes tous. Vous nous le tesmoignez par la lettre dont il vous a pleu nous honorer, quy redouble entièrement nos fidèles affections à vous rendre très-humble service lorsque nous serons honorez de vos commandements. Je vous dirai, Monseigneur, que nous sommes, grâces à Dieu, avec meilleure espérance que lorsque j'eus l'honneur de vous escrire, ayant le septième jour de la maladie de Nangis[1] apporté plus de bien que nous n'ozions le promettre, de continuer en mieux aujourd'hui. Espérons, avec la grâce de Dieu, que sa santé se augmentera pour vous rendre toujours l'obéissance très-fidèle et très-humble que nous vous devons. N'aurons jamais plus grand contentement que honorez de vos commandements. Nous portrons nos vies et biens pour vous rendre très-humble service. En ceste vérité je vous supplyeray très-humblement nous tenir,

« Monseigneur,

« Vos très-humbles, et très-fidèles et tres-obligez serviteurs,

« BEAUVAIS-NANGIS.

« A Paris, ce 15° juing[2]. »

Antoine de Beauvais-Nangis se mit à la tête de cent vingt gentilshommes de la Brie, et se rendit avec eux

---

1. Il s'agit probablement ici de l'auteur des *Mémoires*, qui ne parle pas toutefois de la maladie dont il fut atteint à l'âge d'environ onze ans.

2. Département des mss., fonds français, n° 363, f° 97. — Cette lettre est écrite au duc de Nevers (Louis de Gonzague), troisième fils de Frédéric II, duc de Mantoue, mais qui servit toujours

au siége de Paris fait par Henri IV, puis fut mis dans le régiment du comte de Soissons. Il se trouva aux siéges de Chartres, de Rouen et accompagna le Roi dans ses voyages, depuis 1590 jusqu'en 1592, à la tête d'une compagnie de gendarmes qu'il entretenait à ses frais.

Cette conduite honorable, les récompenses qui s'en suivirent, parmi lesquelles il faut distinguer l'érection de sa terre de Nangis en marquisat, qui eut lieu au mois de novembre 1612, lui valurent une grande considération dans sa province. Aussi fut-il encore élu député de la noblesse pour le bailliage de Melun aux états-généraux de 1614.

Son passage n'est pas demeuré tout à fait inaperçu dans cette dernière assemblée.

D'abord, après l'élection de M. de Montcassin, en qualité de secrétaire pour la chambre de la noblesse, M. de Beauvais-Nangis proposa de nommer un autre secrétaire, en disant que c'était l'ordinaire qu'il y en eût deux ou trois au plus. Cette proposition fut combattue par M. de Vilanès, député de Provence; ce qui amena une vive discussion à la suite de laquelle la proposition de nommer un second secrétaire fut rejetée par soixante-dix voix contre dix-neuf.

Beauvais-Nangis présida, probablement comme

---

en France. Il devint duc de Nevers, en 1565, par son mariage avec Henriette de Clèves, héritière de ce duché; il était pair de France, gouverneur et lieutenant général de Henri IV, en Champagne et en Brie. Il mourut en 1595, âgé de cinquante-six ans.

doyen d'âge, car il avait soixante-douze ans, l'assemblée jusqu'à la nomination du président définitif.

Pendant la présidence provisoire de Beauvais-Nangis, le tiers-état résolut d'envoyer une députation saluer la chambre de la noblesse comme il avait fait pour celle du clergé. Il fut décidé, le 21 octobre, qu'on préparerait pour les membres qui devaient la composer un banc suffisant pour les recevoir tous, lequel fut mis vis-à-vis le siége du président, les membres de la noblesse étant placés sur les bancs aux deux côtés, « mais si éloignés, que tous messieurs de la noblesse étaient devant eux, le secrétaire ayant une table au milieu du parquet et à leur arrivée ne fit que mettre son siége au bout de la table, pour ne leur tourner le dos. »

Deux gentilshommes devaient être envoyés au devant des députés du tiers, pour les recevoir à la porte de la salle.

Il paraît que ce cérémonial connu d'avance, excita des réclamations de la part du tiers-état. Le clergé, dans un louable but de conciliation, députa trois de ses membres à la chambre de la noblesse qui envoya au devant d'eux quatre gentilshommes. Les membres de cette députation du clergé « furent assis au lieu le plus honorable, et dirent que messieurs du tiers-état étaient venus les saluer et qu'ils les avaient placés en un grand banc, et avaient donné une chaise à celui qui portait la parole; qu'ils nous exhortaient, dit le secrétaire de la noblesse, auteur du récit dont nous empruntons quelques traits, à leur faire pareil traitement, pour ne commencer à semer la division entre les trois ordres. »

Le président de Beauvais-Nangis, répondit « Que la compagnie était résolue de leur faire le meilleur traitement qu'il leur serait possible; et de fait on leur avait fait préparer un banc pour les asseoir : qu'ils ne devaient point trouver mauvais si on ne leur donnait point de chaises, puisqu'il n'y avait personne en toute l'assemblée qui en eût; néanmoins, qu'on tâcherait d'en recouvrer une, et que nous remerciions ces messieurs de la peine qu'ils avaient prise. Et s'étant tous levés, M. de Nangis les alla reconduire jusqu'à la porte avec les autres qui les étaient allés recevoir [1]. »

« Messieurs les députés du tiers-état, continue le document que nous citons, étant arrivés à la porte de la salle au nombre de douze, un pour (chaque) gouvernement; dix desquels étaient officiers du Roi, lieutenants généraux, ou présidents des bailliages, les deux gentilshommes députés les reçurent à la porte de la salle et les ayant conduits jusqu'à leurs places, MM. du tiers-état firent eux-mêmes ôter la chaise qu'on leur avait préparée pour être tous au même rang. Toute la compagnie était debout et découverte, et s'étant assis M. le lieutenant civil [2], fils

1. L'assemblée des États-généraux siégeait au couvent des Grands-Augustins.
2. Henri de Mesmes; en 1621, nommé président au parlement.

de M. de Roissy, qui avait été élu entre eux pour porter la parole, commença à parler; mais auparavant M. de Beauvais leur avait dit que MM. de la noblesse les priait d'être couverts. Sa harangue consistait principalement à louer la noblesse de leur générosité, et les supplier humblement de la part du tiers-état de les assister à abattre les murs de Jéricho, et empêcher qu'ils ne se rééditient, c'est-à-dire les vices et les abus qui s'étaient glissés parmi nous, et faire connaître à tout le monde que nous étions aussi sages à la conduite de nos affaires que généreux à étendre les bornes du royaume aux dernières fins de la terre; finit par beaucoup de paroles, belles et pleines de noblesse et de courtoisie, et protestations de services, laissant à écrire ce qu'il dit en faveur de la noblesse, sur les actions de leur vie passée, pour n'être estimés flatteurs, et pour ne faire honte aux historiens qui en ont voulu écrire, n'ayant en rien approché à la louange donnée par MM. du tiers-état par la bouche du lieutenant civil.

« M. de Beauvais-Nangis les ayant remerciés au nom de l'assemblée, de l'honneur qu'ils nous avaient fait, et les ayant assurés que la compagnie contribuerait toujours en tout ce qu'il leur serait possible pour leur soulagement, ils s'en retournèrent, et les gentilshommes qui les avaient été recevoir les furent reconduire à la porte, toute la compagnie s'étant levée debout pour les saluer à leur tour comme à leur arrivée. »

Des députés du clergé et du tiers-état étant de nouveau venus trouver l'assemblée de la noblesse, dans la séance du 30 octobre, à l'occasion de la procession des états-généraux qui devait avoir lieu le 1er novembre, Beauvais-Nangis, qui la présidait encore, leur fit les compliments d'usage.

Puis, la chambre de la noblesse ayant procédé à l'élection d'un président définitif, nomma M. de Senecey, député de Châlon-sur-Saône. La seule province de Champagne donna ses voix à Beauvais-Nangis [1].

Antoine de Brichanteau, premier marquis de Beauvais-Nangis, mourut dans son château de Nangis, le 9 août 1617.

Il avait eu de sa femme, Antoinette de la Rochefoucauld, dame de Linières, quatorze enfants, dont l'aîné des survivants a été Nicolas, auteur des Mémoires que nous publions.

Nous n'avons pas à parler des événements de sa vie,

---

1. *Recueil de ce qui s'est passé durant la tenue des États-généraux à Paris, en* 1614, *à la Chambre de la noblesse,* par le sieur de Montcassin, député pour la sénéchaussée d'Albret, et secrétaire en ladite Chambre, dans le *Recueil des pièces originales concernant la tenue des États-généraux*, t. VII, p. 28 et suiv., Paris, 1789. — Marie de Brichanteau, sœur d'Antoine de Beauvais-Nangis, avait épousé Claude de Beaufremont, baron de Senecey; celui-ci était donc beau-frère d'Antoine. Il avait siégé avec lui aux États-Généraux de 1588, où il représentait la noblesse du bailliage de Châlon-sur-Saône. Il y fut chargé de haranguer le Roi au nom de la chambre de la noblesse. Son fils, Henri de Beaufremont, baron de Senecey, fut député du même bailliage aux États de 1614. Il était neveu d'Antoine, et lui fut préféré pour la présidence.

qu'il a racontés lui-même ; seulement, comme il s'arrête en 1641, nous ajouterons qu'il fut de nouveau nommé commandant de la ville et citadelle de Laon, en l'absence du maréchal d'Estrées, le 8 février 1642.

Il eut le malheur de perdre le fils aîné qu'il avait eu de sa première femme, Françoise Aimée de Rochefort.

Ce fils, nommé François, marquis de Nangis, était né le 4 octobre 1618. Ayant embrassé, comme ses ancêtres, la carrière militaire, il remplit les fonctions de mestre de camp du régiment de Picardie, en 1640, et fut nommé maréchal de camp par brevet du 13 juin 1643. Il avait, en 1642, emporté à la tête de son régiment, le fort d'Aigue, qui était sur la mer entre Calais et Gravelines. Il devint conseiller ordinaire du Roi en tous ses conseils d'État et privé, et des finances, le 27 février 1644, et fut tué le 15 juillet suivant au siége de Gravelines, n'étant âgé que de vingt-six ans. « Le soir du 15, dit Montglat, dans ses Mémoires, le marquis de Nangis, faisant travailler au pont du fossé, reçut une mousquetade dans la tête, dont il tomba mort, fort regretté de tout le monde, parce qu'il étoit fort aimé et donnoit de grandes espérances qu'il parviendroit un jour à de plus hauts emplois[1]. »

C'est à ce fils chéri que Beauvais-Nangis adressait ses Mémoires, comme à l'aîné de sa race.

1. Collect. Petitot, 2ᵉ série, t. XLIX, p. 448.

INTRODUCTION.

Cet ouvrage, commencé en 1635 ou 1636, et repris en 1641, n'est pas le seul qu'il ait composé ; il est auteur d'un petit volume intitulé : *Mémoires de M. de Beauvais-Nangis, ou l'Histoire des favoris françois depuis Henri II jusqu'à Louis XIII ;* le libraire y a ajouté des *Remarques curieuses sur l'histoire de Davila et sur celle de Flandres, du cardinal Bentivoglio*, sans qu'on sache s'ils sont du même auteur.

Ce volume a eu deux éditions, l'une en 1665 et l'autre en 1669 (in-12). Les *Mémoires sur les favoris* offrent assez peu d'intérêt ; ils sont également adressés à un des fils de Beauvais-Nangis ; mais, dit le père Anselme, « outre ces Mémoires, il y en a d'autres manuscrits qui sont réellement de lui. »

Ce sont vraisemblablement ceux que nous publions aujourd'hui.

Nous avons, en effet, comparé le manuscrit acquis par M. Monmerqué avec une quittance d'un quartier de rente donnée par Beauvais-Nangis, le 1er mars 1644, laquelle fait partie du dossier des Brichanteau, dans le cabinet généalogique de la Bibliothèque impériale, et nous avons été convaincu que l'écriture était la même, ce qu'a pensé aussi notre savant confrère, M. Léopold Delisle, si expert en cette matière.

Nous ne dirons qu'un mot sur la valeur historique et littéraire des Mémoires de Beauvais-Nangis.

Nous ne pouvons pas donner cet auteur comme un grand écrivain. Il est clair, un peu négligé et ne paraît avoir aucune prétention de style.

Quant aux événements qu'il raconte, ils offrent de l'intérêt et font connaître un certain nombre de détails ignorés jusqu'ici. On voit, dans ces Mémoires, le bon gentilhomme de la Brie fort occupé de son avancement et n'aimant pas les favoris, comme le démontre aussi son autre ouvrage publié en 1665. Il les avait en effet trouvés souvent sur son chemin, et il croyait avoir à s'en plaindre.

Beauvais-Nangis débuta à la cour par la charge modeste de *capitaine des toile de chasses du Roi*, qui rappelle un peu, par le titre du moins, celle de *capitaine des levrettes de la chambre du Roi*, qui n'a été supprimée qu'en 1786[1]. Il était fort assdu à rechercher la bienveillance de ses maîtres et ne l'obtint pas toujours. Il avait cependant de la discrétion, ainsi qu'il le montra dans une occasion délicate. Un soir qu'il tenait une bougie à la main pour éclairer Henri IV qui jouait aux tarots, on apporta au Roi une lettre d'une de ses maîtresses. Il commanda à Nangis d'approcher la bougie; celui-ci, en éclairant le Roi, aurait pu facilement lire la lettre; il affecta de détourner la tête; Henri s'en aperçut et fut satisfait de cette marque de discrétion, mais il ne paraît pas que Nangis en ait tiré grand profit.

Il met souvent en scène ses frères de Linières, de Gurcy, ses autres frères, les deux chevaliers de Bri-

---

1. V. l'édit qui supprime cette charge, dans les *Variétés historiques et littéraires*, de M. Edouard Fournier, t. VI, p. 181.

chanteau, Benjamain et Philibert[1], successivement évêques-ducs de Laon, et son beau-frère de Guerchy.

En un mot, on reconnaît dans cet intérieur une bonne et estimable famille de gentilhommes de province, servant son Roi sans dédaigner ses propres intérêts.

La terre principale de cette famille était celle de Nangis, érigée, comme on l'a vu, en marquisat par Louis XIII. Le vieux château des Brichanteau y existe encore, mais à peu près en ruines. Nous avons eu occasion de le visiter il y a quelques années, et nous avons remarqué, dans la chapelle seigneuriale de l'église paroissiale, des peintures à fresques, presque entièrement effacées par l'humidité et la main du temps, représentant les principaux membres de la famille.

Un autre fils de l'auteur des Mémoires, Claude-Alphonse fut blessé mortellement au siége de Bergues Saint-Vinox, le 21 juin 1658 et mourut à Calais le 15 juillet suivant; il était lieutenant-général des armées du Roi.

Le fils de celui-ci, Louis-Fauste de Brichanteau, marquis de Nangis, brigadier des armées du Roi par brevet du 26 avril 1689, mourut à Strasbourg le 22 août 1690, d'une blessure à la tête qu'il avait

---

1. Philibert de Brichanteau fut, comme on le verra, abbé de Saint-Vincent de Laon, avant d'être évêque de ce diocèse. Il fut nommé à cette abbaye en 1607, ainsi qu'on le lit dans une lettre d'Henri IV au pape. *Recueil des lettres missives de Henri IV*, par M. Berger de Xivrey, t. VII, p. 409.

reçue quelques jours auparavant dans les plaines d'Offenbourg, au delà du Rhin.

Le dernier descendant de cette lignée de braves gentilshommes, que le père Anselme nous ait fait connaître, est Louis-Armand de Brichanteau, marquis de Nangis, fils de celui dont nous venons de parler.

Il ne pouvait pas mentir à son sang, et comme ses ancêtres, il fut militaire. Le maréchal de Villars en parle ainsi dans ses Mémoires, sous l'année 1709, à l'occasion de l'attaque de l'abbaye d'Hannon, sur la Scarpe : « Le marquis de Nangis se mit à la tête des premiers détachements de grenadiers, et ayant trouvé une brèche, elle fut forcée et tout fut pris ou tué. Le chevalier d'Albergotti, brigadier d'infanterie, reçut une blessure dont il mourut. Le marquis de Nangis fut toujours à la tête avec Montaran, capitaine aux gardes, et l'ardeur des troupes se montra au plus haut point[1]. »

Il assista à la malheureuse bataille de Malplaquet, et y enleva avec cinq bataillons irlandais cinq drapeaux qu'il apporta à Louis XIV, ce qui lui valut le grade de maréchal de champ. Il était en même temps colonel du régiment d'infanterie du Roi, fut fait lieutenant-général, en 1718, chevalier des Ordres du Roi en 1728, et enfin maréchal de France.

Ce dernier marquis de Nangis, dont nous ayons à nous occuper, avait épousé, en 1705, Marie-Margue-

---

[1]. Collect. Petitot, 2ᵉ série, t. LXIX, p. 282.

rite Fortin de La Hoguette, fille du lieutenant-général de ce nom et nièce de l'archevêque de Sens.

« Nangis, dit Saint-Simon, que nous voyons aujourd'hui un fort plat maréchal de France, était alors la fleur des pois; un visage gracieux sans rien de rare, bien fait sans rien de merveilleux, élevé dans l'intrigue et dans la galanterie par la maréchale de Rochefort, sa grand'mère et Mme de Blansac, sa mère, qui y étaient des maîtresses passées. Produit tout jeune par elles dans le grand monde, dont elles étaient une espèce de centre, il n'avait d'esprit que celui de plaire aux dames, de parler leur langage et de s'assurer les plus désirables par une discrétion qui n'était pas de son âge et qui n'était plus de son siècle. Personne que lui n'était plus à la mode ; il avait eu un régiment tout enfant; il avait montré de la volonté, de l'application et une valeur brillante à la guerre, que les dames avaient fort relevée et qui suffisait à son âge, etc. [1]. »

Ce portrait spirituel, mais où éclatent surtout ces touches de méchanceté que n'épargnait pas Saint-Simon, est destiné à faire connaître la passion que Mme la duchesse de Bourgogne avait conçue, dit-on, pour ce brillant officier. S'il la partagea, cet amour ne l'empêcha pas, suivant l'usage du temps, d'avoir une autre maîtresse, Mme de La Vrillière, « qui, sans

---

1. *Mémoires de Saint-Simon*, édit. de M. Chéruel, in-8, t. IV, p. 353.

beauté, ajoute Saint-Simon, était jolie comme les amours et en avait toutes les grâces[1]. »

Saint-Simon n'aimait pas Nangis, mais il ne put s'empêcher de rendre justice à sa « valeur brillante » et sous ce rapport du moins, ce maréchal, mort en 1744, était digne de ses ancêtres. Le témoignage de Villars, d'ailleurs, vaut bien celui de Saint-Simon.

II

Nous passons maintenant à ce qui concerne le *Journal du procès du marquis de La Boulaye*.

Nous sommes ici en pleine Fronde.

Les esprits sont agités dans toute la France et particulièrement à Paris, car indépendamment des passions politiques, les Parisiens en grand nombre, qui

---

1. Madame de Caylus avoue, dans ses *Souvenirs*, que la duchesse de Bourgogne passait pour avoir aimé deux hommes. Le premier, suivant elle, était un fou (Maulevrier), et elle n'ajoute pas foi à la prétendue passion de cette princesse pour lui. Quant à Nangis, elle dit : « Je ne parlerai pas de celui-là comme j'ai parlé de l'autre, et j'avouerai que je le crois comme le public : la seule chose dont je doute, c'est que cette affaire soit allée aussi loin qu'on le croit, et je suis convaincue que cette intrigue s'est passée en regards et en quelques lettres tout au plus. Je me le persuade par deux raisons : l'une, que madame la dauphine était trop gardée, et l'autre que Nangis était trop amoureux d'une autre femme qui l'observait de près, et qui m'a dit à moi-même que, dans le temps qu'on soupçonnait qu'il pouvait être avec madame la dauphine, elle était bien assurée du contraire, puisqu'il était avec elle. » Collect. Petitot, 2ᵉ série, t. LXI, p. 486.

possèdent des rentes sur l'Hôtel-de-Ville, sont privés de leurs revenus.

Un conseiller au Châtelet, Gui Joly, syndic des rentiers, simule un assassinat sur sa personne pour faire croire qu'il est victime du Mazarin et soulever le peuple.

Un gentilhomme appelé Echalard de La Boulaye, gendre du duc de Bouillon La Marck, mécontent de ne pas avoir obtenu la survivance de la charge de colonel des Cent-Suisses, que possédait son beau-père, avait embrassé le parti de la Fronde, où il avait joué une espèce de rôle[1]. Après l'affaire de Gui Joly, il essaye de provoquer une sédition dans Paris ; se jette « comme un démoniaque » dans la mêlée, dit le cardinal de Retz ; se rend au Palais, court chez « le bonhomme Broussel », chez le coadjuteur qui le menace, si on l'en croit, de le jeter par la fenêtre. Une tentative d'assassinat sur le prince de Condé a lieu sur le Pont-Neuf. Le prince en accuse le duc de Beaufort ; La Boulaye est compromis dans cette affaire. Il demeurait, en effet, dans l'hôtel de ce duc, rue Quincampoix. Les uns cependant le soupçonnent d'agir en secret pour Mazarin ; d'autres et en plus grand nombre

---

1. V. les Mazarinades suivantes : *Lettre joviale à M. le marquis de La Boulaye, en vers burlesques* (Choix des Mazarinades, publié par M. Moreau, pour la Société de l'Histoire de France, t. I, p. 348) ; *L'entrée de M. le marquis de La Boulaye dans la ville du Mans, et la honteuse fuite des Mazarinistes, en vers burlesques* (Bibliographie des Mazarinades, t. I, p. 359), etc.

pensent qu'il « était grand frondeur et ami des chefs de la cabale frondeuse¹. »

Un procès est fait à Joly et à La Boulaye, devant le Parlement assemblé. « La sainte cohue des enquêtes » est à la tête du mouvement populaire. Des *témoins à brevet*, c'est-à-dire des espions sont produits contre les accusés; ils excitent l'animadversion générale. Le premier président, Mathieu Molé, prenant de la main sa longue barbe, c'était son geste ordinaire, cherche à tenir une balance égale entre les deux camps. On l'accuse de partialité. Les conseillers frondeurs veulent le récuser. Il demeure inébranlable et développe ce grand caractère du magistrat auquel ses ennemis même sont obligés de rendre justice.

Cependant, l'agitation était si forte que tout le monde avait cru devoir s'armer, même le coadjuteur, dont on connaît *le bréviaire* fort peu orthodoxe.

Lorsqu'il avait appris l'action reprochée à La Boulaye, le duc de Bouillon était allé trouver la Reine-mère pour excuser son gendre et expliquer sa conduite, prétendant qu'il n'avait fait que se défendre. Anne d'Autriche lui répondit : « J'ai bien ouï dire qu'on a tiré un coup de pistolet sur un conseiller du Châtelet, mais non pas qu'on ait attaqué votre gendre. Au contraire, on m'a assuré qu'il avait couru les rues avec un pistolet à la main pour émouvoir le peuple, et crié

---

1. Mme de Motteville. Collect. Petitot, 2ᵉ série, t. XXXVIII, p. 412. — C'est aussi l'opinion de M. Moreau, V. Choix de Mazarinades, t. II, p. 414, à la note.

dans le Palais : *Aux armes!* Je souhaite que ce que vous me dites en sa défense se trouve vrai. Cependant je ferai informer pour savoir ce qui en est[1]. »

Tout s'apaise à la fin. Un rapprochement momentané a lieu entre Anne d'Autriche, le cardinal Mazarin, par haine pour le prince de Condé, et les chefs de la Fronde. Les Princes de Condé et de Conti et le duc de Longueville furent arrêtés, en plein Palais-Royal, le 18 janvier 1650, par ordre de la Reine, qui dit au premier président quelle voulait qu'on expédiât promptement l'affaire de MM. de Beaufort, le coadjuteur et les autres, qui avaient demandé à être jugés puisqu'on les impliquait dans la sédition, et en effet, dès le 22 du même mois, il y eut arrêt portant qu'il n'y avait lieu à accusation contre eux. Joly fut acquitté et La Boulaye amnistié peu après.

C'est le récit de ce procès que nous publions aujourd'hui.

Il émane, selon toute apparence, d'un membre du Parlement attaché avec modération à la Fronde.

Le manuscrit original qui nous appartient, provient de l'historien de Paris, Dulaure, qui l'aura acheté, dans le temps de la révolution, chez un bouquiniste ou chez un épicier.

Il est d'une écriture très-nette et très-lisible et est évidemment de l'époque de la Fronde.

Nous avons rapproché du récit authentique, mais

---

1. Mme de Motteville, *loco citato.*

un peu sec de l'auteur, quelques passages des Mémoires du cardinal de Retz, qui raconte les mêmes événements avec bien plus de passion et de couleur. Nous avons aussi emprunté, dans nos notes, certains traits aux Mémoires de Gui Joly, relatifs aux m mes événements et à l'impartiale histoire de M. de Sainte-Aulaire.

En un mot, nous nous sommes efforcé de rendre ce volume digne d'être placé à côté des autres publications de la *Société de l'Histoire de France* et de justifier la confiance qu'inspire le nom de M. Monmerqué, inscrit sur son titre.

A. TAILLANDIER.

MÉMOIRES

DU MARQUIS DE

BEAUVAIS-NANGIS.

PROLOGUE.

Mon fils, vous voyant en aage d'entrer en la Court, j'ay creu qu'il n'estoit pas hors de propos de vous faire un discours de la fortune de vostre grand-père, lequel ayant esté l'un des plus galands hommes de son temps, ayant espéré et mérité les plus belles charges de France, néant-moings n'a raporté autre rescompanse de ses services que quantité de debtes, et la réputation d'avoir esté plus homme de bien et d'honneur que bon courtisan.

J'y adjousteray aussy quelque chose, non pas de ma fortune, car je n'en eûs jamays; seulement je vous diray ma conduite à la Court, afin que vous apreniés par les défauts que vous y remarqueray de vous y conduire plus prudemment que moy.

Je ne vous diray rien de nostre extraction, car nous sommes gentilshommes fort entiens; mays il faut que vous croyiez qu'il y a force maisons lesquelles d'entien sont plus relevées en biens et charges que la nostre, et cinq cents autres maisons qui n'ont rien à nous céder. Une chose vous diray que nos prédécesseurs ont laissé une estime de probité et de vertu, de laquelle ny vous ny moy ne dégénererons poinct; j'espère que Dieu nous fera la grace de la prolonger dans nostre maison.

PREMIÈRE PARTIE.

MÉMOIRES

SUR NICOLAS DE BRICHANTEAU, DE BEAUVAIS-NANGIS,
CHEVALIER DE L'ORDRE,
CAPITAINE DE CINQUANTE HOMMES D'ARMES;

ET SUR SON FILS ANTOINE, MARQUIS DE NANGIS,
CHEVALIER DES ORDRES DU ROI, ADMIRAL DE FRANCE,
COLONEL DES GARDES FRANÇOISES.

Vostre grand-père se nommoit Antoine de Brichanteau, fils de messire Nicolas de Brichanteau, chevalier de l'ordre, capitayne de cinquante hommes d'armes, seigneur de Beauvais-Nangis, et de dame Jeanne d'Aguerre, laquelle estoit fille de messire Jean d'Aguerre, baron de Vienne, grand maistre de Loreyne et de dame Jacqueline de Lénoncourt.

Ledit Nicolas de Brichanteau fut pris prisonnier et blessé à la bataille de Dreux, en l'an 1562; et ayant esté rachapté de troys mille escus de rançon, qui estoit lors une grande somme, il mourut de sa blessure, en sa maison, en l'an 1563, le. . . . . . .[1]

Il laissa Antoine de Brichanteau, son seul fils, aagé d'onze ans, et deux filles, l'une nommée Marie, quy fut

---

[1]. Nicolas de Brichanteau, né le 30 janvier 1510, mourut le 11e des calendes de septembre (4 septembre) 1564. (Père Anselme, *Hist. généal. de la Maison de France*, t. VII, p. 894.)

depuys mariée à messire Claude de Beaufremont, baron de Senecey[1], et Françoise, depuys mariée à messire Louys de l'Hospital, seigneur de Vitry[2].

Antoine de Brichanteau, aagé de onze à douze ans, fut mys au collége de Lizieus, en l'an 1564, où il demoura jusques aux troubles de l'an 1567, à la bataille de Sainct-Denys, qu'estant jugé de force et de cœur pour commancer de porter les armes, il fut mys à l'académie, dans Parys, où il fit près d'un an ses exercices.

La guerre contre les religionnaires ayant commancé sur la fin de l'an 1568, Jeanne d'Aguerre, sa mère[3], l'envoya trouver Mgr le duc d'Anjou, frère du Roy, qui commandoit l'armée en Poitou, il pouvoit avoir seize ans et quelques moys, car il estoit né le 6 aoust 1552[4].

A son abord, il eut l'honneur de se trouver à la rencontre des deux armées à Pamprou, proche Sainct-Mayxant, et aux escarmouches de Jaseneuil[5]; et à la bataille de Jarnac, quy se donna au moys de mars 1569. il fut remarqué entre les jeunes gents de son aage pour avoir party de la main, et s'estre advancé vingt pas devant l'escadron, où il avait place au premier rang.

1. Marie épousa le baron de Senecey le 8 mai 1571; elle mourut au mois de septembre 1614.
2. Françoise, mariée au marquis de Vitry le 18 août 1580, mourut en 1640.
3. Elle était fille d'Honoré d'Aguerre, baron de Vienne, et de Jacquette de Renoncourt, avait été mariée par contrat passé à Rheims, le 15 mai 1539, en présence du cardinal de Lenoncourt son oncle. Elle ne vivait plus en 1612.
4. Le père Anselme place sa naissance au 6 avril 1552.
5. D'Aubigné, témoin oculaire, a donné le récit de ces petits combats dans son *Histoire universelle*. (Maillé, 1616, in-folio, t. Ier, p. 273.)

Cette action luy donna grande estime parmy le monde, et aussy que la réputation de son père, quy avoit esté des braves hommes de son temps, luy donnoit desja quelques accès dans la Court; tellement que Mgr le duc d'Anjou l'honora d'une charge de gentilhomme de sa chambre, qui estoit lors en plus de considération qu'elle n'a esté depuys, et Henry, bâtard de France, depuys nommé le Grand Prieur d'Angoulesme, quy estoit frère du Roy, et Grand Prieur de France[1], luy donna le guidon de sa compagnie de gendarmes, et il acheva le reste du voyage au siége de Mucidan, pendant que l'armée fut en Limosin.

Les troupes ayant esté mises en garnison, il revint faire de nouveau son équipage, et retourna au temps de la bataille de Montcontour[2], se trouva au siége de Sainct-Jean-d'Angely et acheva le reste du voyage.

La paix ayant esté faicte avec les religionnaires, en l'an 1570, à Arnay-le-Duc, Charles de Loreyne, duc de Mayenne, frère de Henry de Loreyne, duc de Guise, fit un voyage en Levant pour un armement que le pape, le roy d'Espagne, les Vénitiens et une partie des princes chrestiens avoient faict contre le Turc, lequel se voulant relever de la perte qu'il avoit faite a la bataille de Lepante[3], avoit réuni une puissante armée et menaçoit la chrestienté; auquel voyage force gen-

1. Henri d'Angoulême, fils naturel de Henri II et d'une demoiselle de Leviston, Écossaise, devenu grand prieur de France, gouverneur de Provence et amiral du Levant. Connu d'abord sous le nom de *chevalier d'Angoulême*, il commandait une compagnie des ordonnances du Roy. (Père Anselme, t. Ier, p. 136.)

2. Livrée le 3 octobre 1569.

3. Gagnée contre les Turcs par D. Juan d'Autriche, le 7 octobre 1571.

tilshommes de qualité l'accompagnèrent, et entre autres vostre grand-père.

Le Turc ayant seu que toute la chrestienté estoit armée contre luy, se retira, et l'armée navalle, où estoit le duc de Mayenne, fit quelques descentes en terre, où il y eut quelques legers escarmouches, et l'armée chrestienne se retira sans grand effet.

Antoyne de Brichanteau se trouvant proche de l'Italie, voyant que la paix estoit en France et que l'armée de mer se dissipoit, se résolut de mettre pied à terre en Calabre et de venir achever de faire ses exercices à Rome, lesquels il avoit interrompus à cause des guerres de France; il faillit de mourir par les chemins et fut fort bien receu chés un gentilhomme nommé M. de La Roque, sans les soings duquel il eut couru gande fortune de la vie.

Il fit ses exercices à Rome pendant environ un an, quy fut au temps de Sainct-Barthélemy, et il revint trouver Monseigneur, frère du Roy, auquel il avoit attaché sa fortune. Ce fut pendant le siége de la Rochelle[1].

Les Polonoys ayant esleu pour roi de Pologne Mgr le duc d'Anjou, le prince se prépara pour aller prandre possession du royaume, et il escrivit à touts ses serviteurs, entre autres à vostre grand-père, quy alors estoit à Parys, auprès de luy.

Vous remarquerez icy un trait de son humeur : il alla trouver Lafin, qui estoit son amy et fort bien auprès du roy de Pologne, et se plaignit à luy qu'estant auprès dudit roy, le voyant touts les jours, il trouvoit

---

1. En 1573.

fort estrange qu'il luy (eut) escrit une lettre, et que s'il avoit quelque commandement à luy faire, il luy pouvoit dire de bouche, sans luy escrire; qu'il n'estoit point de condition pour estre traité de la façon; qu'il en avoit parlé à d'autres qui ne devoient point estre en plus de considération que luy; que s'il servoit ledit roy de Pologne, c'estoit par affection et non point pour ses bienfaits; que s'il croyoit le traiter dans le commun, il n'avoit rien quy l'obligeat de s'attacher plus advant à son service. Lafin le pria de ne se point plaindre qu'il n'eut veu le roy de Pologne, auquel il fit entendre ce malcontentement. Ledit roy ne le trouva point mauvais, et lui dit en sousriant: « Quelle humeur! » Lafin luy répliqua et luy dit: « Sire, vous en avés peu auprès de vous faits comme luy. » Ledit roy desira le voir, et avec respect vostre grandpère luy tint les mesmes discours qu'il avoit faits à Lafin. Le Roy luy tesmoigna fort bonne volonté, luy commanda de le suivre, et le renvoya fort satisfait de luy, disant depuys à Lafin qu'il luy trouvoit l'esprit plus fait que portoit son aage.

Le roy de Pologne partit, sur la fin de l'an 1573, fort accompagné. Estant arrivé en Pologne sur le bruit quy vint que les princes chrestiens faisoient encores un armement sur mer contre le Turc, le duc de Mayenne, quy avoit fait le voyage de Pologne, y voulut aller; vostre grand-père demanda congé au roy de Pologne de faire ce voyage; le prince se plaignit de luy, comme s'il l'eut voulu habandonner, mais vostre ayeul luy répliqua que c'estoit seulement pour chercher les occasions d'acquérir de l'honneur et pour se rendre plus capable de luy faire service, et luy engagea sa parolle que le voyage achevé il le viendroit retrouver; ce qu'il fit, car les Vénitiens ayants fait la paix avec le Turc, et le reste des princes, ne se sentant point assés forts sur la mer, le voyage fut rompu. Le duc de Mayenne, de Venize, retourna en France avec touts ceux quy avoient entrepris ce voyage, horsmys vostre grand-père, quy retourna trouver le roy de Pologne, lequel luy fit grand accueil, se sentant d'autant plus obligé à luy que touts les autres quy estoient allés avec le duc de Mayenne luy avoient manqué, et il sembloit qu'ils eussent entrepris ce voyage pour avoir sujet de se retirer en France.

Pendant qu'il estoit en Pologne, le roy Charles IXe, quy estoit malade et languissant, se voyant habandonné de toute la jeunesse de sa Court, les uns estants allés en Pologne, les autres prenants party avec Mgr le duc d'Alençon, le plus jeune de ses frères, dit un jour en se plaignant de ses serviteurs : « Je voudroys avoir un serviteur quy me tesmoignast autant d'affection que Beauvais-Nangis fait au roy de Pologne. »

M. de Senecey, grand prévost de France, père de Claude de Beaufremont, quy avoit espousé Marie de Brichanteau, vostre grande tante, vint à Nangis et donna cest advys à Jeanne d'Aguerre, vostre bisayeulle, afin de faire revenir vostre grand-père; mays après avoir bien considéré, ils jugèrent que l'estime particulière que le Roy faisoit de luy estoit pour l'affection qu'il tesmoignoit au roy de Pologne, que s'il l'habandonnoit, il rabattroit de ceste bonne opinion; que le Roy estoit proche de sa mort, que la couronne de France regardoit de près le roy de Pologne, et ils ne luy mandèrent pas avec raison cette circonstance, car il estoit si généreux qu'il fut mort plustost que d'habandonner son maistre auprès duquel il commançoit d'entrer en grande faveur.

Troys ou quatre moys après l'arrivée du Roy en Pologne, le roy Charles IX⁰ mourut, le jour de la Pentecoste, de l'an 1574. Chémeraut en apporta la première nouvelle, et comme les jeunes gents sont curieux de sçavoir ce quy se passe, tout le monde luy demanda des nouvelles de France. Ils respondit que le Roy se portoit bien et que les affaires alloient le mieux du monde. Il entra dans le cabinet où le Roy estoit seul, luy donna les lettres de la royne-mère, où estoit la nouvelle de la mort du Roy. Le premier que le roy de Pologne fit entrer fut vostre grand-père, à quy il communiqua ses despesches, et estoit fort affligé. Je vous dys ce mot en passant, pour vous faire voir la confiance qu'il avoit en luy, et en effet il fut l'un des premiers à quy il communiqua depuys le dessein de son retour en France.

Le temps arrivé de son départ, pour retourner, le Roy choisit dix ou douze de ceux en quy il avoit confiance, dont Beauvais-Nangis fut du nombre; et comme le Roy eut passé une rivière qui sépare la Pologne de la Moravie, terre de l'Empire, il commanda à vostre grand-père de mettre pied à terre pour rompre le pont quy n'estoit que de boys, ce qu'il fit, quoique Dupleix en son histoire dise contre vérité que ce fut M. de Souvray.

Vous remarquerez en ceste occasion une action de sa générosité. M. de Villequier, quy estoit premier gentilhomme de la chambre du Roy, et avoit esté son gouverneur, n'estoit pas l'amy de vostre grand-père, et, portant envie à sa fortune, il luy avoit rendu depuys peu de mauvais offices auprès du Roy. Comme il estoit vieil et pesant, il n'avoit peü suivre le Roy, et arriva comme le pont estoit rompu. Il craignoit, s'il estoit pris, que les Polonoys ne luy rendissent des desplaisirs, car il estoit des premiers du conseil du Roy; il cria donc à vostre grand-père qu'il le prioit d'avoir pitié de luy, ce qu'il fit, et avec grande difficulté luy ayda à passer sur un sommier[1] du pont, parce qu'il estoit fort gros et incommodé de sa personne; après l'avoir passé, M. de Villequier se trouva sans cheval, et avec larmes il remonstra à vostre ayeul que s'il estoit pris il y alloit de sa vie, mays que pour luy il ne courroit aucune fortune; qu'il le prioit d'avoir encores pitié de luy, et de luy donner un cheval, ce que vostre grand-père fit, et se mit à suyvre le chemin tout doucement, à pied, jusques à ce qu'il arriva dans un village où il trouva un cheval de louage. En arrivant auprès du Roy, M. de Villequier dit à S. M. la courtoisie qu'il avoit receu, le suppliant très-humblement d'envoyer au devant de Beauvais-Nangis avec des chevauls, ce qu'il fit à l'heure mesme, et il fut trouvé à deux lieues de là quy, comme je l'ay dit, avoit trouvé un cheval. Le Roy lui fit grand accueil et tesmoignage d'estime, car il sçavoit et toute la compagnye le mauvais office que l'autre luy avoit rendu, il n'y avoit pas long-temps, et néantmoings M. de Villequier ressentit tellement ceste obligation que depuys il fut fort son amy.

Le Roy, suyvant son chemin de Vienne en Aus-

---

1. Une petite poutre. (Dict. de Trévoux.)

triche à Venize, il faillit entrer en disgrace pour peu
de suget en aparence, mays il n'y a point de petites
offances en ce quy touche le Roy et ceus de sa maison. Un mareschal des logys du Roy, glorieux et insolent, comme sont la pluspart de ceux quy sont en
ceste charge-là, tenoit fort peu de compte de le loger,
tellement que bien souvent il logeoit avec M. de Chasteauvieux, ou un autre de ses amys, car il n'y en avoit
un seul auprès du Roy quy eut plus d'un valet. Un
jour son homme de chambre luy dit que le mareschal
des logys se moquoit de luy quand il demandoit un
logys. L'impatience le prit et trouvant ledit mareschal
des logys, il s'en plaignit courtoisement; l'autre luy
respondant insolemment, il luy fit mettre l'espée à la
main, luy donna un coup d'espée dans le bras et le
désarma. L'autre s'alla jeter aux pieds du Roy, lui
demandant justice, luy remettant sa charge entre les
mains, puisqu'en faisant ce quy estoit de son service,
il estoit mal traité par ceux de sa Court. Le Roy s'en
offença tellement qu'il fut troys jours sans le vouloir
voir. Enfin, M. de Villequier qu'il avoit obligé depuys
peu de temps et touts ceux qui estoient auprès du
Roy, qui l'aimoient fort, firent tourner ceste action
en raillerie, et trouvant un jour le Roy en bonne humeur, ils luy dirent que ledit mareschal des logys,
ayant ouï dire que Beauvais-Nangis avoit les armes
bien à la main, pour son aprentissage, avoit voulu
s'escrimer avec luy, mais qu'il l'avoit trouvé un peu
trop rude, car en effet il n'y avoit de ce temps là
guères de personne de qualité quy tirat mieux des
armes que luy. Le Roy se prit fort à rire et les autres
le firent entrer. Le Roy lui pardonna après une répri-

mande. Tout le monde se prit à rire et il commença de railler avec le Roy et touts les autres, comme si rien ne se fut passé, car il estoit d'une humeur fort agréable. C'est un exemple qu'il ne se faut jamays attaquer à ceux de la maison du Roy, car quoyque Beauvais-Nangis fût en grande faveur et en considération auprès du Roy, plus que tout le reste de sa suite, néant-moins il faillit de perdre sa fortune.

Le Roy après avoir esté visité de touts les princes d'Italie et passé depuys Venize jusques à Turin, arriva à Lyon, où la faveur de Beauvais-Nangis continuant, il luy communiqua le dessein qu'il avoit d'espouser la princesse de Condé, de la maison de Nevers, et de la faire démarier d'avec le prince de Condé quy estoit lors retiré en Allemaigne chez le prince Palatin; mays quelques uns prévoyants la difficulté qu'il y auroit audit mariage et les malheurs quy en pourroient arriver la firent empoisonner[1], dont le Roy sceut la nouvelle, comme la despesche estoit donnée à vostre grand-père pour aller trouver ladite princesse, et il en eust une telle douleur que tout d'un temps touts les boutons de son pourpoint lascherent, dont personne ne sceut pour l'heure la cause que ceux quy en sçavoient le secret.

La longueur du voyage et le changement d'air luy causèrent une maladie, où par fantaisie il s'imagina

1. Marie de Clèves, marquise d'Isles, fille puînée du duc de Nevers, mariée à Henry de Bourbon, prince de Condé, au mois de juillet 1572, mourut en couches à Paris le 30 octobre 1574. (Père Anselme, t. Ier, p. 335.) Elle donna le jour à Catherine de Bourbon, morte en 1595. Dreux du Radier attribue au poison cette mort, résultat d'une couche funeste.

que, s'il pouvoit seigner¹, il guariroit d'un mal de teste qu'il avoit. Contre l'advys des médecins il se mit de l'hellebore dans le nez quy luy coupa une veyne, dont il sortit une si grande effusion de sang qu'il fut quasi tenu pour mort. Je remarque ceste particularité pour vous faire voir quelque chose de son humeur.

Le Roy partant de Lyon, en l'an 1575, vint à Reims, où il fut sacré, et après avoir espousé Louyse de Loreyne, fille du duc de Vaudemont, il envoya M. de La Chastre depuys mareschal de France², et père du mareschal de La Chastre, mort depuys cinq ou six ans³, en ambassade extraordinaire en Angleterre, pour traiter le mariage de Mgr le duc d'Alençon, frère du Roy, avec la royne Élisabeth, lors régnante en Angleterre. Vostre grand-père voulut faire ce voyage, tant pour l'amitié qu'il portoit audit sieur de La Chastre que pour l'envie de voir ceste Court, où il réussit si bien que ladite royne Élisabeth, en un voyage que je fits en ce pays là, en 1602, avec le duc de Nevers, maintenant duc de Mantoue, ayant ouy nommer mon nom, elle me demanda des nouvelles de mon père avec estime.

Le Roy, estant en Pologne, avoit promys à tous ceux quy avoient couru sa fortune de leur donner charge selon leur inclination. De fait, M. de Chasteauvieux fut capitayne des gardes, M. de Chémeraut, grand mareschal des logys, M. de Liancourt, premier

---

1. Perdre du sang.
2. Claude de La Chastre, baron de la Maisonfort, maréchal de la Ligue, confirmé par Henri IV, mourut en 1614.
3. Louis de La Chastre, baron de la Maisonfort, maréchal de France en 1616, mourut en octobre 1630.

escuyer de la petite escurie, M. de Ranty, premier escuyer de la grande escurie, M. de Souvray, maistre de la garde robe. Vostre grand-père, quy aspiroit plus haut, luy tesmoigna, s'il s'en pouvoit rendre digne, qu'il eut souhaité un jour d'estre colonel de l'infanterie françoise. Pour parvenir par degrés à ceste charge, le Roy rescompensa M. de Lanions, maistre de camp du régiment de Picardie et luy donna ce régiment.

Il faillit encores d'estre en disgrace pour estre un peu trop ferme contre les volontés du Roy, car Sa Majesté ayant voulu que tous les gentilshommes de sa chambre fissent serment à d'O, maistre de la garde robe, il dit absolument qu'il n'en feroit rien; touts les autres, hors luy, le firent; le Roy le trouva fort mauvais, mays il luy dit que la chose estant extraordinaire, il ne vouloit pas qu'il luy fût un jour reproché par ceux quy succederoient à semblable charge, qu'il eut consenty à chose injuste. Le Roy quy l'aymoit receut ses raisons après luy avoir fait assés mauvais visage (durant) quelques jours. Il garda ladite charge de gentilhomme de la chambre encores six moys, et voyant que le Roy l'avoit rendu un peu commune, et y en avoit mys quantité, il la remit à M. de Tachy, grand-père de celuy que vous cognoissés.

La difficulté qu'il fit de faire serment devant d'O n'estoit pas qu'il ne fut fort son amy, car à fort peu de temps de là, d'O ayant querelle avec un nommé Poissonnier, le prit pour l'assister; il s'offrit de l'aller appeler; mais d'O, soit qu'il ne creut pas que l'autre fût de condition si relevée que luy, ou pour autre considération, le pria seulement de l'assister pour le rancontrer dans la rue. A quelques jours de là d'O, luy sixyeme, rancontra, à la croix du Tirouer[1], Poissonnier, luy vingt et deuxieme. D'O le tua au milieu de touts ses amys et se retira l'espée haute ; ce quy aporta une querelle à vostre grand-père, car ceux quy estoient avec Poissonnier, ayant honte de ce que leur amy avoit esté tué au milieu d'eux, se résolurent d'en tirer raison, particulièrement Armeville, cadet de Baqueville, prit prétexte de le quereller, disant qu'il en avoit pris advantage, et avoit parlé avec mépris de ceux quy s'y estoient rancontrés. Tachy, ayant eu advys qu'on le devoit venir appeler, le vint trouver le soir, et coucha dans son logis, vys-à-vys de la croix des Petits-Champs. Le matin, le comte Charles de Mansfeft, quy depuys a esté général de l'armée du roy d'Espagne, en Flandres, et de l'Empereur, en Hongrie, vint trouver vostre grand-père, quoyqu'il n'eut jamais parlé de cela, luy dit qu'il n'estoit point question de discours et qu'il ne vouloit point laisser morfondre Armeville ; qu'il le menât où il estoit. Ils partirent et Tachy avec eux. Passant par la rue des Petits-Champs, ils virent M. de Grillon[2] et troys ou quatre des amys d'Armeville, quy sçavoient leur dessein et ne firent aucun semblant. Armeville estoit sur le rempart au molins des Petits-Champs, où est maintenant la place de Richelieu[3]. Ils se battirent ; le comte Charles et

---

1. La croix du Tirouer ou du Trahoir, rue Saint-Honoré, au coin de la rue de l'Arbre-Sec. Une fontaine l'a remplacée.
2. Louis Berton de Crillon des Balbès, dit *le brave Crillon*.
3. La place de *Richelieu*, ou du Palais-Royal, occupe le terrain de l'hôtel Sillery, acquis en 1639 pour dégager les abords de ce palais ; la démolition fut achevée sous Anne d'Autriche. Le Régent fit ensuite construire le Château d'eau, détruit en 1849 ;

Tachy les virent battre; car en ce temps là les seconds ne se battoient point. Vostre grand-père eut un coup dans le bras et un quy luy perçoit les deux cuisses. Armeville eut un coup dans le bras et un sur la teste, qu'il receut parce qu'ils estoient si près qu'il ne peüt retirer son espée pour luy donner dans le corps. A l'heure mesme M. de Grillon et les autres arriverent quy les séparerent. Ce combat augmenta fort sa réputation; Grillon et les autres rendirent grand tesmoignage de sa valeur; le Roy l'envoya à l'heure mesme visiter, le vint voir plusieurs fois, et luy rendit de grandes preuves de sa bonne volonté.

Aussitost qu'il peüt monter à cheval, il vint au régiment de Picardie, lequel estoit en Champagne avec M. de Guise, quy commandoit l'armée que le Roy avoit opposée à M. de Toré[1] quy amenoit des reistres à Mgr le duc d'Alençon, lequel quelque temps auparavant s'estoit retiré malcontent de la Court. M. de Guyse les desfit à Dormans[2], où vostre grand-père prit un comte allemand prisonnier, quy luy promettoit grande rançon, mais la paix se faisant à quelques mois de là, il fut mis en liberté, et vostre ayeul n'eust d'autre rescompense que de luy avoir fait bonne chère pendant sa prison, dans sa maison.

Peu de temps après Le Guat[3], maistre-de-camp du

cette place toute renouvelée forme, avec le Louvre achevé, le plus magnifique ensemble.

1. Guillaume de Montmorency, seigneur de Thoré, colonel général de la cavalerie légère de Piémont, laissa une riche héritière qui épousa le duc de Piney-Luxembourg.

2. Le 10 octobre 1575. (*Journal de Henri III.*)

3. Louis Béranger du Guast fut tué dans sa maison par le baron

régiment des gardes, fut tué dans la rue des Bons-Enfants, par le baron de Viteaux; vostre grand-père en eut l'advys parce qu'il estoit logé fort proche; il alla trouver le Roy, lequel luy donna la confiscation, et comme il sortoit il trouva le roy de Navarre quy entroit chez le Roy et la demanda pour M. de Laverdin. Le Roy la luy refusa sans luy dire qu'elle estoit desjà donnée.

En ce mesme temps il s'embarqua à la recherche d'Antoinette de la Rochefaucaut, vostre grand'mère, fille de messire Charles de La Rochefoucaut, seigneur de Barbézieux, et de dame Françoise Chabot; ils furent fiancés au mois de febvrier 1577 et ne furent mariés qu'en l'an 1578, pour quelques considérations[1].

Au commencement du dit an 1577, le Roy ayant résolu la guerre contre les religionnaires, Beauvais-Nangis eut ordre d'aller avec M. le duc de Mayenne quy commandoit l'armée du Roy en Poitou et Xaintonge; il pouvoit, s'il eût voulu, commander le régiment des gardes, et il en avoit assurance du Roy, mais M. de La Hilière, lieutenant-coronel du dit régiment, pareil gentilhomme de mérite et son amy, le vint prier de luy laisser commander le régiment en ceste occasion, et tous les capitaynes du régiment de Picardie, quy l'aymoient fort, le vindrent prier de ne

---

de Viteaux, le 31 octobre 1575, par l'effet d'une terrible vengeance. (Voir Brantôme, *Discours sur les duels*.)

1. Antoinette de La Rochefoucault, dame de Linières, mariée à Antoine, marquis de Nangis, suivant contrat du 19 février 1577. Elle apportait à son mari trente mille livres et la baronnie de Linières, d'un produit de quatre mille livres tournois. Le mariage ne fut célébré qu'au commencement de l'année suivante. (Le P. Anselme, *Hist. généalog.*, t. VII, p. 894.)

les point habandonner; c'est ainsi que tant pour obliger ledit sieur de La Hilière, que parce qu'il croyoit qu'estant aimé généralement de tous les officiers du régiment de Picardie, il pourroit mieux servir le Roy et avec plus de réputation, il se résolut de le commander encore ceste foys.

Il vint prendre le dit régiment quy estoit en guarnison à Calays, aux frontières de Picardie, et le conduisit luy-mesme jusques en Poitou, avec tel ordre qu'il ne se trouva jamays une plainte, et le Roy et la Royne, sa mère, à peu de temps de là, passant dans un village proche Poitiers, la Royne mère s'enquérant comment vivoient les troupes quy avoient passé; le juge du lieu, quy les voyoit disner, dit que Bussy d'Amboise et autres quy avoient passé avoient fait de grands désordres, mais que M. de Beauvais-Nangis avoit passé avec le régiment de Picardie, duquel il n'y avoit pas eu une seule plainte dans tout le pays. La Royne mère se retourna vers le Roy et luy dit: « Monsieur, ce sont des gens comme celuy-là de quy vous vous devés servir; » aussy nomma-elle depuys ceux quy estoyent sous sa charge les *Religieux* de Beauvais. Je vous remarque ceste particularité pour vous faire voir qu'une des principales qualités d'un homme de commandement c'est d'estre politicque et de ne souffrir point de désordres.

Le duc de Mayenne estant arrivé en Poitou, luy donna ordre de loger avec le régiment de Picardie dans Mesle, petite ville en Poitou, proche Saint-Léger, où vous avez logé, laquelle estoit pleine de religionnaires et n'estoit pas assez forte pour se déclarer, mais elle l'estoit assez pour empescher un logement de l'infanterie sans canon; sur le refus qu'ils firent de donner logement, Nangis l'attaqua en plein jour et la força, sans qu'il y eût autre désordre, horsmis que tous ceux qui firent résistance furent tués ou blessés.

De là il eut commandement du duc de Mayenne d'aller se loger sur le passage du prince de Condé, lequel partoit de Saint-Jean-d'Angely, pour passer la Charente, à Chasteauneuf, et se retirer en Guyenne. Il prit cent cinquante mousquetaires, ou arquebusiers à cheval, du régiment de Picardie, lequel le suivant en diligence vint repaistre dans le bourg de M. de Fontaynes-Chalandrey, au-dessous de Beauvais-sur-Matha[1], et il se trouva à minuit sur le chemin de M. le prince de Condé, lequel ayant advys que le duc de Mayenne estoit arrivé à Lusignan, partit la nuit suivante de Saint-Jean-d'Angely, avec quatre mille hommes de pied et troys ou quatre cents chevaulx, et se retiroit en grande diligence et avec peu d'ordre, parce qu'il ne croyoit pas les troupes du Roy si proches. J'ay depuys ouy dire à vostre grand-père qu'il estoit sur un costeau et eux dans la vallée, et si proche qu'il les entendoit parler, et tout le désordre qui estoit dans leurs troupes, meslées parmy leur bagage, que s'il eût eu deux cents chevaulx pour le soustenir il les pouvoit tailler en pièces. Que cela vous serve d'exemple, si vous avés jamays quelque commandement, de marcher tousjours en ordre, quoyque vous croyiés estre esloigné des ennemys.

Le duc de Mayenne, suyvant son chemin, attaqua Tonnay-Charente, où la brèche estant faite, le régiment

---

1. Bourg du département de la Charente-Inférieure.

de Picardie entra et se logea devant que celuy des gardes eût commancé de donner l'assaut de l'autre costé, dont Cerillac, père du comte de Belin, quy commandoit le régiment des gardes, comme premier capitayne, en attendant La Hilière, quy n'estoit pas encore arrivé, eût un tel desplaisir que jamays depuys il ne l'a aymé.

De Tonnay-Charente l'armée s'advança à Brouage, où M. de Strossy[1], coronel[2] de l'infanterie, prit son quartier, avec le régiment des gardes, et vostre grand-père un autre avec le régiment de Picardie, où il eut le bonheur que jamays les ennemys ne firent sortie sur luy; et comme un jour ils eurent fait une sortie sur le régiment des gardes, où ils tuèrent Poncenas, capitayne du dit régiment et plusieurs autres officiers, vindrent mesme jusques dans la tente de M. de Strossy, il eut ce bonheur qu'arrivant d'une part et les Suysses de l'autre, ils remenèrent les ennemys battant, jusques dans la ville, où M. de Seré[3], un des braves hommes de son temps, fut tué, quy estoit gouverneur, et, depuys sa mort, ceux quy estoient dans la ville s'étonnèrent et peu après se randirent.

Pendant ce siége il se passa une chose, hors de ce discours, mais qu'il n'est point hors de propos de vous faire remarquer. M. de La Guiche[4], maistre de

1. Philippe Strozzi, colonel-général de l'infanterie française, tué le 26 juillet 1582.

2. *Coronel* est le mot espagnol, dont on a fait *colonel*.

3. N.... Valsergues, sieur de Seré. Ce gentilhomme commanda une sortie, et y trouva une mort glorieuse. (De Thou, l. LXIV.)

4. Philibert de La Guiche, chevalier des Ordres en 1578, grand maître de l'artillerie, gouverneur de Lyon, y mourut en 1607.

camp de la cavalerie légère, et Kaylus[1], capitaine de chevaulx-légers, estoient logés à Saugeon, entre Brouage et Royan, du long d'un canal qui entre dans la mer, proche Royan; Campeste, gouverneur de Royan, fit une entreprise de les enlever dans leur logys, sur le matin qu'ils estoient revenus de garde, reposant sur leur paillasse. Il vint avec cent mousquetaires, plus ou moings, avec des bateaux; il mit pied à terre à leur logis qui estoit du long du canal et l'avoit fait recognoistre, et devant quasy qu'ils fussent esveillés, il rompit la porte du logis. Ils voulurent faire quelque résistance dans leur chambre; leur porte fut enfoncée et eux contraints de se rendre. Il les mit dans un bateau; leurs compagnons montèrent à cheval, mais comme ils s'approchoient du bateau, Campeste leur mit le poignard à la gorge et leur dit qu'il les tueroit si un seul des leurs s'avançoit pour les secourir, et ainsi les enmena prisonniers à Royan, sans que les leurs les osassent secourir. Cela vous servira d'exemple, si jamais vous commandés de la cavalerie, de vous tenir toujours sur vos gardes, et ne croire jamays estre en seureté.

MM. de La Guiche et Kaylus, amys intimes de vostre grand-père, l'envoyèrent prier de traiter avec Campeste de leur rançon, ce qu'il fit avec congé du duc de Mayenne, mais pendant ce temps-là, M. de Puisgaillard[2], mareschal de camp, courageux mais peu

1. Jacques de Levis, comte de Quélus, l'un des mignons de Henri III, mourut des suites de son duel avec d'Entragues, le 29 mai 1578.

2. Jean Léomont, seigneur du Puy-Gaillard. (Ce nom est donné par la table de la traduction de l'*Histoire* de de Thou.)

judicieux capitayne, fit donner une attaque par le régiment de Picardie à un lieu nommé le Pas-de-Loup, où force gens furent tués; Saint-Paul, capytaine du dit régiment, fut blessé, et force officiers. Vostre grand-père s'en plaignit fort à son retour, ceste attaque ayant esté trouvée impossible, parce qu'il estoit fort aysé de gaigner, mais qu'on ne s'y pouvoit loger, estant veu de la courtine, et y avoit un grand fossé entre deux. Le duc de Mayenne et M. de Strossy, ne sçachant quelle excuse lui faire d'avoir fait tuer et blesser tant de gens mal à propos, remirent toute la faute sur M. de Puysgaillard.

Il se passa une autre affaire qu'il n'est pas hors de propos que vous sçachiés. M. de Saint-Luc, père de M. le mareschal de Saint Luc, avoit asseurance du régiment de Picardie, quand vostre grand-père prendroit possession de celuy des gardes; le dit sieur de Saint-Luc avoit commandé le régiment de Piedmont, dans l'armée de Mgr le duc d'Alençon, lequel en ce mesme temps avoit assiégé et pris la Charité-sur-Loire et Issoire en Auvergne : il eut la vanité de vouloir encores commander le régiment de Picardie, au siége de Brouage : il vint donc pour ce siége trouver vostre grand-père et le pria de luy laisser le régiment de Picardie, et de prendre celuy des gardes. Vostre grand-père luy remonstra les raisons qui l'avoient empesché de quitter ledit régiment dès le commencement du voyage; que le régiment des gardes estoit défait et la plupart des officiers morts ou blessés; qu'il ne pouvoit en prendre possession que la ville ne fût prise. M. de Saint-Luc en eut tel des-

plaisir qu'il fut longtemps sans le saluer. Il partit le
lendemain pour retourner trouver le Roy et la Royne
mère, qui estoient à Poitiers, mais comme il ne fit
pas grande diligence, le lendemain Brouage capitula,
dont on donna aussitôt advys au Roy. M. de Saint-
Luc arrivant, la Royne mère lui demanda, devant le
Roy, pourquoy il avoit quitté le siége de Brouage. Il
respondit en riant, qu'il auroit le loisir de faire un
voyage à Paris et se trouver à la prise, croyant rendre mauvais office à ceux qui y commandoient. La
Royne luy respondit : « Comment n'en sçavés-vous
autre chose? Voilà la lettre de M. de Mayenne, qui me
mande qu'ils sont rendus[1]. » Il en eut une telle douleur qu'il partit le lendemain pour aller à Paris, sans
prendre congé du Roy. C'est pour vous faire voir le
peu d'assurance qu'il y a aux amytiés de la Cour, car
c'estoit un des amys intimes de votre grand-père, lequel depuys luy rendit de fort mauvais offices auprès
du Roy.

La paix se fit et vostre grand-père prit possession
du régiment des gardes, ce qui luy causa l'envie de
tous ses meilleurs amys. M. de Saint-Luc, pour les
raisons que je vous ay dites, M. de Kaylus aussy, fort
favory du Roi, ayant eu querelle avec Bussy d'Amboise, vostre grand-père s'offrit de l'aller appeler, ce
qu'il refusa, et vouloit qu'il l'assistât pour faire une

1. Brouage capitula le 28 août 1577; les habitants sortirent
avec armes et bagages, et se retirèrent à la Rochelle. (*Recueil* dit
des cinq rois. Heden. 1603, in-8°, p. 595.) On voit dans de Thou
qu'Antoine de Beauvais-Nangis, colonel du régiment des gardes,
était présent le 16 août, au moment où les députés de la ville
vinrent soumettre à Strozzi les articles de la capitulation. (De
Thou, traduction, t. VII, p. 526.)

supercherie; vostre grand-père dit qu'il n'y consentiroit jamais, et en effet d'O, Kaylus et cinq ou six favorys du Roy, ayant rencontré Bussy d'Amboise à la porte Saint-Honoré, qui venoit du manége, le chargèrent. Luy, quy estoit seul et bien monté, se sauva de vitesse dans son logys, où les autres l'assiégèrent. Ceux de la Court de Mgr le duc d'Alançon, de quy Bussy estoit favory, vindrent à son secours, et sans la Royne mère, quy y envoya les gardes du Roy, il y eût eu grande sédition dans Paris[1]. Depuys ce temps-là Kaylus rendit tous les mauvais offices qu'il put à vostre grand-père, lequel, prenant une cabale contraire, se rendit amy de M. de Souvray, maistre de la garde-robe du Roy, de M. de La Guiche, grand maistre de l'artillerie, depuys peu de temps, de M. d'Aumont, qui fut en ce mesme temps fait mareschal de France, de M. de Chasteau-Vieux, capitaine des gardes du corps et d'autres officiers de la maison du Roy qui estoient en faveur.

En l'an 1580, le Roy déclara la guerre aux religionnaires, et envoya le mareschal de Matignon assiéger la Fère, en Picardie, où vostre grand-père commandoit le régiment des gardes : le cadet de La Vallette, maintenant duc d'Épernon, commandoit

1. « Le samedy 1er février, Quélus, accompagné de Saint-Luc, d'Arques et Saint-Mesgrin, près la porte Saint-Honoré, hors la ville, tira l'espée et chargea Bussy d'Amboise, qui, monté sur une jument bragarde de l'écurie du Roy, revenoit de donner carrière à quelque cheval dans les corridors des Thuilleries, et fut la Fortune tant propice aux uns et aux autres, que de plusieurs coups d'espée tirés, pas un ne porta, fors sur un gentilhomme qui accompagnoit Bussy, lequel fut fort blessé. » (*Journal de Henri III*, février 1578.)

celuy de Champagne. Aux approches, le mareschal de Matignon, voulant advantager le cadet de La Valette, quy commençoit d'entrer en grande faveur, lui donna l'attaque quy appartenoit au régiment des gardes; mais vostre grand-père avec ledit régiment, passa à la vueue de celuy de Champagne, et se logea entre la ville et leur poste, ce quy commença de les mettre en mauvaise intelligence, car auparavant ils estoient amis.

En ce siége, vostre grand-père continua la réputation qu'il avoit déjà acquis. Il luy arriva un coup favorable en présence de M. le duc de Mercœur et de M. de Boisdauphin, quy me l'a dit depuys. Comme l'on estoit près de faire une attaque, il prenoit ses armes à la teste de la tranchée; ceux de la ville tirèrent un coup de pièce quy perça une barrique, tua le père de M. de Villiers Saint-Moris, sur lequel il estoit appuyé de la main droite, tua celuy quy luy serroit la cuirasse; une planche de la barrique donna par la teste et porta par terre celuy quy luy mettoit sa cuirasse par devant; un autre éclat de la barrique porta par terre un des laquai quy tenoit son habillement de teste; tous ceux quy estoient auprès de luy vindrent, croyant qu'il fût mort, mais il n'eut aucun mal, et ils remarquerent qu'ils n'estoit pas seulement esmeu.

Au retour du siége de la Fère, M. de Barbésieux luy voulut donner la démission de la lieutenance générale en Champagne et Brie, ce qu'il refusa, et on en a dit depuys deux raisons, l'une que la charge l'esloigneroit du Roy, l'autre que, faisant séjour dans les villes de Champagne, il seroit obligé à de grandes despanses, dont pour lors il n'avoit pas le moyen.

J'avoys oublié de vous dire qu'en l'an 1579, le Roy se plaignant à luy qu'un gentilhomme de sa Court l'avoit refusé d'aller en ambassade extraordinaire en Portugal, parce qu'il ne s'estoit pas voulu contanter de quatre mille escus pour faire les frais de son voyage, et que les affaires du Roy estoient en telle nécessité qu'il ne pouvoit donner davantage; vostre grand-père, soit qu'il le fit par affection, ou qu'il fût bien ayse de prendre ceste occasion, qui estoit honorable, pour se faire cognoistre dans les pays estrangers, luy dit que, s'il plaisoit à Sa Majesté luy faire l'honneur de luy donner ceste commission, il feroit le voyage pour le prix, ce que le Roy accepta; il partit proche Karesme-Prenant, vint trouver la Royne mère qui étoit à Agen, traitant quelque affaire avec le Roy de Navarre, qu'elle luy commanda d'aller visiter à Nérac, où il estoit, et passa en Espagne, où il visita le roy d'Espagne et les infantes de la part du Roy, et de là fit sa commission auprès du roy don Henry de Portugal, quy estoit de se condouloir de la mort du roy don Sébastien[1]. La Royne mère aussy avoit envoyé l'évesque de Cominge, pour remonstrer aux États de Portugal les prétentions qu'elle avoit sur le royaume, la mort arrivant du roy don Henry, lequel estoit vieil et n'avoit aucuns successeurs de sa maison. Il s'acquitta si dignement de ceste charge et acquit tellement l'amitié des Portugais que depuis, le

---

1. Le roi D. Sébastien avait été tué en Afrique le 4 août 1578, à la suite d'un combat contre les Maures, où il avait fait des prodiges de valeur.

roy don Antonio de Portugal, héritier présomptif du roy don Henry, et ses enfants don Emmanuel et Doña Cristoval, qui sont encores vivants, se sont servis de luy en beaucoup d'occasions, et tous les Portugais réfugiés en France n'avoient guères d'assistance que de luy[1]. Ce voyage luy cousta bien cher, non-seulement en la despanse quy fut de douze mille escus, car il mena vingt gentilshommes à ses despands, et fit de grands présents aux officiers du roy de Portugal quy l'avoient traité. Ce fut le commancement de la ruyne de sa fortune : tel quy, en sa présence n'osoit luy randre de mauvais offices, se servit de son absance pour commancer de l'éloigner des bonnes grâces du Roy, et le cadet de La Valette, maintenant duc d'Épernon, commença d'establir sa fortune, prétendant aux mesmes charges que Sa Majesté avoit fait espérer à vostre grand-père ; ce quy doibt servir d'exemple à tout homme, quy a de la faveur, de ne s'esloigner jamays de la présance de son maistre, pour occasion quelque honorable qu'elle soit.

A son retour, il vit quelque effet de la faveur du duc d'Espernon, par la préférence que le mareschal de Matignon voulut faire du régiment de Champagne, commandé par ledit duc d'Espernon, à celuy des gardes qu'il commandoit, comme je vous ay remarqué en parlant du siége de la Fère, au retour duquel il parla au Roy de l'espérance qu'il luy avoit donné de la charge de coronel de l'infanterie françoise, ce que Sa Majesté luy accorda, ayant dit plusieurs foys aupara-

[1]. D. Henri Ier ne régna qu'un an et demi ; D. Antoine lui succéda, mais, renversé de son trône par Philippe II, roi d'Espagne, il se réfugia en France.

vant qu'il ne cognoissoit personne en France plus digne de ceste charge que luy.

Pour doncques y parvenir, il traita avec M. de Strossy, coronel, lequel luy dit qu'il luy fit avoir la démission de l'admirauté, dont le duc de Mayenne avoit esté pourveu par la mort de Honoré de Savoye, marquis de Villars, son beau-frère. Ledit duc de Mayenne, quy luy faisoit l'honneur de l'aymer, luy promit de remettre ladite démission, moyennant quarante mille escus que le Roy promist de donner.

En ce mesme temps, le Roy don Henry de Portugal estant décédé, le roy d'Espagne s'empara du royaume, au préjudice du roy don Antonio, son neveu, lequel ne pouvant avoir recours qu'au Roy, luy envoya le duc de Bragance, connestable de Portugal et le plus proche héritier de la couronne après luy, lequel vint à Bloys trouver Sa Majesté et demandoit que vostre grand-père eût la charge de mener le secours, mais la Reyne mère donna le commandement à M. de Strossy, son parent; et devant qu'il ne partist, vostre grand-père l'alla trouver à Nantes, pour tirer parole de luy de la démission de sa charge, aux conditions de l'admirauté, comme j'ay dit, dont il luy donna encores sa parolle.

C'estoit au temps que Mgr le duc d'Alançon alloit en Flandres; sa compagnie de gendarmes logea à deux ou troys lieües de Bloys, où le Roy estoit; et quelques valets indiscrets prirent quelque gibier que les pourvoyeurs du Roy apportoient pour sa maison, dont Sa Majesté offensée commanda à M. d'Entraygues, gouverneur de la province, d'assembler la noblesse et à vostre grand-père de prendre quatre compagnies du régiment de ses gardes, pour les tailler en pièces, ce qu'ils firent, car au premier logement, ils les surprirent et en amenèrent les principaux prisonniers. Mgr le duc d'Alançon s'en plaint au Roi quy remet l'affaire sur le mareschal de Matignon, par l'advis duquel il l'avoit fait. Le mareschal de Matignon désavoua d'en avoir fait le commandement; la Royne mère, quy vouloit sauver le mareschal de Matignon, envoya l'abbé d'Elbène, grand-oncle de La Mothe[1], trouver vostre grand-père quy estoit venu à Nangis, lequel le pria en confidance de luy dire comme l'affaire s'estoit passée, pour le justifier devant Mgr d'Alançon, quy estoit fort offansé contre luy. Vostre grand-père, quy se fioit en luy, ne se contenta pas de luy en dire les particularités, mais il luy donna un escrit de sa main, quy portoit que tel jour et en tel lieu, le mareschal de Matignon luy avoit fait ce commandement; que non content de cela, il estoit allé trouver le Roy, quy de sa propre bouche luy avoit confirmé ce commandement. L'abbé d'Elbène porta l'escrit à la Royne mère, quy l'envoya à Mgr d'Alançon, pour descharger le mareschal de Matignon et remettre la faute sur le Roy, auquel mondit seigneur envoya l'escrit pour luy faire voir que c'estoit de luy seul de quy il se pouvoit plaindre. Vostre grand-père, arrivant auprès du Roy, receüt un fort mauvais visage, sans qu'il luy en dit la cause; néanmoins il ne laissa de continuer le traité fait avec M. de Strossy; mais le cadet de La

1. Nicolas Goulas, seigneur de la Mothe, gentilhomme de la chambre de Gaston duc d'Orléans, frère de Louis XIII. Il a laissé de curieux Mémoires, que M. de Monmerqué se proposait de publier, d'après le ms. de la Bibl. imp.

Valette[1], prenant l'occasion de ceste disgrâce, demanda
ouvertement la charge de coronel pour lui : le Roy,
quy vouloit gratifier le cadet de La Valette et sentoit en
sa conscience ne la luy pouvoir donner, sans faire tort
à vostre grand-père, luy fit proposer que, s'il vouloit, il
luy laisseroit le régiment des gardes, sans recognoistre
le coronel de l'infanterie, et luy donneroit le gouvernement de Metz. Vostre grand-père se tint un peu
trop ferme, et dit que le Roy luy avoit promis ladite
charge et que, pour quoy que ce fût, il ne s'en relas-
cheroit point : ce quy offança le Roy ; il luy fit encores
plus mauvais visage ; dont vostre grand-père, voulant
sçavoir la cause, l'alla trouver à Saint-Maur, proche
Parys, et avec respect luy demanda quel malheur depuys quelque temps l'avoit privé de l'accès qu'il avoit
accoustumé d'avoir auprès de Sa Majesté ; quelle faute
il avoit commys. Le Roy respondit qu'il avoit donné
un escrit à Mgr d'Alançon, son frère, pour les mettre
mal ensemble : il se voulut excuser, mais le Roy, quy
ne demandoit qu'un sujet de l'esloigner de luy, ne le
voulut entendre ; c'est pourquoy, en se baissant fort
bas, il luy dit qu'il prenoit doncques congé pour se
retirer chez luy, sans que jamays l'on vît un seul
changement en son visage.

Il revint droit à Parys, et le Roy envoya un de ses
valets de chambre luy demander sa démission de la
charge de maistre de camp du régiment de ses gardes ; ce qu'il fit, et quand le valet de chambre revint,
le cadet de La Valette et Arques, depuys duc de

---

1. Jean Louis de Nogaret de la Valette, premier duc d'Épernon, l'un des mignons de Henri III.

Joyeuse[1], quy estoit aussy en grand'faveur, estant présents, le Roy demanda quel visage avoit fait Beauvais-Nangis ; le valet de chambre luy respondit : « Le mesme qu'il faisoit lorsqu'il estoit en sa plus grant'-faveur, » dont La Valette et Arques faillirent de désespérer.

Le Roy, le lendemain, luy vouloit envoyer vingt mille escus et le gouvernement de Metz, sans un quy luy remonstra que ce seroit offancer le cadet de La Valette de faire du bien à son ennemy : l'on ne luy a jamays voulu dire quy avoit donné ce conseil, mays il soupçonnoit ce *Villac*, père du comte de Belin. Ce fut à la fin de l'an 1581.

En ce mesme temps, M. de Strossy fut tué en la bataille navalle, proche les Tercères[2]. Le cadet de La Valette, par sa mort, fut pourveu de la charge de coronel et M. de Joyeuse de l'amirauté, moyennant la démission du duc de Mayenne.

Le Roy se douta bien que ceste disgrâce apporteroit une querelle au duc d'Espernon ; c'est pourquoy il dit tout haut que quyconque luy apporteroit parolle de la part de Beauvais-Nangis, il luy feroit trancher la teste, et ledit duc d'Espernon dit aussy tout haut qu'il ne se battroit sur la parolle de personne que de Romefort, lieutenant de la maistre de camp des gardes, un des braves hommes de son temps, lequel avoit suyvy vostre grand-père jusques en sa maison.

Vostre grand-père, à quelques jours de là, prit l'occasion que M. de La Chastre, qui commandoit la cava-

1. Le duc de Joyeuse, autre mignon de Henri III.
2. Il fut tué comme on l'amenait prisonnier au marquis de Sainte-Croix, qui commandait l'escadre espagnole.

lerie de Mgr le duc d'Alançon, passoit en Brie et vint loger à Sussy, proche Roissy; il passa l'eau au bac à Saint-Maur, avec dessein, si le combat réussissoit, de repasser dans le bateau, et avec l'ayde de M. de La Chastre, quy avoit deux cents chevaulx, se retirer en Flandres. MM. de Senecey et de Vitry, ses beaux-frères, dirent qu'ils ne souffriroient pas qu'un autre qu'eulx portât l'appel au duc d'Espernon; Romefort dit que ledit duc d'Espernon, par ses discours, l'y avoit engaigé et que par ceste raison, il estoit préférable à tout autre : ce qui fit retarder un jour, pendant lequel temps le Roy en eut advis, et fallut qu'ils se retirassent en diligence.

Il demoura fort longtemps en sa maison, visité ordinairement des plus galands hommes du pays. Mgr le duc d'Alançon le voulut attirer à son service et l'embarquer dans les guerres de Flandres, mays il ne voulut jamays, dont le Roy, quy sçavoit tout ce quy se faisoit, depuys luy tesmoigna sçavoir bon gré. Néantmoings sur l'advys qu'il eust qu'on vouloit donner la bataille à la levée du siége de Cambray, il y alla, luy quatriesme, ne se fit voir qu'à M. de La Chastre et se retira aussytost qu'il sceut que don Jean d'Autriche, quy commandoit l'armée du roy d'Espagne, s'estoit retiré.

Pendant sa disgrâce il fut visité par force gents de la Court; les uns par amitié, les autres feignants estre mal contents, venoient luy dire du mal du duc d'Espernon, mays il estoit tellement discret qu'il ne luy eschappa jamays une seule parolle, ce que le Roy sçachant, attribuoit plustost à dissimulation qu'à manque de ressantiment.

En l'an 1583, Mgr le duc d'Alençon mourut et le duc de Guise fit un party, sous prétexte des désordres de l'Estat, auquel depuys il adjousta celuy de la religion[1]. Ce party couva quelque temps, où la pluspart des galands hommes que le duc d'Espernon avoit esloigné de la Court se rallièrent, entre autres MM. de La Chastre, d'Entraygues, de Saint-Luc, de Randant[2] et quantité qu'il seroit trop ennuyeux de nommer. MM. de Senecey et de Roane[3], grands partisans du duc de Guise, vindrent trouver vostre grand-père, en la fin de l'an 1584, et pour l'embarquer, luy promirent que jamais le duc de Guise ne s'accorderoit que le duc d'Espernon ne sortît de la Court, que la charge de coronel de l'infanterie françoyse ne luy fût remise entre les mains et que, pour l'assurance de cela, il feroit la charge de coronel de l'infanterie dans l'armée dudit duc de Guise. Le ressantiment qu'il avoit contre le duc d'Espernon, plus que les promesses du duc de Guise, l'embarquèrent dans ce pays, parce qu'il sçavoit que les princes promettent beaucoup pour acquérir des serviteurs, et qu'ils ne songent après qu'à leur grandeurs et à leurs intérêts.

Le moys de mars 1585, le duc de Guise commença de lever les armes, et parce que l'infanterie que vostre grand-père mettoit sur pied estoit de Brie et touts les officiers, le Roy fut adverty de ceste levée devant tous les autres, et ayant sceu qu'il estoit encores dans sa

---

1. C'était le commencement de la Ligue.
2. Jean-Louis de La Rochefoucault, comte de Randan, gouverneur d'Auvergne. (*Recherches sur Randan*, par le vicomte de Bastard; Riom, 1830, p. 194, gr. in-8°.)
3. Ce doit être Roannez.

maison, à Nangis, il commanda aux quarante-cinq[1], quy estoient des créatures des ducs d'Espernon et de Joyeuse, à quy le Roy donnoit mille escus de pension, de partir en diligence et de le prendre sur le chemin de Châlon, où il sçavoit qu'il devoit aller trouver le duc de Guise.

Ceste nouvelle ne peüt estre si secrete qu'elle ne courut dans la Court, et comme le Roy retournoit de la messe, un marchand de chevaulx, nommé Moustier, demourant à Provins, s'approcha de M. de Richelieu, grand prévost de France, père de M. le cardinal de Richelieu, duquel il estoit cognu, et luy dist qu'il avoit ouy parler sourdement de quelque chose de M. de Nangis, qu'il le supplioit de luy dire ce que c'estoit. M. de Richelieu luy ayant demandé s'il le cognoissoit, luy dit qu'il allast en diligence l'advertir que le Roy avoit commandé aux quarante-cinq de l'aller arrester, et que, le plus diligemment qu'il pourroit, il luy en allast donner advis, ce qu'il fit; mays estant party un peu tard, il n'arriva qu'une heure après qu'il fut party d Nangis.

Vostre grand-père, ne sçachant rien de l'entreprise qu'on avoit sur luy, partit à quatre heures du matin, et, parce qu'il a toujours eü dévotion à la Vierge, il partit à pied, faisant suyvre ses chevaux, avec troys ou quatre gentilshommes; son train estant party le jour d'auparavant, et, laissant le droit chemin de Chaalons, quy estoit à la Ferté-Gaucher et Montmirel, il vint

---

1. On les appelait *les quarante-cinq fendans*; ils avaient douze cents écus de gages, bouche à la cour, et ils restaient toujours près du Roi, de la personne duquel ils avaient seuls la garde. (*Journal de Henri III*, 14 mai 1585.)

entendre la messe à Notre-Dame des Hermites, où est maintenant le couvent de la *Merced*[1]; de là vint passer à Villiers Saint-Georges, desjeuner avec M. de Maupertuis, beau-père de M. de Villiers, et de là à la Gravelle.

Les quarante-cinq, ayant receü le commandement, vindrent l'attendre sur le chemin qu'il devoit prendre, et à la pointe du jour s'arrestèrent au coing de la garenne de la Croys, quy estoit son droit chemin, où ils demourèrent jusques sur les neuf heures; s'ennuyant de tant attendre, il y en eüt un quy vint à Chasteaubleau s'enquérir s'il y avoit point passé quelques gents de cheval : un paysan luy respondit naïfment qu'il n'y avoit passé que M. de Beauvais-Nangis, quy alloit ouyr la messe à Notre-Dame des Hermites : il retourna tout court aux autres, lesquels avec la plus grande diligence qu'ils peürent, vinrent aux Hermites d'où il estoit party il y avoit plus de troys heures; ils le suyvirent jusques à Villiers Saint-Georges, arrivèrent une heure après qu'il en fut party, où, désespérants de le joindre, parce que leurs chevaulx estoient las et fatigués, ils s'en revindrent à Parys, et depuys ce temps là le baron du Faur et autres desdits quarante-cinq, quy estoient ses amys, luy ont conté ceste histoire et qu'ils avoient en commandement de l'emmener mort ou vif, c'est-à-dire de le tuer, car il ne se fût jamays laissé prendre sans se défandre, et ils tesmoignoient avoir eü grand desplaisir que le roy se fût servy d'eux en ceste occasion.

Vostre grand-père, arrivant à Châlons, trouva le duc de Guise fort embarrassé, car il n'avoit encores

---

1. De l'ordre de la Mercy.

que quelque infanterie qui venoit à la file. MM. de Lenoncourt, de Gondrecourt et autres Lorrains, quy amenoient de l'infanterie, n'estoient pas encore arrivés; le roy d'Espagne, qui promettoit des milliers de pistoles, n'avoit pas encore envoyé un denier; le Roy menaçoit de venir à Châlons, et sans la Royne, sa mère, quy estoit de l'intelligence et quy l'en empescha, le party de la Ligue estoit ruyné à cest abord, et vostre grand-père en faisoit voir au duc de Guise tous les défauts. Il luy dit qu'il ne voyoit autre espérance que de se retirer tous en Allemaigne; mays la Royne mère ayant fait retarder le partement du Roy, ils eurent loisir de faire un corps de dix à douze mille hommes de pied et mille ou douze cents chevaulx.

Vostre grand-père, à quy l'on avoit promis de commander toute l'infanterie, trouva qu'on avoit divisé la charge en quatre : MM. de Rosne, de Tavanes, de Saint-Luc et luy, et que M. le cardinal de Guise estoit coronel par-dessus eux; où il esprouva encores le peu d'assurance qu'il y a en la parole des princes.

Nonobstant tous ses mescontantements, il ne voulut en ceste occasion habandonner le party, puisqu'il y estoit embarqué, et eut commandement avec son régiment et trois autres qui estoient sous sa charge, de s'acheminer à Metz pour une entreprise que le Ouysse, père de Montcassin, gouverneur, avoit sur la citadelle, laquelle ne réussit pas; et depuis, en l'an 1603, comme j'allois au voyage de Metz, avec le roy Henry le Grand, je me trouvai logé en un village nommé Anserville, proche Fresne, entre Verdun et Metz. Une demoiselle, ayant sçu mon nom, me vint prier d'aller loger en sa maison, et se loua tellement des courtoysies qu'elle avoit receü de luy et de l'ordre avec lequel ses troupes vivoient, qu'elle ne se pouvoit lasser d'en dire du bien. Vous apprendrés par cest exemple qu'une courtoysie n'est jamais perdue, et la réputation qu'acquiert un homme qui fait vivre les gents de guerre avec ordre et police.

Quelques deux ou troys mois après la levée des armes, la Royne mère traita la paix à Nemours, où le duc de Guise, sans se soucier des intérêts de ceux qu'il avoit embarqués dans son party, tira touts les advantages qu'il peüt pour luy, ne parla point du duc d'Espernon; aussy ne luy vouloit-il point de mal, car, quelque temps auparavant, ledit duc d'Espernon ayant passé pour aller à Metz, et logé chez le duc de Guise à Châlons, après qu'il fut party, ledit duc de Guise se pourmenant dans la place pour esmouvoir le peuple, commença de dire tout haut que c'estoit grande pitié qu'un petit cadet de Gascoigne eût les plus belles charges de France; que le Roy mettoit touts les jours des impôts sur le peuple pour assouvir son avarice; qu'il estoit cause que la plus grande partie des galands hommes de Court en estoient esloignés, et qu'enfin il seroit cause de la ruyne de l'Estat. Après qu'il fut retourné en la chambre, le capitayne Comte, brave soldat, en quy il avoit grande confiance, le tira à part et luy dit : « Monseigneur, je vous ay ouy dire tantost que le duc d'Espernon est cause de la ruyne de la France; il est allé en poste à Metz et doibt revenir de mesme; si vous le desirés, je suys fort assuré de le tuer à son retour. » Le duc de Guise luy dit : « Mon amy, donnés-vous-en garde; je serois très-marry qu'il fût mort, car il nous donne tous les ans vingt hommes de qualité dans notre party, quy n'y entreroient pas si ils n'estoient mal contents de lui. »

Vostre grand-père se voyant deceu de l'espérance qu'on luy avoit donné en faisant sa paix, ne quitta pas le party de la Ligue soudaynement, de peur d'estre accusé de légèreté, mais se résolut de s'en retirer insensiblement. Pour cest effet, il fit un voyage en Berry, à Lignyères, où il demeura depuys le commencement de l'an 1586 jusques au mois de mai 1587, qu'il revint à Nangis.

Un peu de temps après, les reistres, conduits par le baron de Dothna[1], entrèrent en France. Touts ses amys lui conseillèrent d'aller trouver le Roy, lequel avoit tesmoigné désirer le voir. Contre la résolution qu'il avoit prise de ne retourner jamays à la Court, il alla trouver le Roy, à Gien, quy y étoit avec une forte armée, pour empescher que les reistres n'entrassent en deçà et ne passassent la rivière de Loire, pour se joindre avec le roy de Navarre.

A son abord, le Roy, qui revenoit de la messe, ne luy fit pas fort bon visage, ce que voyant la pluspart de ceux avec quy il avoit fait profession d'amitié, ils ne firent pas semblant de le cognoistre; sur le disner, le Roy l'appela, et pendant qu'il disna, il parla conti-

1. Jean Casimir, duc de Bavière, dit *le prince Casimir*, après avoir promis au Roi de Navarre de lui amener lui-même une armée de reistres, s'en excusa au moment du départ, et il en confia le commandement à son favori le baron Dothna, *chef ignorant et sans expérience de la guerre.* (Discours.... *contenant les plus mémorables faits advenus en l'année* 1587, *tant en l'armée commandée par M. le duc de Guyse qu'en celle des Huguenots, conduite par le duc de Bouillon, envoyé par un gentilhomme françois à la royne d'Angleterre.* Paris, 1588, in-8°, p. 13.)

nuellement à luy et commença de railler avec lui, comme il faisoit devant sa disgrâce. Sa Majesté, sortant de table, dit n'avoir jamais veü personne si peu changé pour avoir esté sept ans hors de la Court. A l'heure mesme tout le monde le vint saluer, et il y avoit presse de luy faire des compliments et de se resjouyr de son retour. C'est une lascheté ordinaire de la pluspart de ceux de la Court de mescognoistre leurs amys quand ils sont en disgrâce; vous le pourrés esprouver, mais souvenés-vous qu'il n'y a rien qui fasse tant estimer un homme de qualité que d'estre tousjours égal en adversité comme en prosperité.

Il suivit le Roy jusques à Molins, lequel costoya toujours les reistres du long de la riviere de Loire, en remontant, et quoyque Sa Majesté lui fît assez bon visage, il prit congé pour aller voir Mme de Barbezieux, sa belle-mère, à Maillan, et donner ordre à ses affaires à Lignyères. Le Roy luy demanda pourquoy si tost il l'habandonnoit; il luy en dit quelques foibles raisons, où Sa Majesté recognust bien que c'estoit qu'après avoir esté des premiers de la Court et avec des charges relevées, il ne pouvoit y demeurer en peu de considération. Il luy commanda de le venir trouver le plus tost qu'il pourroit avec assurance de faire pour luy et luy tesmoigner sa bonne volonté.

Il retourna trouver le Roy au temps que Sa Majesté fit son entrée en armes dans Parys, pour la defaite des reistres, où il fut très-bien receü. La faveur du duc d'Espernon commençoit à décliner; MM. de Bellegarde et de Longnac[1] commençoient d'entrer en

---

1. Le sire de Longnac était de la maison de *Montpezat*.

grande faveur. Le Roy prit vostre grand-père en grande estime de sa fidélité et de son entendement, car, quoyqu'il n'eût jamays estudié, il avoit le sens naturel très-bon, le jugement fort sain et la mémoire excellente. Pendant sa disgrâce, il s'estoit pleu de lire touts les bons livres, tant d'histoires que de moralités, et quoyqu'il n'eust pour lors que trente-cinq ans, le Roy lui faisoit l'honneur de lui communiquer ses plus importantes affaires.

Sa Majesté voulut qu'il se reconciliast avec le duc d'Espernon, à quoy il ne vouloit entendre; mais un jour M. de La Guiche et luy, entrant au Louvre, rancontrèrent ledit duc d'Espernon. M. de La Guiche luy dit : « Monsieur, voilà M. de Beauvais qui vous veut saluer. » Ledit duc d'Espernon fit plus de la moitié du chemin, et vostre grand-père, avec regret, fit l'autre. Depuys, le duc d'Espernon ayant sceu que Zamet[1] lui donnoit à disner et à une partie de la Court, s'y voulut trouver et le pria le lendemain à souper; ainsi ils furent en apparence réconciliés.

Le moys de may 1588, le Roy, ne pouvant supporter l'insolence de quelques séditieux de Parys, se résolut de prendre le président de Neuilly, La Chapelle-Marteau, Bussy-Leclec et autres, lesquels, en ayant eü advys, envoyèrent au duc de Guise, leur partisan, pour le supplier de les venir secourir. Ledit duc de

---

1. Sébastien Zamet, né à Lucques, attaché à la personne de Henri III comme cordonnier ou valet de chambre, devint un des plus riches partisans de son temps. Il traitait les grands et leur prêtait de l'argent. Henri IV a souvent dîné et couché chez lui, dans le bel hôtel qu'il avait fait bâtir près de la Bastille, et qui devint plus tard l'hôtel de Lesdiguières. Il mourut à Paris le 14 juillet 1614.

Guise, contre le commandement que le Roy lui en avait fait faire par Bellievre, conseiller d'Estat, vint à Parys, le onzieme dudit mois, à onze heures du soir. Le Roy envoya querir vostre grand-père, quy se couchoit, et tint un conseil où il n'y avoit que d'O, gouverneur de Parys et surintendant des finances, Dinteville et Rieux, de Languedoc, chevaliers des ordres du Roy, Dampierre, père du marquis de Dampierre, et Beauvais-Nangis. D'O proposa au Roy qu'il feroit, à la pointe du jour, trouver vingt mille hommes, habitants de Parys, dans les places et carrefours avec armes, pour exécuter les commandements de Sa Majesté. Sur cette proposition, les susdits nommés tirèrent au drapeau, où il escheüt à vostre grand-père le cemetière Saint-Innocent, auquel lieu, le lendemain, se trouvèrent troys compagnies de Suysses et deux du régiment des gardes, pour faire ce qu'il leur commanderoit. Aux troys autres il escheüt le cimetière Saint-Jean, la Grève et le Marché-Neuf. Je ne diray rien de ce quy se passa, parce que je l'ai remarqué ailleurs; mays je vous diray seulement que vostre grand-père fut si heureux, que les troupes qu'il commandoit n'eurent aucune disgrâce, et il les ramena par la porte Saint-Honoré, par où elles estoient entrées. Aux autres quartiers les troupes furent un peu malmenées, et sans le duc de Guise, quy ne les voulut pas perdre, il n'en eût pas eschappé un seul.

Ceste journée s'appelle *des Barricades de Parys*. Le lendemain, le Roy partit pour aller à Chartres, où vostre grand-père le suivit. Le Roy, voulant faire quelque chose pour luy, on luy proposa de luy donner la charge de capitaine des cents gentilshommes de la maison du Roy, quy estoit lors en telle considération que MM. de Chavigny et de Rambouillet, quy avoient ladite charge, avoient autresfoys quitté la charge de capitayne des gardes du corps pour prendre celle-là; mais le Roy, quy cognoissoit son humeur, jugea que ceste charge ne le satisferoit pas, et dit qu'il luy en donneroit une plus relevée.

De Chartres le Roy alla à Rouen, où il résolut de convoquer les États généraux de France; il les indiqua à Bloys, et, afin d'avoir des créatures dans l'assemblée quy peüssent s'opposer aux desseins ambitieux du duc de Guise, qui briguoit dans les provinces pour faire des députés à sa dévotion, il desira que vostre grand-père fût député pour le baillage de Melun, où il se comporta avec telle vertu et preudomie, que tous ceux qui estoient députés l'avoient en telle estime qu'ils revenoient à sa voix; car où il y alloit du bien de l'Estat et du soulagement du peuple, il n'eut jamays de considération de suyvre les mouvements du Roy et de son conseil, s'ils estoient contraires; mays où il estoit question des intérêts du duc de Guise, au préjudice de la grandeur et de l'auctorité du Roy, l'on ne le peüt jamays faire fleschir, quoique la brigue dudit duc de Guise fût souvent la plus forte; et, mesme un jour, il eut de grandes parolles avec le cardinal de Guise, parce que les Estats ayant résolu de députer M. de Brissac, président sur la noblesse, pour porter quelque parole au Roy, ledit cardinal de Guise voulut seul porter la parolle pour les troys Estats, tous se relaschèrent jusques à luy, quy s'y opposa, et fist revenir toutes les voix. Ledit cardinal se voulut fascher, mays il dit tout haut que si quelqu'un de la noblesse se dédisoit de ce quy avoit été résolu dans leur assemblée, il luy en feroit reproche en présence de touts, et le cardinal de Guise, quoiqu'il fût violent, fut contraint de se retirer en grande cholère. Ce n'est pas qu'il y allât du service du Roy, en ceste occasion, mays il vouloit faire voir à touts les Estats qu'il ne falloit pas donner ceste auctorité aux partisants du duc de Guise, de changer les résolutions prises dans l'assemblée.

La trop grande auctorité du duc de Guise commençant d'ennuyer non-seulement le Roy, mais touts ceux qui aymoient le bien, la paix et le repos de l'Estat, un jour vostre grand-père, quy a tousjours aymé ledit duc de Guise, hors l'intérêt du service de Sa Majesté et de l'Estat, l'aborda dans la chambre du Roy et luy dit que, comme son serviteur très-humble, il le supplioit de considérer la jalouzie qu'il donnoit au Roy, de ce que tous les jours l'on tenoit un conseil particulier dans sa chambre, où l'on luy venoit rendre compte de tout ce quy se résolvoit dans l'assemblée des Estats, et que là il décidoit de ce qui se devoit proposer le lendemain ; que c'estoit partager l'auctorité avec le Roy, lequel enfin ne le pourroit plus supporter. Ledit duc luy en fit quelque excuse, alléguant que ce n'estoit point pour ses intérests, mays pour celuy de la religion catholique, le remerciant néantmoings de l'advys qu'il luy donnoit, le recevant comme de son entien amy et serviteur.

A peu de jours de là, il se trouva à un conseil, duquel je ne parleroys pas, si le président de Thou, Dupleix et autres ne l'avoient publié dans leurs histoires;

mays je vous le diray, parce que j'en sçais mieux les particularités qu'eux. Le Roy, quy avoit plus de confiance en luy qu'en un seul de tous ses serviteurs, luy communiqua le dessein qu'il avoit de faire tuer le duc de Guise, luy en demandant son advys. Vostre grand-père, fort sage et fort advisé, luy dit que l'affaire estoit si importante qu'elle méritoit bien d'en conférer à ses serviteurs confidents, quy avoient plus d'expérience que luy, et il proposa M. le mareschal d'Aumont[1], et MM. de Rambouillet[2] et de Maintenon[3], entiens chevaliers de l'ordre, et tenus pour gents d'entendement.

Le lendemain à minuit, le Roy les appella tous quatre dans son cabinet, n'y ayant pas un huyssier; seulement, M. de Bellegarde, grand escuyer et favory, estoit un peu esloigné, appuyé contre le manteau de la cheminée. Le Roy leur fist la proposition. Vostre grand-père, comme le plus jeune, opina le premier et remonstra les grands inconvénients quy en pourroient arriver, l'affection que le peuple avoit pour le duc de Guise, et le hazard qu'il y auroit de faire faire une révolte dans la France; que le Roy se pouvoit saisir du-

1. Jean d'Aumont, sixième du nom, maréchal de France en 1579. Il mourut en 1595.
2. Nicolas d'Angennes, seigneur de Rambouillet, vice-roi de Pologne, avant que Henri III eût pris possession de ce trône électif. C'est le père de Charles d'Angennes, marquis de Rambouillet, et de Pisani, vidame et sénéchal du Mans, mari de la célèbre marquise de Rambouillet, dont l'hôtel a été le berceau de la société polie.
3. Louis d'Angennes, marquis de Maintenon, baron de Meslai, capitaine de cinquante hommes d'armes, ambassadeur en Espagne, etc.

dit duc, et si le peuple ne s'esmouvoit point, le garder, que s'il arrivoit quelque émotion, il pourroit lui faire faire son procès par des commissaires et l'exécuter dans la prison ; que ceste procédure se faisant selon l'ordre de la justice, animeroit moings les peuples et justifieroit les actions du Roy devant les princes estrangers. Les troys aultres opinèrent tous à la mort et le Roy y conclut[1].

Vostre grand-père se retira à une heure après minuit, tellement affligé qu'il ne dormit point de toute la nuit, car il aymoit le duc de Guise et prévoyoit bien les malheurs que depuys nous avons veü arriver. Il se leva à cinq heures et envoya queri M. de Dampierre, quy estoit fort son amy, le priant d'aller ensemble au chasteau pour affaire importante, laquelle néantmoings il ne luy dist point. Ils entrèrent entre six et sept heures du matin dans le chateau, où un des archers de la Porte entre ouvrit et luy refusa la porte ; enfin vostre grand-père le força et voulut luy arracher

[1]. Pierre de l'Étoile était bien informé ; il ignorait seulement les noms des membres de ce conseil secret. Voici ce qu'il a consigné dans son journal : « .... Le Roy se résout de faire mourir le duc de Guyse ; sur quoy ayant assemblé quelques-uns de ses plus confidens, il leur proposa sa résolution. Un ou deux voulurent luy conseiller l'emprisonnement pour luy faire son procès, mais tous les autres furent de contraire opinion, disant qu'en matière de crime de lèse-majesté, il falloit que la punition précédât le jugement. » (*Journal de Henri III*, collection Petitot, 1re série, t. XLV, p. 375.)

Un passage du même journal montre que le maréchal d'Aumont était dans le secret : « Le cardinal de Guise entendant la voix de son frère qui crioit mercy à Dieu, remua sa chaise pour se lever ; lors se levèrent les maréchaux d'Aumont et de Retz, et l'espée nue en la main crièrent : « Qu'homme ne bouge s'il ne « veut mourir. (*Ibid.*, p. 377.)

la barbe, mays M. de Montigny, quy estoit capitayne de la Porte, l'en empescha, luy faisant néantmoings des excuses, parce qu'il estoit en telle faveur que s'il s'en fût plaint, ledit sieur de Montigny craignoit que le Roy ne s'en prît à luy. Ils montèrent droit à la chambre du Roy, où, sur le haut du degré, ils trouvèrent le cardinal de Guise et l'archevesque de Lyon[1], que M. de Larchant, capitayne des gardes du corps, menoit prisonniers. Entrant dans la chambre du Roy, il vit le duc de Guise mort, quy sembloit seulement dormir, tant il estoit peu changé. Il entra au cabinet où d'abord le Roy luy dit : « Eh bien, Beauvais ! je peus dire maintenant que je suys Roy. » Il respondit : « Je prie Dieu, Sire, que tout réussisse à vostre contantement. » Le Roy luy commanda d'escrire à Tachy et à Saint-Paul, partisants du duc de Guise, pour les retirer à son service. Il entra dans la garde-robe pour escrire, où le Roy survint, luy vit les larmes aux yeux et luy dit : « Comment, vous pleurez ! » Il répliqua : « Sire, Vostre Majesté sçait que je n'ay autre but, ny autre intérest que vostre service, mays la pitié de ce que j'ay veü et le malheur que je prévoys quy arrivera me tirent des larmes des yeux. » Le Roy luy répliqua : « J'y donneray bon ordre. »

Peu de jours après, les députés d'Orléans vinrent trouver le Roy pour le supplier de la part de tout le peuple d'oster le gouvernement à M. d'Entraygues, mays que s'il vouloit envoyer M. de La Guiche, ou M. de Beauvais-Nangis, ils recevroient celuy des deux

1. Pierre d'Épinac, archevêque et comte de Lyon, député du clergé aux États de Blois. C'était un fougueux ligueur qui fut bien près de partager le sort des Guises.

qu'il plairoit à Sa Majesté leur donner. Le Roy s'opiniastra d'y envoyer M. d'Entraygues, ce quy fit révolter la ville. Le Roy y envoya M. le mareschal d'Aumont, avec son régiment des gardes, quy se saisit de la citadelle. Ils envoyèrent encores au Roy demander MM. de La Guiche et Beauvais-Nangis pour traiter avec eux, mais, comme ils estoient en traité, le chevalier d'Aumale vint de Paris, avec quelque noblesse des partisans du duc de Guise, et estant entré la nuit dans la ville, il la fit entièrement révolter, et à son instigation Parys, Lyon, Rouen et la plus grande partie des meilleures villes de la France se révoltèrent.

Le Roy offrit à vostre grand-père le chasteau d'Amboise, avec Mme de Nemours[1] et MM. les ducs de Guise et d'Elbœuf, prisonniers, mays il le refusa. Je luy en ay demandé depuys la raison; il me respondit que cela l'eût obligé de quitter le Roy, au temps qu'il avoit le plus affaire de ses serviteurs, et qu'il aspiroit à des charges plus relevées. Depuys ce temps-là Le Guat, quy en eut le gouvernement, en a eu cent mille escus de rescompanse.

Les Estats finirent, où il fut dit que personne ne pourroit posséder plus d'une charge. C'est pourquoy le Roy envoya M. de Romefort en Provence trouver M. de La Valette, frère ayné du duc d'Espernon, et luy manda qu'il fît option de la charge d'amiral dont

---

1. Anne d'Est, veuve de François de Lorraine, duc de Guise, mariée en secondes noces au duc de Nemours, avait embrassé violemment le parti de la Ligue. Son mari, mourant en Savoie le 19 juin 1585, disait en parlant de sa femme, qu'*elle leur gasteroit tout.* (*Journal de Henri III*, p. 294.) Il paraît, d'après ce passage de Beauvais-Nangis, que Henri III l'avait fait arrêter.

depuys peu il avoit esté pourveu, ou du gouvernement de Provence : il retint le gouvernement et donna la démission de la charge d'amiral à Romefort, lequel, revenant en poste, fut tué auprès de Montélimart, soit que ce fût à dessein ou par malheur. Le Roy ranvoya un second courrier à M. de La Valette, lequel luy manda qu'il avoit donné la démission de l'amirauté à M. de Romefort et que Sa Majesté en pouvoit pourvoir quy il luy plairoit.

Comme le Roy estoit prest d'en pourvoir vostre grand-père sur ceste lettre, car la démission n'a jamais esté trouvée, voicy une difficulté : le Roy voulut retirer à son service M. de La Chastre, grand partisan de la Ligue. M. le mareschal d'Aumont luy proposa de le faire mareschal de France; le Roy dit qu'il n'en vouloit point augmenter le nombre, car ils estoient déjà six. Le mareschal d'Aumont luy donna un expédient que, s'il plaisoit à Sa Majesté le faire admiral, il luy donneroit sa démission de la charge de mareschal de France, pour en pourvoir M. de La Chastre. Le Roy luy dit : « Sçavez-vous bien que je l'ay promys à Beauvais-Nangis? — Sire, répliqua le mareschal d'Aumont, il est encore jeune, il se pourra trouver autre occasion de faire pour luy. » Le Roy le dit à vostre grand-père, lequel ne fut jamays depuys son amy, car auparavant il ne croyoit pas avoir un meilleur amy au monde, et il avoit espousé une nièce de sa femme.

Nonobstant ceste traverse, il fut pourveu de la charge d'admiral, en fit le serment et en ceste qualité le Roy luy donna séance dans le parlement, lorsque peu de temps après il l'establit dans Tours, où il fut contraint de se retirer après la révolte de Parys[1].

Le Roy ayant eu advis que toute la France se révoltoit, tint conseil pour sçavoir ce qu'il devoit faire; M. de Nevers, soit qu'il le fît pour son intérest et qu'il voulût avoir l'honneur de donner retraite à Sa Majesté, en sa nécessité, ou qu'en effet il creût qu'il fût plus expédient, conseilloit au Roy de se retirer à Nevers, en attendant que les troupes qu'il avoit envoyé lever fussent arrivées; alléguant pour ses raisons qu'il auroit la rivière de Loire à luy; que si M. de Mayenne, quy levoit une puissante armée, venoit à luy, il pourroit laisser la rivière de Loire entre eux deux et se retirer à Moiins; que, quand la noblesse sçauroit le Roy estre en ceste nécessité, il luy viendroit des troupes de l'Auvergne, du Berry, de la Marche et du Limosin. Touts inclinoient à cest advys; mays vostre grand-père remonstra au Roy que s'il habandonnoit le costé de la rivière de Loire où il estoit, Tours, Angers et plusieurs autres places, qui ne s'estaient point déclarées, pourroient prendre le party contraire. Son conseil fut suivy, lequel en effet se trouva le meilleur. Car le Roy envoya à Tours, où la pluspart des principaulx commançoient de gaigner le peuple; et M. de Souvray, quy estoit malcontent, voyant que le Roy se résolvoit de venir à Tours, maintint la ville à son ser-

---

1. Antoine de Brichanteau, marquis de Nangis, fut pourvu de la charge d'amiral de France par lettres de Henri III données à Blois le 20 février 1589, dans lesquelles il est qualifié par le Roi de *son cher et bien aimé cousin*. Le marquis de Nangis en prêta le serment le 18 mars suivant, et prit séance, en cette qualité, au Parlement. (*Hist. généal.* du P. Anselme, t. VII, p. 888.)

vice. Pichery, gouverneur du chasteau d'Angers, malcontent aussy du Roy, pour le mesme suget que M. de Souvray, parce que le Roy avoit, peu de jours devant la mort de M. de Guise, donné le gouvernement de Tourayne, Anjou et chasteau d'Angers à Longnac, au préjudice de MM. de Souvray et de Rochepot ; Pichery donc manda au Roy qu'il feroit entrer ses troupes dans la ville d'Angers, révoltée contre le chasteau ; et, par ce moyen, le Roy s'assura de Tours et d'Angers.

Le Roy, estant assuré de la ville de Tours, y alla ; et, la nécessité le contraignant d'avoir recours à tout le monde, il envoya au duc d'Espernon, lequel s'estoit retiré de la court, après les Barricades, et avoit tousjours demeuré dans le chasteau d'Angoulesme.

Ce fut une autre traverse à la fortune de vostre grand-père ; car le duc d'Espernon, quoiqu'en apparance il se fût réconcilié avec luy, néantmoings en son ame il ne l'aymoit pas et croyoit, peut-estre avec raison, qu'il avoit en partie esté cause de son esloignement de la court, et luy avoit rendu de mauvais offices en son absance ; il demanda au Roy qu'en retournant à son service, M. de La Valette, son frère, fût remys dans sa charge d'admiral. Le Roy, qui en avoit pourveü vostre grand-père et ne luy pouvoit oster ceste charge avec justice, se trouva fort embarrassé. Néantmoings, le duc d'Espernon luy estant lors fort nécessaire, il commanda à vostre grand-père de s'en aller en Brie, pour le venir trouver avec touts ses amys, lorsqu'il approcheroit de Parys, luy donnant sa parole de le maintenir, et manda au duc d'Espernon qu'il le vint trouver et qu'à son arrivée il lui donneroit tout contantement.

Vostre grand-père partit de Tours, vint passer à Lignyères où estoit vostre grand'mère; de là il vint à Nangis, où d'abord la plus grande partie de la noblesse le vint trouver, tant pour l'espérance que quelques-uns avoient de faire leur fortune par son moyen, que parce que, de toute entienneté, nostre maison a eu ce bonheur d'estre aymée dans ce pays, tellement que près de deux cents gentilshommes luy avoient promys de l'assister, et il estoit prest de partir, quand il eut advys que le Roy avoit esté malheureusement assassiné à Saint-Clou, proche Parys. Ce fut là le dernier coup de sa fortune.

Néantmoings le duc de Mayenne, quy le cognoissoit et aymoit de longue main, luy envoya Desportes de Villiers, secrétaire de l'admirauté, et luy offrit de luy donner le gouvernement de Normandie pour la Ligue, et le vieux palais de Rouen, quy sert comme de citadelle à la ville, et que jamays il ne feroit la paix qu'il ne fût conservé en la charge d'admiral; mays comme il avoit déjà esprouvé le peu d'assurance qu'il y a à la parole des princes, il n'y voulut point entendre.

Il se résolut de s'en aller à Lignyères où il séjourna tout le reste de l'an 1589, et, se voyant pressé de ses amys de prendre l'un des deux partys, il arriva à Nangis, au commencement du moys de may 1590, où le roy Henry IVe, quy revenoit du siége de Sens, vint passer exprès pour l'obliger de se desclarer. Il alla au devant de Sa Majesté quy le reçeut fort bien, luy dit qu'il sçavoit que le feu roy Henry IIIe l'avoit pourveu de la charge d'admiral, qu'il luy donnoit sa parole de le conserver. Sur ceste assurance, vostre grand-père prit son party et mena plus de six-vingts gentilshommes au siége de Parys, où le Roy le mit dans le regiment de M. le comte de Soyssons.

Le duc d'Espernon, quy avoit quitté le service du nouveau Roy et s'estoit retiré dans Angoulesme, luy gardant tousjours sa mauvaise volonté, et n'ayant pas pouvoir de luy mal faire auprès du Roy, tira une démission de la charge d'admiral de M. de La Valette, au nom du baron de Biron, fils du mareschal de Biron, quy estoit lors du tout puissant, dans l'armée du Roy. Vostre grand-père, quy portoit le nom d'admiral, quy en avoit fait le service et en touchoit les gaiges, se trouva embarrassé de ceste traverse qu'il n'avoit point préveu, car il avoit le mareschal de Biron en teste, lequel avoit esté cause que touts les catholiques quy estoient dans l'armée, lorsque le Roy fut tué, avoient recognu le Roy Henry IVe; et il en parla à Sa Majesté, laquelle l'assura de luy tenir la parolle qu'elle luy avoit donnée.

Il continua doncques de servir le Roy aux siéges de Parys, de Chartres, de Rouen et à tous les voyages, depuys l'an 1590 jusques en l'an 1592, menant tousjours une compagnie de gendarmes au Roy, sans jamays recevoir un denier, jusques à ce que le Roy, estant à Gournay (sur Marne), proche Lagny, Sa Majesté eut advys que M. de La Valette avoit esté tué[1]. Vostre grand-père le pressa de le pourvoir par sa mort. Le Roy, quy ne le vouloit point perdre, luy fit offrir par M. de Praslin, lequel depuys me l'a dit en la

---

1. Bernard de Nogaret, seigneur de La Vallette, amiral de France, reçut le 11 février 1592, au siége de Roquebrune en Provence, une mousquetade dans la tête. Il mourut le même jour. (*Hist. généal.* du P. Anselme, t. III, p. 855.)

présence de MM. de Créquy, Schomberg et Bassompierre, de luy donner la charge de mareschal de France, vacante par la mort du vieil mareschal de Biron; mays vostre grand-père, quy avoit sa fantaisie sur la mer, et quy croyoit estre si bien pourveu de la charge d'admiral qu'on ne pouvoit l'en déposséder sans luy faire son procès, le refusa et persista pour que le fait entre luy et le baron de Biron fût jugé.

Touts ses amys, entre autres Louys de Gonzagues, duc de Nevers, père du duc de Mantoue, à présent régnant, luy promettoient de tenir ferme. D'Escures m'a depuys dit que le Roy entra dans le conseil et dit tout haut que ceste affaire touchoit deux de ses serviteurs qu'il aymoit également, et qu'il leur recommandoit de juger en leur conscience.

L'on apporta les provisions de vostre grand-père et la démission en faveur du baron de Biron. La provision de vostre grand-père fut jugée nulle, attendu qu'elle estoit donnée sur une lettre portant démission, et que la démission de M. de La Valette, faite en sa faveur, avoit esté perdue, comme je l'ay ci-devant remarqué. Pour celle du baron de Biron, elle fut aussy jugée nulle, parce que la lettre de M. de La Valette faisoit voir qu'il en avoit desjà donné une autre, et qu'il ne pouvoit pas en faire deux. Le conseil dit doncques au Roy que, M. de La Valette estant mort, il pouvoit disposer de la charge en faveur de celuy à quy il luy plairoit de la donner. Le Roy, quy voyoit que le baron de Biron luy estoit plus nécessaire, parce qu'il estoit mareschal de camp général dans son armée et avoit succédé à la croyance que le père avoit parmy les gents de guerre, dit que, puisqu'il estoit libre de disposer, il la donnoit au baron de Biron.

Vostre grand-pere se retira alors à Nangis et fut sollicité de prendre le party de la Ligue; mays il n'y voulut entendre pour n'estre point accusé de légèreté, et aussy qu'il jugeoit que le prétexte estoit beau et que l'intention estoit de dissiper l'Estat, et qu'en effet la ruyne du party de la Ligue estoit apparente.

Il demoura dans Nangis jusques à la fin de l'an 1592, que l'on parla de faire des chevaliers du Saint-Esprit à Chartres, où M. de Givry, son cousin germain, le convia de se trouver à ses nopces, espérant de l'embarquer de nouveau au service du Roy. Ne se faisant point de chevaliers, il revint à Nangis, où il demoura jusques au moys de septembre que la trève générale fut faite par toute la France. Il prit ceste occasion pour s'en aller à Lignyères, et, sur la fin de l'an 1593, il alla encores à Chartres pour estre fait chevalier; ne s'en estant point fait, il revint encores à Lignyères, où il demoura jusques à la fin de l'an 1594.

Au commencement de l'an 1595, il fut fait chevalier de l'ordre du Saint-Esprit, et il eut l'honneur d'estre le premier de touts les gentilshommes que le Roy fist. Ceste prééminence luy fut fort disputée par MM. d'Anville, depuys admiral, de Laverdin, lors mareschal de France, et de Saint-Luc; mays il fut, par l'advis de tous ceux quy estoient dans le chapitre, fait le premier; dont ledit sieur d'Anville eut tel desplaisir qu'il ne voulut pas prendre l'ordre à ceste promotion[1].

---

1. Le marquis de Nangis est en effet le premier des gentils-

Au moys de may dudit an 1595, le Roy alla à Fontaynebelleau pour s'acheminer en Bourgoigne, où le duc de Mayenne avoit encore toutes les places. Vostre grand-père l'alla trouver à Fontainebelleau et supplia Sa Majesté de vouloir rescompanser M. le duc d'Elbœuf du gouvernement de Bourbonnoys, et le luy vouloir donner. Le Roy luy promit et luy dit : « Lorsque les autres me parlent, je leur dis que j'y adviserai, mays à vous je dis que je le feray », remettant l'exécution à son retour.

Sur la fin du moys de juillet, le mareschal de Bouillon allant mettre du secours dans Dorlens, l'admiral de Villars fut tué[1]. Ledit sieur de Villars, en l'an 1594, faisant son traité avec le Roy et luy remettant entre les mains les gouvernements du Havre de Grâce, du vieux palais de Rouen, du fort Saincte-Catherine et d'autres places, avoit été pourveu de la charge d'admiral par la démission du baron de Biron, lequel le Roy fit mareschal de France, avec grande rescompanse d'argent.

Le mesme jour du combat de Dorlens, vostre grand-père estoit parti avec quelques-uns de ses amis, pour aller en Picardie trouver le duc de Nevers, que le Roy envoyoit pour commander l'armée et relever le mareschal de Bouillon, tellement qu'il n'eut advis de la mort dudit admiral de Villars qu'en arrivant

---

hommes dans la promotion du 7 janvier 1595; il n'est précédé que par les prélats et les princes du sang. (P. Anselme, t. IX, p. 107.)

1. André de Brancas, seigneur de Villars, amiral de France, fait prisonnier par les Espagnols auprès de Doulens, fut tué de sang-froid, le 24 juillet 1595.

auprès du duc de Nevers, lequel luy conseilla d'aller trouver le Roy à Lyon, et qu'aussi bien l'armée estoit défaite et il n'y avoit point d'occasion quy l'obligeât d'y demourer.

Il partit en poste et alla trouver le Roy à Lyon, auquel il remonstra qu'il avoit eu l'honneur d'estre pourveu de ladite charge d'admiral par le feu roy Henry III°; que la nécessité des affaires de Sa Majesté l'ayant obligé d'en pourvoir le baron de Biron, en auroit donné rescompense et l'auroit fait mareschal de France pour en pourvoir M. de Villars; que, maintenant estant mort, il la supplioit très-humblement de se souvenir non-seulement du droit qu'il y pouvoit prétendre, mays des services que depuys il luy avoit rendus sans aucune rescompanse. Le Roy luy en donna nouvelle assurance, mays sa mauvaise fortune voulut qu'en ce mesme temps Henry, duc de Montmorency, mareschal de France et gouverneur de Languedoc, vînt à son service, lequel, pendant les guerres civiles, quoiqu'il se dît serviteur du Roy, néantmoings avoit demouré si absolu dans le Languedoc qu'il ne faisoit que ce qui luy plaisoit. Le Roy, pour le retirer de son gouvernement, luy manda qu'il le vînt trouver et qu'il le feroit connestable. Ledit duc de Montmorency, se jugeant nécessaire au Roy en ceste occasion, pour advantager sa maison, demanda la charge d'admiral pour M. d'Anville, son frère, ce que le Roy luy accorda, sans néantmoings en rien dire à vostre grandpère; au contraire il luy commanda d'aller en Brie faire sa compagnie pour secourir Cambray.

Il partit de Lyon au moys de septembre et se rendit à Nangis, à la fin du moys. La plus grande partie de la noblesse se vint offrir à luy; il se rendit en Picardie avec toute diligence, mais M. de Balagny, gouverneur de Cambray, ayant donné de mauvays ordres de pourvoir à la citadelle, elle se rendit[1], et le Roy, arrivant à Péronne avec une puissante armée et trouvant la place rendue, donna congé à la plus grande partie de l'armée et alla assiéger la Fère, en Picardie.

Vostre grand-père, ayant renvoyé tous ses amys, suivit le Roy, et fut fort estonné quand quelqu'un de ses amys luy donna sourdement advys que, par le traité de M. le Connestable, le Roy avoit promys la charge à M. d'Anville, son frère; néantmoings, pour avoir une résolution, il pressa le Roy, lequel estoit fasché de ne lui pouvoir tenir sa promesse, et d'autre costé estoit engaigé par un traité solemnel avec M. le Connestable. Après avoir assez longtemps différé, enfin il luy fit dire qu'il estoit tellement obligé ailleurs, qu'il ne luy pouvoit tenir ce qu'il luy avoit promys.

Vostre grand-père se retira de Traversy[2], où estoit le quartier du Roy, a Chauny, avec dessein de se battre avec ledit sieur d'Anville; mays ses amys, se doutant de son dessein, luy remoutrèrent le peu d'es-

---

1. Le maréchal de Balagny était bâtard de Jean de Montluc, évêque de Valence, créature du duc d'Alençon. Il s'était fait prince et gouverneur de Cambray, mais en ayant irrité les habitants par d'odieuses exactions, il fut chassé de cette ville, où sa mémoire est encore exécrée. Renée de Clermont d'Amboise, sa femme, en mourut de douleur. Lui-même mourut en 1603. (*Historiettes* de Tallemant des Réaux, 3e édit. Paris, Techener, 1854, t. I, p. 7.)

2. Ce doit être Traversy, village du département de l'Aisne, canton de la Fère.

time dudit sieur d'Anville, lequel, quoiqu'il fût de qualité relevée, néantmoings de sa taille et du reste n'estoit pas de grande défaite; qu'il offançeroit le Roy, lequel tesmoignoit le vouloir satisfaire et faire autre chose pour luy; et M. de La Grange-le-Roy, quy estoit trésorier de l'Espargne et un des surintendants des finances, parla au Roy, lequel donna à vostre grand-père cinquante mille escus de rescompanse, à sçavoir la charge de capitaine des toiles des chasses du Roy pour douze mille escus[1], et trente huit mille escus en assignations.

Ne pouvant espérer meilleure rescompanse, il fallut qu'il se contentât de cela. Néantmoings il commença de se retirer peu à peu de la court. On le pro-

---

1. Antoine de Brichanteau refusa cette place, qu'il regarda comme au-dessous de lui, et la fit passer sur la tête de son fils Nicolas de Beauvais-Nangis, auteur de ces mémoires. (V. ci-après, p. 69. « En termes de chasse, le mot *toiles*, au pluriel, signifie des pièces de toile avec lesquelles on fait une enceinte en forme de parc, pour prendre des sangliers, des loups, des cerfs, des daims, des chevreuils. On appelle aussi *toiles* de grands filets ou panneaux que l'on vend pour prendre les mêmes animaux. » Baudrillart, *Dictionnaire des chasses*, Paris, 1834, 1 vol. in-4°, v°. *Toiles*.)
On lit dans l'*État de la France*, publié en 1718, v. I, p.552, que les gages du *Capitaine général des toiles de chasse et de l'équipage du sanglier* étaient de 1200 livres, comme en 1596, lorsque Beauvais-Nangis fut pourvu de cette charge (Voy. ci-après p. 98). On voit, dans le même ouvrage, que « quand le roi est à la chasse du sanglier, dans l'enceinte des toiles, c'est le capitaine général de cet équipage qui présente à Sa Majesté l'épée ou les dards pour tuer le sanglier.... Le capitaine de cet équipage, va ou envoie par ordre du roi, dans toutes les forêts, et buissons de France qu'il juge à propos, prendre avec ses toiles de chasses, des cerfs, biches, fans et autres animaux, pour peupler les parcs de quelque maison royale, lorsqu'il en est besoin. »

posa, après la mort du marquis de Pisany[1], pour le
faire gouverneur de M. le Prince, qui estoit lors héritier présomptif de la couronne, et tenoit la place du
Dauphin. On luy offrit l'ambassade de Rome. M. le
duc d'Elbœuf mit à sa disposition le gouvernement
de Bourbonnays pour certayne somme (je croys que
ce n'estoit que dix mille escus); mays pour quelques
considérations, il négligea toutes ces offres, se retira
du monde et de la court, et mourut le 9e août 1617,
en sa maison de Nangis.

Quoique j'aye l'honneur d'estre son fils, je puis
dire avec vérité que c'estoit une des meilleures naissances de gentilshommes de sa condition quy fût en
France, le plus beau et de la meilleure mine, le plus
courtois et le plus agréable abord d'homme quy fût
au monde, le plus généreux en son adversité et le
plus remys[2] en sa prospérité, le plus obligeant lorsqu'il a esté en estat de servir ses amys, faysant bien
à touts, et ne faysant jamays de mal à personne, et
mesme à ses propres ennemys; car le duc d'Espernon, au commencement de sa fortune, s'estant eschappé jusques à donner un soufflet à une femme

1. Jean de Vivonne, marquis de Pisani, père de la célèbre marquise de Rambouillet, avait été gouverneur de M. le Prince, père du grand Condé. Il est mort au château de Saint-Maur-les-Fossés, près de Paris, le 7 octobre 1599. C'était un homme d'un éminent mérite : Tallemant lui a consacré une de ses *Historiettes*. C'est surtout par lui que le marquis de Pisani est connu. Aucune biographie n'a fait mention de cet homme remarquable. M. de Brémond d'Ars, son descendant par les femmes, nous a communiqué de curieuses recherches sur ce personnage historique.

2. Doux, modéré, indulgent, du latin *remissus*; celui *qui ne tient pas à la rigueur des choses.* (Nicot, *Trésor de la langue francoise.*)

nommée la Bayonnaise, dans la chambre de la Royne, le Roy lui commanda de sortir de la court; il eut recours à vostre grand-père, qui estoit lors en grande faveur, lequel parla au Roy et le remit à la court. M. de Kaylus s'estant battu avec M. de Dunes[1], et blessé, ce dont au bout du mois il mourut, le Roy, au commancement, tesmoigna un grand ressentiment; mays au bout de huit jours, ne l'allant plus visiter, vostre grand-père, sachant qu'il s'en plaignoit, supplia très-humblement le Roy de l'aller voir, quoiqu'il sceut qu'il luy avoit rendu de fort mauvais offices. Le Roy luy respondit : « Beauvais, vous rendés le bien pour le mal, il n'en feroit pas autant pour vous. » Pendant le temps qu'il a commandé dans les armées, il n'eut jamays de disgrâce, et a esté estimé l'un des plus judicieux et courageux gentilshommes de son aage; que si l'on peut trouver à redire quelque chose en sa conduite, c'est d'avoir un peu trop résisté contre l'intention de ses maistres, d'avoir négligé ses affaires et de s'estre trop laissé emporter à ses plaisirs.

1. Charles de Balsac, baron de Dunes, dit *Antraguet*, se battit en duel avec Caylus, le 27 avril 1578 ; ce favori mourut de sa blessure le 29 mai suivant. (*Journal de Henri III*, collect. Petitot, 1re série, t. XLV, p. 167.)

DEUXIÈME PARTIE.

MÉMOIRES

DE NICOLAS DE BRICHANTEAU, MARQUIS DE NANGIS.

Après vous avoir représenté la fortune d'un des plus galands hommes de France, quy a beaucoup mérité et espéré, je vous represanteray celle d'un homme qui n'a jamays eu charge, ny espérance d'en avoir, et quy, s'il a quelque marque d'honneur, c'est plus tost par hazard que par bonne conduite; mays comme ceux qui représentent les costes de la mer, remarquent aussy soigneusement les bancs et les escueils que les ports et les havres, ceux-ci pour y chercher le salut, les autres pour en éviter les dangers, aussy je vous représente la vie de vostre grand-père, afin que vous essayiez d'imiter ses vertus, et la mienne, afin que vous vous rendiez plus sages et plus advisés par les défauts que vous trouverez en ma conduite. Une chose trouverez-vous différente, c'est que le commencement de la fortune de vostre grand-père n'a esté que prospérité, faveur et bienfaits de son maistre, et la fin n'a esté que disgrace et incommodité en ses affaires, et la mienne n'a esté que nécessité; jamais d'appuy ny d'assistance de personne, esloigné des charges et de la faveur, et sur la fin j'ay, graces à Dieu, donné quelque ordre à mes affaires, et suys hors de la nécessité, espérant que le peu de bien que je vous laisseray sera en meilleur estat que je ne l'ay trouvé.

Je ne vous diray point mon nom, car vous le sçavez ; je suys nay le 9ᵉ jour de may 1582 ; j'ai toujours esté eslevé et nourry dans la maison, ayant esté contraint d'y faire mes estudes, parce que mon père estoit serviteur du Roy, et Parys et toutes les grandes villes de France estant du party de la Ligue, je n'y pouvois demeurer en seureté.

La ville de Parys s'estant remise dans l'obéissance du Roy en l'an 1594, je fus, au commencement de l'an 1595, mys au collége de Navarre, et j'entray à la troisiesme classe, où je demouray jusques à la Saint-Remy[1], que je montay à la première, où je demouray jusques au moys de may 1596, que la peste infecta ledit collége, et je fus ramené à Nangis, où je fis un cours en philosophie, sous un précepteur, et je peux dire que je n'estudiay pas assez pour sçavoir beaucoup, mays j'en sçavois assez pour n'estre pas tenu pour ignorant ; car je parlois le latin aussi facilement que le françois, et pour les sciences j'en étois assez instruit pour m'en servir ; mays je vous advoueray une faute, quy est commune à la plus grande partie des jeunes gents, que depuis que je suis entré dans la court, je n'ay pas leu un livre de science, m'estant beaucoup davantage pleu à lire l'histoire, laquelle je tiens la plus nécessaire de toutes les connaissances, pourveu que l'on s'en sçache bien servir, et qu'on la sçache bien appliquer[2].

1. 1ᵉʳ octobre 1595.
2. Réflexion judicieuse : l'expérience y est cependant contraire ;

Je demourai à Nangis, auprès de vostre grand'-
mère, jusques au commencement du karesme de
l'année 1597, que mon père me mena à Parys, pour
faire le serment de capitayne des toiles de chasse
du Roy, laquelle il avoit désiré que l'on mît en
mon nom, ne la jugeant pas digne de luy, après celles
qu'il avoit possédées. Je fis la révérence au roy
Henry-le-Grand peu de jours advant que les ennemys
eussent surpris Amiens[1], et, Sa Majesté estant obligée
de s'esloigner de Parys, je retournay à Nangis, d'où
vostre grand'mère estant à peu de temps de là obligée
d'aller à Meillan trouver Mme de Barbezieux, sa
mère, pour la consoler de la mort de Mme de Neufvy-
Barroys, sœur de vostre grand'mère, je demeuray à Gurcy avec dame Jeanne Daguerre, vostre bisayeulle, et y sejournay jusques au commencement de
l'an 1598.

Pendant ce séjour, vostre grand-père estant allé
trouver le Roy, au siége d'Amiens, je désiray fort d'y
aller, mays il ne le voulut pas, quy est un des grands
torts qu'il m'ayt jamays faits, car depuys j'ai ouy des
gents de mon aage parler du siége d'Amiens, que je
suys asseuré qu'ils n'ont jamays veu l'ennemy que de
fort loing, et quoique je n'eusse que quinze ans, j'estois desjà assez fort pour suyvre les autres[2].

Au commencement de l'an 1598, mon père me tint

l'histoire n'éclaire guère que ceux qui, n'étant plus dans la sphère
d'activité, vivent à l'écart, et se contentent de juger les événements.

1. Les Espagnols s'emparèrent par surprise de la ville d'Amiens,
le 11 mars 1597.

2. Assiégé au mois de mai 1597 par le maréchal de Biron,
Amiens capitula le 25 septembre suivant.

quelque temps auprès de luy, à Parys, où je commençay de m'accoustumer de voir les compagnies, et le moys d'avril suyvant je fus mys aux exercices, à Parys, où je demeuray jusques à la fin de septembre, que mon père me mena à Lignyères, où ma mère avoit séjourné depuis deus ans.

Mon père avoit fait estat de m'envoyer en Italie, car, de ce temps-là, on y envoyoit la jeunesse pour y faire ses exercices[1], mays ses affaires ne le luy permettant pas, je fus six ou sept moys à perdre le temps, ne l'employant qu'à la chasse. Enfin, au moys d'avril 1599, mon père me fit venir à Fontainebelleau pour prendre possession de la charge de capitayne des toiles. Ce fut au mesme temps que Mme la duchesse de Beaufort[2], mère de M. le duc de Vendôme, mourut. Le Roy me receut assez bien, et tous les amys de mon père me firent de grandes caresses, tellement que je croyais estre un grand courtisan; mays à deux jours de là, ny le Roy, ny touts ceux qui m'avoient le plus caressé ne me recognoissoient plus. Je ne laissay pas de demourer un moys ou cinq semaines à plusieurs voyages, donnant plaisir au Roy à la chasse aux toiles, et parce que j'aimoys la chasse et estois assez étourdy, le Roy n'avoit pas désagréable de me voir en ma charge.

Le Roy partant de Fontainebelleau pour aller faire

1. Ce fut Pluvinel, l'auteur du *Manége Royal*, qui établit la première *Académie du manége* qu'il y ait eu en France. (*Historiettes* de Tallemant des Réaux. Paris, Techener, 3ᵉ édition, 1854, t. I, p. 149 et 153.) Auparavant, les jeunes gentilshommes allaient faire leurs exercices à Rome.

2. Gabrielle d'Estrées mourut la veille de Pâques 1599, à Paris, chez Sébastien Zamet, non sans soupçon de poison.

séjour à Bloys, je n'eus pas le moyen de le suivre, et m'en revins à Nangis, où je séjournay jusques au moys de juillet, que mon père me mena à Lignyères, me faisant espérer de m'envoyer en Italie au moys d'octobre ; mays manquant plus de commodités que de bonne volonté, je demeuray avec ma mère, à Lignyères, jusques à la fin de l'an 1599, que M. le duc Charles-Emmanuel de Savoye vint en France. Mon père m'envoya quérir, et je fis la révérence au Roy le premier jour de l'an 1600.

Je trouvay ce que vous esprouverez un jour, que, pour peu de séjour que vous fassiez hors de la court, à vostre retour, ceux que vous avez creu vos meilleurs amys, vous mescognoissent ; je dis à vostre avénement[1], car, quand vous y avez pris habitude, dans un jour vous estes remys, comme si vous n'en aviez point party. Je séjournay jusques à karesme-prenant, et à plusieurs voyages que je fis à Parys et à Fontaynebelleau, je demeuray auprès du Roy, jusques au commancement de juillet, qu'il partit pour aller en Savoye, où, lorsque je pris congé de luy, il me commanda de dire à mon père qu'il ne manquât pas de m'envoyer à ce voyage, et que je l'assurasse qu'il luy feroit grand plaisir. Je peux dire avec vérité que jamays il ne m'a fait si bon visage qu'à ce voyage, et je n'espéroys pas peu de ma fortune.

Lorsque je suppliay mon père de me donner moyen de faire ce voyage, il me dit que, si la guerre de Savoye duroit, j'aurois assez de temps pour m'y trouver ; que, si la paix se faisoit, comme il y avoit grande

---

1. A votre première entrée à la cour.

apparence, je despendroys¹ beaucoup d'argent, quy seroit mieux employé au voyage qu'il vouloit que je fisse en Italie, tellement que je ne partys qu'à la fin d'octobre 1600, et arrivay sur la fin de la guerre, au temps que la royne Marie de Médicys vint en France, et fut mariée à Lyon. Quand je fis la révérance au Roy, il me dit que j'estoys des *tard-venus;* je luy respondys que ce n'estoit pas manque d'affection, et, sans la foule qui m'emporta, je luy en eusse dit dadvantage. Je séjournay à Lyon jusques après la paix, pendant lequel temps le Roy donna la coadjutorie de l'abbaye Sainte-Geneviève à feu messire Benjamin de Brichanteau, mon frère, depuys évesque de Laon², et parce que le Roy avoit accoustumé de faire bon visage à ceux à quy il avoit fait du bien, il parla plusieurs foys à moy, et, quand je pris congé de luy, pour m'en aller en Italie, il me fit assez de caresses et me commanda de me randre auprès de luy à mon retour; ce quy me donna encores une grande espérance de fortune, et il me tardoit que mon voyage ne fût desjà fait.

Je partis de Lyon, après les Rois, en l'an 1601, et m'embarquay sur le Rosne; je passay à Vienne, à Valence, au Pont Saint-Esprit, à Auignon; de là je perçay toute la Provance, vins à Aix, à Saint-Maximin, à Brignoles, à Fréjus, à Cannes et à Antibes, où je trouvay M. de Guise³, lequel se voulut baigner le

1. *Je despendroys*, vieux mot, du latin, *pendere*, pour *je despenserois*.
2. Il devint évêque et duc de Laon en 1612, et mourut à Paris en 1619. Philibert de Brichanteau, son frère, lui succéda en 1620.
3. Charles de Lorraine, duc de Guise et de Joyeuse, gouverneur de Provence; fils du *Balafré*.

20 janvier. Je vous fais remarquer ceste particularité, parce que, plusieurs foys, il m'en a pris pour tesmoing; le soleil estoit aussy ardent qu'il peut l'estre icy au moys de juillet, et l'eau de la mer est toujours chaude.

Je partis d'Antibes et m'embarquay le 21 de janvier; je passay par Nice, Ville-Franche, Monaco et Menton; de là, je costoyay la rivière de Gennes, droit à Savonnes et Gennes, où je séjournay deux ou trois jours; de là j'allay débarquer à Lérici, et pris terre pour aller à Massa, Lucques, Pise et Florance, où je séjournay trois jours, et j'arrivay à Rome, le 20ᵉ febvrier 1601.

Je fis séjour à Rome, jusques au 20ᵉ de septembre que j'allay voir Naples, et à mon retour, M. de Béthune, ambassadeur, arriva, et je partis trois ou quatre jours après, pour revenir en France, par Lorete, Riminy, Ravenne, Bouloigne, Ferrare, et je m'embarquay à Francolini, sur le Pô, pour aller à Venise, où je séjournay cinq ou six jours, et revins par Padoue, à Vicenza, Véronne, Brescia, Martinenguo, Milan, où je séjournay deux jours. Je vins ensuite à Novarra, Verceil, Chivas et Turin; de là, par la Savoye, à Monmélian, Chambéry et Lion, d'où je pris le chemin de Berry, où estoit ma mère, il y avoit quelques moys.

Le jour que je partis de Rome, le Curion, quy m'avoit apris à escrire, et quy m'avoit desjà dit adieu, me vint trouver, comme j'estois prêt de monter à cheval, et me dit qu'il venoit se resjouir avec moi d'une bonne fortune quy m'arrivoit à mon abord en France. Je suys encore à sçavoir ce qu'il vouloit dire, car, le lendemain que je fus arrivé à Lignyères, j'eus une querelle avec feu Chasteauneuf, frère de celuy que vous avez veu garde des sceaux, pour quelque chose quy s'estoit passé en mon absence; toute la bonne fortune que j'eus, fut que je ne me battis point, et qu'on creut que j'avois fait ce qu'on doibt, quand ces malheurs arrivent.

A la fin de l'an 1601, j'arrivay à la court, où le Roy d'abord me fit assez bon visage; mays depuys ce temps-là, il sembloit qu'il craignit que j'aprochasse de luy, parce qu'il sçavoit que mon père estoit chargé d'enfants et d'affaires, et qu'il ne me pouvoit donner moyen de le suyvre, et qu'il sembloit qu'ayant la charge de capitayne des toiles, où il prenoit plaisir à la chasse, Sa Majesté n'estoit aucunement obligée de me donner moyen de la servir.

A mon abord, je pris en affection M. le duc de Mantoue, lors duc de Nevers, parce qu'il estoit d'un aage aprochant du mien, et qu'estant gouverneur de Champagne et Brie, il sembloit que j'estois plus obligé de le rechercher qu'un autre prince. Ledit duc de Nevers demanda congé au Roy d'aller voir le siége d'Ostende, et de là en Angleterre, et il partit à la mi-karesme, en l'an 1602. Je l'accompagnay en ce voyage. Il fit quelques troys ou quatre jours de séjour à Catays, attendant le marquis de Cœuvres, maintenant mareschal d'Estrées, le comte de Carmail[1] et Pompi-

---

1. Adrien de Montluc, seigneur de Montesquiou, prince de Chabannais, comte de Cramail, ou Carmail, par sa femme. On a de lui *la Comédie des proverbes* et *les Jeux de l'inconnu*. Il encourut la disgrâce du cardinal de Richelieu, fut mis à la Bastille, y resta quelque temps, et mourut le 22 janvier 1646, âgé de soixante-dix-huit ans.

gnan, son frère[1]. Voyant qu'ils tardoient, il alla visiter l'archiduc quy estoit à Nieuport, à deux lieues d'Ostende. Nous fismes un jour de séjour, vismes les tranchées et demandasmes congé à M. de Nevers, MM. de Chabot, Fraucourt, quelques autres et moy, d'aller voir la Flandres. Partant de Nieuport, passasmes à Dixmude, Bruges, Gand, Anvers, Malines, Brusselles, et retournasmes à Calais, par Enghien, Tournay, Lisle, Béthune, Ayres, Saint-Omer, et arrivasmes à Calays, la veille que M. de Nevers se vouloit embarquer; que si je l'eusse trouvé embarqué, comme il n'y eût que le vent quy l'en empeschât, j'estois résolu de retourner au siége d'Ostende.

Nous passasmes à Douvres, de là à Cantorbéry, Rochester, Gravesendes[2] et Londres, où la Royne Elizabeth, lors régnante en Angleterre, fit grand honneur au duc de Nevers et à tous ceux quy estoient avec luy. Nous y séjournasmes près de troys semaynes. En partant, le duc de Nevers me fit prier de l'accompagner le reste du voyage; mays, parce qu'il ne disoit pas son intention, et feignoit seulement de passer en Hollande, pour de là retourner en son gouvernement de Champagne, je n'y voulus pas aller, et aussy que l'argent me manquoit, et que je n'estois pas trop satisfait dudit duc de Nevers, et que, quelques jours auparavant, j'avois eu quelque prise avec Pompignan lequel faisoit le voyage avec luy, et avoit beaucoup plus d'accès que les autres. J'y ai eu grand regret depuys, car il passa de Hollande en Dannemarck,

1. Blaise de Montluc Montesquiou, seigneur de Pompignan, frère cadet du comte de Cramail.
2. Bourg du comté de Kent, sur la Tamise.

en Saxe, Bohême, vit la court de l'Empereur, se trouva à l'armée de Hongrie, vit le siége de Bude, où il fut blessé, et, à son retour, il vit toute l'Allemaigne. J'ay depuys ce temps-là souhaité d'avoir, de mon sang, rachepté ceste occasion, mays je ne croyois pas pouvoir vivre avec Pompignan, de l'humeur dont il estoit.

Nous revinsmes, le marquis de Cœuvres, le comte de Carmail, Fraucourt et moy, dans le carrosse du marquis de Cœuvres, que nous trouvasmes à Bouloigne. Je ne fis qu'un jour ou deux de séjour à Parys. Je vins reprendre mon petit esquipage à Nangis, et retournay à Parys le jour que le Roy revint de Fontainebelleau, après la prise du mareschal de Biron[1].

Je séjournay à Parys, à Sainct-Germain et à Fontainebelleau, auprès du Roy, jusques au moys d'aoust, que les moyens me manquant, je fus contraint de m'en aller trouver ma mère qui faisoit son séjour à Lignyères, où je commençay de prendre grand plaisir à la chasse et à me dégouter de la court. Néantmoings mon père estant venu en Berry, me ramena à la fin de l'année 1602 à la court, où je commençay plus que jamays de me déplaire, car je dédaignois d'estre parmy ceux de ma volée. J'eusse bien désiré de me mettre dans la cabale de ceux qui estoient les plus relevés, lesquels ne m'eussent pas dédaigné, mays n'estant pas en esquipage et n'ayant les moyens d'estre leste et tenir table comme eux, j'eusse désiré, s'ils m'eussent donné à disner, d'avoir moyen de les traic-

---

1. Le maréchal de Biron fut arrêté à Fontainebleau au mois de mai 1602, et décapité le 31 juillet suivant.

ter à mon tour. Je demouray en grande mélancolie pendant ce voyage. Je ne laissay pas de faire le voyage de Metz avec le Roy. Je demouray à Parys jusques au moys d'aoust 1603, et il me prit une autre fantaisie de sortir de France et m'en aller en Flandres.

Pendant ce voyage de Metz, M. de Nevers revint d'Hongrie avec commission de lever mille chevaulx françois. Toute la court s'offrit à luy, mays quand ce vint au fait et au prendre, il n'y eut de gents de la court que le marquys de Renel, le comte de Saint-Aignan et moy quy luy tinssions parole. Ce voyage fut rompu par M. le duc de Mayenne, son beau-père, et mon dessein s'en alla en fumée, à mon grand regret.

Mon père, qui craignoit que je fisse ce voyage et quy jugea que mon humeur n'estoit pas propre pour demeurer dans la court, me proposa de me marier et m'envoya en Berry, où il vint depuis faire un voyage, et me commandant d'aller à Randan pour parler du mariage de M. le marquis de Senecey avec Mlle de Randan[1], me commanda aussy de passer par Billon, où estoit Mme de Randan, la grand-mère[2], et avoit avec elle Mme de Champdenier[3], sa fille, et Mlle de Champ-

---

1. Henri de Beaufremont, marquis de Senecey, épousa Marie-Catherine de La Rochefoucauld, comtesse de Randan, le 8 août 1607. (P. Anselme, t. IV, p. 437. — *Recherches sur Randan*, par M. le vicomte de Bastard, Riom, 1830, in-8, p. 232.) On parlait déjà de ce mariage en 1603, d'après ce qu'on lit ici.
2. Fulvia Pic de la Mirandole, veuve de Charles de La Rochefoucauld, seigneur de Randan, dame d'honneur de la reine Louise de Lorraine-Vaudémont, femme de Henri III.
3. Marie-Sylvie de La Rochefoucauld, mariée en 1579 à Louis

denier, sa petite-fille[1], à quy l'on promettoit soixante mille escus. Je parlay du mariage de M. de Senecey, mays pour moy je me contentay de voir Mlle de Champdenier, dont je demeuray fort satisfait, et remys de m'embarquer lorsqu'elle seroit à Parys, où Mme de Champdenier faisoit estat de se rendre à Pasques.

A la fin du moys de janvier 1604, je revins à Parys, ou je trouvai que M. le comte d'Auvergne[2], maintenant duc d'Angoulesme, avec un vautray[3] pour courre le sanglier. Il avoit en mon absence fait chasser le Roy aux toiles, et se promettoit d'avoir de moy pour peu de chose la charge de capitayne des toiles, et de donner plaisir au Roy. Cela me fascha fort, et, parce qu'il estoit prince, je me résolus de luy faire parler par M. de Nevers, que je tenois assez mon amy pour cela, et le supplier ne point courre sur la fortune d'un pauvre gentilhomme, et luy faire cognoistre que je n'estois pas résolu de le souffrir. Mais mon père fut d'advis d'en parler au Roy, et de fait, un peu après karesme-prenant, mon père alla trouver le Roy quy avoit fait l'assemblée à Livry pour courre un cerf dans la forêt de Bondy, et, après son disner, luy demanda si c'estoit du commandement de Sa Majesté que M. le comte d'Auvergne lui donnait du plaisir aux toiles, et s'il luy plaisoit que je luy remisse la charge

---

de Rochechouart, baron de Chandenier, morte carmélite au monastère du faubourg Saint-Jacques à Paris.

1. Anne de Rochechouart, née en 1586, morte en 1609, sans avoir été mariée. Elle a été enterrée aux Carmélites.

2. Fils de Charles IX et de Marie Touchet.

3. *Vaultre* ou *vaultroy*, espèce de chien de chasse entre allant et matin, pour chasser aux ours et aux sangliers. (*Dictionn.* de Trévoux.)

entre les mains. Le Roy luy dit que non, et qu'il vouloit que je fisse ma charge, et me commanda à l'heure mesme de me randre à Pasques à Fontainebelleau, où le duc de Lorrayne[1], grand-père du duc Charles, le devoit venir trouver. Le comte d'Auvergne ne laissoit pas tousjours de chasser avec son vautray, dont il me faschoit fort; mais, à peu de temps de là, il eut une querelle avec feu M. le comte de Soyssons, qui le fit appeler par Montignac. Le comte d'Auvergne, par respect, le refusa; mays après, s'en estant repenty, il envoya M. le comte de Sommerive[2], frère de M. le duc de Mayenne, appeler M. le comte de Soyssons, qui estoit dans son logis, ayant toute la cour auprès de luy. Le Roy fut tellement offensé contre ledit comte d'Auvergne qu'il fut contraint de se retirer en Auvergne, où, pendant son séjour, il s'embarqua en de plus mauvaises affaires. Le Roy le fit arrester prisonnier et mettre en la Bastille, où il a demouré treize ans[3]. Je ne fus pas fasché de sa prise, car de la qualité et de l'humeur dont il estoit, j'eusse eu grande peine à souffrir de luy.

Je ne manquay de me randre à Pasques, comme le

---

1. Henri, duc de Lorraine et de Bar. Il était beau-frère de Henri IV, ayant épousé, en 1599, Catherine de Bourbon, princesse de Navarre, sœur du Roi.
2. Charles-Emmanuel, comte de Sommerive, né en 1581 et mort en 1609. Il était frère de Henri de Lorraine, duc de Mayenne après son père.
3. Le comte d'Auvergne entra dans la conspiration de la marquise de Verneuil, du maréchal de Biron, et d'autres personnages. (Œconomies royales, t. IV, p. 95 de la 2e série de la collection Petitot.) Le comte dut son salut aux égards portés au sang des Valois qui coulait dans ses veines.

Roy m'avoit commandé, à Fontainebelleau et de faire ma charge de capitayne des toiles, que je n'avoys point exercée depuys mon retour d'Italie. J'y trouvay encore une difficulté. Il y avoit un vieil gentilhomme, lieutenant des toiles, nommé Chearoches[1], qui avoit esté au Roy du temps qu'il n'estoit que roy de Navarre, et avoit grand accès auprès de Sa Majesté. Pour ce sujet, le Roy luy faisoit tous les commandements qui se devoient adresser à moy, ce que j'avois grand peine de souffrir, et en parlay deux ou troys fois audit Chearoches assez vertement; de plus, le Roy luy donnoit de l'argent pour la nourriture des chiens et despanse des officiers, tellement que le Roy ayant son plaisir à meilleur marché, ne faisoit rien pour moy.

Pour ceste raison et quelqu'autre desplaisir que je receus, je demanday congé à mon père de m'en aller en Flandres, lequel, après plusieurs raisons, enfin par un commandement absolu me défandit d'y aller et me donna quelque peu d'argent pour aller à Fontainebelleau, où, à ce coup, ne voyant aucune espérance de sortir de France, et ayant honte de demourer dans la maison, je me résolus de m'embarquer tout à fait dans la court, et n'en ay point party pendant que le roy Henry IV a vescu. Je me logeay avec M. de Dunes, premier mari de Mme de Gié, l'un des plus galans hommes de son aage. Nous avions commencé nostre amitié dès le collége, l'avions continuée en Italie, et elle n'a fini que par sa mort. Je demouray troys moys

---

1. Nom vraisemblablement altéré, qui pourrait bien être Chavaroche, père ou parent de l'intendant de l'hôtel de Rambouillet, qui eut avec Voiture un duel ridicule. (Voir les *Historiettes* de Tallemant des Réaux. t. III. p. 58 et suiv. de la 3ᵉ éd. Paris, Techener, 1854.)

à Fontainebelleau et suyvis le Roy à Parys, commençant un peu de prendre l'air de la court.

Au commancement de l'an 1605, à karesme-prenant, le duc de Nevers, pour resveiller la jeunesse de la court, demanda permission au Roy de faire un combat à la barrière, ce que le Roy, qui prenoit plaisir à ces galanteries, quand il ne lui en coustoit rien, luy accorda fort volontiers.

Nous fismes une partie, MM. de Senecey, de Vitry, de Dunes et moy. Je n'avoys pas un denier quand je m'y embarquay, mays avec l'ayde de mes amys et le crédit des marchands, j'en sortys à mon honneur; il m'en cousta 400 escus. Ceste petite galanterie me haussa un peu le courage, car il n'y entra que ce qui estoit des plus honnestes gens de la court.

Je suyvys toujours le Roy jusques au moys de juin que M. Du Terrail nous desbaucha, Dunes et moy, pour aller en Flandres. Ledict sieur Du Terrail, père de celuy que vous cognoyssez, avoit espousé une cousine germayne de ma mère, et fréquentoit chez Mme de Cypierre, sœur de Dunes, où nous allions fort souvent. Nous ayant trouvé d'assez bonne volonté, il nous tira un jour à part dans les Thuileries, et nous dit que c'estoit honte, en l'aage où nous estions, de demourer en la court à piquer un coffre et à courre le cerf; que si nous estions gents à vouloir acquérir de l'honneur, il avoit un dessein où nous ferions à jamays parler de nous. Je luy respondys que pourveu que ce ne fût ny contre la religion ny contre le service du Roy, nous serions toujours prêts. Il répliqua que pour le service du Roy il y estoit encores plus obligé que nous, parce qu'il estoit enseigne de la compagnie de gendarmes de Mgr le Dauphin; que pour la religion c'estoit une entreprise sur une ville où il y avoit trente ans qu'on n'avoit dit la messe; qu'il nous prioit de n'en point parler, parce qu'il y alloit non-seulement de la fortune, mais de la vie; qu'il s'en alloit en Auvergne et seroit de retour au moys de juillet. Sous ces conditions, nous luy donnasmes parole de faire ce voyage.

Estants de retour à notre logys, nous raisonnasmes, Dunes et moy, quel pouvoit estre ce voyage, et, par toutes sortes de conjectures, nous jugeasmes que c'estoit une entreprise sur Sedan, parce que nous sçavions qu'il l'avoit envoyé recognoistre. Je ne pouvoys sortir de France, sans le congé de mon père, auquel m'estant confié de ceste affaire, il jugea comme nous que c'estoit une entreprise sur Sedan[1].

Au commencement de juillet, M. du Terrail revint d'Auvergne; il ne demoura que quatre jours, et nous partismes ensemble. J'allay prendre congé de mon père, quy avoit la fiebre-tierce; j'enmenay M. de Montjay, et n'avois que cent sous, quand je partys avec l'habit quy estoit sur mon dos.

Nous partismes à dix heures du soir, et, comme nous fusmes hors de Parys, nous le pressasmes de nous dire son dessein : il nous dit que nous allions en Flandres; nous luy dismes qu'il avoit tort de ne nous l'avoir point dit, parce que nous eussions fait provision d'argent, et que nous n'avions pas seulement pour

---

1. Cette place, une des clefs de la France, était une principauté souveraine qui appartenait à la maison de Bouillon. Elle fut cédée au Roi, en 1642, par le duc de Bouillon, compromis dans la conspiration de Cinq-Mars.

changer d'habit. Il nous dit que nous envoyassions querir des habits: que, pour de l'argent, il en avoit et que nous n'en manquerions point. Nous renvoyasmes donc querir quelques habits. Au lieu de prendre le droit chesmin de Flandres, quy est par Péronne, nous allasmes à Dammartin[1], où nous séjournasmes jusques assez tard que nos gents revindrent de Parys, et qu'un nommé Duponet fut de retour, qu'il avoit envoyé trouver M. le chancelier de Sillery, quy estoit à Monceaux[2], auprès du Roy, pour le supplier de remettre entre les mains du Roy la charge d'enseigne de la compagnie de gendarmes de Mgr le Dauphin, et douze cents escus qu'il avoit de pension.

Le Roy fut fort offansé de son départ, et envoya sur la frontière de Picardie pour nous arrester, mays nous prismes le chemin de la Ferté-Milon, et passasmes à troys lieues de Monceaux, pendant qu'on nous cherchoit bien loing. Partant de Dammartin, je demanday à M. du Terrail quelle espérance de fortune il avoit en Flandres, que pour nous, l'on nous pardonneroit aysément, parce que nous estions des jeunes gents, quy cherchions à acquérir de l'honneur, et à nous rendre capables de servir, mays que luy, en l'aage où il estoit, quy estoit près de quarante ans, et avoit charge et pension du Roy, l'on le trouveroit plus estrange. Il me respondit que le Roy l'avoit fort mesprisé; qu'il luy avoit refusé le gouvernement de Caën pour le donner à Bellefons, quy avoit esté de la Ligue, et n'a-

1. Petite ville du département de Seine-et-Marne, à 36 kil. de Paris, sur la route de Laon.
2. C'était un château que Catherine de Médicis avait fait construire, en 1547, auprès de Meaux.

voit jamays servy le Roy plus que luy, que c'estoit un tesmoignage que Sa Majesté se défioit de luy, qu'Arnault, secrétaire de M. de Seuilly[1], avoit dit tout haut dans l'Arsenal que le Roy ne feroit jamays rien pour luy, parce qu'il estoit trop ambitieux, et quelques autres raisons assez foybles; que, pour la fortune qu'il espéroit en Flandres, il avoit plusieurs entreprises, entre autres sur Bergh-sur-le-Zom[2], où il y avoit six moys qu'il entretenoit un soldat, pour la recognoistre; qu'il n'y avoit que Dieu quy le peût empescher de la prendre, lequel il espéroit quy luy seroit favorable, puisque c'estoit pour y remettre l'exercisse de la religion catholique, qu'on en avoit osté il y avoit trente ans, que prenant Bergh-sur-le-Zom, le pays luy donnoit cent mille escus et l'archiduc luy donnoit douze des meilleures maisons de la ville, dont il tireroit de chacune dix mille escus; que pour nous, l'on nous feroit de grands présents, si nous prenions la ville. Je luy dis : « Mais si vos entreprises vous manquent, que deviendrez-vous? car la porte de France vous est fermée. » Il me dit qu'il s'en iroit en Hongrie. Quoique je fusse plus jeune que luy, je luy répliquay que je trouvoys fort estrange que, sur des espérances si incertaynes, il eût habandonné une fortune assurée, sa femme, son pays et ses amys. Il estoit fort galant homme, agréable en sa conversation, vaillant, bon capitayne de chevauls-légers, hardy en ses entreprises; mays le plus léger esprit que j'aye jamays pratiqué.

---

1. M. de Sully.
2. Berg-op-Zoom.

Nous couchasmes à la Ferté-Milon; le lendemain, nous allasmes dîner à Fère en Tartenoys¹, d'où nous envoyasmes nos chevauls droit à Mézières, et par la traverse nous allasmes prandre la poste à Port-à-Pinson, où nous rancontrasmes un secrétaire de M. de Bassompierre, quy, arrivant la nuit à Monceaux, dit qu'il nous avoit rencontrés, que sy l'on nous eût suivy on nous eût trouvés encores à Espernay, où nous fusmes contraints de coucher, faute de chevaux de poste. Le lendemain nous allasmes à Châlons disner avec M. de Nevers, quy nous receut fort bien, nous donna un carrosse de campagne pour aller à Mézières, ce que le Roy trouva fort mauvais, et s'en plaignit à mon père, à quelques jours de là, luy disant que c'estoit un brouillon, quy faisoit toutes les choses qu'il croyoit luy estre désagréables.

Nous séjournasmes un jour à Mézières, et nous nous embarquasmes avec nos chevaulx sur la Meuse, passasmes à Fumay², Dinan, Namur, où nous quittasmes la rivière et allasmes à Bruxelles, où, d'abord que nous fusmes arrivés, La Roquinière, que vous cognoissez, nous vint trouver. M. du Terrail nous dit: « Prenez garde à cest homme, il ne bouge de chez l'ambassadeur de France. » Ledit La Roquinière nous dit qu'il avoit grande joye de nous voir; qu'il y avoit longtemps que les François, quy estoient en ce pays là, nous attendoient avec grande impatience, pour l'espérance qu'ils avaient que nous ferions quelque chose de bien; qu'il nous conseilloit de ne point voir

---

1. Fère en Tardenois, bourg du département de l'Aisne.
2. Petite ville du département des Ardennes.

l'ambassadeur de France, parce que cela donneroit soupçon aux Espagnols, et que nous ne ferions jamays fortune avec eux; et, peu après, il tira Dunes à part, avec quy il avoit dès longtemps cognoissance, et luy dit tout bas qu'il le prioit que nous allassions dès ce jour-là voir M. de Berny[1], frère de M. le chancelier de Sillery, ambassadeur du Roy en ce pays-là; que, si nous y manquions, le Roy s'en offenceroit. Quand Dunes me fit ce discours, nous en rismes fort ensemble, et nous trouvasmes que du Terrail nous avoit donné un bon advys de prendre garde à ce que nous luy dirions.

A quelque heure de là, nous allasmes voir M. l'ambassadeur, quy nous dit que le Roy avoit trouvé fort estrange que nous fussions partys de France, sans son congé, et encores estre venus avec le Terrail qu'il sçavoit avoir de mauvais desseins contre son service; que pour le Terrail, il ne s'en soucioit point, mays que pour nous, Sa Majesté nous défendoit de nous engaiger en ce pays-là; que, puisque nous y estions, il ne falloit nous en retourner sytost, de peur de donner sujet aux Espagnols de croire que le Roy trouvât mauvais que nous fussions venus en Flandres. Nous luy dismes que nous n'estions venus en ce pays que pour acquérir de l'honneur, et pour nous randre capables de servir le Roy; que nous estions en si peu de considération, que nous n'avions point creu qu'il fût nécessaire de prendre congé du Roy; que pour le Terrail, nous n'avions point recognu qu'il eût aucun dessein contre le service du Roy; que quelque mes-

---

1. Mathieu Brulart, seigneur de Berny, conseiller au Parlement de Paris, ambassadeur en Flandre.

consentement l'avoit obligé de sortir de France. Pour moy, je luy dis que je n'estois pas résolu de retourner en France, que je n'eusse veu les occasions quy se passeroient en ce pays-là. Pour Dunes, il s'estonna et vint aux excuses; et le soir, fort tard, retourna chez luy; aussy ledit sieur ambassadeur manda au Roy qu'il m'avoit trouvé plus opiniastre que Dunes.

Nous fismes le jour mesme la révérence à l'archiduc, ce qui fut une grande faveur, car d'autres estoient quelquefoys un moys sans le voir; il nous fit très-bon visage, parce qu'il croyoit faire desplaisir au Roy; nous demanda de ses nouvelles; où nous l'avions laissé, parce qu'il avoit eu advis de son ambassadeur, en France, que nous suyvions le Roy, et qu'il avoit tesmoigné du desplaisir de notre partement.

Nous ne séjournasmes qu'un jour à Bruxelles; nous retournasmes à Namur, où nous nous embarquasmes encore avec nostre esquipage sur la Meuze; nous descendismes à Liége, et mismes pied à terre à Maëstricht, où nous trouvasmes le comte de Solre, grand escuyer de l'archiduc, quy alloit trouver le marquis de Spinola, lequel commandoit l'armée et alloit passer le Rhin pour faire la guerre en Frise[1]. Nous passasmes avec ledit comte de Solre, et le second jour arrivasmes dans l'armée, où le marquis de Spinola nous receut avec la gravité espagnole; et quand Le Terrail luy communiqua ses entreprises, il en fit peu de cas et les jugea comme impossibles, dont je vis Le Terrail si mal satisfait, que s'il eût esté en France, il n'en fût jamays party.

1. L'une des Provinces-Unies, à l'entrée du Zuiderzée.

Le lendemain, nous vismes un rendez-vous d'armée, où il y avoit quatorze mille hommes de pied et deux mille chevauls, sans compter les régiments de Pompeo, Justiani et le comte Guido San Gergion, avec quelques cavaliers, quy estoient à la garde d'un pont auprès de Cologne. Je n'ay jamays veu une si rigoureuse justice; car, en une journée, on pendit dix-huit hommes, la pluspart pour estre seulement sortys de leurs rangs, sans congé, contre le ban quy avoit esté crié, portant défanse de sortir des rangs. Nous demourasmes seulement deux ou troys jours, et quittasmes l'armée à Erklens[1], une lieu ou deux de Juillers. Nous estions quelques vingts François, avec espées et pistolets, et vingt carabins espagnols, qu'on nous donna pour escorte; nous passasmes heureusement sans faire de rencontre, encore que par raison les ennemys deussent estre à la queue de l'armée; car nous passasmes au milieu de leurs garnisons. Nous marchasmes sans entrer dans un village, depuys les quatre heures du matin, jusques à dix heures du soir, toujours au trot, et fismes repaistre environ demie heure nos chevaulx dans une avoyne. Arrivant à la nuit fermée à Maëstricht, nous fusmes à la porte du costé de la rivière, et croys que ce lieu s'appelle Vik[2], nous demourasmes une heure sans qu'on nous respondit, dont nous fusmes estonnés de la mauvaise guarde pour estre en pays d'ennemys. Si nous eussions eu un pétard, nous pouvions aysément pétarder la porte.

Nous partismes de Maëstricht, allasmes à Tongres,

1. Erckelens, ancienne ville du duché de Juliers.
2. Wyck est un faubourg de Maestrich, situé sur la rive droite de la Meuse.

à Saint-Tron, Tirlemont et Louvain, où Le Terrail nous laissa pour aller donner ordre à l'entreprise qu'il avoit sur Berg-ob-Zom. Après quelques jours de séjour à Louvain, nous allasmes visiter l'armée du roy d'Espagne, qui estoit auprès du Sas-de-Gand[1], commandée par le comte Frédéric de Berg, quy nous fit de grandes carresses, et à moy particulièrement, parce que sa femme estoit de ce pays, fille de M. de Nantigny et nièce de M. de Verdelot. Nous fismes quelques jours de séjour et nous rendismes à Anvers, au temps que Le Terrail, quy estoit à Bruxelles, nous avoit prescrit.

Pendant mon séjour à Louvain, je reçus une lettre de mon père, quy se plaignoit de ce que j'estois party sans lui communiquer mon dessein, protestant qu'il estoit encore malade, comme je l'avois laissé, et que s'il mouroit, je seroys cause de sa mort. Je ne fus jamays si touché; et si je n'eusse esté à la veille de l'entreprise quy nous avoit amenés, je croys que je fusse party. Je fis semblant de n'avoir point reçeu sa lettre et luy escrivys toutes les nouvelles quy se disoient en ce pays-là, ce quy s'estoit passé depuis notre partement, et que j'esperoys que nous serions bientôt de retour.

Le 18ᵉ du moys d'aoust, Le Terrail vint nous trouver à Anvers, nous monstra l'ordre qu'il avoit fait pour l'entreprise, et qu'il avoit attendu jusques à ce jour là, à cause de la marée qui estoit fort basse, parce qu'il nous falloit passer un canal, où la mer re-

---

1. L'ecluse de Gand, ancienne forteresse espagnole démolie en 1828.

fluoit. Le 20, nous partismes à quatre heures du matin, vinsmes au rendez-vous des troupes, auprès du fort Saint-Philippe, où nous trouvasmes le régiment de Lauricourt[1], quy estoit de huit cents hommes, et cinquante hommes du régiment de Châlons et troys cents chevauls; nous marchasmes toute la journée, et environ soleil couchant, nous passasmes à un quart de lieue de Berg-ob-Zom, sans qu'ils prissent l'alarme, parce qu'il passoit d'ordinaire des gents de guerre par ce chemin là, quy alloit de Lille à Oudenberg[2].

Sur la nuit fermée, nous tournasmes tout court, et à dix heures, nous mismes pied à terre, sur le bord de la mer, dans des dunes de sable où nous fismes nos ordres, et marchasmes dans le sable jusques à mi-jambes, armés à l'épreuve du mousquet. Nous fismes plusieurs haltes, et, sur les deux heures, nous ouismes l'horloge, quy sonna par reprises, comme la Samaritaine sur le Pont-Neuf, et nous crusmes que ce fut l'alarme; néanmoings l'heure sonnée, la trompette, quy est au clocher, sonna pour resveiller les sentinelles; c'est pourquoy nous fismes halte près d'un quart d'heure, si près de la ville, que nous voyons ses bastions, quoiqu'il n'y eut point de lune et n'y avoit que la clarté des estoiles. Nous suyvismes le long des bastions environ cinq cents pas; la sentinelle demanda quy va là, sans donner l'alarme. Comme nous fusmes sur le bord du canal, je portois

---

1. Ce mot est douteux sur le manuscrit.
2. Lillo est un fort sur l'Escaut, qui défend Anvers. Oudenhosq est une petite ville du Brabant hollandais, à cinq lieues au nord-est de Berg-op-Zoom.

le premier pétard et M. de Montjay, mon madrier; le sergent Ruys, quy avoit recognu la place et Le Terrail marchoient devant M. de Montjay. Comme nous eusmes passé le canal, nous trouvasmes de la fange dudit canal, qu'on avoit curé du puys. Le Terrail, quy ne portoit point de pétard, estant sur le bord, nous ayda de passer, M. de Montjay et moy. La sentinelle tira sur nous et donna l'alarme. Nostre pétard joua à la première barrière et l'emporta, où M. de Montjay eut une mousquetade quy luy emporta un doigt; l'on fit jouer encore un pétard que portoit Montebene; il emporta une autre barrière; tous les autres pétards demourèrent dans la fange; nous gaignasmes un bastion détaché, où il n'y avoit qu'un corps de guarde de dix hommes, l'estonnement fut si grand que deux cents soldats françoys, quy estoient en garnison, s'estoient retirés dans le bastion pour faire leur composition, et nous fusmes plus d'un quart d'heure sans qu'on nous tirât une mousquetade. Enfin, quand ils entendirent le désordre des pétards, ils commancèrent de tirer et lever les escluses tellement, qu'il nous faillut repasser à nage le canal, la pluspart armés à l'espreuve du mousquet, et perdismes quelques soixante hommes tués et six-vingt blessés.

Nous nous retirasmes à Anvers, où nous arrivasmes sur les quatre heures du soir, fort fatigués et mouillés; car nous avions demouré trente-six heures sans boire, manger, ny dormir, la pluspart du temps armés à l'espreuve du mousquet. Nous séjournasmes deux ou troys jours à Anvers, et retournasmes à Bruxelles, où l'ambassadeur de France nous pressa, Dunes et moy, de retourner en France, nous assurant que nous y trouverions la guerre, comme en effet le Roy estoit sur le point d'aller en Limousin. Pour moy, je vouloys encore demourer; mays la lettre que mon père m'avoit escrit, me mettoit en peine et aussy que je n'avois point d'argent. Nous prismes congé de l'archiduc, quy nous fit de grandes caresses et tesmoigna estre fort satisfait de nous. Le dernier jour d'aoust, nous partismes en poste de Bruxelles et vinsmes, en trente heures, à Parys, sans nous reposer que fort peu. J'arrivay à quatre heures du matin et vins loger à Sainte-Geneviefve, où estoit lors mon frère quy n'estoit encores que coadjuteur[1].

Je donnay advys à mon père et au marquys de Senecey; ils vindrent l'après-disner, et mon père fut si ayse de me voir qu'il ne me parla de rien du passé, dont je fus fort ayse; ils me firent grande difficulté de voir le Roy, mais à l'heure mesme le Roy entra dans la court; il venoit de se pourmener dans le jardin, et voir des tableaux quy estoient au vieil abé de Sainte-Geneviefve. Comme il vit mon père, il luy demanda : « Où est votre fils? » entendant parler de mon frère. Mon père luy demanda lequel il demandoit; « Comment, dit le Roy, Nangis est-il arrivé? » Luy ayant dit que ouy, il commanda au marquys de Senecey de me venir quérir, quy me trouva que j'estois desjà acheminé : car j'estois résolu, s'il m'eut fait mettre en la Bastille, comme l'on croyoit, de m'en retourner en Flandres, aussitost que j'en seroys sorti. J'esprouvay la lascheté ordinaire de la pluspart des courtisans; car des gents

1. Philibert de Brichanteau, coadjuteur de l'abbé de Sainte-Geneviève en 1626, succéda, comme évêque et duc de Laon, à Benjamin de Brichanteau son frère. Il est mort en 1652.

quy se disoient mes amys, ne firent jamays semblant
de me reguarder; aussy passay-je au travers d'eux sans
les saluer. Le Roy se pourmenoit et mon père auprès
de luy; comme il tournoit la teste de mon costé, je
luy fis la révérence; il me dit : « Je suys bien ayse de
vous faire une réprimende en présance de vostre père,
afin qu'une autre foys vous ne soyez point si maladvisé
de sortir de France, sans mon congé et le sien, car il
ne vous l'avoit pas donné, et encore de vous en aller
avec Le Terrail, que vous sçaviez quy avoit de mauvais desseins contre mon service. » Je luy respondis
avec grand respect et humilité, que je supplioys très-
humblement Sa Majesté de me pardonner la faute que
j'avoys faite, que n'ayant autre dessein que d'acquérir quelque honneur, et me randre un jour capable
de le servir, je n'avoys pas creu estre si considérable
que je deusse prendre congé de luy; que pour estre
party avec Le Terrail, je n'avoys jamays recognu qu'il
eût aucun dessein contre son service. Il me dit : « Sçavez-vous pas bien qu'il a veu M. de Bouillon? » Je luy
respondis avec respect qu'il ne l'avoit point veu; il
me répliqua qu'il sçavoit que sy; je luy dis encore un
peu trop hardiment que je respondroys de ma vie, au
cas que cela fût, ne l'ayant jamays habandonné et ayant
tousjours couché en mesme chambre; il me répliqua :
« Il est plus fin que vous et vous aura trompé; »
et, se tournant à mon père, luy dit : « car j'ay veu
une lettre de M. de Bouillon, qu'il escrivoit au gouverneur d'Oranges et luy mandoit : « Je ne sçays « si
« le Roy m'a envoyé Le Terrail pour recognoistre ma
« place, ou s'il est vray le mescontentement qu'il tes-
« moigne avoir de luy, » et quelques paroles que je ne

peux escrire. Je luy respondist encores que le respect que je devois à M. de Bouillon me fermoit la bouche, mays que je l'assuroys sur ma vie que Le Terrail ne l'avoit point veu. Il me demanda en quel estat estoit l'armée de l'archiduc et ce quy s'estoit passé. Je luy respondys nayvement la vérité. Il essaya de me surprendre, mays il trouva que je ne me coupoys point; il se tourna à mon père et luy dit : « Ce sont les mesmes advys que j'ay de mon ambassadeur; » et, se tournant, me dit : « Allez, je vous pardonne, pourveu que vous soyez un autresfois plus sage, » et, s'approchant de la Royne, luy dit : « Voilà Nangis quy revient de Flandres; » mays elle ne tourna jamays ses yeux de mon costé; à l'heure mesme il y eut presse de me venir embrasser. Comme le Roy sortoit du jardin, il trouva Dunes quy ne s'osoit montrer; mais, ayant apris que j'avoys fait la révérence au Roy, il la luy fit comme il montoit en carrosse; le Roy luy dit qu'il se trouvât à son souper, ce qu'il fit, où Sa Majesté l'entretint et luy parla bien plus particulièrement qu'à moy; car, comme je vous ay remarqué, l'ambassadeur luy avoit escrit que j'estois bien plus opiniastre que Dunes.

A troys jours de là, le Roy s'advança à Fontaynebelleau où je le suyvis, et comme il partit pour aller à Limoges, je luy demanday s'il estoit nécessaire que je portasse des armes, il me dit que non, et que même il m'exemptoit du voyage; néantmoings, à quatre jours de là, Givry, frère du marquys de Senecey, et moy partismes et logeasmes ensemble, parce qu'il s'estoit mys en ce voyage quelque jalousie d'honneur, entre Dunes et moy, qui faillit de nous séparer d'amitié; mays, de bonne fortune, il se logea avec Varennes-Hagu, que vous voyez chevalier de l'ordre du Saint-Esprit[1] et ne trouvant pas peut-estre sa conversation si douce que la mienne, il me dit au retour qu'il ne logeroit jamays avec aultres qu'avec moy, et depuys ce temps nous ne nous sommes jamais séparés jusques à la mort.

Givry et moy arrivants que le Roy estoit encores à Bloys, aussitost que Sa Majesté me vit, elle me dit: « Vous sçavez bien que Le Terrail a fait encores une entreprise sur Berg-ob-Zom, où il a esté encores mieux battu; son pétardier a esté tué, et d'autres qu'il me nomma, » et me dit ensuite du discours que le comte de Solre avoit esté blessé, La Chau, capitayne des chevauls-légers, tué, et sa troupe défaite, et quelques autres nouvelles de Flandres que lui mandoit l'ambassadeur.

Je suyvys le Roy jusques à Tours, où je reçeus lettres de mon père quy me commandoit d'aller trouver ma mère à Meillan, laquelle estoit venue voir Mme de Barbésieux, sa mère, quy estoit fort malade. Je m'en allay avec grande diligence à Meillan, où je trouvay ma mère arrivée et Mme de Barbésieux malade d'une hydropisie, dont elle ne pouvoit eschaper; néantmoins elle pouvoit vivre quelques moys; je luy demanday congé d'aller trouver le Roy, ce qu'elle fit. Je partys de Meillan et arrivay à Limoges le jour que le Roy y arriva, où il séjourna durant huit ou dix jours, et revint par le Berry. Je quittay le Roy à Chas-

---

1. François de Hagu, marquis de Varennes, maréchal de camp, gouverneur d'Aigues-Mortes, mourut en 1637.

teauroux et vints à Meillan, où j'arrivay la veille que Mme de Barbézieux mourut.

Je séjournay quelque temps à Meillan et retournay à la court au commencement de décembre. A karesme-prenant 1606, M. de Nevers fit des carrousselles où je fus de sa partie, et M. de Chevreuse un combat en camp ouvert et armé, dont je fus de la partie, encores que je fusse fort mauvays gendarme et que je n'eusse pas un denier lorsque je me mys de l'une et l'autre partie, quy me coustèrent près de mille francs; mays je croyois qu'il y avoit honte à un jeune homme dans la court qu'il se fit une galanterie sans en estre, aymant mieux dépandre moins le reste de l'année.

Quelque peu devant Pasques, le Roy voulant avoir Sedan et mettre M. de Bouillon à la raison, s'advança jusques à Reims. Dunes et moy eusmes advys que le traité se faisoit et que mon dit sieur de Bouillon mettoit Sedan entre les mains du Roy. Nous partismes, le lendemain de Pasques, en poste, et des premiers, dont bien nous en prit; car ceux qui partirent après nous il y en eut quy ne changèrent point de chevauls de poste jusques à Sedan, tout le monde venant à la foule pour se trouver à l'entrée du Roy dans Sedan. Nous trouvasmes Sa Majesté à la cassine, prest de monter à cheval pour aller coucher à Donchery, une lieue près de Sedan, où nous le suyvismes, et parce que nous estions en poste et n'avions point d'esquipage, nous prismes l'occasion que M. de Villeroy et M. de Puyzieux alloient à Sedan pour ratifier le traité à M. de Bouillon; nous leur demandasmes si le Roy trouveroit bon que nous allassions avec eux et si nous oserions voir M. de Bouillon devant qu'il eust fait la révérence à Sa Majesté. M. de Villeroy nous assura qu'il n'y avoit point de danger. Par les chemins, il nous demanda des nouvelles de ce qui s'estoit passé en Flandres pendant le séjour que nous y avions fait. Arrivants à la porte de la ville, M. de Bouillon attendoit, auquel M. de Villeroy nous présenta, Dunes et moy; il nous fit de grandes caresses et à moy particulièrement, parce que j'avois l'honneur de luy appartenir. Nous allasmes chercher logys et après allasmes visiter le chasteau. Comme nous fusmes partys, M. de Bouillon y arriva, et sachant que nous y avions esté, nous envoya chercher pour souper avec luy; mays l'on ne peust trouver notre logys; aussy n'y fussions-nous pas allés, parce qu'il n'avoit pas encores vu le Roy. Le lendemain Sa Majesté fit son entrée et y demeura troys ou quatre jours.

Le Roy alla de Sedan à Mouzon[1], où M. de Bouillon le suyvit. Dunes retourna à Parys pour quelques affaires, et moy je suyvis le Roy, logeant avec M. de la Chastaigneraye, un des braves hommes de France et un des meilleurs amys que j'aye jamays eu, lequel me presta des chevauls. Le soir M. le comte de Grandpré, gouverneur de Mouzon, supplia très-humblement M. de Montpensier et M. de Bouillon d'aller souper chez luy, et pria M. de La Chastaigneraie et moy de les y accompagner. Après le souper, M. de Bouillon me demanda des nouvelles de ce qui s'estoit passé en Flandres, pendant que nous y estions, où je luy rendys le meilleur compte que je pus; il me parla de du Terrail; je fus prest de luy descouvrir une reco-

1. Ancienne petite ville de Champagne, située sur la Meuse.

gnoissance que ledit Terrail avoit fait faire de sa place par Montebone, laquelle ledit Montebone nous avoit fait voir pendant le séjour que Dunes et moy avions fait à Sedan; mais je n'estois pas encores assez privé avec luy. Depuys ce temps, mondit sieur de Bouillon m'a tousjours pris en amitié, et moy je l'ay honoré comme un des meilleurs seigneurs et amys que j'aye eu.

Le Roy revint de Mouzon par Reims, Soyssons et Villiers-Coterets à Parys, où M. de Bouillon se trouva avec grand regret à son entrée de Parys; delà le Roy alla à Fontaynebelleau, où j'arrivay deux jours après. Lors M. de Vitry me demanda sy j'avoys l'honneur d'apartenir à M. de Bouillon parce qu'il avoit parlé de moy au Roy fort dignement, et luy avoit dit qu'il falloit qu'il me donnât moyen de le servir et entretenir la chasse des toiles. Je luy dis que j'avoys l'honneur d'apartenir à mon dit sieur de Bouillon, mays que je n'avoys jamays mérité l'honneur qu'il me faisoit; il me conseilla de l'en remercier, ce que je fis, et me tesmoigna encores beaucoup de bonne volonté; cela me donna la hardiesse de parler au Roy pendant son disner, à une assemblée qu'il fit à Dorvaux[1], proche de Nemours, et luy dis que suyvant le commandement que Sa Majesté avoit fait, l'esquipage de la chasse des toiles estoit arrivé, mais que pour moy je n'avoys plus le moyen de le suivre, s'il ne faisoit quelque chose pour moy; il me fit mauvaise réponse, sur quoy je le suppliay très-humblement me permettre

---

1. Darvault, petit bourg à deux lieues de Nemours, en allant vers Montereau.

d'aller trouver mon père à Parys, pour le servir à la sollicitation d'un procès de grande importance; il me dit qu'il me le permettoit.

Je vins à Parys, ou nonobstant tout le bon droit que nous avions audict procès, contre M. de Luxembourg, quy estoit de plus de quatre cent mille escus à partager entre M. le marquis d'Espinay et M. de Schombert, pour une moitié, et nous pour l'autre, notre procès fut perdu, ce quy me mit en grande mélancholie; car toute l'espérance de l'establissement de nostre mayson estoit fondée sur ce procès, où tout le monde croyoit que nous estions fondés. Cette perte me fit résoudre de retourner en Flandres et essayer d'y faire fortune, puysque mon père n'avoit pas le moyen de me tenir à la court, et que le Roy ne faisoit rien pour moy.

Pendant ce temps-là, le Roy revint à Parys, où je fus près de troys semaynes sans le voir. Un soir, M. le baron de Vitry et moy nous baignants à la pointe de l'isle[1], quy est devant l'arsenal, le Roy, qui venoit de se baigner plus haut, passa en bateau; le duc de Vendosme, quy estoit auprès de luy, dit tout haut : « Voilà Nangis qui se baigne. » Le Roy se tourna, et moy, ne faisant pas semblant de voir ny ouyr ny l'un ny l'autre, je me layssay aller au cours de l'eau et me meslay parmy d'autres quy se baignoient. Je jugeay doncques qu'il estoit temps de faire esclore mon dessein; c'est pourquoy je suppliay M. le duc de Montbazon, que je tenoy en ce temps-là pour un de mes

---

1. L'île Louviers, aujourd'hui réunie à la rive droite de la Seine.

meilleurs seigneurs et amys, de demander permission au Roy de vandre la charge de capitayne des toiles, parce que Sa Majesté ne me donnoit pas le moyen de la servir; l'argent que j'en tirerois me pourroit servir à chercher ma fortune. Le Roy, lorsqu'il luy en parla, luy demanda, quand je m'en serois défait, ce que je deviendroys. M. de Montbazon luy respondit que je ne le luy avois point dit, mays qu'il croyoit que j'avoys dessein de retourner en Flandres. Le Roy luy dit en grande cholère qu'il me commandât ds sa part de venir trouver Sa Majesté et qu'il parleroit bien à moy. J'allay à quelques jours de là voir M. de Montbazon quy me dit qu'il avoit parlé au Roy, le commandement qu'il luy avoit fait et que je me préparasse d'estre bien gourmandé. Je le remerciay très-humblement de l'honneur qu'il m'avoit fait et lui dit que j'estois résolu à tout ce quy me pourroit arriver.

Dès le lendemain, je sceus que le Roy alloit à l'assemblée auprès d'Argenteuil; je m'y en allay et passay devant luy, m'inclinant sur le col de mon cheval, comme c'estoit la coustume quand nous passions devant luy. Après avoir esté quelque peu de temps sans le voir, je m'arrestay dans les premiers quy marchoient devant luy; en mesme temps il appella quelqu'un quy estoit proche de luy, de peur que je ne luy parlasse. Cela me fit juger qu'il avoit plus de peur que je parlasse à luy qu'il n'avoit envie de me gourmander; c'est pourquoy je m'advançay à la teste de la troupe, et quand il mit pied à terre je me présentay devant luy; il ne fit pas semblant de me voir et monta dans une chambre haute, et moy je demeuray dans la court à parler à ceux quy y estoient. Peu après, M. de Bouillon descendit, et, me tirant à l'écart, me demanda si j'avoys prié M. de Montbazon de dire quelque chose au Roy; je luy dis que ouy, ce que je l'avoys supplié de dire, et que, sur le commandement que Sa Majesté luy avoit fait de me dire qu'il vouloit parler à moy, je m'estois présanté desjà deux fois à luy. M. de Bouillon se prit à rire et me dit : « Vous ferez votre affaire, mays n'approchez point de luy, car il craint que vous luy parliez. »

Le Roy descendit en bas pour disner, et comme il fust à table, je me mys vis-à-vys de luy, derrière les gentilshommes servants, pour luy faire voir que je ne vouloys point parler à luy, et il le jugea bien par cette action et me dit : « Bonjour, Nangis ; comment se porte votre père ? » parce qu'il sçavoit qu'il estoit depuys peu estropié d'une jambe; je luy parlay de l'estat de sa santé; il me parla de son aage, qu'ils estoit bien plus aagé que luy, à quoy je respondis avec grand respect et modestie, toujours la table entre deux. Après disner il alla courre le cerf, et moy, quy n'avays point mené de chevauls, je retournay à Parys.

A deux ou troys jours de là, M. de Bouillon me commanda de la part du Roy, de l'aller trouver le lendemain à Dolinville, ce que je fis, et arrivay comme il disnoit, et n'avoit dans la salle que ceux qui le servoient et deux des ordinaires. Je luy fis la révérence et me tins proche de la fenestre, au bout de la table, pour luy faire voir que j'atendoys ses commandements, car je sçavoys qu'il ne vouloit pas estre pressé. Il me fist signe de la teste, et me dit qu'il faisoit beau chasser ce jour là, et parce qu'il n'y avoit personne à quy il peust parler, il commença de m'entretenir de la chasse du sanglier, mè faisant des questions de ladicte chasse, à quoy je respondys toujours avec modestie, sans m'approcher plus près de luy. Au sortir de table, il monta à cheval et courust au cerf, et le soir il vint faire la curée à Bruyèrez, où je demeuray avec le baron de Vitry, quy estoit en quartier de la venerie. Le lendemain, je me trouvay au lever du Roy, quy ne me dist rien, et l'après disner il alla voler[1] des perdreaux, où je me présentay plusieurs foys devant luy, sans qu'il me dist rien. Le soir, à son souper, je me mys à la fenestre, proche du bout de la table. Il commença de m'entretenir de l'aage de ma grand'mère, quy vivoit en ce temps-là, et avoit quatre vingts et huit ans, de sa grande santé et autres discours, car il n'y avoit personne que ceux quy le servoient et moy. Après qu'il eust soupé, il s'appuya sur ses mains et me dist que le temps estoit pesant et (qu'il) avoit mal à la teste. J'avoys grande envie de rire, et un des ordinaires, nommé Saint-Jean, s'approchant de moy, me dit : « Le roy a quelque chose en la fantaisie. » Je luy dis en souriant : « Je sçays bien ce que c'est. » A l'heure mesme, ceux quy estoient auprès de luy, et qui revenoient de souper entrèrent en la salle : il retourna de l'autre costé de la table et appella MM. de Vandosme, de Bouillon et de Bellegarde, et leur dit : « Allons nous-en promener dans la gallerie, » et fit fermer la porte. Je dys à M. de Montbazon, quy entra un peu

---

1. Chasser au vol. « Un des plaisirs des grands, c'est de *voler*, de faire *voler* l'oiseau, le lâcher sur un gibier, etc. » (*Dictionn.* de *Trévoux.*) *Voler* se dit encore en ce sens, mais rarement, cette chasse étant tombée en désuétude.

après dans la galerie, que le Roy m'avoit fait commander par M. de Bouillon de venir le trouver pour parler à moy; que je m'estois présenté depuys deux jours devant S. M. sans qu'il m'eut rien dit, que je m'en retournoys toute la nuict à Parys parce que je n'avoys pas aporté seulement une chemyse ny un bonnet de nuict. Il me dict que j'eusse encore patience pour ce soir, ce que je fis. Le Roy à demi-heure de là sortit et alla jouer aux tarots dans sa chambre où j'entray, et n'y avoit que ceux quy jouerent et ses valets de chambre et moy, car il n'y avoit en ce voyage personne avec luy. Je voulus sortir, mais il me commanda de demourer et de tenir la bougie pendant qu'il jouroit pour luy éclairer. Pendant qu'il jouoit on lui aporta une lettre d'une de ses maîtresses et me commanda d'aprocher la bougie, ce que je fis, et de peur de lire la lettre, ce que je pouvoys faire facilement, je tournay la teste de l'autre côté. Il se tourna pour me surprendre et voir si je liroys la lettre et cognus bien qu'il n'estois pas fasché de ma discrétion. Il quitta le jeu et se retira dans son cabinet. Comme il voulust entrer je rendys la bougie au premier valet de chambre et fis une grande révérence et me retiray. Au lieu d'entrer dans le cabinet il tourna tout court et me prit par la main et en se pourmenant me dit que c'avoit esté toujours son intention de faire (quelque chose) pour moy, mays que la facon que je luy avois parlé à Dorvaux, luy demandant congé d'aller à Parys, au lieu de demourer auprès de luy pour faire ma charge, l'avoit contrainct de me faire la response qu'il m'avoit faict; mais qu'il me le pardonnoit et vouloit faire (quelque chose) pour moy parce qu'il avoit recogneu que j'estois sage. Je luy respondis avec grand respect et humilité, que je supplioys très-humblement Sa Majesté de me pardonner, si j'avoys manqué au respect que je luy devois, mays que le peu de moyens que j'avois de le servir et l'affaire importante que mon père avoit à Parys, laquelle il sçavoit bien, m'avoient fait commettre cette faulte. Il me répliqua : « Je vous pardonne. » MM. de Montbazon et de Bouillon sçavoient bien de quoy le Roy me parloit : M. de Bellegarde le leur demanda, et après me vint embrasser et me dit : « Comment? Vous avez des affaires à la court et vous ne m'employez point; je me plains de vous. » Je luy fis mes excuses, et tout ce quy estoit dans la chambre, quy n'estoient que quatre ou cinq, voyant que le Roy m'avoit fait bon visage, sans sçavoir de quoy il m'avoit parlé, me firent de grands compliments.

Je vous représante ces particularités un peu au long, non seulement pour vous faire connoistre le commencement du peu de fortune que j'ay fait à la court, mays pour vous faire voir l'humeur du Roy, quy estoit si bon et si plein de clémence que, quoyqu'il fût offensé de ce que M. de Montbazon luy avoit dit de ma part, néantmoings, parce qu'il croyoit en quelque chose estre obligé de faire pour moy, parce qu'il y avoit desjà trois ou quatre ans que je le suyvois, et parce que la charge de capitayne des toiles m'avoit esté donnée pour récompense des services de mon père, il ne voulut pas me maltraiter et me gourmander, comme il pouvoit faire, et je croys que la grande modestie avec laquelle je me conduisys et le grand respect que je luy rendys me servirent de beaucoup, car si effrontément je me fusse monstré devant luy, ou me fusse approché pour sçavoir ce qu'il luy plairoit de me commander, suyvant ce que M. de Montbazon m'avoit dit de sa part, assurément il m'eût gourmandé, et en eût esté bien ayse pour avoir sujet de ne faire rien pour moy.

Vous y remarquerez une autre chose, que, quoyqu'il aye fait du bien à plus de personnes que n'avoient jamays fait les Roys ses prédécesseurs, néantmoings il estoit si peu enclin à la libéralité que, quand il donnoit pension, ou faisoit autre bien, c'estoit avec tel regret qu'il sembloit que, s'il l'eût peu, il l'eût osté après l'avoir donné.

Le Roy s'en alla de Dolinville à Fontaynebelleau. Je retournay le lendemain à Parys et, sept ou huit jours après, je m'en allay à Fontaynebelleau, pour me trouver au baptesme de Monseigneur le dauphin et de Mesdames, où il se fit de très-grandes despenses. J'y parus assez bien vestu, selon le peu de moyens que j'avoys. Le Roy, après le baptesme, s'en alla à Montargis pour faire retirer tout le monde à Parys, et la presse estant escoulée, il revint (à Fontaynebelleau) où je fus tousjours auprès de luy, et il commença de me faire bon visage, parlant assés souvent à moy. Il commanda à M. de Bouillon de sçavoir de moy quels estoient les apointements de capitayne des toiles : ayant sçeu que ce n'estoit que douze cents livres, il me fist dire qu'il me donneroit mille escus de pension, croyant qu'il en auroit beaucoup meilleur marché que d'entretenir l'estat des toiles qui eût monté à plus de trente mille livres, et moy, je n'en fus pas fasché, parce que j'aymoys mieux mille escus de pension que de n'avoir que quatre cents escus d'apointement.

Le Roy retourna à Parys où je le suyvys, et au commencement de l'an 1607, je le suppliay très-humblement de se souvenir de moy, lorsqu'il feroit l'estat des pensions. Il me respondit qu'il s'en souviendroit. Néantmoings je demeuray jusques à la fin de mars, que je sçeus que l'estat des pensions estoit fait, et ne peus apprendre s'il s'estoit souvenu de moy, dont je commençay de perdre espérance, et je faisoys de nouveaux desseins de sortir de France. Enfin, un matin, M. de La Varenne, maistre des postes, me dit que je m'en allasse chez Moisset, partisan du sel, quy avoit commandement de me donner trois cents escus pour le premier quartier de ma pension, dont je fus bien ayse, car le Roy ne m'avoit promis que mille escus; mais d'autre costé, je fus fort fasché d'estre sur l'estat des pensions des menus-plaisirs, parce qu'il falloit tous les quartiers parler au Roy, et je ne me pouvois rendre importun.

Je commançay d'avoir un peu de moyen de dépandre, et continuay de suivre le Roy, pendant les années 1607 et 1608, encores qu'il me faschois fort d'estre obligé de parler à luy tous les quartiers; et quand Sa Majesté perdoit son argent au jeu, l'on nous retranchoit toujours quelque chose. Enfin, M. le cardinal de Givry, oncle de ma mère, ayant ramené feu M. de Laon d'Italie, sur la fin de l'an 1608, mon frère le logea dans Saincte-Geneviefve, et, soit qu'il voulust payer son hoste, ou qu'en effet il creut que ce fût utile à son service, comme il voulust partir au moys de mars pour aller prendre possession de l'évesché de Metz, que le Roy luy avoit donné, il dit à mon frère de Laon, qu'il me vouloit donner le bailliage de

Metz, qu'il faisoit estat de valoir tous les ans, mille ou douze cents escus. Quand mon frère m'en parla, je luy dits que M. le Cardinal me faisoit trop d'honneur, mays que j'avois une charge quy m'attachoit auprès du Roy et quy m'empescheroit de pouvoir luy rendre la subjection et service que je devoys en ceste charge; et aussy que je sçavois de bonne part que le Roy vouloit donner ledict bailliage à M. d'Arquien, lieutenant de roy dans la citadelle de Metz. Quand M. le Cardinal eut eu la response de mon frère, il luy dit qu'il sçavoit bien que le Roy avoit ce dessein, mays qu'il quitteroit plustost l'évesché que de donner ceste charge à M. d'Arquien, qu'il luy falloit quelqu'un de ceux quy avoient l'honneur de luy appartenir eût cette charge, pour le servir et soulager en ses affaires.

Par l'advys de mon frère, j'allay trouver mondict sieur le Cardinal, quy me confirma ce mesme dessein; et luy fis la mesme response que j'avois faict à mon frère, le suppliant très-humblement de ne me point embarquer en cette affaire, laquelle j'estois assuré quy ne luy réussiroit pas, mais que, s'il m'y embarquoit, je le supplioys très-humblement de ne me point habandonner, et de ne point souffrir que je reçeusse une disgrâce. Il me dit encore qu'il quitteroit plustost son évesché que de permettre que M. d'Arquien eût cette charge; qu'il proposeroit au Roy M. le marquis de Mirebeau, lequel il sçavoit bien que le Roy n'agréeroit pas, à cause qu'il estoit lieutenant de roy en Bourgoigne, et qu'après il me proposeroit. Je l'en remerciay très-humblement, quoyque je me doutasse bien de ce quy m'arriva depuys.

A deux jours de là, M. le Cardinal alla prendre congé du Roy et proposa M. le marquis de Mirebeau pour luy donner la charge de bailly de Metz. Le Roy luy dist que le marquis de Mirebeau estoit lieutenant de roy en Bourgoigne, et ne pouvoit habandonner cette charge. Mondict sieur le Cardinal me proposa après. Le Roy luy dit que j'avois une charge auprès de luy et que, pour cette rayson, je ne pouvois servir en l'autre, mais qu'il désiroit qu'il la donnast à M. d'Arquien. M. le Cardinal luy fist quelques foybles responses, et pour conclusion s'accorda à Sa Majesté pour M. d'Arquien, et le lendemain, quand M. de Montigny l'en alla remercier, il luy dist : « Monsieur, j'ay préféré votre frère à mon propre neveu. » Ce compliment de M. le Cardinal à M. de Montigny ne me pleust pas, et je m'en plaignys à un des siens, quy ne me peut faire autre excuse, sinon que mondict sieur le Cardinal n'avoit pu résister aux commandements du Roy : je luy répliquay qu'il ne devoit doncque pas m'y avoir embarqué, que j'avoys bien prévu ce commandement du Roy, et luy avoys dit et que maintenant il m'habandonnoit : je n'en peus avoir autre raison, et à deux jours de là, je m'en allay en poste à Chantilly où estoit le Roy. Aussitost qu'il me vit, il tira M. de Bouillon à part : ledict sieur de Bouillon me vint trouver, et me demanda ce quy m'amenoit à Chantilly ; je luy dis le sujet : je ne sçay s'il parla au Roy, mays fort peu de temps après, Sa Majesté, se pourmenant dans sa chambre, m'appella et me dit : « On m'a dit que vous vous plaignez de ce que j'ay donné le bailliage de Metz à Arquien. » Je luy respondis : « Sire, je supplye très-humblement Vostre Majesté me pardonner; non-seulement ma fortune, mays ma vie et mon bien dépendent d'elle; mays je me suis bien plains de ma mauvaise fortune, en ce que M. le Cardinal de Givry m'ayant fait quelque bien, Vostre Majesté ne l'avoit pas eu (pour) agréable et en avoit disposé à un autre. » Il me répliqua : « Le cardinal de Givry ne vous l'avoit pas peu donner, car, quand je luy donnay l'évesché de Metz, je luy manday que je me réservois de disposer du bailliage; mays son aage luy a fait perdre la mémoire : M. de Villeroy mesme s'estonne de ce qu'il a l'esprit passé, et me le voulut quasi faire passer pour estre en enfance, encore qu'il eust l'esprit aussy sain qu'il l'avoit jamays eu. » Ensuite de ce discours, comme il avoit une humeur que quand il faisoit tort à quelqu'un, il falloit au moings qu'il le contentast de bonnes parolles, il me dist : « Le sujet pourquoy je veux que Arquien l'aye, c'est qu'il est lieutenant de roy et luy veux donner encore cette charge pour l'auctoriser davantage, affin de contrequarrer M. de Lorrayne, car je veux oster l'espérance à ceux de cette maison de rentrer jamays dans l'évesché de Metz. » Je luy dis que, puisque M. d'Arquien estoit plus utile que moy à son service, quand j'aurois la charge, je la luy remettrois entre les mains; mais que je le suppliois très-humblement de faire quelqu'autre chose pour moy; qu'il m'avoit fait l'honneur de me donner une pension sur ses menus plaisirs; que je le suppliois très-humblement de me mettre sur l'estat des pensionnaires quy estoient payés à l'espargne, affin que je ne fusse point contraint de l'importuner tous les quartiers, comme j'avoys fait jusques à cette heure. Il me dit que je ne l'importunoys point de luy en parler, et me laissa, craignant que je le pressasse davantage.

   Le lendemain, j'eus advys que le Roy devoit signer l'estat des pensions, et le soir à son souper, je luy en parlay encore; il se mist fort en cholère, et M. de Traigny, quy estoit fort mon amy et cognoissoit l'humeur du Roy mieux que moy, me tira par derrière, de peur que je ne le pressasse et qu'il ne me goùrmandast davantage. Je m'en allay trouver M. de Bouillon et M. de La Vieuville, et leur fis mes plaintes; ils me dirent que j'eusse patience. Je partys le lendemain pour retourner en poste à Parys; je trouvay M. de Montigny entre Luzarches et Escouan, quy me voulust aborder, mays je dis au postillon qu'il passast oultre, et le saluay fort froidement. Comme il arriva à Chantilly, il dist à M. de La Vieuville qu'il m'avoit rencontré, se plaignant que je l'avois salué froidement et qu'il n'estoit pas cause de ma disgrace. M. de La Vieuville luy dit que directement il n'en estoit pas cause, mays qu'indirectement il l'estoit, et qu'il estoit obligé de faire que le Roy fist autre chose pour moy. Il s'y offrist jusques mesmes qu'il consentist que le Roy augmentast ma pension d'une partie de ses appointements, et qu'il en croyroit mondict sieur de La Vieuville et les (personnes) que je voudroys nommer.

   Peu de jours après le Roy revint à Parys, M. de La Vieuville me dist la proposition que M. de Montigny luy avoit fait, je le suppliay et M. de Champvallon aussy de traiter ceste affaire pour moy; c'estoient deux habiles hommes, mais l'esprit de M. de La Vieuville estoit bien plus solide que celuy de M. de Champvallon, quy estoit plus propre à la galanterie de la court qu'à traiter d'affaires. Le Roy estoit sur son partement pour aller à Fontaynebelleau et devoit, avant que de partir, signer l'estat des pensions, c'est pourquoy ils furent d'avys que je suppliasse M. le cardinal de Givry, de prier M. de Montigny de parler au Roy pour moy : c'est à quoy ils eurent grande peine de me faire résoudre, car je me plaignois de ce qu'il m'avoit embarqué en ceste affaire et m'avoit habandonné. Enfin, pour n'estre point tenu opiniastre, je parlay à M. le cardinal de Givry et le suppliay très-humblement de dire à M. de Montigny, qu'au nom de mondict sieur le cardinal, il remontrast au Roy que, puisqu'il m'avoit embarqué en ceste affaire, il supplioit très-humblement Sa Majesté faire quelque autre chose pour moy, afin que je ne reçeusse point cette disgrace, qu'on creust qu'il ne m'aist pas jugé digne de le servir en cette charge.

Comme je suppliay à regret et de mauvaise grace, M. le cardinal de Givry, aussy ne s'y employa-t-il que par manière d'acquit; mays M. de Montigny, habile homme et à quy M. de La Vieuville mettoit beaucoup de considérations devant les yeulx, ne laissa pas de faire valoir cette recommandation auprès du Roy; et il le vint trouver quy disnoit chez M. de Seuilly, à l'Arsenal, pour aller coucher à Villeroy et de là à Fontaynebelleau, et comme il estoit fort galand, et parloit librement et plaisamment au Roy, Sa Majesté, quy estoit preste de se mettre à table, se doutant qu'il vouloit parler, sans sçavoir de quoy, luy dist : « Montigny, mettés-vous à table, ou vous en allés, car je ne veux pas que personne parle à moy. » M. de Montigny luy respondit, en jurant, qu'il ne se mettroit point à table, ne sortiroit point et parleroit à luy. Le Roy, quy estoit à demy en cholère, ne se peut empescher de rire, et luy dist : « Qu'est-ce que vous me voulés donc? » Là dessus il amplifia la charge que luy avoit donné M. le cardinal de Givry, et offrit de me donner de ses appointements pour me contenter, pour faire voir au Roy qu'il ne luy en cousteroit rien. Le Roy se mist en cholère, et luy dist que c'estoit un donneur d'expédients et qu'il n'en feroit rien. M. de La Vieuville estoit présent, quy me vint trouver dans le cimetière Sainct-Gervays, où j'estoys avec le baron de Vitry, en attendant sa response. Il me dist ce quy s'estoit passé et que je n'avoys aucun suget de me plaindre de M. de Montigny, et le baron de Vitry m'en dit autant.

Je retournay fort triste à SainteGeneviefve, où j'estoys logé, et comme je disnois avec mon frère de Laon, un nommé Dardel, quy faisoit ses affaires, me vinst donner avys que l'abbé d'Escurey estoit mort. Mon frère fust d'avys que je la demandasse (l'abbaye) au Roy, plustost à dessein d'esprouver sa bonne volonté qu'en espérance de l'avoir. Je partys le lendemain en poste, et arrivay que le Roy estoit à table pour disner. Je luy demanday ladicte abbaye pour un de mes frères; il me l'accorda avec grande gratification, et me dit qu'il estoit bien ayse que ceste occasion se fust présentée pour me tesmoigner sa bonne volonté. Je m'en revins à Parys, plus satisfait d'estre à couvert d'une disgrace par cette gratification, que de l'effet mesme.

A un moys de là, j'eus advys que l'abbé d'Escurey n'estoit point mort, et estoit relevé d'une grande maladie. Je vins trouver le Roy, et luy dis que Sa Majesté m'avoit fait l'honneur de gratifier, à ma supplication très-humble, un de mes frères d'une abbaye; que j'avois eu advys que l'abbé n'estoit pas mort; que je ne laissois pas de luy avoir la mesme obligation; que si ceste affaire eust réussy, mon frère m'eust donné le moyen de le suyvre sans l'importuner, mays que m'ayant manqué, je le supploys très-humblement de me continuer la pension qu'il m'avoit fait l'honneur de me donner jusques-là. Il me dit que ouy, et mesme m'en fist donner un quartier à quelque temps de là.

Néantmoings cela m'apporta un grand dégoust de la court et un desespoir de la fortune, car le Roy, quy cognoissoit m'avoir offensé, me fuyoit quand je voulois l'aborder, et moy, qui le cognoissois, je craignoys de l'approcher, tellement que cette année-là je ne reçeus qu'une demy année de ma pension; je ne laissay par de le suyvre tousjours, et me résolus pour avoir sujet de quitter la court, de me marier. M. de Rhodes me proposa le mariage de vostre mère, au commencement de l'an 1610, mays il ne réussit que plus de deux ans après. Je me trouvay accablé d'affaires; la terre de Nangis estoit en décret, mon père et ma mère estoient en Bourbonnoys, quy ne s'enqueroient point l'estat de leurs affaires, enfin mon frère de Laon eût compassion de la maison, et comme c'estoit le meilleur naturel d'homme que j'ye jamays cogneu, Dieu se voulust servir de luy pour nous relever de la misère où nous allions tomber : nous fismes comptes des debtes quy montoient à cent quatre mille escus, sans quarante mille escus que depuys nous donnasmes en mariage à mes sœurs, et tout le bien n'eust point esté affermé vingt et cinq mille livres en ce temps là. Nous nous assemblasmes avec les principaux créanciers quy faisoient décreter la terre de Nangis, lesquels croyant que nous nous mettions en devoir de les contenter sursirent les poursuites, et nous donnèrent quelque temps pour les payer, sans néantmoings nous quitter jamays un denier des insterets; mon frère les assigna du mieux qu'il peut, et dès que les autres créanciers virent que nous nous efforcions pour sortir d'affaires, jamays un seul ne nous fist de saisies, ny de frais.

C'estoit au mesme temps que le Roy faisoit estat d'entreprendre la guerre, et il donna des commissions à M. le mareschal d'Esdiguieres pour lever douze mille hommes de pied et mille chevaux, et donna les commissions dans le Dauphiné, Languedoc, Lionnoys, Auvergne et Bourgoigne, tellement que ceux des pays les plus éloignés n'en peurent espérer. Pour l'armée qu'il réservoit pour sa personne, Sa Majesté prist tous les vieux régimens, et ne donna commission que d'un régiment, au nom de monsieur de La Valette, et un à Vaubecourt. Pour la cavalerie il commanda aux princes de mettre leurs compagnies de gendarmes sur pied, et ne donna que deux compagnies de chevau-légers, l'une au duc de Retz, l'autre à M. de Soubise.

Le marquis de Briançon, Dunes et la plus grande partie (d'entre nous), desesperés de ce que l'on ne pouvoit espérer de charges, nous proposasmes qu'on fist un régiment au nom de monseigneur le Dauphin; qu'on fist M. de Vignolles premier capitayne, et que nous y prendrions des compagnies; mais M. d'Espernon, qui n'aymoit pas Vignolles, s'y opposa. Tous mes amys, et particulierement M. de La Vieuville, me pressoient de parler au Roy pour demander d'estre employé, mays comme je n'avois ny crédit ny argent, je prenoys d'autres prétextes de m'en excuser; enfin pour leur tesmoigner que je ne me rendoys pas opiniastre à leurs conseils, je parlay un jour au Roy, à l'assemblée qu'il faisoit pour courre le cerf à Villaconbles, proche Meudon, et luy dis que je ne l'avois point importuné de me donner charge, parce que je sçavois que sa Majesté jugeroit mieux que moy à quoy je seroys capable de la servir; que je m'estois toujours rendu subject auprès d'Elle; que je la suyvoys encores en ce voyage, et que je la supplioys très humblement, quand l'occasion se presenteroit, de se souvenir de moy. Il me dist de bonnes parolles, et quand il vist que je ne le vouloys point importuner, il commença de me parler, de peur que d'autres ne l'importunassent. Pendant son disner, il me dist qu'il falloit nous loger deux ensemble et faire porter des tentes, parceque l'on camperoit souvent, et plusieurs discours quy n'estoient pas de grande importance, auxquels je respondys du mieux que je peüs, jugeant bien que je luy faisois plaisir d'empescher que personne ne l'approchast.

Le partement du Roy s'avançant, je me trouvay fort embarrassé, car mon père estoyt esloigné, et je n'avoys point d'argent ni d'esquipage. J'avoys un des meilleurs chevaux de France, et troys ou quatre autres, mays il me falloit un chariot pour porter des tentes. En ceste extremité, je me résolus de me loger avec le duc de Nevers, coronel de la cavalerie legère, et avec le peu d'argent que je pourroys emprunter, couler le temps, jusques à ce que je pourroys tirer quelque chose de mon père, lequel, quoyque je luy mandasse le prompt partement du Roy, ne se pouvoit imaginer qu'il deubt sortir de France.

Peu devant le partement du Roy, pour s'advancer à Châlons et à Mézieres, il fut malheureusement tué. J'estois chez madame des Ars. Un de mes laquays me vint dire cette malheureuse nouvelle; je descendys, et après avoir un peu veü ce quy se passoit dans les rues, je m'en allay au Louvre, où je fis serment de fidelité à la Royne, esleue regente par le parlement, aussitost après la mort du Roy.

Il fallust que je commençasse une nouvelle fortune; la plus part de ceux de la court s'appuyoient des princes et leur faisoient la court; pour moy, je m'estoys rendu subject, depuys deux ou troys ans, de monseigneur le Dauphin, le Roy me commandant souvent de le faire chasser aux toiles, tellement que j'avoys l'honneur d'estre fort cognu de luy. Ce quy m'obligea encore plus de le suivre à son avenement à la couronne, fut que tout le monde l'habandonnoit, et s'attachoit-on de suivre la Royne, sa mère, quy avoit toute auctorité. J'avois M. de Souvray, son gouverneur, et M. de Châteauvieux, chevalier d'honneur de la Royne, qui ont esté jusques leur mort les meilleurs seigneurs et amys que j'aye jamays eü, et quy m'ont tousjours rendus de bons offices auprès de Leurs Majestés.

Au moys d'aoust 1610, M. de Dunes fust tué par les frères de feu M. des Marets, et oncles de celuy-cy : le chevalier des Marets et Berneuil, son frère[1], furent

---

1. Claude Dauvet des Marets, chevalier de Malte, capitaine de galère, et Dauvet, seigneur de Berneuil, succombèrent dans ce terrible duel, qui de la part des Dauvet paraît avoir été un affreux guet-apens.

aussy tués sur le champ. Je receus cette nouvelle au Louvre, avec une grande douleur, car, après mes frères, je n'aymoys personne à l'égal de luy. Je partys à l'heure mesme de Parys, avec messieurs de Saint George, de la Marche, La Brosse Raquin, Montjay et M. de Brizès, exempt des gardes de la Royne, quy nous vint joindre à Tournans. Je demouray en quelque espérance que M. de Dunes ne fut que blessé, jusques à ce que, sortant de Saincte Geneviefve, je receus une lettre de M. d'Acy, son beau pere, quy me pryoit de l'aller secourir et qu'on vouloit dans Provins faire le procès au corps mort de M. de Dunes. Cela redoubla ma douleur, et hasta mon voyage, tellement que je marchay tout le jour et la nuit, et, le lendemain, dimanche, je voulus ouyr la messe à Banost, où j'appris plus particulièrement la façon qu'il avoit esté tué; que M. des Marets[1] ne s'y estoit pas trouvé, estant fort malade au lit, et que Fraucourt[2], le seul resté de ses frères, s'estoit retiré chez quelqu'un de ses amys, sans qu'on sçeut où il estoit. Après la messe, je m'en allay à Champcenets, qui n'est qu'à une lieue de là, où je trouvay M. d'Acy fort affligé; il me fist desjeuner et après je reposay environ une heure, car je n'avoys beu, mangé ny dormy depuys Parys. A mon réveil, mon frère de Lignyeres[3] vint avec quatre

---

1. Gaspard Dauvet, seigneur des Marets, depuis chevalier des ordres du roi, gouverneur de Beauvais, capitaine de cinquante hommes d'armes, ambassadeur en Angleterre, mourut en 1632. C'était l'aîné de cette ancienne maison descendue de Jean Dauvet, premier président au parlement de Paris sous Charles VII.
2. Gabriel Dauvet, seigneur de Fraucourt.
3. Philippe de Brichanteau, baron de Linières, capitaine de

ou cinq gentilshommes, et m'amena un bon cheval, se doubtant bien que dès que je sçauroys ceste nouvelle, je ne manqueroys pas de venir à Champcenets. M. de Tigy vint aussy, luy troisiesme, et comme nous voulions monter à cheval pour aller à Provins, on nous vint donner advys que la justice de Provins avoit donné main-levée au corps, et qu'il n'estoit qu'à un quart de lieue de là. Je priay M. d'Acy de m'excuser, si je n'atendoys point le corps, lequel ne feroit que renouveller ma douleur; que puisque je ne le pouvois plus servir, j'allois trouver mon frere de Laon, qui estoit à Barbeau, et de là à Graville voir Mme de Dunes[1]. Partant de Champcenets, je pris le chemin de Provins, au lieu de celuy de Nangis, mais M. de Tigy me dit que je pourrois rencontrer le corps, ce quy me fist destourner. Que si j'eusse fait un quart de lieue, j'eusse trouvé Fraucourt, luy dix et huytiesme, quy suivoit le corps de feu M. de Dunes, pour, à ce qu'on croyoit l'arrester, jusques à ce qu'ils eussent une commission de la court pour luy faire faire son procès. Je croys que Dieu le permit pour le salut des uns et des autres, car nous estions quatorze bien montés, et n'y en avoit un seul dont je ne fusse assuré; je ne croys pas qu'il en fut reschapé, tant que j'eusse eü de la vie, et j'eusse mys tous mes amys en peine, mays j'avoys telle douleur de ce qu'après l'avoir tué, ils

cent cinquante hommes d'armes et des Suisses de Gaston, frère de l'auteur, né en 1587, mourut en 1639, sans laisser d'enfants de Claude de Meaux de Bois-Boudran, sa femme.

1. Catherine Hennequin, fille d'Antoine, femme de Charles de Balsac, baron de Dunes, se remaria à César de Balsac, seigneur de Gié, son beau-frère, et elle épousa en troisièmes noces Nicolas de Brichanteau, marquis de Nangis, auteur de ces mémoires.

vouloient encore faire tort à sa mémoire, que je n'eusse
eü aucune considération.

J'allay ce jour-là coucher à Nangis et le lendemain
j'allay à Barbeau disner avec feu mon frere, l'evesque
de Laon, et après disner voir Mme de Dunes, à Graville, où, sur les trois heures du soir, M. d'Acy m'escrivist que j'eusse pitié de luy et que M. des Marets
avoit assemblé ses amys pour venir enlever le corps
dans l'église de Champcenets et le garder jusques à ce
que la commission du parlement de Parys fust venue
pour faire le procès. A l'heure mesme j'escrivys à touts
mes amys et les suppliay de se trouver, à quatre heures du matin, à Champcenets où je m'en allay toute
la nuit, et à quatre heures du matin, j'y trouvay cinquante ou soixante gentilshommes. Nous enlevasmes
le corps pour le mener à Malesherbes, où sont enterrés tous les seigneurs de la maison. D'Enbray, Gas,
Francourt avec tout ce qu'il avoit peü amasser de ses
amys estoit prest pour se trouve² sur le chemin où devoit passer le corps, n'ayant osé l'enlever dans l'église,
parceque des harquebusiers le gardoient, et il vouloit
l'attendre sur le chemin; mays quand il vist qu'il estoit si bien accompagné, il ne parust personne qu'un
homme à cheval qu'ils avoient mys en sentinelle, pour
les advertir quand le corps partiroit. Je fus près de le
faire pousser jusques au Marets¹, pour voir si ceux qu'y
estoient dans la maison sortiroient, mays je jugeay que
ce ne seroyt qu'une fanfaronnerie, et je craignis qu'ils
ne se servissent de la justice et missent mes amys en
peyne, car pour moy je ne m'en soucioys pas.

1. La terre des Marets était située près de Champcenets.

Je conduisis le corps jusques à Herissy¹, que je mys entre les mains de M. de Clairmont d'Entraygues, son frère aisné; j'escrivys un manifeste de ce quy s'estoit passé, que j'adressay à M. de la Chasteigneraye, capytaine des gardes de la Royne-mère, que je luy envoyay par M. de Brizès, exempt de ladite compagnie. La mort de M. de Dunes fut fort regrettée, et particulierement pour la façon qu'il avoit esté tué.

On parla differemment de mon action, les uns approuvant ce que j'avoys fait; et huit jours après, comme je retournay à la court, force gents se vindrent offrir à moy, me priant de les vouloir aymer, puysque j'aymays mes amys jusques après leur mort, et que je quittoys ma fortune pour leur en randre preuve; car M. des Marets estoit gendre de M. le chancelier de Sillery², quy avoit absolu pouvoir dans les affaires. Les autres me blasmerent de my estre porté si violemment, que je pouvoys, sans prendre les affaires si fort à cœur, me contenter d'assister les parens plus proches, et par ce moyen, obliger M. le Chancelier quy eust fait quelque chose pour moy. En effet, un homme de condition, quy faisoit profession, autant que moy, d'estre amy de M. de Dunes, me vint trouver, et me dist qu'il ne me pouvoit assister en cette affaire, parcequ'il en avoit une à la court, où M. le Chancelier avoit

---

1. Héricy, bourg sur les bords de la Seine, à trois lieues de Melun et à deux lieues de Fontainebleau. La célèbre abbaye de Barbeaux, fondée, en 1147, par le roi Louis VII et dont Benjamin de Brichanteau, évêque de Laon, était abbé, se trouvait située auprès de ce bourg.

2. Il avait épousé, par contrat du 30 juillet 1601, Isabelle Brulart, fille du chancelier de Sillery.

tout pouvoir, et laquelle M. le Chancelier luy fist faire, en ceste considération, et qu'il n'eût peutestre pas fait sans son assistance. Pour moy quy ay tousjours eu l'honneur en recommandation plus que le profit et la fortune, je consideray bien ce quy m'en arriva depuys, car M. le Chancelier quy me tesmoignoit auparavant beaucoup de bonne volonté, me fust depuys toujours contraire; mays je croyois qu'il y auroit de ma réputation de faire autrement.

Le desplaisir de la mort de M. de Dunes, joint avec celuy que j'avoys de la mort du Roy, et quelque autre sujet quy m'arriva, me causerent une fiebvre-tierce, dont j'eus sept accès, et je ne laissay pas de faire le voyage du Roy, quy alla se faire sacrer à Reims, au commencement du moys d'octobre 1610, parce que j'estoys un de ceux quy devoient accompagner la Sainte Ampoule au sacre du Roy[1]. Pendant ce voyage je fus tousjours malade, et le jour de la cérémonie, si je n'eusse esté obligé par honneur de m'y trouver, je n'eusse peû sortir du lit. Nous estions, MM. le marquis de Sablé, comte de Rabat, Cheboutonne[2], frère

1. Le comte de Nangis fut un des quatre barons qui accompagnèrent la sainte Ampoule. « Le dimanche, 17 octobre 1610, le Roy depescha pour faire apporter la sainte Ampoule les sieurs marquis de Sablé, Nangis, le fils, le vicomte de Rabat et de Biron, lesquels quatre seigneurs et barons partirent sur les sept heures du matin de l'archevesché avec leurs escuyers et gentilshommes portant chacun devant son maistre sa bannière peinte et designée de ses armes pour aller à l'abbaye de Saint-Remy, entre faisant mener une hacquenée blanche pour monter le prieur de Sainct Remy portant la dicte saincte Ampoule. » (*Mercure françois*, t. I, f° 532, v°.) Le comte de Beauvais, à l'offrande de la messe du sacre, portait le pain d'or placé sur un riche oreiller. (*Ibid.*, f° 540, v°.)

2. Armand de Gontaut, 2e du nom, seigneur de Sainct-Blan-

de M. de Biron, et moy, nommez pour accompagner la Sainte Ampoule : il y eut quelque different pour la presséance, MM. de Rabat, Cheboutonne et M. le marquis de Sablé et moy; mays M. le marquis de Sablé et moy l'emportasmes.

Après le sacre du Roy, la Royne-mère et le Roy revindrent par Sainct-Marcou, et de là à Monceaux. Je me portay assez bien à ce retour à cause que le temps estoit fort beau. De Monceaux je vins à Parys, et de là à Nangis, où en arrivant je me trouvay fort mal; la fiebvre quarte me prist et je retournay à Parys, où je demouray avec la fiebvre quarte, double quarte, triple quarte, quarte continue. J'estoys tellement mélancholique que je ne croyois avoir jamays joye ny santé. Enfin, au moys d'avril, je commençay de me porter un peu mieux, et je suyvis le Roy à Fontaynebelleau, où M. de Sainct-Géran me proposa de récompanser la lieutenance de Roy, en Bourbonnoys, dont il se vouloit deffayre. Je creus que c'estoit en effet son dessein, parce que je faisoys grande profession d'amitié avec luy et je luy dis que je n'avois point d'argent, mays que l'on m'offroit douze mille escus de la charge de capitayne des toiles; que si je touchoys cest argent, je traiteroys avec luy. Je communiquay ceste affaire à M. de la Brosse-Raquin quy me dict qu'il me trompoit, qu'il estoit en traité avec le comte de Charlus, père de celuy que vous cognoissez; qu'il luy avoit laissé la dicte lieutenance de roy à dix mille escus, mays que, depuys qu'il avoit parlé à moy, il avoit dict

card et de Chefboutonne, frère de Jean, devenu l'aîné de la maison par la mort du maréchal de Biron.

audict comte de Charlus que je luy en offrois douze mille, afin de l'encherir sur luy, et en effet il n'avoit aucun dessein de s'en deffaire, mays il vouloit faire le malcontent, pour avoir la survivance de Madame d'Angoulesme[1] quy estoit gouvernante de Bourbonnoys, laquelle la Royne-mère luy accorda. Despuys ce temps-là je n'ay jamays fait estime de l'amitié dudict sieur de Sainct-Géran, quoyque je n'aye pas laissé de railler tousjours avec luy, comme je faisoye auparavant.

Pendant le séjour du Roy et de la Royne-mère à Fontaynebelleau, ils firent l'estat des pensions, où je fûs mys pour douze cents escus, et la Royne-mère donna neuf mille francs pour l'entretenement des toiles, ce quy me pouvoit valoir encores douze cents escus, en faisant la despense des chiens courants et grands lévriers, lesquels mon père gardoit auparavant à Nangis. Cela me haussa un peu le courage, avec ce que le Roy que je faysois chasser aux toiles, me faisoit assez bon visage. Je n'avoys plus qu'un peu de fiebvre, et M. de Mayarne, médecin[2], qui avoit la fiebvre quarte, aussi bien que moy, me conseilla de

1. Françoise de Nargonne, deuxième femme de Charles, bâtard de Valois, duc d'Angoulesme, fils naturel de Charles IX et de Marie Touchet, mariée le 25 février 1644; la duchesse devint veuve le 14 septembre 1650, et elle mourut âgée de 92 ans, le 10 août 1713.

2. Théodore du Mayerne-Turquet, médecin ordinaire des rois Henri IV et Louis XIII. Il fut appelé en Angleterre l'année suivante par Jacques Ier, qui, peu après, le nomma son premier médecin. Mayerne a exercé la même charge sous l'infortuné Charles Ier. Il est mort à Chelsea en 1655, laissant une immense fortune à sa fille unique, qui épousa le petit-fils du duc de la Force, et mourut en couches en 1661.

me faire purger, saigner et baigner. Je vins à Nangis, où mon père et ma mère estoient, et quoy que je n'eusse plus de fiebvre, j'avoys une douleur de ratte quy me tourmentoit fort. J'allay voir mon frère de Laon, quy estoit à Barbeau, où la fiebvre me reprist dans l'église, le jour de l'Ascension, pendant vespres ; j'en attribuay la cause à la fraischeur de l'église, et je partis le lendemain, avec mon frère, pour aller à Parys, où l'on me mandoit pour me trouver à l'accommodement que devoit faire M. le Connestable entre les parens de M. de Dunes et MM. des Marets. Deux jours après, M. des Marets, contre le traité quy se faisoit, fist arrester prisonnier M. du Montuit, quy estoit avec feu M. de Dunes, quand il fust tué; il eust en même temps recours à moy ; j'allay chez M. le mareschal de Brissac en faire plainte, où je trouvay M. des Marets, avec lequel je croys que je me fusse fasché, sans M. le mareschal de Brissac, quy usa de son authorité. Enfin à l'heure mesme M. de Brissac fist sortir M. du Montuit de prison.

Je ne fis autre action violente que de me mettre un peu en cholere. Comme je fus de retour à Saincte-Geneviefve[1], je ne pus souper parce que la fiebvre me prist. Je m'allay coucher sur le minuit; j'eus soif et beus de l'eau du puys Saincte-Geneviefve[2], quy estoit fort froide; je me réveillay avec une grande douleur du costé où je me couchay. Néantmoings je me voulus lever le matin pour aller, avec M. de Gié et les

---

1. L'abbaye de Sainte-Geneviève, à Paris.
2. De l'eau du puits de Nanterre. Il estoit renfermé dans une petite chapelle qui existait au dehors du village, du côté de Chatou. L'éditeur l'a encore vu dans sa première jeunesse.

autres parents de feu M. de Dunes, trouver M. le
Connestable à Chantilly, mays il me fust impossible.
Mon frère de Lignyeres y alla en ma place. J'eus une
pleûresie, où je fus saigné sept fois, et fus jugé à mort,
le quatriesme jour. Je croys que Dieu permist que
j'eusse ceste maladie pour me faire oublier le ressentiment que j'avois de la mort de M. de Dunes; car
M. Lescaillon, qui estoit nostre médecin, me voyant
en danger, me fit venir le Père d'Aubigny, jésuite,
auquel je me confessay et promys à Dieu de n'avoir
jamays de ressantiment de ceste affaire, et depuys,
quand je fus guéry, M. le marquis de Fossés, quy estoit
leur amy et se disoit le mien, fit que la Royne-Mère
nous fit venir dans son cabinet, où il n'y avoit avec
elle que ledit sieur de Fossés, M. des Marets et moy,
où Sa Majesté me fist un exprès commandement de
ne m'en ressentir jamais, ce que je luy promys, mays
je l'avoys desja promys à Dieu, croyant partir de ce
monde.

J'esprouvay en ma maladie que ceux qui ont des
charges ne sont pas sans avoir bientost des successeurs, car, d'abord qu'on me jugea en danger, mon
frere envoya demander ma charge pour mon frere de
Lignyeres, et la Royne la luy accorda, mais force
gents, ne scachant pas que mon frere eüst ceste assurance, la demanderent, et M. de Nevers m'a dit qu'un
homme, avec quy je faisois grande profession d'amitié, l'avoit prié de la demander pour luy; il ne me
dist point quel il estoit, mays à son discours je jugeay
que c'estoit M. de Chitain[1], frère de M. de Sainct-Gé-

1. Godefroi de la Guiche, seigneur de Chitain, frère du maréchal de Saint-Géran.

ran. On me dit aussy que des personnes qui m'estoient bien plus proches et plus obligées l'avoient demandée, mays, cela n'ayant eu aucun effet, je ne m'en voulus pas enquérir davantage.

Mon père, désirant fort de me marier, renouvella le traité de mariage avec feu M. de Rochefort, pour vostre mère; mays ceux quy tesmoignoient en avoir le plus d'envie trouverent moyen de le rompre. Madame de Givry[1] proposa de me marier avec une sœur de M. de Valancey, qui est maintenant Madame de Puysieux[2], et mon père, quy venoit de Sainct-Malo voir un embarquement que faisoient MM. de la Ravaudiere et Razilly, passa au retour à Maillé, auprès de Tours, où il vist Madame de Givry, de là à Valancey, où il advança tellement ceste affaire qu'il ne restoit plus que de nous faire voir; mays feu mon frère de Laon, quy estoit en ce voyage avec mon père et ne gousta pas l'humeur de ladicte damoiselle de Valancey, m'escrivit qu'il avoit veu ma maistresse quy estoit belle, honneste et de grand discours. Je jugeay bien qu'il n'approuvoit pas ce mariage, et aussy que feu M. de la Brosse-Raquin me dist que Madame la mareschalle de la Chastre, sa sœur, luy avoit dit qu'elle demandoit desjà si, quand elle seroit mariée, elle ne garderoit pas la bourse, ce quy me dégoutta encores

1. Jeanne Chabot, veuve du baron de Givry, mariée en secondes noces à Claude de la Châtre, baron de la Maisonfort, maréchal de France.

2. Charlotte d'Étampes-Valençay épousa, par contrat du 11 janvier 1645, Pierre Brûlart, marquis de Sillery, vicomte de Puisieux, veuf de Madeleine de Neuville Villeroy. Elle a marqué parmi les femmes à bons mots; Mme de Sévigné en parle souvent dans ses lettres.

plus, et quand mon père revint, il me voulust faire prendre la poste pour aller à Valancey. Je m'en excusay sur ce que M. de Valancey luy vouloit donner moings qu'il n'avoit fait à Madame de la Chastre. Mon père se fascha un peu contre moy, mays je luy dis avec respect que c'estoit moy quy me mariois et non pas luy, que je ne vouloys pas prendre à regret une femme pour vivre avec elle le reste de mes jours. Cela le piqua un peu, parce qu'il croyoit que j'avois de l'affection pour une autre; mays depuis, quand je luy dis ce que je vous ay fait cognoistre de mon frere de Laon et de M. de la Brosse-Raquin, et qu'il vist sa conduitte, après qu'elle eust espousé M. de Puysieux, il m'a plusieurs foys dict, en raillant, que j'avais esté plus sage que luy, et en effet dans dix ans nostre maison eust esté ruynée.

Ce fust à la fin de l'an 1611, et au commencement de l'an 1612, à karesme-prenant, il se fist alors des galanteries de carozelles, courses de bagues, armes et comparses en lices, dont je fus de la partie, ne s'estant point encores passé de pareilles occasions, depuys que j'estois à la court, dont je me fusse meslé. Il m'en cousta deux mille cinq cents escus, tant en cela qu'en habits que je fis faire. Lorsque l'ambassadeur ordinaire d'Espagne vint demander Madame Elizabeth[1] en mariage, pour le prince d'Espagne, et que le duc de Pasterane, l'ambassadeur extrordinaire, la vint espouser, au nom dudit prince. J'avois fort

1. Élisabeth de France, fille de Henri IV et de Marie de Médicis, née le 22 novembre 1602. Le mariage fut décidé par le traité du 25 mars 1612, mais la princesse ne fut épousée au nom de Philippe IV que le 18 octobre 1615.

désiré faire le voyage d'Espagne avec le duc de Mayenne
quy y alla pour le mesme sujet, assavoir pour espouser
la princesse d'Espagne[1] au nom du Roy, mays j'avois
tant despendu[2] d'ailleurs que je n'en eus pas le moyen,
et aussy que l'on renouvella le traité de mon mariage
avec vostre mère, quy traynoit depuys deux ans. Force
gens le desconseilloient, parceque, quoyque nous eussions du bien l'un et l'autre, neantmoings ayant des
debtes, nous avions plus de besoing d'argent comptant
que de terres, et M. le comte de Soyssons mesmes, quy
faisoit à mon père l'honneur de luy vouloir du bien,
et à moy aussy, luy donna advys que mon beau père
avoit plus d'affaires que nous ne croyions, et il avoit
cest advys de M. d'Argenteuil, voisin de M. de Rochefort, quy n'estoit pas son amy. Cela faillit de rompre
nostre traité; mays mon père, quy n'avoit jamays peü
résoudre à autre mariage qu'à celuy-là, passa sur toute
consideration, et il semble qu'en ceste occasion on
peut dire que les mariages sont faits au ciel, car par
toute raison il ne se devoit pas faire. Je ne m'en suys
pas renpenty jusques à cette heure ; je ne sçay pas ce
quy pourra arriver. Nous fûsmes donc mariés en
l'église Sainct-Eustache, à Parys, le seizieme du moys
de septembre 1612[3].

1. Anne d'Autriche, mère de Louis XIV.
2. Pour *dépensé*.
3. J'ai dû vérifier l'exactitude de la date donnée par le marquis,
et j'ai prié le chef du bureau des archives de l'état civil, à l'hôtel
de ville de Paris, de me communiquer le document qui constate
ce mariage. Le registre des fiançailles et mariages de la paroisse
Saint-Eustache, commençant au mois de mai 1609, finissant avec
le mois de septembre 1614, a été mis sous mes yeux. J'ai reconnu
que ce registre ne donne qu'un simple catalogue contenant les

Un moys après que je fus marié, je fis un voyage en Berry, et Bourbonnoys, avec feu mon frère l'évesque de Laon, pour donner ordre à nos affaires. Pendant ledit voyage M. le comte de Soissons[1] mourut proche la Toussaint, et quand je retournay, je trouvay toutes les cabales de la court changées, car la Roynemère, quy ne pouvoit compâtir avec mondit sieur le comte, s'appuya de M. le Prince et de MM. de Nevers, Mayenne et Bouillon contre la caballe de MM. de Guise, d'Espernon et de Bellegarde, dont je fus fort ayse, car quoyque je ne dépendisse d'autre que du Roy

noms et les prénoms principaux de parties contractantes. On y lit cette mention en date du 16 septembre 1612.

Noble homme Nicolas de Brichanteau.
Damoiselle Aimée de Rochefort.

Dans une colonne à la suite de ces noms se trouve la mention latine suivante relative aux fiançailles et à la dispense de deux bans.

Affidati, 15 *septembre*.
Disp. 16 *id. duor. bann.*

Il n'existait pas encore de registre de l'état civil. Les curés zélés prenaient seulement note des fiançailles et mariages contractés dans leurs paroisses; l'ordonnance de Blois, en 1579, ordonna que les curés déposeraient chaque année au greffe du siége royal le plus voisin le registre qu'ils tenaient sans que cela leur fût enjoint, et l'ordonnance de 1667 édicta toutes les dispositions depuis completées et améliorées par le Code civil. Il en a été de même pour les actes de naissance et de décès.

1. Né le 3 novembre 1566, du second mariage de Louis de Bourbon, premier prince de Condé, avec Françoise d'Orléans-Longueville. Ce prince mourut dans son château de Blandy en Brie, à dix kilomètres de Melun, le 31 octobre ou le 1er novembre 1612. Il avait épousé Anne de Montafié, en 1601. (Voyez *Histoire du château et du bourg de Blandy en Brie*, par M. A. H. Taillandier. Paris, 1854, p. 100 et suiv., in-8°.

et de la Royne-mère, j'avois tousjours de l'affection pour mes dicts sieurs de Nevers, de Bouillon, lesquels jusques-là n'avoient point esté dans les interests de la Royne-mère, et particulièrement le duc de Bouillon.

Cette caballe dura peu, car le chevalier de Guise ayant tué en duel le baron de Lus[1], la lieutenance de Roy de Bourgogne, vaquant par sa mort, le duc de Mayenne la demanda pour feu M. de Tiange; ne luy ayant pas esté refusée absolument, ny accordée, il creüt que faisant le malcontent, et s'esloignant de la court, cela pourroit aporter quelque advantage à son dessein. M. le Prince et M. de Bouillon se retirerent aussy.

M. de Nevers, quoyqu'il fust de ceste caballe, ne prist pas tant de part aux interests du duc de Mayenne, son beau-frère, qu'il ne demourast tousjours fort bien avec la Royne-mère. Devant que je fusse marié, il m'avoit proposé un dessein qu'il avoit de faire une entreprise dans la Morée, où anciennement estoit Sparte; il m'avoit convié d'estre de la partie et m'avoit tellement mys ceste imagination dans l'esprit, que lorsque je fus près de me marier, je l'allay trouver, luy dis les termes auxquels j'estoys; mays que, s'il me vouloit assurer qu'il feroit ce voyage, je ne me marirois point, car je me voulois attacher à ce dessein le reste de mes jours. Il me dit qu'il feroit le voyage assurément, mays que je ne laissasse pas de me marier; qu'il faisoit estat d'y mener Mme de Nevers et me dit tant

---

1. Ce duel eut lieu le 5 janvier 1613, dans la rue Saint-Honoré, à l'entrée de la rue de Grenelle. (*Lettres de Malherbes à Peiresc*. Paris, Blaise, 1822, in-8º, pag. 230.

de vanités, que je cognus bien que tout se tourneroit en vent et en fumée.

Au commencement de l'an 1613, il me dit qu'il alloit à Rome, sous prétexte de conduire Melle de Mayenne, sa belle-sœur, qu'il avoit accordée avec le duc d'Ognano, fils du duc Sforce[1], mays qu'en effet c'estoit pour conferer avec le Pape et advancer le dessein de ce voyage; qu'il me prioit de l'accompagner à Rome. Il me faschoit fort de m'y embarquer, parcequ'il n'y avoit que quatre ou cinq moys que j'estoys marié. Néantmoings parceque j'avoys de l'affection pour luy, et qu'en quelques occasions il m'avoit tesmoigné de la bone volonté, je luy promys d'y aller si le Roy et la Royne me le permettoient. Il partist au commencement du karesme; M. de Mayenne l'alla trouver à Nevers, où M. le Prince se trouva à une assemblée de chastel[2], le tout pour donner jalousie à la Royne-mère, dont les amys qu'ils avoient à la court desesperoient, car l'on voyoyt tous les jours les ducs de Guise et d'Espernon quy s'establissoyent auprès de la Royne-mère.

Deux ou troys jours devant Pasques-fleuries, mondit sieur de Nevers m'escryvit qu'il partoit pour aller faire pasques à Lyon, et qu'il me prioit de m'y rendre en ce temps, sans autre esquipage qu'un valet de chambre. Je fus fort surpris, car je m'imaginoys que ce voyage, comme d'autres desseins qu'il avoit eüs, auroient tourné en fumée. Néantmoings j'allay trouver

1. Mario Sforce, deuxième du nom, épousa, en effet, Renée de Lorraine, fille du duc de Mayenne.
2. Assemblées qui tendaient à soutenir les prétentions des princes.

la Royne-mère, à laquelle je dys que M. de Nevers m'avoit escrit pour faire le voyage de Rome avec lui, mays qu'estant créature du Roy et d'Elle, je ne depandoys que d'eux ; c'est pourquoy je la supplioys très-humblement de me dire sy elle l'auroit agréable. Elle changea de couleur ; à quoy je recognus qu'il y avoit quelque changement a l'amitié qu'elle avoit jusques-là tesmoigné à mondict sieur de Nevers. Elle me dist : « D'autres luy avoient bien promys de faire ce voyage, quy luy manquent maintenant. » Je luy repliquay : « Madame, je ne suys pas de ceux quy s'engagent de parolles, pour après y manquer. Pourveu que Vostre Majesté soit asseurée que je ne manqueray jamays à ce que je luy doibs, il n'y a point de considération quy m'empesche de faire ce voyage. » Je luy vys radoucir un peu le visage, et après avoir un moment songé, elle me dist : « Je vous permets d'y aller ; vostre voyage ne sera pas long. » Je pris doncques congé d'elle et allay recevoir les commandements du Roy.

Je parlay à quelques uns des amys de messieurs de Mayenne et de Nevers, entre autres, à messieurs de Schomberg et La Feuillade, pour sçavoir des nouvelles du monde ; ils me dirent que je leur remonstrasse le tort qu'ils se faisoient de s'estre esloignez de la court ; que leurs ennemys commençoient d'entrer en telle consideration, que s'ils ne revenoient bientost, ils n'y trouveroient pas la place qu'ils y avoient laissé ; que ceux mesme quy les maintenoient, quy estoient le marquis d'Anchre et sa femme, seroient contraints de se mettre en la protection des autres et que tous leurs amys les supplioyent de revenir au plus tost.

Je fis mes dévotions le jour de Pasques-fleuries et

partis avec M. de Gurcy, en poste, n'ayant qu'un valet de chambre pour nous deux; ce fust le mecredy-[1] sainct, et n'arrivasmes que le jour de Pasques à Lyon, parceque nous voulusmes entendre le service pendant la semayne sainte. A mon arrivée à Lyon, M. de Nevers me demanda des nouvelles : je luy dis tout ce que j'avois appris, et particulierement l'advys que leurs amys leur donnoient. Il appella M. de Mayenne, et me pria de luy dire les mesmes choses qu'on m'avoit dit, mays il n'en fist cas, parcequ'il estoit piqué sur le tout, ce que n'estoit pas M. de Nevers.

Nous partismes le lendemain de Pasques, descendismes sur le Rosne en Avignon, de là à Marseille, où nous séjournasmes huit ou dix jours en attendant le vent, et que deux galeres que le Roy leur donnoit pour les conduire fussent prestes. Nous allasmes du long de la coste jusques à Antibes, d'où M. de Mayenne et madame de Nevers se retirerent en France. M. de Nemours, quy pour lors estoit à la court de Savoye, les y vint visiter, et M. de Savoye envoya faire de grands complimens et assurance d'amitié à M. de Nevers. C'estoit le jour mesme dont la nuit suivante il déclara la guerre au duc de Mantoue.

Nons allasmes, sans desbarquer, d'Antibes à Savonne, où arrivant à la pointe du jour, M. de Nevers mist pied à terre, et eust advys que, deux nuits auparavant, le duc de Savoye avoit petardé Elba, Montcalvo et Trin, terres du duc de Mantoue. L'interest qu'il avoit à cette affaire, comme depuys nous l'avons veu succeder à cest estat, luy fits quitter le dessein d'aller à

---

1. Locution longtemps en usage à la Cour.

Rome et résoudre de s'aller jetter dans Cazal, que je croys quy se fust rendue, veu l'estonnement où ils estoient tous quand nous y arrivasmes. La duchesse d'Ognano fust fort affligée, car elle alloit en un pays où elle n'avoit aucune habitude, sans autre compagnie que de madame la comtesse de Kaylus, et quatre ou cinq damoiselles. M. de Nevers luy promist que l'occasion passée, il l'iroit trouver à Rome, ce qu'il fist depuys. Quand je pris congé d'elle, elle me fist de grandes plaintes. Je fis ce que je peüs pour la consoler, et excuser M. de Nevers. Je ne diray rien de ce quy se passa en ce voyage, parce que je l'ay desjà escrit ailleurs[1].

Sur le bruit de ceste guerre, force gentils hommes vindrent trouver M. de Nevers, entre autre feu Montglas; l'un des siens, me dist assez indiscretement que vostre mère estoit accouchée avant terme, dont j'eüs grande douleur. C'estoit au mesme temps que la paix fust faite et que M. de Nevers passoit oultre jusques à à Rome. Je vys qu'il estoit arrivé force gens de qualité quy se préparoient de l'accompagner en ce voyage : c'est pourquoy je luy demanday congé de revenir en France, à cause de l'accident arrivé à ma femme : il trouva ma demande fort juste. Nous partismes, mon frère de Gurcy, M. de Chanteloube, maintenant Pere de l'Oratoire, le comte de Tianges, le visdame de Menar[2] et moy, passames par le mont Saintplon[3], le pays de Vallets[4], le lac de Genefve, et de là à Lyon,

---

1. Le mémoire sur le voyage du duc de Nevers paraît avoir été perdu.
2. Nom incertain.
3. Le Simplon.
4. Le Valais.

où nous prismes la poste, et quelque diligence que nous peüsmes faire, nous mismes treize jours jusques à Parys, encore que nous marchassions touts les jours, depuys les troys heures du matin, jusques à neuf heures du soir.

A mon arrivée j'allay faire révèrence à la Royne-mère, laquelle je croyois me devoir faire bon visage, comme elle avoit fait à mon frère de Lignyeres, et à quelques autres quy estoient arrivés par un autre chemin quelques jours devant moy. Mays elle ne me regarda pas seulement, et passant oultre, elle dist : « J'ay failly de mescognoistre Nangis; » cela me commença de donner quelque mescontentement, et néantmoings j'achevay l'esté à la court, et luy donnay plaisir à la chasse des toiles à Monceaux.

Au moys de septembre, mon père alla pour passer l'hyver à Meillan où nous estions touts, horsmys M. le chevalier de Brichanteau[1] quy estoit à Malte. Comme nous estions sur nostre retour au moys de decembre, feu mon frère de Laon eût seulement une migrayne quy luy dura un jour; on donna au mesme temps advys à la court qu'il estoit mort. J'ay tousjours creü que c'estoit feu Chasteauneuf, lequel ne nous aymoit pas, quelque bonne mine qu'il nous fist.

La Royne-mère donna l'abbaye de Saincte-Geneviefve au frère de la marquise d'Anchre, designé archevesque de Tours, l'évesché de Laon au marquis Cœuvres, et l'abbaye de Barbeau à quelque autre.

1. Charles de Brichanteau fut tué dans un combat entre les galères de Malte et les galiotes de Biserte, le 26 juin 1625. Le marquis de Nangis lui fit élever, en 1633, un monument dans l'église de Nangis. (P. Anselme, t. VII, p. 895.)

Nous partismes à huit jours de là. En arrivant à Parys, touts nos amys nous vindrent voir pour se rebjouyr de la convalescence de mon frère qu'on avoit tenu pour mort, et que mesme ses bénefices estoient donnés. Ceste nouvelle m'outra le cœur que j'avoys desjà un peu ulceré. Le lendemain j'allay faire la reverence à la Royne-mère, quy ne me regarda pas, soit par mesgarde, ou qu'elle creüst que je seroys offensé de ce qu'elle avoit donné les bénefices de mon frère, sans se souvenir de moy, et en mesme temps M. de Rouville, quy ne devoit pas estre en plus de considération que moy, luy faisant la réverence, elle luy fist très bon visage, et parla à luy, ce que ceux quy restoient là remarquèrent, et dont j'eûs grande douleur; néantmoings j'en fys le moins de semblant que je peüs.

Au commencement de l'an 1614, l'on vit esclater le mescontentement des princes; particulierement la Royne-mère, pour un assez léger sujet, s'aygrit contre M. de Nevers. Il me fist parler par La Brosse-Raquin, se plaignant que les gens de bien estoient reculés des charges; qu'on avoit fait le marquis d'Anchre mareschal de France; que mon père, quy avoit tant servy et mérité, ne l'estoit point; que s'il pouvoit entrer en quelque considération, je m'asseurasse que luy et ses amys s'employeroient pour luy. Ce discours me chastouilla un peu les oreilles, avec le mescontentement que j'avoys desjà conceü en mon ame; je luy dis que, pourveu qu'ils n'entreprissent rien contre le service du Roy, ils se pouvaient assurer de moy, car en effet j'avoys M. le Chancelier[1] pour ennemy, à cause

---

1. De Sillery.

de ce quy se passa après la mort de M. de Dunes, M. de Villeroy pour un procès quy avoit duré deux cents ans, à cause des limites des terres de la forest Tomiés et Meillan ; M. d'Espernon ne m'aymoit pas pour l'entienne querelle qu'il avoit eü avec mon père; le mareschal d'Anchre estoit généralement hay de tout le monde, et j'avoys un particulier desplaisir de ce qu'il avoit demandé l'abbaye de Ste-Geneviefve. Il me dist qu'on n'en vouloit qu'à ceux-là ; on renvoyeroit le mareschal d'Anchre en Italie, M. d'Espernon en son gouvernement, M. le Chancelier et M. de Villeroy chez eux ; qu'on mettroit d'autres gens dans le conseil en leur place, et que le Roy, quy s'en alloit majeur et commenceroit de prendre cognoissance des affaires, se serviroit de M. le Prince, et des autres princes pour diminuer l'auctorité de la Royne, sa mère ; qu'ils estoient fort assurés de la bonne volonté du Roy ; et en effet, la Royne-mère en entra en soupçon, car elle esloigna Courtenvaux, maintenant M. de Souvray, quy estoit fort bien auprès du Roy, pour y establir M. de Luynes, créature de la Royne-mère. Nostre discours conclud que, pour achever ce dessein, il ne falloit point qu'ils quittassent la court, et que dès que je verroys qu'ils entreprendroient contre l'Estat ils ne s'asseürassent jamays de moy.

Quelques quinze jours après, M. de Nevers desirant de s'éclaircir avec la Royne-mère du sujet pourquoy elle luy faisoit si mauvais visage, au lieu de lui donner contentement, elle se piqua, et luy de son costé, en cholere, se sépara et partist le lendemain, contre le dessein qu'il avoit fait de ne partir de quelques jours. Je croys que l'animosité de la Royne venoit de ce que

M. de Nevers avoit dist que, hors l'honneur qu'elle avoit d'estre mère du Roy, il estoit autant qu'elle, et d'aussy bonne maison qu'elle.

Comme il venoit de prendre congé de la Royne-mère, je le trouvay quy mettoit pied à terre avec le mareschal d'Anchre, et entroit dans l'hostel de Longueville, où ils se promenèrent longtemps sous la gallerie, et ouys, au départir, que le dict mareschal d'Anchre le prioit de ne point partir et qu'il auroit contentement. Je ne sçavoys rien du congé qu'il avoit pris de la Royne; j'entray en son carrosse, où tout haut il nous fist ses plaintes; je l'accompagnay jusques en son logys, où prenant congé de luy il me dist que je prisse assurance à ce que M. de La Brosse m'avoit dist de sa part, et adieu, sans plus de parolles; en mesme temps il parla au marquys de La Vieuville et à quelques autres.

Peu après Karesme-prenant je m'en allay à Meillan où estoit mon père et ma femme, quy faisoient estat de revenir bientost à Nangis. Je ne fus pas plustost là, que j'appris que touts les princes et M. de Bouillon estoient sortys de la court. Je me doutay bien que, puisqu'ils avoient changé leur dessein de demourer auprès du Roy et qu'ils s'esloignoient, ils n'avoient d'autre but que de faire leurs affaires, sous un beau prétexte. Mon père me demanda des nouvelles. Je luy dis leurs mescontentements et le dérangement qu'ils vouloient faire dans la court : il me dist que c'estoient touts des trompeurs; que M. de Guise, qui estoit le plus galand et habile prince de son temps, soubs un mesme pretexte, avoit trompé tous ceux quy s'estoient embarquez dans son party.

Le dernier prince qui partist de la court fut M. le duc de Mayenne; mon frere de Lignyeres s'en alla avec luy; arrivant à Soyssons, il trouva la garnison mal en ordre; il pria mon frère de luy faire venir quelques soldats de Brie, pour ne point faire de bruit aux environs de Soyssons. Mon frere s'adressa à Messieurs de Gregy et Gandigny, quy se fierent à M. de Griboval, lequel en donna advys à M. de Villeroy; tellement que le bruit courut que je levois des troupes. Mes amys m'en donnerent advys, et ayant sceu que j'estois en Bourbonnoys le bruit se trouva faux. Néanmoings M. de Villeroy, qui ne m'aymoit pas, manda à M. de La Chastre, gouverneur de Berry, de prendre garde à moy. J'avois veu ledit sieur de La Chastre, en passant par Bourges, et le croyois mon amy : au lieu de me donner advys des mauvays offices qu'on me rendoit, il envoya un soldat à Meillan, quy demoura longtemps sur le pont, comme s'il eust voulu recognoistre la maison. Il demanda à M. de Lisle si j'avoys affaire de soldats. Celui-cy respondist que non, sans y entendre malice. A quelque heure de là ledit sieur de Lisle me fist ce discours; j'envoyay sçavoir si le soldat estoit encore là, mais il estoit party à l'heure mesme : si je l'eusse trouvé je l'aurois payé de ses peines, et l'eusse renvoyé en bon estat à M. de La Chastre.

Peu de jours après, un soldat, que La Brosse-Raquin avoit desbauché dans Dun-le-Roy, fut pris. Pour rendre sa cause meilleure, il dist qu'il estoit à moy. M. de La Chastre en donna advys au Roy, pensant qu'on lui donneroit de l'argent pour lever des troupes; mays quand l'on se fust enquys de la vérité, on trouva que j'estoys dans Meillan, et que j'y passois le temps à la chasse; néantmoings cela me mist en estat à la court que je n'y ozay retourner, car il y avoit assés de prétexte de me faire du mal, ayant pour ennemys ceux quy gouvernoient. On voulut mesme rendre de mauvais offices à feu mon frère, de Laon, et Vassan, lieutenant dans la citadelle, manda qu'il n'estoit pas en sureté à cause que mon frère de Lignyeres estoit à Soyssons; mays M. le Président de Thou, quy passa par Laon et M. de Montigny dirent la fausseté à la Royne-mère et descouvrit que c'estoit Vassan quy vouloit avoir de l'argent, sous prétexte de lever quelques soldats.

En ce mesme temps les princes leverent les armes, sous le prétexte que d'Escurolles, lieutenant du marquys de La Vieuville dans la citadelle de Mezieres, avoit refusé la porte à M. le Prince. Ils firent un manifeste qu'ils envoyerent au Roy, où l'on ne parloit point du mareschal d'Anchre, qui estoit le seul sujet de mescontentement général de toute la France, et ils firent cognoistre par ce manifeste, qu'ils n'avoient autre but que de faire leurs affaires. Ils donnerent commission à quy en voulut; le commencement ne fust que pilleries et voleries. Les princes vindrent à Soyssons, où force gens de qualité les vindrent trouver; ils ne parloient que des grandes intelligences qu'ils avoient dans les pays esloignés; ils nommoient dans le Bourbonnoys M. de Sainct-Géran et moy. Pour M. de Sainct-Géran, il en estoit bien ayse, afin que le Roy luy fist du bien pour le tirer du party, mays moy, quy ne me peüs jamays servir de ces artifices, je ne pouvois souffrir qu'ils me ruynassent à la court pour faire leurs affaires.

M. de Nevers m'escrivist une lettre où il me prioit d'aller à Nevers, pour conférer avec Madame de Nevers. Ce que je fis, encores que je cognusses bien que ce n'estoit que pour me brouiller; car je sçavoys que l'accommodement estoit résolu et que toutes les levées qu'ils faisoient dans les provinces esloignées de la court n'estoient que pour faire leurs conditions meilleures. Madame de Nevers me proposa de me donner le commandement des troupes qu'elle levoit en ce pays-là, mays je m'en excusay et luy dis que toutes les foys que M. de Nevers auroit affaire de mon service dans la court j'y exposeroys ma vie de bon cœur, mays que de lever les armes contre le Roy, je ne croyois point qu'il y eust raison au monde quy pust y obliger un subject, et moy particulierement, quy avois l'honneur d'avoir charge dans la mayson du Roy. A mon refus elle donna ceste charge au comte de Chasteau-Morand[1], cadet du marquis d'Urfé. Le refus que je fis de ceste commission refroidit fort une partie de ceux quy s'y estoient embarqués, car l'on sçavoit que la paix estoit faite.

Partant de Nevers je rencontray Laubespin, lequel est maintenant intendant de la maison de M. le duc de Guyse, que M. de Sainct-Géran envoyoit à la court pour donner advys des levées quy se faisoient en Nivernoys, Bourbonnoys et la Marche. Ne voulant point suyvre le grand chemin, il passoit du long de la ri-

1. Il résulte de ce passage qu'Honoré d'Urfé, l'auteur de l'*Astrée*, prit le titre de *comte de Château-Morand*, en épousant, vers 1600, Diane de Château-Morand, sa belle-sœur, dont le mariage avec Anne d'Urfé avait été annulé pour cause d'impuissance. (Voy. *Les d'Urfé*, par M. Aug. Bernard. Paris, 1839, in-8°, pag. 104.)

vière d'Allier et je le trouvay entre Nevers et Apremont. Si j'eusse sçeu le mauvais office qu'il me rendit, je l'eusse bien empesché de faire si grande diligence. Il ne manqua pas de dire à la Royne qu'il m'avoit rencontré, et fist mon crédit beaucoup plus grand qu'il n'estoit, afin d'obliger la Royne d'envoyer argent et commissions à M. de Sainct-Géran, lequel sçavoit bien que la paix estoit faicte, et eust mis cet argent en sa bourse. Mes amys furent en peine de moy, mays aussitost la Royne sçeust que j'avoys refusé la commission qu'on m'avoit offert. Néanmoings mon frère de Laon pria mon frère de Sainct-Vincent[1] de venir en poste trouver feu mon père. J'estois party le soir, sur un advys qu'on me donna que M. de La Chastre avoit fait advancer des troupes pour se saisir de Meillan, car il n'y avoit pas seulement de porte, parce que l'on raccommodoit le pont. Je me retiray à Banegon, car quoyque je ne me sentisse point coulpable, j'ay ouï dire à de plus sages que moy qu'en ces accusations-là, il fault tousjours se justifier par procureur. Je revins le lendemain matin à Meillan où mon frère de Laon me mandoit que la paix estoit faicte, et que je me donnasse garde de rien entreprendre; ce à quoy j'estois bien résolu, car dès le commencement que je recognus leur dessein par leurs procédés et par leur manifeste, je jugeay ce quy arriva depuys.

Tous ces desplaisirs que je receüs pendant troys semaynes me causerent une fiebre tierce. Mon père retourna le premier ; ma mère et ma femme le suyvirent

1. Philibert de Brichanteau, était alors abbé de Saint-Vincent, de Laon.

quelques jours après. Je demouray jusques à ce que je fusse du tout guary. Je fis peu de séjour à Nangis et j'allay à Parys, où je fis la réverence à la Royne, quy me fist fort mauvais visage, et dont je ne fus point estonné après les mauvais offices qu'on m'avoit rendu, car elle m'avoit bien faict aussy mauvaise reception quand je ne luy en avois point donné tant de sujet. Le Roy me fist assez bon visage, car M. le mareschal de Souvray m'avoit tousjours rendu de bons offices auprès de luy. Mes amys m'en parloient et tournoient tout en raillerie, et à l'abord de quelques uns j'avoys accoustumé de dire que, hors l'interest du party, j'estois leur serviteur.

Au commencement du moys de juillet dudict an 1614, le Roy et la Royne, sa mère, allerent à Poitiers, pour quelque sédition quy y estoit arrivée, sur le soupçon que les habitants avoient eu de Sainte-Marthe, lieutenant général au siège présidial et autres partisans de Mgr le Prince. Je m'en allay à Nangis pour me trouver aux nopces de ma sœur de la Roche-Aymont[1], et troys ou quatre jours après je partys pour aller trouver le Roy quy estoit party de Poitiers, pour aller à Nantes tenir les Estats de Bretagne et rompre toutes les intelligences qu'avoit le duc de Vandosme en ce pays là.

Je trouvay entre Orléans et Blois le bonhomme Birat, quy avoit esté valet de garde-robe du Roy Henry IIIe, et le feu Roy l'avoit fait valet de garde-

1. Antoinette de Brichanteau épousa Renaud de la Roche-Aymond, baron de Bermond et de Magnac; le P. Anselme place ce mariage en 1618, date qui, d'après les Mémoires de Beauvais-Nangis, paraît erronée.

robe du Roy, pendant qu'il estoit Mgr le Dauphin. J'avoys eü grande habitude avec luy du temps que je faisois chasser mondict seigneur le Dauphin aux toiles. Il me dist les mauvais offices qu'on m'avoit rendu auprès du Roy, en mon absence, mais qu'il avoit tousjours assuré du contraire. Je luy dis ce quy s'estoit passé, et le priay de me continuer ses bons offices. Nous sçeusmes à Tours que le Roy devoit, le lendemain, arriver à Saumur; c'est pourquoy nous quittasmes le chemin de Poitiers, et ledict Birat alla coucher à Saumur, et moy je demeuray à Choysé (Chouzé) quy est à quatre lieues de Saumur. Il trouva à son arrivée qu'on m'avoit rendu encores de mauvais offices, et qu'on avoit dist au Roy et à la Royne-mère que monseigneur le Prince, messieurs de Nevers et de Seuylly[1] s'estoient entreveüs à Lignyeres, et que j'y estois, car, ayant eu dessein de se visiter, Mgr le Prince donna advys aux autres de se trouver à Lignyeres, mais pour moy je n'y estois pas, tellement que le bonhomme Birat prist cette occasion pour faire voir qu'injustement on m'avoit accusé d'avoir intelligence avec les Princes, et qu'au temps qu'ils estoient à Lignyeres, il m'avoit trouvé auprès d'Orléans. Le lendemain je fis la reverence au Roy ; M. le mareschal de Souveray[2] me dist qu'il estoit fort aise que je fusse venu trouver le Roy et que j'estoufferoys tous les mauvais bruits qu'on faisoit courre de moy, et il me promist de justifier mon innocence devant le Roy et la Royne.

1. Pour *Sully*.
2. On prononçait Souvray, et l'usage vint de dire Souvré, comme au lieu de d'Aubigny on a dit d'Aubigné.

J'accompagnay le Roy à Angers et à Nantes, et comme je le vys sur son retour, je m'en revins à Nangis. Ce fust au temps qu'on députoit ceux quy devoient se trouver aux Estats-Généraux quy se devoient réunir à Parys. Tous mes amys desiroient de me députer pour la seneschaussée de Bourbonnoys, mays M. de Sainct-Géran, lieutenant du Roy dans la province, quy vouloit faire députer des gens à sa dévotion, pour essayer de faire ses affaires auprès de la Royne-mère, s'y opposa, et fist eslire Salligny, son beau frere et Fersat[1]; sy j'eusse esté dans le pays nous eussions eu de grands démeslés, et il eust eü peine de m'empescher d'estre esleu; mays il fist beaucoup pour moy, car sy j'eusse esté depulé, je me fusse encore d'advantage brouillé dans la court, car je n'eusse jamays suivy l'intention de la Royne-mère et de ceux quy avoient crédit auprès d'elle; je dys en ce quy n'eust pas esté pour le bien de l'Estat, et mon père quy estoit député pour le bailliage de Melun, pour avoir tenu trop ferme on le mist mal auprès de la Royne-mère.

Les Estats commencèrent au mois d'octobre, pendant lequel temps je me rendoys tousjours fort suject auprès du Roy, mays voyant que cela me servoit de peu et que la Royne-mère avoit pris mauvaise impression de moy, je me résolus d'aller au service du duc de Savoye, quy levoit des troupes en France. Mon frère de

---

1. MM. de Saligny et Ferresat furent élus députés aux États de 1614 par la noblesse de la sénéchaussée de Bourbonnais. (*Recueil des pièces originales contenant la teneur des États généraux.* T. V, p. 82. Paris, 1789.) Au lieu de Ferresat, le second député de la noblesse du Borbonnais y est nommé Jean d'Apchon, seigneur de Lezerat.

Gurcy[1] traittoit pour mener un regiment d'infanterie ; j'offris d'en mener un autre, et parceque je ne voulois pas qu'on sceust que j'eusse ce dessein, je fis asseürer tous mes amys au nom de M. de La Brosse-Raquin, quy en prenoit la lieutenance-coronelle ; je touchay en mon nom l'argent pour la levée, et troys jours après nous eûsmes nouvelles que le duc de Savoye avoit fait la paix. Néantmoings j'envoyay l'argent à M. de La Brosse-Raquin ; quelqu'un peut estre plus habile que moy ne l'eust pas fait, et eust voulu y avoir part ; mais j'ay tousjours preferé l'honneur à l'utile.

Voyant la paix faite en Savoye, et que la Royne-mère, quy avoit tout pouvoir dans les affaires, continuoit de me faire mauvais visage, et le Roy quy estoit jeune, je m'estois quasy résolu de me retirer de la court ; mays en ce mesme temps j'eus advys que l'abbé d'Escurey, dont le feu Roy m'avoit autrefoys donné l'abbaye, pour me rescompenser du bailliage de Metz, estoit mort. J'estoys si peu asseuré de la bonne volonté de la Royne-mère que je ne vouloys pas la demander, mays mon frère de Saint-Vincent, maintenant evesque de Laon, quy alloit souvent à la messe du Roy me dist qu'il la luy demanderoyt. Je le laissay faire. C'estoit le jour de l'Ascension ; il s'a-

---

1. François de Brichanteau, baron de Gurcy, seigneur de Benegon, frère puîné du marquis de Nangis. M. de Gurcy passa au service du duc de Savoie avec une compagnie de cent hommes d'armes, dont le duc fit ensuite sa garde. Le baron servit pendant vingt-quatre ans le duc de Savoie. Il eut même un régiment de vingt-cinq compagnies, puis il revint en France et s'y maria en 1631. Il mourut le 29 décembre 1656. (P. Anselme, t. VII, pag. 900.)

dressa à M. le mareschal de Souveray, quy la demanda au Roy pour moy, et Sa Majesté, quoyqu'il fut desjà declaré majeur, la demanda à la Royne, sa mère, quy la luy accorda[1].

Je fus plus content de ce bienfait pour me relever de la disgrace où j'estoys que pour le profist que j'en pourroys recevoir. J'en allay remercier très-humblement le Roy et la Royne-mère, laquelle me fist, de là en avant, un peu meilleur visage, croyant m'avoir obligé; tellement que je me résolus de faire le voyage de Guienne avec le Roy quy alloit pour se marier; mays tout d'un temps, Mgr le Prince, messieurs de Mayenne, de Longueville, de Vendosme, de Bouillon et de Luxembourg se retirerent de la court, ne demourant que le duc de Nevers, afin de moyenner un accommodement, touts ensemble estant unys avec une partie des princes de la Chrestienté, pour s'opposer au mariage du Roy.

La Royne-mère, quy estoit résolue d'accomplir ce mariage et de partir au moys d'aoust, leur envoya le marquys de Villars, demy-frere du duc de Mayenne, mais ils demourerent fermes en leurs desseins, tellement que le Roy se résolust de faire une armée au delà de la riviere de Loire, pour les empescher de s'unir avec les religionnaires, qui commençoient de lever les armes en Languedoc, en Guienne et en Poitou, sous la charge du duc de Rohan et de Mrs de La Force et de Soubise. MM. le mareschal de Boysdauphin, sous la charge de quy la Royne laissoit son armée au delà de

1. C'était une abbaye de l'ordre de Citeaux, située dans le diocèse de Toul. (V. *Annuaire de la Société de l'Histoire de France*, pour 1838, p. 116).

la Loire, me proposa pour faire une compagnie de chevau-legers, ce que la Royne m'accorda; mays comme je fus employé sur l'estat, le duc d'Espernon, quy jusques là ne m'avoit jamais aymé, remonstra à la Royne, que, si l'on me donnoit commission, je feroys une compagnie pour aller servir les Princes; tellement qu'on me raya de dessus l'estat de l'armée.

Le duc de Nevers, quy estoit coronel de la cavalerie légère, me donna cest advys, et eust esté bien ayse que j'eüsse eü du mescontentement, afin que je me joignisse à ses interests, pour lever des troupes, comme il fist depuys assez mal à propos; mais moy quy ne vouloys pas recevoir ceste disgrace, je m'en allay trouver le Roy aux Thuileries et m'adressay à M. le mareschal de Souveray, qui en parla au Roy et luy remonstra que j'avoys l'honneur d'estre tousjours auprès de luy et qu'il ne falloit pas qu'il souffrist que je reçeüsse ce desplaisir. Le Roy en parla à la Roynemère, et je fus remys sur l'estat de l'armée, ce dont je fus fort ayse, car cela estoit capable de me porter au désespoir et de me jetter du tout dans le party des Princes, où je n'avois plus aucune inclination. Le duc de Nevers ne fust pas fort content de ma satisfaction, comme je le recogneus peu de temps après, qu'il passa par Nangis pour se retirer en son gouvernement.

J'allay en Bourbonnoys et la Marche, où je levay ma compagnie. De tous ceux quy me venoient voir à Meillan, un seul ne s'offrit point à moy; mais il y avoit sy long temps qu'il n'y avoit eü de guerre, que de tous costés l'on se venoit offrir à moy, et il ne m'en cousta que les troys mille livres que le Roy me donna et quelques armes que j'acheptay. Je me rendys à l'armée, comme M. le mareschal de Boisdauphin estoit à Verneuil, auprès de Senlys, et retournay querir ma compagnye quy vint joindre l'armée à Meaux. J'ay fait un discours à part de ce qui se passa en ceste armée [1].

La paix se fist à Loudun, où l'on donna le gouvernement de Berry et engagement d'Issoudun et Viarzon à Mgr le Prince. J'estoys auprès du Roy à Tours. Je m'adressay à M. de Bassompierre de quy j'estoys parent, et qui tesmoignoit estre fort de mes amys et le suppliay de remonstrer à la Royne-mère que jusques à ceste heure je n'avoys point recherché Mgr le Prince, mays que luy ayant donné le gouvernement de Berry et l'engaigement d'Issoudun, une partie de mon bien relevoit de luy; que je suppliays très humblement Sa Majesté me commander comme je vivroys avec luy doresnavant, et qu'Elle fist quelque chose pour moy, ou qu'elle ne trouvast point mauvays que je me maintinsse bien auprès de luy. Il me promist d'en parler à la Royne. Sur ceste assurance je m'en allay aux bains de Bourbon pour une incommodité que j'avois au bras, depuys que je tombay dans la chambre de la Royne-mère, à Tours, lorsque le plancher fondist au moys de janvier 1616; mais comme je revins trouver le Roy à Parys, au moys de juillet, je demanday à M. de Bassompierre s'il s'estoit souvenu de moy; il me dit que non, et qu'il me rendroit response dans troys jours, auquel temps je le trouvay dans la court du Louvre quy me dist que la Royne luy avoit donné de bonnes parolles et deman-

---

1. Ce discours de l'auteur n'a pas été conservé.

doit ce que je désiroys. Je recognus à son style qu'il n'en avoit point parlé, et pour en sçavoir la vérité je luy dis que je m'en allois remercier très humblement la Royne qui descendoit pour entrer en son carrosse; mais il me prist par le bras et me pria d'attendre encore un peu; à quoy je cognus qu'il n'en avoit point parlé, et ne m'attendis plus à luy. Ce sont des coups ordinaires des courtisans quy, pour nous obliger, feignent souvent de nous rendre de bons offices, et le plus souvent ne se sont pas souvenus de nous[1].

Je demeuray jusques à la fin du moys d'aoust que mon frere de Laon me manda que ma femme et moy l'allassions voir, et passer un moys de temps avec luy. J'avoys bien remarqué que M. d'Elbene, lieutenant de la compagnie de Monseigneur, frère du Roy[2], avoit quelque chose dans la phantaisie, et je le rencontroys tous les jours dans la court du Louvre à certayne heure, accompagné de dix ou douze cavaliers de la compagnie de mondict seigneur, et aux discours qu'il me tenoit, je jugeois bien qu'il se brassoit quelque chose, dont luy-mesme n'en avoit que le soupçon et n'en sçavoit encore la vérité[3]. Je partys le dernier

1. Ceci explique le motif qu'a eu Nangis d'effacer le nom de Bassompierre en cet endroit de ses *Mémoires*, ainsi qu'on le voit au folio 79, v°, du mss. original.

1. Gaston, duc d'Orléans.

3. Ces mesures, dont Thémines, qui à cette occasion fut fait maréchal de France, avait seul la clef, tendaient à dissoudre l'union des princes par l'arrestation du prince de Condé. Elle eut lieu au Louvre, le 1ᵉʳ septembre 1616; le prince fut de suite conduit à la Bastille, puis à Vincennes (*Mémoires de Fontenay-Mareuil*, t. L., pag. 331 de la 1ʳᵉ série de la collect. Petitot, et l'*Histoire du règne de Louis XIII*, par le P. Griffet. Paris, 1758, in-4°, t. I, pag. 152).

aoust, ou 1ᵉʳ septembre, et vins au giste à Villers-
Cotterets; le lendemain j'allay disner à Soyssons, où
j'appris que mon frere de Laon estoit à Anisy, maison
épiscopalle de Laon, à moitié chemin de Soyssons à
Laon; je l'y allay trouver; il me demanda des nouvelles : je luy dis qu'assurement il se tramoit quelque
chose, mays que je ne pouvois encores sçavoir ce que
c'estoit.

Le lendemain matin, à six heures, on nous vint
dire que M. de Guise avoit failly de surprendre Soyssons, mays que MM. de Mayenne et de Bouillon y
estoient arrivés avec force gens; que M. de Vendosme
avoit passé la riviere d'Aisne au bac de Choisy et
s'estoit retiré à Lafere. Je dis à mon frere : « Assurement, Monseigneur, le prince est mort ou pris, » et luy
dis les conjectures que j'en avois. Quelques heures
après, mon frere de Lignyeres vint quy nous dit tout
ce quy s'estoit passé, et il arriva ce jour-là une affayre
qu'il n'est pas mal à propos de vous dire.

Le marquis de Cœuvres, maintenant mareschal
d'Estrées, arrivant avec M. de Mayenne à Soyssons,
on luy dist que j'estois passé le jour mesme, et estois
allé coucher à Laon. Il crust que j'avoys quelque entreprise sur la citadelle de Laon; c'est pourquoy il
supplia M. de Guise de luy prester dix ou douze ca-
valliers de sa compagnie et il partist à l'heure mesme.
Le hasard voulut que M. de Guise luy donnast la bri-
gade de Bourbonnoys, où estoient de mes meilleurs
amys, et ils m'ont dit depuys qu'ayant appris par les
chemins le sujet de leur voyage, ils estoient résolus de
m'assister plustost que le marquis de Cœuvres, et si
j'eusse eü quelque commandement, l'affaire m'estoit

venue fort à propos; mais la Royne-mère n'avoit pas assez de confiance en moy pour m'employer en ceste occasion, et je croys qu'il fust plus à propos pour moy de ne m'estre pas trouvé à Laon, parce que peut-estre qu'ayant quelque soupçon de moy il m'eût rendu du déplaisir, et ç'eüst esté une querelle entre luy et moy.

Nous jugeasmes bien, mon frere et moy, qu'il estoit impossible que nous demeurassions dans Laon, sans donner soupçon de notre fidelité au Roy, ou sans donner jalousie de nostre séjour à tous ces princes et principalement au marquis de Cœuvres, puisque desjà sans sujet il avoit pris l'alarme de mon arrivée dans le pays; c'est pourquoy nous partismes le lendemain d'Anisy et retournasmes par Compiegne à Parys.

A mon arrivée je trouvay que M. le mareschal de Souveray estoit en point de me faire escrire par le Roy, pour me commander de revenir, car il sçavoit que j'estois party depuys trois ou quatre jours pour aller à Laon, et craygnoit que M. de Lignyeres estant auprès de M. le duc de Mayenne, tous les princes ne m'engagaissent avec eux; mays c'est à quoy je n'avoys pas seulement pensé, car aux premiers mouvements j'avoys esprouvé qu'ils se servoient du prétexte du bien public pour faire leurs affayres, au préjudice de leurs amys. Je le remerciay très-humblement de l'honneur qu'il m'avoit fait et je peux dire que ça esté un des meilleurs seigneurs et amys que j'aye eü dans la court.

Je trouvay aussy que M. d'Elbène, quy estoit lors en grande considération auprès de la Royne, luy avoit parlé pour augmenter ma pension jusques à deux mille escus, parce que, ayant douze cents escus du temps du feu Roy, l'on avoit retranché à la moitié et je ne touchois plus que six cents escus. Par ce moyen je fus mis à mille escus, car l'on ne payoit que la moitié de ce que portoit le brevet. J'en remerciay très humblement la Royne et puis M. d'Elbène. Je suis bien ayse de vous faire remarquer ceste particularité, afin de vous souvenir de ceste obligation, et que vous continuyez à toute sa maison l'affection et l'amitié que je leur ay tousjours témoigné.

Je trouvay tout le gouvernement changé. M. Mangot (de Villarceaux) fut fait garde des sceaux en la place de M. du Vair, M. l'evesque de Luçon, maintenant Mgr le cardinal de Richelieu, secretaire d'Estat en la place de M. de Villeroy, et M. Barbin, surintendant des finances, en la place du président Janin.

Quand j'allay trouver ledit Barbin pour l'augmentation de ma pension, il me fist grand accueil, parce qu'il estoit natif de Melun et avoit quelque obligation à mon père, mays comme il estoit créature du mareschal d'Anchre, et qu'il sçeust depuys que je n'estois pas de sa cabale, j'en reçeüs aussy peu de courtoisie que des autres, et je trouvay que je n'avois gueres gaigné au changement des ministres de l'Estat.

Sur l'advys que le Roy eust que les princes retirés à Soyssons asseuroient leurs amys dans les provinces et envoyoient en Allemagne, Sa Majesté délivra des commissions pour faire une armée, sous la charge du duc d'Angoulesme, qu'elle avoit retiré depuys quelques moys de la Bastille, où il avoit demouré près de treize ans, et donna le rendez-vous de l'armée à Crespy, en Valoys[1].

1. Le duc d'Angoulème avait été gravement compromis dans l'affaire de la duchesse de Verneuil.

L'on me commanda de remettre sur pied ma compagnye de chevau-legers, quy avoit esté licentiée quelques moys auparavant; mays comme je sçeutz que l'on faisoit Richelieu mareschal de camp, lequel n'estoit pas plus âgé que moy et n'avoit pas plus commandé, et de plus que je n'avois jamays peu avoir grande communication avec luy, je dis que je ne voulois pas remettre ma compagnie; et d'Escures, dans le Louvre, m'en ayant demandé le sujet, comme j'ay esté tousjours un peu trop libre à parler, je dis tout haut que je ne voulois pas obéir à Richelieu, dont, comme je croys, l'evesque de Luçon, quy le sceust, ne m'en ayma pas davantage. Néanmoings mon frère de Lignyeres m'ayant donné advis de Soyssons que la paix estoit conclue, il prist la commission et l'argent que je ne mys point à l'interest, car peu de temps après on me donna une autre commission où je trouvay bien occasion de l'employer.

Sur la fin de l'an 1616, voyant que la guerre estoit pour continuer, que le Roy ne pourroit pas chasser aux toiles, qu'il n'y prenoit pas grand plaisir, et que la nécessité des affaires pourroit contraindre de divertir le fond qu'on donnoit pour l'entretenement des dites toiles, je me résolus de vendre la charge de capitayne des toiles, et de bonne fortune je trouvay un nommé Beauregard, pere de M. de Beaumarchais, trésorier de l'Espargne, quy m'en donna cinquante troys mille livres, et me fist payer de troys cents escus d'un quartier de ma pension quy m'estoit deü. C'est le plus grand coup que j'aye jamays donné pour la conservation de la maison, car je payay les premiers créanciers, et depuys ce temps-là, avec l'ordre que feu mon frère, l'évesque de Laon, y donna, jamays un seul créancier ne nous a envoyé un sergent.

Au commencement de l'an 1617, les princes commencerent de brouiller, ou pour mieux dire, le mareschal d'Anchre et les ministres, mys de sa main, conseillerent au Roy de ruyner les dits princes et prirent pretexte sur quelques discours qu'avoit tenu le duc de Nevers un peu trop légerement. On fit deux armées, l'une en Champagne, sous la charge du duc de Guise, pour ruyner les ducs de Nevers et de Bouillon, l'autre pour attaquer le duc de Mayenne, dans Soyssons.

J'avois recognu que mon père n'agréoit pas que je prisse encore une compagnie de chevau-legers; il eust desiré que j'eusse eü une charge plus relevée, mays comme je n'avois personne quy m'appuyast dans la court, pour avoir quelque chose de plus, et qu'il me faschoit de ne rien faire, j'escrivys une lettre à mon pere et feignys d'être fort en peine de me résoudre sur les différents advys que me donnoient mes amys, et je luy représentois ensuite les raisons quy faisoient pour et contre en ceste affaire. Il me respondit en raillant qu'il avoit bien recognu ma finesse, et qu'il concluoit avec moy qu'il n'y avoit pire condition à un homme de nostre profession que de n'estre point employé en temps de guerre, et il me commanda que j'acceptasse la commission.

Je pris doncques une commission de chevau-legers, sous l'ordre de M. de Guyse, en Champagne. Je parlois à luy, lorsqu'il eüst nouvelle de la mort du mareschal d'Anchre : je ne vis jamays un prince si discret;

car je ne remarquay pas un seul changement en son visage, quoy qu'il eüst grand sujet d'estre content, parceque, lorsque les autres princes eussent esté ruynés, on estoit résolu de le ruyner comme les autres. Il entra dans un fort mauvays logis, parceque son quartier estoit à S......[1], fort mauvais village, dans la vallée de B....[2], proche Reteil[3]. Le comte de Montrevers, maistre de camp du régiment de Champagne, et moy, nous demourasmes dans une petite chambre auprès de la sienne. Vaubécourt, plus pressant que nous, entra avec luy : il nous manda le comte de Montrevers et moy, et nous leüt la lettre quy portoit la mort dudit mareschal d'Anchre. Je luy dis en riant que je craignoys que la lettre ne fust point véritable, et que nous n'estions pas assez heureux. Vaubecourt, quy a tousjours suivy la faveur, me dist : « S'il ne l'estoit point[4], vous seriez bien estonné. » Je luy respondis que je le craignoys aussy peu vif que mort. C'est une liberté trop grande que j'ay tousjours eü de dire ce que j'ay dans l'ame, quy est un très grand vice dans la court.

Après quelque temps je m'approchay de M. de Guyse, et luy dis tout bas qu'il estoit en estat de rendre un grand service au Roy, parcequ'en la croyance qu'il avoit dans l'armée, tout le monde suyvroit ses sentiments. Il me dist qu'il ne manqueroit jamays à ce qu'il devoit au Roy, et le lendemain il fist partir le marquis de Nesle, lieutenant de sa compagnie de chevau--

---

1 et 2. Noms illisibles.

3. C'est je crois la terre et château de Reteail, près de la forêt de Villers-Cotterets.

4. Si le maréchal d'Ancre n'était point mort.

legers, pour en aller donner les assurances à Sa Majesté.

Je ne disoys pas cela sans raison, parceque l'armée estoit composée de toutes les créatures, et plus affectionnés serviteurs de la Royne-mère, et la lettre ne portoit pas que si la Royne-mère avoit conservé son autorité. Pour moy, quy estoit du tout attaché au Roy, j'estois résolu, si le Roy fust sorty de Parys, comme cela avoit esté résolu, si l'on eust manqué de tuer le marquis d'Anchre, de venir trouver le Roy, et amener ma compagnie à grandes journées, en quelque lieu qu'il eust esté.

J'avoys oublié de vous dire que plus de troys mois auparavant on prévoyoit bien qu'il falloit, ou que M. de Luynes quittast la court, ou qu'il se deffit du mareschal d'Anchre, et parceque j'estois fort subject[1] auprès du Roy, un jour, M. de Rays, père de la mère de M. de Salancy, que vous cognoissez, fort affectionné audist sieur de Luynes, me tira à part, et dist que si M. de Luynes avoit affaire de ses amys, il se pourroit asseurer de moy. Je luy dis que j'estois obligé d'aymer et servir tous ceux que le Roy aymoit, et qu'outre ce devoir j'estois serviteur dudit sieur de Luynes, que je luy offrois, non seulement ma personne, mays celle de mes frères, et de cinquante de mes amys, que je pouvois en peu de temps faire venir auprès de luy; de plus que j'avois un amy, quy estoit M. le duc de Roannois, homme de cœur et de qualité, pour porter parolle à quy que ce fust qu'il eust affaire. M. de Rays

1. On a déjà vu cette expression, on dirait aujourd'hui : « Parce que j'étais fort *assidu* auprès du roi. » Cela implique aussi la soumission aveugle.

me remercia fort, et le fist parler au duc de Roanncis, quy luy confirma les offres que je luy avoys fait. Neantmoings, M. de Luynes le recognut mal depuys.

M. de Luynes estoit tellement esclairé[1], qu'il n'ozoit parler à personne, si bien que ne me tesmoignant point plus de bonne volonté que de coustume, pendant troys moys que je fus encores auprès du Roy, je crus que Rays n'avoit point eu charge de m'en parler, ou qu'il ne luy avoit point tesmoigné ma bonne volonté ; néantmoings le jour que je pris congé du Roy, il s'approcha de moy et me disant adieu, me dist avec crainte d'estre veu qu'il sçavoit l'obligation qu'il m'avoit et qu'il ne s'offriroit jamays occasion de me servir qu'il ne le fist avec affection. Je luy dis que je luy tiendrois inviolablement ce que je luy avois promis; que je le supplioys d'en estre assuré, et je croys que si j'eusse esté auprès du Roy, il m'eust communiqué son dessein, de quoy toutes foys je n'ay aucun regret par plusieurs raysons.

Je viens à mon premier discours ; il ne se passa pas troys jours que nous sceusmes que la Royne-mère estoit allée à Bloys; que M. de Luynes gouvernoit absolument le Roy, dont j'eus grande joye, y fondant de grandes espérances de fortune : néantmoings je n'osay quitter ma compagnie que l'armée ne fust licentiée, et nous allasmes en Lorrayne au-devant des Reistres que M. de Bouillon faisoit venir, et que nous croyions rencontrer entre Metz et Verdun; mais ayant appris la mort du mareschal d'Anchre et que messieurs de Nevers, Mayenne et autres princes estoient auprès du

---

1. *Esclairé* paraît être dans le sens d'*espionné, surveillé*.

Roy, ils se retirerent en Allemaigne, et nostre armée demoura dans la Lorrayne, en attendant l'argent de licenciement. Nous allasmes avec M. de Guise à Nancy voir M. de Lorrayne et fusmes licentiés à Saint-Dizier proche la Saint-Jean.

Après notre licentiement, je passay par Nancy, et il me tardoit que je fusse à la court, m'imaginant que je seroys fort bien reçeu, parceque je m'estoys tousjours rendu subject auprès du Roy, au temps que tout le monde suyvoit la Royne-mère, et n'y avoit que ceux quy avoient charge auprès de luy quy le suyvissent. J'allay trouver à Sainct-Germain Sa Majesté, quy avoit chassé un cerf le matin, et se mettoit dans le lit pour se raffraischir. Quand je luy fis la révérence, il me demanda d'où je venois. Je luy dis que je venois de son armée de Champagne, et je fus fort estonné de ce qu'il ne me fist point d'autre discours, m'ostant par ce moyen l'entrée à celuy que je pensoys luy faire sur le suject de ce quy s'estoit passé.

Je fus quelque temps sans voir M. de Luynes, parcequ'il estoit empesché à respondre à tout le monde, et l'ayant rencontré parlant au feu comte du Lude, père de celui-cy, quand je le saluay, il me fist un froid accueil. Le mareschal de Vitry, avec quy j'avoys vescu comme frère, se voyant eslevé par-dessus moy, me voulust traiter de petit gentilhomme de campagne, dont je me piquay tellement que peu de temps après, faisant sa compagnie de gendarmes, et sans m'en parler, il donna la charge de mareschal des logis de sa compagnie à M. de Rimbe, quy avoit esté cornete de la mienne. Je me séparay d'amitié avec luy et le dis assez librement audict Rimbe, quand il me dist adieu.

Au moys d'aoust 1617, mon père mourust, et je fus chargé de toutes les affaires de la maison. Mais grâces à Dieu et à l'ordre que feu mon frere, l'evesque de Laon, y donna, jamays nous ne vismes un sergent ; ce quy donna quelque crédit dans la maison, car la plus part de ceux quy nous cognoissoient nous croyoient ruynés, et que le seul respect que les créanciers portoient à feu mon père les empeschoit de faire saisir et décreter nos terres. Nous ne laissasmes de continuer la despense encore plus grande que de son vivant, mays comme je me trouvay obligé de tenir la maison et que ma mère n'en voulust pas prendre la charge, je fus obligé d'y faire plus de séjour que je ne faisois auparavant, ayant tous jours demeuré dans la court jusques-là.

Le Roy fist un voyage à Rouen, où il tint une assemblée des principaux des troys estats de France[1]. J'accompagnay le Roy et voulus en ce voyage esprouver la bonne volonté de M. de Luynes. Le marquis de Beuvron et moy luy parlasmes de nous faire mettre sur le roole des chevaliers du Sainct-Esprit, parceque l'un et l'autre estions en aage d'espèrer cest honneur, quand le Roy en feroit, ce qu'il trouva juste et en parla dans le Conseil, quand le Roy fust à Paris ; mays pour l'exécution je n'eus jamays tant de peine. Le marquis de Beuvron estoit demouré en Normandie, M. de Chasteauneuf, chancelier de l'ordre, et quy a esté depuys garde des sceaux de France, quy se disoit fort mon amy, m'en donna advys, et que M. de Luynes avoit parlé fort dignement de nous, et que je l'en

---

1. L'assemblée des notables.

remerciasse, se plaignant le dict seigneur de Chasteauneuf de ce que je ne l'avois point employé en cette occasion, dont je le remerciay.

J'allay aussy remercier très humblement M. de Luynes, quy tesmoigna beaucoup de bonne volonté et me chargea de dire à M. de Sceaux, secretaire d'Estat et secretaire de l'ordre[1], d'apporter le roole, parce qu'il falloit que le Roy nous escrivist de sa main. Je le dis au dit sieur de Sceaux, lequel porta le roole, mays quand il fust auprès du Roy il ne dist rien à M. de Luynes, lequel ayant d'autres affaires ne songea pas à celle là. J'allay voir M. de Sceaux, quy me dist qu'il avoit porté le roole au Roy, mays qu'on ne luy avoit parlé de rien, qu'il falloit que M. de Luynes luy commandast de le porter encores une foys. Je luy fits faire le commandement ; mays l'ayant porté il fist encores comme l'autre foys, et revint jusques à la troisiesme foys. Ce n'est pas qu'il ne fust mon amy, mais il estoit formaliste, et aussy que desirant que messieurs de Tresmes et de Blerancourt, ses freres, fussent chevaliers, il croyoit que plus il y auroit de chevaliers nommés, plus il y auroit de difficultés pour eux.

Je m'en plaignis à M. de Tresmes, quy a tousjours esté de mes amys, lequel me promist d'en faire souvenir M. de Sceaux. Je m'en allay à Nangis fort dépité, et comme à quelques moys de là je revins pour suyvre cette affaire, je trouvay que Vaubecourt avoit fort pressé de se faire nommer, et que le Roy, escri-

1. Antoine Potier, seigneur de Sceaux, secrétaire d'État et greffier des ordres du roi. Il n'y avait pas de secrétaire des ordres, mais le greffier tenait la plume et était un véritable secrétaire.

vant sur le roole, nous avoit mis cinq, Vaubecourt, le marquis de Neubourg, le marquis de Villars, demy frere de M. le duc de Mayenne, le marquis de Beuvron et moy, dont je remerciay M. de Luynes, et vous ay voulu dire ces particularités, pour vous faire voir la peine qu'il y a de faire des affaires à la court et quoy que les rois ayent envie de faire quelque chose pour un gentilhomme, si ceux quy sont dans les affaires ne l'affectionnent, ils éludent bien souvent par leurs artifices et font perdre les occasions. Vous l'esprouverez peut-être plus que moy, car en ce temps-cy, les difficultés sont encore plus grandes qu'elles n'estoient du temps que j'ay esté à la court.

Pendant l'esté de l'an 1818, j'allay plusieurs foys à la court, où le mareschal de Vitry vint en disgrâce et se retira à Coubert. Je partis de Nangis avec feu mon frere, et passay dans ce village sans luy faire de recommandations, car je vivois froidement avec luy depuys qu'il avoit voulu faire l'entendu avec moy, et qu'il s'estoit imaginé que pour estre mareschal de France, je devois luy rendre beaucoup plus d'honneur qu'auparavant. Je me souviens qu'en l'an 1614, Cornueil[1] prist commission de charges des troupes qu'on disoit que mon frere de Lignyeres levoit en Brie; quelqu'un luy ayant remonstré la proximité qui estoit entre nous[2], il avoit dit que où il y alloit du service du Roy, il ne cognoissoit personne, ce

---

1. Ce nom est douteux.
2. Le marquis de Vitry, père du maréchal, avait épousé Françoise de Brichanteau, fille de Nicolas, seigneur de Beauvais-Nangis, aïeul de l'auteur des *Mémoires*. Ainsi, le marquis et le maréchal étaient cousins issus de germains.

quy tourna à sa confusion, car, n'ayant trouvé personne et l'advys estant faux, il eüst bien de la peine de s'excuser auprès de ceux quy le blasmoient de nous avoir si légerement tesmoigné de la mauvaise volonté.

A mon arrivée je vis Madame de Vitry et Madame de Persan, de quy le mary estoit en la Bastille, pour une faute que Bournonville, son frère, avoit fait. Je trouvay M. du Hallier[1] dans les Thuileries auprès du Roy que personne n'osoit parler à luy[2]; je l'allay embrasser devant tout le monde; mays quand on me parloit du mareschal de Vitry, je disois qu'où il y alloit du service du Roy je ne cognoissois personne, me souvenant de ce qu'il avoit dit autrefoys sur ce mesme sujet.

M. de Luynes, quy estoit bien ayse de désunir les amys du mareschal de Vitry de ses intérests, me fist dire par M. de Montbazon qu'il trouvoit fort estrange de ce que je prenois les intérests dudict mareschal de Vitry si à cœur, jusques à en faire les miens propres. Je recognus que c'estoit un artifice pour sçavoir mon intention, et comme je suis assez libre de dire ce que j'ay dans l'ame, je respondis à M. de Montbazon que j'estois si proche du mareschal de Vitry qu'il ne pouvoit recevoir de desplaisir, ny de mal, où je ne prisse part; que j'avoys un extresme regret que le Roy eut eu sujet de se plaindre de luy; que s'il falloit que ses parents, ou ses amys, s'employassent pour le servir,

---

1. François de l'Hospital, comte de Rosnay, seigneur du Hallier et de Beine; il fut fait maréchal de France en 1643.
2. A cause de la disgrâce de son frère.

je seroys le premier qui m'irois jetter aux pieds de Sa Majesté pour la supplier très humblement de luy pardonner, mays qu'en ceste affaire où l'on disoit qu'il y alloit du service du Roy, je ne cognoissois personne; et en effet l'affaire touchoit Bournonville et non pas luy. M. de Montbazon me dist qu'il estoit fort ayse d'avoir appris mon intention, et le lendemain, m'ayant trouvé au Louvre, il me dist que M. de Luynes me prioit d'aller disner chez luy avec mon frère de Lignyeres, ce que nous fismes, où mondict sieur de Luynes nous fist de grands compliments, et je luy confirmay ce que j'avois dist à M. de Montbazon. Le mareschal de Vitry s'en plaignist fort et je ne m'en soucioys guères, car pour mon contentement et pour satisfaire à tout le monde, je m'estois offert à madame de Persan et à M. du Hallier. J'estois bien ayse de faire voir au mareschal de Vitry que je ne me soucioys pas de luy, et quand l'année suyvante nous nous réconciliasmes, je luy dis, en raillant, si bien ses vérités, que tous ceux quy estoient présents en rirent de bon cœur.

Le Roy voyant de quelle importance estoit la ville de Soyssons, quy avoit servy de retraite à tous les princes malcontents, et donné moyen de lever les armes en ces derniers mouvements, et cognoissant l'humeur ambitieuse du duc de Mayenne, luy donna le gouvernement de Guyenne, et M. de Luynes prist le gouvernement général de l'Isle de France, avec les gouvernements particuliers de Soyssons, Coucy, Chauny et Noyon. Ne voulant point habandonner le Roy et desirant de prendre possession de son gouvernement, M. de Luynes obligea le Roy d'aller faire ses dévotions à Nostre Dame de Liesse. J'allay trouver le Roy à Monceaux, quelques jours devant qu'il partist, et je fis le voyage où feu mon frère le reçeut à Laon et traita M. de Luynes et toute la court. Le Roy revint à Parys, et moy je demeuray pendant quelques jours avec mon frère jusques à ce que ayant advys de vostre naissance je revints à Nangis, au moys d'octobre 1618[1].

Le duc de Savoye, quy longtemps auparavant traitoit le mariage du prince de Piedmont, son fils aisné, avec madame Chrestienne de France, sœur du Roy, envoya le cardinal de Savoye, son second fils, pour la demander. Mon frère de Gurcy, quy avoit servy depuys cinq ou six ans ledict duc en toutes les guerres, quy estoit capitayne des gardes et chevalier de son ordre, vint avec ledit cardinal, ce quy nous obligea tous nos frères et moy de nous trouver à Parys, à son arrivée. Le cardinal nous fist grand accueil; mon frère de Laon traita toute sa court, et après quelque séjour qu'il fist à Parys, il s'en alla à Meillan avec ma mère et ma femme. Pour moy je demouray dans Parys jusques au jour de l'an, sur un bruit sourd qui cou-

---

1. François de Brichanteau, fils aîné du marquis, était né le 4 octobre 1618. C'était pour lui qu'il écrivait ses *Mémoires*, mais il eut le malheur de lui survivre. Ce jeune seigneur suivait avec succès la carrière militaire; déjà maréchal de camp, il venait d'être nommé conseiller du roi, en ses conseils d'État et Privé, quand il fut tué le 14 juillet 1644, au siége de Gravelines, à l'âge de vingt-six ans. Il avait épousé, le 17 février précédent, Marie de Bailleul, dont il n'a pas laissé d'enfant. Sa veuve se remaria l'année suivante avec Louis-Chalon du Blé, marquis d'Huxelles; elle a été mère du maréchal de ce nom; on la rencontre fréquemment dans les lettres de Mme de Sévigné, ainsi que dans les mémoires du temps.

roit qu'on vouloit faire des chevaliers de l'ordre, et que pour éviter l'abord de ceux quy estoient dans les provinces, on feroit du jour au lendemain ceux quy se trouveroient dans Parys. Le jour de l'an passé, je m'en allay à Meillan.

Quelques jours après karesme-prenant, la Royne-mère sortist de Bloys, où elle avoit demouré près de deux ans. Sur ces advys, mon frère de Lignyeres et moy partismes en poste pour aller trouver le Roy, quy nous commanda de mettre nos compagnies de chevau-legers sur pied, et de nous rendre dans l'armée que commandoit le duc de Nevers, auprès de Metz. Nous y demourasmes jusques à ce que la paix fust faite à Angoulesme. Nous fusmes licentiés à Montfaucon, en Argonne, auprès de Verdun ; mon frère de Lignyeres et moy nous retournasmes en Brie, et, après quelque séjour, nous allasmes en poste trouver le Roy à Tours, où la Royne-mère devoit venir. Nous revinsmes ensuite à Parys, où je trouvay mon frère fort mélancholique[1]. Nous avions remarqué, M. de Lignyeres et moy, que depuys six moys il avoit fort changé d'humeur, et le pressant, lorsque nous partismes de Meillan, après que la Royne-mère fut sortie de Bloys, de nous en dire le sujet, il nous dist qu'il ne nous le pourroit dire qu'à nostre retour. Je dis à mon frère de Lignyeres qu'infailliblement il vouloit se retirer du monde, mays comme c'estoit chose fort difficile en la condition où il estoit, cela ne nous estonna pas. Nous le pressasmes encore à nostre retour : il nous advoua qu'il avoit escrit au Père dom Ruade, chartreux, main-

---

1. Benjamin de Brichanteau, évêque et duc de Laon.

tenant evesque de Conserans, pour envoyer à Rome, et avoir dispense du Pape, de se faire chartreux; qu'il avoit eü response que c'estoit chose très-difficile; qu'un evesque, après avoir persisté vingt et cinq ans, l'avoit autrefoys obtenu avec grande difficulté; qu'il estoit résolu d'y envoyer encore, et s'il ne pouvoit l'obtenir, il estoit déterminé à faire bastir un hermitage dans son diocèse, où il acheveroit ses jours, observant la règle des chartreux, et qu'il n'en sortiroit que pour vacquer à la charge d'esveque, à quoy Dieu l'avoit appellé; que tout le regret qu'il avoit c'estoit de s'éloigner de nous. Mon frère de Lignyeres et moy, le consolasmes le mieux que nous peümes, ce quy ne fust pas sans larmes de part et d'autre.

Lorsque je partis pour aller à Tours, au retour de l'armée de Champagne, comme je vous viens de dire, il me demanda, la larme à l'œil, si je reviendroys bientost; cela m'estonna, et ne me pouvois imaginer pour quel sujet. A mon retour, je luy demanday pourquoy il s'estoit attristé à nostre partement : il me fist cognoistre, par ses discours, qu'il ne croyoit pas que nous le deussions trouver en vie, et il sembloit qu'il présageoit sa mort. Je ne demouray que deux jours auprès de luy, en revenant de Tours : le matin, comme je luy allay dire adieu, pour venir à Nangis, je luy trouvay un peu de fiebvre. Il vouloit que je m'en allasse, mays je ne le voulus pas. Le quatriesme jour, comme les médecins nous assuroient que ce n'estoit rien, il mourust à quatre heures du matin, ce quy donna sujet aux médecins, pour couvrir leur ignorance, de dire qu'il estoit mort de la peste. Cela n'estoit point vray, mais plustost d'une aposteume qu'il avoit dans la rate, laquelle luy causoit ses grandes mélancholies. Les médecins, le soir, luy donnerent des ventouses scarifiées quy firent crever l'aposteume, laquelle, remontant au cœur, le suffoqua en trois heures[1].

Cette affliction nous toucha tellement, M. de Lignyeres et moy, que nous ne pûsmes monter à cheval pour aller trouver le Roy. Mon frere de Barbeau partit à six heures du matin et arriva à dix heures du soir à Tours. Il s'adressa à M. d'Elbène, beau pere de ma sœur de Lignyeres, lequel très accort, très advisé et fort bon amy, parla à M. de Luynes, dès le grand matin, et au Roy, lequel nous assura de ses benefices; mays depuys le Pere Arnoulx, Jesuiste, confesseur du Roy, fist donner l'abbaye Saincte Geneviefve à M. le cardinal de la Rochefoucauld; force gens demanderent les autres benefices, mays la prudence de M. d'Elbène rompist le coup. Il partist le jour mesme pour s'en aller à Paris, et l'affaire demoura entre les mains de messieurs de Créquy et de Bassompierre, depuys mareschaux de France, lesquels nous assisterent en très bons parents, seigneurs et amys[2].

Troys ou quatre jours après, M. de Lignieres et moy partismes en poste; nous trouvasmes que messieurs de Bassompierre et Créquy avoient fait donner commandement à M. de Sceaux, secretaire d'Estat, d'expedier les brevets d'evesque de Laon pour mon frere quy

---

1. L'évêque de Laon est mort à Paris le 14 juillet 1619; il a été inhumé dans l'église de son abbaye de Sainte-Geneviève (Le P. Anselme, t. II, pag. 130).

2. Philibert de Brichanteau, frère de Benjamin, nommé évêque et duc de Laon, fut sacré en 1620 par le cardinal de la Rochefoucault, son cousin.

estoit abbé de Sainct Vincent, lez Laon, et les abbayes
de Barbeau et Escurey pour mon frere quy est maintenant abbé de Barbeau[1]. Le dit sieur de Sceaux voulut
nous donner quelque raison de ce que le Roy ne nous
donnoit pas l'abbaye de Saincte Genefiefve, mays je
lui dis que nos vies et nos biens estoient au Roy, que
c'estoit une gratification du Roy laquelle nous ne
meritions pas; que s'il jugeoit que, pour le service de
Sa Majesté, il fust à propos d'en pourvoir d'autres,
nous remettrions nos brevets entre ses mains. Je l'estonnay tellement par cette modestie, qu'il a dit depuys
qu'il n'avoit jamays veü un homme si sage que moy
en affliction. Ce n'estoit pas véritablement sagesse,
mays j'estois tellement affligé de la mort de mon frere
que je ne ressentois point la perte du bien; que si je
me fusse plaint comme d'autres eussent fait, on ne
se fust peut estre pas souvenu de moy, lorsque l'on
fist des chevaliers, à six moys de là.

Je n'osay voir le Roy, sur le bruit quy couroit que
mon frere estoit mort de la peste, quoyque je sceusse
que cela n'estoit point. Nous revinsmes, mes freres
de Lignyeres, de Barbeau et moy à Nangis, où la maison estoit fort affligée, non seulement de la perte de
sa personne, mays par apparence la mayson devoit
estre ruynée, parceque mon frere payoit quelques
debtes, et que lorsque j'alloys à Parys, il me nourrissoit avec deux gentilshommes, et je ne despandois

---

1. Antoine de Brichanteau fut nommé abbé de Barbeaux en 1625,
et d'Escurey en 1631 (P. Anselme, t. VII, pag. 895). Il y a apparence qu'après la mort de l'évêque de Laon, les revenus de ces
deux abbayes furent attribués aux Économats jusqu'à ce que le
titulaire Antoine en fut pourvu.

que pour mes gents et mes chevaux, ce quy estoit une grande commodité.

Comme je me ressentois obligé à luy, je voulus aussy et pour la descharge de sa conscience et pour la réputation de la maison, payer toutes ses debtes. J'en trouvay pour vingt et cinq mille livres dans Parys; je trouvay en argent monnoyé, ou en vaisselle d'argent dix et huit mille livres, que je pouvois cacher, si j'eusse voulu, car l'argent estoit dans mon cabinet; j'en payay les créanciers jusques à cette somme-là, et le reste je l'ay payé depuys. Pour mes sœurs[1] à quy il avoit promys à chacune dix mille livres, je leur ay payé, quoyque je n'y fusse point obligé, mays je l'ay fait en bonne conscience, parce qu'en effet il avoit payé des debtes de la maison pour bien autant que cela. Je veux dire avec vérité, que, hors la nourriture qu'il me donnoit, comme je vous ay dit, je n'ay jamays profité d'un denier de son bien; mais je croys que la franchise dont j'usay de payer si soudainement ses créanciers particuliers fut cause que ceux de la maison ne nous envoyerent jamays un sergent, après sa mort.

Pendant le sejour que je fis à Nangis, après la mort de mon frère, M. de Nevers m'escrivist qu'il me prioyt de me trouver à Bourges, et après à Nevers, pour l'institution d'un ordre de la milice chretienne qu'il vouloit établir et il me convioit d'y entrer. Il y avoit longtemps qu'il me l'avoit proposé, et mesme au dernier

---

1. Il avait trois sœurs, savoir: Françoise-Marie de Brichanteau, morte en 1652 sans avoir été mariée; Antoinette de Brichanteau, dame de la Roche-Aymond, et Lucie de Brichanteau, baronne de Guerchy (P. Anselme, t. VII, pag. 895).

voyage que j'avoys fait dans l'armée, à Metz, avec
luy, il m'en avoit parlé. Je jugeay bien que tout se
tourneroit en fumée, comme il a fait depuys, et que
sy je prenoys cest ordre, ce seroit un prétexte de ne
me point donner celuy du Roy, à quoy je prétendois
fort; et j'ai bien fait, car M. le marquis de Villars,
demy-frere de M. le duc de Mayenne, l'ayant prys à
ce chapitre, on luy refusa celuy du Roy, parceque
l'institution porte qu'on ne peut prendre d'autre ordre
que celuy du Sainct Esprit [1].

Je m'excusay et me délivray honnestement de
M. le duc de Nevers, puis j'allay trouver le Roy à
Compiegne. Je remerciay très humblement Sa Majesté
de ce qu'il luy avoit plû conserver dans nostre mayson
une partie des benefices de mon frere, sans luy faire
cognoistre que j'avoys quelque sujet de me plaindre
de ce qu'il ne nous avoit pas donné l'abbaye de
Saincte-Genevielve, parce que depuis la mort du feu
Roy on avoit conservé dans toutes les maisons toutes
les charges et bénefices quy avoient vaqué. Je croys
que le Roy n'y prist pas garde; force gens venoient
me dire que j'avois sujet de me plaindre d'avoir esté
si mal traité en cette occasion, pour voir ce que je
diroys, mays au contraire je me louay fort du bon
traitement que j'avoys reçeu, parce que c'est une
maxime très certayne de la court que, quand les Roys

---

1. Il n'est point fait mention de l'ordre de la Milice Chrétienne
qu'a fondé le duc de Nevers, en l'année 1620, dans le *Théâtre
d'honneur et de chevalerie d'André Fayvn*. Paris, Robert Fouet,
1620, 2 vol. in-4°. Il est vrai que l'ouvrage porte une date qui
semble n'avoir pu le comprendre, mais on date souvent un livre
de l'année qui est sur le point de commencer.

croyent avoir offensé un homme, ils ne l'ayment jamays.

Je suyvys le Roy à Monceaux et de là à Fontainebelleau, où M. le marquis de Trainel me donna advys qu'on feroit des chevaliers du Sainct Esprit au premier jour de l'an; qu'on remettroit aux voix des entiens chevaliers la nomination, que je parlasse à tous mes amys, que pour luy je fusse assuré qu'ils m'assisteroient. Je luy rendis le remerciement très humble tel que je debvoys, et le matin j'allay trouver M. le duc de Montbazon, que je tenoys pour un de mes meilleurs seigneurs et amys et j'avoys l'honneur d'appartenir à messieurs ses enfants. Je luy dis qu'on m'avoit donné advys qu'on feroyt des chevaliers du Sainct Esprit au premier jour de l'an; que sy l'on ne faisoit que ceux quy en aage et en services le méritoient mieux que moy, je n'en importuneroys jamays le Roy, mays quand ceux de mon aage le pourroient espérer, je croyois avoir esté employé et fait ce que je devoys pour m'en rendre digne. Il me respondit avec son serment ordinaire : « *Par le saint jour de Dieu!* vous en parlez bien. » Et il appela Rochelay quy estoit auprès de luy. Comme j'eus achevé de parler, M. de Gié, quy estoit son cousin germain, luy parla à l'oreille; il luy fist signe que j'estoys derrière luy, ce quy me fist cognoistre qu'il luy parloit sur le mesme sujet, et ne vouloit pas que je le sceusse, et jugeay bien que je ne devois rien espérer de luy, dont je fus fort fasché, parcequ'il estoit beau père de M. de Luynes et avoit quelque crédit.

Je tournay doncques mes desseins sur Mgr le Prince et parlay à M. de Gommerville quy estoit assez bien auprès de luy et aussy qu'il avoit tousjours tesmoigné qu'il vouloit que je fusse son serviteur. Le dit sieur de Gommerville luy en parla, et mon dict seigneur l'assura qu'il s'employeroit pour moy, mays aussy que je m'en souvinsse un jour, pour dire que je ne fusse point mescognoissant de ceste gratiffication, ce que je n'ay aussy point esté, car j'ay depuys habandonné ma fortune pour l'affection que j'ay eue à son service.

Je m'en retournay à Nangis; M. de Givry y passa aussy pour aller trouver sa femme à Champcenets, sans me rien dire de son dessein. Nous fismes partie de chasser ensemble, mays à deux jours de là il me manda qu'il avoit une affaire à Parys, pour accommoder deux de ses amys d'un différent; ce quy n'estoit qu'un prétexte pour me celer le sujet de son voyage; mays comme mon frère de Lignyeres estoit à la court, j'eüs advys qu'on vouloit tenir le Chapitre le jour de la Sainct-Nicolas, et il me mandoit de me haster. Je partis le lendemain, surveille de la Sainct Nicolas, et à mon arrivée l'on assûra qu'il ne se feroit point de chevaliers, sur la difficulté du rang entre les princes, ce quy me fist commettre une grande faute, car je sejournay un jour à Parys, et sy mon frere de Lignyeres ne se fust trouvé à Sainct-Germain, où se tenoit le Chapitre, j'eusse couru grande fortune d'estre oublié comme beaucoup d'autres, parcequ'il y avoit six vingts nommés sur le roole, et n'y avoit que cinquante neuf places, tellement que ceux quy eurent plus d'amys l'emporterent.

Je partis le matin de la Sainct-Nicolas, et sur le chemin je trouvay force jeunes gents, quy ne le pouvoient esperer, quy me railloient, me disant que je me hastasse et qu'on n'attendoit plus que moy ; à quoy je respondois de mesme. Je trouvay enfin M. de Buys, enseigne de la compagnie de gendarmes du Roy, quy me tira à part, et me dist que le soir auparavant, estant chez M. de Luynes, quelqu'un de mes amis avoit dit, parlant de moy, qu'il me plaignoit de n'estre point à Sainct-Germain, et que M. de Luynes avoit dist qu'en cas que je n'y fusse point, on se souviendroit de moy : ce quy me donna bonne espérance. Néantmoings si mon frère de Lignyeres n'eust eü du soing de moy, je couroys grande fortune.

J'arrivay à Sainct-Germain qu'on estoit entré dans Chapitre, et je me logeay au logis de M. d'Elbene-Villesseau, quy me consoloit fort en la peine où j'estoys, car si l'on m'eüst oublié et fait les jeunes gens quy furent nommés, j'eusse abandonné la court. Mon frere de Lignyeres me dist l'honneur que l'on m'avoit fait, dont j'avoue que j'eüs grande joye. Il me dist que s'estant adressé à Mgr le Prince, celui cy luy avoit dit qu'il l'assuroit de sa voix et de celle de M. de Ventadour, mays que s'il ne parloit pas aux autres il ne pouvoit m'assurer de rien. Mon frere parla à M. le marquis de Traisnel, lequel m'assista en vray amy, et je peux dire qu'à lui seul j'en ay l'obligation. Il est vray que la plus grande partie des autres chevaliers estoient entiens amys de mon pere, et me faisoyent l'honneur de m'aymer, en mon particulier ; mays ils estoient tellement pressés de touts les autres que sy le dict marquys de Traisnel n'eust appuyé l'affaire, je n'en eusse pas receü peut estre le contentement ; ce n'est pas qu'il n'en passast une vingtaine devant moy quy n'avoient pas rayson de l'espèrer, mays il en demoura plus de trente quy meritoient mieulx cet honneur que ceux quy le reçeürent[1].

Le lendemain je fis la réverence au Roy quy me fist fort bon visage, et M. de Luynes aussy. Messieurs de Crequy, de Bassompierre et autres à quy j'avois l'honneur d'appartenir, me reçeürent avec applaudissement, se resjouissant de l'honneur que je recevois. Je remerciay tous les chevaliers quy avoient assisté au Chapitre, parceque de dix-sept qu'ils estoient je n'avoys eu que treize voix. Je regardoys au visage pour recognoistre ceux quy m'auroient manqué; quand je remerciay M. de Montbazon, la parolle luy manqua, ce quy me fist connoistre qu'il estoit des quatre voix quy m'avoient manqué, ce dont je fus fort estonné, car je faisois grande profession d'estre son serviteur, mays je recognus, dès que je luy parlay, à Fontaynebelleau, que je ne devois pas faire grand estat de son assistance.

La cérémonie se fist où l'on aporta tout l'artifice qu'on peüt pour essayer de la rompre, jusques à susciter querelle entre Mgr le Prince et Mgr le Comte (de Soissons), et le jour mesme de la cérémonie entre M. de Guise et M. de Nemours, ce quy venoit à la suscitation de ceux quy avoient regret de n'estre point chevaliers, mays tout cela fust inutile. Peu après la cérémonie, je remerciay très humblement le Roy

1. Nicolas de Brichanteau, marquis de Nangis, fut fait chevalier des ordres du roi dans la promotion du 31 décembre 1619; il a été nommé le 41e sur le nombre total de 59. Il paraît que le chapitre ne fut pas tenu le 6 décembre, jour de saint Nicolas, car dans le P. Anselme il n'y a aucune nomination qui soit de ce jour.

et luy dis que si je ne l'avoys assez dignement servy pour mériter cet honneur, j'essayerois de le servir doresnavant pour m'en rendre digne, et je m'en allay chez moy : j'avois alors près de trente et huit ans.

Après que je fus chevalier, je commençay de me retirer un peu de la court par deux raisons, l'une que ne jugeant pas mon humeur fort propre pour m'accommoder et ployer à tous les favorits, je vys bien que je ne pouvois beaucoup esperer pour les charges de la maison du Roy ; elles estoient toutes à vendre et ne se pouvoient obtenir que pour de l'argent ; d'en achepter de médiocres, j'estoys en aage et en condition pour n'y employer point d'argent : quant aux plus relevées je n'en pouvoys achepter qu'en incommodant et ruynant ma maison. L'autre raison estoit que j'estoys obligé de tenir la maison et il m'estoit impossible de despandre dans le pays et aller à la court ; j'avoys perdu la commodité de feu mon frere, quy me logeoit, comme je vous ay dit, et ne despandoys que pour mon train.

Je demouray doncques jusques à Pasques de l'an 1620, faisant quelques voyages à Fontaynebelleau, où le Roy estoit, et peu de temps après je pris congé de Sa Majesté, et sur ce qu'on m'avoyt dit que la Royne-mère vouloit lever les armes, je dis à M. de Luynes que j'avoys quelques affaires en Bourbonnoys, que sy pendant le séjour que j'y feroys, il se présentoit occasion pour le service du Roy, je le supplioys croyre que je tesmoigneroys toute l'affection et fidelité que je devoys. Il me remercia fort, car le mescontentement de la Royne-mère n'estoit fondé que sur sa trop grande faveur; il jugeoit bien que l'offre que je faisois estoit à luy.

Je passay en Bourgogne et de là m'en allay à Meillan, où M. de Gurcy et mes freres les chevaliers estoient de retour de Piedmont, et nous nous trouvasmes tous ensemble. Nous ne demeurasmes pas longtemps que nous eusmes advys que le Roy s'en alloit droit à Rouen et que la Reyne-mère commençoit de lever les armes en Anjou, Poitou et Guienne. M. de Lignyeres alla en poste trouver le Roy pour recevoir ses commandements pour luy et pour moy, parce que le bruit couroit que M. le mareschal de Saint-Géran prenoit le party de la Royne-mère, et j'esperoys d'estre employé contre luy dans le Bourbonnoys. Mon frère apporta les commissions pour luy et pour moy de lever chacun une compagnie de chevau-légers, mays en mesme temps la paix se fist après la prise du Pont-de-Cé, et on me donna advys que M. le mareschal de Saint-Géran avoit vendu le gouvernement de Bourbonnoys à Mrg. le Prince et que j'envoyasse trouver mon dict seigneur pour le lieutenance du Roy. Celuy quy me donna cet advys en manda autant à M. le comte de Charlus, afin d'obliger l'un ou l'autre. J'envoyay un gentilhomme à la court trouver messieurs de Schomberg et Bassompierre, pour en parler à Mgr le Prince; ils me promirent d'en parler. Je partys au retour du gentilhomme, et allay trouver le Roy à Poitiers, où M. de Schomberg me dit qu'il avoit parlé à mondict seigneur le Prince; et mesme avoit offert que le Roy donneroit une partie de la recompense, et qu'il ne pouvoit y mettre un plus homme de bien que moy;

que Mgr le Prince luy avoit respondu que je n'estois que trop homme de bien, pour luy fayre entendre qu'il y vouloit mettre quelqu'un quy dépendist de luy, quy se portast à tous ses interests et quy ne dépendist pas du Roy. M. de Bassompierre me dist qu'il en avoit parlé, mays qu'il avoit recognu, qu'il en vouloit mettre un autre, me faisant entendre M. le comte de...... (illisible). Mays je recognus au discours dudict sieur de Bassompierre qu'il ne luy avoit point parlé.

J'avoys touché mille escus pour faire cinquante chevau-légers; je distribuay tout l'argent que j'avoys promys à ceux quy devoient venir avec moy, quoyque j'eusse advys certain que la paix estoit faite. Ce n'est pas que je creusse obliger tous ceux à quy j'en donnay à venir une autre foys, mays pour faire voir que je scavoys bien traiter ceux quy m'assistoyent, afin que quand j'en aurois affaire j'en peusse trouver d'autres; car je vous diray par parenthese que j'ay fait quatre campagnes en mon nom, et horsmys troys ou quatre (cavaliers) quy ne m'ont jamays abandonné, je n'ay jamays esté assisté des autres, quoyqu'au licentiement ils m'eussent promys de m'assister toutes les foys que j'en auroys besoing, mays comme j'avoys soing de les bien traiter, ils le publioient dans le pays, et j'en trouvois d'autres plus que je ne voulois.

Je trouvay à Poitiers que tous ceux quy avoient eü des commissions pressoient pour avoir une monstre, et se plaignoient de la despense qu'ils avaient fait. J'en parlay à M. de Schomberg, surintendant des finances, quy me dist qu'il estoit juste et que je l'aurois comme les autres. Je luy dis que toute ma vie j'avoys employé mon bien pour le service du Roy, et que je ne voulois point m'enrichir en ceste occasion; que pour ne point fouler le pays, je n'avoys pas mys ma compagnie sur pied, et que je luy remettoys la monstre[1], pour donner l'exemple aux autres quy n'avoient pas fait plus de despense que moy. Il m'embrassa fort, et me dist qu'il voudroit que tous ceux quy servoient le Roy luy tesmoignassent autant d'affection et fussent aussi peu interressés que moy. Il le dit à M. le garde des sceaux, en plein conseil, et au sortir messieurs de Caumartin et de Viques, quy ont esté gardes des sceaux depuys, me firent mille compliments et me dirent que j'estoys vray héritier de feu mon père. Je croys que d'autres se moquerent de moy, car la maxime de la court est qu'il faut tirer du Roy tout ce que l'on peut, mays je n'ay jamays esté de cette humeur.

Je fis tout le voyage avec le Roy et j'ally jusques à Pau, d'où je laissay le Roy quy retournoit sur ses pas, et m'en revins par Nerac, Perigueux, Limoges, et retournay à Meillan, où je demeuray quelques jours avec mes frères, et allay trouver ma mère et ma femme quy étoient parties pour Nangis, peu de temps auparavant.

Pendant mon voyage, je vis que le Roy estoit bien ayse qu'il n'approchast de luy que ceux quy avoient charge dans sa maison, et que force gents quy, comme moy, avoient l'honneur de porter l'ordre, à quy l'on n'osoit pour ce sujet refuser l'entrée du cabinet, luy

---

[1]. Revue qu'on faisait des troupes et dans lesquelles on leur payait leur solde.

étoient à charge. Ce fut ce quy commença de me dégouter de suyvre la court. A son arrivée à Parys, je luy allay faire la révérence et luy reportay un de ses faucons quy s'estoit trouvé auprès de Nangis. Je m'estois imaginé que ce seroit un sujet de recevoir un bon visage; au contraire, il fist prendre l'oyseau sans quasy me regarder, ce quy me piqua fort. Je demouray chez moy jusques à Pasques, faisant néantmoings quelques voyages à Parys et à Fontaynebelleau, d'où le Roy partist un peu après, pour commencer la guerre aux huguenots.

Je sçeus qu'en partant on avoit fait un estat de l'armée, en Champagne, où l'on m'avoit mys pour commander une compagnie de chevau-légers, ce quy me fascha parce que le mareschal de Vitry y estoit lieutenant-general, sous le duc de Nevers, et Vaubecourt, mareschal de camp; je trouvois que c'estoit un peu trop me ravaler de me donner une compagnie de chevau-légers sous leur charge.

Au moys de juin du dict an 1621, j'eus advys que le Roy avoit déclaré la guerre aux huguenots; que Saumur, Niort, Saint-Maixant, Fontenay et autres places de Poitou avoient ouvert les portes, et que Sainct-Jean-d'Angely estoit assiegé. Quoyque j'eusse des sujets quy me devoient empescher de faire ce voyage, je ne laissay pas de partir en poste, et fis suivre mon équipage. J'arrivay comme on faisoit jouer la mine, et pris mon temps si mal à propos, que je fis la révérence au Roy comme on luy faisoit rapport du peu d'effet qu'avoit fait la mine, et de la mort d'Escry et du jeune Laverdin, tellement que le Roy ne me regarda pas, et à troys jours de là j'ouïs qu'il dist en passant :

« Voilà Nangis arrivé », ne se souvenant pas qu'il y avoit troys jours que j'estois arrivé, ce quy me fascha fort et que ceux quy l'entendoient pouvoient bien juger que j'estois en peu de considération puisqu'en troys jours, pendant lesquels j'avoys toujours esté auprès de luy, le Roy ne s'estoit pas apperçeu que j'estois arrivé.

Je parlay au comte de Schomberg, et le suppliay que je peusse servir avec une compagnie de chevaulégers dans l'armée du Roy, mais il ne s'employa pas fort pour moy; néantmoins après la prise de Sainct-Jean-d'Angely je m'en allay avec le mareschal de Chaulnes, quy avoit pris une partie de l'armée pour assiéger Pons, quy se rendit sans faire de résistance. Je revins trouver le Roy à Cognac, où je consideray qu'il s'alloit embarquer au voyage de Guienne, quy ne pouvoit durer moings de six moys, que j'avoys grand train et peu d'argent, car j'esperois en toucher de Mareuil et l'on me manqua : toutes ces raisons m'obligerent de prendre congé du Roy, auquel je dis que j'avoys sçeu que Sa Majesté m'avoit fait l'honneur de me mettre sur l'estat de son armée de Champagne; que je le suppliois très humblement me donner congé pour me rendre dans la dicte armée, à la premiere occasion. Il me fist un fort froid adieu, quoyque j'eusse entendu que M. de Préaux, quy avoit esté son sous-gouverneur, lui avoit dit à l'oreille qu'il me fist bon visage. Ce n'est pas que je prisse cela à mauvaise volonté, mays je recognus qu'il y avoit peu d'accueil de le servir, si vous n'estiez porté de ceux quy avoyent faveur auprès de luy.

Je partys de Cognac, où la plus grande partie de la noblesse volontaire prist aussy congé, la plus part n'ayant pas fait provision d'argent, et aussy qu'en ce voyage on fist cognoistre que ceux quy n'avoient point de charge luy feroient plaisir de se retirer. Je retournay pour tout l'esté à Nangis, où ayant eu advys du siege de Montauban, j'avoys fait dessein, avec feu mon beau-frère de la Roche-Aymon, de nous y en aller en poste, voulant pour cet effet vendre ou engager quelques pierreries qu'avoit ma femme, parceque l'argent me manquoit, pour la grande despense que j'avois fait et estois obligé de faire, mais quelque raison m'en empescha.

Le 8ᵉ septembre, Mgr le duc d'Enghien naquit; le Roy donna commission d'une compagnie de chevau-légers en son nom. Au commencement du moys d'octobre, mon frère de Lignyeres m'escrivist que M. d'Auctot, grand favory de Mgr le Prince, luy avoit dit que Monseigneur m'eust volontiers offert la lieutenance de cette compagnie, mays qu'il ne voudroit pas estre refusé; qu'il le prioit de m'escrire, pour sçavoir mon intention.

Je fus quelque temps à me résoudre; il y avoit du pour et du contre, car je m'estois tousjours rendu subject auprès du Roy, et n'avois pas mesme voulu dépendre de la Royne-mère, lorsqu'elle estoit la plus puissante dans l'Estat; mays que puisqu'il falloit dépendre de quelqu'un il valloit mieux que ce fust du premier prince du sang que d'un favory; que j'estois fort chargé d'affaires, et avois tous mes freres dans la maison, avec leur train, qui m'obligeoient à grande despense, et je ne pouvoys despandre dans le pays et suivre ma fortune à la court; que mondict seigneur le

Prince avoit les gouvernements de Berry et Bourbonnoys, où estoit une grande partie de mon bien, m'attachant à sa fortune, je pourroys espérer les lieutenances du Roy; que ceste lieutenance de chevau-legers, quy pouvoit en ce temps-là valoir douze mille livres tous les ans, me donna moyen de paroistre selon ma condition; que mondict seigneur le Prince estoit lors en grande considération dans la court, qui y arriveroit occasion où il pourroit faire ma fortune, comme avoit fait celle de Rochefort, luy ayant fait accorder de grands dons par le Roy; qu'au pis aller je ne pouvois avoir pire condition dans la court que celle où j'estoys, ayant tousjours en l'esprit le peu de cas que le Roy faisoit de moy. Je n'avoys qu'un combat dans l'esprit : ce que je feroys si mondict seigneur le Prince levoit les armes, comme il avoit fait autrefoys; mays je cognoissois son humeur, laquelle n'estoit point portée à brouiller; qu'il avoit demeuré troys ans dans la Bastille, ou dans le boys de Vincennes, ce quy luy avoit fait recognoistre sa faute de s'estre esloigné de son devoir envers le Roy, et que quand cela arriveroit, rien ne me pouvoit tant obliger à son service que mon devoir envers le Roy, tellement que je manday à mon frère de Lignyères que je tiendroys à beaucoup d'honneur l'offre que me faisoyt Mgr le Prince, mays que je n'avois jamays dependu que du Roy, et ne pouvois accepter cette charge si Sa Majesté ne me le commandoit. Ayant fait cette response à M. d'Auctot, il dist à mon frère qu'il me le feroit commander par le Roy.

Ce dessein de Mgr le Prince ne fut point si secret qu'il ne fut sçeü dans la court, devant que j'en eüsse eü la premiere nouvelle, et un de mes amys l'escrivist de Monheur que le Roy avoit assiégé, à de ses amys à Parys, et que le duc de Luynes avoit dist qu'il ne falloit pas souffrir que je m'embarquasse au service de Mgr le Prince, et que le Roy vouloit faire pour moy, et en effet il avoit proposé de me donner la compagnie de chevau-legers vaquante par la mort de Lopès, quy estoit l'une des plus entiennes, mays je ne l'eusse pas acceptée et il eut fait autre chose pour moy. Ma mauvaise fortune voulut que ledict duc de Luynes mourut à quinze jours de là[1], et depuys, personne ne songea de me faire du bien.

Le Roy arriva à Parys au commencement de l'an 1622. Mgr le Prince, après la mort du duc de Luynes, l'estoit venu trouver en diligence jusques à Poitiers, parceque le cardinal de Retz, chef du conseil, le comte de Schomberg, surintendant des finances, et M. de Vicques[2], garde des sceaux, depuys la mort de M. Du Vair, jugeant bien qu'ils ne se pouvoient maintenir auprès du Roy, sans l'appuy de la Royne-mère, ou de mondict seigneur le Prince, le firent venir au-

---

1. Le connétable de Luynes mourut d'une fièvre pourprée à Longuetille, château près de Condom, le 15 décembre 1621. « Cest homme si grand et si puissant se trouva tellement abandonné et mesprisé, tant dans sa maladie qu'après sa mort, que pendant deux jours qu'il fust à l'agonie, à peine y avoit-il un de ses gens qui voulust demeurer dans sa chambre.... Quand on porta son corps pour estre enterré... à sa duché de Luynes, au lieu de prestres qui priassent pour luy, j'y vis de ses valets jouer au piquet sur son cercueil.... Le roi ne montra point d'inquiétude pendant sa maladie, ny de desplaisir quand il fust mort. » (*Mémoires de Fontenay-Mareuil*, collect. Petitot, Ire série, t. L, pag. 525.)

2. Méric de Vic, conseiller d'État, fait garde des sceaux le 24 décembre 1621, les conserva jusqu'à sa mort, arrivée le 2 septembre 1622.

près du Roy, devant que la Royne-mère y put venir, parcequ'ils redoutoient l'esprit du cardinal de Richelieu qui estoit auprès d'elle en grande considération.

Aussitost que je sceûts l'arrivée du Roy à Parys, je l'allay trouver. Entrant dedans son cabinet, Mgr le Prince, quy estoit auprès de Sa Majesté, me vit et, passant au travers de la presse, il vint droit à moy. Je luy fis la révérence, il me dist fort bas que je me trouvasse le lendemain, à son lever. Je fis après la révérence au Roy, quy ne me regarda pas, ce quy me continua en mon mescontentement. Le lendemain je me trouvay au lever de Mgr le Prince, où, après avoir un peu attendu dans son anti-chambre, au Louvre où il estoit logé, il sortit de sa chambre, et dès qu'il me vist, il m'appella, et me tirant vers la fenestre, il me dist fort bas, il sembloit mesme qu'il craignît qu'on le vît parler à moy : « J'ay appris d'Auctot la response que M. de Lignyeres, vostre frère, m'a fait de vostre part. Je vous prie d'estre assuré de ma bonne volonté, et n'en parlés à personne du monde. »

Je me trouvay assez estonné, car il ne me disoit point en particulier s'il me vouloit donner la charge, et ne m'asseuroit qu'en général de sa bonne volonté. Peu après il me fist dire par mon frère de Guerchy[1] que je m'en allasse chez moy attendre ses commandements. Force gens m'ont depuys blasmé de ce que je n'avoys pas parlé au Roy, puisque mondict seigneur le Prince avoit dist qu'il me le feroit commander par Sa Majesté. Je ne dys point cecy pour excuser ma faute,

---

1. C'était son beau-frère; Claude du Regnier, baron de Guerchy, avait épousé Lucie de Brichanteau, sœur du marquis, par contrat du 6 février 1618. (Le P. Anselme, *Hist. généal.* t. VII, p. 895.)

mays un plus habile que moy y eust esté empesché, car il ne m'avoit donné aucune assurance de ladicte lieutenance de la compagnie de Mgr d'Enghien[1], et m'avoit dit seulement que je fusse assuré de sa bonne volonté ; or, est-il que j'avoys advys très-certain que le comte de Charlus pensoit estre si assuré de ladicte lieutenance qu'il avoit promys des places à de ses amys, en Bourbonnoys. Le comte de Nancey, père de celuy-cy, disoit ouvertement qu'il en estoit assuré, et mesme disposoit comme si la compagnie eust desjà esté à luy. Mgr le Prince m'avoit dist que je ne parlasse à personne ; que si j'eusse parlé au Roy et que Sa Majesté me l'eust permys, mondict seigneur le Prince se fust offensé contre moy, croyant que je la voulois tenir du Roy et non de luy, et il ne me l'eust point donnée : Je l'eusse offensé et tout le monde se fust moqué de moy. C'est la rayson quy m'empescha d'en parler : néantmoings je jugeay bien par son procédé qu'il ne vouloit pas que le Roy le sceust ; mays j'y estois desjà tellement embarqué, et je le voyois en si grande considération, que j'aiday fort à me tromper.

Le Roy partist de Parys le jour de Pasques-fleuries, sans advertir personne, pour aller droit à M. de Soubise, quy se fortifioit du long de la coste de Poitou, en l'isle de Riez[2]. Mgr le Prince dist à mon frère de Guerchy qu'il m'escrivist d'attendre de ses nouvelles à Nangis et que je me gardasse bien de suyvre le Roy ;

1. Louis de Bourbon, dit le grand Condé, né en 1621, porta le titre de duc d'Enghien jusqu'à la mort de son père, arrivée en 1646.

2. L'île de Ré, sur les côtes du Poitou, à six lieues des Sables d'Olonne.

ce quy me fortifia en l'opinion que j'avois qu'il ne vouloit pas que je parlasse au Roy; néantmoings je l'attendys près de trois semaynes, et ayant eu advys que le Roy s'advançoit en Guienne, après avoir chassé M. de Soubise de l'isle de Riez, je crus qu'il me seroit honteux de demourer chez moy, et je partys pour aller en Berry prendre quelque argent pour faire mon voyage.

Arrivant à Mareuil, je sceüs que mon frère de Lignyeres devoit partir dans deux jours pour s'en aller trouver le Roy avec sa compagnie de chevau-legers. Je luy allay dire adieu. Il me dist que je prisse garde, si je m'advançoys contre le commandement de Mgr le Prince, qu'il ne s'offensast contre moy; que j'eusse patience, jusques à ce qu'il eust veu mondict seigneur; que dans douze jours il me feroit asseurément sçavoir de ses nouvelles; ce que je luy accorday, tant pour les raisons qu'il me disoit que parceque l'argent que me devoient les fermiers de Mareuil, n'estoit pas prest.

Pendant le séjour que je fis à Mareuil, j'allay à Mont-Rond faire la réverence à madame la Princesse, quy me resçüt assez froidement, parcequ'elle avoit demandé cette charge pour un de ses oncles, frere de Portes, nommé Sainct-Jean, et avoit appris par le bruit commun du pays que Mgr le Prince ne vouloit point mettre la compagnie sur pied, et vouloit en prendre l'argent, comme il avoit desjà fait des six premiers moys. Néantmoings, pour attendre le temps que j'avois donné à mon frere de Lignyeres, j'allay à Minsat voir feu mon frere de la Roche-Aymon, et fus huit jours en mon voyage.

A mon retour à Mareuil, le bruit vint d'une attaque

qu'on avoit fait à Royan, où force gents de qualité avoient esté tués, et le laquais de mon frere de Lignyeres m'apporta nouvelles que Mgr le Prince me commandoit d'attendre de ses nouvelles, et me defendoit de l'aller trouver; mays comme je recognus que son dessein estoit de me retenir dans le pays, et que je voyois qu'il y auroit de la honte pour moy de ne me point trouver aux occasions quy se passoient, je me résolus d'aller trouver le Roy, en quelque lieu qu'il fust, et troys jours devant j'envoyay un laquays trouver mon frere de Guerchy pour le prier de dire à Mgr le Prince que je m'en alloys trouver le Roy et ne pouvois supporter qu'il fust en des occasions où il eut affaire de ses serviteurs, et que je fusse à mon ayse dans ma maison. Je donnay charge au laquays de venir droit à Limoges.

Je partys troys jours après et le trouvay entre Limoges et Perigueux avec une lettre de mon frere de Guerchy, quy me mandoit que M. d'Auctot luy avoit dist qu'en quelque lieu que ce laquays me trouvast, je m'en retournasse, sy je ne vouloys offenser Mgr le Prince; mais comme j'estoys trop advancé, et que j'estois comme résolu de ne me point soucier de l'évenement, je passay oultre.

Cependant l'on rendit de mauvais offices à mon dict seigneur le Prince, quy avoit quitté le Roy à Royan. On avoit dit entre autres choses qu'il mettoit dans sa bourse les monstres de la compagnie de Mgr le duc d'Enghien, tellement qu'à son grand regret il despescha Guillemin, un de ses secretaires, pour porter les commissions à madame la Princesse, desirant que je les reçeusse de sa main, parceque, comme je

vous ay dist, elle avoit fort desiré les faire donner à
Sainct-Jean de Portes.

Je suyvoys tousjours mon chemin par Perigueux,
Bergerac, Villeneufve d'Agenoys, pour joindre le Roy
à Agen; mays comme j'entroys dans l'armée, en traversant un chemin, je trouvay par hasard une compagnie de cavalerie quy passoit et j'entray en un
quartier où estoit logé la compagnie de gendarmes de
Mgr le Prince. Je trouvay à l'entrée M. de Jerzay[1],
enseigne de la dite compagnie. Je mys pied à terre
pour l'entretenir. Il me dist que Mgr le Prince avoit
envoyé la commission de la compagnie de Mgr d'Enghien. La compagnie que j'avoys vue dans le chemin estoit celle de M. de Lignyeres, lequel recognoissant des pages que j'avoys à leur livrée, laissa
sa compagnie et entra dans le quartier. Je fus fort
estonné de le voir parcequ'on m'avoit dit qu'il estoit
passé avec Zamet, mareschal de camp, pour aller
au bas Languedoc faire le dégast à Montpellier.

Nous consultasmes[2] avec M. de Jerzay, et comme
ils estoient plus sages que moy, ils furent d'advys que
mon frere de Lignyeres allast à Moissac, le quartier
du Roy, sçavoir de Mgr le Prince ce qu'il luy plaisoit me commander. Cependant je m'allay loger au
quartier de mon frere, lequel revint aussitost et me dit
que Mgr le Prince m'envoyeroit un gentilhomme pour
me dire son intention. Sur le soir M. de Sainct-Aoust
me vint dire de sa part que je m'en retournasse en

1. *Jerzay* ou *Jarzay*, qui fit du bruit plus tard. (Voir les mémoires du temps de la régence d'Anne d'Autriche.)
2. Ceci se passait entre Beauvais-Nangis, son frère de Lignieres et le comte de Jerzai.

diligence recevoir les commissions de madame la Princesse. Je luy dis qu'il n'y avoit pas d'apparence d'estre venu de si loing et m'en retourner à la veille du siége de Sainct-Antonin : il me dist qu'il ne croyoit pas qu'il me le permist.

Le lendemain je priay mon frere de Lignyeres de l'aller trouver et de le supplier très humblement que je peusse le servir à ce siége, et que, s'il luy plaisoit, je ne verrois ny le Roy, ny luy, et me logeroys dans un régiment; que ce me seroit une honte de m'en aller à la veille d'un siége. Il ne le voulust jamays permettre. Je m'en allay le lendemain à Moissac, d'où le Roy estoit party le matin, et comme je fus arrivé, j'entendys deux coups de canon qu'on avoit tiré de Montauban à quelques gents quy se voulurent trop approcher. Pendant que l'armée passoit à une lieue de là, le bruit courut dans Moissac, que le Roy, feignant d'aller prendre le logement de Negrepelisse, avoit tourné tout court, et s'estoit logé par surprise sur la contrescarpe du fossé de Montauban, et qu'on se battoit fort. J'envoyay à l'heure mesme un gentilhomme trouver M. de Lignyeres, pour le prier encore de supplier très humblement Mgr le Prince que je peüsse voir ceste occasion, avec assurance que je ne verroys le Roy ny luy; mays on trouva M. de Guerchy, qui estoit cornete de la compagnie de chevaulegers, quy dist que ceste occasion n'estoit rien, qu'on alloit loger à Negrepelisse, que si je pressoys mon dict Seigneur, après tant de refus, infailliblement je l'offenseroys, et que, puisque je m'attachoys à sa fortune, il me falloit rendre plus souple à ses commandements.

Force gents m'ont blasmé, et depuys je me suys

moy-mesme repenty de n'avoir point veu le Roy, puisque j'en avois approché si près; mays je consideray que Mgr le Prince, tenant le premier lieu auprès du Roy, je ne pourroys entrer en doubte que Sa Majesté n'eust sçeu qu'il m'avoit envoyé ceste commission et qu'il ne l'eust approuvé; que si contre les commandements qu'il m'avoit fait, je fusse allé trouver le Roy, mon dict seigneur le Prince se fut offensé, et d'entrer en son service avec ses mauvaises graces, je n'eusse jamays eü grand contentement avec luy : je me résolus d'en courir le risque. Voilà comme je m'embarquay auprès de luy; que s'il eust esté prince quy eust peu s'obliger par une grande affection et fidellité, j'eusse peu par son moyen faire quelque fortune; que s'il ne m'a bien réussi, ma faute a esté de n'avoir fait élection d'un bon seigneur et maistre, et non pas d'avoir manqué à ce que je luy devoys.

Je partys le lendemain en poste par Cahors et Limoges, et arrivay à Parys quelques jours après madame la Princesse, qui retournoit de Mont-Rond. Elle me donna les commissions avec grand tesmoignage de bonne volonté et je les reçeuts avec grande asseurance d'affection et de fidellité à son service ; je partys à deux jours de là pour aller assembler la compagnie à Chastillon-sur-Loyre.

Je n'eus pas demouré dix ou douze jours à Chastillon-sur-Loyre, qu'il m'arriva un commandement de la Royne de m'en aller en Champagne, parce que, la paix estant faite en Allemagne, le bastard de Mansfeld vint en la frontière de France avec une partie des troupes quy avoient esté licentiées en Allemagne, et menaçoient d'entrer en France. On fist en troys semaynes une armée de vingt mille hommes de pied et de quatre mille chevaux, la plus leste que j'aye jamays veu. J'y allay pour commander la cavalerie légère, parce qu'estant lieutenant d'un prince du sang et ma commission estant plus entienne que toutes celles qu'on avoit délivrées, de droit cette charge m'appartenoit.

Je sçeuts avant que de partir de Nangis que le Roy avoit donné au comte de Lude une commission de maistre de camp de la cavalerie légère, en ceste armée; c'estoit un homme jeune et sans expérience, quy n'avoit jamays eu de charge. Force gents me conseilloient de ne point entrer dans l'armée, mays je dis que puisque ceste charge m'appartenoit, je la voulois faire en présence de ceux à quy on en avoit donné la commission à mon préjudice. Je m'approchay de l'armée de M. d'Angoulesme sous l'ordre duquel j'estois. Il estoit à Brienne; je luy envoyay mon frere, le chevalier de Brichanteau, avec ma commission. Il la leut. Mon frère luy dist que je l'avois prié de la luy faire voir, et de le supplier très humblement de me conserver le commandement dans la cavalerie légère, quy estoit dû à ma charge; que j'avoys appris que le comte du Lude avoit par surprise obtenu une commission de maistre de camp de la cavalerie légère; que je n'estois pas résolu de souffrir que luy ny autre eut un commandement au préjudice de ma charge.

Le duc d'Angoulesme demoura tout pensif et après dit à mon frère : « C'est moy quy ay fait la faute, mays
« je ne croyois pas que M. de Nangis deust venir en
« ceste armée ; il y faut donner ordre. » Le chevalier de Brichanteau luy dist que c'estoit le sujet quy m'a-

voit obligé d'y venir pour faire voir que je sçavois bien maintenir ce quy m'appartenoit. Le dit duc d'Angoulesme, le soir mesme, escrivist à Feydeau, trésorier de l'Espargne, beau-père du comte du Lude, qu'il l'empeschast de venir dans l'armée, parce qu'il n'y recevroit pas le contentement qu'il esperoit, car personne n'estoit résolu de luy obéir, et tout le monde cryoit du tort qu'on m'avoit fait.

Le lendemain j'allay trouver messieurs de Nevers et d'Angoulesme, quy s'estoient assemblés en un lieu nommé Bourgoingne, à troys lieues de Reims. Le duc d'Angoulesme estoit desjà party. Je parlay au duc de Nevers, quy me promist toute assistance, et tous ceux quy se trouverent à cette assemblée dirent tous qu'ils ne reconnoistroient dans la cavalerie légère d'autre que moy. Le duc d'Angoulesme passa le lendemain par mon quartier, près Neufchastel-sur-Aisne; je montay à cheval et allay un quart de lieue au devant de luy, et le conduysis encores une demy lieue par de là le dict quartier. En partant je luy dis que je n'estois pas homme à souffrier que quy que ce fûst entreprist sur une charge qui m'appartint. Il me dist que le comte du Lude avoit demandé cette charge par commission, parce qu'il estoit en traité avec M. de la Cuvée[1] de la charge de maistre de camp de la cavalerie légère; je luy dis que lors qu'il seroit maistre de camp je luy rendrois ce quy estoit deu à sa charge, mais que jusques là, si luy ou autre l'entreprenoit, j'estois résolu de perdre la vie plustost que de le souffrir. Je vis bien que je ne luy faisois pas plaisir et qu'il affectionnoit le

---

1. Le Borgne.

comte du Lude ; c'est pourquoy je luy en parlois si librement. Il me demanda si, après avoir mandé mes raisons à la court, le Roy vouloit que le comte du Lude fist sa charge? Je luy dis que en ce cas, où le Roy useroit d'un commandement absolu, je n'avois rien à dire.

Après m'estre séparé de luy, nous ne demourasmes que cinq ou six jours en corps d'armée, car le Mausfeld traita avec le Roy et passa en Flandres : le comte du Lude n'y vint point. Néantmoings j'ay appris depuys que quand l'armée fut séparée, à quatre ou cinq jours de là, il vint jusques à Reims, et disoit qu'il estoit résolu de faire la charge : ce n'eust pas esté sans difficulté ; mays je commençay d'esprouver que Mgr le Prince ne se soucioit guere de ses serviteurs ; car ceste charge fut donnée au comte du Lude à son veu et à son sceü, et bien que ce fust faire tort à monsieur son fils, puisque j'estois lieutenant de sa compagnie, il ne s'en esmeut jamays, quoyque tout le monde, auprès du Roi, criat qu'on me faisoit tort.

Je me plaignys encore du comte de Schomberg ; car quoyque le comte du Lude fust son neveu, je croyois qu'ayant épousé ma cousine germayne, et faisant profession d'estre mon amy, il ne devoit pas procurer à mon préjudice une charge à son neveu, veü qu'il me cognoissoit et sçavoit bien que je ne le souffriroys pas. Il fut disgracié, à troys moys de là, et ne revint qu'un an après. M. le duc d'Elbœuf m'en parla parceque je ne le voyois pas, ny ne l'eusse pas salué, quand mesme je l'eusse rencontré, quoy qu'il fust ministre d'Estat. Mon dit sieur d'Elbœuf me dist que je ne devoys pas m'offenser qu'il eust preferé le comte du Lude, son neveu à moy, quoy qu'il eust espousé ma cousine germaine ; je luy dics que si le comte du Lude et moy eussions prétendu une mesme charge, je n'eusse pas trouvé estrange qu'il l'eust préferé à moy, mays de m'oster un commandement en l'aage où j'estoys pour le faire donner à un jeune homme, je ne le pouvoys souffrir. Il en parla au comte de Schomberg quy le supplia de me mener chez luy et qu'il me donneroit tout contentement. M. d'Elbœuf m'y mena, parceque le dict comte de Schomberg avoit la goutte ; celui-cy me dist qu'il avoit trouvé fort estrange que m'aymant comme il faisoit j'eusse creu qu'il eust voulu faire quelque chose à mon préjudice. Je luy dis que c'estoit de quoy je me plaignoys le plus, que luy que j'avoys tousjours honoré et que je croyois m'aymer, m'eust procuré un tel desplaisir. M. d'Elbœuf interrompist et dist qu'il n'y falloit plus penser, et M. de Schomberg quy estoit dans sa chaise m'embrassa fort : le comte du Lude, quy estoit présent, voulut s'approcher pour ouyr nos discours, mays M. d'Elbœuf s'advança et l'empescha, et ne nous saluasmes ny parlasmes. Je vous ay fait ce discours pour vous faire voir ce qu'on peut espérer des amys de court, car il n'y avoit homme de l'aage de M. Schomberg que j'honorasse plus que luy, ny de l'amitié duquel je fisse plus estat.

La compagnie de Mgr le duc d'Enghien fut mise en garnison à Coincy, proche Chasteau-Thierry, et j'allay faire un voyage à Liesse, et à Laon voir mon frere. Partant de Laon pour aller à Coincy, je passay à Vely, où j'appris la grande sortie qui s'estoit faite à Montpellier, où force gens de qualité avoient esté tués;

entre autres le marquis de Beuvron. C'est une des sensibles afflictions que j'aye eu de ma vie, car après mes freres, il n'y avoit homme en France que j'aymasse plus que luy.

Je demouray huit jours dans la garnison où je reçeüs commandement du Roy de mener la compagnie de Mgr d'Enghien à Montpellier, rendez-vous de l'armée, sous la charge de M. d'Augoulesme. Il estoit à Selongé, en Bourgoigne; je luy escrivys pour le supplier très humblement de trouver bon que la dicte compagnie peüt passer en Bourbonnoys, parceque la plus grande partie des cavaliers en estoit, afin qu'ils peussent donner ordre à leurs affaires, et que je me rendroys en mesme temps que luy à Lyon. Il me l'accorda, et je m'en vins à Nangis, voir vostre mère, quy estoit grosse, et accoucha proche la Toussaint de vostre frere de Mareuil.

Après la Toussaint je partis pour aller trouver le Roy; j'eus advys, par les chemins, que la paix estoit faite, que la compagnie de Mgr le duc d'Enghien, quy avoit fait monstre à Roanne, revenoit en garnison en Berry, à Aubigny, et que Mgr le Prince estoit party malcontent de la court, pour aller en Italie. Je ne laissay pas de passer oultre parceque je vouloys voir mesdames de Senecey, sur l'advys que j'eus de la mort du marquys de Senecey, quy me fut un renouvellement d'affliction; car, oultre la proximité de cousin germain, c'estoit un des galants hommes de France et avec quy je faisoys le plus de profession d'amitié.

Arrivant à Senecey, j'appris que toutes les compagnies des princes estoient licentiées, entre autres celle de Mgr d'Enghien. J'envoyay un gentilhomme trouver madame la Princesse, quy estoit à Lyon, pour recevoir ses commandements. Elle me manda que je m'en retournasse, sans voir le Roy, parcequ'elle craignoit qu'on ne me donnast la compagnie de M. d'Enghien, en mon nom, comme on avoit fait à plusieurs autres; mays elle ne devoit point avoir cette crainte, car quand la considération de ce que je devoys à Mgr le Prince, et de mon honneur que je tenoys interressé, si je l'eusse habandonné en sa disgrace, ne m'en eussent empesché, je faisoys trop peu d'estime d'une compagnie de chevau-legers en mon nom pour la prendre.

Je voulus assister au quarantain[1] de M. le marquis de Senecey, et en attendant j'allay accomplir un vœu qu'on avoit fait pour moy, en ma jeunesse, à Sainct-Claude, et après le quarantain, mes freres les chevaliers et moy revinsmes à Nangis. Le Roy arriva peu de temps après à Parys. M. Guillemin, secretaire de Mgr le Prince me vint trouver pour sonder si je demoureroys ferme au service de mondict seigneur, mays d'abord je luy dis que je ne mettroys jamays le pied dans la court, que je n'eusse veu mondit seigneur, ce dont il demoura fort satisfait.

Environ karesme-prenant de l'an 1623, Mgr le Prince revint de son voyage d'Italie : je luy envoyay un gentilhomme pour recevoir ses commandements ; il me manda que je le vinsse trouver à la fin du karesme ; il fist une faute signalée, car s'il fust venu droit

---

1. Renouvellement de mariage, comme on dit aujourd'hui *la cinquantaine*.

à la court, le chancelier et M. de Puysieux, son fils, quy avoient le maniement des affaires, estoient si timides qu'ils n'eussent osé rien entreprendre contre luy, mays ils gagnerent le duc d'Angoulesme, son beau frere, quy luy manda que s'il venoit à la court on le mettroit prisonnier : ce fut ce quy l'empescha de venir trouver le Roy.

Je l'allay trouver deux jours devant Pasques-fleuries; il me reçeüt fort bien ; je demouray quelques jours à Bourges auprès de luy ; j'allay voir Mgr le duc d'Enghien à Mont-Rond, et après avoir donné ordre à mes affaires à Meillan et à Mareuil, je le vins retrouver à Bourges, après le dimanche de Pasques-clauses[1]. J'avoys tousjours creü qu'il seroit bien ayse que je demourasse auprès de luy, et que MM. le comte de Charlus, de Bellenave, attachés comme moy à sa fortune et autres gentilshommes de qualité, en Bourbonnoys et en Berry, se rendroient subjets auprès de luy et que nous passerions le temps à Bourges, Moulins, et le suyvrions par tout son gouvernement ; mays je trouvay qu'au lieu de se faire accompagner par des gents de qualité, il les renvoyoit chez eux, sous pretexte de ne point donner jalousie au Roy, mays en effet, parcequ'il n'en pouvoit souffrir auprès de luy, et qu'il avoit choisy sept ou huit escholiers quy ne l'habandonnoient point[2]; et je remarquay pour moy-mesmes que quand il m'avoit dit deux ou troys mots je luy estois à charge. Je commençay à recognoistre ma faute, et j'eusse bien

---

1. Le dimanche de *Quasimodo*.
2. Ceci n'est que trop clairement expliqué dans les *Historiettes* de Tallemant des Réaux, au chapitre de *feu M. le Prince* (3e édition, t. II, p. 435).

voulu pouvoir retirer mon espingle du jeu; mays j'y estois trop embarqué, et ne vouloys pas qu'il me fust reproché que, m'ayant tesmoigné de la bonne volonté, pendant qu'il estoit en grande consideration dans la court, je l'eusse habandonné en sa disgrace.

Je revins à Nangis et aussitost après j'allay trouver le Roy à Fontaynebelleau : je trouvay qu'on m'avoit rendu de mauvais offices auprès du Roy, luy disant que j'avoys quitté son service pour me donner à Mgr le Prince, comme si l'affection que j'avoys au service de mondict seigneur estoit préjudiciable à celle que je devois par ma naissance à Sa Majesté. Je creus que M. de Puysieux m'avoit presté ceste charité, car il ne m'a jamays aymé depuys le different que j'eûs avec MM. des Marets, après la mort de feu M. de Dunes. A mon arrivée, force gents, quy se disoient mes amys, n'osoient m'aborder, sçachant que je venois de voir Mgr le Prince; tel quy avoit approuvé que je me feusse donné au service de Mgr le Prince, pendant qu'il estoit en crédit, me blasmoit de ne l'avoir pas habandonné en sa disgrace; d'autres me blasmoient de m'estre donné à luy, et ne desapprouvoient pas qu'ayant fait ceste faute je courusse sa fortune en l'estat où il estoit. Pour moy, je scavoys ce quy en estoit mieux qu'eux, mays je n'ay jamays peû préferer l'utile à l'honneste.

Le Roy quy n'estoit pas levé sceust assez tost que j'estois dans le cabinet; comme il sortist, M. de Puysieux parla à luy un peu de temps à l'entrée du cabinet, et je croys qu'il luy disoit qu'il ne falloit pas qu'il me fist mauvais visage, de peur qu'on ne jugeât que ce fust parceque j'avoys veü Mgr le Prince; car il vouloit bien l'esloigner de la court, mays il ne vouloit pas le rendre son ennemy. Aussy, quand je fis la révérence au Roy, me fist-il fort bon visage, et il me demanda en riant comment se portoit Monsieur le Prince, et de son voyage, le raillant de quelque incommodité qu'il avoit rapporté. Je luy respondis en raillant de mesme; mays je recognus bien que le bon visage qu'il me faisoit n'estoit pas pour bonne volonté qu'il me portoit; c'est pourquoy après avoir demouré un jour seulement à Fontaynebelleau, je m'en revins à Nangis.

Je fis encore, peu après, un voyage à Fontaynebelleau, parceque le marquis de la Vieuville, qui estoit entré dans les finances, après la disgrace du comte de Schomberg, se brouilla avec le Chancelier et Puysieux, quy avoient tout pouvoir auprès du Roy. Se voyant proche d'une disgrace, on luy dist qu'il ne pouvoit se maintenir qu'il n'eust quelqu'un pour l'appuyer, et on luy proposa Mgr le Prince. Il dit qu'il ne pouvoit traiter avec assurance qu'avec moy, parce que nos pères estoient grands amys, et que nous avions esté nourris ensemble au college, et depuys à la court fort bons amys. Il estoit en telle apprehension de se ruyner, que quoyqu'il eust grande envie de parler à moy, je ne l'osois aborder. Enfin, après deux ou troys jours qu'il n'avoit peü parler à moy, me voyant dans son cabinet et qu'il n'y avoit que de ses familiers, il me tira à part et me dist qu'il ne se pouvoit fier à autre qu'à moy d'une affaire où il y alloit de la perte de sa fortune, ou de son establissement; et il me dist que si Mgr le Prince vouloit venir trouver le Roy, il me donnoit sa parole qu'il estoit assez bien auprès du Roy pour sçavoir ce quy s'y passoit : que le Roy n'avoit point mauvaise inclination pour mon dict seigneur, et qu'il me donnoit encore sa parole que si l'on vouloit entreprendre quelque chose sur sa personne, il luy en donneroit advys, mays qu'il ne croyoit pas que ceux quy gouvernoient eussent assés de hardiesse. Je luy dis que je donnerois advys du tout à Mgr le Prince, mays que je doutois qu'il ozat s'hasarder.

Je donnay cest advys à Guillemin, secretaire de Mgr le Prince, quy traitoit cette affaire, lequel le manda à Monseigneur, quy respondit que pour quoy que ce fust il ne reviendroit point à la court; qu'il avoit demouré troys ans dans la Bastille et le bois de Vincennes, qu'il n'avoit pas failly plus qu'il avoit fait présentement, sans considerer que c'estoit la mère du Roy quy l'avoit fait prendre la premiere foys, laquelle estoit de qualité pour ne craindre pas que jamays il s'en pust ressentir, mays que le Chancelier et Puysieux estoient gens de basse condition, et timides, quy avoient une maison qu'ils vouloient eslever et maintenir; que depuys que mondict seigneur estoit hors de prison, il avoit eu des enfants, et particulierement Mgr le duc d'Enghien, lequel, quand il seroit grand, feroit périr leur maison, s'ils estoient assez hardys pour l'offenser. Il perdist cette occasion, laquelle depuys il n'a peü recouvrer, et le marquis de la Vieuville voyant qu'il ne pouvoit s'asseurer de luy, se réconcilia avec le Chancelier et Puysieux.

Je demeuray tout cest esté à Nangis, allant et venant quelquefoys à Parys pour mes affaires, sans voir le Roy. Au moys de septembre, je m'en allay en Bourbonnoys, tant pour voir mondict seigneur le Prince que pour conduire mes frères, quy alloient à Malte.

J'envoyay recevoir les commandements de mondict seigneur, quy estoit à Bourges, il me manda que je l'attendisse à Mont-Rond où il vint quelques jours après. Je luy fis la révérence ; il me commanda de l'aller trouver à Molins où Mgr le comte de Soyssons devoit passer pour aller prendre possession du gouvernement du Dauphyné. Après avoir donné ordre à mes affaires, j'allay à Molins, où je recognus que j'estoys à charge à mondict seigneur le Prince, et le proverbe estoit dans le Bourbonnoys que, quy vouloit bien empescher Monsieur le Prince, il falloit mettre le marquys de Nangis auprès de luy, parcequ'il se plaisoit d'estre particulier parmy ceux qu'il avoit choisy pour le suyvre, et se contraignoit de manger quelquefoys à la table, en ma considération, dont j'estois aussy empesché que luy.

En partant, il me commanda de parler au marquis de la Vieuville pour ses pensions, et en un besoing il se fust servy de moy comme d'un solliciteur. Je pris congé de luy le soir, et le lendemain je dis adieu à mes frères les chevaliers avec grande douleur ; il sembloit que nous prédisions le mal qui leur arriva depuys. Je vins à Nangis, et fis quelques voyages à Parys, où je fis la révérence au Roy, et recognus assez à son abord que je ne devois jamays gueres esperer de luy.

Au commencement de l'an 1624, M. de Froloys mourut qui donna sa terre de Froloys à vostre mère et à vous. Nous allasmes en prendre possession au moys de may. Mgr le Prince, pendant que j'estois à Froloys, vint diner à Bagneux[1] quy est à une lieue de là.

1. Baigneux-les-Juifs, chef-lieu de canton du département de la Côte-d'Or.

Je l'allay trouver; il se mist dans mon carrosse, et vint passer à Froloys où je l'attendoys à souper. Il n'y voulut pas demourer et alla coucher à Chanceaux[1]. Par les chemins il me dist que le Roy luy avoit donné advys que M. le cardinal de Richelieu estoit de son conseil. Je luy demanday s'il croyoit qu'il laissast longtemps le marquis de Vieuville en sa charge; il me dist en riant que non, mays il ne me dist pas ce que j'appris depuys que le marquis de Vardes avoit fait ce qu'il avoit peü pour mettre mondict seigneur le Prince auprès du Roy, mays que le marquis de la Vieuville ne s'estoit jamays pu assurer de luy.

Je demeuray tout l'esté chez moy et l'hyver je fis un voyage de deux moys à Parys, pour donner ordre à mes affaires. Je voyoys le Roy le moings que je pouvoys parce qu'il me faisoit fort mauvays visage, à l'abord. Au printemps de l'an 1625, il vint à Fontaynebelleau; j'y fis un voyage, et un jour qu'il entroit dans le Conseil où j'entray comme beaucoup d'autres, le Roy me regarda et aussitost sortit. L'huissier vint dire que tout le monde sortit, ce que nous fismes tous, et le Roy entra après avec peu de gents. Cela me toucha fort, car en effet je creüs et avec quelque apparence qu'il s'estoit imaginé que j'estois dans la court pour donner advys à Mgr le Prince de ce quy s'y passoit; c'est pourquoy je me résolus d'y faire le moings de séjour que je pourroys.

Pendant le séjour que j'y fis, M. des Réaux, lieutenant des gardes du corps, vint de Piémont, où le Roy avoit une armée sous la charge de M. le connestable

---

1. Bourg du département de la Côte-d'Or.

d'Esdiguieres et de M. le mareschal de Créquy. Le marquis de Villeroy, un des mareschaux de camp de l'armée estoit retourné à Lyon, malade, et il n'y avoit plus que le marquis d'Huxelles quy fist la charge. Il me proposa, sans que j'en seusse rien, au conseil et particulièrement à M. de Schomberg, fait mareschal de France depuys peu. C'estoit mon frère de Lignyeres, et M. le mareschal de Créquy quy luy en avoient parlé. Il me trouva par hasard et me dist que le mareschal de Schomberg me devoit proposer au conseil. Je le remerciay fort du soing qu'il avoit eü de moy, mays que j'avois une raison quy m'empeschoit d'y aller.

J'allay à l'heure mesme trouver M. le mareschal de Schomberg et luy dis ce que j'avois appris dudict sieur des Réaux; que je le suppliois de ne me point proposer au conseil, parceque Mgr le Prince m'ayant obligé, pendant qu'il estoit en crédit dans la court, je ne vouloys pas qu'en sa disgrace on peüt croyre que je le voulusse habandonner. Il me tesmoigna n'estre pas mal satisfait de mon procedé, car il estoit serviteur de mondict seigneur le Prince, quoyqu'il n'osast le tesmoigner.

Cest esté je perdys mon fils aisné, et mes deux frères les chevaliers[1], ce quy me causa une telle tristesse que j'en eüs la fièvre-tierce et couvay une telle mélancholie pendant l'hiver, qu'au printemps suivant j'eüs une douleur de rate et une si grande tristesse que je ne

---

1. Alphonse de Brichanteau, chevalier de Saint-Jean de Jérusalem, tué à la prise de Saint-Maure en Barbarie, le 26 mai 1625, et Charles de Brichanteau, chevalier de Malte, tué le 26 juin 1625. (Voyez ci-dessus, p. 129, à la note.)

croyois avoir jamays de contentement. Elle me dura près de deux ans ; enfin Dieu me fist la grace de m'en delivrer en l'an 1628, au voyage que je fis en Languedoc.

Ce mal m'obligea de faire plus de séjour en la maison, où ma mère mourut en l'an 1627. Cette perte me donna sujet de faire un voyage en Bourbonnoys. A la fin de septembre, comme j'estoys près de partir, les Anglois firent une descente dans l'isle de Ré ; je me résolus d'y aller, et ayant appris que le Roy estoit malade à Villeroy et qu'on ne le voyoit point, j'envoyay un gentilhomme à M. le mareschal de Schomberg, pour sçavoir si Sa Majesté me jugeroit digne de servir en cette occasion ; il ne me manda que des honnestetés en general.

Je m'avançay en Bourbonnoys, où arrivant à Meillan, je sceus que Mrg le Prince estoit allé à Richelieu voir M. le Cardinal. Aussitost que je sceust qu'il estoit de retour, je l'allay trouver à Bourges ; il me fist fort bon visage et me dist que le Roy lui avoit donné une commission de commander dans le Dauphiné, Languedoc et Guienne ; qu'il avoit charge de mettre (au complet) ses compagnies de gendarmes et chevau-legers et les chevau-legers de Mgr d'Enghien ; qu'il me donnoit la lieutenance de sa compagnie de chevau-legers, dont il m'avoit donné assurance dès son retour d'Italie, et pour m'obliger davantage en la prenant, il me dist qu'il esperoit qu'elle seroit entretenue. Je le remerciay très humblement de l'honneur qu'il me faisoit ; que pour l'entretenement de sa compagnie, c'estoit l'affection et non pas l'interét du bien qui m'attachoient à son service, pour luy faire voir que je faisoys peu d'estat de sept ou huit mille livres que pourroit valoir la compagnie, quand elle seroit entretenue.

Il me commanda d'aller assurer mes amys pour partir au 20ᵉ novembre, et qu'il passeroit à Mont-Rond, où je recevrois encore ses commandements. Il y vint quelques jours après la Toussaint et me commanda de me rendre dans le 10ᵉ decembre à Lyon. Je ne voulus jamais faire de conditions avec luy, croyant que luy tesmoignant beaucoup d'affection, il prendroit soing de mes interests, et quand quelqu'un des siens me parloit que l'on faisoit messieurs de Bourg Lespinasse, marquis de Ragny, de Portes et d'Huxelles, mareschaux-de-camp, je respondoys que rien que l'affection que je dois au service du Roy et à mon dict seigneur le Prince, ne m'obligeoit de faire ce voyage; que j'obeiroys de bon cœur à tous les mareschaux de camp, croyant que parlant avec tant d'affection, il auroit honte, quand je seroys en ce pays-là de me voir obéir à des gents quy estoient plus jeunes que moy et que j'avoys commandé devant eux. Mais au lieu de s'en sentir obligé, il me prist au mot, et pour m'engager au voyage, il fist dire par les siens qu'aussitost que je seroys en ce pays là, je seroys mareschal de camp.

J'arrivay à Lyon, le 10ᵉ decembre; Mgr le Prince en estoit party le jour auparavant, pour aller à Valence, attaquer un fort que les Huguenots avoient fait au-dessous de ceste ville, à un lieu nommé Soyons. Je me mys sur le Rhosne, et arrivay à Valence, comme les troupes passoient le fleuve pour aller attaquer le dict fort, lequel se rendit le lendemain matin. La charge que j'avoys de lieutenant de la compagnie de chevau-legers de Mgr le Prince me donnoit le commandement de la cavalerie légère. L'évesque d'Alby, frère de messieurs d'Elbene, me donna advys que le Roy avoit donné la commission de maistre de camp de la cavalerie legère au duc de Ventadour, maintenant chanoine de Nostre-Dame, ce que Mgr le Prince m'avoit célé jusques là, croyant que si je l'eusse sceu je ne me seroys pas embarqué au voyage. Je ne dys autre chose sinon qu'on m'avoit fait tort, et mon dict Seigneur le Prince me le faisoit dire exprès, pour voir si je le souffrirois, ou si je m'y opposeroys, comme j'avois autrefois fait quand on donna la mesme commission au comte du Lude. Mays je ne m'esmeüs point pour deux raysons, l'une qu'il estoit neveu de madame la Princesse, l'autre que je n'estoys pas résolu de faire aucune charge, si je n'estois mareschal de camp.

Mgr le Prince s'achemina en Avignon où il passa la feste de Noël, et moy je demouray à Valence pour attendre la compagnie de Mgr le Prince et la conduire jusques à Montpellier, parceque les ennemys se vantoient de nous combattre entre Beaucaire et Montpellier. J'arrivay en Avignon la veille de Noël, et le lendemain j'allay trouver la compagnye qui estoit à Teziere proche Beaucaire. Le lendemain eut lieu le rendez-vous des troupes, sur le bord de la riviere du Gardon, proche Morepein[1].

M. de Montgon, capitayne d'une compagnie de chevau-legers quy avoit esté à M. le duc de Chevreuse, et estoit entretenue depuys l'an 1622 que la paix fut faiste avec les Huguenots, me voulut disputer la prée-

---

1. Nom de lieu incertain.

minence et le commandement, ce quy me fascha fort, et le marquis de Ragny, mareschal de camp, le favorisoit, mays je l'emportay, et le lendemain quand mondict seigneur le sceut, il se fascha fort contre Montgon.

Nous passasmes jusques à Montpellier, sans que les ennemys parussent. Quand je vys la campagne en seureté, je priay l'évesque d'Alby, quy avoit grand accès auprès de Mgr le Prince, de luy dire que je tenois à grand honneur de commander sa compagnie, mays que je ne pouvois obeir à des maréchaux de camp plus jeunes que moy : il me dist qu'il vouloit que ceux qui estoient à luy se contentassent des charges qui dépendoient de luy, sans en rechercher d'autres. Ce fut-là où je recognus la faute que j'avoys faite de m'estre mis à son service, car j'avois accepté sa compagnie et celle de M. d'Enghien pour luy tesmoigner que je voulois du tout m'attacher à son service, mays je n'avois jamays creu qu'il voulust que je bornasse ma fortune à n'estre jamays que lieutenant de sa compagnie, et j'avoys toujours esperé qu'en le servant avec grande affection et fidélité, je pourroys par son moyen parvenir à touts les honneurs que peut espérer un homme de ma condition.

Je dis doncques à l'évesque d'Alby que je le supplioys de dire à mondict seigneur, que puisque je ne pouvoys espérer autre charge dans l'armée, je me tiendroys auprès de luy pour le servir de ma personne, que je ne vouloys point obeir à des gents quy estoient plus jeunes que moy, et que j'avoys commandé devant eux. Me voyant résolu à cela, il me dist qu'il me feroit faire la charge de mareschal de camp; que l'on alloit mettre les troupes en garnison jusques à ce que les Estats de Languedoc eussent donné ordre pour les payer, et se mettre en campagne; que cependant il me donnoit congé de revenir en Bourbonnoys, donner ordre à mes affaires, et que je me trouvasse à Toulouse à Karesme-prenant.

Je partis de Meillan, après Karesme-prenant, et passay chez M. de la Roche-Aymon, où je tombay malade d'une grande defluxion (*sic*), et fus contraint de me faire saigner, tellement que je n'arrivay à Toulouse qu'un peu devant la mi-Karesme. M. l'évesque d'Alby me dist que l'on m'avoit envoyé un brevet de mareschal de camp, mais que ce n'estoit pour servir dans cette armée; que Mgr le Prince me donneroit quelquefois des commissions hors de l'armée, pour en faire la charge. Je ne dis mot, mays je vys bien qu'on se moquoit de moy. Peu de jours après, Mgr le Prince me donna le dict brevet, et me dist, en parlant entre ses dents, qu'il me feroit servir quelquefoys. Je pris le brevet avec grand respect, et luy fis voir que je m'en tenois obligé comme de rien, et dès l'heure, je me résolus de demourer volontaire dans l'armée.

Quelques jours devant Pasques-fleuries, l'on envoya les compagnies de chevau-legers de Monseigneur pour escorter du canon quy venoit de Narbonne, et moy je suivys mondict seigneur quy alloit assieger Royalmont en Albigeois. Je me logeay avec le marquis de Ragny, et fus bien ayse de voir ce siege comme volontaire, parce que j'avois tousjours commandé la cavalerie, et estoit bien ayse de voir comme l'on se gouvernoit dans l'infanterie. Sur la fin du siege, la compagnie de chevau-legers de mondict seigneur revint avec le canon. Touttes foys qu'elle entroit en garde, je me mettois à la teste, et quand elle sortoit de garde, je la laissoys retourner au quartier.

De Royalmont nous allasmes camper devant Viane, et parce que nous allions aux ennemys, et que j'avoys l'avant garde, je me mys à la teste de la compagnie, et, quand les quartiers furent donnés, je demouray à l'arriere-garde, ne faisant autre charge que de commander la compagnie, quand nous marchions droit aux ennemys.

Le lendemain que nous fusmes décampés, Mgr le Prince estant à Asperant, eût advys que M. de Rohan avoit assiegé Merüés[1], dans le Gévaudan; il vint où le marquis de Ragny, et moy, estions à l'arriere-garde, bien empeschés du canon dans ces montagnes; il me commanda d'aller prendre treize compagnies du régiment de Picardie, et troys du régiment de Normandie

1. Le *Dictionnaire général des villes, bourgs, villages*, etc., par Duclos (Paris, 1836, in-4°), n'indique pas de localité de ce nom ni de ceux de Mirveys et Merve, que l'on lit dans les mémoires de Rohan et de Richelieu. Nous croyons qu'il s'agit ici de Meyrueis, chef-lieu de conton de l'arrondissement de Florac (Lozère), d'une population d'un peu plus de 2000 habitants. Les mémoires de Rohan disent que cette place de Mirveys (*sic*), située dans les Cévennes, sur les confins du Rouergue « étoit fort importante. » Ces mémoires contiennent le récit détaillé du siége de cette place qui dura trois semaines. (*Collect. Petitot*, 2ᵉ série, t. XVIII, p. 359 et suiv.). Ils renferment de curieux renseignements sur la guerre du Vivarais et des Cévennes que Rohan soutint, en 1628, contre les deux armées commandées par le duc de Montmorency et le prince de Condé. Il espérait en tirer des avantages pour son parti ; « mais, dit-il, Dieu qui en avait autrement disposé, souffla sur tous ces projets » et il signa la paix générale, avec la cour, le 27 juin 1629, s'inclinant ainsi devant la politique de Richelieu, mais avec la promesse de l'exécution fidèle de l'édit de Nantes.

qu'on tiroit de Montpellier, et me fist mareschal de camp pour cet effet.

Si j'eusse osé, je luy eusse dist que personne ne me voudroit recognoistre pour mareschal de camp sur sa commission, et qu'il falloit une lettre du Roy, car il y avoit huit jours que le comte de Noailles, lieutenant de Roy, en Auvergne, et le vicomte d'Arpajon avoient assemblé la noblesse du pays, et la milice pour secourir la place, et ils estoient en telle jalousie du commandement, qu'ils ne le vouloient point ceder l'un à l'autre, ce que moy estant estranger, ils ne me recognoistroient jamays sans lettre du Roy; néantmoings, comme il est d'honneur que quand il commande à tort ou à droit, il ne luy faut jamays répliquer, je partys à l'heure mesme.

Je partys à midy, d'une lieue par delà la Cour, avec huit ou dix cavaliers de la compagnie de mondict seigneur, et traversay toutes les montagnes du Languedoc. J'entray dans le Bas-Languedoc à Clairemont-de-Lodeve, et arrivay le lendemain à dix heures du soir à Montpellier. Ceux quy sçavent le pays, trouveront que je ne fis pas mauvaise diligence, et Mgr le Prince, quy est assez difficile, s'en contenta.

Arrivant à Clairemont-de-Lodeve, j'appris que le vicomte d'Arpajon avoit levé troys ou quatre cents hommes dans le Bas-Languedoc, que le marquis de Fossés, gouverneur de Montpellier, avoit envoyé Miraumont, capitayne du régiment de Picardye, avec deux cents hommes choisys dans les régiments de Picardye et de Normandie, et qu'ils vouloient faire un effort pour secourir Merüés, ce dont je m'estois bien douté, car devant que Mgr le Prince m'eüst commandé de partir, il avoit escript au comte de Noailles, et audict vicomte d'Arpajon qu'il m'envoyoit pour commander les trouppes, et qu'ils ne voudroient pas m'attendre.

Le lendemain que je fus arrivé à Montpellier, je donnay les lettres de Mgr le Prince, au marquis de Fossés, quy fist assembler les capitaynes et officiers quy estoient commandés de partir, lesquels ne firent point de difficulté de m'obéir, et demanderent seulement un jour pour donner ordre à leurs affaires. Nous partismes avec le plus de diligence que nous pusmes : la seconde journée nous trouvasmes Bosquet, lieutenant dans le régiment de Picardye, qui retournoit blessé, et nous dit qu'ils avaient tenté en vain de secourir Merüés, et que la précipitation de ceux quy commandoient estoit cause du désordre.

Je me doutay bien, qu'ayant sans aucun effet essayé de secourir la place, ceux quy estoient dedans se rendroient bientost ; je le dis aux capitaynes et nous nous hastasmes le plus que nous peümes. La quatriesme journée nous arrivasmes à un lieu nommé Saint-Holary, assez près de Milhau, où nous apprismes que Merüès s'étoit rendu le lendemain qu'on avoit manqué de le secourir ; ce dont je donnay advys à Mgr le Prince quy me commanda de l'aller trouver à Vaures, où il estoit pour assiéger Sainct-Affrique.

A mon arrivée auprès de Mgr le Prince, je trouvay qu'à la priere de M. d'Espernon, il avoit eu commission et lettre du Roy pour faire servir M. de Montferrand, maréchal de camp en son armée, et que moy quy avois servy de mareschal de camp à la conduite du régiment de Picardye, je n'estois plus que particulier ; ce quy me piqua fort, car je ne pouvois plus entrer dans le conseil pour seoir au-dessous dudict sieur de Montferrand, lequel, quoyqu'il fust fort mon amy, je ne pouvois souffrir que Mgr le Prince l'eut préferé à moy. Je résolus de me retirer après cette occasion présente du siege de Sainct-Affrique. Je me logeay dans le camp avec le régiment de Picardye. Les officiers, quoyque je fusse hors de charge, ne laisserent pas de me randre les mesmes honneurs qu'ils faisoient auparavant.

Comme le siege de Sainct-Affrique fut levé je parlay à Mgr le Prince et luy demanday congé de me retirer. Il se mist en cholere et me demanda pourquoy. Je luy dis qu'il m'avoit fait espérer que je servirois en qualité de mareschal de camp, m'avoit fait faire la charge pour le secours de Merües et que maintenant je ne pouvois plus obéir aux marechaux de camp, particulierement à M. de Montferrand qu'il avoit fait mareschal de camp depuys que j'estois dans l'armée, au préjudice de ce qu'il m'avoit fait espérer.

Il se mit fort en cholere et me dit que ç'avoit esté M. d'Espernon, quoyque je sçeusse que c'estoit luy. Je luy dis qu'il ne m'importoit qui l'avoit fait, mays qu'après qu'il m'avoit fait faire la charge de mareschal de camp, je ne pouvoys plus servir dans l'armée en autre qualité. Il redoubla sa cholère et me demanda quy commanderoit sa compagnie. Je luy dis que M. de Guerchy le pouvoit faire. Il me répliqua que je ne devois pas accepter la charge, ou que je la devoys faire ; je luy dis qu'il en pourroit disposer quand il luy plairoit : il tourna tout court et s'en alla sans me respondre.

Le lendemain Mgr le Prince partit pour se retirer

dans Alby. Je ne me trouvay point à son lever. Quand il voulut partir je me trouvay à la teste de sa compagnie parcequ'on croyoit que les ennemis pouvoient suyvre. Il parla longtemps au comte de Charlus quy me vint trouver et mondict seigneur me prioit de commander sa compagnie jusques à ce que M. de Guerchy quy estoit malade à Alby fut guary. Je luy dis que je le ferois pour l'amour de moy, et non point pour l'amour de Mgr le Prince. Nous allasmes coucher à Saint-Cerny, en Rouergues. Quand la compagnie fut logée, je me retiray en mon logis, sans le voir ; il m'envoya querir pour me dire chose de peu d'importance et je cognus bien qu'il estoit fasché de m'avoir mescontanté. Le lendemain de grand matin je me trouvay à la teste de la compagnie, parcequ'elle estoit à la retraite quy estoit du costé des ennemys. Quand nous fusmes en lieu de seureté, il donna un quartier à la compagnie et me manda que je le suyvisse à Alby. Je le trouvay quy disnoit à Villefranche d'Albigeois, où il parla à moy en homme qu'il croyoit avoir offensé, quoyque je n'en fisse aucun semblant.

Quand nous fusmes à Alby, je fus quelques jours sans le voir, et me faisoys purger et saigner et bagner. Il me fist dire par l'evesque d'Alby qu'il alloit escrire à la court pour me faire avoir la charge de mareschal de camp, et que je le suyvisse à Toulouse. Je dis à l'evesque d'Alby que je ne croyois pas que le Roy luy accordast, parce que mon frère de Laon s'estoit fort brouillé avec M. le cardinal de Richelieu, en l'assemblée du clergé. Je suivys doncques mondict seigneur quelques jours après à Toulouse.

Comme j'arrivay à Toulouse, Mgr le Prince me dist

qu'il avoit escrit à la court pour moy : je le remerciay très-humblement et luy dis les raisons pourquoy je croyois qu'on ne l'accorderoit pas. Dans dix ou douze jours après, le courrier revint ; Mgr le Prince me montra la response quy estoit qu'il y avoit assez de deux mareschaux de camp et qu'il n'en falloit pas davantage. Je luy dis que je sçavoys de bonne part qu'on avoit dist qu'en considération de ce que M. de Laon avoit fait dans l'assemblée, on ne feroit jamays rien pour moy. Il me dist qu'il me donnoit congé, et qu'il n'estoit pas juste que je servisse davantage puisqu'on me traittoit si mal à la court. Je luy dis que je le supplioys très-humblement me permettre que je commandasse encore sa compagnie au dégast de Castres parceque l'on disoit que les Huguenots y avoient jetté force troupes pour l'empescher ; ce qu'il m'accorda.

Je partys le lendemain de la Feste-Dieu, veille de la Sainct-Jean, et arrivay le jour de la Sainct-Jean, comme les troupes estoient en bataille, pour se camper. Il se fist le lendemain quelque combat, où j'eus assez de bonne fortune. Nous demourasmes quatorze jours campés, et je vins trouver Mgr le Prince à Villemur[1] où il s'estoit approché.

Je partis le lendemain, et nous revinsmes M. le comte de Charlus et moy en Bourbonnoys, où j'estois résolu de n'aller jamays à la court et j'eusse remys la compagnie à Mgr le Prince, n'eust esté que j'eüs peur que l'on ne creust que je luy faisois une querelle d'Allemand, pour l'abandonner en sa disgrace, et que

---

1. Chef-lieu de canton, arrondissement de Toulouse (Haute-Garonne).

ce m'eüst esté une honte, puisque, pendant qu'il estoit en une grande considération dans la court, il m'avoit appellé à son service.

Troys jours après mon partement de l'armée, le marquis de Ragny tomba malade et mourut le cinquiesme ou sixiesme jour. Mgr le Prince se trouva fort empesché, car M. Du Bourg-Lespinasse estoit vieil et demandoit congé de se retirer chez luy. Mgr le Prince n'avoit plus personne en quy il eust confidence, et je croys qu'en effet il eust esté bien ayse que j'eusse esté auprès de luy. Il m'escrivist une lettre que si je recevois quelque commandement du Roy de retourner en Languedoc je n'attendisse point de ses nouvelles.

Il despescha en mesme temps un courrier à Sainct-Aoust quy faisoit ses affaires à la court pour demander pour moy la charge de mareschal de camp, vaquante par la mort du marquis de Ragny. Sainct-Aoust en parla à M. le Cardinal, qui dist qu'il en parleroit au Roy; il en parla à M. le mareschal de Schomberg et à du Hallier, marquis de Sainct-Chaumont, mareschaux de camp, quy disrent qu'il estoit juste et qu'ils le proposeroient le lendemain au Conseil. M. le Cardinal, quy estoit piqué contre M. de Laon, et ne vouloit pas désobliger Mgr le Prince, envoya Vignoles, mareschal de camp, trouver le Roy devant qu'il entrast au Conseil, et par un concert fait avec le Roy, Sa Majesté demanda à Vignoles quy il estoit d'advys qu'on envoyast mareschal de camp en la place du marquis de Ragny, Vignoles qui sçavoit l'intention de M. le Cardinal, dist qu'il ne croyoit personne plus capable que M. de Biron. Le Roy dist : « Vous avez raison. » Et comme en mesme temps M. le Cardinal entra, il luy dist : « M. le Cardinal, j'ay résolu d'envoyer M. de Biron en la place du marquis de Ragny. » Le Cardinal dist à Sainct-Aoust : « Vous tesmoignerez à M. le Prince l'intention que j'avoys de faire ce qu'il desiroit, mays le Roy en a choisy un autre. »

Un de mes amys, quy venoit de la Rochelle, me fist ce discours dont je fus peu esmeu, car je sçavois bien que ceste charge seroit cause de la ruyne de ma maison parce que j'avois bon courage pour despandre; les appointements sont petits; de prendre sur les soldats et sur le peuple n'a jamays esté mon humeur. J'estoys assuré que le Roy ne me scauroyt jamays de gré du service que je luy rendroys; j'avois esprouvé le peu d'avantage[1] qu'il y avoit à servir Mgr le Prince et qu'il gourmandoit ceux quy estoient sous sa charge, ce que je ne pouvoys supporter; de plus, vostre mère estoit malade : tellement que j'eus grande obligation à ceux quy avoient intention de me faire du mal.

En ce même temps la nouvelle vint que les Angloys paroissoient en la coste de Poitou pour secourir la Rochelle : je m'estoys résolu d'aller trouver le Roy, mays aussytost nous eusmes advys qu'ils s'estoient retirés et que la Rochelle traitoit, ce quy m'empescha de faire ce voyage.

Quelques moys après, Mgr le Prince retourna de Languedoc; ayant advys qu'il estoit arrivé le soir à Romyers, je partys de Mareuil, le lendemain de grand matin, mays je le trouvay party pour aller à Culan[2],

---

1. On lit au ms. *le peu d'aquest*.
2. Bourg de l'arrondissement de Saint-Amand (Cher).

où je l'allay trouver, pour recevoir ses commandements sur le bruit quy couroit qu'on vouloit faire des chevaliers le jour de l'an. Il fust étonné quand il me vist et croyoit que je l'eusse abandonné, mays je luy dis que je n'avois point voulu aller trouver le Roy qu'il ne fust de retour; je croys qu'il en fust fasché, car il avoit reçeu les appointements de capitayne et de lieutenant de sa compagnie pour deux moys qu'il vouloit garder pour luy, et il me les donna à grant regret [1].

Je partys en poste à troys jours de là pour me rendre à Parys, au jour de l'an, espérant qu'il se feroit des chevaliers, mays je trouvay que le Roy avoit changé de dessein. Je luy fist la réverence, mays il ne me regarda pas. Sa Majesté partist, à huit jours de là, pour s'acheminer en Savoye, et je m'en revins à Nangis, où vostre mère arriva le mesme jour qui revenoit de Mareuil.

A troys jours de là M. de Schomberg passa à Nangis et le lendemain M. le Cardinal, quy me fist fort bon visage et logea chez moy. Il ne croyoit pas que je sçeusse que luy seul avoit empesché que j'eusse esté mareschal de camp, aussy n'en fis-je aucun semblant, et me sentis-je très-honoré de cette visite.

Le Roy estoit à Nogent où il estoit allé de Fontaynebelleau. Mgr le Prince y vint faire sa réverence et le lendemain MM. le comte de Charlus et de Bellenave me vindrent prendre en passant pour aller à Parys, où mondict seigneur nous commandoit de nous trou-

1. Le grand Condé tenait bien de son père à cet égard. (Voir les *Mémoires de Coligny-Saligny*, p. 71.)

ver à son arrivée, mays la Royne-mère ne voulut point permettre qu'il y vint.

M. le mareschal de Schomberg me dist que la compagnie de chevau-legers de Mgr le Prince serviroit dans l'armée; c'est pourquoy je m'estois résolu que, le Roy y estant en personne, je la commanderoys en ceste occasion. J'attendys jusques après Pasques et parce qu'elle estoit en Languedoc, en garnison, je ne voulus point aller trouver le Roy qu'elle ne fut dans l'armée, ce quy m'arresta jusques au moys de juin que Mgr le Prince m'escrivit qu'il avoit commandement de faire le dégast à Montauban et que je l'allasse trouver.

Je l'allay trouver en résolution ceste occasion de n'entrer jamays dans l'armée, si je n'estois mareschal de camp. Je passay par Mintat, pour voir mon frère de la Roche-Aymon, où arriva un gentilhomme en poste qui me dist qu'il avoit vu l'armée ensemble et qu'il avoit ouy dire que Mgr le Prince avoit demandé pour moy la charge de mareschal de camp dans l'armée, et qu'on l'avoit refusé, ce quy ne m'esmeut point, car je vouloys en ceste occasion tesmoigner de l'affection à Mgr le Prince, pour après me retirer chez moy.

Je suivys doncques mon chemin et arrivay proche Moissac[1]. Je sçeultz que M. d'Espernon estoit à deux heures de là quy commandoit le dégast du costé de Villemur. Je luy allay faire la réverence; il me receüt très bien, parceque l'année auparavant à Sainct-Affrique il m'avoit tesmoigné de la bonne volonté,

---

1. Chef-lieu d'arrondissement. (Tarn-et-Garonne).

et j'avoys oublié le ressantiment des mauvaises intelligences quy avoient esté autresfoys entre luy et mon pere, et m'estois rendu son serviteur. Il me demanda en quelle qualité j'estois venu dans l'armée : je luy respondis que c'estoit comme lieutenant de la compagnie de chevau-legers de Mgr le Prince. Il me dist que ce n'estoit pas que Mgr le Prince n'eust demandé que je servisse de mareschal de camp, mays qu'on luy avoit refusé. Je luy dis que je l'avois sceü, mais que je ne venois dans cette armée que pour tesmoigner de l'affection à mon dict seigneur, et qu'en l'estat où il estoit je ne l'habandonnerois jamais, quand je croiroys qu'il auroit à faire de ses serviteurs. Il me tesmoigna n'estre pas mal satisfait de ceste résolution, car il sçavoit que j'avoys sujet de n'estre pas content de la façon que mon dit seigneur m'avoit traité.

Le jour mesme j'allay coucher à Castel-Sarrazin, où je trouvay M. de la Chastagne, gendarme de la compagnie de Mgr le Prince, quy me dist que depuys deux jours mon dict seigneur avoit receu lettre du Roy pour me faire servir de mareschal de camp. Le lendemain je me rendis dans le camp à une lieue de Montauban, où M. d'Arpajon commandoit seul. Je croys qu'il ne fut pas fort content de mon arrivée. Tous ceux quy avoient charge dans l'armée me tesmoignerent estre fort ayses que j'eusse l'honneur de servir avec eux.

Le lendemain j'allay trouver Mgr le Prince à Villemur quy me donna la lettre du Roy. Je vis M. de Nesmon, intendant de la justice, quy me dist qu'il avoit eu grande peine d'obtenir à la court cette lettre et que M. le Cardinal luy avoyt dist que Mgr le Prince demandat quy il voudroit, hors moy, et que le Roy le luy donneroit. Cela m'esmeut peu, car j'estois tout résolu de me retirer du monde. Nous achevasmes le dégast de Montauban.

Quand le dégast fut fait, j'eus un grand demeslé avec Mgr le Prince. Il fallust tenir le conseil pour le departement des troupes : M. d'Espernon s'y trouva : Mgr le Prince avoit la fiebvre ; il voulust que M. de Nemon, intendant de la justice, eust séance au conseil, au-dessus des mareschaux de camp, et pour cest effet il creüst qu'estant son serviteur plus particuliairement que les autres, il me le feroit passer. Il y avoit MM. d'Arpajon, de Montferrand et moy. J'allay trouver Perrot[1], son secretaire, pour m'en plaindre à luy ; il me voulut donner quelques raisons. Je luy dis que j'avois cedé au dit Nemon lorsque j'estois lieutenant de la compagnie de chevau-legers, quoy qu'en aage et en qualité j'eusse grand advantage sur luy, parce que cela ne touchoit qu'à moy seul, mays qu'où il estoit question de la charge de mareschal de camp, quy touchoit force gents de qualité, revestus de la dicte charge, je ne le ferois pas, quand le Roy me le commanderoit et je quitterois plus tost la charge. Je croys qu'il fust fort mal satisfait, car il l'avoit promis à Nemon, et il est d'une humeur qu'il ne se soucieroit pas d'offenser trente personnes de qualité pour obliger un homme de justice. Jamays intendant de justice n'avoit pretendu seoir au conseil de guerre devant les mareschaux de camp que luy, et si l'on

---

1. Perrot, depuis président à la Chambre des comptes.

faisoit ce quy se doibt ils n'auroient jamays scéance dans le conseil de guerre que où il est question de randre la justice, ou du payement de l'armée. MM. de Chasteauneuf et de Bullion, intendants de la justice dans l'armée du Roy, eurent ceste année-là ceste mesme vanité, mays le Roy luy-mesme le jugea contre eux.

J'en parlay à M. d'Espernon quy estoit estonné de cette vanité de Nemon. L'on ordonna dans ce conseil du departement des troupes : il escheüt sous ma charge les compagnies de gendarmes et chevau-legers de Mgr le Prince, les régiments du Plessis-Praslin, d'Ambres et Fimarcon, et mon logement à Castel-Sarrazin.

Huit jours après que j'eus estably les garnisons dans Castel-Sarrazin, Montech[1] et autres lieux, on publia une trève pour donner temps aux députés de Montauban d'aller trouver M. le Cardinal quy tenoit les États à Pezenas, et Mgr le Prince luy mesme l'alla trouver et me commanda de me rendre auprès de M. le mareschal de Bassompierre quy venoit avec une partie de l'armée du Roy se joindre avec celle que commandoit mon dict seigneur, afin de serrer de près ceux de Montauban. J'allay trouver mon dict sieur le mareschal de Bassompierre à Saint-Phælis-de-Carmain[2], et luy portay l'estat des troupes quy estoient sous ma charge.

Peu de temps après, Mgr le Prince retourna et nous commanda à MM. de Montferrand, comte de

[1]. Chef-lieu de canton de l'arrondissement de Castel-Sarrazin (Tarn-et-Garonne.)

[2]. Saint-Félix de Caraman, petit bourg de la Haute-Garonne.

Charlus et moy de l'aller trouver à Gaillac¹; ce que nous fismes. Il nous dit qu'il s'en retournoit et laissoit le commandement de l'armée à M. le Cardinal, lequel il nous commanda d'aller trouver à Alby. Nous y allasmes. M. le Cardinal nous receüt fort bien et nous commanda de le venir trouver quand il seroit à Montauban.

Nous nous rendismes, le mesme jour qu'il arriva, au dict Montauban. Il fit le departement des troupes et nous donna à touts congé. Le comte de Charlus et moy retournasmes ensemble en Bourbonnoys, où j'allay voir M. le mareschal de Schomberg qui estoit à Bourbon, et de là j'allay passer à Meillan, et trouver Mgr le Prince, à Bourges, affligé de la mort de Madame sa mère, et de là je m'en vins à Nangis.

Deux jours après que je fus arrivé, je m'en allai trouver le Roy et la Royne-mère à Fontaynebelleau qui me firent aussi mauvaise réception l'un que l'autre ; c'est pourquoy j'y fis peu de séjour. Peu de jours après, Mgr le Prince passa par Nangis et me commanda de me rendre à Parys, auprès de luy, pour le jour du service de feue Madame sa mère. Après le service, il alla coucher à Essonne, et le lendemain à Fontaynebelleau où je le vis fort embarrassé, et il eût voulu être bien loing, car toutes choses lui faisoient ombrage, et ne le pensant jamays rassurer, personne n'osoit quasy parler à moy, jusques à ce qu'il allât l'après disner voir M. le Cardinal à Fleury. Le lendemain le Roy partit pour aller à Sainct-Germain, Mgr le Prince à Valery, et moi à Nangis.

---

1. Chef-lieu d'arrondissement du Tarn.

Peu de temps après, M. le Cardinal, M. le mareschal de Schomberg s'advancerent avec l'armée, en Savoye ; la compagnie de M. le Prince fut commandée pour ce voyage. Je ne pouvoys demander la charge de mareschal de camp sans donner jalousie à mon dict Seigneur, que je le voulois habandonner, ce que je ne voulois pas faire, qu'il ne fut bien remys dans la court. De commander la compagnie sous Feuquieres et autres mareschaulx de camp de ceste armée, je ne le vouloys pas. En ce mesme temps mon frere de Guerchy qui estoit cornette me pria de lui remettre la lieutenance, ce que je fis sous le bon plaisir de Monseigneur, moyennant quinze mille livres et la cornette pour vous, afin de tesmoigner à mon dict seigneur que je ne vouloys pas habandonner son service.

Après Pasques, en l'an 1630, le Roy s'advanca en Savoye. J'avoys résolu de faire ce voyage avec luy, mays s'étant retiré à Grenoble, après la prise de Chambery, je ne jugeay pas qu'il fut à propos d'aller faire le volontaire, sous d'autres généraulx d'armée, tellement que je demouray chez moy jusques à la Toussaincts que je partis pour aller en Bourbonnoys, et je passay à La Charité le jour que le Roy en étoit party pour revenir de son voyage.

Deux jours après, j'allay trouver Mgr le Prince à Sainct-Fleurant ; il revenoist de Nevers où il avoit veu le Roy. Il me dist ce qu'il ayoit recognu de la mauvaise intelligence entre la Royne-mère et monsieur le Cardinal. J'allay avec ma sœur de la Roche-Aymon pour rendre les devoirs au quarantain de son beau-père de la Roche-Aymon, et peu devant Noël, je m'en allay à Paris poursuivre une évocation du procès que j'avois contre M. de Bouville.

Le jour que j'arrivay à Paris, je trouvay mes frères de Lignyeres et de Gurcy qui me dirent que Mgr le Prince alloit commander une armée en Provance et que j'estois mareschal de camp, ce qui me fascha fort, car outre que j'avois des affaires, j'avois esprouvé qu'il fait mauvais estre sous la charge de Mgr le Prince. J'allay voir mon dict seigneur, quy me dist le commandement qu'il avoit, et j'allay faire la réverence au Roy qui ne me regarda pas. Toutes ces raisons m'eussent fort obligé de m'excuser, mais je ne le pouvois honnestement. Quand je pris congé du Roy, il me fist aussy mauvais visage qu'il avoit fait à l'abord. J'allay prendre congé de M. le Cardinal, qui me fist bon visage, et me mena assez longtemps par la main (tellement) que je croyois qu'il me voulut dire quelque chose; puis, entrant dans sa chambre, me dist seulement adieu. J'ay tousjours creu qu'il avoit eü quelque envie de me communiquer le dessein qu'il avoit de faire arrester M. de Guise, mays que n'ayant pas assez de confiance en moy il n'avoit pas osé se découvrir de ce dessein.

Je revins à Meillan et passant par Bourges, Mgr le Prince me prescrivist le temps qu'il vouloit que je me rendisse auprès de luy, auquel je ne manquay et le trouvay à Valence, et le lendemain il descendit en Avignon, ayant, advant que de partir de Valence, donné rendez-vous à Beaucaire, le 25 febvrier 1631, aux troupes qui estoient fort esquartées dans le Dauphiné, le Vivarets et le Gévaudan.

M. de Guise le vint trouver en Avignon où il me

dist l'advys qu'on lui avoit donné que le marquis de Sainct-Chaumont avoit charge de se saisir de luy, que si le dict marquis de Sainct-Chaumont fut venu avec Mgr le Prince, il ne fut point sorty de son gouvernement, mays qu'ayant sceü qu'il n'y avoit que moy, il s'y estoit bien voulu fier. Je luy respondis que ce m'eüst esté un extresme malheur qu'estant de si long-temps son serviteur j'eusse receü ce commandement, pour luy faire cognoistre que si j'eusse receü ce commandement du Roy, je l'eusse executé; mays que je n'estois pas assez bien à la court, ny assez confident de M. le Cardinal, pour me rendre executeur d'un tel dessein, et là dessus je luy dis que M. le Cardinal m'avoit mené depuis son degré jusqu'à la porte de sa chambre; qu'il sembloit me vouloir dire quelque chose, mays qu'il ne m'avoit rien dit.

D'Avignon nous allasmes à Beaucaire où nous passâmes Karesme-prenant, et au commencement du Karesme nous passâmes à Tarascon où l'on tint les Estats de Provence. Aux dicts Estats, il fut résolu qu'on donneroit à Mgr le Prince cinquante mille livres, à moy six mille livres, parceque l'on voyoit que je despandois un peu; à Messieurs Daubray et de la Poterie, intendants de la justice dans l'armée et la Provence chacun six mille livres et dix mille pour son secrétaire, son capitaine des gardes et autres de la maison. Ce qui me fut dit par le président de Sigueram et confirmé par le marquis des Ars. J'estois déjà en peine (de sçavoir) si le Roy trouveroit bon que je les prisse, mays je n'en fus pas à la peine, car comme l'on parla à mondict seigneur le Prince de me donner quelque chose, il dist qu'il ne falloit rien pour moy, mays que l'on donnast cent mille livres pour les siens au lieu des dix qu'on luy offroit, et il les distribueroit à quy bon luy sembleroit, ce quy fut fait. Le lendemain passant proche de moy, il me dist qu'il me feroit part de ce que les Estats de Provence luy avoient donné. Je luy fis la réverence avec grand respect, sans luy dire autre chose.

Le lendemain, partant de Tarascon, l'on me dist qu'il n'avoit pas voulu que les Estats me donnassent quelque chose; je creüs, veü ce qu'il m'avoit dist, qu'il vouloit que je le receusse par ses mains, et je continuay tout le voyage avec luy. Les troupes ayant été mises en garnison après que la Provence eut obey, le Prince partit d'Aix sans me rien dire, quoy que je sceusse qu'il avoit touché son argent. Je le suyvys jusques en Avignon, d'où il partit en si grande diligence, qu'il vint coucher au Montélimart. Il m'avoit permis d'aller coucher chez un de mes amis, proche Pierrelatte[1], où je croyois qu'il deüt coucher le lendemain. Je croyois le pouvoir rejoindre, mays il continua tellement ses diligences, que je jugeay qu'il me fuyoit, de peur d'estre obligé de me donner de l'argent.

Ayant recogneü son dessein, je luy envoyay un gentilhomme luy dire que je voyois l'occasion de servir le Roy passée, que je le suppliois très humblement de me donner congé de m'en aller en Bourbonnoys. Il demanda pourquoy. Le gentilhomme luy dist que je n'avois pas fait provision d'argent, quoyque, grace à Dieu, j'en eusse, quand mesme le voyage eust duré plus longtemps. Il tourna tout court, comme si un

---

1. Chef-lieu de canton, arrondissement de Montélimart (Drôme).

sergent luy eût donné adjournement pour me donner de l'argent, et il parla à Perrot, son sécretaire, lequel vint trouver le gentilhomme, et luy demanda pourquoy je ne vouloys pas accompagner le Prince jusques à la court. Le gentilhomme luy dist que Mgr le Prince m'avoit luy-mesme fait espérer de me faire part de l'argent que les Estats de Provence luy avoient donné, et qu'au lieu de m'en donner, il avoit empesché lesdicts Estats de me donner six mille livres qu'ils m'avoient promis. Il dist toute l'histoire, et allegua les auteurs. Perrot le désavoua, et donna des dementys. Le gentilhomme luy répliqua, et luy dict qu'on le luy avoit dist à luy-mesme, et que Mgr le Prince luy-mesme m'en avoit promis; à quoy, ne pouvant contredire, il parla à mondict seigneur, qui affirma ne m'en avoir jamays parlé. Enfin il creüst que je luy voulois faire une querelle d'Allemand pour le quitter, et en sa conscience il sçavoit bien qu'il m'avoit fait tort. Il disoit au gentilhomme qu'il me donneroit mille escus, et que Perrot, son secretaire, quy avoit eü tant de peine, n'en avoit pas eü davantage; comme si moy, qui commandois l'armée en son absence, quy tenois table et avois grand esquipage, je n'eusse pas merité plus que son secretaire.

Le lendemain en arrivant à Lyon, le gentilhomme me dist la peine où il l'avoit veü. Ce dont je rys fort, et en fus plus aise que des mille escus, lesquels j'eusse refusé, si je n'eusse point creü luy faire plaisir de ne les point accepter. Il me les donna donc à grand regret, et je les receü à grande joye pour le sujet que j'ay dit. Il continua son voyage en Bourgoigne, et de là à la court, où nous arrivasmes le jour de *Quasimodo*. Le

Roy et M. le Cardinal ne me regarderent pas quand je leur fis la réverence, et au lieu de recevoir quelque gratification, je trouvai qu'on avoit donné la compagnie de chevau-legers à mon frère, à la Roque Mallebau, parce que mondict frère estoit sorty de France avec Monseigneur, frère du Roy[1]. M. de La Vrilliere, secretaire d'Estat, voulut sçavoir ce que j'en disois, parce que parlant en Provence sur ce sujet, à un nommé Estoblon, d'Arles, je ne m'estois peü empescher de m'en plaindre, et de dire que j'estois bien malheureux, que despendant mon bien pour le service du Roy, mon frère avoit esté le seul de ceux quy avoient suivy Monsieur, à quy l'on eust osté la charge. Je croy qu'Estoblon en avoit escrit, mais quand ledict sieur de La Vrilliere m'en parla, je luy dis que nos vies et nos biens estoient au Roy, que le malheur de mon frère estoit, que Sa Majesté l'ayant mys auprès de Monsieur et donné la charge de capitayne des gardes Suisses, il avoit creü estre plus utile de servir le Roy, en gardant la personne de Monsieur, que de commander une compagnie de chevau-légers dans une armée ; mays que puisque le Roy avoit mal interprêté les bonnes intentions de mon frère, c'estoit la moindre punition qu'il pouvoit espérer[2], que de perdre sa compagnie.

Je recognus à ce dernier voyage que l'argent que j'employois de servir le Roy, et la peine que je prenoys, m'estoient inutiles, car Sa Majesté croyoit que rien ne m'y obligeoit que l'affection que j'avois à Mgr le Prince,

---

1. Gaston de France, duc d'Orléans.
2. Espérer dans le sens d'*attendre*.

lequel au lieu de m'en sçavoir gré m'avoit fort gourmandé en ce voyage, avoit empesché le bien qu'on me vouloit faire en Provance et pour m'oster le peu de crédit que j'avois en Bourbonnoys et Berry, mit la compagnie de chevau-légers de M. d'Enghien en garnison dans Charenton, qui m'appartient; et quand on luy remonstra qu'il me desobligeoit, il se mit en cholère et dit qu'on fit ce qu'il commandoit.

Cela me toucha plus que tous les autres desplaisirs que jusques-là j'avois receü de luy, et je me résolus de n'accepter jamays de charge; que s'il se présentoit occasion où le Roy fit voyage, de me randre auprès du Roy et y demourer autant qu'il me plairoit. Je demouray doncques dans ma maison, allant et venant quelquefois à Fontaynebelleau et à Parys, autant que mes affaires m'y obligeoient, jusques en l'an 1632 que j'eus advis que Monseigneur, frère du Roy, estoit entré en France : Je creüs que mon frère de Lignyeres l'iroit trouver et que si par malheur il estoit pris, estant près du Roy, en ma considération, il n'auroit point de mal. Il sembloit que je prévüsse ce qui arriva depuys.

Je partys deux jours devant la Sainct-Jean et vins trouver le Roy au Pont-à-Mousson. Il me fit bon visage et M. le Cardinal aussy. J'allay voir M. Bouthilier, qui est le seul de quy jamays j'ay eü assistance. Je luy dis qu'ayant sceü que Monseigneur, frère du Roy estoit entré en France, je me venoys rendre auprès du Roy; que je croyois y estre plus obligé qu'un autre parceque mon frère estoit auprès de son Altesse Royale. Il me dist que les fautes estoient personnelles; il me dist ensuite qu'on y alloit envoyer M. le Prince, et que j'avois tousjours accoutumé de servir sous sa charge. Je luy dis qu'en cette occasion je supplieroys très-humblement le Roy de m'excuser parceque Mgr le Prince estoit fort soupçonneux et que mon frère de Lignyeres estant auprès de Monsieur, si par hazard on découvroit quelque chose de ce quy se passeroit dans le Conseil, je craignois qu'il ne m'en accusast. Ce n'estoit pas là ma crainte, mays je ne voulois ny peu ny point servir sous sa charge; et aussy que me doutant que Monsieur feroit son accord et voudroit mal à ceux quy auroient esté employés contre luy.

Le Roy revint dans le 20ᵉ de juillet pour passer les grandes chaleurs, prit des eaux de Forges, et vint à la mi-août passer à Fontaynebelleau pour suivre son chemin en Languedoc. J'allay recevoir ses commandements, m'en revins à Nangis et delà à Paris pour traiter l'affaire de M. le marquis de Pienne avec messieurs de Beuvron où j'eüs advys que mon frère de Lignyeres, allant trouver Monsieur, avoit esté pris auprès d'Alby. C'est une des plus sensibles douleurs que j'eüs de ma vie; car cognoissant messieurs du Parlement de Toulouse, j'estois en grand doute de sa vie. Je partys à l'heure mesme de Parys, m'en vins passer la nuit à Nangis, prendre de l'argent et le lendemain pris des chevaux pour aller prendre la poste à Montargis.

Je fis peu de diligence, car oultre que j'ay esté tousjours mauvais courrier, les postes estoient si mauvaises que l'on ne pouvoit courre. Je tombay partant de Varennes[1] en Bourbonnoys, et quoyque je me fusse

---

1. Chef-lieu de canton du département de l'Allier.

fait fort mal au pied, je ne laissay pas de suyvre mon chemin. Arrivé à Lyon, je sçeüs la nouvelle certayne de la prise de M. de Montmorency ; ce quy redoubla mon affliction, car je sçavois avec quelle rigueur le Roy estoit résolu de traiter ceux qui serviroient Monsieur en ceste occasion. Dès le matin je portay des lettres de Mme la marquise de Senecey à M. Legras, secretaire de la Royne, pour parler à M. Bouthillier ; de là j'allay voir M. du Hallier, et M. Bouthillier, auquel quand j'eüs dit la prise de mon frère, il me dit en levant les espaules que ceste prise estoit arrivée en une mauvaise conjoncture quy estoit la prise de M. de Montmorency. Le Roy dit que la cause de mon frère estoit différente ; qu'il estoit domestique de Monsieur, qu'estant capitayne de ses gardes, il avoit charge de garder sa personne ; que c'estoit le Roy qui luy avoit donné sa charge et qu'il n'avoit en cette occasion deü habandonner son maistre[1]. Il me dit qu'on traiteroit tout le monde également ; il me promit néanmoins de nous y assister avec affection, ce qu'il fit avec grande franchise.

Cette appréhension qu'il me donna, avec la peine que j'avoys souffert de marcher tout le matin à pied, renouvellerent tellement la fluxion que j'avoys sur le pied qu'il me fallut me mettre dans le lit après disner. Un gentilhomme que j'avoys avec moi avoit la fiebvre continue ; celuy quy me servit de valet de chambre, pour la maladie du mien que j'avois laissé à Nangis, n'avoit aucune habitude dans la court, ni dans Lyon,

---

1. M. Bouthilier vient de rapporter au marquis de Nangis les propres paroles du roi.

tellement que je ne sçavois à quy avoir recours, sans un gentilhomme que ma sœur de Lignyeres avoit envoyé, lequel par le plus grand hazard et la meilleure fortune du monde rencontra mon valet de chambre et me vint trouver, me dit ce qu'il avoit fait, ce quy estoit peu; néantmoins cela me consola.

Le lendemain, jour de la Nostre-Dame de septembre, de grand matin, j'allay voir monsieur le cardinal de la Valette, quy me promit toute assistance, et m'en vins prier Dieu aux Jésuites, où je me trouvay si mal de mon pied que je pensay ne jamays pouvoir sortir de l'église. J'envoyay à M. de Créquy pour le supplier de parler à M. de Culion, mais il avoit autre chose en sa fantaisie, tellement qu'il n'ouyt pas ce que le gentilhomme luy dit de ma part. Ce n'est pas que ce ne fût un de mes meilleurs amys, mays il a une humeur que quand il pense à quelque chose, il n'est pas en son pouvoir de s'en distraire.

L'après disné, messieurs du Hallier et le marquis de Nesle me vindrent trouver dans le lit d'où je ne pouvois me lever, et me dirent que M. le cardinal de la Valette et Moret-Tillier avoient parlé à M. le cardinal quy les avoit assurés de la vie de mon frère, mays non pas de sa liberté, quy estoit ce que je désirois, car je l'aymoys mieux prisonnier avec asseurance de sa vie que s'il eust esté auprès de Monsieur. Depuys, par une grace spéciale de Dieu, par la clemence du Roy, par la sollicitation de messieurs le cardinal de la Valette, Bouthilier et mareschal de Vitry, mon frère fut mis en liberté six semaines après.

J'eusse bien voulu pouvoir suyvre le Roy pour solliciter la delivrance de mon frere, mays il n'estoit pas en mon pouvoir de mettre le pied à terre; d'ailleurs je n'avois pas de chevaux et n'avois pas fait provision d'argent pour un si long voyage. Me voyant assuré de sa vie, j'escrivis à M. le mareschal de Vitry et je pris assurance de messieurs du Hallier et marquis de Nelle de solliciter M. le cardinal de la Valette et M. Bouthilier.

Les médecins me conseillerent d'aller à Bourbon pour la guérison de mon pied, qui estoit un commencement de goutte. J'allay en litière jusques à Roanne; je m'embarquay sur la rivière de Loire et mis pied à terre à Bourbon-Lancy, où, après avoir un peu recouvré ma santé, je me remis sur la rivière, repris la poste à Briare, avec un peu d'incommodité et revins à Nangis.

Le Roy estant de retour de son voyage, je l'allay trouver à Sainct-Germain; mays la presse estoit si grande que je ne pus jamays l'aborder, pour le remercier très humblement de la grace qu'il avoit fait à mon frère, et mes amys me dirent qu'il n'estoit pas necessaire. Je fis la réverence à monsieur le Cardinal, quy me fit assez bon visage; mays il estoit tellement pressé de ceux qui demandoient d'estre faits chevaliers qu'on ne le voyoit point dans sa chambre, et M. Bouthilier me dit qu'il luy rendroit ce temoignage de ressentiment de ma part.

En ce voyage que je fis à la court, l'on me proposa de prendre recompense de la cornette de la compagnie de chevau-legers de Mgr le Prince, qui estoit en vostre nom[1]. Cette négociation traîna jusques à Pasques que

---

1. La charge avait été mise au nom de son fils aîné, et il ne faut pas oublier que Nangis adresse ses mémoires à ses enfants.

M. Fiot, conseiller au Parlement de Dijon m'en escrivit. Je luy fis response que je n'y pouvois entendre que je ne seüsse si Mgr le Prince l'avoit agréable, et que je ne voulois pas qu'il creüt que quand vous ne seriez plus cornette de sa compagnie, je voulusse habandonner son service d'affection. Je mys la lettre entre les mains du messager de Dijon et la fermay. Un maistre des requêtes voyoit toutes les lettres qui passoient à Troyes. Celle-là luy tombant entre les mains, il l'envoya à M. le Cardinal.

C'estoit vers le temps que l'on fit la cérémonie des chevaliers de l'ordre à Fontaynebelleau. Comme je conduisoys dans sa chambre M. le Cardinal qui revenoit de chez le Roy, je fus tout étonné que par deux foys il se tournât avec un visage assez sévère et me regardât. Je ne me peüs imaginer ce que c'estoit. Après la cérémonie je fus un de ceux qui furent commys pour ouyr les comptes de l'ordre. M. Fiot m'escrivit, se plaignant que Lafemas avoit envoyé à monsieur le Cardinal une lettre que je luy escrivois. Me souvenant du temps, je jugeay que c'estoit le sujet pour lequel M. le Cardinal m'avoit par deux foys regardé à Fontaynebelleau. J'en parlay à messieurs de Bullion et Bouthilier, le jour que M. Dumesnil, trésorier de l'ordre, rendit ses comptes. Je leur dis ce quy estoit dans ma lettre et me plaignis de Lafemas. Ils me dirent que c'estoit un fol et qu'il n'y avoit rien dans ma lettre contre ce que je devoys au Roy. En effet le dict Lafemas, pensant me faire du mal, me fit du bien, car j'ay sceü depuys que M. le Cardinal avoit dit, en parlant de moy, que celuy à qui j'aurois promis affection et service se pourroit assurer de moy, et Mgr le Prince luy mesme m'a dit depuys que M. le Cardinal m'avoit en quelqu'estime, sans me dire de quoy.

Je reviens à mon dict seigneur le Prince : je ne l'avois point veü depuys qu'il avoit mis la compagnye de Mgr le duc d'Enghien en garnison à Charenton, et il avoit bien sçeü les plaintes que j'avois fait de luy ; il avoit aussy tesmoigné quelque mescontentement de ce qu'en l'an 1632 j'estoys allé trouver le Roy en Lorrayne, lors que Monsieur entra en France, et avoit demandé à un de mes amys, moitié raillerie, moitié cholère, quelle charge monsieur le Cardinal m'avoit donnée en ce voyage, comme s'il eust creü que j'y fusse allé exprès pour l'habandonner et chercher d'estre employé.

Je le vis doncques lors qu'on fit la cérémonie à Fontaynebelleau, et me rendys subjet auprès de luy, comme j'avoys accoustumé. Il se trouva à propos dans le grand jardin. Je luy dis que M. de Villeneufve m'avoit fait proposer de grandes rescompanses de la cornete de la compagnie de chevau-légers dont il luy avoit pleü nous honorer, pour la donner à M. de Mainvilly, son fils ; que s'il croyoit qu'après que vous ne seriés plus cornete de la dite compagnie, je fusse moings attaché d'afection à son service, vous ne le quitteriez jamays ; que s'il pouvoit prendre assurance que cela ne diminueroit point l'affection que j'avoys tous jours témoigné à son service et que la personne luy fut agréable, je traiterois avec elle. Il me dit qu'il l'avoit agréable et que, puisque je luy tesmoignois cette affection, il n'avoit point eü d'intention de me randre du desplaisir, entendant, comme je crois, parler de la garnison qu'il avoit mys dans Charanton, au retour de Provence.

Voyant que le Roy ne se servoit point de moy me resolus de sortir des affaires que j'avoys pour la succession de feu M. de Rochefort et je fis deux voyages à Bourdeaux, le premier au commencement de l'an 1634 et l'autre en l'an 1635 où j'eüs arrest favorable. Pendant mon absence, ma femme traita avec M. de Bernay, frère du président Nicolaï de la moitié des terres, nouillon[1] et pruniers, lesquels m'avoient été adjugés dès l'an 1633.

Aussitost que lesdictes terres me furent adjugées, je fis sçavoir de Mgr le Prince s'il luy plaisoit prendre mon marché, parceque lesdites terres estoient à sa bienséance. Perraut, son secretaire, dit que non, et que la succession de M. de Montmorency luy avoit apporté tant d'affaires qu'il ne songeoit plus de faire d'acquisitions.

Ces terres m'estoient demourées sur les bras jusques à ce que M. de Bernay en traitât avec moy; il me manda à mon retour de Bourdeaux que je me trouvasse à Parys pour toucher vingt et cinq mille livres dont nous estions convenus. Comme je vins à Parys, ledict sieur de Bernay me dit que Mgr le Prince avoit retiré la terre, ce quy me fut indifférent, et je m'en vins au moys de juin à Mareuil pour l'exécution de l'arrêt que j'avois obtenu à Bourdeaux.

La goutte me prit à Mareuil, au commencement du moys de juillet, et quelques jours après Mgr le comte de Soyssons me fit l'honneur de m'escrire que je me

---

1. Mot probablement mal écrit.

rendisse auprès de luy à Châlons, dans le 23ᵉ juillet. Je luy fis response qu'aussitôt que ma santé me pourroit permettre j'obéyroys à ses commandements. Je ne scay si Mgr le Prince en eust jalousie, car le bruit de ce commandement que j'avois receü avoit courru par le Berry. Il m'envoya M. de Mautour m'offrir le commandement de toute la noblesse des provinces de Bourbonnoys, Berry, Lionnois, Forest et la Manche, le tout pour m'embarquer à prendre la commission de Berry et de la Marche, car le comte de Sainct Géran, gouverneur de Bourbonnoys, et le comte d'Auriac, lieutenant de Roy, en Lyonnois, ne m'eussent jamays recogneu. Je respondis à M. de Mautour que Mgr le Prince me faisoit trop d'honneur, mays que ma santé ne me le permettoit; en effet je n'estois pas en état de cela, et aussi que je sçay ce que c'est de commander de la noblesse volontaire, et que je pouvoys recevoir ce commandement que je n'obéisse aux mareschaux-de-camp qui estoient dans l'armée, ce que je ne voulois pas faire.

Sur la fin de juillet mondict seigneur vint en Berry et me fit escrire que je l'alasse trouver à Bourges, au 6 août, que la noblesse s'y devoit réunir. Je m'y trouvoy un jour devant, parce que je cognoissois son humeur, et que bien souvent quand vous vous rendez à l'assignation, vous le trouvez party. C'est à quoy je ne m'estois pas trompé, car il devoit partir le lendemain dont j'arrivoy le soir (précédent). Je le trouvay à l'heure de son souper. S'il eût peü, il eut évité de me voir, mays le souper estoit sur la table et il ne pouvoit sortir de sa chambre, sans passer par la salle ou par la fenestre. Quand il me vit, il me demanda pourquoy j'estois venu ce jour-là, veü qu'il ne m'avoyt mandé qu'au lendemain. Je luy respondis que c'estoit de peur de manquer d'avoir l'honneur de le voir; il me parla de l'arrière-ban et me dit en raillant que je faisoys le boiteux, de peur de commander l'arrière-ban. Je luy dis que véritablement je n'estois pas guéri, mais que, quand je le serois, je n'estois pas ny d'aage, ny de condition pour commander l'arrière-ban, sous les mareschaux-de-camp quy estoient dans l'armée. Après quelques autres discours, il se mit à table, et je me retiray dans mon logis.

Le lendemain, il m'envoya Mercier, son advocat, Stampes, son intendant, et le bailly Bernard quy me dirent qu'il avoit retiré par puissance de fief[1] les terres, nouillon et pruniers, mays qu'il n'avoit point d'argent et qu'il me payeroit au premier jour de l'an prochain, et en attendant me payeroit les interests. Je leur respondis que je ne lui donnois pas le terme du jour de l'an, mays dans troys ans, tant qu'il luy plairoit; que pour les interests, je ne luy en demandois point; que, s'il les payoit, ce seroit de bonne volonté. Mercier me dit qu'il désiroit que je donnasse une quittance à M. de Bernay, et que mondict seigneur le Prince me donneroit sa promesse. Je luy dis qu'il ne falloit jamays qu'un serviteur eût affaire avec son maistre et qu'il n'estoit point necessaire de donner quittance audict sieur de Bernay, puisque je ne lui demandois point d'argent. Le bailly Bernard me dit : « Mais si M. de Bernay demande d'ordre des charges. » Je luy respondis que je luy donnerois asseurance écrite de ma

---

1. Relief de fief. (Voir le *Traité des fiefs* de Pothier.)

main de ne le pas luy en (donner) jusques au temps que Mgr le Prince me commanderoit. « Au pis aller, dit Stampes, si nous avons de l'argent, nous le payerons. » Il me parla encore de la promesse; je luy dis que je n'en prendroys jamais de mondict seigneur, et que je ne voudroys que sa parole. Nous nous séparames fort satisfaits les uns des autres et ne se peut pas dire que j'eusse refusé de lui faire crédit, comme depuys son advocat a plaidé dans le Parlement; mais que je n'aye pas à la premiere proposition donné quittance à M. de Bernay, ce que, s'il m'eût mandé qu'il le désiroit, j'eusse fait, car je ne suis pas homme de craindre de perdre vingt et cinq mille livres, quoyque je ne soys pas riche.

A une heure de là, le bailly Bernard me vint trouver. Je croyois que ce fut pour me dire qu'il vouloit que je donnasse quittance à M. de Bernay, ce que j'eusse fait sans difficulté; au contraire il me manda qu'il me vouloit payer et qu'il n'y avoit que moy en France qui eusse refusé sa promesse. Aux autres paroles qu'il me dit assez discretement, car s'il m'eût dit tout ce que Mgr le Prince avoit dit de moy, je ne sçay s'il en eût esté bon marchand, je luy respondis que puisqu'il plaisoit à mondict seigneur me donner de l'argent, je le recevrois. Je croys que mondict seigneur pensoit que les discours qu'il me mandoit par le bailly Bernard me feroient peur et que je ferois ce qu'il desiroit; mais au contraire ils m'aigrirent et me firent résoudre de ne rien faire.

Peu de temps après, j'appris que Mgr le Prince avoit, en présence de quantité de noblesse et des principaux de Bourges, dit force indignités de moy, ce quy m'outra de douleur, et dis à tous ceulx quy m'en parlerent que je n'estois point de condition pour estre traité de la façon et que je l'avois trop fidelement servy pour mériter ce traitement.

Quand ce vint au payement, Stampes, qui prenoit les pistoles dans la recepte au taux du Roy, me les voulut donner à quatre sols de plus. Je dis que je les avois consigné au taux du Roy, quand je vouloys rembourser M. de Merville, qu'il ne les recevroit qu'à ce prix-là[1]; que c'étoient 200 escus que Stampes et Mercier vouloient gaigner sur moy. Le bailly Bernard, qui estoit de part de profit, me vint trouver quy me dit que Mgr le Prince estoit desjà en grande cholere et que cela l'offenseroit davantage. Je luy dis que je ne pouvoys croire que mondict seigneur, quy prenoit les pistoles au taux du Roy, voulut gaigner deux cents escus pour me les faire perdre, et que c'estoit Stampes et autres, luy faisant bien entendre que je le soupconnoys d'y avoir part, quy vouloient friponner cela. Me voyant résolu à cela, ils allerent trouver Mgr le Prince et luy dirent qu'ils avoient voulu luy faire un petit profit, mais que je luy tenois grande rigueur. Le bon Prince, lequel où il est question d'argent, n'entendit jamays raison, se mit en furie et dit encore pis de moy et fallut que je prisse les pistoles à deux sols de perte, ce quy alla, comme je croys, au profit de ces fripons, car, quand il ne luy en coute rien, il est bien ayse d'obliger ses valets.

Tous ses discours m'estant rapportés, je m'en allay

1. On appelait le *Taux du roi* le règlement que le roi faisait pour fixer le prix des monnaies.

de Bourges, sans le voir, resolu d'habandonner son service, et n'estois pas marry que tout le pays sçeüt le suget que j'en avois, car le cognoissant comme je faisois, j'estois assuré qu'il ne feroit jamays rien pour moy, et que s'il luy arrivoit disgrace, j'en aurois ma part; parceque comme je vous ay dit cy devant, Lafemas avoit envoyé une lettre par laquelle je mandoys à M. Fiot que je ne voulois pas que Mgr le Prince creüt que pour prendre récompense de la cornete de sa compagnie de chevau-légers, j'habandonnasse son service d'afection, et telle chose eut peü arriver que sur cette lettre l'on eut fait mon procès.

Aussytost que je peüs monter à cheval, je partis de Mareuil. Je m'en allay trouver le Roy que je trouvay acheminé à Châlons. Il me fit fort bon visage, à mon abord et dans tout le voyage. Je le suivys jusques au siege de Sainct-Mihiel[1]; comme il revint, je tombay malade et pris congé de luy, à Victry-le-Françoys, et m'en revins à Nangis où je demouray cinquante jours avec la fiebre lente. Environ Noël, le bailly Bernard vint à Nangis, que je n'avois point encore sorty de la chambre. Il me dit qu'il avoit laissé à Fontaynebelleau Mgr le Prince, quy alloit à Parys, lequel s'estoit fort estonné que je ne luy avois escrit depuys que les terres de Mareuil et la Croisette m'avoient esté adjugées parceque je luy devois les profitz de fief. Je luy dis qu'il sçavoit bien qu'elles ne m'estoient adjugées que deux

---

1. Le duc de Lorraine s'était emparé de la ville de Saint-Mihiel. Louis XIII la reprit le 20 octobre 1635, et fit pendre plusieurs bourgeois et plusieurs soldats, accusés d'avoir favorisé la cause du duc. Le reste de la garnison, composé de quatorze cents hommes, fut envoyé aux galères.

jours devant la Toussaints, depuys lequel temps j'avoys tousjours eü la fiebvre et qu'encore je ne sortois point de la chambre; que mondict seigneur avoit depuys ce temps-là esté tantost en Bresse, tantost en Bourgoigne, tantost en Berry et qu'on ne sçavoit où le trouver; que pour les profitz de fief, je ne croyois point en devoir. Nous en demeurasmes-là.

Quinze jours après, ledict Bernard revint de Parys que j'estois retombé malade. Il dit à ma femme que Mgr le Prince luy avoit donné charge de faire saisir Mareuil et la Croisette, mays que ce n'estoit que pour m'obliger de luy escrire. Comme ma femme me vit guary elle m'en parla, et me disposa d'escrire à Mgr le Prince, avec regret, car je jugeay bien qu'il me vouloit rembarquer à son service et j'estoys si ayse d'en estre delivré, pour les raisons que j'ay dit, que j'eûsse bien voulu me pouvoir excuser.

Néantmoings je luy escrivys une lettre où je luy rendoys raison du subget qui m'empeschoit d'aller recevoir ses commandements; que je supplioys mon frère de Guerchy les recevoir et qu'en cette occasion je ferois tout ce qu'il luy plairoit me commander. Il dit à mon frère de Guerchy, en prenant la lettre, qu'il entendoit que je le payasse. Mon frère luy dit que c'estoit bien mon intention si je le devois, mays que je prétendoys ne pas luy devoir[1]. Il se tourna comme en cholère.

Quelques jours après j'allay à Parys. Mon frere de Guerchy me dit la response qu'il avoit fait et me

---

1. On lit au mss : *que je ne prétendois pas luy devoir.* On a retourné la phrase qui présenterait un non-sens.

conseilla de l'aller voir. J'eûs peine de m'y résoudre, me doutant de ce quy m'arriva. Enfin, pour n'estre reputé un peu opiniâtre, je luy allay faire la réverence, le premier jour que Mgr d'Enghien entra dans Parys. Au lieu de me recevoir avec un bon visage, quy m'eût peut estre rengaigé à son service, il se tourna tout court, et entra dans son cabinet; puis, il me manda par Stampes que dans troys jours il me feroit sçavoir son intention. Je luy respondis que j'attendroys ses commandemens toute ma vie, et après peu de séjour je sortys fort offensé de ce mauvais visage.

Peu de temps après, le bailly Bernard me manda quelles raisons il pourroit dire au conseil de Mgr le Prince pour m'exempter de payer les profitz de fief. Je les luy escrivys, et pour preuve que je ne devois rien (je dis) que Mgr le Prince n'en avoit rien payé au fermier du domayne lors qu'il achapta les chasteau et les terres relevant d'Issoudun et qu'il estoit prince si juste que s'il eut esté deu quelque chose il n'eut pas voulu en fruster un pauvre fermier.

Le bailly Bernard monstra ma lettre à Mgr le Prince, car, pendant le siége de Dòle[1], mon frère de Guerchy m'escrivit que M. Perraut, secretaire, lui avoit parlé, en termes comme si Mgr le Prince eût esté bien ayse que j'eusse servy dans son armée; et me manda que mondict seigneur se plaignoit de ce que dans la lettre que j'avoys escrite au bailly Bernard, je rendois graces à Dieu de ce qu'en cette occasion je me trouvois hors de son service, car, si j'eûsse servy dans

1. Ce siége, opéré par les Français, commandés par le prince de Condé, commença le 1er juin 1636, et fut levé le 15 août suivant.

cette armée, je n'eusse jamays compâty avec ceux quy avoient charge et eusse dit si librement les défauts qu'on remarquoit en ce siége, que je me fusse ruyné.

Pendant le siége de Dôle les ennemys entrerent en France, et prirent la Capelle[1]. J'allay à Parys, tant pour mes affaires, que pour voir ce qu'on faisoit en cette occurrence ; neantmoings je ne voulus voir le Roy ny M. le cardinal de peur qu'ils ne me donnassent quelque employ quy ne me pleût point, car pour ceux quy m'eussent esté honorables, je ne pouvoys les exercer sans me ruyner et j'avois recognu que mes services estoient œuvres mortes.

Comme je sçeus que le Castelet estoit assiégé et que je creüs bien qu'il ne feroit pas grande résistance, je partys, résolu de me tenir prêt pour suivre le Roy, s'il s'advançoit à la frontière, et j'envoyay un laquays dans l'armée que commandoit Mgr le comte (de Soissons), pour apprendre des nouvelles, escrivant à de mes amys de qualité pour prendre advys si je me devois advancer. Mon laquays me rapporta nouvelles que les ennemys estoient logés à Bray, et Mgr le comte à Cerizy, la rivière de Somme entre deux, et mes amys m'escrivoient que rien ne m'obligeoit de precipiter mon voyage.

Le jeudy cinquième aoust, revenant de la chasse, je trouvay à Nangis force dames effrayées, quy me demandoient retrait et me montrerent des lettres de gents du Conseil qui leur mandoient que les ennemys avoient

1. Les Espagnols, commandés par le Cardinal-Infant, s'emparèrent de cette place le 9 juillet 1636. La Capelle est un bourg de la Thiérache (aujourd'hui arrondissement de Vervins, département de l'Aisne), sur la frontière du Hainaut.

passé la riviere de Somme, que l'effroy estoit tel dans Parys que force gents s'estoient retirés dans Orléans[1]. Je les rassuray du mieux que je peüs et leur fis voir que le péril n'estoit pas encore si grand en ce pays. Cependant j'écrivys à mon frere de Gurcy qu'il se tînt prest pour nous rendre dans l'armée de Mgr le comte et partir le lundy 9 aoust.

Le lendemain, comme je me voulois faire saigner, l'on m'apporta un paquet du Roy, avec commission d'aller commander dans la ville et la citadelle de Laon. Je partys le jour mesme, et me rendis le 8e à Chavignon, où l'on me donna advys que M. le comte de Roussy estoit venu le jour auparavant avec une lettre de cachet pour commander dans Laon.

---

1. Les Espagnols s'avancèrent jusqu'à vingt lieues de Paris, après avoir pris les places qui étaient sur la Somme, et qui se trouvaient dans le plus mauvais état de défense. Corbie, qui avait une garnison de seize cents hommes, se rendit le 16 août 1636. La rive droite de l'Oise fut abandonnée. La frayeur devint générale dans Paris, dont les habitants, en grand nombre, se réfugièrent vers Orléans. Longtemps la mémoire se conserva de l'*année de Corbie* et de l'effroi qui en résulta. La cavalerie ennemie était commandée par Jean de Werth, soldat de fortune du pays de Gueldre, qui s'était acquis, comme chef de partisans, une grande renommée à la bataille de Nordlingen. L'opinion publique se déchaîna contre Richelieu, qu'on accusait d'être l'auteur de cette guerre. Heureusement que les Parisiens, remis de leur terreur, se préparèrent à une vigoureuse défense. Jean de Werth, ne voulant pas hasarder une bataille, abandonna la Picardie, emportant un immense butin. Deux ans après, fait prisonnier par le duc de Weimar, il fut envoyé à Paris. Les Parisiens s'empressèrent d'aller voir :

> Le redoutable Jean de Vert
> Qui lors les avait pris sans vert.
> (*Gigantomachie* de Scarron, ch. II.)

Je m'arrestay audict Chavignon parceque j'ay l'honneur d'appartenir audict comte de Roussy et que je faisoys grande profession d'amitié avec luy, et cependant je luy envoyay ma commission pour la luy faire voir et la présenter au Présidial. Ledict comte de Roussy, quy avoit veu une lettre à M. de Malortis, où le Roy commandoit de m'obéir, jugea bien que sa lettre n'estoit qu'une méprise du secretaire d'Estat, s'en alla à Reims où il avoit commission particulière de commander.

Le Présidial voyant ma commission, et que le comte de Roussy n'avoit qu'une simple lettre, insinua ma commission malgré le lieutenant-général, ennemy de mon frère de Laon, quy s'y opposa. J'arrivay doncques le lundy 9ᵉ à Laon et j'y fus fort bien reçeü, quoyque M. de Malortis, lieutenant de Roy, fut ennemy de mon frère, et qu'on luy eût donné advys qu'en passant par Soyssons j'avoys dit à M. de Montbazon que j'alloys mettre M. de Montjay, gouverneur, dans la citadelle, chose très-fausse, à quoy je n'avois jamays pensé, et que je n'eüsse peü exécuter, quand je l'eusse voulu. Le lieutenant-général, quy croyoyt m'avoir offansé, le doyen, ennemy capital de mon frère, et tout le chapitre quy plaidoit contre luy, M. le mareschal d'Estrée, gouverneur de la place, ennemy de mon frère, et quoyqu'il fut à Rome, touts ses partisans estoient ligués contre moy.

J'avoys bien préveu touts ces inconvéniénts, mays parceque je croyois que les ennemys estoient aux portes de Laon, ce m'eût esté une honte de refuser la charge dont il plaisoit au Roy de m'honorer. Je ne trouvay pas de meilleur expédient que de traiter avec franchise; je dis donc à M. de Malortis et au lieutenant-général, que je sçavoys la mauvaise intelligence qu'ils avoient avec mon frère, que quoy que ses interets fussent les miens, je n'avoys d'autre but en cette occasion que le service du Roy; que je les priois d'y contribuer avec moy, et que je vivrois avec telle franchise avec eux qu'ils auroient suget de se louer de moy. Ce procedé les contenta et en effet nous tous nous vesqurent en grande amitié.

M. de Malortis me monstra une lettre du Roy par laquelle Sa Majesté luy commandoit de lever mille hommes dans le pays pour la garde de la ville, et il me dit que M. le marquis de la Force luy avoit accordé les officiers pour ses compagnies, ce que je luy accorday aussy pour trois raisons; l'une que j'avois charge de suivre les ordres dudict marquis de la Force; l'autre que je n'avoys aucune connoissance dans le pays; que d'envoyer chercher des officiers en Berry, Bourbonnoys et Brie, l'ennemy estoit proche, il falloit mettre promptement des hommes dans la ville, et aussy que je ne croys pas qu'un homme voulut venir de cent lieues pour commander des paysants; l'autre qui estoit une conséquence des deux premières, que je fus bien ayse de tesmoigner à M. de Malortis une grande confidence pour l'obliger de faire de mesme avec moy. Peut estre m'en a-t-on blasmé; mays si ceux quy me blasment eussent esté en ma place, ils eussent esté aussy empeschés que moy.

A la publication, l'on me voulut mettre mal avec M. de Malortis, disant qu'il avoit voulu traiter d'égal avec moy au commandement, mais cela se trouva faulx, et quand nous eüsmes parlé ensemble, nous trouvasmes que c'estoit un artifice de gents quy estoient marrys de nous voir en bonne intelligence. Comme j'eüs disposé des charges du régiment, et mys une partie des soldats dans la garnison, le Roy m'envoya des commissions pour mettre le régiment en vostre nom, dont j'eüs grand desplaisir, car si l'on m'eût donné les commissions devant les leurs j'eusse peü créer d'autres officiers. Ce n'est pas que je n'aye suget de me louer de ceux que j'avoys pourveü, mays ils n'estoient pas assez riches pour maintenir une compagnie. L'on envoya un ordre pour vivre sur le pays, dont nous feusmes mal payés, et le régiment déperit bientost.

Comme je vis que les ennemys estoient retirés, que je ne servoys plus de rien, que je despandoys mon argent sans espoir de rescompanse, je demanday congé d'aller donner ordre à mes affaires, quy me fut accordé. Je fis la revérence au Roy à Parys quy me demanda d'où je venoys; cela me toucha fort qu'il ne se souvint pas que j'avoys esté employé pour son service. Je luy dis que je venoys de Laon où Sa Majesté m'avoit commandé d'aller. Il me demanda en quel estat estoient les fortifications; je luy en rendis compte en peu de mots.

Je m'en allay de là en Berry, où je tombay malade de la goutte, pendant lequel temps Mgr le Prince poursuivyt le jugement pour me faire payer les profitz de fief de Mareuil. L'on me conseilloit de les demander, mays moy quy jugeoys qu'il ne le faisoyt que pour me rengaiger avec luy, sans qu'il luy en coûtât rien, je n'y voulus jamays consentir, dont ceus quy ne sçavoient pas pour quel suget je le faisois m'ont blasmé. Enfin je gaignys mon procès, ce dont Mgr le Prince fut tellement fasché qu'il ne m'a pas voulu voir depuys.

Je finiray icy ma fortune (mon recit); car me voyant incommodé de ma santé, mal veü de mondict seigneur le Prince, pour lequel j'avois habandonné ma fortune, le Roy peu recognoissant du peu de service que je luy ay rendu et n'ayant nulle correspondance avec ceux quy ont peü me voir auprès de luy, vous et vostre frère en aage de despandre, je croys que je doits plustost me disposer de bien vivre, afin de me préparer à bien mourir, que si j'estoys employé d'ores-en-advant; vous estes en aage pour faire votre profit de ma conduite.

Vous pourrez cognoistre en ce discours les fautes que j'ay fait. Premierement, j'ay rendu toute la subjection à la court pour espérer quelque chose; mays comme à mon évenement à la court du Roy Henry-le-Grand, il estoit de trente ans plus aagé que moy et que à l'évenement du Roy Louis XIII, j'estois de vingt ans plus aagé que luy, la difference des aages ne me donnant pas libre accès auprès d'eux, il falloit depandre de ceux quy avoient faveur auprès d'eux. J'ay eü telle antipatie contre les favorys que je les ay jamays peü rechercher, ce quy est un grand vice à un courtisan.

Ce n'est pas que je vous conseille de dépandre directement d'eux, parce que, quand il leur arrive disgrace, ou il faut par lascheté les habandonner, ou il faut se ruyner avec eux; mays il y a un milieu de se bien maintenir avec eux, sans s'y trop attacher, et, s'il leur arrive disgrace, vous pouvez sans vous ruyner les servir, et quelquefoys plus utilement, que si vous vous estiez ouvertement declaré leur amy.

L'autre faute que j'ay fait est de m'estre attaché d'affection à Mgr le Prince, après avoir toute ma vie suivy et dépandu directement des Roys. Il est vray que s'il eust esté tel que doibt estre un prince de sa naissance, j'eusse pu espérer quelque chose, luy tesmoignant l'affection et la fidelité ainsy que j'ay fait. C'est un grand prince, quy a l'esprit excellent, mays il est ennemy des personnes de qualité, et comme il a l'esprit vif et prompt, il veut estre servy avec telle diligence, que si luy mesme vouloit faire ce qu'il commande il ne luy seroit pas possible de l'executer aussy promptement; et il a un défaut que, quand il est en cholere, il dira à un mareschal de France ce qu'il diroit au moindre soldat; c'est pourquoy il n'aproche de luy que des gents de peu, car des gents de qualité ne pourroient souffrir les injures qu'il dit. Je vous voys quelque inclination de servir Mgr le duc d'Enghien, de quoy je ne vous divertys point, non pas tant pour ce qu'il peut espérer d'estre que parcequ'il tesmoigne desirer que vous soyés son serviteur. Il promet d'estre un grand prince, mays s'il est un jour de l'humeur de Monseigneur son père, il vaudroit mieux vendre vos biens et sortir de France que de vous attacher à sa fortune, car il y aura grand risque à le servir et peu de recognoissance de l'avoir servy.

La faute que j'ay fait de me mettre au service de mondict seigneur le Prince procède de mon naturel, car il faut peu pour m'obliger et beaucoup pour me perdre. Je n'ay jamays promys amitié à personne de quelque condition qu'il aye esté que je ne l'aye tenu;

j'ay eü affection pour Mgr le Prince et pour M. de Nevers; ils n'ont jamays eü affaire de leurs serviteurs que je ne leur aye tesmoigné l'afection et la fidélité que je leur devois, et quand il leur est arrivé des disgraces, je ne les ay jamays habandonnés.

J'ay fait grande profession d'amitié avec Messieurs le duc de Roannoys, de la Chasteingneraye, de Vitry, de Senecey, de Dunes, de Beuvron, de Sainct-Géran, et de Bois-Dauphin. Je ne me suis jamays séparé d'amitié d'avec eux. Que s'il y a eü quelque refroidissement d'amitié entre eux et moy, le défaut est venu de leur part, et non de la mienne, car s'estant veüs plus eslevés de la fortune que moy, ils ont voulu changer de façon de vivre avec moy, et je ne l'ay peü souffrir. Je le dis pour les mareschaux de Vitry et de Sainct-Géran; et pour M. de la Chastaigneraye, quoyque je l'ay veü en grande espèrance de fortune, il a vesquu avec moy également, et n'ay jamays eü un plus loyal amy. Pour les autres, nous n'avons point eü suget d'envier la fortune les uns des autres.

Je vous conseille doncques, après vous avoir recommandé l'amour et la crainte de Dieu, quy est la baze et le fondement de toutes les vertus, que vous regardiez à quy vous promettrés amitié; que ce soit à des gents vertueux et de qualité; mays quand vous l'aurés promys, que la consideration de disgraces, ou autres interests ne vous les fasse jamays habandonner; mays à cela il faut en user discretement; car le zèle nous peut quelquefois emporter (au point) qu'au lieu de servir ses amys nous les ruynons et nous ruynons nous-mêmes. Il faut doncques en prendre tout-à-fait à propos, ce quy dépand du jugement.

Je vous conseille de tenir la bourse ouverte à vos amys, en la nécessité. Je sçays bien que la libéralité n'appartient qu'aux Roys et aux grands princes; mays selon le peu de bien que vous aurés, peu d'argent offert à vostre amy sans en estre requis, une occasion urgente d'une maladie, d'une prison, ou autre, où vous presterés cinquante escus, obligera plus qu'un bienfait d'un grand, sans nécessité. Ce n'est pas que je croye que touts vous en soient obligés, mays outre que la charité vous y oblige, vous en acquèrerés estime et réputation. J'ay presté de l'argent à plusieurs quy ne m'en ont jamays remercié. Un gentilhomme de qualité, ayant une querelle, m'envoya emprunter de l'argent[1], qu'il ne m'en restoit peut estre beaucoup davantage, car j'estois enfant de famille. Toutes les foys que depuys je l'ay rencontré, il se détournoit de moy. Je fus contraint de luy faire dire par un de nos amys qu'il m'avoit payé pour luy, et qu'ils en conteroient ensemble. J'en ay presté à un autre quy le vint jouer et perdre contre moy-mesme en compagnie où j'estois, et le lendemain m'en vint emprunter d'autre.

J'ay presté quatre cents escus à un autre lorsque j'estois enfant de famille et en avois grand besoing. Je le tiray par ce moyen d'une affaire criminelle; il ne m'en a pas seulement remercié. Il vous en pourra arriver de mesme, mays cela vous mettra en réputation de bon amy, quy est une des premières qualités d'un homme de bien et d'honneur.

---

1. Les mots *de l'argent* sont écrits en interligne; on lit sous la rature *cent escus*, que Nangis avait d'abord écrit.

Je conclueray ce discours par vous dire que vous preniés garde à vostre abord dans l'armée et dans la court; car la première impression que vous donnerés ne s'effacera pas aysément, le reste de vos jours. Ayés tousjours Dieu devant les yeux, le service et la fidélité que vous devés au Roy; soyés exact et diligent en vostre charge; obeissés à ceux quy vous commanderont; soyés familier avec ceux quy seront sous vostre charge, hors le commandement : mays où il sera question de vous faire obéir, ne pardonnés à un seul. Pour le cœur, je ne le vous recommande point; car vous estes trop bien nay et de trop bon lieu pour en manquer. Je prie Dieu qu'il vous assiste en touts vos desseins, et qu'il vous fasse la grace d'estre plus galant homme et plus heureux que moy.

Escrit à Nangis, et finy ce 12ᵉ aoust 1637.

CONTINUATION DES MÉMOIRES

DU MARQUIS DE BEAUVAIS-NANGIS.

Mon fils, les afflictions que la mort de vostre mere[1] et de mes frères de Lignyeres[2] et Barbeau[3] m'avoient apporté, m'avoient non seulement esloigné du monde et de la court, mays m'en avoient tellement ôté le cœur et la pensée que je ne croyois devoir jamays estre employé, et je croyois que vous ayant donné le régiment de Picardie, et vostre frère estant par la mort de vostre oncle pourveu de l'abbaye de Barbeau, j'avoys assés fait pour ma maison de donner ce commencement de fortune à l'un et à l'autre et j'avoys demouré près de troys ans dans Parys sans voir le Roy et près de dix et huit moys, sans voir Monseigneur le Cardinal, de peur d'avoir suget d'estre employé; car puisque ma santé ne me permettoit pas d'avoir charge dans une armée, je croyois que toutes les autres ne pouvoient rien faire pour vostre advancement, et me tour-

1. Françoise-Aimée de Rochefort, dame de Mareuil, première femme de Nicolas de Brichanteau, marquis de Nangis, mourut le 19 octobre 1638. (P. Anselme, t. VII, pag. 896.)
2. Philibert de Brichanteau, baron de Linieres, était mort à Paris, le 2 mars 1639. (*Ibid.*, pag. 895.)
3. Antoine de Brichanteau, abbé de Barbeaux en 1625, et d'Escurey en 1631, était mort au mois d'octobre 1638 (*ib.*).

neroient plus à despanse qu'à honneur. Je fus estonné que, le 29 juin 1641, estant à Parys pour mes affaires, il vint un courrier de la part du Roy, avec une lettre de M. de Chavigny, sécretaire d'Estat, datée d'Abbeville, le 26 juin 1641, où il me mandoit que les entreprises de ceux de Sedan ayant obligé le Roy de s'advancer à la frontière de la province de Champagne, pour y donner ordre, Sa Majesté avoit advisé d'envoyer quelques personnes, et le reste du stile ordinaire, pour maintenir les principalles villes en son obéissance, et avoit fait choix de ma personne pour commander en sa ville de Troyes, et y avoit en apostille que quoyque mes commissions ne fussent point encore scellées, je ne laissasse pas de my acheminer, et que pour cest effet il m'envoyoit une lettre aux maire et eschevins pour m'obéir. Ladite lettre du Roy portoit que pour certaines considérations il m'envoyoit pour commander dans sa ville de Troyes et qu'ils eussent de me recognoistre et obéir.

Je fus fort estonné de ce commandement, car je cognoyssoys l'humeur de ce peuple et scavoys que, depuys peu de jours, l'on y avoist estably le sol pour livre qu'on nomme *la subvention*; que ce peuple estoit ulceré de cet impost, que Mgrs le Comte et les Princes associés estoient près d'entrer dans la Champagne, avec une armée composée d'estrangers et de François mal contents; que la pluspart des grandes villes estoient désespérées du nouvel impost, et la noblesse mal contente, quy commençoit desjà de se souslever dans les pays éloignés de la court. Je communiquay ces lettres à M. le baron de Blaygny quy estoit présant quand je les reçeü, parce qu'il estoit fort mon amy et estoit du pays, lequel trouva cest employ fort estrange, en la sayson où nous estions, et particulierement ne m'e donnant aucunes troupes pour maintenir ce peuple en l'obéissance.

Si j'eüsse ozé, je m'en fusse excusé, car j'en avoys assés de suget pour mon indisposition et pour mes affaires. Mays parce qu'en effet il y avoit du péril en cette commission, je creüs que l'on penseroit que j'auroys peur si je la refusoys; ce que, graces à Dieu, je n'eüs jamays, car je n'ay pas tant de contantement en ce monde, que je doibve appréhender la mort, puysque tost ou tard je ne la peüs esviter.

Je m'en allay le lendemain voir M. Bouthilier, surintendant des finances, lequel me dit d'abord qu'il sçavoit le suget quy m'amenoit. Je luy fis voir la lettre de M. de Chavigny, son fils, quy me mandoit que, quoi que je n'eusse pas ma commission, je ne laissasse pas de partir en diligence. Il me dit qu'il ne falloit doncques pas laisser de partir, et il me fit néantmoins cognoistre qu'il n'approuvoit pas qu'on meüt donné ceste commission; car il sçavoit mieux que moy l'estat auquel estoient les affaires.

J'attendys encores le lendemain ma commission; mays comme j'eüs advys que Monsieur le chancelier, après l'avoir scellée l'avoit envoyée à la court, je partys, le deuxième juillet, pour aller donner ordre à mes affaires à Nangis, où ma commission me fut apportée le quatrième, et le cinquième je partys et me rendys le sixième à Troyes, qui estoit le jour du combat de Sedan.

Je trouvay aux Troys-Maysons ceux quy levoient la subvention à Troyes que les petits enfants avoient fait sortir à force de crier après eux. Ils ne parlerent point à moy, ce dont je fus bien ayse, car ma commission ne portoit pas de me mesler de ceste affaire, et cela m'eût rendu odieux à toute la ville. J'arrivay à l'hostellerie, dans la grande place, où je manday aux maire et eschevins que j'avoys une lettre à leur communiquer de la part du Roy. Ils avoient desjà advys que je devoys venir commander dans la ville ; c'est pourquoy ils tindrent conseil de ville comme ils me devoient recevoir, où il fut résolu que n'ayant pas encores veü ce que portoit ma commission, ils ne me viendroient pas voir en corps; que le maire seulement avec quelques-uns des eschevins me viendroient trouver pour voir ce que la lettre du Roy portoit. Je la leur monstray et la leur leüt tout haut. Après me firent de grands compliments et me dirent qu'ils alloient tenir une assemblée de ville, pour après me venir trouver en corps, et me recognoistre suyvant le commandement dont il avoit plu au Roy m'honorer.

Le président vint aussy me voir en particulier ; j'avoys desjà quelque cognoissance avec luy. Je lui fis voir ma commission et je la luy envoyay pour la communiquer à tous messieurs du Présidial, lesquels aussy vindrent le lendemain me saluer en corps, et le 8ᵉ du dict moys ils enregistrerent ma dicte commission, laquelle aussy je fis enregistrer à l'hostel de ville.

Lorsque je partys, on ne me donna aucune instruction de ce que j'avoys à faire, ny en quy je me devoys fier, sinon qu'on me manda qu'on envoyeroit un maistre des requestes, intendant de la justice, pour m'assister. Je n'avoys à Troyes aucune cognoissance que du président et de M. de Villebertin, son beau-frère, lequel estoit fort mon amy, et avoit esté commissaire de la compagnie de chevau-legers, de M. le duc d'Enghien, lorsque j'avoys l'honneur de la commander. Je le priay de me donner quelque instruction, car quoyque ma maison ne soit qu'à vingt lieues de Troyes, je n'y avois aucune habitude, et surtout me dire si les Princes avoient quelque intelligence dans la ville. Il me dit que non, mais qu'il y avoit un mal contentement général pour le nouvel établissement de la subvention; que le maire estoit un esprit altier et bizarre, lequel avoit, l'hyver dernier, eü beaucoup à desmesler avec le marquys de Praslin[1], et qu'il estoit malaysé de vivre avec luy. Il me dit touts ceux à quy j'estoys obligé de rendre visite, ce que je fits aussy tost.

Je trouvay que madame la mareschalle de Praslin[2] estoit partie le jour d'auparavant, fort en alarme de la commission qu'on m'avoit donnée, parce que le marquys de Praslin, son fils aisné, avoit eü, comme vous avés sçeu, grande prise avec le capitayne des gardes de M. le comte de Soyssons, et mesme s'estoient tiré des coups de pistolets, ce quy avoit mys le Roy et tout le conseil en grand soupçon, tellement qu'elle creüt qu'on vouloit déposseder son fils. Je me doutay bien qu'elle ne manqueroit pas de me faire du pys qu'elle pourroit, quoyque ny elle, ny ses enfants n'eussent pas grand pouvoir dans la ville. Neantmoings parce que j'estois son parent assés proche

1. Charles de Choiseul, marquis de Praslin, maréchal de camp, lieutenant général au gouvernement de Champagne.
2. Claude de Cazillac de Cessac, veuve de Charles de Choiseul, marquis de camp, maréchal de France.

et que j'estoys fort serviteur de feu M. le mareschal de Praslin, je luy envoyay un gentilhomme avec une lettre playne de respects et de compliments que elle receüt assez mal, et elle fit beaucoup de discours au gentilhomme quy tesmoignoient assés son mescontentement, et elle ne laissa pas de m'escrire une lettre fort civile.

Je m'estoys résolu de prandre advys du président, mays un de mes amys m'avertit qu'il estoit tellement mal voulu que si j'avoys confiance avec luy je me mettroys mal avec tout le monde, et surtout avec le maire, son ennemy irreconciliable; que le dict président estoit fort artificieux et avoit l'esprit de discorde, tellement que pour ne me point partialiser entre un maire violent, et un président artificieux, je me résolus de me garder de celui cy et de gaigner l'autre par compliments et franchise; et cependant vivre bien avec l'un et avec l'autre.

D'abord je commanday de faire garde suyvant l'ordre qu'on avoit accoustumé; car quoyque la ville ne fut point frontière, il y pouvoit avoir des intelligences de M. le Comte, quy estoit gouverneur de Champagne, et pouvoit avoir des serviteurs dans le pays. Le maire me vint trouver et me dit que, quoyqu'il ne fût point obligé de venir prandre l'ordre de moy, néantmoings il le vouloit prandre pour me tesmoigner qu'il ne dédaignoit pas de me rendre ce devoir; mays que, s'il n'y venoit tous les jours, il me prioit de l'excuser, et qu'il m'envoyeroit tous les jours un eschevin pour le prandre de moy. Je luy dits que je serois très marry de prétendre des choses quy ne fussent pas dues à ma charge, mays que je le prioisde me randre touts les devoirs qu'on avoit accoustumé de randre à ceux quy avoient commandé devant moy.

J'attendoys tousjours qu'il m'apportât les clefs de la ville. Pour les deux ou troys premiers jours, je ne m'en mits point en peine, parce que je n'estoys pas encores reçeü, mays, quand ma commission fût enregistrée au baillage et à l'hostel de ville, je dys à un eschevin, quy venoit prandre l'ordre de moy, que je m'estonnoys que le maire ne m'estoit pas encore venu apporter les clefs de la ville, et si ce n'estoit pas la coustume de les apporter à ceux quy m'avoient precedés. L'eschevin me dit qu'il avoit tousjours veü que pour une foys l'on les avoit apporté au marquys de Praslin, mais qu'il les rendoit en mesme temps audict maire, et se contentoit de ce devoir pour une foys. Je luy dis que je ne prétendoys pas plus que cela, que j'avoys commandé dans Caen et dans Castel-Sarrazin, où après m'avoir esté présentées par le maire, je les avoys tousjours randues.

Il le dit le soir mesme au maire, quy se trouva fort étonné ; car il vit bien qu'il avoit failly, et le lendemain il vint m'en faire excuse, et me dit que la coustume estoit que, quand le gouverneur ou le lieutenant de roy arrivoit à Troyes, l'on venoit le recevoir à la porte de la ville, et luy offrir les clefs, mays que j'estoys venu sans leur donner advys de ma commission ; c'est pourquoy il ne m'avoit pas rendu ce devoir; que depuys il ne s'en estoit pas souvenu. Il m'en fit quelque excuse et le soir il me vint apporter les clefs avec le corps de la ville. Je les luy rendys avec compliments de part et d'autre. Depuys nous n'eusmes rien à desmeler, car je vivoys avec luy de façon qu'il me rendoit plus de devoirs que je ne vouloys, lesquels il ne m'eut pas rendus si j'eusse vesqeu autrement.

Deux jours après que je fus arrivé, le procureur du roy, grand amy du marquys de Praslin, et affectionné à toute la maison, me vint voir. Comme nous parlions ensemble, quelqu'un le fit appeler pour parler à luy. Il revint aussitost, le visage effrayé, me tira à part et me dit qu'un gentilhomme du marquys de Praslin venoit d'arriver en diligence, quy disoit que son maistre estoit mort, que la bataille estoit perdue et que M. le mareschal de Chastillon s'estoit retiré à Rethel. Je le priay de faire tenir cette affaire secrette de peur d'esmouvoir le peuple, et qu'on fit entendre cette mauvaise nouvelle le plus doucement qu'on pourroit. Si j'eusse eü le dessein d'avoir la lieutenance de Roy, je pouvoys à l'heure mesme envoyer à la court. Le marquys de Praslin, son frère, ne partist pas de Praslin plus de douze heures après; mays je n'eüs jamays ceste pensée, pour plusieurs raysons. La premiere que je creüs qu'estant mort dans le service l'on conserveroit ceste charge dans la mayson; l'autre que je n'y voyois aucun advantage pour moy, parce que c'est une charge de peu de profit, de grande despanse et de peu d'auctorité; laquelle n'est bonne qu'au dict marquys de Praslin, ou à un autre gentilhomme de qualité, proche de la ville, quy puisse demourer un jour ou deux dans la ville et s'en retourner coucher chez soy; que ceux quy ont ces charges là ne sont plus employés que pour establir des subventions ou gabelles dans les villes, ce quy les rend odieux à tout le monde. Que si j'envoyoys demander la charge et qu'on me la refusât, tout le monde se mocqueroit de moy et que j'en formeroys un mescontentement quy vous pourroit estre prejudiciable estant comme vous l'estiés employé; que si l'on avoit intention de me la donner, toutes mes poursuites ne serviroient de rien et que ceux quy gouvernoient vouloient que toutes choses vinssent de leur mouvement et ne vouloient point estre importunés. En quoy je pris un bon conseil, car d'autres envoyèrent la demander, ce dont on se moqua et l'on trouva fort bon que je ne m'en estois point esmeü.

Je me fis enquerir s'il y avoit eü quelque rumeur parmy le peuple, sur la nouvelle de ce combat; mays personne n'en fit aucun semblant, ce quy me confirma ce dont on m'avoit assuré : que les princes n'avoient aucune intelligence dans la ville; mais il est vray que, si après le combat ils se fussent approchés de Troyes avec ce prétexte de soulager le peuple des imposts et subsides, et particulièrement de la subvention qu'on venoit nouvellement d'imposer, j'eusse eü grand peine de les maintenir en l'obéissance, car je n'avoys que six gentilhommes avec moy et je n'estoys pas encores cogneü du peuple; mays après que j'eüs demouré sept ou huit jours, que j'eüs un peu d'habitude avec les principaux et pris cognoissance parmy le peuple, j'eusse espéré, moyennant la grace de Dieu, de les maintenir en leur devoir.

Je voulus voir l'estat de la ville et fis le tour sur les remparts, que je trouvay en fort mauvais estat, y ayant quatre ou cinq endroits où l'on montoit et descendoit par des brèches. Je leur proposay de les faire raccommoder par les corvées de la banlieue, où ils m'apporterent de grandes difficultés, alleguant que c'estoit le temps de la moysson, que le peuple estoit fort pauvre et que ce seroit les divertir de leur travail; à quoy je cognus qu'ils vouloient que le Roy leur donnast un fond, parce que c'est où les principaux magistrats des grandes villes font leurs affaires. Néanmoings j'ordonnay après qu'on les fist racommoder par corvées, ce quy fut exécuté.

Je vys cinq ou six pieces de canon, couchées sur le ventre, et sans affuts. Je leur demanday quelles pouldres et munitions ils avoient; ils me dirent qu'ils n'avoient point de plomb ny de boulets. Je leur demanday, si les ennemys venoient comment ils espéroient de se défendre, la ville et ses remparts en l'estat où ils estoient, et sans munitions de guerre. Ils me dirent que la force consistoit en la quantité d'hommes qu'on pouvoit tirer de quatre à cinq mille hommes des fauxbourgs, et de sept à huit mille de la ville; que pour des munitions ils n'avoient point d'argent; qu'on leur avoit depuys peu osté les deniers communs de la ville, et qu'il n'y avoit personne qui eût moyen de faire les advances : à quoy je cognus encores qu'ils vouloient que le Roy leur donnât de l'argent. J'escryvys à la court et donnays advys de l'estat où j'avoys trouvé la ville, et manday que j'y estois arrivé le 6 du moys, afin que le Roy sçeût que j'estoys arrivé le jour du combat de Sedan, de peur qu'on ne se playgnyt que je n'eusse pas fait assés de diligence.

Je m'enquys du maire quel ordre l'on avoit accoustumé de tenir pour les gardes et que je n'y vouloys rien changer. Il me dit qu'il y avoit quatre quartiers, et à chaque quartier une porte et deux poternes; qu'il y avoit trente deux compagnyes, dont il en entroit une tous les jours en chaque porte; que la moitié de chaque compagnye faysoit la garde le jour, et que l'autre moitié, les relevoit au soir, et faisoit la ronde toute la nuit. Je le priay de me donner cet ordre par escrit, ce qu'il me promyt, mays il tira tousjours de longueur, craignant, comme je croys, que je ne le voulusses changer, ce que je n'avois pas envie de faire, voyant le peu de temps que j'avoys d'y demeurer et que les ennemys s'estoient retirés à Sedan; mais s'ils se fussent approchés il eüt bien fallu changer cet ordre et la nécessité les y eüt bien contraint.

Le 10 du moys, nous eusmes nouvelles assurées de ce quy s'estoit passé au combat de Sedan, et de la mort de Mgr le comte de Soyssons[1] quy fut une grande perte pour sa personne; car s'il eût esté employé pour le service du Roy, il eût esté capable de bien servir; mays au dessein qu'il avoit il eût fait beaucoup de mal à la France, si après avoir gaigné une bataille, il se fut tourné du costé de Troyes; au mescontentement général de touts les peuples, il eûst esté mal aysé de les maintenir; néantmoins je n'en ay rien recognu pendant le séjour que j'y fits depuys.

On fit ce que l'on peüt pour me mettre mal avec les principaulx de la ville et particulièrement avec le maire. Un jeune homme des principaulx de la ville fut esleü enseigne d'une compagnye, et parcequ'il jouoyt quelquefois avec moy, il me vint trouver et me fit plainte, non pas tant d'avoir esté esleü, que parce qu'il desdaignoit d'estre sous la charge de son capitayne. Je luy dits qu'il m'avoit adverty un peu

1. Il s'agit ici de la bataille de la Marfée, gagnée par le comte de Soissons, le 6 juillet 1641. Il s'était joint aux ducs de Guise et de Bouillon contre le roi, mais il fut tué dans cette bataille.

tard; que si je l'eüsse sçeü devant l'élection, j'aurois peu l'empescher, mays qu'à cette heure il seroit mal aysé. Il me dit que je le pouvoys faire de mon auctorité. Je luy respondys que j'employois l'auctorité que le Roy m'avoit donné où il y auroit du service de Sa Majesté; que pour une affaire particulière, je seroys bien ayse de le servir, mays qu'en celle-là je ne vouloys rien changer des formes ordinaires qui s'observoient en ces eslections.

J'en parlay au maire quy me dit que, si je le vouloys absolument, il ne s'y opposeroit pas, mays que c'estoit contre les formes ordinaires, et que si je le faisoys toute la compagnye n'entreroit plus en garde, et qu'à cest exemple les autres compagnyes n'y voudroient plus entrer, ce quy seroit une grande confusion. Je luy dis que je n'estoys-là que pour faire obéir le Roy et non pas pour rien innover à l'ordre qu'on avoit accoustumé de suyvre. A tout cecy je recognüs qu'on avoit essayé de me brouiller avec tout le peuple.

En ce mesme temps M. Ollier, maistre des requestes, vint en qualité d'intendant de la justice, dont je fus bien ayse, parce qu'il estoit fort de mes amys; aussy avons-nous vesqeu à Troyes en grande intelligence. J'alloys visiter les portes pour voir quelle garde l'on y faysoit. Je trouvoys qu'aux unes l'ordre y estoit assez bon, et à d'autres assez mauvais, surtout en celles où les gens de justice et les principaulx de la ville entroient. Je m'en playgnys au maire, quy me dit que l'ordre estoit que celuy quy commande dans la ville ordonne au maire de faire la garde; que le maire en advertit les capitaynes et officiers, lesquels commandent aux soldats; que si quelqu'un manque à son devoir, ny le gouverneur, ny le maire ne le peuvent chastier, et qu'il faut que ce soient les capitaynes ; que tout ce que peut le maire, c'est quand un capitayne a failly de le déposséder, et en mettre un autre en sa place. Je m'enquys si cet ordre estoit vray et l'on me dist que ouy, à quoy je cognus le peu d'auctorité qu'ont les gouverneurs ou lieutenants de Roy dans ceste ville.

Ils prétendent encore une chose quy ne se pratique en aucune place de France. Ils disent que quand le gouverneur ou lieutenant de Roy font la ronde, la nuit, sur les remparts, au lieu qu'on a accoustumé de venir aporter l'ordre au gouverneur, il faut qu'il l'aille porter à celuy quy commande le corps de garde ; que messieurs les ducs de Guise et de Nevers, gouverneurs de la province, l'avoient ainsy pratiqué. Le président, quy n'estoit pas amy du maire, me le confirma et en dit une très-mauvaise rayson quy estoit que les habitants disent que ne prenant l'ordre que du maire, ils ne sont point obligés de le porter à autres qu'à luy. Je ne me fusse jamays accordé à cet article, et si les ennemys se fussent approchés, je l'eusse fait régler par le Roy, ou je n'eusse jamays fait la ronde.

Je m'estoys toujours bien entretenu avec le maire et le président, mays je croys que ce dernier quy s'estoit imaginé qu'à cause de quelque cognoissance que j'avoys avec luy de longue main, je prendroys tous ses intérests, manda à Parys que je laissois tout faire au maire et que l'ordre de la garde estoit fort mauvays. Son fils faysoit courre ce bruit à Parys et mesme l'escrivit à quelques uns à Troyes. L'on m'en vint donner advys pensant que cela m'esmouveroit fort. Je consideray que celuy quy me faysoit ce rapport n'estoit pas amy du président et qu'il avoit envie de nous mettre mal ensemble. Je pensay aussy que ledict président estoit assez artificieux pour faire courre ces bruits, afin de me piquer contre le maire et me faire entreprendre contre luy des choses quy n'avoient jamays esté décidées et dont il estoit en possession. Je n'en fis que rire et je dis que je ne le croyois pas. J'en parlay néantmoings à M. de Villebertin, homme d'honneur et mon amy, et le priay de me dire quelles déférences on avoit rendu à feu M. le mareschal de Praslin et à son fils. Il me dit que c'estoient les mesmes qu'on me rendoit, et qu'ils n'avoient jamays prétendu davantage ; que quelques gents, qu'il me nomma, étant venus en commission, avoient voulu prétendre des choses dont l'on s'estoit moqué d'eux, et que je ne pouvoys justement prétendre que ce que l'on me déferoit. Je luy demanday ce quy luy sembloit pour la garde. Il me respondit qu'il ne l'avoit jamays veü faire meilleure ny plus exacte. Cela me contenta et je ne fys jamays aucun semblant de blasmer ce quy se faisoit. Je mys un jour le président en discours sur ce quy luy sembloit de la garde ; et il n'y trouva jamays autre chose à redire, sinon que les habitants s'amusoient à jouer à la boulle et qu'il seroit aysé de se saisir de leur corps de garde. A quoy je cogneüs que ce bruit pouvoit venir de luy, et m'en moquay parce que la ville estant au milieu de la France et le Roy avec une armée aux portes de Sedan, l'on ne pouvoit craindre une surprise, et d'ailleurs touts les jours que j'envoyois aux portes, ou que j'y alloys moy-mesme, je trouvoys le corps de garde en bon estat.

En ce mesme temps, madame la mareschalle de Praslin revint de la court, après avoir assuré la charge de lieutenant de Roy à son fils. J'avoys creü jusqueslà pouvoir exercer avec honneur la commission qu'on m'avoit donnée; mays voyant le marquys dans le pays et que madicte commission portoit de la faire sous l'auctorité des gouverneur et lieutenant de Roy de la province, je creus que ce m'estoit honte d'y demourer plus longtemps, et quoyque je n'eusse recherché ny desiré ladicte lieutenance de Roy, néantmoings tout le monde croyoit que m'estant rencontré au temps qu'elle avoit vaqué et exerçant cette commission j'avoys quelque raison de l'espérer, ce quy m'avoit mys en quelque considération parmy le peuple.

J'escryvis doncques à M. de Chavigny pour le supplier d'obtenir mon congé, luy desmonstrant que je n'avoys reçeu ce commandement que sur la croyance qu'on avoit que les ennemys entreroient en France; que maintenant qu'ils s'estoient retirés et que M. de Bouillon s'estoit remis au service du Roy, ma commission estoit finie et que le Roy ayant donné la charge de lieutenant de Roy à M. le marquys de Praslin, c'estoit à luy de faire obéir. J'escrivys à M. Bouthilier en ces mesmes termes, et je le suppliay d'escrire à M. de Chavigny qu'il prist ce soing pour moy. Je donnay charge à celuy quy alla trouver mondict sieur Bouthilier à sa mayson de Pont[1] de luy dire que je n'avois desiré ny prétendu la lieutenance de Roy, mays que, puisque le Roy en avoit pourveü un autre, je le supplioys de considérer qu'il n'es-

---

1. Pont-sur-Seine.

toit pas juste qu'en l'aage de près de soixante ans, j'exerçasse une commission sous un jeune homme quy ne commençoit que de quitter la soutane, et que ce que j'avoys tenu à honneur je ne le pouvoys plus exercer qu'avec honte. M. Bouthilier promit d'en escrire, et il cognut bien que je n'estoys pas satisfait qu'on me laissast plus longtemps dans cette commission.

Madame la mareschale de Praslin, quy s'estoyt fort plainte de ce qu'on m'avoit donné cette commission au préjudice de son fils, quand elle vit la charge asseurée dans sa mayson, estoit bien ayse qu'on m'y laissast pour ayder d'establir la subvention, et elle s'eschappa mesme une foys de me dire qu'on avoit voulu obliger son fils de faire sa charge, mays qu'elle avoit respondu que son fils n'estoit pas homme pour establir ladite subvention. Je luy respondys, sans m'esmouvoir, qu'il n'y avoit personne dans Troyes quy eût ceste commission.

J'avoys grande impatience d'avoir mon congé, parceque je ne servoys plus de rien, et que ceux quy avoient charge de lever la subvention estoient arrivés et pressoient d'estre establys devant que je partisse, croyant que ma présence les autoriseroit. Pour moy quy n'en avois aucune commission et qui voyois que Mme la Mareschalle de Praslin estoit bien ayse d'avoir conservé la charge à son fils, et de me laisser la hayne de tout le peuple, je déclaroys tout haut que je ne m'en vouloys point entremetre. Lesdicts partisants me vindrent trouver et me prier de les favoriser; mays je leur dys absolument que ma commission estoit de commander les gents de guerre, s'il y en venoit, et de maintenir la ville en obeissance, si les ennemys approchoient; que tout ce que je pouvoys pour eux, c'estoyt si l'on leur vouloit rendre du desplaisir, d'y aller en personne, d'essayer d'appaiser le peuple et sauver leur vie au péril de la mienne.

Le 13e aoust l'on m'aporta une lettre du Roy, quy me permettoit de me retirer chez moy. Elle estoit escrite dans le style ordinaire qu'il avoit agréable le peu de service que je luy avois rendu. Je la communiquay le lendemain au maire et aux eschevins, quy la leurent dans l'hostel de ville et après me vinrent remercier en corps. Comme je leur eüs dit adieu, on me vint donner advys que ceux quy avoient charge de lever la subvention, sçachant que je devois partir dans peu de jours, s'estoient hâtés dès le matin de lever ladicte subvention; qu'il y avoit eü rumeur à la porte qu'on nomme du Beffroy, proche mon logis; que les petits enfants les avoient courus jusques à la porte du logis de M. Ollier, intendant de la justice, lequel estoit sorty avec le maire et quelques uns de Messieurs du Présidial, et estoit allé au marché au bled, où le peuple commençoit de s'esmouvoir, et qu'il y auroit du mal.

Quoyque ma commission fût finie et que j'eusse desjà dit adieu au maire et aux eschevins, je crus estre obligé par honneur d'y aller; que le service du Roy le requeroit; que M. Ollier estoit mon amy; que je prevoyois que cela attireroit la ruyne de la ville, et pour faire voir que je n'avoys point de peur, je m'y acheminay avec troys ou quatre gentilshommes. Je vys que l'on commençoit à sortir des boutiques; je fis tout doucement rentrer tout le monde et Dieu me fit la grace que ma présence appaisa un peu la tourmente. Je trouvay M. Ollier avec une partie de Messieurs du Présidial dans l'estape au vin, où l'on avoit bien battu un des gabeleurs et osté son espée. D'abord que j'arrivay, tout le monde rentra dans les logys, et plusieurs de ceux quy estoient auprès de moy entendirent des gents quy disoient tout haut que M. Ollier me devoit bien remercier, que sans moy il ne fut jamays rentré dans son logys; mays dès que je fus arrivé, ils ne luy pouvoient plus faire de mal sans m'en faire, et la pluspart ne me hayssoient pas.

On prit un garçon de boutique qui fut remarqué entre les autres pour un des plus séditieux. Il avoit un petit coup d'épée dans les reins et fut mené prisonnier. Nous allasmes à mon logis, et nous tinmes conseil sur ce que l'on devoit faire, parceque l'on craignoit non seulement qu'ils ne tuassent les gabeleurs, mays que quantité de pauvres assistants estrangers ne se jettassent la nuit dans les maysons des plus riches pour les piller, et peut estre mettre le feu dans la ville, quy pour la plus grande partie estoit toute bastie en boys. L'on eût encores advys qu'à la porte qu'on nomme de Comporté, les escoliers, sortants du collége, avoient rencontré un de ceux quy levoient la subvention, et l'avoient appellé *gabeleur*, dont s'étant offensé il les avoit menacés du fouet; qu'ils luy avoient jetté des pierres et que quelques habitants s'y estant meslés, ledict gabeleur avoit mys l'espée à la main, et qu'elle luy avoit esté ôtée sans autre mal que les coups de pierre qu'il avoit desjà reçeu.

Pour toutes ces raysons, il fut jugé à propos, parceque c'estoient de petits enfants qui commençoient l'esmeute, de faire un commandement aux pères de retenir leurs enfants dans leurs maysons, sur peine d'en respondre en leur propre et privé nom, et pour empescher que durant la nuit on ne tuast les gabeleurs, on commanda en chacun des quatre quartiers de faire entrer une compagnie en garde, qui feroit la patrouille pendant toute la nuit, et que chaque capitayne seroit responsable de ce quy arriveroit dans son quartier.

Les gabeleurs n'oserent sortir qu'à la nuit fermée de mon logys, où j'estoys assuré qu'ils ne couroient point de fortune; mays j'estoys fort fasché qu'ils eussent pris retraite, car je vouloys faire cognoistre à touts ceux de la ville que c'estoit plus leur interest que celuy desdicts gabeleurs quy m'avoit fait appayser la sédition; mays que je l'avois fait, de peur que, s'ils offensoient le Roy, Sa Majesté ne les maltraitàt et les fit ruyner pendant l'hyver; ce que les principaux jugerent aussy bien que moy et quasy tout le peuple, tellement qu'au lieu de m'en vouloir mal, ils s'en sentirent obligés.

On passa deux nuits sans bruit, tellement que l'on résolut de recommencer de lever la subvention le samedy, jour du marché. C'est pourquoy l'on ordonna qu'oultre une compagnie, quy entroit en garde à la porte, il y en entreroit une aultre, au-dedans de la porte, à l'entrée de la ville, afin que s'il arrivoit quelque rumeur, soit à la porte, en payant l'entrée, ou dans le marché, ils fussent touts prêts pour y aller donner ordre; et on rendoit les capitaynes et officiers des compagnies responsables des desordres quy y arriveroient.

Dans la nuit, on vint tirer troys ou quatre mousquetades dans les fenètres de la chambre où logeoient les gabeleurs, quy nous vindrent dès le matin trouver,

M. Ollier et moy, et nous dirent qu'ils ne pouvoient demourer en seureté et se vouloient retirer et aller se plaindre au Conseil; ce dont je ne fus pas fort fasché, et s'ils y fussent demourés, j'estoys obligé par honneur et par la considération de M. Ollier, quy estoit mon amy, de faire encore quelque séjour. J'enmenay ledict sieur Ollier et sa femme avec moy sous prétexte d'aller voir la mayson de M. Vivier à Saint-Liébaut [1], mays en effet pour le retirer de la ville, où luy-mesme avoit sceu qu'on avoit proposé de venir mettre le feu, la nuit, dans son logys, et qu'on avoit dit tout haut que sans moy on l'eût tué, le jour de la sédition. Je luy conseillay, après avoir fait quelque séjour à Saint-Liébaut, d'y laisser sa femme et de s'en retourner à Troyes pour faire voir qu'il ne craygnoit; c'est ce qu'il fit, et y resta depuys faisant sa charge, parceque, les gabeleurs estant partys, la hayne du peuple estoit esteinte.

Je m'en revins à Nangis fort ayse d'estre sorty sans honte d'une mauvaise commission, car si M. le Comte (de Soissons) n'eûst esté tué et qu'il eût approché de la ville, assurément ils m'eussent voulu chasser, et j'estoys résolu, puysque le Roy m'y avoit envoyé, de mourir plus tost que d'en sortir, et ils m'eussent tué ou m'eussent jeté par dessus les murailles.

Quand je futs arrivé chés moy, j'eüs dessein de m'en aller rendre compte de ma commission; mays la lettre que M. de Chavigny m'escrivoit en m'envoyant mon congé portoit que le Roy n'estoit pas mal satisfait de ma conduite et desiroit de se servir de moy.

---

1. Bourg, aujourd'hui chef-lieu de canton, situé à cinq lieues de Troyes. On l'appelle plus souvent Estissac.

J'eüs peur qu'ils me donnassent encores quelque mauvaise commission. Je me contentay d'escrire à M. Bouthilier une lettre où je luy mandoys tout ce quy s'estoit passé à Troys, en ceste dernière sédition, et où j'excusois la faute des habitants autant que je le pouvois et leur rendoys les meilleurs offices qu'il se pouvoit en ceste occasion.

J'avoys esperé qu'on me payeroit mon voyage, comme l'on avoit fait à M. Ollier; je trouvay au contraire qu'on avoit diverty le fond d'une pension qu'on m'avoit assigné sur l'Espargne, et parceque l'on avoit remys le payement sur l'année suyvante, je fus contraint d'en perdre une partie. M. Bouthilier passa à huit ou dix jours de là à la Bretèche; je l'allay trouver sans luy parler de rien, ny luy à moy, et nous n'eusmes autre discours que de compliments.

Je vous ay fait ce discours quy est de peu d'importance; mays comme vous estes pour estre un jour employé plus que je n'ay esté, si Dieu vous fait la grace de vivre autant que moy, souvenés-vous que partout où vous n'aurés pas la force pour vous faire obéir, il faut premierement faire voir que vous n'estes point attaché à vos interests, car dès que le peuple voit que vous leur estes à charge, vous leur serés odieux. Il faut traiter avec grande franchise avec les principaux officiers, ne rien innover en leurs priviléges, et traiter tout le monde selon sa condition; avec grande civilité et courtoisie vous gagnerés les cœurs de tout le monde, ce quy fait plus d'effect que la force et l'auctorité, et quand même vous auriés la force, je vous conseille de commencer toujours par ces moyens-là, et toute la différence qu'il y a, c'est que, si vous estes le plus fort, vous les faites obéïr malgré qu'ils en ayent, et, si la force vous manque, vous estes contraint de souffrir les violences d'un peuple quy ne hait rien tant que les magistrats, et quy ayme sa liberté.

Il y a encore une chose à quoy vous devés prendre garde ; c'est qu'il n'y a guères de cités où il n'y ayt de la division, tantost entre les principaux et le peuple ; bien souvent les principaux sont divisés ensemble, et quelquefoys ils s'unissent touts ensemble contre un gouverneur et un lieutenant de Roy. Je vous conseille de ne vous familiariser jamays, mays de vivre bien avec touts ; car quand vous n'exigerez rien sur le peuple et que vous vivrez avec courtoisie avec eux, vous estes assuré qu'ils vous aymeront et ne feront jamays rien contre vous. Pour les principaulx quy sont les présidents, lieutenant-généraux et autres officiers du Roy, ne touchant point à ce quy est de leur jurisdiction et leur communiquant quelquefoys les affaires qui concernent le service du Roy, prenant leurs advys, et vivant avec franchise et courtoysie avec eux, vous employant pour eux aux affaires quy leur peuvent survenir à la court et ailleurs, et vous réservant tousjours l'auctorité de vostre charge, vous les obligerés de se joindre à touts vos interests, et quoyqu'ils portent impatiemment l'auctorité d'un gouverneur, néantmoings ils seront contraints de vous aymer et feront plus par cette voye-là que par la violence.

J'ay veü des gouverneurs de provinces pratiquer une chose que je n'approuve pas, quy est de maintenir la division entre le peuple et les principaux fondés sur une rayson qu'il n'y a que les officiers du Roy quy contredisent l'auctorité d'un gouverneur, et que le peuple estant le plus fort, vous les mettez plus aysément à la rayson. Cela est bon pour ceux quy veulent, comme l'on dit, pescher en eau trouble, et faire leurs affaires; mays un gouverneur quy a la crainte et l'amour de Dieu, qui n'a rien que le service du Roy et son honneur en recommandation, doibt maintenir la paix et l'union : Le Roy en est mieux servy, et il vit avec plus de repos et de réputation.

FIN DES MÉMOIRES DE BEAUVAIS-NANGIS.

JOURNAL DU PROCÈS

DU

MARQUIS DE LA BOULAYE

JOURNAL DU PROCÈS

DU

MARQUIS DE LA BOULAYE[1]

Le samedi II° décembre 1649, entre les sept à huit heures du matin, M⁰ Guy Joly, conseiller au Chastellet de Paris[2] (fils d'un Joly, advocat et bailly du Temple, petit neveu de M⁰ Guy Loisel, conseiller au Parlement, d'une grande suffizance et d'une pareille vertu), et qui avoit esté créé l'un des syndics des rentiers[3], estant sorti de sa maison, pour aller chez le

---

1. Maximilien Echalard, marquis de La Boulaye, né en 1612, mort en 1668. Il avait épousé Louise de La Marck, fille du duc de Bouillon.
2. Conseiller au Châtelet, fort attaché au cardinal de Retz. Il est auteur de Mémoires sur la Fronde que l'on réunit ordinairement aux *Mémoires de Retz*. (Collect. Petitot, 2ᵉ série, t. XLVII.) L'époque de sa naissance et celle de sa mort sont ignorées.
3. Les désordres de la Fronde avaient amené une grande perturbation dans les finances. Le payement des rentes de l'hôtel de ville en souffrit. Cent mille personnes appartenant surtout à la bourgeoisie parisienne possédaient de ces rentes : elles furent fort mécontentes lorsqu'elles apprirent que, jusqu'à la paix, elles

Sr de Champigni, demeurant dans la rue des Bernardins, fut attaqué, dans son carrosse, dans ladicte rue, par un homme de cheval; lequel s'estant approché du carosse, et ne l'ayant pas trouvé en belle mire, passa à l'autre portière, et luy tira un coup de pistolet chargé de plusieurs balles, dont deux percèrent un des rideaux, son pourpoinct, son manteau et le mantelet de derrière du carosse. Joly receut le coup au dessus du bras droict; qui brusla et perça la manche du pourpoinct et luy feit une contusion sur la chair de la largeur de deux doubles. Et en suitte du coup, l'assassin se retira par la place Maubert : l'on a creu qu'il estoit soustenu de plusieurs autres ; mais, par les informations il n'en a rien esté dict ; seulement que le cheval estoit de poil alezan rouge.

Joly advertit incontinent le Sr Charton, président aux Requestes du Palais, proche le logis duquel arriva la chose; qui, prenant part en l'accident arrivé, s'en alla au palais et feit sa plaincte dans la grand'chambre, où se tenoit une petite audience, de l'assassinat commis en la personne de Joly, qu'il prétendoit aussy que l'on avoit voulu commettre en sa personne ; allé-

---

ne seraient payées que sur le pied de deux quartiers et demi. Le payement fut même entièrement interrompu. Les fermiers des tailles, des aides, des gabelles et des autres parties du revenu public, à qui on s'en prenait de la pénurie des finances, demandèrent la résiliation de leur bail, se déclarant hors d'état d'en exécuter les conditions. La banqueroute qui s'ensuivit amena le plus vif mécontentement de la part des rentiers : ils nommèrent douze syndics pour demander au parlement justice des fermiers, et ils envoyèrent une députation à M. de Beaufort et au coadjuteur pour les supplier de prendre en main la défense du pauvre peuple de Paris, et de lui accorder leur appui. (Voyez Sainte-Aulaire, *Histoire de la Fronde*, chap. IX.)

guant que cette entreprise tiroit son origine de la haine de personnes qui ne pouvoient souffrir l'affection et le soin que ledict sieur Joly, et luy, avec beaucoup d'autres, avoient tesmoigné pour la conservation du bien de ceux qui ont des rentes sur l'hostel-de-ville de Paris[1].

Cette affaire, pour une telle considération, devinst publique, encores qu'il n'y eust que des particuliers offensés, et, pour ce subject, les chambres s'assemblèrent d'elles mesmes, sans convocation, et fut ordonné que l'on informeroit de l'assassinat commis en la personne de Joly, et des autheurs et complices. Et par le mesme arrest furent ordonnés deux commissaires, pour informer et pour aller recevoir la plaincte et ouyr le Sr Joly par sa bouche; qui furent : MM^{rs} de Champrond et Doujat, conseillers de la grand'chambre; dont l'un, à sçavoir, Mr Doujat, avoit desjà esté commis par Messieurs tenans la tournelle, sur la plaincte que le vieil Baron d'Ormeil, aussy syndic, y avoit faicte judiciairement; et Mr de Champrond subrogé en la place de M. Le Clerc, lequel demanda d'estre dispensé de la commission.

Le président Charton, avec sa précipitation et chaleur ordinaire, porta sa plaincte à la grand'chambre, avec tant d'émotion, que son discours représentoit la ville desjà en émeute. Et le Sr Broussel, ou touché par

---

[1]. Voy. sur cette affaire la *Suite du Journal des assemblées du Parlement*, 2e partie du *Journal contenant ce qui s'est fait et passé en la cour de Parlement de Paris, toutes chambres assemblées*, etc. Paris, Gervais Alliot et Jacques Langlois, 1649, in-4°, et les *Mémoires du cardinal de Retz*, ainsi que les *Mémoires de Mathieu Molé*, t. IV, p. 72.

la véhémence des paroles du Sr Charton, ou soit qu'il creust que l'on vouloit tuer et assassiner ceux qui avoyent soustenu les intérests du peuple, dist en opinant sur ce faict commis en la personne de Joly : « *qu'il seroit à propos de faire garder les portes de la ville.* » Advis qui fut mal receu ; et depuis a esté sinistrement interprêté à son désadvantage, veu la présence du roy et la conséquence de la chose, qui pouvoit exciter le tumulte, encores que la vie et les actions dudict Sr Broussel justifient assés ses bonnes intentions. Cependant le bruit de cet assassinat s'estant répandu par la ville, le marquis de La Boulaye sortit de son logis et vint au palais où il rencontra le président Charton, avec lequel il s'entretint quelque temps. Et après s'estre séparés le marquis se plaignit tout haut dans le palais: *que l'on vouloit assassiner les gens de bien et ceux qui soustenoient les intérests du peuple.* Et il passa plus avant, taschant d'exciter le monde à prendre les armes. Du palais, il s'en alla sur le pont Nostre-Dame, où il tint les mesmes discours. Quelques uns adjoustent que le président Charton dist aussy des paroles qui tendoient à exciter le peuple, lorsque s'estant séparé du marquis de La Boulaye, il sortit du palais ; mais ce fust sans aucun succès, ne s'estant personne trouvé qui voulust prendre les armes et fermer les boutiques.

L'après-disnée du mesme jour, ledict marquis de La Boulaye ayant veu que son dessein n'avoit pas réussy, et considéré l'importance de son action qui pouvoit toucher plusieurs autres personnes de condition très relevée, s'en alla chez M. le coadjuteur de Paris, où il croïoit trouver M. le duc de Beaufort, afin de luy demander pardon de ce qu'estans logés en mesme maison, et sans considérer les autres raisons qui devoient l'avoir retenu d'agir de la sorte, il avoit entrepris ce qu'il avoit faict le matin. Mr de Beaufort estoit desjà sorti du logis de Mr le coadjuteur, qui ayant blasmé le marquis de La Boulaye, le pria de sortir de sa maison. Cela se passa devant plusieurs personnes de la court, entre lesquels estoient les Srs abbés de Tonnerre et Tubœuf[1].

Quelques uns aussy de ceux qui s'estoient monstrés les plus zélés pour la conservation des droicts des rentiers s'en allèrent, en mesme temps, chez Mr Broussel, conseiller de la grand'chambre; et tous émeuz et disposés à émouvoir sédition, luy dirent qu'il falloit faire battre la caisse en divers quartiers. Laquelle proposition fut blasmée et improuvée par ledict Sr Broussel, qui remonstra à ces estourdis qu'il se falloit bien donner garde de faire aucun tumulte, et que nous n'estions pas dans le temps d'entreprendre telles choses. Enfin, par son authorité et ses remonstrances il empescha que ces furieux n'excitassent sédition. Entr'eux, un nommé Parrin des Coustures, secrétaire du

1. « Le marquis de La Boulaye, soit de sa propre folie, soit de concert avec le cardinal (Mazarin), voyant que sur l'émotion causée dans la place Maubert par ce coup de pistolet, et sur la plainte du président Charton, l'un des syndics, qui s'imagina qu'on avait pris Joly pour lui, se jeta comme un démoniaque (le parlement étant assemblé) au milieu de la salle du Palais, suivi de quinze ou vingt coquins, dont le plus honnête homme était un misérable savetier. Il cria aux armes, il n'oublia rien pour les faire prendre dans les rues voisines; il alla chez le bonhomme Broussel, qui lui fit une réprimande à sa mode. Il vint chez moi et je le menaçai de le jeter par la fenêtre. » (Retz, *Mémoires*, collect. Petitot, 2e série, t. XLV, p. 68.)

Roy, qui loge dans la paroisse Saint-Germain-de-l'Auxerrois, se feit remarquer pour l'un des plus ardens, comme il avoit dès-jà fait en plusieurs rencontres. Ces mesmes personnes s'en allèrent au logis de Mr le coadjuteur de Paris, pour voir aussy en quelle disposition il estoit; duquel ils reçeurent des réprimendes : et l'autorité de ses paroles et de ses remonstrances les feit retirer, sans faire aucune rumeur.

D'autre costé, l'on donna ce mesme jour, des advis à Mr le Prince[1] qu'il y avoit entreprise sur sa personne. Un nommé Pericard, marchand bonnetier, oncle d'un appelé Talbot, capitaine de mineurs, qui avoit servi soubs Mr le Prince, en alla donner advis fort tard à ce sien neveu qui le fit parler au Sr Girard, secrétaire de Mr le Prince. Et l'advis ayant esté examiné avec quelques autres officiers dudict seigneur, qui estoit alors au Palais-Royal, il fut résolu, veu que c'estoit une affaire présente et pressante, de luy porter encores après ceux qu'il avoit dès-jà receus.

Ce Pericard disoit qu'il avoit esté convié, par un bourgeois marchand de vin, de se trouver le soir de ce jour samedi IIe dans la place Dauphine, où il se devoit faire une assemblée de monde, pour quelque notable action, et que le mot du guet entre les compagnons estoit *Bordeaux*. Que s'estant trouvé dans l'assemblée, où il fut receu, ayant dict le mot, il entendit tenir des propos du dessein qu'avoyent ces gens

1. Louis II de Bourbon, prince de Condé, né à Paris le 8 septembre 1621, mort à Fontainebleau le 11 décembre 1686. La postérité lui a confirmé le nom de « grand » qui lui fut donné par ses contemporains.

attrouppés d'assassiner Mʳ le Prince, lorsqu'il retourneroit du Palais-Royal à son hostel[1]. Que cette proposition luy avoit semblé si détestable qu'il s'estoit escoulé de la trouppe le plus secrètement qu'il avoit pû, pour en venir donner l'advis. Mʳ le Prince qui en avoit dèsjà receu d'autres, pour ne pas mettre sa personne au hazard, demeura cette nuict au delà des ponts, dans le quartier de Saint-Honoré, et coucha chez les Prudhommes, baigneurs célèbres et fréquentés de toute la court. Et afin aussy de recognoistre le mauvais dessein de cette trouppe, il envoya ses carosses, avec tous ses valets de pied. Ce qui se passa sur le Pont-Neuf, lorsque les carosses y furent arrivés, fut divulgué et expliqué de cette sorte, le lendemain : que ces gens assemblés dans la place Dauphine estoient venus au premier carosse et avoient demandé s'il n'estoit pas à Mʳ le Prince ; ausquels le cocher respondit qu'il estoit à Mʳ le chevallier de Gramont, son premier Escuyer, et que celluy qui suivoit estoit celluy du corps de Mʳ le Prince : auquel ces assassins s'estant adressés, ils tirèrent plusieurs coups de pistolet et blessèrent un laquais du marquis de Duras qui estoit dans le carosse[2].

Ce mesme jour de samedi 11ᵉ les commissaires députés par le Parlement allèrent chez le Sʳ Joly, pour

1. L'hôtel de Condé était situé sur l'emplacement qu'occupent aujourd'hui le théâtre de l'Odéon, la *rue de Condé* et la *rue Monsieur-le-Prince*.

2. A la suite de ce fait, le prince de Condé lança une accusation de tentative d'assassinat contre le duc de Beaufort, le coadjuteur et Broussel, dont La Boulaye avait été l'agent. Mais on est convaincu que celui-ci n'avait agi, en cette circonstance, que pour le compte de Mazarin.

recevoir sa plaincte et recognoistre la plaie, par le rapport des chirurgiens; mais le premier appareil ne devant estre levé que le soir, ils se retirèrent et ordonnèrent qu'il ne pourroit estre levé qu'en leur présence. Il parut, à l'instant de l'assassinat de Joly, deux factions formées; et les plus judicieux voyoient au travers des discours différens de ceux de divers partis, beaucoup d'artifice et d'affectation.

Ceux de la court disoient que Joly et ceux que les factions de ce temps ont noté du nom de frondeurs, avoient complotté ce feint assassinat en sa personne; que toutes les assemblées tenues en divers lieux, soubs prétexte de faire payer les rentes, l'avoient produict et aposté, afin d'exciter la sédition dans Paris; que Joly avoit deffendu à son cocher et à son laquais[1] de crier et de courrir après cet assassin que l'on auroit pû prendre facilement. Et ces partizans de la court et de M^r le Prince, pour appuier la créance qu'ils vouloient que l'on prist en eux, ils disoient que le bruit de l'assassinat de Joly s'estant espandu par la ville, et la plaincte ayant esté portée au parlement, les chambres des enquestes s'estoient assemblées, le Sr Broussel avoit esté de l'advis cy dessus rapporté, La Boulaye avoit esté en quelques lieux, pour exciter la sédition; que le tout s'estoit faict de concert entre les frondeurs, qui en suitte devoient assassiner M^r le Prince et exécuter des desseins extraordinaires.

Les autres faisoient réflexion sur ce qui s'estoit passé quelques jours auparavant dans la maison du

---

1. Joly n'avoit point son laquais qui étoit allé devant chez M. de Champigny. (*Note du manuscrit original.*)

premier président, où les intéressés dans le payement des rentes de l'hostel-de-ville s'estoient assemblés, au nombre de trois cent et plus, pour se plaindre d'un arrest donné en la grand'chambre, qui cassoit les syndics nommés par les rentiers, qui avoient esté éleuz pour avoir l'oeil et prendre garde que les receveurs payeurs ne divertissent plus le fond destiné pour le payement des rentes; aux friponneries desquels le prévost des marchands et les eschevins estoient soupçonnés et accusés de conniver, pour leurs interests particuliers. Entre les rentiers qui s'assemblèrent chez le premier président, se rencontra le S* Joly qui eut quelques paroles assez aigres et piquantes avec M* de Champlastreux, fils du premier président. Cela donna à penser que Champlastreux, ou quelqu'un de ses amis, pour se venger de Joly et se ressentir des paroles qu'il luy avoit dictes : *Qu'il ne seroit jamais son juge*, avoit pratiqué cet assassin. Paroles que Champlastreux interprétoit comme luy ayant esté dictes par risée et reproche de la prétention qu'il a eu d'estre receu, en survivance, en la charge de premier président qu'exerce son père.

Le dimanche 12ᵉ s'employa à faire courir divers bruits contre les frondeurs et à exaggérer l'attentat prémédité contre M* le Prince. L'après-disnée il se tinst un grand conseil au Palais-Royal, où les gens du Roy furent mandés. Dans ce conseil assistèrent MM*ˢ le Duc d'Orléans, Princes de Condé et de Conty, Duc de Longueville, les Ministres d'Estat et entr'eux, l'abbé de La Rivière, en court manteau, pour ce qu'il avoit ramené, de Limours, M* le duc d'Orléans, en grande diligence et en cet habit.

M^r le Prince disna, ce jour, à l'hostel de Condé avec Madame sa mère, et M^r le Prince de Conty, son frère ; où il fut visité de toute la court ; et fut remarqué que Mr de Beaufort et ses amis et confidens n'y estoient pas venus ; dont ayant esté adverti, il alla, par deux fois, le chercher, et à l'hostel de Condé, et à son logis sur le quai ; où ne l'ayant trouvé et ayant appris qu'il souppoit chez M^r le mareschal de Grammont, il s'y en alla, pour luy faire ses compliments et l'asseurer de son service Et, luy ayant dict qu'il avoit veu le S^r de La Boulaye, mais, que de la façon qu'il luy avoit parlé, il osoit l'asseurer, sur sa vie et son honneur, que, s'il y avoit eu quelque entreprise sur sa personne, icelluy S^r de La Boulaye n'y avoit aucune part ; et que, s'il desiroit, présentement il le luy ameneroit, estant au bout de la rue. M^r le Prince dist qu'à cause de la reine et de ce qui s'estoit passé le matin, il n'osoit pas le voir ; et Mr de Beaufort le pressa et luy dist : « *Pour le moins, Monsieur, vous conviendrés avec moy que ce n'est poinct pour l'affaire du soir.* » En suitte, s'estant licentié d'avec M^r le Prince, M. le mareschal de Grammont faisant l'honneur de son logis, en le conduisant, l'engagea à demeurer à soupper ; ce qu'il feit.

Le lundi 13e M^r le duc d'Orléans, accompagné de M^r le duc d'Elbœuf et MM^{rs} les Princes de Condé et de Conty, accompagnés de M^r le duc de Saint-Simon, se rendirent, le matin, au palais, où toutes les chambres assemblées, M^r le duc d'Orléans parla avec beaucoup d'éloquence et de vigueur. Il représenta à la compagnie que la Reine, les Princes et les ministres, depuis la déclaration publiée en suitte de la paix du mois d'avril dernier (1649) et encores depuis le retour de Leurs Majestés en cette ville de Paris, n'avoyent eu autre dessein et pensée que d'entretenir la tranquillité et le repos et faire que la ville de Paris jouist de la paix. Et, cependant, nonobstant ces bonnes intentions, dont l'on avoit des témoignages assés manifestes, les factions n'avoyent point cessé dans Paris; et par ce qui s'estoyt passé samedi l'on avoit assés descouvert le grand nombre de séditieux et mal affectionnés au bien de l'estat. Il remonstra à la compagnie la conséquence de ce désordre, et la pria de prévenir, par remèdes convenables, ce mal qui pourroit s'accroistre. M^r le Prince parla aussy de l'assassinat que l'on avoit voulu commettre en sa personne; mais ce fut en peu de paroles. Le premier président[1] exaggéra tout ce qui s'estoit passé, et, comme s'il eust esté instruict de ce qui s'estoit tramé par les menées de quelque grande faction, il dist que ce qui avoit esté faict le samedi, estoit l'effet d'un complot machiné de longue main; que les autheurs avoient des desseins très pernicieux qui alloient à la subversion de l'estat : qu'ils avoient résolu d'assassiner plusieurs personnes; et il inséra, dans son discours, quelques paroles par lesquelles il donna à entendre qu'on le vouloit envelopper dans la mesme ruine que les autres.

Sur les conclusions des gens du Roy[2], il fut donné

1. Mathieu Molé. Le cardinal de Retz, qui était pourtant son ennemi, a dit de lui : « Si ce n'était pas une espèce de blasphème de dire qu'il y a quelqu'un, dans notre siècle, de plus intrépide que le grand Gustave (Adolphe) et M. le Prince, je dirais que ç'a été M. Molé, premier président. »

2. Blaise Méliant, procureur général; Omer Talon et Jérôme Bignon, avocats généraux.

arrest portant qu'il seroit informé contre ceux qui avoyent voulu exciter la sédition dans Paris, le samedi II° et encores contre les autheurs de l'assassinat prémédité et attenté contre la personne de M. le Prince.

Les commissaires nommés pour l'instruction du faict commis en la personne de Joly firent rapport de son audition par eux faicte et de l'estat de la playe qui sembla si peu de chose au premier président, qu'il dist que ce coup-là estoit très heureux; et, par sa contenance, il vouloit faire croire que le prétendu assassinat de Joly estoit une imposture et faict à poste, concerté entre luy et les chefs des frondeurs. Il fut néanmoins arresté que l'on informeroit contre les autheurs, à la requeste du procureur-général.

Le mardi 14° MM. les Princes retournèrent au palais, où se trouvèrent aussy avec M. d'Elbœuf, M. le duc de Vendosme et M. le duc de Mercœur, son fils. Les informations faictes contre les autheurs de la sédition furent leues : par lesquelles le marquis de La Boulaye se trouva chargé; contre lequel et un nommé Germain, autrefois advocat et prévost de la monnoie, et qui, depuis, avoit porté les armes, mesmes dans la guerre de Paris ; et contre un appelé Lagneau, marchand de vin, demeurant au port Saint-Paul fut décerné décret de prise de corps, suivant les conclusions des gens du Roy ; et il fut ordonné, en outre, que les informations seroient continuées par addition.

Cette procédure ainsy commencée, les commissaires ont continué les informations et audition des temoins, les 15, 16, 17, 18, et 19, du mesme mois de décembre ; et, en mesme temps, les lieutenans civil et criminel, ont informé d'office, de leur costé, sur les mesmes faicts.

Le samedi 18° un appelé Roquemont, fils du lieutenant-civil de Pezenas, lieu qui appartient à Madame la Princesse la mère, se rendit volontairement tesmoin. Il avoit esté lieutenant d'une compagnie de cavallerie du régiment de M* le Prince et estoit passé au service de M* de La Boulaye, dans la compagnie duquel il estoit lieutenant. L'on a prétendu tirer de luy des preuves touschant l'assassinat prémédité contre M* le Prince. Ce qui est à remarquer, au regard de cet homme, c'est que son père est mort depuis peu, et que Madame la Princesse a le droict de disposer de la charge qu'il exerceoit à Pezenas, qu'il a creu pouvoir mériter, par forme de récompense, déposant selon l'intention de M le Prince, qui a tousjours paru être persuadé qu'on l'a voulu assassiner; quoyque la vérité de la chose soit que ce Roquemont s'est volontairement rendu prisonnier, l'on a voulu faire croire qu'on l'avoit pris en un lieu où il s'estoit caché, et qu'il estoit instruict des desseins que l'on a dressés contre la personne de M* le Prince ; la vérité est que Roquemont, accompagné d'un de ses amis, alla trouver le S* Perrault, à qui il dist confidemment quelque chose. Perrault le mena, à l'instant, dans son carosse, chés le lieutenant-criminel, qui après l'avoir interrogé, l'envoya à la conciergerie. Duquel traictement, Roquemont tesmoigna, par ses cris et larmes, estre très indigné, s'estant offert si franchement.

Le lundi 20° MM** les Princes retournèrent au palais, où se trouvèrent, outre les précédens, M* le duc de Beaufort, accompagné de M** les ducs de Brissac, de

Luynes et de Raiz, et Monsieur le coadjuteur de Paris. Ce conseil pris par ces messieurs de se présenter et de venir avec l'asseurance de leurs visages, pour se deffendre, eux-mesmes, par leur bouche, a paru par les suittes et par l'issue, le plus prudent et le mieux conduict, qui ayt jamais esté pris en affaires de pareille conséquence.

Messieurs des enquestes, sur les instances des députés de Bordeaux, avoient délibéré entre eux, et chargé le plus ancien des présidens des chambres, d'entamer le discours sur l'affaire de Bordeaux[1], et prier M^r d'Orléans de vouloir entendre aux propositions que la compagnie en voudroit faire ; mais avec ordre de ne point insister à ne parler d'aucune autre affaire que l'on n'en eust délibéré, au cas que M^r d'Orléans en feist difficulté, comme il feit.

La compagnie ayant pris place, le président Perrot, comme le plus ancien de tous les présidens des enquestes, proposa l'affaire de Bordeaux, afin que la compagnie arrestast que la Reine seroit très humblement suppliée de vouloir donner la paix à cette province là, et de terminer, par son autorité, le différent entre le Parlement et le Gouverneur. M^r le duc d'Orléans respondit que l'affaire estoit accommodée. Coulon, conseiller, repartit et dist que les députés du Parlement de Bordeaux venoient de sortir de la Saincte

1. Le duc d'Épernon, gouverneur de la Guienne, avait excité un très-vif mécontentement à Bordeaux. Des émeutes s'en étaient suivies. Le parlement siégeant en cette ville s'était prononcé contre ce gouverneur, qui obtint des lettres patentes portant l'interdiction de cette cour de justice. Le parlement de Bordeaux envoya des députés à celui de Paris, pour le prier de lui venir en aide. C'est de cette affaire qu'il est ici question.

Chapelle et l'avoient asseuré qu'elle ne l'estoit pas, et que si Mʳ d'Orléans avoit aggréable, ils entreroient; et il répéta plusieurs fois la mesme chose. Mʳ le duc d'Orléans fut contrainct d'avouer qu'elle ne pouvoit pas estre dicte entièrement faicte, pour ce que les députés de Bordeaux n'avoient pas le plein pouvoir; mais qu'il osoit asseurer que les propositions et articles résolus seroient acceptés à Bordeaux, et avec joye. Mʳ le Prince asseura que la déclaration avoit esté envoyée il y avoit quatre jours, et que les députés ne pouvoient encores avoir nouvelles de l'acceptation, mais qu'il asseuroit que la déclaration arrivée, la paix seroit incontinent après conclue. Mʳ le duc d'Orléans, fit, au sortir de l'assemblée, quelque reproche à Coulon de sa façon de parler : néantmoins la familière conversation qu'a celluy-ci avec ledict seigneur duc, dans la maison duquel il fréquente souvent, faisoit croire que Son Altesse ne luy voudroit pas grand mal de la repartie qu'il luy avoit faicte.

La politique des princes les oblige, quelquesfois, d'anticiper le temps de la vérité et d'affirmer que les choses sont, auparavant qu'elles soient en nature. Car il est vray que la paix de Bordeaux n'estoit point faicte, et que l'on n'avoit encores envoyé aucune déclaration. Le premier président le dist, l'après-disnée du mesme jour, à l'un de ses amis, se plaignant des longueurs et irrésolutions de la court; et luy dist que son fils, Champlastreux, s'en alloit présentement, trouver le cardinal Mazarin, pour le presser de conclurre cet accommodement; et que le lendemain 21ᵉ il s'en iroit trouver la Reine et le cardinal, pour leur remonstrer qu'il estoit absolument nécessaire de terminer l'affaire de Bordeaux, et qu'autrement il estoit impossible d'achever cette grande affaire qui se présentoit dans le parlement, d'autant que les frondeurs opposeroient tousjours celle de Bordeaux. Ensuitte de la proposition de cette affaire de Guienne, les gens du Roy entrèrent et dirent qu'ils avoient trois choses à rapporter à la compagnie : l'une, l'addition aux informations ; la seconde, la requeste présentée par le Sr Joly, à la chambre de la tournelle, par laquelle il avoyt demandé qu'il luy fust permis d'informer sur son faict particulier, qui n'avoit rien de commun avec l'action du marquis de La Boulaye, sur laquelle MM^{rs} de la tournelle n'avoyent rien voulu ordonner, d'autant que les chambres assemblées estoient saisies de l'affaire. La troisième estoit une autre requeste présentée à toutes les chambres par ledict Joly, aux mesmes fins que celle qu'il avoit présentée à la tournelle. Le premier président opiniastra beaucoup et feit ce qu'il put, pour empescher que l'on ne délibérast sur la requeste de Joly ; mais, enfin, il fut emporté par toute la compagnie, et résolu que l'on en délibéreroit ; et, dans cette contestation, plusieurs mauvaises paroles luy furent dictes et reproches luy furent faicts en sa face, comme déniant de rendre la justice. Et cela donna à penser à plusieurs qu'il appréhendoit telles informations faictes à la diligence du Sr Joly, pour l'intérest de M. de Champlastreux, son fils, sur lequel il sçavoit que le soupçon de plusieurs personnes tomboit ; et que la moindre charge qui se trouveroit, dans les informations, contre son fils, l'exclueroit de pouvoir présider, dans la compagnie, au jugement d'une si importante affaire. Il appréhendoit aussy que, l'affaire estant portée à la tournelle, les présidens de Nesmond et de Bellièvre ne s'en rendissent les maistres, et qu'ils ne prissent l'occasion de se ressentir de quelques mauvaises satisfactions qu'ils ont de luy.

L'on mist ensuitte en délibération, si le président Charton pouvoit demeurer dans la compagnie, pour estre juge dans l'affaire de Joly : il passa, à toutes les voix (à la réserve de cinq), qu'il devoit s'abstenir, d'autant qu'il estoit complaignant, et qu'il avoit déclaré qu'on l'avoit aussi voulu assassiner. La lecture des informations fut remise au mercredi 22ᵉ. Jusques-là ceux qui ont remarqué de plus près la procédure du premier président, du président de Mesmes[1], et d'autres se sont apperceus qu'ils ont tousjours voulu conjoindre l'assassinat de Joly, l'attentat contre Mʳ le Prince et l'action de La Boulaye comme n'estant qu'une mesme affaire ; bien que la sédition, que le marquis de La Boulaye avoit voulu exciter fust un crime notoire, et qu'il ne pouvoit pas mesme y avoir de soupçon que le Sʳ Joly y eust aucune part. Il pouvoit y avoir plus d'apparence que l'assassinat prémédité contre Mʳ le Prince fust une suitte du dessein que l'on avoit veu esclatter, pour exciter tumulte dans Paris : mais l'un et l'autre n'avoit aucune connexité avec l'assassinat commis en la

---

1. Henri de Mesmes, frère de Claude de Mesmes, comte d'Avaux, l'un des négociateurs de la paix de Westphalie. Le cardinal de Retz, qui ne l'aimait pas, prétend qu'il était *tremblant comme la feuille* en présence de l'émeute qui grondait aux portes du parlement. Mais c'est là une calomnie. Henri de Mesmes était le digne collègue de Mathieu Molé, et il marchait, comme lui, entre les deux partis extrêmes.

personne de Joly; et il a tousjours paru que le dessein du premier président et de ceux de son party a esté d'envelopper et confondre l'affaire de Joly dans celle de La Boulaye et le prétendu assassinat en la personne de Mʳ le Prince, afin que toutes les lumières que l'on eust pu avoir pour manifester les autheurs, demeurassent esteintes et estouffées.

Pendant tout le temps que l'on a employé à faire les informations, le premier président a eu des conférences avec Mʳ le Prince, le cardinal Mazarin et M. Le Tellier, secrétaire d'Estat; et le Sʳ Perrault, secrétaire de Mʳ le Prince, est souvent allé, de nuict, chez le premier président, pour traicter ensemble. Le lieutenant criminel a communiqué les informations qu'il avoit faictes, audict Sʳ Perrault; et quelques uns ont dict, en présence de Mʳ le Prince.

La présence des ducs de Beaufort, de Brissac, de Raiz et de Luynes et du coadjuteur dans le parlement, diminua beaucoup la confiance du premier président et du président de Mesmes, et l'espérance qu'ils avoient conceue de faire passer cette affaire par où il leur plairoit; et le premier président l'avoua à quelques personnes; et avoit recogneu encores beaucoup de chaleur dans le parti de ces Messieurs qui, par leur présence, animèrent tous leurs amis.

Le mardi 21ᵉ l'on porta ordre de la court, à Mʳ l'Archevesque de Paris[1] de se trouver le lendemain au parlement : et cela se faisoit à dessein d'en ex-

---

1. Pierre de Gondi, cardinal de Retz, né à Lyon en 1533, archevêque de Paris en 1570. Son neveu, le célèbre cardinal de Retz, fut nommé son coadjuteur en 1598. Pierre de Gondi mourut le 17 février 1616, à l'âge de quatrevingt-quatre ans.

clurre Mʳ le coadjuteur : et Mʳ l'Archevesque vouloit y venir, mais la bonne fortune de Mʳ son neveu voulut que son mal ordinaire luy prist, de sorte qu'il ne put s'y rendre, et Mʳ le coadjuteur y assista et eut l'occasion de parler dignement et hautement, comme il feit, à sa justification. Il n'est pas hors de propos de remarquer la vérité du faict touchant Mʳ l'Archevesque, qui, nonobstant les prières de son frère de Gondy, père de l'Oratoire[1], et de ses neveux, fils de celluy-ci, à scavoir, MMʳˢ le coadjuteur de Paris et duc de Raiz, vouloit aller prendre sa place au palais; sans considérer qu'il faisoit un tort irréparable à Mʳ le coadjuteur, si luy donnant l'exclusion, il luy ostoit le moyen de se justifier par sa bouche.

N'ayant pu rien obtenir de luy, pour le persuader, ils se servirent de l'entremise de l'un de ses domestiques, auquel il a grande créance : aussy luy déférat-il plus qu'à son frère et à ses neveux.

Le mercredi 22ᵉ tous les susdicts princes, ducs et pairs retournèrent au palais; et, de surcroist, s'y trouva le mareschal de La Mothe-Houdancourt, conseiller honoraire, en compagnie de Mʳ le Prince ; et s'y rendirent dès les sept heures du matin. Dès l'entrée, il y eut grande contestation touchant la requeste présentée par le Sʳ Joly, sur laquelle l'on devoit délibérer, suivant l'arrest du 20ᵉ. Mais le premier président, avec une véhémence toute extraordinaire, s'y

1. Philippe-Emanuel de Gondi, né à Limoges en 1581. Il fut général des galères, et seconda saint Vincent-de-Paul dans la fondation de ses œuvres de bienfaisance. Il entra dans la congrégation de l'Oratoire après la mort de sa femme. Il était le père du coadjuteur, et mourut dans sa terre de Joigny le 29 juin 1662.

opposa, et dist qu'il s'agissoit de l'intérest du Roy, de sa personne et de son Estat, qui devoit estre préféré à celluy d'un particulier; qu'il estoit nécessaire de poursuivre l'instruction du procès et voir les informations faictes contre ceux qui avoient conjuré de se saisir de la personne du Roy, d'assassiner M^r le Prince, le chancellier et les principaux ministres, luy mesme qui parloit et plusieurs autres de la compagnie; que cette conjuration, qui devoit faire soulever Paris, tendoit à la ruine de l'Estat et que les conjurez avoient intelligence avec les ennemis de la France. Le président de Mesmes appuya la déclamation de son collègue par un long discours estudié ; et, l'un et l'autre, parlèrent avec tant de véhémence et de hardiesse, que pas un de la compagnie, par respect aux intérests du Roy et de l'Estat, dont ces deux présidens vouloient qu'il s'agist seulement en cette affaire, ne voulut presser davantage la délibération sur la requeste de Joly.

Les gens du Roy entrèrent à l'instant dans la grand'-chambre et apportèrent les informations, afin qu'elles y fussent leües, sur lesquelles mèsmes ils n'avoyent point encores dressé leurs conclusions, et ils n'avoyent pas leu la déposition de Roquemont. La reigle ordinaire et prattique du palais vouloit que les informations fussent leues, selon l'ordre des dates des dépositions : cependant le premier président voulut que la déposition de Roquemont fût leue la première, bien qu'il n'eust esté interrogé que le jour précédent et assez tard. Cette affectation fut remarquée, comme si le premier président eust esté asseuré que les charges qu'elle contenoit estoient si violentes qu'elles rendroient les accusés convaincus; et que cette lecture préoccuperoit tellement l'esprit des juges, qu'il ne leur resteroit aucun scrupule dans l'âme. Et d'autant que cette déposition de Roquemont n'avoit encores esté mise en grosse, la minutte fut leue par le greffier criminel Drouet.

La déposition dudict Roquemont chargeoit principalement Hericourt, gentilhomme appartenant à Mr de Beaufort, que le déposant disoit avoir esté, le 11e au soir, sur les six heures, au bout du Pont-Neuf, avec le marquis de La Boulaye. Mr de Beaufort interrompit et dist que cela estoit faux et qu'il justifieroit qu'Hericourt n'avoit point esté avec le marquis de La Boulaye, tout ce jour là. L'on luy imposa silence, et luy fut dict qu'il ne pouvoit parler, en se deffendant, ou quelque autre, dans la place où il estoit; de manière qu'il se teut.

Les trois dépositions qui furent leues en suitte sont très remarquables, tant par la qualité des tesmoins, que par les circonstances qui les accompagnent.

Ces témoins sont.... Canto[1], S^r de La Comette ou de Comen, Béarnois, qui a esté dans les trouppes de Paris, pendant les derniers mouvemens, et il est présentement commis de La Rallière, grand maltostier, qui l'a produit; et l'on sçait aussi que ce M^r de La

1. Le cardinal de Retz dit qu'il avait été condamné à être pendu à Paris, et que Pichon avait été mis sur la roue, en effigie, au Mans; enfin, qu'il y avait preuve de fausseté à la tournelle contre Sociendo, puis il ajoute : « La Comette, Marcassar, Gorgibus, filoux fieffés. Je ne crois pas que vous ayez vu, dans les petites Lettres (*les Provinciales*) de Port-Royal, des noms plus saugrenus que ceux-là, et Gorgibus vaut bien Tambourin. »

Comette a esté ministre des plaisirs du mareschal de Grammont. Le second s'appelle.... Pichon, S^r de La Charbonnière, produict par Cohon, Évesque de Dol, prélat fameux. Ce Pichon a porté les armes pour la ville de Paris, dans les trouppes du marquis de Duras, et avoit esté son lieutenant ; et, pendant ce temps là, il desrobba des chevaux, pour lequel vol peu s'en fallut qu'il ne fust condamné au gibet.

Le troisiesme s'appelle Sociendo, marchand Bourdelois, qui s'est donné, dans les informations, la qualité de député du peuple de Bordeaux, pour entretenir intelligence avec celluy de Paris. Ce personnage, pour dresser des pièges aux moins advisés, tenoit des discours injurieux contre la Reine, et si infâmes qu'ils foisoient horreur. Il traictoit de mesme langage le cardinal Mazarin. Il s'estoit logé dans le voysinage du Sr Guyonnet, député du Parlement de Bordeaux, qu'il visitoit souvent et ne manquoit jamais de l'aller trouver sur le poinct qu'il achevoit ses despesches pour Bordeaux ; et faisant le zélé en paroles, il s'acquist la confidence du Sr Guyonnet, qui s'est laissé surprendre, et a esté si simple que de confier ses paquets à Sociendo, qui, au lieu de les mettre au bureau de la poste, les portoit au cardinal Mazarin. Depuis que ce Bourdelois s'est signalé de la sorte, l'on a sceu qu'il estoit fils d'un Portuguais Mahométan, banqueroutier à Bordeaux ; et, à présent, estoit maquereau dans le Marais, et espion de la Rallière sur le port au foin.

Ces deux premiers tesmoins se sont trouvés munis de brevets du Roy, signés Le Tellier, dont le premier en date est du 6e novembre 1649, par lesquels le Roy leur donne asseurance et indemnité de pouvoir assister dans toutes les assemblées des factieux, qui travailloient à exciter nouvelle sédition dans Paris ; sans que, pour cela, ils peussent encourrir aucun crime, n'y estre tenus pour complices des actions qui s'y pourroient commettre. A la faveur de tels brevets, ces deux, Canto et Pichon, et Sociendo, sans commission par escrit, se sont meslés et intrigués, l'espace de six semaines, avec les plus zélés et ardens de Paris, pour la conservation des rentes de l'hostel-de-ville, dont l'affaire s'est traictée, avec très grande chaleur, pendant les mois d'octobre et de novembre. Et d'autant que le nombre des intéressés estoit grand, il s'est souvent faict des assemblées des rentiers, afin d'adviser aux moyens de se faire payer. Et comme, en une si grande multitude d'intéressés de toutes conditions et humeurs, il se trouve des furieux et estourdis, que la phrénésie et passion emportent à dire des choses autant criminelles qu'extravagantes, et autant difficiles, voire mesme impossibles à exécuter, qu'elles ont esté facilement poussées au dehors par la violence de l'imagination eschauffée et remplie d'espèces chimériques, il s'est rencontré des personnes, entre ces rentiers, dont la bile s'est allumée et qui, transportées de fureur et de passion, peuvent avoir tenu des discours et faict des propositions très criminelles. Avec telles personnes, ces trois tesmoins ont long temps prattiqué, comme avec ceux qui estoient plus propres à fournir matière à l'employ dont ils s'estoient chargés par les brevets. Employ certainement qu'ils avoient recherché, ou accepté, lorsqu'ils en ont esté recherchez, veu qu'aucun d'eux n'estoit intéressé dans le payement des rentes. Et l'on peut vraysemblablement présumer que telle canaille, par discours séditieux et aggréables aux esprits transportés de passion, auront encores irrité d'autant plus la fureur de ces estourdis, qui auroit pu estre appaisée et tempérée par les remonstrances de gens sages et prudens.

L'imprudence des ministres, qui, par des brevets et contre-lettres, ont donné la licence et la hardiesse à ces scélérats, a esté telle qu'ils ont, par ce moyen, fomenté les semences de la sédition : de sorte que, si l'action de La Boulaye eust esté suivie d'un tumulte, il n'y a pas de doubte que ceux que ces trois infames avoient provoqués, par leurs discours séditieux, eussent porté le feu par tous les quartiers de Paris et eussent allumé une sédition très pernicieuse; et la seureté qu'ils avoyent donné à cette canaille, afin de descouvrir l'intention des personnes, eust servi à embraser une autre fois tout l'Estat, et l'eust précipité en un abysme de confusions. Ils n'ont pas esté plus sages et advisés, lorsqu'ils se sont servis du tesmoignage de ces gens de bien, sans supprimer les brevets qui destruisent la foy de telles personnes, gagnées, non seulement pour estre inspecteurs et tesmoins oculaires, mais encores pour tendre des pièges aux simples et surprendre l'innocence la plus ingénue. Sorte d'hommes tousjours détestée et abhominée en tous les siècles; qui n'a trouvé employ que sous les Tibères, Caligules, Domitians, et autres monstres tirés de l'enfer, par la justice de Dieu, lorsqu'il a voulu chastier le genre humain et mettre la confusion dans les Estats et la société civile. Si, dans le dessein qu'ils avoient, ils eussent travaillé finement et adroictement, ils devoient se servir de ces gens là pour délateurs secrets et en avoir d'autres subordonnés, que Canto et Pichon auroient indiqués, pour servir de tesmoins.

Les dépositions de ces trois sont en forme de journal, dans lequel ils rapportent, de jour en jour, ce qu'ils ont ouy dire à ceux avec qui ils avoient contracté familiarité. Ceux qui sont chargés sont : le nommé Parrin des Coustures, secrétaire du Roy, capitaine de son quartier, dans la paroisse Saint Germain-de-l'Auxerois; Des Martineaux, qui a esté prévost de Melun et advocat; Portail, advocat, natif de Poitiers; les appelés Belot et Germain. Ces tesmoins chargeoient encore Mr de Beaufort; le coadjuteur de Paris; Broussel, conseiller; Charton, président aux requestes du palais, et Joly; et, outre cela les nommés Parmentier et Matharel, et M[r] le marquis de Noirmonstier.

Des Coustures est accusé d'avoir dict qu'il falloit tuer M[r] le Prince, d'Emeri[1], le chancelier[2] et tous les partizans; qu'il falloit en faire autant du premier président, qu'il estoit un meschant homme, et que le Prince et luy estoient deux testes en un bonnet. Et Des Martineaux se trouve chargé d'avoir dict, que, s'il ne se rencontroit personne qui voulust tuer M[r] le Prince, qu'il feroit faire le coup par son fils appellé Granvilliers. Et, en general, ils deposent que ces bourgeois desnommés dans les informations, complottoient et ourdissoient la trame d'une conjuration la plus ardue et difficile, mais furieuse et funeste, dont la mémoire des hommes puisse fournir aucun exemple.

1. Michel Particelli, seigneur d'Émery, surintendant des finances.
2. Pierre Séguier.

Il importe cependant beaucoup de ne pas exagérer et relever les desseins et entreprises de cette nature au-dessus des forces des entrepreneurs et autheurs, d'autant que la vraysemblance les destruit, et il est plus difficile de persuader qu'elles soient tombées dans l'esprit d'un ou de plusieurs hommes, auxquels les moyens manquent pour l'exécution.

Lorsque M^r le coadjuteur de Paris entendit que ces tesmoins le chargeoient d'avoir receu La Boulaye et ces séditieux, dans sa maison, le samedi après midy, il voulut parler, aussy bien que Mr de Beaufort avoit voulu faire; mais il fut interrompu par Messieurs le premier président et le président de Mesmes, en luy disant qu'il ne pouvoit parler et se deffendre, de la place en laquelle il estoit, et qu'il en verroit bien d'autres.

La déposition du laquais du Sr Ferrand, président des Comptes, en Bourgogne, fut aussy leue. Il faut remarquer que le Sr Ferrand est logé sur le quai, dans une maison qui a communication avec celle de M^r le Prince, duquel il faict profession publique de dépendre. Ce laquais, dans sa deposition, dict avoir esté envoyé par son maistre au port Saint-Landri, porter des fruists à l'un de ses amis[1] : d'où estant sorti, il veid grand nombre de personnes qui sortoient de la maison de Mr Broussel, qu'il suivit jusques en la maison de M^r le coadjuteur : et eux estans montés dans

---

1. Le port Saint-Landry était situé sur l'emplacement où se trouve aujourd'hui le quai Napoléon. C'étoit, dit Du Breuil, le port « où abordoient les basteaux chargez de vivre ou d'autres provisions qu'on amenoit par eaux ; d'où est venu le proverbe : *c'est le port Saint-Landry, le vieil passage.* » (Antiquitez de Paris, 1639, p. 71). Broussel demeurait rue Saint-Landry, auprès du port.

la sale de cette maison, il demeura dans la court; et il dict qu'au sortir il entendit parler de s'assembler, le soir, et du mot du guet : *Bordeaux*. Lorsqu'il fut de retour au logis, il racompta tout haut au Sʳ Ferrand, son maistre, ce qu'il avoit veu et entendu : avec lequel se rencontra alors le Sʳ de La Berchère, maistre des requestes, frère du premier président de Grenoble; qui entendit aussy la relation de ce laquais. MMʳˢ Ferrand et de La Berchère demeurèrent d'accord entre eux de ne poinct parler de ce qu'ils avoient entendu de ce laquais, auquel ils commandèrent le silence; mais le Sʳ de La Berchère sortit et observa très mal ce dont il avoit convenu avec le Sʳ Ferrand : il s'en alla chez Mʳ Servien[1], à qui il communiqua ce qu'il avoit appris de ce laquais ; et celluy-là, à l'instant, en escrivit un billet au cardinal Mazarin, qui l'envoya aussytost au Sʳ Perraut; et cettuy-ci, à l'heure mesme, envoya au logis du Sʳ Ferrand, qui recogneut le peu de sincérité du Sʳ de La Berchère, et commanda à son laquais de dire naïvement tout ce qu'il sçauroit.

Il y eut encores quelques autres dépositions de tesmoins, mais de moindre considération que les premiers.

Pendant la lecture des informations, qui dura quatre heures, les gens du Roy travaillèrent à dresser leurs conclusions, et eurent grant différent et contention entr'eux. Mʳ le procureur général Melian estoit d'avis de conclurre, non seulement contre ces bourgeois, mais encores contre MMʳˢ de Beaufort, le coad-

---

1. Conseiller d'État, qui a pris une grande part au traité de paix de Westphalie, né en 1593, mort le 12 février 1669.

juteur de Paris, Broussel, Charton et Joly. Les deux advocats du Roy, MM^{rs} Talon et Bignon, furent de contraire avis, ne trouvant pas de quoy, par les informations, de conclurre, et principalement contre les trois premiers. Le procureur général l'emporta dessus les deux autres, et, pour ses raisons, il leur dist qu'il tenoit la plume et qu'il estoit maistre de l'affaire; et, qu'au reste, il avoit bon garend de son action. Quelques personnes bien informées ont asseuré que les conclusions avoient esté concertées avec le chancellier. L'on a aussy descouvert que le procureur général avoit pris ses conclusions contre MM^{rs} de Beaufort, le coadjuteur et Broussel, ayant esté prattiqué et sollicité par Mr de Chavigny, à qui Mr Melian a l'obligation de sa charge de procureur général, et Mr de Chavigny avoit faict cette sollicitation, à l'instance de M^r le Prince, auquel il s'est attaché depuis longtemps, pour s'appuyer de sa faveur et de son crédit.

Le procureur général seul apporta les conclusions qui portoient décret de prise de corps contre Des Coustures et sa femme, Belot, Portail, Des Martineaux, père et fils; adjournement personnel contre Mrs Charton et Joly : et que MM^{rs} de Beaufort, le coadjuteur et Broussel seroient assignés pour estre ouys à la court. Les deux advocats du Roy trouvèrent fort estrange la façon de procéder de leur collègue; et, comme l'on a appris d'eux, ils furent sur le poinct de venir déclarer à l'assemblée qu'ils n'estoient poinct de l'advis des conclusions, desquelles la compagnie demeura fort indignée, y voyant ces derniers Messieurs compris. L'on remarqua aussy que le marquis de Noirmonstier, quoyque chargé par les dépositions, et aussy les nommés Matharel et Parmentier n'estoient poinct compris dans ces conclusions. Le crédit du chancellier en avoit excepté Matharel, qui luy estoit redevable du prix d'une charge au sceau, qu'il avoit nouvellement acheptée, et que le chancellier apprehendoit de perdre, si Matharel eust esté compris dans les conclusions.

La lecture de ces informations et conclusions estant achevée, il fut question de délibérer : et d'autant, que, par ces conclusions, il y en avoit quatre de la compagnie qui estoient notez, il estoit raisonnable qu'ils se retirassent, et on leur dist qu'ils devoient le faire : à quoy Messieurs de Beaufort et le coadjuteur consentirent volontiers. Mais Mr Broussel dist qu'il estoit prest de sortir, pourveu que M^r le premier président se retirast aussy; et luy addressa la parole, en cette sorte : « Monsieur, vous scavés bien, en vostre conscience, que vous ne pouvés pas estre mon juge, et les raisons vous en sont cogneues. » Il fut donc question de délibérer touchant ceux qui devoient s'abstenir; et MM^{rs} de Beaufort et le coadjuteur furent rappelés. Mr Broussel estant venu en ordre d'opiner, parla ainsi : que ce qui se faisoit aujourd'huy contre luy, estoient les effets d'une haine invétérée qu'on luy portoit, pour s'estre opposé aux désordres et corruptions que l'on avoit voulu autoriser dans la grand' chambre. Que c'estoit une chose insupportable et digne de compassion de voir qu'on ayt comploté de l'opprimer par de fausses accusations et tesmoins subornés. Qu'il pouvoit prouver que l'on avoit sollicité et suborné des tesmoins, pour déposer contre luy. Que ceux qui le chargeoient, par leurs dépositions, estoient gens de néant et corrompus. Que ce qui paroissoit mesmes par les informations, alloit autant à le descharger qu'à l'accuser. Qu'il estoit vray que, le samedy, quelques gens vinrent chez luy fort eschauffés, qui luy proposèrent de faire battre la caisse en plusieurs quartiers; ce qu'il détourna et empescha, par ses remonstrances; et il les renvoya tous dans leurs maisons. Enfin, son advis fut que tous les intéressés et tous leurs parens, au dégré de l'ordonnance, devoient s'abstenir, tant ceux qui estoient nommés dans les conclusions, que ceux contre lesquels les tesmoings, par leurs dépositions, asseuroient qu'il y avoit eu dessein; qui, par cela, devenoient parties intéressées.

M*r* le coadjuteur de Paris commencea par ces paroles[1]: « Messieurs, c'est icy la suite du complot commencé, dès hier, contre moy; par lequel l'on a voulu m'opprimer. Hier l'on envoya ordre du Roy à M*r* l'Archevesque de Paris, de se trouver aujourd'huy, dans cette compagnie, afin de m'en exclurre et de m'oster le moyen de me deffendre et de me justifier, par ma bouche. » Il adjousta que cette trame estoit la plus meschante et diabolique que l'on puisse se l'imaginer; et qu'il avoit des preuves et des lumières, que, par faussetés et suppositions, l'on avoit voulu le perdre. Que si l'on eust voulu luy permettre de parler, lorsqu'il avoit ouvert la bouche, pour se deffendre des

1. « J'ôtai mon bonnet pour parler, dit le cardinal de Retz, dans ses Mémoires; et le premier président, ayant voulu m'en empêcher, en disant que ce n'était pas l'ordre, et que je parlerais à mon tour, la sainte cohue des enquêtes s'éleva, et faillit à étouffer le premier président. » Retz donne ensuite son discours.

choses que l'on luy mettoit sus, qu'il s'asseure que les gens du Roy n'eussent pas esté si avant que de le nommer dans leurs conclusions. Qu'il estoit vray que quelques gens, disposés à esmouvoir sédition, estoient venus en sa maison, le samedi 11° mais qu'il estoit vray aussy qu'il les empescha d'exciter aucun tumulte, par les remonstrances qu'il leur feit; et qu'il pria aussy le marquis de La Boulaye de se retirer et sortir de sa maison, après l'action qu'il venoit de commettre; et qu'il avoit plusieurs personnes de la court pour tesmoins, et entr'autres MM^{rs} les abbés Tubœuf et de Tonnerre; et que le S^r de La Boulaye luy dist qu'il n'estoit venu là, que pour demander pardon à Mr de Beaufort de la faute qu'il avoit commise, estant logé dans sa maison. Que son advis estoit que véritablement tous les intéressés devoient s'abstenir, tant ceux contre lesquels les accusés avoyent eu dessein, que ceux contre qui les gens du Roy avoient conclu.

Mr de Beaufort, en opinant dist, qu'encores qu'il n'eust pas esté instruit dans toutes les formes de la justice, que, néantmoins par les cognoissances qu'il avoit acquises dans la compagnie, il luy sembloit raisonnable que tous les intéressés devoient s'abstenir. Et il s'addressa, de cette sorte à M^r le premier président : « Et vous, Monsieur, qui voulés estre assassiné, il est raisonnable que vous vous absteniés. »

Le Sieur Quatresous, opinant sur ce faict, releva la forme des informations, la qualité des tesmoins et les contrelettres; et il soustinst qu'il n'y avoit aucune apparence que personne de la compagnie eust voulu attenter à la personne de M^r le Prince, pendant la paix, puisque, pendant la guerre et lorsqu'il travailloit à nous faire mourir de faim, il n'estoit sorti, dans la compagnie, que des termes d'honneur et de respect, lorsqu'on avoit parlé de luy. Paroles que Mr le Prince ne trouva pas mauvaises.

Finalement la délibération passa de cent voix contre octante, que, seulement les nommés dans les conclusions des gens du Roy s'abstiendroient, quant à présent. Mr le président de Thou, parent au quatriesme degré de Mr le Prince, s'abstint et se déporta de cognoistre de l'affaire, suivant l'ordonnance. Il creut que les autres intéressés feroient de mesme, comme ils estoient obligés par les lois de l'honneur et de la conscience.

L'assemblée avoit commencé devant les huit heures du matin, et ne finit qu'à quatre heures du soir. Mr d'Orléans, après que la compagnie fut levée, fit de grandes caresses à Mr Broussel, et luy rendit des tesmoignages de l'estime qu'il faisoit de sa probité et vertu. Il dist aussy à quelques uns, que, dans toutes ces informations il n'y avoit que des bagatelles, et qu'il n'y avoit pas de quoy faire fouetter un chat.

MM{rs} les Princes, en se retirant, passèrent toute la sale, sans qu'aucun donnast signe d'applaudissement; mais, lorsque Mr de Beaufort passa, après eux, avec Mr le coadjuteur, il fut recueilli par les applaudissemens de plusieurs centaines de personnes qui les environnèrent.

Le jeudi 23°, Mr de Beaufort, accompagné de MM{rs} de Brissac, de Luynes, de Raiz et du coadjuteur de Paris, s'en alla au palais, pour demander justice et la continuation de la délibération, pour leur justification ; où estans entrés, les enquestes s'y rendirent à l'instant.

Le premier président se trouva seul sur le grand banc, les autres présidens ne s'y estans point rendus ce jour là. MM^{rs} les Princes aussy ne s'y trouvèrent pas. Toute cette séance fut employée à faire des insultes et reproches au premier président. Mr de Beaufort luy feit reproche, comme à l'auteur de l'accusation dont il estoit noté d'avoir eu intelligence avec des coquins qui avoient faict dessein d'assassiner luy, premier président; et il luy parla de cette sorte : « Vous sçavez, Monsieur, que M^r le coadjuteur et moy vous avons sauvé la vie, par trois fois, et que c'estoit faict de vous, si nous n'eussions retenu le peuple qui estoit animé contre vous. » Le premier président luy respondit qu'il estoit vray. Et, sur cela, Mr de Beaufort continua et luy dist : « Monsieur, vous nous rendés aujourd'huy d'estranges tesmoignages de vostre recognoissance, de nous avoir faict comprendre au nombre des accusés. » Le premier président feit de grands sermens et affirma de n'avoir jamais veu les informations. M^r le coadjuteur luy feit de pareils reproches, et passa aux attachemens d'intérêt que le premier président avoit à la court, de laquelle il avoit receu en dons et gratifications cent mille livres de rente; et de fraische date, la Trésorerie de la Saincte-Chapelle. Mr Broussel y adjousta aussy, pour son regard, que la haine qu'on luy portoit, venoit de ce qu'il s'estoit opposé à toutes les violences et friponneries que l'on avoit voulu autoriser dans la grand'chambre. Plusieurs luy feirent plusieurs autres reproches, et aussy du déni de justice en l'affaire de Joly qu'il a tousjours éludée, et empesché que l'on ne délibérast sur les requestes qu'il a présentées. Le premier président fut si mal traicté, cette matinée, qu'il excita la pitié et compassion de ceux mesme qui improuvoient sa procédure.

Le Sieur Quatresous, conseiller, agita fort les brevets et contre-lettres données à des tesmoins ; et parlant des espions, il dist qu'en l'année 1648, lorsque quelques personnes s'en vinrent, par ordre de la court, aux environs de la maison de Mⁱ le président de Mesmes, pour espier et observer qui entroit et sortoit de son logis, celluy-ci envoya le prier de vouloir parler de cette action et de la relever comme tyrannique. Traict de la prudence de Mⁱ le président de Mesmes, qui, dans les choses qui touchent la cour, va si réservé qu'il aime mieux passer (pour) pusillanime, que de rien faire contre le gré des ministres ; et s'il est trop picqué au jeu, il sçait se servir addroictement du ministère d'autruy.

Le vendredi 24ᵉ, MMⁱ les Princes, les ducs et pairs et conseillers honoraires ci-dessus nommés se trouvèrent au psrefe. Mⁱ le duc d'Orléans blasma l'action et l'assemblée du jour précédent, et il dist que l'on n'avoit pu s'assembler. Mⁱ Brizart, conseiller de la troisième des enquestes, respondit que ce n'estoit que la continuation de l'assemblée desjà commencée. Ce jour, MMⁱˢ de Beaufort, le coadjuteur de Paris, Broussel et Charton présentèrent leur requeste de récusation contre le premier président, son fils Champlastreux et toute leur parenté, veu qu'ils estoient intéressés et parties dans l'affaire. Cette requeste, outre les causes de récusation, contenoit encores des plaintes touchant la façon de procéder que l'on tenoit en cette affaire ; et la qualité des tesmoins dont la vie est infâme.

Mⁱ Broussel, s'adressant à Mⁱ le Prince, luy parla

ainsi : « Monsieur, nous avons mesmes causes de récusation contre vous que contre M^r le premier président ; mais nous avons creu que vous estiés assés généreux et juste pour vouloir vous abstenir d'estre juge en cette cause. Vous sçavés que vous estes homme, et par conséquent susceptible de passion, et surtout, en cette affaire, où l'on a faict de si mauvaises procédures. » A quoy M^r le Prince ne respondit rien.

Le Sr Joly présenta pareille requeste, et aux mesmes fins ; et M^r le premier président passa deux fois le barreau, pour se deffendre des causes de récusation contre luy alléguées, après avoir eu communication des requestes. Et encores que pour l'ordinaire, tous les juges récusés s'abstiennent, sans aucune contestation, le premier président allégua les raisons pour lesquelles il devoit demeurer, et il insista avec telle véhémence, que l'on voyoit manifestement qu'il agissoit, en cette affaire, comme partie intéressée, et non comme juge désintéressé.

La troisiesme requeste de récusation fut présentée par le nommé Portail, contre Mr Hennequin, Sr de Bernay, d'autant qu'il est oncle du S^r Le Féron, prévost des marchands, contre lequel Portail a procès en qualité de rentier ; et aussy, à cause qu'il est autheur du Factum pour les rentiers, contre le dict S^r Le Féron. Les uns et les autres se retirèrent, scavoir est : le premier président et ceux qui estoient récusés avec luy, dans le greffe ; et les récusans, dans la quatrième chambre des enquestes. Le président de Mesmes voulut qu'on regardast s'ils estoient dans le greffe et que la compagnie en fust asseurée ; affectation jugée ridicule et pédantesque, en cette rencontre, de vouloir, par une bagatelle, faire observer exactement les formes; pendant qu'au mesme lieu et à la mesme heure, contre toutes les formes, au préjudice de la dignité de la compagnie, la grand'chambre se trouvoit pleine d'estrangers, dont il y en avoit d'armés. La matière fut mise en délibération, et les causes de récusation alléguées contre M. le premier président furent examinées. Le premier advis fut celluy des rapporteurs : *Qu'il pouvoit demeurer*. Il fut suivi par tous ceux de la grand'chambre, trois exceptés. Entre ceux qui furent de ce premier avis, M. Sevin, conseiller de la grand'chambre, dist en opinant, : *Qu'il falloit que M. le premier président demeurast, et que mesmes il ne devoit pas sortir de sa place, pour respondre sur les faicts de la requeste.* Qui estoit une adulation putide (*sic*) et insupportable ; et il exaggera son advis, de sorte qu'à l'entendre, l'on eust dict que le salut de l'estat en dépendoit. La considération de son interest particulier, pour avoir le sac et n'estre pas oublié dans les distributions des procès, luy donna le courage d'opiner de la sorte. Le second advis fut ouvert par M. Laisné, aussy de la grand'chambre, qui fut que M. le premier président ne pouvoit demeurer juge, ny aucun de ses parens, au degré de l'ordonnance.

Le troisiesme fut ouvert par M. Portail, qui estoit que l'on laissast à la rellgion du premier président de s'abstenir.

Il n'y eut, cette journée, que huict de Messieurs des enquestes qui peussent opiner, et la parole demeura à M. Quatresous, qui fut d'advis que M. le premier président s'abstînt. Il allégua pour raison que luy estant partie, et prétendant qu'il dépendoit des délibérations de la grand'chambre d'assembler toutes les autres, qu'il avanceroit ou reculeroit la procédure de cette affaire, selon son appétit. Qu'il n'y avoit pas lieu de s'estonner si l'on récusoit un premier président, puisque tout le parlement de Provence avoit esté récusé ; en suitte de quoy l'on avoit accordé des évocations générales.

A l'issue de l'assemblée, il y eut quelques uns du bas peuple qui crièrent : *Vive le Roy et Mr de Beaufort !* lorsque celuy-ci passoit au travers de la salle. D'autres aussy disoient tout haut : *Chapeau bas, c'est Mr de Beaufort.* Acclamations qu'ils n'avoient point données à MM^rs les Princes; de quoy M^r le Prince, qui les entendit, fut fort touché, et il dist à M^r d'Orléans que ce n'estoit que quelque canaille qu'il pouvoit dissiper, y envoyant ses gardes ; et desjà, le vicomte d'Autels, qui en est le capitaine, se préparoit à aller charger tels acclamateurs, lorsque M^r le duc d'Orléans l'empescha ; et si les mouvemens de M^r le Prince eussent esté suivis, il en eust, peut-estre, réussi quelque notable esclandre et rumeur.

Le samedi 25°, jour de Noël, M^r le coadjuteur prescha, devant vespres, à Saint Germain-de-l'Auxerrois, et il ne toucha que des points de théologie, sans toucher directement ny indirectement des affaires présentes.

Le 26, à deux heures du matin, M^r le Prince, qui estoit allé à Trie, M^r le Prince de Conty et Madame de Longueville leur sœur, assistèrent au mariage du duc de Richelieu, avec la fille du Sr du Vigean, vefve du Sr de Pons Myossans. Et ce mariage, autorisé par

Mʳ le Prince, au desceu de la duchesse d'Aiguillon, tutrice du duc de Richelieu, et de la Royne et de son conseil, dont Sa Majesté fut fort irritée contre Mʳ le Prince, sans luy en tesmoigner autre chose, sinon qu'elle luy dist que Madame d'Aiguillon feroit rompre ce mariage, comme clandestin. A quoy Mʳ le Prince respondit qu'il ne pensoit pas qu'un mariage autorisé par sa présence, pust estre rompu, comme clandestin. Mais la Reine se reserva, au 18 janvier suivant, à luy faire sentir les effects de son indignation[1].

Le mercredi 29ᵉ décembre, MMʳˢ les Princes assistèrent à l'assemblée ; et, à l'entrée, le Sʳ Joly et ceux qui agissoient pour luy, présentèrent une nouvelle requeste de récusation, avec une expression plus ample des causes d'icelle, contre Mʳ le premier président et son fils ; et encores contre MMʳˢ Doujat, père et fils, alléguans la parenté, en celle-cy ; mais il pouvoit encores adjouster que ledit Sʳ Doujat, dans les commencemens de l'instruction de cette affaire, s'estoit déclaré avoir créance entière que le prétendu assassinat commis en la personne de Joly, estoit une fourbe et un complot faict avec les frondeurs de se faire assassiner, pour exciter sédition.

Mʳ de Beaufort, le coadjuteur et Broussel présentè-

---

1. Armand de Vignerot, duc de Richelieu, né en 1629, mort en 1715, était héritier du nom et de la fortune du cardinal, son grand oncle. Quoique encore mineur, il épousa Anne Poussart, fille de François Poussart, marquis du Vigean et d'Anne de Neufbourg. Elle était veuve du comte de Pons. Sans fortune, sans jeunesse et sans beauté, elle avait su néanmoins inspirer une violente passion au jeune duc de Richelieu, qui l'épousa, comme on vient de le voir, en 1650, contre le gré de la duchesse d'Aiguillon, sa tutrice, et contre celui de la reine.

rent aussy une seconde requeste de récusation contre le premier président et ses parens¹; et le Sʳ Charton employoit les mesmes causes qu'eux.

Par cette requeste ils alléguoient les causes de la haine que le premier président leur portoit, depuis la paix de Ruel, pour raison des choses qui s'y estoient traitées, et de la façon qui y avoit esté tenue. Le coadjuteur alléguoit, en son particulier, le différent qu'il avoit eu avec Mʳ l'évesque de Bayeux, fils du premier président, et trésorier de la Saincte-Chapelle², pour ce qui concerne les droits épiscopaux que ce trésorier prétend avoir dans le destroit du palais ; et il se plaignoit du mauvais et incivil traitement qu'il avoit receu du premier président, lorsqu'il estoit allé le trouver en sa maison, pour se plaindre à luy, civi-

1. « Le 29, nous entrâmes au palais avant que messieurs les princes y fussent arrivés, et nous y vînmes ensemble, M. de Beaufort et moi, avec un corps de noblesse qui pouvait faire trois cents gentilshommes.... Tout le monde était dans la défiance, et je puis dire sans exagération que, sans même excepter les conseillers, il n'y avait pas vingt hommes dans le palais qui ne fussent armés de poignards. Pour moi, je n'en avais point voulu porter : M. de Brissac m'en fit prendre un par force, un jour où il paraissait qu'on pourrait s'échauffer plus qu'à l'ordinaire.... M. de Beaufort, qui était un peu lourd et étourdi de son naturel, voyant la garde du stylet dont le bout paraissait un peu hors de ma poche, le montra à Arnauld, à La Moussaye et à des Roches, capitaine des gardes de M. le Prince, en leur disant : « Voilà le bréviaire de M. le coadjuteur. » J'entendis la raillerie ; mais, à dire vrai, je ne la soutins pas de bon cœur. (Retz, *Mémoires*, t. XLV, 2ᵉ série, p. 89-90, de la collection Petitot.)

2. Édouard Molé, évêque de Bayeux, du 14 février 1649 au 6 avril 1652. Il fut nommé le 15 mai 1649, trésorier de la Sainte-Chapelle; ce qui donna lieu à de longs débats. (V. les *Mémoires de Mathieu Molé*, publiés par M. Aimé Champollion-Figeac pour la Soc. de l'Hist. de France, t. IV, p. 33 et 48.)

lement, de l'entreprise du trésorier sur la jurisdiction de l'archevesque. Il articuloit aussy un faict : qu'une affaire entre deux ecclésiastiques ayant esté renvoyée par la grand'chambre, devant luy, coadjuteur, le premier président auroit dict : « Voilà un beau renvoy devant la Fronde! » Et, en commun, ils le reprochoient, d'autant qu'il affectoit trop ardemment de demeurer juge ; qu'il avoit tesmoigné sa passion, en toutes les rencontres, contr'eux récusans ; qu'il avoit publiquement déclamé contr'eux, en la harangue qu'il feit aux advocats, à l'ouverture du parlement, à la Sainct-Martin de cette année, ayant noté les récusans, avec paroles injurieuses ; et depuis que cette affaire a esté traitée dans le parlement, il en a parlé ; de sorte qu'il a voulu, par ses véhémentes exaggérations des prétendues conspirations, prévenir l'esprit des autres juges, comme si les charges eussent esté des convictions évidentes.

Le premier président passa encores le barreau, pour se deffendre contre ces allégations : il nia d'avoir traicté incivilement le coadjuteur et d'avoir dict que c'estoit un beau renvoy devant la Fronde. Il ne respondit à aucun des autres poincts contre luy allégués. Après avoir parlé, il se retira au greffe, pendant la délibération.

L'on agita premièrement si l'on continueroit celle qui estoit commencée ; il fust arresté que non, veu les nouvelles requestes présentées et les nouveaux faicts articulés ; et il fut ordonné que l'on délibéreroit de nouveau sans s'arrester à la première délibération.

Ces Messieurs présentèrent aussy une requeste de récusation contre M^r le Prince ; mais elle ne fut pas leue, pour ce qu'il falloit auparavant vuider la récusation du premier président, suivant l'arresté qui en avoit esté faict présentement.

Le président de Mesmes, demeuré directeur, pour l'absence du premier président, usa d'un artifice extraordinaire, qui fut suivy ; c'est qu'il feit exclurre de la délibération, sur ces requestes, les parens des récusans et y feit demeurer ceux des récusés. Jurisprudence très-particulière, pour obliger ceux, qui ayans peu de confiance en sa conduicte, y vouloient faire demeurer le premier président. Il fut aussy l'auteur de la séparation des causes de récusation, alléguées contre le premier président, d'avec celles employées contre Mr le Prince ; toutes lesquelles pouvoient estre vuidées par un mesme arrest. Il se servit de cette ruse, afin que si le premier président et ses parens demeuroient juges, ils peussent donner leurs suffrages à Mr le Prince, pour le faire assister au jugement de la cause, lorsqu'il seroit question de juger les causes de récusation contre luy proposées.

Cette matinée, la sale du palais se trouva toute pleine des gens de la court, avec des espées ; ce qui desplaisoit aux personnes pacifiques qui ne peuvent [voir] telles gens attrouppés au lieu où se rend la justice, qu'ils n'ayent incontinent soupçon que ces courtisans armés n'y viennent pour commettre quelque violence. L'on a remarqué que, tous les jours, le peuple a rendu de grands tesmoignages d'affection à Mr le duc de Beaufort.

Le jeudi 30e décembre, MM{rs} les mareschaux de Grammont et de L'Hospital furent receus conseillers honoraires; et celluy-ci presta le serment de gouverneur de Paris ; en laquelle qualité le Roy luy donne entrée au parlement et voix délibérative dans la compagnie. Le mareschal de La Mothe-Houdancourt les précéda tous deux, ayant esté le premier receu. Le mareschal de L'Hospital prétendoit avoir sa séance au dessus du mareschal de Grammont et la prendre de la date de ses lettres, qui sont de 1632. Le mareschal de Grammont prétendoit qu'estant plus ancien mareschal de France que M^r de L'Hospital, et estant receus le mesme jour, qu'il devoit le précéder ; et de faict, il a eu la première place, sans préjudice des droicts de M^r de L'Hospital, et il a esté convenu entr'eux qu'ils mettroient leurs pièces et enseignemens entre les mains d'un raporteur, pour faire juger leur différent.

L'on commencea, en suitte, d'opiner sur les causes de récusation alléguées contre le premier président et son fils. Il s'en trouva, cette matinée, de la grand' chambre, en plus grand nombre contre le premier président, pour l'exclurre, qu'en la délibération précédente ; ceux-ci furent MM^{rs} Le Clerc, Sr de Saint Martin, Lartige, de Refuge, Laisnay, de Longueil et Melian ; et des requestes, M^r Le Fèvre. La parole demeura au S^r L'Allemand, des requestes. Mr de Longueil, en son advis, a remarqué que l'affaire du marquis de La Boulaye estoit entièrement séparée de ce faict-cy, et qu'il croyoit que M^r le premier président ne pouvoit estre récusé pour le faict de La Boulaye ; ouy bien pour celuy-cy. Le président de Mesmes ayant voulu l'interrompre là dessus, s'est attiré une contradiction de toutes les enquestes à sa face. La continuation de la délibération a été remise au 4e janvier 1650.

Depuis ce jour, 30e décembre, MM^{rs} les Princes et le premier président ont sollicité et faict une grande brigue ; et Mʳ le duc d'Orléans a envoyé quérir quelques conseillers, pour leur parler ; et il y a eu certainement de l'affectation et du dessein en la remise de cette délibération, qui pouvoit estre achevée le 31ᵉ décembre ; et, sans doubte, la pluralité des voix alloit à l'exclusion du premier président ; mais les quatre jours d'intervalle ont donné temps à ces puissances de tirer dans leurs sentimens les plus résolus, par les voies accoustumées aux personnes de cette condition.

Le dimanche 2ᵉ janvier 1650, un courrier arriva, sur le soir, qui apporta la nouvelle de la prise de Des Martineaux, l'un des accusés, qui avoit esté arresté à Coustance, par la diligence de l'évesque, (Claude Auvry) cy-devant domestique et maistre de chambre du cardinal Mazarin.

Le mardi suivant, 4ᵉ du mois, la délibération ayant esté continuée et achevée, 62 voix furent recueillies pour l'exclusion du premier président, et 96 l'emportèrent, pour le faire demeurer du nombre des juges[1]. Le mareschal de La Mothe suivit, en cette rencontre, les sentimens de Mʳ le Prince, et abbandonna le party dans lequel il avoit si bien joué son personnage, lors du blocus de Paris.

Le président Le Coigneux fit un long discours, à sa

1. Le cardinal de Retz dit 98 : « Je suis persuadé, ajoute-t-il, que l'arrêt était juste, au moins dans les formes du palais. Mais je suis persuadé en même temps que ceux qui n'étaient pas de cette opinion avaient raison dans le fond, ce magistrat témoignant autant de passion qu'il en faisait voir en cette affaire ; mais il ne la connaissait pas lui-même. Il était préoccupé, et son intention était bonne. »

mode, et conclud, enfin, que le premier président devoit demeurer.

Le président de Mesmes apporta l'exemple de Cicéron, soubs le consulat duquel Catilina dressa sa conjuration, et les conjurés devoient commencer par le meurtre des consuls dont Cicéron estoit l'un ; qui pourtant demeura du nombre des juges et ne fut point exclus. Comparaison qui semble, à l'abbord, estre égale en toutes ses parties, et principalement à des gens du palais, qui ne considèrent Cicéron, dans e sénat, et Cicéron, consul que comme un procureur général, ou bien un advocat du Roy ; ou pour le relever ils luy donneront, mais de grâce spéciale, les avantages d'un président au mortier. Cependant, l'on ne trouvera pas mauvais que ceux qui le considèrent dans son consulat, le chef, avec son collègue, du plus grand estat du monde, luy donnent quelques plus grands avantages; et sans faire tort à toutes les puissances souveraines de l'Europe, telles qu'elles sont aujourd'huy, Cicéron, consul, estoit plus grand en dignité, autorité et puissance que ny l'Empereur, ny les Roys de France et d'Espagne. Mais il y a une autre chose à considérer, qui est que dans les établissemens de la République Romaine, les consuls, dans tout le corps de l'estat, et principalement dans le sénat, estoient personnes nécessaires et de telle sorte que tout se commenceoit par eux; ils assembloient le sénat, de leur authorité ; ils y faisoient les propositions des choses dont il falloit consulter et délibérer et demandoient l'advis des sénateurs. Et en leur magistrature residoit la majesté et souveraine puissance de la République. M^r le premier président n'est pas de cette qualité, ny dans l'estat, ny dans le parlement : ses collègues, MM[rs] les présidens et les conseillers ne luy sont inférieurs que pour le rang, et non pas en pouvoir, veu qu'en sa personne ne réside poinct la majesté de l'Empire, ny en sa magistrature non plus. Il tient son pouvoir sousordonné et limité, et hors de sa compagnie, il ne peut rien ordonner ny faire exécuter, et Mr de Mesmes, le second de MM[rs] les présidens, en l'absence du premier, devient directeur de la compagnie, sans nouvelle attribution d'authorité et de charactère. Il y a aussy d'autres différences à considérer, dans la conjuration de Catilina, qui la rendent entièrement dissemblable de l'affaire qui estoit à juger dans le parlement, et qui font clocher bien fort la comparaison de M[r] le président de Mesmes. Catilina et ses complices étoient en armes contre leur patrie, et en mesme temps qu'une partie de ces conjurés assembloit des troupes hors de la ville de Rome, l'autre partie estoit demeurée dans l'enclos de ses murailles, pour l'embraser et tuer les magistrats. Dans une nécessité si urgente le sénat ordonne : *Que les consuls observassent et donnassent ordre à ce qu'il ne se fist rien au détriment du public*, et par ce sénatus-consulte, il attribue encores plus de souveraineté à cette suprême magistrature consulaire. Cicéron faict le devoir de consul, qui avoit l'autorité des armes, et saisit ceux qui estoient demeurés dans la ville, et feit, ensuite, exécuter l'arrêt du sénat. Et, en cette qualité, il a pu et deu légitimement y opiner, estant chef et premier magistrat souverain de la République et de tout l'estat, encores qu'il fust partie, en quelque façon, estant du nombre de ceux que les conjurés avoient résolu de massacrer ; et il ne pouvoit estre récusé, sans diminution de la majesté de l'Empire et sans faire illusion aux lois ; qui est une chose insupportable et qui traine après soy la ruine de l'estat. Comme il est indubitable que le Roy, qui est chef souverain et premier magistrat de son royaume, ne peut estre récusé, d'autant qu'en sa personne réside toute l'autorité de la magistrature ; qu'il est personne nécessaire et qu'il n'en a aucune sousordonnée, qui puisse estre investie de sa qualité de Roy ; et d'autant aussy, qu'en le récusant, ce seroit récuser tous les juges par luy ordonnés et establis, et se moquer des lois et de la justice. Pour ce qui regarde les autres, qui tirent leur autorité de la puissance royale, il n'y en a aucun qui ne puisse estre légitimement récusé, pour causes raisonnables ; puisque, de tous, nul ne porte en sa personne le mesme charactère que le Roy ; qu'ils sont tous subdélégués, et que, sans faire illusion à la justice, ils peuvent estre récusés, s'il y a raison valable. Et, sans injustice, le Prince ne peut faire juger son subjet par un juge partial ; sa qualité l'obligeant de rendre également justice à tous ses subjets ; ce qui ne se peut faire que par des juges non passionnés et sans intérest.

Le Sr Melian avoit, dans son advis, qui fut d'exclurre le premier président, allégué qu'en la cause criminelle d'Anne Du Bourg, conseiller au parlement, celluy-ci avoit récusé le premier président Le Maistre, et il posa affirmativement qu'il fut exclus ; mais ce jour, 4e janvier, le Sr de Martigni, conseiller, soustint le contraire, et que le premier président estoit demeuré du nombre des juges, en la cause d'Anne Du Bourg. Ce qui est vray, bien que ce président Le Maistre eust été tesmoing, en la mesme affaire, contre quelques autres accusés dans la mercuriale. Mais il faut considérer que cela arriva par la puissante faction de la maison de Guise, qui, soubs la foiblesse du règne de François II, et à la faveur de l'alliance de leur nièce, Reine d'Escosse et femme de ce Roy, s'estoit emparée de l'autorité royale; et qui, par ces violences et prattiques, reduisoit touttes choses à un poinct déplorable; passant par dessus les formes de la justice : n'ayant pour visée que son aggrandissement, et travaillant à la ruine de tous ceux qui luy estoient contraires. Et telles actions ne doivent jamais estre alléguées pour exemples à imiter.

Le mercredi 5e, Mr Broussel passa d'abord le barreau et déclara, tant pour luy que pour MM^{rs} de Beaufort, le coadjuteur et Charton, qu'ils n'entendoient plus se servir de la requeste de récusation présentée contre M^r le Prince: ce qu'ils feirent sagement, veu que mondit Seigneur le Prince y seroit demeuré par arrest, nonobstant leurs justes allégations.

Quelques uns de la grand'chambre vouloient que chacun d'eux, en particulier, en fist déclaration ; mais cette proposition fut rejettée comme une chicane ; et il fut ordonné que le registre seroit chargé de la déclaration dudit Sr Broussel, qui feit la mesme pour les Srs Joly et Portail, qui avoyent aussy présenté des requestes de récusation. Cela faict, Mr de Champrond, l'un des commissaires et rapporteurs, commença à faire le rapport du procès ; et il parla près d'une heure et demie, avec la satisfaction de la compagnie, envers laquelle il s'excusa de ce qu'il ne s'estoit pas préparé, d'autant qu'il avoit creu que l'on délibéreroi sur la requeste de récusation présentée contre M' le Prince.

Le vendredi 7°, MM^rs les Princes estans présens à l'assemblée, MM^rs de Beaufort, le coadjuteur, Broussel et Charton présentèrent requeste, par laquelle ils demandèrent que leur cause fust séparée d'avec celle des autres chargés par les informations. Pour délibérer sur cette requeste, il fut trouvé à propos de relire les informations, ce qui fut faict. Et pendant la lecture, plusieurs murmurèrent contre le premier président, lorsqu'on lisoit les endroits qui le concernoient, nonobstant quoy il estoit demeuré juge. Et l'on observa aussy que le premier président, lorsqu'on lisoit quelque chose qui touchoit MM^rs les récusans, insistoit sur ces endroits et les exaggeroit. Ce qui sembla odieux à toute la compagnie.

Le samedi 8°, M' le duc d'Orléans se trouva indisposé d'un cours de ventre; ce qui fut cause que l'on ne continua pas à lire les informations. Encores que cette indisposition fust véritable, elle estoit tenue, par la plupart, (pour) feinte et affectée. M' de Beaufort s'en alla au palais de Luxembourg sçavoir des nouvelles le M' d'Orléans, et il trouva qu'il estoit indisposé.

M' le coadjuteur se trouva au palais, et reprochant au premier président les longueurs que l'on affectoit, dist qu'on les traictoit comme des crocheteurs et coupeurs de bourses. M' le président de Mesmes repartit : « Monsieur, l'on souffre beaucoup de choses de vous, « à cause de votre dignité. » Le coadjuteur répliqua : « Monsieur, c'est vous de qui nous souffrons toutes « sortes d'oppressions. » Et ainsi, de tout ce jour-là, il ne se passa rien de plus considérable.

Le dimanche 9ᵉ, sur le soir, quelques archers du chevallier du guet allèrent dans la maison d'un nommé Belot, le prirent et l'emmenèrent prisonnier au for l'Evesque; et dans l'escroue ils firent mettre que c'estoit par ordre du Roy.

Ce mesme jour fut tenu grand conseil des finances chez M. d'Emeri, où assistèrent MMʳˢ les Princes, le cardinal Mazarin et les ministres. L'on examina la despense nécessaire pour 1650, qui se trouva monter à trente millions de livres, et le fond, pour y fournir, de quatorze millions seulement. L'on proposa de retrancher toutes les pensions, et de commencer par celles de Mʳ d'Orléans, la moitié de celles du cardinal Mazarin, pour ce qu'il ne possède point de terres, et de reculer le payement de ce qui est deub à ceux qui sont entrés dans les prests.

Lundi 10, MMʳˢ les Princes estans présens, ces messieurs les récusans presentèrent requeste pour la seconde fois, et demandèrent que leur cause fust separée d'avec celle des autres contre qui les gens du Roy avoyent conclu, et adjoustèrent à leur requeste qu'ils fussent préalablement jugés.

Belot, qui avoit esté faict prisonnier le jour précédent, présenta requeste afin d'être eslargi, qui estoit signée de sa femme ou de sa sœur, qui se trouva au palais, pour exciter la compassion dans l'esprit du peuple. L'on envoya quérir l'escroue, qui fut représentée à la compagnie, qui portoit que ce Belot avoit esté mis prisonnier par ordre du Roy. La cause de la plainte de cet homme estoit qu'il n'y avoit aucun décret contre luy, et que, par conséquent, c'estoit contre l'ordre de la justice. Le premier président dist que ç'avoit esté par ordre du Roy, et que cela avoit pu estre faict en une affaire de cette conséquence, où il s'agissoit d'un crime de sédition. Le président de Mesmes aussy adjousta qu'il n'y avoit rien contre la déclaration et qu'il avoit pu estre arresté prisonnier. Cette affaire pourtant et les paroles de ces deux présidents causèrent du murmure, d'autant plus que cet homme est domicilié à Paris, et qu'après les conclusions des gens du Roy, il ne s'en estoit poinct fuy : au contraire, il sollicitoit ses juges, pour sa justification. M. d'Orléans, voyant que la compagnie improuvoit la procédure tenue en l'emprisonnement de Belot, dist qu'il sçavoit bien qu'il n'avoit point esté faict, par ordre de la court; que si la chose avoit esté arrestée dans le conseil, elle luy auroit esté communiquée, et que l'on ne feroit pas sans luy des choses de cette conséquence.

L'assertion et l'advis du premier président ayant esté désadvoués et improuvés par M. le duc d'Orléans, le sieur Daurat, jeune conseiller, parla au premier président, en cette sorte : « *Monsieur, la passion que vous monstrés en cette affaire, faict voir que la déclaration que vous avés faicte au barreau, n'est pas véritable, lorsque vous avés dict que vous n'aviés aucun ressentiment particulier.* » Le premier président se leva et a dict à M. le duc d'Orléans : « *Monsieur, il s'en faut aller, il n'y a plus de parlement.* » M. le président de Mesmes les a suivis, et ils s'en sont allés jusques à la barre. Toute la compagnie s'est aussy levée, et M. de Champlastreux, qui estoit dans la place où se mettent les conseillers honoraires, a dict tout haut, en se levant : « *Messieurs, quel désordre! il ne faut pas souffrir que l'on traitte si mal et avec si peu de respect ceux qui président à cette compa-*

« gnie. » Quelqu'un luy respondit : *Comment, vous qui estes juge, sollicités en cette affaire, vous serez récusé.* Ces Messieurs estoient desjà à la barre, lorsque Mr de Lartige est allé parler à M^r le duc d'Orléans et luy a dict qu'il ne falloit pas sortir et que cela seroit de très mauvaise conséquence; que l'on improuvoit la procédure tenue en l'emprisonnement de Belot, bourgeois de Paris, qui, tant s'en faut, qu'il s'en soit fuy depuis la lecture des informations et conclusions des gens du Roy, n'a point abbandonné sa maison et a sollicité ses juges, pour sa justification. Que l'on n'auroit pas trouvé estrange si Des Coutures et autres, qui se sont absentés, avoyent esté pris. Et sur ce que le Sr de Lartige a dict qu'il sollicitoit ses juges, M^r le Prince a pris la parole disant : « Je suis des juges et « il ne m'a pas veu. » Le Sr de Lartige a repliqué qu'il n'auroit pas osé se présenter devant luy, s'il n'eût esté produict par un autre. Finalement, la compagnie a repris sa place; et sur la requeste de MM^{rs} de Beaufort, le coadjuteur et Broussel, l'on a ordonné qu'en jugeant le procès, la court y auroit tel esgard que de raison. Tout ce grand bruit a esté cause que l'instance que l'on prétendoit faire, pour les fins de cette requeste, n'a poinct esté faicte. Et sur celle présentée par Belot, il fut prononcé qu'elle seroit remise entre les mains des gens du Roy, pour y prendre leurs conclusions. Et du depuis, ce Belot a esté transféré à la conciergerie du palais[1]. En suitte, l'on continua la

---

1. Belot était avocat au conseil et un des syndics des rentiers. « Ce Belot, qui avait été arrêté sans décret, dit le cardinal de Retz, faillit à être la cause du bouleversement de Paris. Le président de

lecture des informations qui furent toutes leues, à la réserve de ce qui concerne le fait de La Boulaye. M⁽ʳ⁾ d'Orléans, pressé de son indisposition, se retira à dix heures.

Le S⁽ʳ⁾ Daurat, revenant de l'émotion d'esprit et de la saillie avec laquelle il avoit attaqué M⁽ʳ⁾ le premier président, luy feit dire, à la sortie, qu'il estoit fasché de luy avoir tenu les paroles cy-dessus rapportées, et qu'il luy en demandoit pardon. Il alla à l'heure mesme chez le premier président le reblandir (*sic*) et luy faire satisfaction. Il avoit opiné, en cette affaire, en honneste homme, et cela fut cause d'un traict de langue dont il fut frappé par un qui dist : Qu'il avoit opiné, en d'Aurat, et visité le premier président, en gendre de Marin. Lequel Marin est un riche partisan bourguignon, qui estoit laquais, lorsqu'il s'en vinst à Paris.

Le mardi 11°, M⁽ʳ⁾ d'Orléans envoya s'excuser sur son indisposition; et, par mesme moyen, il escrivist une lettre à la compagnie, par laquelle il asseuroit

---

La Grange remontra qu'il n'y avait rien de plus opposé à la déclaration, pour laquelle on avait fait de si grands efforts autrefois. M. le premier président soutenant l'emprisonnement de Belot, Daurat, conseiller de troisième chambre, lui dit qu'il s'étonnait qu'un homme, pour l'exclusion duquel il y avait eu soixante-deux voix, se pût résoudre à violer les formes de la justice à la vue du soleil. Là-dessus le premier président se leva de colère, en disant qu'il n'y avait plus de discipline, et qu'il laissait sa place à quelqu'un pour qui on aurait plus de considération que pour lui. Ce mouvement fit commotion, et causa un trépignement dans la grand'chambre qui fut entendu dans la quatrième, et qui fit que ceux des deux partis qui y étaient se démêlèrent avec précipitation les uns d'avec les autres pour se remettre ensemble. Si le moindre laquais eût alors tiré l'épée dans le palais, Paris était confondu. »

que Belot avoit esté arresté, par ordre de la Reine; et qu'il s'estoit mespris, le jour précédent, sa mémoire l'ayant trompé; d'autant qu'il avoit eu part de la résolution qui en avoit esté prise; mais, qu'il ne s'en estoit pas souvenu le jour précédent. Cet artifice fut trouvé très grossier, et l'abbé de La Rivière[1] blasmé d'avoir faict commettre cette lascheté et infamie à son maistre, par une si honteuse rétractation. Ce qui ayant esté faict recognoistre à M^r d'Orléans, par quelques gens d'honneur, et plusieurs autres trahisons, l'on tient pour certain que La Rivière n'a point eu de part dans la délibération de la détention des MM^{rs} les Princes.

L'absence de M^r d'Orléans fut cause que l'assemblée ne continua pas ce jour.

Le mercredi 12e, MM^{rs} les Princes présens, l'on opina sur les requestes présentées par MM^{rs} de Beaufort, le coadjuteur, Broussel et Charton. Il y eut grand bruit et forte contestation. Les premier président et président de Mesmes estoient d'advis que l'on ne séparast point la cause de ces Messieurs et que l'on avoit accoustumé de commencer *a gravioribus;* qu'il n'estoit poinct question d'opiner sur leur requeste. Le rapporteur, M. de Champrond, estoit d'advis que l'on rapportast l'affaire et qu'on la résumast, et qu'en

---

1. Louis Barbier, abbé de La Rivière, d'abord régent au collége du Plessis, puis confident de Gaston duc d'Orléans, enfin évêque de Langres, et à ce titre duc et pair. On lui appliquait ces deux vers de Boileau :

> Et que le sort burlesque, en ce siècle de fer,
> D'un pédant, quand il veut, sait faire un duc et pair.
> (*Satire Ire.*)

suitte, l'on allast aux opinions sur la requeste. Le premier président l'a interrompu, en sorte qu'il n'a pu estre entendu, lorsqu'il en vouloit parler. Mʳ d'Orléans, voyant cette grande et forte contestation, leur a dict : « Messieurs, il est question de sçavoir si l'on « opinera sur cette requeste, et il faut entendre Mʳ le « rapporteur. »

M. le président de Bellièvre a aussy parlé et dict : que, pour néant auroit-on receu cette requeste, le jour précédent, si l'on ne vouloit pas opiner dessus, qu'encores que la cause de ces Messieurs fust séparée des autres, et préalablement jugée, que néantmoins il n'y auroit pas d'arrest séparé, et que ces Messieurs ne pourroient rentrer pour estre juges. Enfin, le rapporteur a dict son advis cy-dessus, et a esté suivi de toute la compagnie qui a arresté que l'on délibéreroit; et les seuls premier président et président de Mesmes ont esté d'advis contraire. L'affaire mise en délibération, il a esté ordonné que la cause de ces Messieurs seroit séparée des autres et préalablement jugée.

Ces deux grands présidens n'ont jamais eu la prudence ny l'addresse de déguiser leur passion en cette affaire, et ils ont tousjours tesmoigné une haine mortelle contre ces Messieurs, quoique des juges intègres comme eux, et, pour leur grand aage, prets de comparoir, dans peu de temps, devant le tribunal de Dieu, doivent estre délivrés de si dangereuses passions, qui ruinent leur réputation, en cette vie, et leur salut en l'aûtre.

Le vendredi 14ᵉ, Mʳ le duc d'Orléans, envoya s'excuser, s'il ne pouvoit venir au palais, n'ayant poinct dormi toute la nuict; et il feit prier la compagnie de vouloir travailler, nonobstant son absence. Cest pourquoy le rapporteur continua de résumer les charges et informations.

Ce mesme jour, au soir, Des Martineaux fut amené en cette ville, par les chevau-légers de la garde. Est à noter que Mʳ Le Tellier envoya un homme à Des Martineaux, dans le vieux palais de Rouen, qui tira de luy une lettre ambigue, de laquelle on a voulu concevoir de grandes espérances; mais, par l'événement, il s'est trouvé que ce Des Martinaux ne l'avoit escrite que pour éviter les mauvais traitemens dont il avoit esté menacé, et à Coustance, et par les chemins, par lesquels il leurra ceux qui le conduisoient de promesses qu'il leur feit de dire merveilles à Paris; et leur dist qu'il avoit beaucoup de besoin de la grâce de la Reine; car, estant arrivé et descendu dans la conciergerie du palais, comme il recogneut estre véritablement en ce lieu, il dist : « Dieu soit loué! je suis en païs de seureté; j'ay eu grand peur d'estre maltraicté par les chemins, mais, à présent que je suis dans les prisons du parlement, je n'ay plus rien à craindre et je pourray dire la vérité, en toute seureté. » Et de faict, son interrogatoire va entièrement à la descharge de ces Messieurs et esclaircit toutes les doubtes et soupçons que la malice et artifice de ces faux témoins avoient mis dans leurs fausses dépositions.

Le samedi 15ᵉ, l'on continua de résumer les charges et informations.

Le lundi 17ᵉ, le procureur général présenta requeste par laquelle il demanda qu'il luy fust permis d'informer plus amplement et de nouveau contre Joly, et qu'il fust procédé à l'interrogatoire de Belot et de

Des Martineaux, avant que procéder au jugement de la cause de ces quatre Messieurs.

Le rapporteur fut d'avis des conclusions de la requeste du procureur général.

Mr Ferrand ouvrit le second, et opina à ce que l'on procedast au jugement de la cause, suivant l'arrest du 12e, et que la requeste du procureur général fust joincte au procès.

Le troizième fut de M^r Le Fèvre, des requestes du palais, c'est à sçavoir que dans le jour l'on interrogeroit Belot et Des Martineaux; que les interrogatoires et responses seroient communiquées au procureur général, pour, le jour suivant, estre procédé au jugement du procès.

Ces trois advis ouverts, celluy du rapporteur fut suivi de soixante-dix voix; celluy de Mr Ferrand, qui estoit contraire, en avoit soixante de son costé; et celluy de M^r Le Fèvre, trente. Mais, comme le plus petit advis revient ordinairement à celluy qui luy est le plus proche, les premier président et président de Mesmes jugeans que ceux de l'advis de M^r Le Fèvre reviendroient à celluy de Mr Ferrand, et ainsi emporteroient celluy du rapporteur, ils voulurent faire lire celluy de M^r Le Fèvre, quoyque plus petit, devant celluy de Mr Ferrand, afin de faire revenir cettuy-ci à l'un des deux; ce qui ayant esté explodé (*sic*), ils usèrent d'un autre artifice, car, comme on leut, pour la première fois, celluy de M^r Le Fèvre, ils s'y firent lire, et à leur exemple, ceux de l'advis du rapporteur y passèrent; et ainsi cet advis emporta celluy de Mr Ferrand, qui, sans artifice, fust demeuré le plus grand, celluy de M^r Le Fèvre s'y devant joindre, dans l'ordre ordinaire, comme estant plus proche.

MM⁻ˢ les Princes, allèrent, ce matin, jusques à la Sainte-Chapelle, et n'entrèrent poinct, Mʳ d'Orléans s'estant trouvé mal. Mʳ de Beaufort, sortant de la salle du palais, a esté caressé extraordinairement par tout le peuple qui s'y est trouvé.

MMʳˢ de Champrond et Doujat interrogèrent Des Martineaux, depuis deux heures de relevée jusques à huict heures du soir.

Le mardi 18ᵉ, Mʳ le duc d'Orléans envoya le Sʳ Fromond, son secrétaire, dire à la grand'chambre qu'il ne pouvoit venir, à cause de son indisposition, et que les médecins luy avoyent ordonné de demeurer six jours au lict; qu'il prioit ces Messieurs de travailler et de rendre la justice.

Le Sʳ Fromond s'addressa à Mʳ Baron, conseiller de la grand'chambre, qui en feit son rapport; et lorsque toute la compagnie fut assemblée, Mʳ le premier président, pour d'autant plus esloigner le jugement du procès, a dict que Mʳ le duc d'Orléans ne pouvoit venir et qu'il seroit bon de remettre, sans adjouster le reste des paroles que Mʳ le duc d'Orléans avoit envoyé dire. Sur les advis différens qui se trouvèrent, Mʳ le président de Novion dist au premier président, que s'il le trouvoit bon, il iroit au palais d'Orléans sçavoir dudict Seigneur Prince ce qu'il desiroit que l'on fist. De faict, il s'en alla avec MMʳˢ Ferrand et de Lartige vers ledict Seigneur, auquel il dist que la compagnie l'avoit envoyé pour sçavoir de luy comment il désiroit que l'on fist. Mʳ d'Orléans respondit qu'il avoit envoyée Fromond à la compagnie, pour l'advertir qu'il ne pouvoit s'y trouver et que, de six jours, il ne pouvoit quicter le lict, et qu'il prioit Messieurs de continuer. Le président de Novion fist son rapport, et le premier président n'a rien rien dict davantage; et l'on arresta que, le lendemain 19, l'on continueroit le jugement du procès.

Le mesme jour, M' Doujat, l'un des commissaires, interrogeat Belot jusques à huict heures du soir.

Le soir, sur les six heures, MM^{rs} les Princes de Condé et de Conty et M^r le duc de Longueville furent arrestés au Palais-Royal par le Sr de Guitaut, capitaine des gardes de la Reine, par ordre de Sa Majesté, qui commanda au premier président de la venir trouver. Y estant allé, la Reine luy dist qu'elle avoit faict arrester M^r le Prince pour des raisons très pressantes; qu'elle sçavoit qu'il estoit fort attaché aux interets de mondict S^r le Prince; qu'elle vouloit qu'on expédiast promptement l'affaire de MM^{rs} de Beaufort, le coadjuteur et les autres, et qu'on leur rendist justice, les tirant d'affaires. Le premier président respondit : « Vostre Majesté les a assés justifiez par ce qu'elle vient de faire[1]. »

Le mercredi 19e, M^r le mareschal de L'Hospital alla au parlement, et porta une lettre de créance de la part du Roy, qu'il expliqua ainsi : que Sa Majesté l'avoit envoyé au parlement, pour leur donner part de

1. Il s'agit ici de l'arrestation des princes de Condé, de Conti et du duc de Longueville, à l'égard desquels Anne d'Autriche et le cardinal Mazarin crurent de leur politique d'exercer cet acte de rigueur, après s'être rapprochés du coadjuteur et des autres principaux chefs de la Fronde. Cette arrestation eut lieu au Palais-Royal. On peut voir sur cette affaire l'*Histoire de la Fronde* de M. de Sainte-Aulaire, chapitre x.

ce qui s'estoit faict par son ordre, le jour précédent, touchant la détention des personnes de MM^{rs} les Princes de Condé, de Conty et duc de Longueville ; et qu'elle desiroit que la compagnie allast la trouver, à quatre heures, afin d'entendre les raisons qui l'avoient forcée de le faire.

En suitte, le rapporteur a leu l'interrogatoire et les responses faictes par Des Martineaux et Belot. Ils ont nié avoir jamais parlé à MM^{rs} de Beaufort et le coadjuteur ; et ils ont soustenu ne les avoir jamais veus, que dans les rues, lorsqu'ils passent. Quant à MM^{rs} Broussel et Charton, qu'ils ont esté les trouver en leurs maisons, avec plusieurs autres ; mais ils ont nié d'avoir jamais tenu des discours tendans à sédition ; seulement ils ont traicté des moyens par lesquelles ils pourroient, par les voyes de la justice, se faire payer de leurs rentes sur l'hostel de ville de Paris. Ils ont aussi dénié tout ce dont Canto, Pichon et Sociendo les avoyent accusés. A ce propos, il faut remarquer la parole du lieutenant criminel qui avoit sondé Belot et Des Martineaux, sans pouvoir tirer une parole d'eux : que les vieux oyseaux ne parlent jamais en cage et qu'il faut les luy amener plus jeunes.

La compagnie délibéra, et Mr de Champrond, rapporteur, commença d'opiner, monstrant la futilité de toutes les preuves tirées contre ces Messieurs des charges, informations et interrogatoires. Qu'au regard de MM^{rs} de Beaufort, le coadjuteur et Broussel, qu'il estoit d'advis qu'ils fussent ouys sur certains faicts, estans assis dans leurs places et couverts ; et qu'à cet effect, ils seroient priés de les venir reprendre.

Un autre advis fut ouvert, qui alloit à l'absolution

pure et simple de ces Messieurs. Le rapporteur n'opina poinct sur ce qui regarde le président Charton, d'autant qu'il avoit quelques tesmoings à accoller.

L'on remarqua que le premier président et ses confidens estoient entièrement abbatus par la lecture des derniers interrogatoires, voyant, qu'au lieu d'accuser ces Messieurs ils alloient entièrement à leur descharge et justification; et ils atténuèrent les pretendues preuves qu'ils exaggeroient, avec tant de véhémence, devant la détention de M^r le Prince.

A la sortie de l'assemblée, quelque personne de basse condition dist à M^r le premier président : « *Monsieur, vous avés perdu vostre procès,* » insultant sur la ruine de toutes les prattiques dissipées par la détention de Messieurs les Princes. Mr de Beaufort fut accueilly de cris de resjouissance, et le peuple cria : *Vive le Roy et Mr de Beaufort!*

Sur les quatre heures, la compagnie alla, par une nombreuse députation, au Palais-Royal ; et la Reine leur feit entendre qu'elle les avoit mandés, pour leur faire part des causes qui l'avoient violentée et forcée de faire arrester Messieurs les Princes et le duc de Longueville; et que, demain, elle leur envoyeroit, par escrit, au parlement.

Auparavant l'arrivée de ces députés, la Reine avoit faict lire devant tous les ducs et pairs qui se trouvèrent présens au Palais-Royal, un long escrit, en forme de lettre, contenant les raisons qui ont meu Sa Majesté de faire arrester Messieurs les Princes.

Le jeudi 20, l'on continua la délibération, et, comme le jour précédent, l'on remarqua plusieurs personnes parler à l'avantage de Messieurs de Beaufort, le coadjuteur et consors, et dire qu'ils estoient innocens, combien que devant la détention, ils eussent tenu un autre langage. Pendant que l'on opinoit, les gens du Roy entrèrent, qui ont dict avoir receu un pacquet dans lequel il y avoit trois lettres : une adressante à eux, l'autre à M. le premier président, la troisième au parlement. Cette lettre est fort ample et va à diffamer et ruiner entièrement M[r] le Prince envers tous les peuples, officiers et gentilshommes du Royaume, toutes ses actions, ses conseils et desseins y estans déduicts avec une merveilleuse diligence et exactitude. L'on croid qu'elle a esté dressée par Mr Servien, estant d'un style élégant et qui a beaucoup de rapport au sien. La lecture de cette lettre a tenu la compagnie jusques à unze heures et demie ; et la continuation de la délibération a esté remise au lendemain vendredi vingt-uniesme.

Le vendredi 21e, la délibération fut continuée, et il y eut une proposition faicte touchant les conclusions des gens du Roy, qui fut qu'il falloit mander le procureur général, pour les venir expliquer. Elle estoit de grande importance, et ceux qui la feirent avoyent vraysemblablement concerté avec le procureur général, qui depuis la détention de M[r] le Prince, avoit déclaré, mesme chez le chancellier, qu'il n'avoit point entendu accuser ces quatre Messieurs. Laquelle déclaration, s'il l'eust faicte dans la compagnie, donnoit ouverture à un advis, qui, sans doubte, eust esté suivy de plusieurs : « *Qu'il n'y avoit aucun lieu de les absoudre, puisqu'ils n'estoient pas accusés.* » Et s'il eust passé, ils n'eussent point eu arrest d'absolution, les charges et preuves, s'il y en a, demeurant en leur entier.

Le samedi 22, toutes les voix recueillies, le grand advis, et qui fut suivi, alla à l'absolution pure et simple. Et l'arrest fut ainsi conceu : Il sera dit que ladicte court a déclaré et déclare n'y avoir lieu de comprendre en l'accusation et aux conclusions du procureur général lesdicts de Vendosme, duc de Beaufort, de Gondi, coadjuteur, Broussel et Charton. Ce faisant, les a renvoyés et renvoye de l'accusation, et seront invités de venir prendre leurs places.

L'assemblée des chambres a continué jusques au premier de fevrier inclusivement, la compagnie ayant voulu que tout ce qui estoit compris dans les conclusions fust jugé, toutes les chambres assemblées. Belot a esté eslargi à sa caution juratoire. Et touchant Portail, il a esté dict qu'il n'en seroit fait mention ; et M' Guy Joly pareillement, par arrest du premier février, et permission à luy donnée d'informer de l'assassinat contre luy commis, et pour l'instruction et perfection du procès renvoyé à la tournelle[1] ; ensemble, celluy de Roquemont, Des Martineaux et Des Coutures. Et ainsy cette grande accusation a fini de la sorte, tout au contraire des espérances de ceux qui ont entrepris et fomenté cette affaire.

1. Voyez plus loin l'arrêt d'absolution de Joly.

Narration véritable de ce qui arriva sur le Pont-Neuf, a Paris, le samedi 11ᵉ décembre 1649, au carosse de Mʳ le Prince.

Le samedi 11ᵉ décembre, environ les huict heures du soir, deux trouppes de tireurs de laine[1] se trouvèrent sur le Pont-Neuf et s'attaquèrent, à coups de pistolets. Les bourgeois de la place Dauphine et des quais, qui, la pluspart, sont orfèvres, pour éviter d'estre volés, ont tenu, depuis quelques années, un ordre tel qu'au premier son d'une cloche qui est dans une maison à l'entrée de la place, et par laquelle l'on advertit de quelque bruit et désordre qui s'entend dans le voysinage, ils s'apprestent pour sortir armés; et au second coup ils sortent. Les bourgeois ayant doncques eu ce signal premier et second, sortirent sur ces voleurs et les poursuivirent. Il arriva, par hazard que le carosse de Mʳ le Prince passa, dans l'instant dans lequel quelques uns de ces filous et voleurs se retirèrent poursuivis par les bourgeois, qui, entendants que le carosse estoit à Mʳ le Prince, ne voulurent, par respect, toucher à ces voleurs, ny les prendre dedans, et ils laissèrent passer le carosse. Dans celluy du marquis de Duras, qui suivoit, il y avoit un laquais qui avoit les jambes hors de la portière et tenoit

---

1. On appelait autrefois *Tireur de laine* un filou qui vole la nuit. (*Abrégé du dictionnaire de Trévoux.*)

un flambeau à la main, que ce fripon et insolent portoit au nez de tous les passans, et ayant voulu user de cette insolence envers un homme qui avoit un pistolet, celluy-ci l'en frappa d'un coup.

Deux jours après, il mourut un autre laquais chez Mʳ de Duras, que l'on a voulu faire passer pour l'assassiné dans le carosse de Mʳ le Prince ; mais la vérité est que ce laquais avoit esté blessé plus de quatre jours avant l'unziesme décembre, et en un autre lieu que sur le Pont-Neuf ; et l'on a sceu la vérité de ce faict par quelques uns qui cognoissoient ce laquais, qui ont dict, depuis sa mort, qu'il avoit esté blessé dans une querelle qu'il avoit faicte mal à propos, selon sa coustume.

Le lieutenant criminel est allé de maison en maison de la place Dauphine et des quais, chercher des dépositions favorables aux intentions de ceux qui ont fabriqué cette grande affaire. Il trouva tous ces bourgeois si uniformes en leur rapport, tel qu'il est cy-dessus escrit, qu'il ne voulut jamais prendre la déposition d'aucun, veu qu'ils ne servoient pas à son dessein, et les renvoya tous comme des ignorans.

BREVET DU ROY, DONNÉ A CANTO, POUR LUY SERVIR D'INDEMNITÉ CONTRE LE CRIME QU'IL AUROIT PU CONTRACTER AVEC LES SÉDITIEUX.

Le Roy estant bien adverti qu'il se tient des assemblées, en sa ville de Paris, contre ses ordres et au préjudice de son service et du repos de ses subjets; et, considérant qu'il est très important de sçavoir ce qui se passe ausdictes assemblées, et des desseins qu'ont ceux qui s'y trouvent : Sa Majesté se confiant particulièrement en la fidélité et affection à son service du S‍r Canto, luy a ordonné et ordonne, par l'advis de la Reine Régente, sa mère, de veiller ausdictes assemblées, s'y trouver et conférer avec tous ceux qu'il jugera à propos, pour descouvrir les desseins que l'on pourroit avoir contre son service et la tranquillité publique, et en rendre compte à Sa Majesté, de jour à autre ; sans que, pour s'estre trouvé ausdictes assemblées et conférences, il puisse estre imputé audict Canto d'avoir contrevenu aux ordonnances. Faict à Paris, le 12° novembre 1649. Signé LOUYS ; et plus bas : Le Tellier.

Pareil Brevet a esté donné, en date du 20 novembre 1649 au nommé Pichon, escuyer, S‍r de La Charbonnière, Signé LE TELLIER.

Le Roy ayant ordonné au S‍r Canto de veiller aux assemblées qui se feroient en cette ville de Paris, au préjudice du service de Sa Majesté et de ses ordres, avec pouvoir de s'y trouver et conférer avec ceux qu'il verroit bon estre, pour sçavoir la vérité de leurs desseins et en donner compte à Sa Majesté, de l'advis de la Reine Régente, sa mère, a voulu faire donner audict Canto ce présent tesmoignage de la satisfaction qu'elle a de sa conduite et de son service, en ce subject ; et luy ordonne de continuer à s'y employer, comme il a fait, jusques à présent. Faict à Paris, le 24 novembre 1649. Signé : LOUYS ; et plus bas : LE TELLIER.

Le Roy ayant ordonné au Sr Canto d'avoir l'œil aux assemblées qui se tiendront dans la ville de Paris, au préjudice de ses ordres, et de s'y trouver et conférer avec tous ceux qu'il verroit estre à propos, pour descouvrir la vérité de leurs desseins contre le service de Sa Majesté et la tranquillité publique ; et ledict Sr Canto s'y estant utilement employé, et ayant, diverses fois, rendu compte à Sa Majesté de ce qui estoit venu à sa cognoissance, pendant le mois de novembre dernier et le présent : Sa Majesté, par l'advis de la Reine Régente, sa mère, a voulu faire donner audict Canto le présent tesmoignage de la satisfaction qu'elle a de son service et de sa conduicte, en cette occasion, pour luy servir et valoir ainsi que de raison. Faict à Paris, le 5 décembre 1649. Signé : Louys ; et plus bas : Le Tellier [1].

---

1. Ce sont ces brevets qui avaient fait appeler Canto, Pichon et Sociande *témoins à brevet*.

CONCLUSIONS DES GENS DU ROY.

Je requiers, pour le Roy, les nommés Parrain Des Coutures, et sa femme, Martineau, Portail, Belot, advocats en la court, La Jaquinière, cy devant mareschal des logis du S^r de La Boulaye, pris au corps et amenés prisonniers en la conciergerie du palais, pour estre ouys et interrogés sur le contenu èsdictes informations, si appréhendés peuvent estre, sinon adjournés à trois briefs jours, à son de trompe et cry public, avec saisie et annotation de leurs biens. Mr Charton, président aux requestes du palais; Mr Joly, conseiller au Chastellet, et le nommé Noiron, estre adjournés à comparoir, en leurs personnes, en ladicte court. Les S^{rs} duc de Beaufort; coadjuteur de l'archevesque de Paris, et Mr Pierre Broussel, conseiller en ladicte court, estre assignés en icelle, pour estre pareillement ouys et interrogés, sur certains faicts; et, avant, prendre conclusion sur les autres faicts résultans des informations et personnes y desnommées.

ARREST EN FAVEUR DU SIEUR JOLY [1].

Veu par la cour, toutes les chambres assemblées, le procez verbal et informations faites, de l'ordonnance d'icelle, par les conseillers à ce commis, le unziesme décembre dernier, à la requeste du procureur général du Roy, demandeur. Autre procez verbal et informations faites ledit jour, par M. Michel Boissy, commissaire et examinateur au Chastelet de Paris, à la requeste de Mr Guy Joly, conseiller du Roy audit Chastelet, demandeur contre les y dénommez. Rapport de visitation de la personne d'iceluy Joly, dudit jour et douziesme ensuivant, signé Moreau, médecin; Mesnard, Tagnon et La Saullaye, chirurgiens. Autre rapport de la visitation de sa personne, fait par l'ordonnance de ladite cour, par les médecins et chirurgiens jurez d'icelle, dudit jour unziesme décembre, signé Rinssant, médecin; Granger et Belloy, chirurgiens. Autres informations, l'une faite par les lieutenans civil et criminel de cette ville, prévosté et vicomté de Paris conjointement; l'autre par ledit lieutenant criminel, les douze et treize dudit mois de décembre. Arrest de la cour dudit jour treiziesme,

---

1. Extrait de la *Suite du Journal des assemblées du parlement*. Paris, Gervais Alliot et Jacques Langlois, 1649, in-4°, p. 59.

parlequel, entr'autres choses, il auroit esté permis audit procureur général faire informer par addition ; à cette fin obtenir monition, information et continuation d'icelle, en exécution dudit arrest, faite par lesdits conseillers commis. Ledit jour 13, 14, 16, 17, 18, 21, dudit mois de décembre et 18 janvier dernier, à la requeste dudit procureur général, pour raison de l'émotion arrivée au palais, et assemblées faites en cette dite ville, ledit jour unziesme décembre. Arrest de ladite cour du vingtiesme dudit mois de décembre, par lequel, entr'autres choses, auroit esté ordonné que le nommé Rocquemont, cy-devant lieutenant de la compagnie du sieur de La Boulaye, seroit ouy et interrogé sur le contenu èsdites informations ; cependant demeureroit prisonnier en la conciergerie du palais. Interrogatoires à luy faites par les conseillers commis ledit jour vingtiesme décembre. Autres interrogatoires par eux faites, les 17 et 18 janvier dernier, à Mᵉ Matthieu des Martineaux, advocat en ladite cour, et Michel Belot, advocat au Conseil privé du Roy ; suivant l'arrest dudit jour 17 janvier, contenant leurs confessions et dénégations. Requeste présentée à la cour par ledit Joly, à ce que, pour les causes y contenues, il luy fût permis de continuer son information, et, à cette fin obtenir monition, mesme le renvoyer de l'accusation contre luy intentée. Conclusions du procureur général du Roy: Tout considéré. DIT A ESTÉ, que ladite cour a renvoyé et renvoye ledit Joly de l'accusation contre luy intentée, luy permet de continuer son information par lesdits conseillers commis, à cette fin obtenir monition en forme de droict. Enjoint à tous curez, vicaires et autres prestres, icelle publier et fulminer, pour le tout communiquer audit procureur général, et veut estre fait droit ainsi qu'il appartiendra. Fait en parlement, le premier février 1650.

Signé LE TENNEUR.

LE JEUDY DOUZIESME MAY 1650.

Ce jour auroit esté vérifié et registré, l'audiance tenant, une déclaration du Roy, portant amnistie et oubly de tout ce qui s'estoit fait à Paris, le unziesme décembre mil six cens quarante neuf; au moyen de laquelle il n'a plus esté parlé de cette affaire, et tous ceux qui estoient en prison furent eslargis. De cette déclaration la teneur s'ensuit :

DÉCLARATION D'AMNISTIE DE CE QUI S'EST FAIT LE UNZIESME DÉCEMBRE [1].

LOUIS, par la grâce de Dieu, Roy de France et de Navarre, à tous présens et advenir, Salut. Bien que nous sçachions de quel préjudice et importance sont à l'authorité des Roys, au bien public et à la tranquillité

1. *Suite du Journal des assemblées du parlement.* — « Comme il y avait eu des particuliers qui avaient fait du bruit dans les assemblées de l'hôtel de ville, à cause de l'intérêt qu'ils avaient dans les rentes, ils appréhendaient d'en être recherchés, et ils souhaitaient, peu de temps après que M. le Prince fut arrêté, que j'obtinsse une amnistie. J'en parlai à M. le cardinal (Mazarin), qui n'en fit aucune difficulté, et qui me dit même dans le grand cabinet de la Reine, en me montrant le cordon de son chapeau qui était de la Fronde : « Je serai moi-même compris dans cette amnistie. »
« Au retour des voyages du Roi ce ne fut plus cela. Il me

des peuples, les factions, séditions et révoltes qui se forment dans les grands estats, principalement dans les villes capitales, et que le tumulte fait en nostre bonne ville de Paris, l'unziesme décembre dernier, par nombre de gens armez et attroupez jusques dans nostre palais, crians aux armes, qu'il falloit fermer les boutiques, et repousser la force par la force, soit de cette qualité, et par l'ordre des loix punissable exemplairement et sévèrement ; et d'autant plus que cette action a esté précédée et suivie de divers monopoles, pratiques, menées, assemblées et conseils tenus contre le bien de nostre service et le repos de nostre estat,

proposa une abolition, dont le titre seul eût noté cinq ou six officiers du parlement qui avaient été syndics, et peut être mille ou deux mille des plus notables bourgeois de Paris. Je lui fis faire ces considérations, qui paraissaient n'avoir point de réplique. Il contesta, il remit, il éluda ; il fit les deux voyages de Normandie et de Bourgogne sans rien conclure ; et quoique M. le Prince eût été arrêté dès le 18 janvier, l'amnistie ne fut publiée et enregistrée au parlement que le 12 mai. Encore ne fut-elle obtenue que sur ce que je fis entendre que, si on ne me l'accordait pas, je poursuivrais à toute rigueur la justice contre les témoins à brevet : chose que l'on appréhendait au dernier point, parce que dans le fond, il n'y avait rien de si honteux. Ils en étaient si convaincus, que Canto et Pichon avaient disparu même avant que M. le Prince fût arrêté. » (*Mémoires du cardinal de Retz*. Collect. Petitot, deuxième série, t. XLV, p. 107.)

« Cette amnistie, dit Joly dans ses Mémoires, confirma le soupçon de ceux qui croyaient que le marquis de La Boulaye n'avait rien fait que de concert avec le cardinal : ce qu'on a cru encore plus fortement après la mort de ce ministre, parce que La Boulaye a laissé entendre que cela était vrai, quoique auparavant il ne parlât pas aussi ouvertement. Mais il y a bien de l'apparence qu'il a plutôt dit cela pour se disculper, et pour diminuer le blâme d'une action si étrange, que pour confesser la vérité. » (*Même collect., même série*, t. XLVII, p. 101.)

voire mesme prétextée, contre vérité, d'entreprise
faite sur quelques officiers de nostre cour de parlement, et de meurtres de particuliers feints et supposez;
Nous avons néantmoins tousjours estimé que la clémence est la propre vertu des bons princes, et qu'estans l'image de Dieu sur la terre, ils doivent, autant
qu'ils peuvent, pardonner à leurs subjets, et ne les
point traitter par rigueur de justice. Ce que nous faisons d'autant plus volontiers que nous y sommes
portez par nostre inclination naturelle, l'éducation et
les conseils de la Reyne Régente, notre très honorée
Dame et Mère, et par l'exemple des Roys derniers decédez, nos tres honorez Seigneurs, Père et Ayeul, qui
après avoir réduit leurs subjets à l'obéissance, par la
force, et à la gloire de leurs armes, les ont traittez par
clémence et par grâce, et ont mieux aymé régner
comme Pères de leurs peuples, que comme Roys
triomphans et vainqueurs. A CES CAUSES, et pour
autres grandes considérations à ce nous mouvans,
préjugeans bien de tous nos subjets, et nous confians
en leur affection et fidélité; deüement informez des
choses susdites, et pour les couvrir d'une amnistie
générale et d'un oubli perpétuel: De l'advis de la
Reyne Régente, nostre dite Dame et Mère, de grâce
spéciale, pleine puissance et authorité Royale, Nous
avons esteint, supprimé et aboly, et par ces présentes
signées de nostre main, esteignons, supprimons et
abolissons lesdits cas et crimes, et la mémoire et recherche de ce qui s'est passé en nostre bonne ville de
Paris, ledit jour unzième décembre dernier, devant
et après iceluy, mesme depuis nostre déclaration du
mois de mars mil six cens quarante neuf, jusques à

présent, pour exciter séditions, émotions et tumultes ; par assemblées, conseils, port d'armes, voyes de fait et autrement, par quelques personnes et en quelque sorte et manière que ce soit ; et généralement tout ce qui peut avoir esté commis, dit ou fait pour raison de ce que dessus, circonstances et dépendances, comme si le tout estoit icy spécifié, avec remise et descharge de toutes peines, amendes, offenses corporelles, criminelles et civiles encourües envers Nous et Justice. Mettans, à cet effect, au néant, toutes poursuittes, décrets, défauts, contumaces, jugements et arrests, qui s'en pourroient estre ensuivis ; et remettans les prevenus et condamnez en leur bonne renommée, pays et biens, charges, honneurs et dignitez. Voulons et nous plaist que les prisonniers pour ce détenus, soient mis hors des prisons, sans qu'ores, ny à l'avenir ils en puissent estre inquietez ou recherchez, et sur ce imposons silence perpétuel à nostre procureur général, ses substituts et à tous autres. SI DONNONS EN MANDEMENT à nos amez et féaux conseillers les gens tenans nostre cour de parlement de Paris, Que ces presentes nos Lettres d'abolition ils ayent à faire lire, publier et registrer, et du contenu en icelles faire jouir et user tous ceux qu'il appartiendra, plainement et paisiblement, sans permettre qu'il leur y soit donné aucun trouble ny empeschement : CAR tel est nostre plaisir. Et afin que ce soit chose ferme et stable à tousjours, nous avons à cesdites présentes fait mettre nostre seel, sauf en autres choses nostre droict, et l'autruy en toutes. DONNÉ à Dijon, au mois d'avril, l'an de grâce mil six cens cinquante, et de nostre règne le septiesme. Signé LOUYS. Et sur le reply, Par le

Roy, la Reine Régente sa Mère presente, De GUENE-
GAUD, et seellée du grand seau de cire verte, sur
lacs de soye rouge et verte. Et encore est escrit :

Luës et publiées, l'audiance tenant, et regis-
trées au greffe de la cour, ouy ce requérant le
procureur général du Roy, pour estre exécutées
selon leur forme et teneur. A Paris en parlement le douziesme may mil six cens cinquante.
Signé GUYET.

*Collationné à l'original, par moy con-
seiller secretaire du Roy et de ses Finances.*

FIN DU PROCÈS DU MARQUIS DE LA BOULAYE.

APPENDICE.

APPENDICE.

DISCOURS D'UNE TRAHISON ATTENTÉE CONTRE HENRY IV, DÉCOUVERTE EN L'AN 1604[1].

Il s'est depuis peu descouvert une trahison, tant par le dire et confession d'un Anglois, nommé Morgan, détenu prisonnier au bois de Vincennes, que par plusieurs autres personnes et singulièrement par une lettre escrite par M. le marquis de Maignelay, qui depuis peu avait eu volonté de se rendre au couvent des Capucins, adressante à un religieux, ou jésuite, se tenant en Angleterre; laquelle lettre estant fortuitement tombée entre les mains du roy d'Angleterre a esté par lui envoyée au roy de France. Depuis il y a eu encore un prisonnier, nommé Fortan, qui a faict long séjour en France et depuis un an en çà a sa retraite chez

1. Extrait de l'ouvrage intitulé : *Mémoires de Monsieur de Beauvais-Nangis, ou Histoire des favoris françois*, etc. Paris, Bienfait, 1665. — M. Monmerqué avait copié ce morceau de sa main, avec l'intention évidente de l'insérer en appendice aux *Mémoires de Beauvais-Nangis*. Ce discours avait cependant été publié déjà deux fois depuis 1665; d'abord dans le *Recueil de pièces intéressantes*, Amsterdam, 1699, in-12 et ensuite dans les *Archives curieuses de l'Histoire de France*, par MM. Cimber et Danjou, t. XIV, p. 165 et suiv. Mais comme ces ouvrages sont dans les mains de peu de monde, cette circonstance ne nous a pas paru de nature à nous empêcher de réaliser la pensée de notre confrère, qui voulait sans doute compléter les détails d'un fait grave auquel Beauvais-Nangis avait fait une simple allusion dans les Mémoires que nous publions. (V. ci-dessus, p. 73.)

Mme la marquise de Verneüil[1], sous ombre de l'instruire en la langue espagnole ; comme aussi a hanté fort L'Hoste, commis de M. de Villeroy, depuis cinq ou six mois, sous couleur de l'exercer en ladite langue, chez ladite dame, laquelle a esté meüe à consentir à cette détestable conjuration par un capucin nommé Archange, à présent absent, qui a esté son père confesseur en l'année dernière 1603 [2].

Le fondement de cette conspiration est tel : M. le comte d'Auvergne, frère bastard de la marquise de Verneüil, tost après son eslargissement de la Bastille, pour la précédente conspiration avec le mareschal de Biron, sans avoir esgard aux sermens de fidélité qu'il avoit peu auparavant prestez au Roy de n'entreprendre aucune chose contre sa personne, ny son Estat, a esté engager non seulement sa personne, mais aussi celle de M. de Verneüil, fils bastard de ladite marquise, lequel elle dit estre fils légitime de France, en tant que Sa Majesté, couchant avec elle, luy fit promesse escrite de sa main, de l'espouser, en cas que ce fust un enfant masle. A cette nouvelle trahison qui a rendu la marquise plus asseurée, voyant son frère, mesme sortant d'un si dangereux lieu, se jeter volontairement dans un si grand péril, d'entrer en cette conspiration. Toutefois après avoir envoyé copie de la promesse que Sa Majesté luy doit avoir faite *de matrimonio in futurum*, à son cousin de Lenox, avec requestes et instantes prieres d'icelle monstrer au Roy, de le

---

1. Catherine-Henriette de Balzac d'Entragues, marquise de Verneuil. Elle était fille de François d'Entragues, gouverneur d'Orléans, et de Marie Touchet, sa seconde femme, qui avait été maîtresse de Charles IX. Henri IV en devint éperdument amoureux après la mort de Gabrielle d'Estrées ; elle obtint de lui, avec cent mille écus, la promesse de l'épouser si, dans l'année, elle lui donnait un fils, promesse que Sully déchira. Mais le roi eut la faiblesse d'en écrire une nouvelle. Elle eut un fils, en effet. Henri IV avait épousé, depuis sa promesse, Marie de Médicis, qui exigea que la promesse fût retirée. Mlle d'Entragues refusa de la rendre. « Elle la faisait sonner bien haut, dit Mézeray, la montrant à quiconque voulait la voir. »

2. Ceci est donc écrit en 1604.

rechercher d'aide et secours en une si juste cause. Sur quoy le roy d'Angleterre avoit fait response qu'encore qu'il y pust avoir raison en la demande de la marquise, pourtant, il ne s'en mesleroit en aucune façon ; et, incontinent après, a averty Sa Majesté, qui s'en est plainte à ladite marquise, laquelle néantmoings l'a négligé, et depuis faict refus de sa compagnie et de la jouïssance de sa personne, sous prétexte de mener le reste de ses jours en vie austere, et se rendre au nouvel ordre des Capucines ; mesme tous les jours elle fait dire une messe par le frère de son père confesseur Archange, et par fois y fait assister une femme, nommée Boulencourt, mignonne du feu roy, et plusieurs autres qui sous ombre de sainteté et vie austere, vont marchander et pratiquer par cette ville, entre lesquels est aussi la fille de monsieur de Fleury qui avoit espousé le frere de monsieur de Rosny, laquelle après la mort de son mary devint amoureuse d'un certain gentilhomme et le vouloit par force épouser, mais ses parents l'ayant empeschée de le faire, de regret elle se rendit feüillantine à Thoulouse.

Cette affaire a esté en cette façon déclarée au roy d'Espagne par le comte d'Auvergne qui l'a prié de la part de sa sœur, de vouloir prendre en sa sauvegarde ce présomptif héritier de la couronne de France, qu'elle tenoit pour tel, en tant que le Roy luy avoit promis la foy, plutôt qu'à la reyne mesme, et luy a donné à entendre que ladite marquise avoit plusieurs grands seigneurs de France pour parens et amis, qui offroient de l'aider en sa juste cause.

Sur quoy le roy d'Espagne a fait response qu'il offroit et estoit tout prest de monstrer à ladite marquise la volonté qu'il avoit de s'employer pour elle, en cette affaire et toute autre ; et que, pour l'exécution d'icelle, il falloit en bref rechercher les moyens que l'on y pourroit tenir, et qu'il prendroit ledit présomptif héritier en sa sauvegarde, afin de tascher d'en faire un mariage avec une nymphe[1] d'Espagne ;

---

1. *Sic* dans l'imprimé ; c'est sans doute pour *infante* d'Espagne.

et d'autant que cela seroit difficile de mettre à bonne fin pendant la vie du roy de France, qu'il falloit trouver moyen de s'en défaire. Ces offres et considérations du roy d'Espagne ont eu tant de vertu, que le comte d'Auvergne, monsieur d'Entragues, la marquise sa fille, et plusieurs autres qui se mesloient de cette affaire, ont résolu de faire mourir le Roy, et cela fait, de prendre la protection du roy d'Espagne ; ce qu'ils devoient faire en cette manière : à sçavoir que le Roy allant voir la marquise en poste, comme il souloit faire souvent, accompagné de cinq ou six personnes seulement, on luy couperoit de nuit la gorge, et que la marquise et son fils prendroient incontinent le chemin de leur azile en Artois, où l'archiduc Albert les feroit attendre et recevoir.

Le roy d'Espagne leur promit aussi, cela fait, de leur distribuer cinq cens mille livres comptant, afin de mettre gens en armes et sur pied, pour obtenir la couronne au présomptif héritier, et qu'il feroit incontinent acheminer les gens de guerre qui sont près Barcelonne, pour donner main forte aux révoltés qui se trouveroient en grand nombre en Languedoc et en Guyenne ; comme de fait il y en a plusieurs prisonniers à Thoulouse, gentilshommes de marque et qui ont mesme commandement de compagnies. Le duc de Savoye et le comte de Fuentès devoient faire tout effort sur Lyon, où il y a aussi plusieurs habitans prisonniers. Enfin il y auroit des entreprises sur chaque ville, par le moyen que donnoient mesme aucuns habitans des villes de ce faire.

Quant au Dauphin, fils et légitime héritier de France, qui pouvoit aucunement détourner leurs desseins, ils résolvoient aussi de luy faire suivre le père, ou si besoin seroit l'éloigner de France, en sorte qu'il n'en fust jamais parlé ; et pour le regard des autres princes et seigneurs qui pourroient prétendre à la couronne, ils en viendroient bien à bout.

Le comte d'Auvergne voyant que le sieur L'Hoste estoit mort et que les desseins dessus déclarez ne pourroient réüssir, parceque le Roy en apprenoit de jour en jour quelque chose, il a cherché occasion d'avoir querelle à la cour, pour s'en absenter, afin de n'estre de rechef arresté, comme de fait il a eu dispute avec M. le comte de Soissons, sous ombre de laquelle il s'en est allé en Auvergne, où, tost après le Roy lui envoya le sieur de La Curée pour lui dire qu'il s'en revînt à la cour, avec promesse de faire sa paix avec monsieur le comte de Soissons. Comme le sieur de La Curée eut donné les lettres du Roy au comte d'Auvergne à Clermont, et même une de madame la comtesse sa femme, par laquelle elle l'advertissoit du bruit de la cour et de la prise de l'anglois Morgan, ledit comte s'en alla les lire à part, puis revint trouver le sieur de La Curée, auquel il demanda des nouvelles de la cour, qui luy dit ce qu'il en avoit oüy dire, mesme la prison de Morgan, lequel avoit accusé plusieurs grands seigneurs, dont à l'instant il vit changer de visage et tomber le comte en de profondes pensées, qui mit le propos plusieurs fois en avant pour en apprendre davantage.

Le sieur de La Curée reconnoissant par là que ledit comte estoit meslé dans cette affaire, ne voulut perdre l'occasion et parla à luy en cette façon : « Monsieur, si vous avez eu aucune intelligence avec Morgan, je vous conseille de mettre de bonne heure la main à la conscience, pour advertir le Roy de tout ce qui s'est passé, et luy découvrir tous ceux qui s'en sont meslez, pour obtenir vostre grace, qui vous est fort nécessaire, veu les fautes passées, m'asseurant que Sa Majesté vous recevra à mercy. Car si mareschal de Biron eust crû le mesme conseil, que je luy donnay en Bourgogne, il l'eust obtenuë. » Tels propos et autres, ont tant émeu ledit sieur comte qu'il se résolut d'escrire au Roy, et par ses lettres l'avertir de tout le fondement de cette trahison, et il découvrit tous ceux qui en estoient ; aucuns à tort, pour mal qu'il leur vouloit, et autres avec raison.

Le Roy ne differa à lui pardonner, à la charge d'estre banny de la France pour deux ans, durant lesquels il feroit la guerre à l'ennemy de la Chrestienté, en Hongrie ; comme aussi Sa Majesté a receu depuis à mercy Monsieur d'Entragues, avec protestation de n'avoir jamais aucune compagnie avec sa fille la marquise, comme de fait Sa Majesté a fait promesse à Messieurs de son conseil de s'abstenir du tout de la compagnie de ladite marquise, qui depuis a porté le deüil de son mari qu'elle dit avoir perdu.

Le comte escrit de rechef au Roy, pour l'asseurer qu'il n'entreprendroit jamais chose qui lui fust désagréable, ny préjudiciable à son Estat, et que l'appréhension de la Bastille le convioit de s'absenter de la cour volontairement, puisqu'il plaisoit à Sa Majesté.

Le sieur d'Entragues ayant esté menacé d'avoir la teste coupée, ne differa à rapporter et restituer entre les mains du Roy, la promesse que le Roy avoit fait à sa fille la marquise, dans laquelle il y a, comme dit la marquise, promesse de mariage[1]. On tient que ledit d'Entragues et sa fille ont receu à diverses fois dix mille livres du roy d'Espagne, par les mains de Fortan, prisonnier à la Bastille. Cependant les prisonniers sont interrogez afin de connoistre la vérité, pour châtier ceux qui sont coupables.

D'ailleurs, d'Espagne est venu un ambassadeur trouver Sa Majesté, pour lui faire des plaintes de la part de son maistre, de ce qu'il assistoit sous main ceux des Pays-Bas, en luy faisant la guerre finement et en renard, et que son maistre, comme un furieux lion, aimoit mieux la guerre ouverte : à quoy Sa Majesté fit response qu'elle n'avoit jamais esté aux escoles où on apprenoit à faire la guerre aux bestes brutes, ains aux hommes, et que si son maistre avoit envie de guerroyer, qu'il ne pourroit avoir si tost mis le pied à l'estrier, qu'il ne mist luy la main à l'espée, pour luy faire sentir la valeur et vigueur qui luy estoit restée des troubles derniers.

---

1. Suivant Le Laboureur (*Additions sur Castelnau*, t. II, p. 632), cette promesse fut retrouvée après l'arrestation de d'Entragues, dans son château de Marcoussis, où elle avait été cachée dans une bouteille de verre, « enfermée d'une autre bouteille aussi de verre, sur du coton, le tout bien bouché et muré. » Elle fut remise au roi par le secrétaire d'État de Loménie. La marquise de Verneuil mourut à Paris le 9 février 1633, à l'âge de cinquante ans.

APPENDICE.   359

Nota. La promesse de mariage donnée par Henri IV à la marquise de Verneuil, dont il est question dans le récit qui précède, était ainsi conçue : « Nous Henry quatrième, par la grâce de Dieu, roy de France et de Navarre, promettons et jurons devant Dieu, en foy et parole de Roy, à messire François de Balsac, sieur d'Entragues, chevalier de nos Ordres, que, nous donnant pour compagne damoiselle Catherine-Henriette de Balsac, sa fille, au cas que dans six mois à commencer du premier jour du présent, elle devienne grosse et qu'elle en accouche d'un fils, alors et à l'instant nous la prendrons à femme et légitime épouse, dont nous solemniserons le mariage publiquement et en face de nostre mère Sainte Eglise, selon les solemnitez en tel cas requises et accoustumez. Pour plus grande approbation de laquelle présente promesse, nous promettons et jurons, comme dessus, de la ratifier et renouveller soubs notre seing incontinent après que nous aurons obtenu de nostre sainct Père le Pape, la dissolution du mariage d'entre nous et dame Marguerite de France, avec permission de nous remarier où bon nous semblera. En tesmoing de quoy nous avons escript et signé la présente. Au bois de Malesherbes, ce jourd'huy premier octobre 1599. Signé HENRY [1]. »

C'est à la marquise de Verneuil qu'Henri IV écrivait la lettre suivante : « Mes belles amours, deux heures après l'arrivée de ce porteur, vous verrez un cavalier qui vous aime fort, que l'on appelle Roy de France et de Navarre, titre certainement bien honéreux (honorable), mais bien pénible. Celui de vostre subject est bien plus délicieux. Tous trois sont bons à quelque sauce qu'on veuille les mettre, et n'ay résolu les céder à personne [2]. »

1. On peut consulter aussi, sur cette promesse, les *OEconomies royales* de Sully, t. V, p. 340, de la Collection Petitot, 2ᵉ série.
2. Bib. imp. Supplément français, n° 177, pièce IVᵉ.

TABLE ANALYTIQUE

DES MATIERES PRINCIPALES

CONTENUES DANS LES

MÉMOIRES DU MARQUIS DE BEAUVAIS-NANGIS.

A

Aguerre (Jeanne d'), mère d'Antoine de Brichanteau, 4. — L'envoie au duc d'Anjou, *ib.*

Alençon (duc d') va en Flandres, 28. — Se plaint au roi de la punition infligée à des valets qui avaient pris du gibier, 29. — Veut attirer Antoine de Brichanteau à son service, 32.

Ancre (maréchal d'), sa mort, 150. — Sa rivalité avec le duc de Luynes, 151.

Angoulesme (duc d') nommé commandant d'une armée contre les Princes, 147.

Anjou (duc d'), élu roi de Pologne, emmène Antoine de Brichanteau avec lui, 6. — Se brouille avec lui à l'occasion de son duel avec un mareschal-des-logis, 11. — Son retour en France à la mort de son frère Charles IX, 12. — Est sacré à Reims, 13. — Voy. Henri III.

Armeville, ami de Poissonnier, veut tirer vengeance du meurtre de celui-ci par d'O, 15. — Se bat avec Antoine de Brichanteau et le blesse, 16. — Il est aussi blessé, *ib.*

B

Barbeaux (abbaye de), 114.

Barbin, surintendant des finances, 147.

Barricades (journée des), 41.

Beauvais-Nangis (marquis de). V. les mots Brichanteau et sur sa famille l'*Introduction.*

Bouillon (duc de), rend Sédan au roi, 90. — Demande à Beauvais-Nangis des nouvelles de ce qui s'était passé en Flandres, 91. — Se trouve à l'entrée du roi à Paris, 92. — Dit à Beauvais-Nangis d'aller trouver le roi à Dolainville, 95. — Est chargé par le roi de demander à Beauvais-Nangis ce que valent les appointements de capitaine des toiles, 99.

Brichanteau (Marie de), épouse du baron Senecey, tante de Beauvais-Nangis, 4.

Brichanteau (Françoise de), épouse de Louis de L'Hospital, seigneur de Vitry, 4.

Brichanteau (Nicolas de), chevalier de l'Ordre, capitaine de cinquante hommes d'armes, seigneur de Beauvais-Nangis, aïeul de l'auteur des *Mémoires*. Né le 30 janvier 1510, 3. — prisonnier à la bataille de Dreux, en 1562, *ib*. — Se rachète avec 3000 écus de rançon, *ib*. — Meurt le 4 septembre 1564, *ib*. — Ses enfants, *ib*.

Brichanteau (Antoine de), père de Beauvais-Nangis, auteur des *Mémoires*, 3. — Agé de 11 ans à la mort de son père. — Est mis au collége de Lizieux en 1564, 4. — Y reste jusqu'aux troubles de 1567; entre à l'Académie de Paris, *ib*. — Se trouve aux combats de Pamprou et de Jaseneuil, et à la bataille de Jarnac, *ib*. — Le duc d'Anjou lui donne une charge de gentilhomme de sa chambre, 5. — Le grand prieur de France lui donne le guidon de sa compagnie de gendarmes, *ib*. — Assiste au siége de Mucidan et à celui de Saint-Jean-d'Angély, *ib*. — Accompagne Charles de Lorraine, duc de Mayenne, à l'armée du Levant, *ib*. —Achève ses exercices à Rome, 6. — Accompagne le duc d'Anjou en Pologne, 7. — Le duc d'Anjou, roi de Pologne, lui apprend la mort de Charles IX, 9. — Il accompagne le duc d'Anjou à son retour en France, *ib*. — Il rend service à Villequier, 10. — Se brouille un moment avec le duc d'Anjou, à l'occasion d'un duel qu'il a avec un maréchal-des-logis de ce prince, 11. — Le duc lui communique son projet d'épouser la princesse de Condé, 12. — Désire être colonel de l'infanterie française, 14. — Refuse de prêter serment comme gentilhomme de la chambre du roi, entre les mains de d'O, maître de la garde-robe, 14. — Cède cette charge à M. de Tachy; se trouve avec d'O, lorsque celui-ci tue Poissonnier, à la croix du Trahoir, 15. — Les amis de celui-ci veulent en tirer vengeance, 15. — Armeville se bat en duel avec lui et le blesse, 16.—Le roi Henri III l'envoie visiter, *ib*. — Il va au régiment de Picardie, à l'armée de Champagne, *ib*. — Fait un comte allemand prisonnier à Dormans, *ib*. — Obtient du roi les biens confisqués au baron de Viteaux, 17. — Épouse Antoinette de la Rochefoucauld, *ib*. — Va avec le duc de Mayenne faire la guerre aux religionnaires en Poitou et en Saintonge, *ib*. — Va prendre le régiment de Picardie à Calais et le conduit en Poitou, 18. — Il force les habitants de Melle à donner le logement à ce régiment, 19. — Il prend son quartier à Tonnay-Charente, 20. — La Guiche et Quélus le prient de traiter de leur rançon, 21. — Commande le régiment de Picardie au siége de Brouage, 22. — Prend possession du régiment de Picardie, 23. — Attaque contre Bussy d'Amboise, 24. — Il commande le régiment des gardes au siége de La Fère, *ib*. — Est nommé ambassadeur en Espagne, 26. — Colonel de l'infanterie française, 27. — Réprime des valets qui avaient pris du gibier, 28. — Sa disgrâce à cette occasion, 30. — Traite avec Strozzi de la charge d'amiral, 28. — Le roi refuse de sanctionner ce traité 30. — Il lui fait demander sa démission de la charge de maître-de-camp, *ib.* — Le duc d'Alençon veut l'attirer en Flandres, 32. — Va au siége de Cambrai, *ib.* — Visité par beaucoup de personnes de la cour pendant sa disgrâce, *ib.* — A la mort du duc d'Alençon, entre dans le parti du duc de Guise, 33. — Le roi envoie les *quarante-cinq* pour l'arrêter à Châlons, 34. — On ne peut l'arrêter, 35. — On ne tient pas la promesse faite à Antoine de Brichanteau de commander toute l'infanterie, 36. — Il s'achemine avec son régiment et trois autres sur Metz, 36. — La paix est faite à Nemours, 37. — Fait un voyage en Berri, 38. — Offre ses services au roi contre les reîtres, *ib.* — Il l'accompagne à Moulins, 39. — Il est en grande faveur auprès du roi, 40. — On tente de le réconcilier avec le duc d'Épernon, *ib.* — Il commande, dans la journée des Barricades, le quartier du cimetière des Innocents, 41. — Suit le roi à Chartres, *ib.* — Le roi lui communique son projet de faire tuer le duc de Guise, 44. — Il assiste au conseil et opine pour que cet assassinat n'ait pas lieu, 45. — Sa douleur quand il apprend cet assassinat, 46. — Les députés d'Orléans le demandent pour gouverneur de leur province à la place de d'Entragues, *ib.* — Est nommé amiral, 48. — Conseille à Henri III de ne pas se retirer au delà de la Loire, 49. — Le roi lui commande de se retirer en Brie; Mayenne lui offre le gouvernement de Normandie pour la ligue, il refuse, 51. — Se range du parti de Henri IV, *ib.* — Amène avec lui plus de cent vingt gentilshommes au siége de Paris, 52. — Sert le roi aux siéges de Paris, Chartres, Rouen, et l'accompagne dans ses voyages de 1590 à 1592, *ib.* — Refuse d'être maréchal de France, 53. — Le roi donne sa charge d'amiral à Biron, 54. — En 1595, il est fait chevalier de l'ordre du Saint-Esprit, 54. — On lui donne 50,000 écus de récompense, 58. — Meurt à Nangis le 9 août 1617, 59. — Éloge qu'en fait son fils, *ib.* — Député aux États généraux pour le bailliage de Melun, en 1614, 139.

Brichanteau (Nicolas de), marquis de Beauvais-Nangis. Sa naissance, le 9 mai 1582, 62. — Il est mis au collége de Navarre, *ib.* — Fait son cours de philosophie sous un précepteur à Nangis, *ib.* — Nommé capitaine des toiles de chasses du roi, 63. — Prend possession de cette charge, 64. — Est bien reçu par le roi, *ib.* — Il veut accompagner le roi en Savoie, 65. — Il part à la fin d'octobre 1600 pour Lyon, 66. — Séjourne à Rome, 67. — Va à Naples, *ib.* — Revient à la cour à la fin de 1601, 68. — Se lie avec le duc de Nevers, *ib.* — L'accompagne au siége d'Ostende et en Angleterre, *ib.* — Va à Metz avec le roi, 71. — Exerce sa charge de capitaine des toiles à Fontainebleau, 74. — Sa liaison avec M. de Dunes, 74. — Prend part à un combat à la barrière avec le duc de Nevers, Dunes, etc., 75. — Accompagne M. du Terrail en Flandres, avec Dunes, *ib.* — Va voir l'ambassadeur à Bruxelles, 80. — Prend part à la tentative de du Terrail pour s'emparer de Berg-op-Zoom, 85. — Revient à Paris après qu'elle a échoué, 86. — Mécontentement du roi sur cette entreprise, 87. — Il lui pardonne, 88. — Il l'accompagne à Limoges, 89. — Prend part à des carrousels faits par le duc de Nevers, 90. — Et à un combat en camp ouvert fait par M. de Chevreuse, *ib*. — Accompagne le roi à Sedan, *ib*. — Est présenté au duc de Bouillon, 91. — Le duc lui demande ce qui s'était passé en Flandres, *ib*. — Prie le roi de lui permettre de revenir à Paris, 93. — Veut vendre sa charge de capitaine des toiles, 94. — Va trouver le roi à Dolainville, 95. — Le roi lui fait bon accueil, 96. — Assiste au baptême du dauphin, à Fontainebleau, 99. — Le roi lui demande ce que valent les appointements de capitaine des toiles, *ib*. — Le cardinal de Givry veut lui donner le bailliage de Metz, 100. — Le roi le donne à d'Arquien, 102. — Demande au roi l'abbaye d'Escurey pour un de ses frères, 106. — Elle lui est accordée, *ib*. — Mais l'abbé n'était pas mort, 107. — Arrange les affaires de son père, *ib*. — Apprend l'assassinat d'Henri IV, 110. — Sa douleur en apprenant la mort de Dunes, 111. — Assiste au sacre de Louis XIII, en qualité d'un des quatre barons accompagnant la Sainte-Ampoule, 115. — Obtient une pension de 1200 écus, 117. — Se réconcilie avec des Marets, 119. — On veut lui faire épouser Mlle d'Étampes-Valençay, 120. — Il refuse, 121. — Il se marie à Mlle de Rochefort, 122. — Va retrouver le duc de Nevers à Lyon, 127. — L'accompagne en Italie, 128. — Revient à Paris, 129. — Le duc de Nevers le prie de venir à Nevers, 135. — Assiste au mariage de sa sœur avec la Roche-Aymond, 137. — Accompagne le roi à Angers et à Nantes, 139. — Ses amis veulent le nommer députés aux États généraux de Paris pour la sénéchaussée du Bourbonnais, on lui préfère un autre candidat, *ib*. — La reine-mère lui en veut, 139. — La reine lui donne l'abbaye d'Escurey, 141. — Il lève une compagnie de chevau-légers en Bourbonnais pour l'armée du roi contre les huguenots, 142. — Va trouver son frère l'évêque de Laon, 145. — Remercie d'Elbène de l'augmentation de sa pension, 147. — On lui ordonne de remettre sur pied sa compagnie de chevau-légers, 148. — Vend sa charge de capitaine des toiles, *ib*. — Sert dans l'armée du duc de Guise, en Champagne, 149. — Se réjouit de la faveur du duc de Luynes, 152. — Va avec sa compagnie au-devant des reîtres, en Lorraine, *ib*. — Va à Nancy, 153. — Se brouille avec le maréchal de Vitry, *ib*. — Mort de son père, 154. — Accompagne le roi à Rouen, *ib*. — Reçoit l'ordre de conduire ses chevau-légers à Metz, 160. — Le duc de Nevers l'invite à se trouver à Bourges, 164. — Nommé chevalier des Ordres du roi, 169. — Accompagne le roi à Pau, 173. — Sert dans la guerre contre les huguenots, 174. — Va trouver le roi à Agen, 183. — Revient à Paris, 185. — La reine-mère lui ordonne de se rendre en Champagne, *ib*. — Le roi lui ordonne de conduire sa compagnie à Montpellier, 190. — Va trouver M. le Prince à Bourges, 192. — Lui reste fidèle dans sa disgrâce, 193. — Le roi lui fait bon accueil, 194. — Va en Bourbonnais auprès de M. le Prince, 195. — Perd son fils aîné et ses deux frères les chevaliers, 198. — Tombe malade, *ib.* — Va retrouver M. le Prince, 199. — Commande la compagnie de chevau-légers dans le Midi, 201. — Reçoit un brevet de maréchal-de-camp, 203. — Assiste au siége de Royalmont, *ib.* — A celui de Meyrueis, 204, — Va à Montpellier, 206. — Assiste au siége de Saint-Affrique, 207. — Va rejoindre M. le Prince à Alby, 208. — L'accompagne à Toulouse, *ib.* — A Villemur, 209. — M. le Prince lui écrit de venir le retrouver au siége de Montauban, 213. — Se rend auprès de lui à Saint-Florent, 218. — Le roi lui fait mauvais visage, 219. — Se rend à l'armée de Provence, 220. — Les États veulent lui donner une récompense, *ib.* — M. le Prince s'y oppose, 221. — Il lui envoie un gentilhomme à cette occasion, *ib.* — Va trouver le roi à Pont-à-Mousson, 224. — Fait une chute à Varennes, 225. — On veut nommer son fils aîné cornette de la compagnie de chevau-légers de M. le Prince, 228. — Assiste à la cérémonie des chevaliers de l'Ordre à Fontainebleau, 229. — Voit M. le Prince à cette cérémonie, 230. — Achète des terres en Bourbonnais, 231. — Les offre à M. le Prince, *ib.* — Refuse de commander l'arrière-ban, 233. — M. le Prince prend les terres par puissance de fief, *ib.* — Discours que tient contre lui M. le Prince, 235. — Va trouver le roi à Châlons, 236. — Le suit au siége de Saint-Mihiel, *ib.* — Mauvaise réception que lui fait M. le Prince, 238. — Le roi lui donne le commandement de Laon, 240. — Difficultés qu'il éprouve, 241. — Revient à Paris, 243. — Le roi lui demande l'état des fortifications, *ib.* — Va en Berry; procès que lui fait M. le Prince, *ib.* — Conseils qu'il donne à son fils, 244. — Le roi lui donne le commandement de la ville de Troyes, 250. — Difficultés qu'il éprouve, 252. — Mesures qu'il prend, 254. — Mauvais état des fortifications, 257. — Nouvelle qu'il a de la bataille de la Marfée, 259. — Troubles à l'occasion d'un impôt, 265. — Revient à Nangis, 268. — Nouveaux conseils à son fils, 269.

Brichanteau (François de), fils aîné de Beauvais-Nangis. C'est pour lui qu'il écrivit ses *Mémoires*, 159.

Brichanteau (Philippe de, baron de Linières), frère de Beauvais-Nangis. Inquiet de son frère l'évêque de Laon, 160. — Va trouver le roi avec Beauvais-Nangis pour le prier de nommer leur frère Philibert à l'évêché de Laon, vacant par la mort de Benjamin, 162. — Annonce à Beauvais-Nangis qu'il est nommé chevalier des Ordres, 168. — Chargé par M. le Prince d'offrir la lieutenance de la compagnie du duc d'Enghien à Beauvais-Nangis, 176. — Se rend à Moissac, 183. — Fait prisonnier auprès d'Alby, 225. — Mis en liberté par ordre du roi, 227.

Brichanteau (François de, baron de Gurcy), frère de Beauvais-Nangis. Sert en Savoie, 140. — Vient à Paris avec le cardinal de Savoie, 159.

Brichanteau (Benjamin de), frère de Beauvais-Nangis, évêque-duc de Laon. Coadjuteur de l'abbé de Sainte-Geneviève, 66. — Veut se faire chartreux, 160. — Sa mort, 162.

Brichanteau (Philibert de), frère de Beauvais-Nangis, abbé de Saint-Vincent de Laon, 136. — Succède à son frère Benjamin, comme évêque-duc de Laon, 162. — élu abbé de Sainte-Geneviève, en 1626.

Brichanteau (Alphonse de), frère de Beauvais-Nangis, chevalier de saint Jean de Jérusalem, tué le 26 juin 1625, 198.

Brichanteau (Charles de), frère de Beauvais-Nangis, chevalier de Malte, tué en 1625, 129, 198.

Brichanteau (Antoine de), abbé de Barbeaux et d'Escurey, frère de Beauvais-Nangis, 163.

Brichanteau (Antoinette de), sœur de Beauvais-Nangis, épouse de la Roche-Aymond, 137.

Brichanteau (Lucie de), épouse du baron de Guerchy, sœur de Beauvais-Nangis. V. l'*Introduction*.

Bussy d'Amboise attaqué par d'O, Quélus et autres favoris, à la porte Saint-Honoré, 24.

C

Campeste, gouverneur de Royan, s'empare de la Guiche et de Quélus, 21.

Capelle (*la*). Place prise par les Espagnols, 239.

Chasse aux toiles. En quoi consiste, 58.

Condé (Prince de). V. Prince (M. le).

Corbie. Sa prise par les Espagnols, 240.

D

Dunes (M. de). Se lie avec Beauvais-Nangis, 74. — Va en Flandres avec M. du Terrail et Beauvais-Nangis, 75. — Accompagne le roi à Sedan, 90. — Est présenté au duc de Bouillon, 91. — Revient à Paris, *ib*. — Tué par un des frères de des Marets, 110. — Douleur de Beauvais-Nangis en apprenant cette mort, 111.

E

Elbène (d'). Lieutenant de la compagnie de Gaston d'Orléans, 144. — Obtient l'augmentation de la pension de Nangis, 147.

Enghien (duc d'). Sa naissance, 176.

Épernon (duc d', d'abord de la Valette). Commencement de sa faveur, 27. — Remplace Strozzi comme amiral, 31. — Sa faveur commence à décliner, 39. — Tentative pour le réconcilier avec Antoine de Brichanteau, 40. — Retiré de la cour après les barricades, demeure dans le château d'Angoulême.

Escurey (l'abbaye d'). Est donnée à Beauvais-Nangis, 141.

Espagnols (*les*) entrent en France et prennent la Capelle, 239. — S'avancent en Picardie, 240. — Effroi des Parisiens, *ib*.

États généraux de Paris en 1614, 139. — Le père de Beauvais-Nangis y représente la noblesse du bailliage de Melun, *ib*. — Lui-même manque d'être nommé député par la sénéchaussée du Bourbonnais, *ib*. V. l'*Introduction*.

F

Froloys. Terre donnée à Mme de Beauvais-Nangis et à ses enfants, 196.

G

Guerchy (Claude du Regnier, baron de), beau-frère de Beauvais-Nangis. Chargé par M. le Prince

de dire à Beauvais-Nangis d'attendre ses ordres, 179. — Lui écrit de ne pas rejoindre M. le Prince, 182. — Malade à Alby, 208. — Chargé par Beauvais-Nangis de recevoir les ordres de M. le Prince, 237.
Guise (le duc de). Commande l'armée en Champagne, 16. — En mars 1585, commence à lever les armes contre la cour, 33. — Antoine de Brichanteau entre dans son parti, *ib.* — Parle contre le duc d'Épernon, 37. — Vient à Paris contre l'ordre du roi, 41. — Son ambition et sa trop grande autorité, 42. — Assassiné à Blois, 45.
Guise (le duc Charles de), fils du précédent. Veut surprendre Soissons, 145. — Commande une armée en Champagne, 149.
Gurcy (baron de), v. Brichanteau, François de).

H

Henri III. Est averti que la France se révolte, 49. — Il est assassiné à Saint-Cloud, 51.
Henri IV. Passe à Nangis; Antoine de Beauvais-Nangis se range de son parti, 51. — Son mécontentement de l'entreprise de du Terrail sur Berg-op-Zoom, 87. — Reçoit une lettre d'une de ses maîtresses, 97. — Satisfait de la discrétion de Beauvais-Nangis, *ib.* — Son assassinat, 110.
Hospital (Louis de l'), seigneur de Vitry. Épouse Françoise, fille de Nicolas de Brichanteau, aïeul de Beauvais-Nangis, auteur des *Mémoires*, 4. — Fait un froid accueil à Nangis, 153. — Se retire à Coubert, 156.
Huguenots. Le roi leur déclare la guerre en 1621, 174.

J

Joyeuse (de). Remplace Strozzi comme amiral, 31.

L

Laon (ville de). Beauvais-Nangis y est envoyé pour la défendre, 241.
Le Guat, maître-de-camp du régiment des gardes, tué par le baron de Vitaux, 17.
Linières (baron de). V. Brichanteau (Philippe).
Louis XIII. Sacré à Reims au commencement d'octobre 1610, 115. — Fait ses dévotions à N.-D. de Liesse, 159. — Fait la guerre aux huguenots, en Poitou, 180. — Va dans le Midi, 183. — En Savoie, 218.
Luynes (duc de). Sa rivalité avec le maréchal d'Ancre, 151. — S'empare de l'esprit du roi, 152. — Fait un froid accueil à Nangis, 153. — Gouverneur général de l'Ile-de-France, 158. — Sa mort, 178.

M

Marfée (bataille de la), 259.
Matignon (maréchal de). Commande à Antoine de Brichanteau de réprimer des vols de gibier commis par des valets, 29.
Mayenne (le duc de). Envoyé par le roi, faire la guerre en Poitou et en Saintonge, contre les religionnaires, 17. — Il donne ordre à Antoine de Brichanteau

de faire loger le régiment de Picardie à Melle, 18. — Attaque Tonnay-Charente, 19. — Offre à Antoine Beauvais-Nangis le gouvernement de la Normandie pour la ligue, 51. — Se rend à Soissons, 145. — Gouverneur de la Guyenne, 158.

Merües (ou *Meyrucis*). Son siége, 204.

Montauban. Son siége, 215.

N

Nangis (marquis de Beauvais-). V. les mots Brichanteau et sur sa famille l'*Introduction*.

Nevers (duc de). Conseille à Henri III de se retirer à Nevers, 49. — Beauvais-Nangis se lie avec lui, 68. — Va au siège d'Ostende et en Angleterre, *ib*. — La reine Élisabeth lui fait grand honneur, 69. — Visite la Hollande, la Saxe, la Bohême et le Danemark, 70. — Chargé de lever mille chevaux français, 71. — Fait un combat à la barrière, 75. — Fait des carrousels auxquels Beauvais-Nangis prend part, 90. — Se rend à Rome, 125. — Il engage Beauvais-Nangis à venir le trouver à Lyon, *ib*. — Il le prie d'aller à Nevers, 135. — L'invite à venir à Bourges, 164.

O

O (d'), maître de la garde-robe d'Henri III. Antoine de Brichanteau refuse de prêter serment entre ses mains, 14. — Tue Poissonnier, 15.

Orléans (Gaston duc d'), frère de Louis XIII, 144.

P

Parisiens. Leur effroi à l'arrivée des Espagnols en Picardie, 240.

Pichery. Fait entrer ses troupes à Angers, 50.

Prince (M. le), Henri II de Bourbon, prince de Condé. Offre la lieutenance de la compagnie de chevau-légers du duc d'Enghien à Nangis, 176. — Revient d'Italie, 191. — Sa disgrâce, 193. — Nangis lui reste fidèle, *ib*. — Commande une armée dans le Midi contre les huguenots, 200. — Fait Beauvais-Nangis maréchal-de-camp, 205. — Se rend à Alby, 207. — Retourne en Languedoc, 211. — Fait le siége de Montauban, 212. — Passe à Nangis, 217. — Va commander l'armée de Provence, 219. — S'oppose à ce que les États de cette province donnent une récompense à Beauvais-Nangis, 224.

Prologue. 1.

Puisgaillard (de), maréchal-de-camp. Essaye de délivrer La Guiche et Quélus, mais il échoue, 22.

Q

Quélus (comte de), capitaine de chevau-légers. Assiste aux siéges de Brouage et de Royan, 21. — Sa querelle avec Bussy d'Amboise, 23.

R

Richelieu (le cardinal de). En veut à Beauvais-Nangis, 210. — Loge chez lui à Nangis, 212. — Tient les Etats à Pezenas, 217. — Va avec l'armée en Savoie, 218. — Accompagne le roi à Pont-à-Mousson, 224.
Rochefoucauld (Antoinette de la). Epouse, en 1578, Antoine de Brichanteau, 17.
Royalmont. Son siége, 203.

S

Saint-Luc (de). Prie Antoine de Brichanteau de lui laisser commander le régiment de Picardie au siége de Brouage, 22.
Saint-Affrique. Son siége, 207.
Sainte-Geneviève (abbaye de), 118.
Senecey (Claude de Beaufremont, baron de). Epouse Marie, fille de Nicolas de Brichanteau, aïeul de Beauvais-Nangis auteur des *Mémoires*, 4.
Soissons (le comte de Bourbon). Sa mort, 123.
Soissons (le comte de), fils du précédent. Tué à la bataille de la Marfée, 259.
Strozzi, colonel. Traite avec Antoine de Brichanteau de la charge d'amiral, 28. — Le roi refuse son consentement, 30. — Il est tué dans une bataille navale, près de Tercère, 31. — Est remplacé par la Valette, comme colonel, et par Joyeuse comme amiral, *ib*.
Souvray (M. de). Maintient Tours sous l'autorité d'Henri III, 49.

T

Tachy (de). Succède à Antoine de Brichanteau comme gentilhomme de la chambre du roi, 14. — Il l'avertit de la vengeance qu'Armeville et autres amis de Poissonnier veulent tirer du meurtre de ce dernier, 15.
Terrail (M. du). Engage Beauvais-Nangis et Dunes à l'accompagner en Flandres, 75. — Communique son projet au marquis de Spinola, 81. — Sa tentative sur Berg-op-Zoom, 85. — Elle échoue, *ib*. — Mécontentement du roi, 87.
Troyes (ville de). Beauvais-Nangis en est nommé commandant, 250. — Mauvais état de ses fortifications, 247. — Troubles à l'occasion d'un impôt, 265.

V

Valette (de la). V. Epernon.
Vautray. Espèce de chien de chasse, 72.
Villequier, premier gentilhomme du duc d'Anjou. Service que lui rend Antoine de Brichanteau à son retour de Pologne, 10.
Viteaux (baron de). Ses biens sont confisqués à l'occasion du meurtre de le Guat, maître de camp des gardes, et donnés par le roi à Antoine de Brichanteau, 17.
Vitry. V. Hospital (l').

W

Werth (Jean de). Commande la cavalerie ennemie, 240.

Z

Zamet (Sébastien), riche partisan. Donne à dîner à une partie de la cour, 40.

FIN DE LA TABLE DES MÉMOIRES DE BEAUVAIS-NANGIS.

TABLE ANALYTIQUE

DES MATIERES PRINCIPALES

CONTENUES DANS LE

JOURNAL DU PROCÈS DE LA BOULAYE.

B

Beaufort (duc de). N'assiste pas au dîner chez le prince de Condé, 284. — Assiste au Parlement, 287. — Consent à se retirer, 303. — Engage le premier président à s'abstenir, 305. — Applaudi par le peuple, 306. — Se rend au palais pour demander justice, *ib*. — Reproches qu'il adresse au premier président, 307. — Sa requête de récusation contre le premier président et contre Champlâtreux, 308. — Sa seconde requête de récusation, 312. — Est applaudi par le peuple, 315. — Demande que sa cause et celle du Coadjuteur, de Broussel et de Charton, soit séparée de celle des autres, 322. — Applaudi par le peuple, 331.

Bellièvre, président. Est d'avis qu'il y a lieu à délibérer sur la requête de Beaufort, etc, 328.

Belot, syndic des rentiers. Arrêté et conduit au For l'Evêque, 323. — Demande son élargissement, *ib*. — Le procureur général présente requête pour qu'il soit interrogé, 329.

Bignon, avocat général. N'est pas d'avis de conclure contre Beaufort et autres, 302.

Bordeaux (affaire du Parlement de), 288.

Brissac (duc de). Assiste au Parlement, 287. — Demande justice, 306.

Broussel, conseiller de la grand'-Chambre. Demande qu'on garde les portes de la ville, 278. — Improuve ceux qui veulent soulever une sédition, 279. — Offre de sortir si le premier président consent aussi à se retirer, 303. — Discours qu'il lui tient, *ib*. — Reproches qu'il lui adresse, 307. — Sa requête de récusation contre le premier président et contre Champlâtreux, 308. — Engage M. le Prince à se récuser, 309. Sa seconde requête de récusation, 312. — Retire sa récusation contre M. le Prince, 321. — Acquitté, 336.

C

Canto. Témoin à brevet, 295. — Dépose ainsi que Pichon et Sociendo contre Parrin des Coutures, des Martinaux, Portail, Belot et Germain, et contre Beaufort, le Coadjuteur, Broussel, Charton, Joly, Parmentier, Matharel et le marquis de Noirmoustier, 299. — Brevet qui lui est donné par le roi, 339.

Champlâtreux (Molé de), fils du premier président. A une discussion avec Joly, 283. — Récusé par Beaufort, le Coadjuteur, etc., 308. — Veut quitter la salle après l'apostrophe de Daurat, à son père, 325.

Champrond, conseiller de la grand'-Chambre. Chargé de recevoir la plainte de Joly, 277. — Fait le rapport du procès, 321. — Est d'avis qu'on fasse le rapport sur la requête de Beaufort, etc., 327. — Interrompu par le premier président, 328. — Son avis sur les conclusions du procureur général, 330. — Interroge des Martinaux, 331. — Opine en faveur des inculpés, 333.

Charton, président aux requêtes du Palais. Il est averti par Joly de la tentative d'assassinat commise sur sa personne, 276. — Va au Palais porter plainte, 277. — Le Parlement décide qu'il s'abstiendra dans l'affaire de Joly, 291. — Sa requête de récusation contre le premier président et contre Champlâtreux, 308.

Commissaires du Parlement sur le fait commis en la personne de Joly, et la tentative d'assassinat sur M. le Prince. Leur rapport, 286.

Condé, V. le Prince (M.).

Conti (prince de). Assiste au grand conseil tenu au Palais-Royal, 283. — Se rend au Parlement, 284. — Arrêté au Palais-Royal, par ordre de la reine, 332.

D

Daurat, conseiller. Apostrophe le premier président, 324. — Ses regrets à cet égard, 326.

Des Coutures. V. Parrin.

Des Martinaux. Amené à Paris, 329. — Le procureur général présente requête pour qu'il soit interrogé, 329. — Acquitté, 336.

Doujat, conseiller de la grand'-Chambre. Chargé de recevoir la plainte de Joly, 277. — Interroge des Martinaux, 331.

E

Emeri (d'), surintendant des finances. Grand conseil tenu chez lui, 323.

Enquêtes (chambres des). S'assemblent, 282. — Affaire du Parlement de Bordeaux, 288.

F

Ferrand, conseiller. Son avis sur les conclusions du procureur général, 330.

Ferrand, président de la Chambre des comptes de Bourgogne. Son laquais est entendu comme témoin, 300.

Fromond, secrétaire du duc d'Orléans. Chargé de dire au Parlement que ce prince ne peut assister à ses délibérations à cause d'une indisposition, 331.

Frondeurs. Bruits qui courent contre eux, 283.

G

Gens du roi. Leurs conclusions pour une information contre la tentative de sédition, 286. — Proposent trois choses au Parlement, 290. — Apportent les informations, 294. — Leurs conclusions, 341. V. Méliant, Bignon et Talon.

Gondi (Pierre de), archevêque de Paris. Reçoit l'ordre de se rendre au Parlement, 292. — Une maladie l'empêche de s'y rendre, 293.

Grammont (maréchal de). Reçu conseiller honoraire, 315.

Guitaut (de), capitaine des gardes de la reine. Arrête les princes par ordre de la reine, 332.

H

Héricourt, gentilhomme de M. de Beaufort. Est chargé par la déposition de Roquemont, 295.

Hospital (maréchal de l'). Reçu conseiller honoraire, 315. — Va au Parlement de la part du roi annoncer l'arrestation des princes, 333.

J

Joly (Gui), conseiller au Châtelet. Un des syndics des rentiers, 275. — Attaqué par un homme à cheval, 276. — Il est blessé, ib. — Avertit le président Charton, ib. — Les commissaires du Parlement vont recevoir sa plainte, 282. — On le soupçonne d'avoir simulé une tentative d'assassinat sur sa personne, ib. — A une discussion avec Champlâtreux, 283. — Récuse le premier président et Champlâtreux, 309. — Sa nouvelle requête de récusation contre le premier président, Champlâtreux, Doujat père et fils, 312. — Le procureur général demande qu'il soit plus amplement informé contre lui, 329. — Acquitté et autorisé à poursuivre sur la tentative d'assassinat commise sur sa personne, 336. — Arrêt en sa faveur, 342.

L

La Boulaye (Maximilien Echalard, marquis de), gendre du duc de Bouillon la Marck, 275. — Excite à prendre les armes, 278. — Va chez le Coadjuteur, ib. — Soupçonné d'agir pour les Frondeurs, 282. — Fait dire à M. le Prince qu'il n'a pris aucune part à une entreprise sur sa personne, 284. — Charges contre lui, 286. Amnistie en sa faveur, 345.

Lartige (de), conseiller. Parle à M. le duc d'Orléans, 325.

Le Coigneux, président. Opine contre la récusation du premier président, 318.

Le Fèvre, conseiller. Son avis sur les conclusions du procureur général, 330. — Son avis l'emporte, *ib.*

Le Prince (M.), Louis de Bourbon, prince de Condé. Est averti qu'on veut attenter à sa personne, 280. — Où était son hôtel, 281. — Il couche chez les Prudhommes, baigneurs, *ib.* — Assiste au grand conseil qui se tient au Palais-Royal, 283. — Dîne avec sa mère et le prince de Conti, 284. — Beaufort n'assiste pas à ce dîner, *ib.* — Se rend au Parlement, *ib.* — Il y parle de l'assassinat que l'on a tenté sur sa personne, 285. — Assiste au mariage du duc de Richelieu, 311. — Est récusé par Beaufort, le Coadjuteur, etc., 315. — La récusation est retirée, 321. — Arrêté au Palais-Royal par ordre de la reine, 332. — Narration véritable de ce qui s'est passé sur le Pont-Neuf le 11 décembre 1649, 377.

Longueville (duc de). Assiste au grand conseil tenu au Palais-Royal, 283. — Arrêté par ordre de la reine, 332.

Luynes (duc de). Assiste au Parlement, 288. — Demande justice, 306.

M

Martigny, conseiller. Répond à Melian que le premier président le Maistre n'avait pas été récusé dans le procès d'Anne du Bourg, 320.

Méliant, procureur général au Parlement. Est d'avis de conclure contre Beaufort et autres, 301. — Talon et Bignon, avocats généraux, sont d'un avis contraire, 302. — Conclut à un décret de prise de corps contre des Coutures, etc., à un ajournement personnel contre Charton et Joly, et à ce que Beaufort, le Coadjuteur et Broussel soient ouïs par la Cour, *ib.* — Présente requête pour être autorisé à informer plus amplement contre Joly, 329. — Pour qu'il soit procédé à l'interrogatoire de Belot et de des Martinaux, *ib.*

Melian, conseiller, opinant pour la récusation, dit que le président le Maistre avait été récusé dans le procès d'Anne du Bourg, 320.

Mesmes (le président de). Veut confondre dans une même affaire la sédition de la Boulaye, l'assassinat de Joly et la tentative faite sur M. le Prince, 291. — Son adresse, 308. — Son artifice pendant qu'il remplace le premier président, 315. — Invoque l'exemple de Cicéron contre la récusation, 318. — Son apostrophe au Coadjuteur, 322. — Opine pour que la cause de Beaufort, etc., ne soit pas séparée de celle des autres, 327.

Molé (Mathieu), premier président du Parlement. Les rentiers vont se plaindre à lui d'un arrêt du Parlement, 283. — Dit au Parlement qu'il y a eu complot pour la subversion de l'Etat, 285. — Envoie son fils à Mazarin pour le presser d'arranger l'affaire de Bordeaux, 289. — Opine pour qu'on ne délibère pas sur la requête de Joly, 290. — A, pendant les informations, des conférences avec M. le Prince, Mazarin, le Tellier et Perrault, 292. — S'oppose à la requête de Joly, 294. — Veut que la déposition de Roquemont soit lue, *ib.* — Insultes qu'il reçoit, 307. — Récusé par Beaufort, le Coadjuteur, etc., 308. — Se défend des causes de récusation, 309. — Se retire au greffe avec les autres magistrats récusés, *ib.* — Se défend contre les faits allégués pour sa récusation, 314. — La majorité se prononce contre la récusation, 317. — 317. — Pendant la lecture des informations, on lui reproche d'insister sur les passages contre les récusants, 322. — Veut quitter la salle après l'apostrophe de Daurat, 324. — Opine pour que la cause de Beaufort, etc., ne soit pas séparée de celle des autres, 327. — La reine le fait venir après l'arrestation des princes, 332. — Instructions qu'elle lui donne relativement au duc de Beaufort, au Coadjuteur, etc., *ib.* — Sa conduite change à leur égard, 334. — Apostrophe qu'on lui adresse, *ib.*

Molé (Édouard), fils du premier président. Évêque de Bayeux et trésorier de la Sainte-Chapelle, 313.

Molé, autre fils du premier président. V. Champlâtreux.

Mothe-Houdancourt (le maréchal de la). Assiste au Parlement, 293.

O

Orléans (duc d'). Assiste au grand conseil tenu au Palais-Royal, 283. — Se rend au Parlement, 284. — Y parle avec vigueur, *ib.* — Dit que l'affaire du Parlement de Bordeaux est arrangée, 288. — Reconnaît son erreur, 289. — Reproche à Coulon sa façon de parler, *ib.* — Fait de grandes caresses à Broussel, 306. — Reproches qu'il adresse au Parlement, 308. — Indisposé, 322. — S'excuse de ne pouvoir venir au Palais, 329.

— Envoie Fromond, son secrétaire, à cette occasion, 331. — Fait prier de continuer le procès malgré son absence, 332.

P

Palais-Royal. Grand conseil qui s'y tient, 283. — Les princes y sont arrêtés, 332.

Parlement. S'assemble à la nouvelle de la tentative d'assassinat commise sur Joly, 277. — Ses commissaires vont recevoir la plainte de Joly, 282. — Décide que le président Charton doit s'abstenir dans l'affaire de Joly, et que les magistrats nommés dans les conclusions des gens du roi s'abstiendront, 306. — Sa députation au Palais-Royal, après l'arrestation des princes, 334. — Lettre qui lui est adressée à l'occasion de cette arrestation, 335. — Il rend un arrêt d'absolution, 336.

Parrin des Coutures, secrétaire du roi. Se fait remarquer comme un des plus ardents mécontents, 280. — Acquitté, 336.

Pericard, marchand bonnetier. Fait avertir M. le Prince du projet d'un attentat qui doit être commis sur sa personne, 280.

Perrot (le président). Parle de l'affaire du Parlement de Bordeaux au nom des chambres des enquêtes, 288.

Pichon. Témoin à brevet, 296. — Brevet qui lui est donné par le roi, 339.

Pont-Neuf. Les carrosses de M. le Prince y sont attaqués, 281. — Narration véritable de ce qui y arriva, le 11 décembre 1649, au carrosse de M. le Prince, 337.

TABLE ANALYTIQUE.

Port Saint-Landry. Où il était situé, 300.

Portail. Récuse Hennequin, conseiller, 309. — Acquitté, 336.

Premier Président. V. Molé (Mathieu).

Procureur général. V. Méliant.

Q

Quatresous, conseiller. Parle contre les informations, 305. — Contre les témoins à brevets, 308. — Est d'avis que le premier président doit s'abstenir, 310.

R

Raiz. V. Retz.

Retz (Paul de Gondi, coadjuteur de l'évêque de Paris, cardinal de). La Boulaye va chez lui, 279. — Il le renvoie, *ib.* — Les mécontents s'y rendent, il les réprimande, 280. — Assiste au Parlement, 288. — Remplace son oncle dans l'assemblée du Parlement, 293. — Il y parle dignement, *ib.* — Consent à se retirer, 303. — Son discours au Parlement, 304. — Demande justice, 306. — Reproches qu'il adresse au premier président, 307. — Sa requête de récusation contre le premier président et Champlâtreux, 308. — Prêche à Saint-Germain l'Auxerrois le jour de Noël, 311. — Sa seconde requête de récusation, 312. — Son bréviaire, 313. — Reproche au premier président de les traiter, lui et ses amis, comme des crocheteurs, 322. — Sa réponse à une apostrophe de de Mesmes, *ib.*

Retz (duc de). Assiste au Parlement, 288. — Demande justice, 306.

Richelieu (duc de). Son mariage avec la veuve de Pons Myossans, 311.

Rivière (Louis Barbier, abbé de la), confident du duc d'Orléans. Assiste au grand conseil tenu au Palais-Royal, 283. — Blâmé d'avoir fait écrire par le duc d'Orléans sur l'arrestation de Belot, 327.

Roquemont. Témoin dans l'affaire de la Boulaye, 287. — Acquitté, 336.

S

Servien, conseiller d'Etat, 301. — On le suppose auteur de la lettre adressée au Parlement après l'arrestation des princes, 335.

Sociendo. Témoin commissionné, 296.

T

Talbot, capitaine de Mineurs. Avertit Girard, secrétaire de M. le Prince, du projet d'un attentat qui doit être commis sur la personne de ce prince, 280.

Talon, avocat général. N'est pas d'avis de conclure contre Beaufort et autres, 302.

Thou (le président de). S'abstient, 306.

FIN DE LA TABLE DU PROCÈS DE LA BOULAYE.

Paris. — Imprimerie de Ch. Lahure et Cie, rue de Fleurus, 9.

www.ingramcontent.com/pod-product-compliance
Lightning Source LLC
Chambersburg PA
CBHW052033230426
43671CB00011B/1630

LES MORALISTES

SOUS

L'EMPIRE ROMAIN

PHILOSOPHES ET POÈTES

PAR

CONSTANT MARTHA

MEMBRE DE L'INSTITUT
ANCIEN PROFESSEUR A LA FACULTÉ DES LETTRES DE PARIS

SEPTIÈME ÉDITION

PARIS
LIBRAIRIE HACHETTE ET Cie
79, BOULEVARD SAINT-GERMAIN, 79

LES

MORALISTES

SOUS

L'EMPIRE ROMAIN

OUVRAGES DU MÊME AUTEUR
PUBLIÉS DANS LA BIBLIOTHÈQUE VARIÉE
PAR LA LIBRAIRIE HACHETTE ET Cie

LE POÈME DE LUCRÈCE (morale, religion, science). 5e édition. Un volume.
    Ouvrage couronné par l'Académie française.
ÉTUDES MORALES SUR L'ANTIQUITÉ. 3e édition. Un volume.
LA DÉLICATESSE DANS L'ART. 3e édition. Un volume.
MÉLANGE DE LITTÉRATURES ANCIENNES. Un volume.

Prix de chaque volume, format in-16, broché.   3 fr. 50.

41785. — Imprimerie LAHURE, 9, rue de Fleurus, à Paris.

LES
MORALISTES
sous
L'EMPIRE ROMAIN

PHILOSOPHES ET POÈTES

PAR

CONSTANT MARTHA

MEMBRE DE L'INSTITUT
ANCIEN PROFESSEUR A LA FACULTÉ DES LETTRES DE PARIS

SEPTIÈME ÉDITION

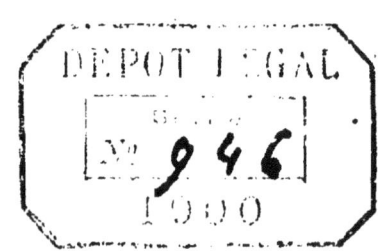

PARIS
LIBRAIRIE HACHETTE ET Cie
79, BOULEVARD SAINT-GERMAIN, 79

1900

Droits de traduction et de reproduction réservés

PRÉFACE

DE LA DEUXIÈME ÉDITION.

Nous remercions le public de l'accueil bienveillant qu'il a fait à ce livre et l'Académie française qui l'a couronné. Mais de toutes les satisfactions qui puissent être données à un auteur qui écrit sur la morale, la plus douce assurément est de pouvoir se persuader avec quelque vraisemblance que son travail n'a pas été inutile et qu'il a touché, ici, là, en des coins ignorés, des âmes délicates. Dans ce temps de controverse ardente où chacun se fait gloire de blesser l'opinion de son voisin, on nous a su gré sans doute de notre équité et de la modération de nos jugements. Il est vrai que cette modération nous a exposé à deux reproches contraires. De très-libres esprits se sont étonnés de ce qu'ils appellent notre complaisance pour le christianisme; d'autre part, des chrétiens trop fervents se sont inquiétés de notre vive admiration pour les grands représentants de la morale païenne. Nous pourrions renvoyer nos critiques les uns aux autres en les engageant à se mettre d'accord, mais nous préférons leur rappeler ces mots de saint Paul, dont ni les uns ni les autres ne contesteront ici l'autorité, ceux-ci parce que rien n'est plus large que son précepte, ceux-là parce que c'est un texte sacré : « Que tout ce qui est véritable, tout ce qui est honnête, tout ce qui est juste, tout ce qui est saint, tout ce qui est aimable soit l'entretien de vos pensées. » (*Épît. aux Philip.*, IV, 8.) — Dieu ne fait point acception de personnes. — Lors donc que les Gentils qui n'ont pas la loi font naturellement les choses que la loi commande, ils se tiennent à eux-mêmes lieu de loi. (*Aux Rom.*, II, 10.) « Dieu n'est-il le Dieu que des Juifs? ne l'est-il pas aussi des Gentils? oui certes, il l'est aussi des Gentils. » (*Ibid.*, III.)

Voilà l'esprit de notre livre qui respecte tout ce qui est pur sans distinguer le profane du sacré, ni le sacré du profane. Que d'autres s'arment en guerre et se signalent dans l'attaque ou la défense de telle ou telle doctrine, j'applaudis à leur vaillance parce que toute opinion sincère librement exprimée est un service rendu à la vérité; mais c'est la servir aussi que de rapprocher quelquefois les hommes dans l'étude paisible des idées morales universellement acceptées. Si la guerre a ses gloires, elle a aussi ses aventures; si la paix a ses mollesses, elle a du moins ses douceurs et sa justice.

1860.

PRÉFACE

DE LA PREMIERE ÉDITION.

Nous nous proposons, dans ce livre, de tracer le tableau des mœurs et des opinions morales sous l'empire romain. Mais pour ne pas nous perdre dans le détail infini d'un si grand sujet, où la multiplicité des noms et des faits risque d'accabler la curiosité du lecteur, nous n'étudions qu'un certain nombre de moralistes, philosophes ou poëtes, qui par la diversité de leurs ouvrages, de leur génie, de leur condition, représentent chacun une face différente de la société antique dans les deux premiers siècles de l'ère chrétienne. Nous les avons choisis, non comme des exceptions brillantes, mais comme des types auxquels beaucoup d'hommes à cette époque ressemblaient et dont les coutumes morales et les idées ont été celles de leur temps, de leur classe, de leur profession. Il y eut à Rome plus d'un prédicateur de morale à la façon de Sénèque, plus d'un patricien qui avait les sentiments de Perse, plus d'un philosophe aussi intrépide qu'Épictète, plus d'un moraliste populaire semblable à Dion Chrysostome, plus d'une âme qui s'ouvrait à la tendresse morale comme Marc-Aurèle, plus d'un citoyen non moins indigné que Juvénal, plus d'un contempteur de la religion et de la philosophie tel que Lucien. En parcourant des ouvrages si divers par la forme et l'esprit, on peut se figurer quels ont été à la fois les grandeurs et les misères morales de cette époque, les besoins des âmes, et dans quel état le christianisme déjà militant rencontra l'empire romain ; étude qui peut-être ne manque pas d'opportunité en ce moment où l'on s'occupe avec passion des origines du christianisme, de sa marche dans le monde, de ses conquêtes.

Bien que dans ce livre, pour faire honneur au stoïcisme et lui rendre justice, nous ayons tenu à montrer que son enseignement se rapproche souvent de la morale chrétienne, nous ne voulons pas insinuer que le christianisme n'a été que le développement et le dernier fruit de la sagesse grecque et romaine. D'autre part, nous sommes loin de penser, avec une certaine école historique, que la philosophie profane a emprunté ses idées les plus pures à un enseignement occulte du christianisme. Saint Paul ne relève pas plus des maîtres de Sénèque que Sénèque ne relève de saint Paul. Il y eut à cette époque dans le monde deux courants semblables, d'une énergie et d'une pureté bien inégales, l'un venu de l'Orient, l'autre de l'Occident, qui se rencontrèrent sans se mêler et se heurtèrent avant de se confondre.

Depuis longtemps les mêmes idées morales mûrissaient dans toutes les parties de l'empire romain, et de progrès en progrès la philosophie allait à son insu au-devant de la loi nouvelle. Ainsi se font toujours dans le monde les grandes révolutions morales ; pour s'accomplir il faut qu'elles soient préparées. Ce n'est pas un immense coup de la grâce qui a subitement renversé les consciences. Les témoignages de l'histoire sont sur ce point confirmés par l'autorité des Pères de l'Église, qui reconnaissaient dans la morale païenne de plus en plus épurée une sorte de christianisme anticipé et ne faisaient pas difficulté d'admettre que Dieu avait voulu aplanir ainsi les voies aux vérités chrétiennes. Il est donc permis de louer la morale antique autant qu'elle le mérite, sans inquiéter la foi, et, bien que dans un livre purement historique nous n'ayons à consulter que l'histoire, nous invoquons volontiers l'autorité des Pères, parce qu'en un si grave sujet on est toujours heureux d'aboutir à une conclusion qui ne divise pas les hommes.

Cette préparation des âmes est visible. Le discrédit du paganisme, la croyance philosophique à l'unité de Dieu, à la Providence, de vagues désirs d'immortalité, la science de l'âme, le goût de la méditation intérieure et mystique, les idées nouvelles de fraternité, de pureté, les exercices ascétiques, le dégoût des plaisirs et du monde, un certain besoin de croire et d'adorer, la manie même de prêcher, tant d'autres dispositions presque chrétiennes semblaient appeler une foi nouvelle. Le monde ancien devait la repousser quand elle parut, parce qu'il la méconnut d'abord, mais elle était faite pour lui.

Si le christianisme s'était offert au monde quelques siècles plus tôt, il n'aurait pas été compris. Qu'on se figure saint Paul prêchant dans Athènes au temps de Périclès, à Rome, à l'époque des guerres puniques et de Caton l'ancien, n'est-il pas évident que le patriotisme encore ardent, la religion païenne solidement établie, l'orgueil intraitable d'une société élégante ou forte, satisfaite d'elle-même, auraient repoussé l'étranger sans se laisser entamer? Sous l'empire, la lutte devait être vive encore, tristement sanglante, mais du moins l'héroïsme chrétien pouvait espérer la victoire.

Mais ce sont là de bien grandes questions à propos d'un livre plus descriptif que dogmatique, où nous avons voulu peindre tout simplement l'état des esprits et des âmes sous l'empire romain. Il n'est pas entré dans notre dessein de faire l'exposition philosophique des doctrines et des systèmes, qui a été faite souvent dans ces derniers temps avec beaucoup de science et d'autorité. Seulement il nous a paru qu'on pouvait dire quelque chose qui ne fût pas sans nouveauté sur les caractères pratiques de la philosophie à cette époque, sur la propagande intime ou populaire des idées morales, sur ce que les anciens appelaient la parénétique et que les chrétiens ont appelé la prédication et la direction de conscience. Sénèque, Perse, Dion Chrysostome, Épictète et Marc-Aurèle font entendre les divers accents de ce stoïcisme prêcheur, tandis que Juvénal et Lucien, en découvrant l'état social, politique et religieux du monde ancien, font comprendre pourquoi cette noble philosophie a été impuissante. Ce livre ne renferme donc qu'une suite de tableaux sur la société romaine, que nous avons tâché de rendre clairs et simples. Nous en avons écarté tout appareil d'érudition. A force d'écrire pour les seuls savants, on a fait de la philosophie et de la littérature antiques une sorte de domaine réservé, interdit aux profanes. Comme la connaissance des idées morales et de leur histoire nous paraît convenir à tout le monde, et comme il est possible d'être exact sans être trop didactique, nous avons renoncé aux dissertations spéciales, qui souvent ne sont utiles qu'à quelques-uns et qui rebutent le grand nombre.

Nous croirions n'avoir pas perdu notre peine si nous inspirions à quelques personnes peu familiarisées avec l'antiquité le désir de lire ces beaux livres de morale que nous examinons. Elles y trouveraient un sujet d'étonnement, peut-être même d'édification. Je sais bien qu'aujourd'hui la faveur n'est plus à ces méditations morales où se plaisaient nos pères au dix-septième siècle surtout, alors qu'on se nourrissait de Sénèque et de Marc-Aurèle aussi bien que de Nicole. Aujourd'hui les dispositions des esprits ne sont plus les mêmes. Les uns trouvent que les traités de morale chrétienne, si fort goûtés autrefois, ne sont plus faits pour notre temps; les autres estiment que la morale païenne est fausse et dangereuse. Les attaques se croisent et vont discréditant la littérature religieuse et la sagesse profane. Je ne sais ce que le monde y gagnera quand on lui aura souvent répété qu'il ne faut écouter ni les saints, ni les philosophes. Les indifférents seront les seuls sages. Bernardin de Saint-Pierre raconte qu'un écrivain disait un jour à J. J. Rousseau qu'il s'occupait du projet de démontrer la fausseté des vertus des grands hommes du paganisme, en représaille de ce que les philosophes modernes attaquaient celles des grands hommes du christianisme. « Vous allez rendre, lui dit Rousseau, un grand service au genre humain ! il va se trouver entre la religion et la philosophie comme ce vieillard dont deux femmes de différents âges se disputaient le cœur ; elles dépouillèrent sa tête. »

Pour nous, nous croyons mieux servir la morale en montrant que les grands esprits de tous les temps peuvent être rapprochés et se donner la main, et qu'ils sont le plus souvent d'accord sur la nature de nos devoirs et sur les grands problèmes de la vie. Ce travail, nous l'avons fait surtout pour nous-même et pour notre propre satisfaction. Aussi, de quelque manière qu'on le juge d'ailleurs, nous espérons qu'on le trouvera honnête et sincère ; car en offrant ce livre au lecteur nous lui dirions volontiers avec Sénèque : *Hoc unum plane tibi approbare vellem omnia me illa sentire quæ dicerem, nec tantum sentire, sed amare.*

1865.

LES MORALISTES

SOUS L'EMPIRE ROMAIN

LA MORALE PRATIQUE

DANS LES LETTRES DE SÉNÈQUE

I

Les philosophes à Rome.

Chez les anciens, la philosophie morale n'était pas, comme de nos jours, une simple analyse du cœur humain. Les philosophes, et en particulier les stoïciens, qui s'attachaient surtout à la morale, agissaient directement sur les mœurs par un enseignement familier dont la gravité avait quelque chose de religieux. Les prêtres du paganisme, qui n'étaient, pour ainsi dire, que des officiers du culte, n'enseignaient pas, et se bornaient à présider aux cérémonies. Comment auraient-ils pu donner une instruction morale sans renier Jupiter, Vénus et tous leurs dieux? Au contraire, depuis l'établissement du christianisme, la religion seule s'occupe des âmes, tandis que la philosophie n'a qu'une influence indirecte sur les mœurs, en pénétrant peu à peu dans la législation, dans la politique, en un mot, en formant l'esprit public.

A Rome, surtout, où la philosophie devint plus pratique en s'accommodant au caractère romain, les sages ne se contentaient pas de donner au public le fruit de leurs spéculations, mais le plus souvent ils s'attachaient des disciples pour les former à la vertu. Les plus illustres vivaient dans les grandes maisons, devenaient les conseillers de la famille, surveillaient l'éducation des enfants; et nous voyons, par maint témoignage, que leur autorité n'était pas stérile. Les plus grands hommes de la république emmenaient avec eux, en voyage, à l'armée, dans les provinces, un philosophe qui devenait leur ami, et qui, par ses discours, tempérait la sévérité romaine. C'est par ce commerce journalier avec de graves philosophes que se sont formées les plus grandes âmes, Scipion et Lélius, « ces hommes divins redevables de leurs vertus à la philosophie autant qu'à leur beau naturel[1]; » Brutus, qui y puisa cette douceur de caractère qu'il ne démentit que pour céder aux obsessions de ses amis politiques; Cicéron, qui passa toute sa jeunesse sous la direction morale d'un stoïcien fameux; Caton, qui mérita de devenir le plus beau modèle du Portique; sans parler d'Auguste, qui logeait dans son palais Athénodore de Tarse, et dont l'autorité devint plus douce quand il eut pris ce philosophe pour conseiller.

On voit, par ces exemples, que ces philosophes res-

---

[1]. Cicéron, *Pro Archia*, 7.

semblaient aux directeurs de conscience, qui, au dix-septième siècle, étaient attachés aux grandes maisons, pour guider la famille dans le chemin de la perfection religieuse. La corruption et les désastres de l'empire leur donnèrent encore plus d'autorité. Toutes les belles âmes, dégoûtées de la politique, cherchèrent un refuge dans la philosophie, où elles protestaient en silence contre les mœurs du siècle et le despotisme impérial. Elles s'y pénétraient de l'esprit du stoïcisme, qui est d'apprendre à bien mourir; et il suffit de parcourir les *Annales* de Tacite, ce livre des beaux trépas, pour se convaincre que la philosophie soutenait le courage des plus nobles victimes et quelquefois même de ces femmes héroïques qui voulaient, en mourant, s'associer à la gloire de leurs époux.

On vit de ces stoïciens, au milieu des guerres civiles qui déchiraient l'empire, se donner à eux-mêmes une mission pacifique, courir dans les camps, exhorter les soldats, leur prêcher la concorde. Au moment où les légions de Vitellius et de Vespasien allaient en venir aux mains devant Rome, dans une des plus terribles attentes qui aient jamais consterné un peuple, un philosophe, Musonius Rufus, ne comptant que sur son éloquence et la renommée de sa vertu, osa sortir de la ville pour apaiser les assaillants; et, dans la naïveté de son courage, bravant les risées et les menaces d'une soldatesque avide de sang et de pillage, il ne se retira qu'au moment où il allait payer de sa vie sa morale intempestive. C'est ainsi que, après la mort de Domitien, Dion Chrysostome, plus heureux que Rufus, parvint à faire rentrer dans le devoir les légions révoltées et donna à l'empire les Antonins.

De même dans les afflictions de la vie privée et les malheurs domestiques, le philosophe vient de lui-même

offrir des leçons de constance ou des consolations. On
peut lire, dans Sénèque et dans Plutarque, quelques-unes
de ces lettres destinées à calmer la douleur. Quelquefois on appelle le philosophe, on lui confie ses peines,
on lui ouvre son cœur, on remet entre ses mains son
âme impatiente ou endolorie. La femme d'Auguste,
Livie, ayant perdu son fils Drusus, sur lequel reposaient tant d'espérances, fit venir Aréus, le philosophe
de son mari, *philosophum viri sui*, leur confident à
tous deux, et qui « était initié aux plus secrets mouvements de leurs âmes. » Ce confident respecté, on pourrait dire ce confesseur, sut apaiser les premiers transports de la douleur maternelle, et Livie déclarait plus
tard que ni le peuple romain, ému de ce malheur public, ni Auguste accablé lui-même par la perte d'un si
digne héritier, ni la tendresse du seul fils qui lui restait, ni les condoléances enfin des nations et de sa famille n'avaient autant calmé sa peine que les discours
du philosophe consolateur [1].

Cet exemple qui, d'ailleurs, n'est pas unique, nous
paraît d'autant plus remarquable qu'il s'agit d'une
femme. La philosophie, on le voit, ne se renferme plus
dans les écoles, elle entre dans l'usage de la vie; elle
exerce une sorte de ministère qu'on invoque dans les
grandes crises. Les heureux du jour, les gens frivoles ne
se font pas faute sans doute de railler ces sombres personnages dont la parole austère et le grave maintien sont
à leurs yeux comme un reproche et une offense; mais
il viendra un moment où, dans leur vie dissipée, ils appelleront la philosophie à leur secours et se jetteront
dans ses bras. Quelque temps après Sénèque, un autre
sage le disait avec un air de triomphe : « La plupart

---

1. Sénèque, *Consolation à Marcia*, c. 3 et 4.

des hommes ont horreur des philosophes comme des médecins ; de même qu'on n'achète les remèdes que dans une grave maladie, ainsi on néglige la philosophie tant qu'on n'est pas trop malheureux. Voilà un homme riche, il a des revenus ou de vastes domaines, une bonne santé, une femme et des enfants bien portants, du crédit, de l'autorité. Eh bien ? cet homme heureux ne se souciera pas d'entendre un philosophe. Mais qu'il perde sa fortune ou sa santé, il prêtera déjà plus volontiers l'oreille à la philosophie ; que maintenant sa femme, son fils ou son frère vienne à mourir, oh ! alors il fera chercher le philosophe pour en obtenir des consolations, pour apprendre de lui comment on peut supporter tant de malheurs[1]. » Curieux témoignage qui fait voir clairement quelles étaient les prétentions nouvelles de la philosophie, quelle confiance elle inspirait quelquefois, quelle en était la touchante efficacité.

On rencontre aussi de ces sages impitoyables qui prêchent aux malades la vertu stoïque, qui cherchent à leur inspirer, non pas la résignation, mais le triste courage de se soustraire par une mort volontaire aux souffrances d'une maladie incurable. Un jeune homme désespérant de sa guérison, et, selon la mode du temps, trop sensible à la gloire des résolutions extrêmes, délibère avec ses amis s'il avancera sa mort. Un ami de Sénèque, un sage résolu, plein de foi dans sa doctrine, met fin à toutes les incertitudes du malade par quelques fermes et tranchantes paroles qui nous ont été conservées ; et mêlant des conseils de douce morale à sa farouche éloquence, il engage le jeune homme à récompenser en mourant les services de ses esclaves. Celui-ci leur distribua de l'argent, et, comme ils pleuraient, il

---

1. Dion Chrysostome, discours 27.

les consola, puis se laissa mourir de faim, disant à ses derniers moments que cette mort n'était pas sans douceur[1].

Des proscrits, qui craignaient de vivre et qui n'osaient mourir, recevaient quelquefois de la philosophie un secours inespéré. A cette époque de violences et de meurtres, elle mettait son honneur à aiguillonner les courages, elle excitait les malheureux non pas seulement à braver la mort, mais à courir au-devant d'elle, se faisant comme un devoir de dérober une proie à la tyrannie. Ainsi, un célèbre général, à la tête des légions d'Asie, Plautus, menacé par les sicaires de Néron, voit venir auprès de lui deux philosophes qui l'engagent à préférer la gloire d'une mort volontaire aux angoisses d'une vie précaire [2].

Souvent le philosophe, comme le prêtre chrétien assistait les mourants et les condamnés, et leur apportait non plus des exhortations viriles, mais les espérances suprêmes. Caton, résolu de mettre son âme en liberté, après avoir lu deux fois un livre de Platon sur l'immortalité, fait sortir de sa chambre ses amis et son fils éploré pour échapper à l'importune surveillance de leur tendresse, et ne souffre près de lui que deux philosophes; et s'il finit aussi par les éconduire, c'est que ce rude et fier courage, si sûr de lui-même, se croyait au-dessus des consolations. Thraséas, condamné par arrêt du sénat, quitte la noble compagnie des hommes et des femmes qui l'entourent pour s'entretenir à l'écart avec le philosophe Démétrius de la séparation de l'âme et du corps; et quand il se fait ouvrir les veines, il garde ce sage à ses côtés, et, tout défaillant, tourne vers lui ses derniers

---

1. Sénèque, *Lettre* LXXVII.
2. Tacite, *Annales* XIV, 59.

regards. Ces entretiens suprêmes avec les philosophes, ce souci d'une autre vie et cette gravité dans la mort paraissent être devenus à cette époque un usage et comme une bienséance tragique; et l'on s'étonna, à Rome, que l'élégant et frivole Pétrone mourant comme il avait vécu, en épicurien, voulût entendre parler, à ses derniers moments, de chansons et de poésies légères, et non de philosophie et d'immortalité : *Nihil de immortalitate animæ et sapientium placitis*[1]

On voit, dans Sénèque, un condamné qui, jusque sur le champ du supplice, s'occupe de l'immortalité de l'âme avec *son* philosophe; *prosequebatur illum philosophus* suus. « Je me propose, disait-il au sage qui l'assistait, d'observer, dans ce rapide passage de la vie à la mort, si je sentirai partir mon âme ; et dans le cas où je découvrirais quelque chose sur la vie future, il ne dépendra pas de moi que vous n'en soyez informé. » Sénèque a bien raison de s'écrier que jamais homme n'a philosophé plus longtemps, puisque, non content d'apprendre jusqu'à la mort, il a voulu apprendre quelque chose de la mort même[2].

Voilà bien assez d'exemples qui prouvent que la philosophie n'est plus comme autrefois une simple recherche scientifique, un luxe de l'esprit, une distraction élégante et un exercice d'école. On y cherche un refuge, on lui demande de plus en plus des lumières pour la conduite de la vie, un appui, des leçons de courage, des espérances. Dans les malheurs publics et privés, c'est elle qu'on implore. Le monde, revenu de la superstition païenne, a mis sa foi dans l'humaine sagesse et dans ceux qui la professent dignement. Les âmes d'élite, au-

---

1. Tacite, *Annales*, XVI, 19.
2. Sénèque, *De la Tranquillité de l'âme*, 14.

trefois si paisibles dans le doute, commencent à ressentir de généreuses inquiétudes et une sorte de curiosité émue devant les grands problèmes de la vie. La désoccupation politique, la tristesse des temps, l'incertitude du lendemain, la satiété des plaisirs, d'autres causes encore ajoutent un nouveau prestige à l'antique autorité de la philosophie. Les sages de profession, se sentant plus écoutés, plus respectés, plus nécessaires, se font un devoir de se charger des âmes, et prennent un certain accent pressant et impérieux. Ils dirigent, ils consolent, ils réprimandent et mettent de plus en plus l'éloquence au service de la morale. La doctrine dominante, dont la fière austérité convenait à une société qui avait surtout besoin de courage, le stoïcisme affecte un ton religieux, établit des dogmes moraux, impose à ses adeptes un maintien, répand ses principes par une active propagande, et fait de son enseignement une sorte d'apostolat. Il ne suffit plus à la philosophie d'éclairer les esprits, il s'agit de former les âmes, de les changer, de les convertir. Comme une religion, elle a sa discipline, ses prescriptions familières, ses conseils appropriés aux diverses situations de la vie, en un mot, sa direction.

II

Théorie de la direction.

On ne lit pas toujours les lettres de Sénèque comme lui-même sans doute aurait désiré qu'on les lût. Au lieu de voir en lui un moraliste prêcheur et, s'il est permis de prendre ce mot dans un sens profane, un directeur spirituel dont l'enseignement varie selon les circonstances et les personnes, on s'obstine souvent à chercher dans ses ouvrages les principes certains et immuables d'un chef d'école. Comme il est une des gloires du Portique et qu'il en est pour nous le plus illustre représentant, on s'attend à trouver chez lui le stoïcisme dans toute son intégrité doctrinale. Or, examiner Sénèque comme un philosophe dont le dogme est bien arrêté, c'est s'exposer à un mécompte. Les anciens ont déjà remarqué le peu d'exactitude de sa doctrine, et ceux des modernes qui ont voulu étudier son système, pour avoir recherché ce qui n'existait pas, ont toujours été forcés de conclure qu'il n'avait pas de système.

En général, les Romains étaient moins exclusifs que les Grecs; ils n'eurent jamais le goût de la pure spéculation qui seule donne à l'esprit la rigueur logique et une sorte de foi jalouse. Leur caractère pratique s'accommodait volontiers de toutes les pensées salutaires, sans s'inquiéter de leur origine. En philosophie, comme à la guerre, ils empruntaient à l'ennemi les armes dont ils avaient reconnu le bon usage.

Les stoïciens surtout, quelque intraitables qu'ils parussent, étaient les moins systématiques de tous les moralistes. Sans craindre de porter atteinte à leur métaphysique, ils cherchaient dans les doctrines rivales tout ce qui pouvait inspirer de fortes résolutions. Panétius appelait Platon le plus sage, le plus saint, l'Homère des philosophes, et l'on sait que le plus inflexible des stoïciens, Caton, se tua sur la foi, non pas de Zénon, mais de Socrate.

Mais de tous les stoïciens, le plus conciliant est, sans contredit, Sénèque. Son éducation philosophique a dû lui donner cet esprit de tolérance. Dans sa jeunesse, il est pythagoricien avec Sotion, dont il suit les cours et dont il pratique les maximes. Plus tard, il devient stoïcien avec Attalus : il lit, il admire Platon; il aime à s'entretenir avec Démétrius le cynique; il cite sans cesse Épicure. Il ne craint pas de dire notre Démétrius, notre Épicure, comme il dit notre Chrysippe.; et tandis qu'il vante les philosophes les plus éloignés de son école, il réserve ses plus vives épigrammes aux stoïciens qui se renferment dans une doctrine trop étroite. Il faut se rappeler encore que Sénèque n'a point passé sa vie dans les écoles, qu'il a vécu dans le monde et les affaires; et ce n'est pas à la cour qu'on se fait un système inflexible et un esprit qui ne sait plier.

Si nous possédions ses livres dogmatiques, son grand ouvrage qui embrassait toute la philosophie du Portique, ou du moins son manuel qui la résumait, nous pourrions discuter sa doctrine avec rigueur, en exigeant qu'elle fût toujours conséquente. Mais dans ses traités de morale pratique et dans ses lettres surtout, on ne peut voir qu'un homme indépendant, moraliste par goût, qui communique librement à des amis une sagesse puisée dans des lectures diverses et dans ses propres méditations.

Lui-même se vante de n'avoir ni la prétention d'un chef d'école ni la docilité d'un adepte. Cependant sa liberté n'est pas de la révolte. S'il passe quelquefois dans le camp ennemi, ce n'est point en transfuge, mais en éclaireur. Il ne s'est point obligé à ne rien hasarder contre la doctrine de Zénon et de Chrysippe. En philosophie, comme au Sénat, si l'avis d'un adversaire lui plaît en partie, il demande la division et vote comme il l'entend. Recevoir le mot d'ordre n'est pas d'un homme politique, mais d'un homme de parti. Il suit le stoïcisme dont il aime les principes austères : mais il veut rester libre ; et s'il rencontre dans Platon et jusque dans Épicure d'utiles vérités, il les adopte, il les rend siennes, sans se mettre en peine de les ajuster au corps de sa doctrine, pourvu qu'elles servent à son dessein qui est de former les mœurs[1].

Que Sénèque ait compromis dans ce. enseignement familier la rigueur des spéculations stoïciennes, on ne le peut nier; mais il faut admirer du moins sa connaissance du cœur humain et cet esprit de prosélytisme qui le distingue de tous les philosophes de l'antiquité. Or, puisque Quintilien et Aulu-Gelle, qui n'aiment pas le philosophe, ne font pas difficulté de rendre hommage au prédicateur de morale, puisque Sénèque lui-même prétend ne donner que de salutaires conseils, et que d'autre part les chrétiens ont été si frappés du caractère pratique de ses instructions, qu'ils ont voulu faire de ce sage païen un enfant de l'Église, nous avons le droit d'étudier, moins comme des traités dogmatiques que comme des exhortations morales, les lettres de celui dont le nom a retenti aussi souvent dans les chaires chrétiennes que dans les écoles de philosophie.

Cette manière d'étudier les lettres de Sénèque n'est pas arbitraire. Les anciens eux-mêmes reconnaissaient deux méthodes d'enseignement qui répondaient, l'une à la philosophie *contemplative*, l'autre à *l'active*. Quand on expose une doctrine, qu'on fixe la nature du souverain bien, qu'on définit les vertus, en un mot, qu'on établit un système, on fait de la philosophie contemplative ou dogmatique. Mais si, descendant de ces hautes généralités et de ces vérités universelles, on enseigne les

---

1. *Lettres* II, XXI, XLV, LXXX, etc. — *Du Loisir du Sage*, 30.

devoirs particuliers, par exemple, du père, du mari, du maître envers les serviteurs, on ne fait plus que de la morale active ou pratique. L'une fournit les dogmes généraux, l'autre les préceptes particuliers, différents selon les circonstances et la condition des hommes. Il est évident que ces deux enseignements doivent différer entre eux. Le dogme est de sa nature abstrait et doit être d'une entière rigueur; on n'en peut rien retrancher, on n'y peut rien ajouter, sans trahir tout le système, et l'exactitude est le premier mérite de celui qui l'enseigne. Le précepte, au contraire, est varié; il se conforme aux circonstances et aux hommes, il importe plus qu'il soit sensible que rigoureux. Et quoique le précepte doive se rattacher à un dogme dont il emprunte son autorité, il faut pourtant reconnaître que, sans être infidèle au système dont il émane, il peut se prêter à toutes les exigences d'un conseil particulier. Le dogme ne s'adresse qu'à la raison; le précepte, qui tend à la pratique, doit saisir l'homme tout entier, frapper l'imagination, séduire le cœur, revêtir toutes les formes pour convaincre et toucher. Le premier donne la loi, le second exhorte à la remplir; celui-ci s'adresse à l'intelligence, celui-là prétend entraîner la volonté. La logique domine dans la doctrine, l'éloquence est de mise dans la parénétique; tandis que le dogme est immuable et froid dans sa fixité, le précepte se pliant à toutes les nécessités de la pratique et aux délicatesses de l'éloquence, se transforme en tant de façons, qu'il ne se ressemble plus et qu'il paraît quelquefois se démentir. La morale de Sénèque est un enseignement de préceptes plutôt que de dogmes. Aussi ne faut-il pas lui demander plus qu'il n'a voulu donner. Il a voulu toucher les âmes en les instruisant, tantôt resserrant sa doctrine, tantôt relâchant cette discipline trop sévère, selon les besoins de ses disciples, et ne craignant pas d'être parfois accusé d'inexactitude, pourvu qu'il pût trouver accès près des esprits et leur inspirer la vertu stoïque.

Cependant il ne repousse pas la philosophie dogmatique. Comme les chrétiens qui commencent par apprendre le catéchisme aux néophytes, et leur enseignent le dogme avant de s'occuper de leur direction particulière[1], Sénèque reconnaît que, pour jeter les fondements d'une solide vertu, il faut d'abord faire entrer les hommes dans la philosophie, leur inspirer le goût du bien, leur présenter l'ensemble d'une doctrine qui fixe l'idée de la perfection, où toutes les vertus soient reliées entre elles et se donnent la main, afin que l'âme, connaissant le bien, apercevant le but de ses efforts et pourvue d'une règle certaine, ne s'embarrasse point de préceptes infinis, et qu'elle puisse toujours, lors même qu'elle est sans guide, se reconnaître, agir avec suite et régularité, sans perdre son ardeur ni sa force en hésitations généreuses, mais stériles. Dans les incertitudes et les fluctuations de la vie, il est bon d'avoir l'œil toujours fixé sur les hauts principes d'une doctrine vers laquelle on tourne toutes ses actions et ses paroles, comme font les navigateurs qui se règlent sur certaines étoiles.

C'était une question controversée dans le stoïcisme de savoir si les préceptes spéciaux sont efficaces. Sénèque l'examine longuement comme un homme qui défend une méthode de prédilection. Les adversaires de la direction représentaient que les préceptes n'ont pas de sens pour un esprit encore enveloppé de préjugés; que c'est indiquer le chemin à un aveugle; qu'il faut montrer à l'âme

---

1. On commençait par les catéchèses, après quoi les pasteurs enseignaient de suite l'Évangile par des homélies. Cela faisait des chrétiens très-instruits de toute la parole de Dieu. Fénelon, *Dialogues sur l'éloquence.*

les grands principes, l'instruire de ses devoirs, puis la laisser suivre son train ; que, si les dogmes sont clairs, ils suffisent ; s'ils ne le sont pas, il est nécessaire de les prouver, et d'entrer ainsi dans la philosophie générale, qui rend dès lors inutiles les conseils particuliers ; que l'âme est arrêtée par des préjugés ou par des vices, et que la morale dogmatique dissipe les uns et guérit les autres ; enfin, qu'en admettant l'utilité des préceptes, il faudrait les varier sans cesse, tenir compte des caractères, des circonstances, et par conséquent se perdre dans des détails sans fin[1].

La même question a été soulevée dans le christianisme, et Fénelon a répondu à des arguments analogues dans sa *Lettre sur la Direction*, qui peut jeter du jour sur les idées de Sénèque : « On me dira peut-être : Quelle nécessité de prendre un directeur, puisque la règle est un directeur par écrit ?.... Il est capital de ne vous conduire pas vous-même ; vous serez aveugle sur votre intérêt ou sur une passion déguisée, qui trouble votre paix..... Vous avez besoin d'être soutenu et encouragé.... Dans tous les cas, rien n'est plus dangereux que de n'écouter que soi-même. » Montrant ensuite quel doit être ce directeur, Fénelon veut qu'on n'ait pas égard à la réputation publique, mais que l'on cherche entre mille un directeur plein d'expérience et de piété, en un mot, un homme de Dieu.

Sénèque, devançant Fénelon, répond à de semblables objections. Comme lui, il demande un directeur et montre quel il doit être. Il admet l'utilité de la *règle écrite*, et vante la morale dogmatique qui fournit les principes et trace leurs devoirs à tous les hommes ; mais il estime encore plus cette direction particulière qui réveille les

---

1. *Lettres* XCIV, XCV.

âmes et applique directement le remède à chaque maladie morale[1].

En donnant les motifs de cette prédilection, il reconnaît que, sans les dogmes, les préceptes ne sont point efficaces; mais ils rafraîchissent la mémoire, ils rendent palpable ce qui est trop général. Il ne suffit point de dissiper les préjugés, il faut encore aiguillonner le cœur, car la plupart des hommes font le mal tout en voyant le bien. Une pensée forte, une sentence vive, un proverbe moral réveille la vertu qui dort dans les âmes. Et n'arrive-t-il pas souvent que l'autorité d'un sage est plus persuasive qu'un long enchaînement de preuves? D'ailleurs, il faut quelquefois réunir et grouper des principes dont un homme peut avoir besoin dans l'occasion, et que la faiblesse de son esprit ne lui permet pas de lier ensemble. L'adepte même le mieux instruit des dogmes peut-il se passer d'un guide dans une affaire délicate? Enfin, Sénèque demande si les préceptes et les avertissements familiers, propres à la philosophie pratique, sont inutiles, lorsque nos oreilles sont battues sans cesse par les mauvaises maximes de l'opinion; et puisque les paroles et les actions de la foule, où nous sommes perdus, font sur nous une impression nuisible, et que chacun passe sa folie à son voisin, il veut un gardien des âmes : *Sit ergo aliquis custos*[2].

Car Sénèque est convaincu qu'on ne peut s'élever jusqu'à la vertu si personne ne vous tend la main pour sortir du vice. Nous avons besoin d'un homme qui plaide sans cesse devant nous la cause du bien, et qui fasse glisser de salutaires conseils à travers ce concert de fausses opinions dont le monde nous assourdit. Mais, comme

---

1. Quædam non nisi a præsente monstrantur.... vena tangenda est. *Lettre* XXII.
2. *Lettre* XCIV.

Fénelon, il recommande de bien choisir son guide. Il ne veut pas de ces sages nomades comme il en voyait à Rome, qui courent de maison en maison, débitant des moralités banales, mais un de ces hommes dont la conversation descend, sans qu'on y pense, au fond de notre cœur, pour nous faire aimer la vertu, qui vivant bien enseigne à bien vivre, et dont la seule présence est une leçon [1].

Sénèque fait la théorie de cette direction familière avec un tact et une raison qui prouvent son expérience; et, si on est sensible à la grâce morale et à cette joie pénétrante et calme avec laquelle il s'exprime, on ne peut nier qu'il n'ait profondément médité sur la conduite des âmes et trouvé dans cette occupation obscure le grave plaisir que cet art délicat procure aux grands esprits.

III

Sénèque est un véritable directeur.

Sénèque n'est donc pas un philosophe de profession qui tient école; il n'a pas autour de lui et sous sa main une troupe de disciples enrôlés sous sa doctrine, soumis à un règlement uniforme et marchant à sa suite d'un pas égal et docile. Il ne faut voir en lui qu'un sage qui exerce un certain patronage philosophique sur une clientèle d'amis, de connaissances, d'étrangers qu'il di-

---

1. Oportet manum aliquis porrigat.... non duce tantum opus sit, sed adjutore.... et coactore.... eum elige adjutorem, quem magis admireris, quum videris, quam quum audieris. *Lettre.* LII.

rige parfois lui-même, auxquels il envoie des instructions par des tiers, qu'il surveille de près ou de loin, et qui souvent profitent de sa sollicitude sans même savoir qu'ils en sont l'objet. Et ce n'est pas pour étendre son influence ou sa renommée qu'il met partout la main sur les esprits et les cœurs. Il croit remplir un devoir civique, une magistrature volontaire, honorable à ses yeux, bien que souvent ignorée. Se rendre utile à tous et à chacun par son talent, sa parole, ses conseils, suppléer par son activité à la disette des bons précepteurs, ramener la jeunesse qui se précipite vers la richesse ou le plaisir, en retarder la fougue si on ne peut l'arrêter, n'est-ce pas, dit-il lui-même, remplir en son particulier une fonction publique [1] ?

De là vient que la plupart de ses livres ne sont que des œuvres de circonstance, appropriées à l'état moral des personnes qui lui confiaient leurs doutes, leurs inquiétudes, leurs défaillances. Les traités sur la tranquillité de l'âme, sur la brièveté de la vie, sur la constance du sage, n'ont pas d'autre origine. Les livres sur la colère, sur la Providence, sur la vie heureuse, paraissent aussi n'avoir été que de longues réponses à des consultations philosophiques. Les consolations à sa mère Helvia et à Marcia, la fille éplorée d'un grand citoyen, de Crémutius Cordus, s'expliquent par le titre seul. En admettant même que ces dédicaces à des amis ne soient que de simples fictions littéraires, tous ces ouvrages n'en sont pas moins une suite d'exhortations morales et de véritables sermons. Le traité *de la Clémence*, écrit dans les premières années du règne de Néron, et adressé à ce prince, prouve encore que Sénèque avait pris au sérieux

---

1. Reipublicæ prodest.... in privato publicum negotium agit. *De la Tranquillité de l'âme*, 3.

son rôle de gouverneur, qu'il n'était pas seulement un précepteur, mais un directeur moral, et qu'il avait fait à sa manière, avant Fénelon, pour l'instruction et l'encouragement de son redoutable élève, l'*Examen de conscience sur les devoirs de la royauté.*

Cet esprit de propagande qui anime Sénèque éclate surtout dans les lettres à Lucilius. Il se plaît à communiquer la vérité ; il n'étudie que pour se mettre en état d'enseigner ; et si on lui offrait, dit-il, la sagesse à condition de la garder pour lui-même, il n'en voudrait pas. Il se donne la tâche de recommander la vertu à tous les hommes, et de poursuivre le vice sans relâche, dût son zèle paraître indiscret. Si les particuliers ne veulent pas accepter ses conseils, il parlera au public, dans l'espoir que ses leçons finiront par être entendues ; en un mot, il s'engage à prêcher le bien avec la persévérance que montrent les hommes à pratiquer le mal [1].

Non-seulement il s'acquitte avec ardeur de cette fonction qu'il s'est donnée, mais encore il recommande à ses amis, et en particulier à Lucilius, de prêcher à leur tour. Son disciple doit répandre la vérité ; que, sans se décourager, il poursuive de ses leçons celui-là même qui les refuse ; qu'il presse avec instance ceux qui résistent, il finira par recueillir le fruit de sa persévérance, parce qu'un discours plein de chaleur pour les intérêts d'autrui ne peut manquer de toucher les âmes. Si elles ne sont pas dociles à la vérité, il faut la leur inculquer avec effort, et ne désespérer qu'après avoir employé les derniers remèdes [2].

Cependant cette ardeur doit être réglée. Un zèle trop

---

[1]. Dicam etiam invitis profutura.... quia verum singuli audire non vultis, publice audite. *Lettre* LXXXIX.

[2]. Quibusdam remedia monstranda, quibusdam inculcanda sunt. *Lettre* XXVII.

hasardeux, qui jette des leçons à tous les vents, ou une liberté indiscrète, qui ne connaît pas de ménagements, affaiblit l'autorité du sage et compromet le bien. Lui-même se reproche quelquefois une chaleur inconsidérée qui blesse loin de guérir. S'adresser aux hommes capables de supporter la vérité, et qu'on a l'espoir de rendre meilleurs, abandonner ceux dont on désespère, après avoir tout essayé, telle est la règle qu'impose ce que Sénèque appelle l'*art de la sagesse*, c'est-à-dire la direction [1].

« Que tout le monde prêche, a dit Bossuet, dans sa famille, parmi ses amis, dans les conversations... Parlez à votre ami en ami ; jetez-lui quelquefois au front des vérités toutes sèches qui le fassent rentrer en lui-même.... Mais, avec cette fermeté et cette rigueur, gardez-vous bien de sortir des bornes de la discrétion [2]. » N'est-il pas honorable pour un philosophe païen de montrer autant de zèle et de délicatesse que le plus infatigable défenseur des vérités chrétiennes, et n'est-ce pas une chose digne de remarque que sur ce point Bossuet puisse servir à résumer Sénèque ?

On conçoit qu'un philosophe animé d'une pareille ardeur pour l'amélioration des mœurs, et, si l'on ose dire, pour la conversion des âmes, ait négligé les spéculations de la science pour un enseignement pratique qui allait droit à son but. Aussi Sénèque est-il si préoccupé de donner à ses instructions une utilité immédiate et directe qu'il se fait scrupule de traiter une question de pure théorie ; et, s'il le tente quelquefois dans ses lettres, il a soin de se justifier en montrant que l'étude des

---

1. Sapientia ars est. Certum petat : eligat profecturos : ab iis quos desperavit, recedat. Non tamen cito relinquat, sed in ipsa desperatione extrema remedia tentet. *Lettre* XXIX.
2. *Sermon sur la Charité fraternelle.*

grands principes qui nous éclairent sur l'origine du monde et de l'âme, illumine de haut notre intelligence sur la nature de nos devoirs.

Il importe ici de montrer à l'œuvre cette propagande active de Sénèque. On voit dans ses lettres, par maint exemple, en quelles circonstances, avec quel zèle discret il tente ces conversions philosophiques. C'est plaisir de remarquer chez le maître la condescendance judicieuse du directeur, et chez les néophytes la diversité des caractères et des dispositions morales. Ces tableaux familiers qui nous présentent les délicates entreprises de la sagesse essayant de corriger, d'encourager, d'amener au bien des âmes rebelles ou dociles, n'ont rien perdu de leur vérité ni de leur fraîcheur. On les croirait d'une main moderne, si on n'en reconnaissait la date à une certaine âpreté stoïque. Voici, par exemple, un jeune homme léger, dissipé, spirituel, qui allait voir souvent Sénèque, et qui ne vient plus chez lui que bien rarement, depuis que son sage et vieil ami a laissé voir son intention de le convertir : charmant étourdi qui résistait à la philosophie, qui esquivait les remontrances de Sénèque en se moquant de lui-même, ou lui fermait la bouche en rappelant la chronique scandaleuse des philosophes : « Oui, parlez-en de vos sages, disait-il, on connaît leurs belles histoires; un tel a été surpris en adultère; cet autre n'est qu'un pilier de taverne; tel autre encore fait profession d'austérité dans le palais des princes. » Cet aimable sceptique, railleur obstiné, avait réponse à tout, prévenait les objections, faisait parade de sa fâcheuse érudition, et semblait même ne pas épargner les allusions à la vie équivoque de Sénèque vivant à la cour de Néron. Sénèque, voyant que le moment n'est pas encore venu de le ramener à de graves pensées, le laisse dire, sourit à sa pétulance juvénile, et, pour ne pas compromettre son autorité, attend une plus favorable occasion. Il ne désespère pas de ce jeune homme, qui se montre si rétif à ses exhortations. « Qu'il cherche à me faire rire, je finirai par le faire pleurer[1], » s'écrie le maître avec l'accent d'un docteur qui veut convertir un pécheur et lui arracher des larmes de repentir. Il paraît, du reste, qu'il ne réussit que trop à le rendre stoïcien, puisque plus tard ce malheureux Marcellinus, attaqué d'une maladie incurable, se laisse mourir de faim sur une exhortation d'un stoïcien distingué qui l'engage à se délivrer de la vie.

Voilà maintenant un autre jeune homme d'un caractère tout opposé, sérieux et grave, un ami de Lucilius, qui pour travailler à sa perfection morale s'est démis de ses charges, renonçant ainsi à un bel avenir. Le monde, qui ne comprend rien à ces renversements subits de la conscience, l'accuse de paresse, lui reproche de perdre son temps à des occupations stériles, et le traite de mélancolique : « Qu'il laisse dire le monde, écrit Sénèque, qu'il entre plus avant dans l'étude de la sagesse, pour assurer son bonheur. D'ailleurs, il n'est plus libre de reculer, et ce serait une honte pour lui de ne pas répondre aux belles espérances qu'il a données. » C'est ainsi que Sénèque envoie à Lucilius un programme de sermon dont il puisse faire usage dans l'occasion pour encourager son ami et conserver à la philosophie une précieuse conquête[2].

Dans une autre de ses lettres, il apprend à Lucilius la manière dont il entreprend de ramener au bien deux de leurs amis. C'est avec un soin minutieux et délicat qu'il modifie ses leçons selon l'âge et le caractère de ses néo-

---

1. Moveat ille mihi risum : ego fortasse illi lacrymas movebo. *Lettre* XXIX. — Voy. *Lettre* LXXVII.
2. *Lettre* XXXVI.

phytes. L'un est un jeune homme, honteux quand il fait le mal et dont il faut, dit Sénèque, entretenir la pudeur; l'autre est un vieux pécheur, *veteranus*, qu'on doit corriger avec discrétion pour qu'il ne désespère pas de lui-même. Le maître reconnaît qu'il aura de la peine à tenir en tutelle un homme de quarante ans, mais il aime mieux échouer que de manquer à ce devoir[1].

Il semble que Lucilius, fidèle en cela aux prescriptions de Sénèque, cherche à recruter des âmes à la philosophie et qu'il envoie tour à tour à son maître tous ses amis pour les soumettre à ses investigations morales et les confier à son habile direction. Souvent Sénèque les juge dès la première entrevue ou après quelques entretiens. Celui-ci est perfectible malgré son excessive timidité, cet autre ne laisse plus d'espoir. Il est trop endurci dans le mal, ou plutôt il est trop amolli; il manque de ressort, bien qu'il ait de la bonne volonté et qu'il prétende être dégoûté de ses déréglements; mais il n'a pas rompu avec les passions, il n'est que brouillé avec elles et prêt à se réconcilier[2].

Il faut voir ce que, dans ces tentatives de conversion philosophique, Sénèque déploie de sagacité et de délicatesse, pour comprendre qu'il n'est pas seulement un professeur de morale spéculative, qu'il a la prétention de former les cœurs à la sagesse, puisqu'il refuse de se charger d'un homme incapable de pratiquer la doctrine, et si, dans cette dernière occasion, il perdit sa peine et ses sermons, il a eu cela de commun avec bien des prédicateurs de morale.

A l'appui de ces exemples tirés des lettres à Lucilius,

---

1. Quod ad duos amicos nostros pertinet diversa via eundum est : alterius enim vitia emendanda, alterius frangenda.... impendam huic rei dies. *Lettre.* XXV.

2. *Lettres* XI et CXII.

rappelons encore ces ouvrages entiers de Sénèque qui ne sont, nous l'avons dit, que des réponses à des consultations morales, réponses diverses où le philosophe semble se contredire parce qu'il donne quelquefois des conseils différents selon l'âge et le caractère de ses correspondants. Ainsi, dans son livre sur *la Brièveté de la vie*, il recommande à un vieux fonctionnaire de l'empire de renoncer aux charges, et dans son traité sur *la Tranquillité de l'âme* il conseille à un jeune homme triste et dégoûté de prendre part aux affaires publiques. Ces contradictions naturelles et nécessaires qu'on a souvent reprochées à Sénèque prouvent seulement qu'il savait se plier aux nécessités de la direction et changer le remède selon le tempérament du malade. Sans vouloir étendre notre étude sur tous les ouvrages de Sénèque, il est une de ces consultations dont nous devons dire quelque chose pour faire voir une des plus singulières maladies de l'époque et la profonde pénétration du moraliste directeur.

Ne croirait-on pas entendre une confession moderne et contemporaine, quand on lit les plaintes de ce jeune capitaine des gardes de Néron, Annæus Sérénus, qui écrit à Sénèque pour lui dévoiler sa détresse morale ? Il y avait alors déjà de ces âmes tourmentées parce qu'elles se sentent vides, à la fois ardentes et molles, éprises de la vertu et sans énergie pour se la donner, inquiètes sans connaître la cause de leur inquiétude, dégoûtées tour à tour de l'ambition et de la retraite, capables d'élan et de généreuse activité, et au moindre obstacle, à la moindre humiliation, « retournant à leur loisir comme les chevaux doublent le pas pour regagner la maison. » Dans cette affliction d'esprit, Sérénus s'adresse à Sénèque comme à un médecin des âmes, il veut mettre devant lui son cœur à découvert, il essaye de peindre ce mélange de bonnes intentions et de lâches défaillances qui le remplit d'une indéfinissable tristesse. Il se sent dans un état de malaise et de peine comme un homme qui n'est ni malade ni bien portant. Son malheur est de ne pencher fortement ni vers le bien, ni vers le mal. Il aime la simplicité; mais s'il se trouve par hasard dans quelque maison somptueuse, il se laisse éblouir par l'appareil du luxe, il se retire non plus mauvais, mais plus triste, et, rentré dans sa modeste demeure, se demande si le bonheur ne serait pas dans l'opulence. Le voilà qui rêve les honneurs, les faisceaux, et bientôt, découragé par quelque obstacle imprévu, il s'enfonce de nouveau dans la solitude ou s'exaltant par de fortes lectures et de grands exemples, il s'excite à quelque dévouement sublime. Mais ces héroïques résolutions ne tiennent pas devant les difficultés de la vie. Cet état flottant entre l'héroïsme et l'impuissance, les ennuis douloureux qui en sont la conséquence font crier vers Sénèque cette âme noble et faible. « Je t'en conjure, écrit-il, si tu connais quelque remède à cette maladie, ne me crois pas indigne de te devoir la tranquillité. Ce n'est pas la tempête qui me tourmente, c'est le mal de mer. Délivre-moi donc de ce mal, quel qu'il soit, et secours un malheureux qui souffre en vue du rivage. » Curieuse angoisse d'une imagination généreuse et d'un courage débile.

Avec quelle connaissance du cœur humain et de ses plus profonds secrets Sénèque répond à cet appel désespéré! Il tente de définir ce mal étrange, il promène, pour ainsi dire, sa main sur toutes ces vagues douleurs pour trouver l'endroit sensible et y porter le remède imploré. De quelle vue perçante il découvre, il saisit, il arrête au passage, pour les peindre, les fluctuations fuyantes de ce désespoir inconsistant! Il nous met sous les yeux cette déplaisance de soi-même, ce dégoût, ce roulis d'une âme qui ne s'attache à rien, ces chagrines impatiences de l'inaction où les désirs renfermés à l'étroit et sans issue s'étouffent eux-mêmes, cette mélancolie sombre et la langueur qui l'accompagne; puis les tempêtes de l'inconstance qui commence une entreprise, la laisse inachevée et gémit de l'avoir manquée. On s'irrite alors contre la fortune, on maudit le siècle, on se concentre de plus en plus, et on trouve un plaisir farouche à couver son chagrin. Pour s'échapper, pour se fuir, on se lance dans des voyages sans fin, on promène sa douleur de rivage en rivage, et sur la terre comme sur la mer on ne fait que s'abreuver des amertumes de l'heure présente. Dans cette défaillance morale on finit par ne plus pouvoir endurer ni peine, ni plaisir, par ne plus supporter sa propre vue. Alors viennent les pensées de suicide pour sortir de ce cercle où on n'a plus l'espoir de rien trouver de nouveau; la désolante uniformité de la vie, l'insipide permanence du monde vous arrachent ce cri : Quoi! toujours, toujours la même chose[1]!

Dans cette profonde et saisissante analyse du spleen antique, comme on sent bien que Sénèque ne fait pas une description de fantaisie et qu'il est aux prises avec la plus réelle et la plus indéfinissable maladie morale! Si à ces angoisses d'une âme qui se dévore elle-même se mêlaient encore des peines d'amour inconnues de l'antiquité, nous oserions dire que Sénèque a voulu éclairer et consoler un Werther ou un René romain.

1. *De la Tranquillité de l'âme*, ch. i et ii.

IV

Conseils à Lucilius.

Après avoir montré que Sénèque est un véritable directeur, entrons dans le détail de ses lettres et voyons quel est le sujet et l'esprit de sa prédication morale.

Les sujets qu'il traite sont empruntés au stoïcisme, mais la manière de les présenter appartient à l'auteur. Il accommode toujours la philosophie de l'école à ses propres goûts, à son humeur, aux circonstances de sa vie; c'est pourquoi, tout en exposant le dessin principal de ses lettres, nous essayerons d'expliquer, non pas son système, puisqu'il n'en a pas, mais ses idées de moraliste. Car il en est des auteurs comme des hommes : on s'arrange volontiers de leurs défauts, quand on en a découvert la cause.

Ces lettres sont adressées à Lucilius, procurateur en Sicile, élevé par ses talents et de puissantes amitiés au rang de chevalier. C'était un épicurien que Sénèque entreprit de convertir au stoïcisme. Ce n'est pas que le maître se propose d'exposer régulièrement toute la doctrine du Portique; il cherche moins à faire de son disciple un pur stoïcien, qu'à le tirer des mollesses épicuriennes, pour lui faire embrasser une morale plus austère. Lui-même, sans étaler la prétention d'un chef d'école, se propose modestement de faire une éducation morale et choisit la forme épistolaire, parce que les pensées familières, tout en faisant moins de bruit, s'insinuent mieux dans les esprits.

En commençant, il cherche, comme ont fait depuis tous les directeurs, à éloigner son disciple des opinions mondaines et lui conseille la retraite, pour le soustraire aux influences étrangères à la véritable doctrine. Il fait les plus grands efforts pour arracher Lucilius à son ambition et aux avantages d'une fortune si bien commencée. Il regrette que le sort ait retiré son ami d'une obscure condition, pour le jeter dans les grandeurs. Les honneurs appellent les honneurs ; l'ambition est insatiable : on ne peut lui faire sa part ; et s'il ne rompt pas avec elle d'un seul coup, que deviendra l'étude de la sagesse ?

Mais Lucilius craint de faire accuser son oisiveté et se retranche derrière les préceptes du stoïcisme qui recommande la vie active. Sénèque lui montre alors, qu'en se retirant des affaires il suit, sinon les préceptes des stoïciens, du moins leur exemple. En effet, on comprend que, sous le règne de Néron, ceux qui faisaient profession de philosophie se soient tenus éloignés des fonctions publiques. D'ailleurs, ne restera-t-il pas citoyen de la grande république du monde, la seule digne d'un sage ? Loin de s'abaisser par ce renoncement, il s'élève, en comprenant combien sont petits les honneurs de la chaise curule. Jamais le sage n'est plus occupé que lorsqu'il traite des choses divines et humaines. Que Lucilius imite son maître, qui prépare pour la postérité des remèdes moraux dont il a éprouvé la salutaire influence dans ses propres maladies[1] ; cela ne vaut-il pas mieux que de figurer dans un procès ou dans un testament, et de voter au Sénat

---

1. *Salutares admonitiones, velut medicamentorum utilium compositiones, litteris mando, esse illas efficaces in meis ulceribus expertus.* Lettre VIII.

de la voix et du geste? La véritable gloire est celle que procurent la noblesse du cœur et la grandeur de l'esprit. Dans sa sollicitude pour Lucilius, Sénèque va jusqu'à flatter dans son ami cette ambition qu'il combat. Qu'il renonce à cette gloire mondaine et fragile, il en recevra une plus belle en échange; le maître peut associer le disciple à son immortalité; et dans un élan d'enthousiasme, dont l'effet est prémédité, il s'écrie avec Virgile :

> Fortunati ambo, si quid mea carmina possunt
> Nulla dies unquam memori nos eximet ævo!

Sénèque ne parvient pas d'abord à briser cette ambition de Lucilius, mais du moins il ne cesse de lui conseiller la retraite qui protége contre les maximes des gens du monde les convictions incertaines d'un néophyte. Avant tout il importe de fuir la multitude et de lui soustraire son cœur encore mal assuré dans le bien. Montrant les dangers d'un commerce frivole, il nous fait saisir toutes les nuances de cette contagion qui passe de l'un à l'autre dans les conversations mondaines; il la décrit avec l'ingénieuse fécondité du philosophe qui observe et la finesse du courtisan, qui, pour avoir étudié sur lui-même les effets de cette corruption insensible, peut retourner en tous sens cette pensée de Bossuet : « Ce maître dangereux n'agit pas à la mode des autres maîtres. Il enseigne sans dogmatiser. Il a une méthode particulière de ne prouver pas ses maximes, mais de les imprimer dans le cœur sans qu'on y pense [1]. »

---

[1]. Bossuet, *Serm. sur la véritable conversion*. — Nicole, *Dangers des entretiens*, ch. III et IV. — Fénelon, *Manuel de piété*, ch. XXI. — Voy. Sénèque : Inimica est multorum conversatio. Nemo non aliquid vitium aut commendat, aut imprimit, aut nescientibus allinit. *Lettre* VII.

Le monde n'est pas seulement à craindre parce qu'il justifie nos passions, réveille nos vices assoupis et *ensanglante nos plaies*, comme dit Nicole, mais encore parce qu'il attaque ouvertement la philosophie. De là ces maximes : La sagesse et la justice ne sont que de vains mots; boire, manger, dépenser son patrimoine en galant homme, voilà la vie, et mille autres banalités dangereuses. De là ces attaques contre les philosophes : moquez-vous, disent ces voluptueux et ces incrédules, moquez-vous de ces gens austères et arrogants qui censurent la vie des autres, tourmentent la leur et morigènent le public [1]. Il faut donc se retirer de cette corruption, vivre avec soi-même, et prendre ce principe pour règle de conduite : admettre dans sa compagnie ceux qui peuvent vous rendre meilleur et ceux qu'on peut rendre meilleurs.

Mais lorsque Sénèque a montré qu'il faut vivre dans la retraite et qu'il a mis Lucilius en garde contre les conversations dangereuses, comme les chrétiens qui se plaignent aussi du monde et de ses sarcasmes contre la religion et ses ministres, il prend encore des précautions infinies pour bien définir la retraite qu'il recommande. La solitude est périlleuse pour les méchants et les ignorants, parce qu'elle irrite leurs passions; pour la conseiller à Lucilius, il faut qu'il ait déjà bon espoir dans ses progrès. En effet, le disciple a fait entendre de si nobles paroles, si convaincues, si rassurantes que le maître s'écrie : « Cet homme n'est pas un homme ordinaire, il ne songe qu'à son salut, *iste homo non est unus e populo; ad salutem spectat.* » Qu'il ne craigne donc plus de se retirer du monde, et que, du fond de sa solitude, il

---

1. Istos tristes et superciliosos, alienæ vitæ censores, suæ hostes, publicos pædagogos assis ne feceris. *Lettre* CXXIII.

adresse aux dieux des prières pour obtenir la santé de l'âme et celle du corps [1].

Quitter les hommes pour se retrouver, éviter les chemins battus pour suivre la voie étroite du petit nombre, esquiver les entretiens dangereux parce qu'ils sont frivoles, se hâter d'entrer dans la philosophie comme si on était poursuivi par des ennemis, élever son âme vers les grandes choses, jouir de soi-même, sentir son néant, tel est le sujet principal des premières lettres. Sénèque le présente sous toutes les formes, tantôt insistant sur les embarras de la grandeur, tantôt sur les folies du monde, tantôt sur les douceurs de la retraite ; et quand il croit son ami persuadé, il lui fait l'éloge de la vie philosophique et de ses joies sans cesse renouvelées, dans un charmant tableau qui est la péroraison de cette longue série de discours sur la vanité des grandeurs [2].

Mais, avec une discrétion qui n'appartient pas d'ordinaire aux stoïciens, il lui conseille de ne pas rompre brusquement avec le monde, de se retirer doucement et sans éclat, *solvas potius quam abrumpas* [3]. Il ne veut pas qu'on se cache dans une retraite par vaine gloire, comme les mécontents d'alors qui boudaient la république au fond d'une solitude de Naples ou de Tarente, sous le prétexte honorable qu'ils s'occupaient d'eux-mêmes, mais en réalité pour intéresser à eux l'opinion publique. Sénèque combat souvent cette manie de dénigrement, maladie des stoïciens, qui protestaient avec

---

1. *Lettre* X.
2. *Lettre* XXIII.
3. *Lettre* XXII.
Je ne demande pas que vous rompiez d'abord sans aucune mesure avec tous vos amis, et avec toutes les personnes avec lesquelles une véritable bienséance vous demande quelque commerce. Fénelon, *Lett. Spir.*, 31.

ostentation contre les vices du siècle [1]. Il veut que, sans faire le procès à son voisin, on ne s'occupe que de ses propres faiblesses ; et qu'on se sépare du monde pour se rendre meilleur, pour guérir ses passions, s'étudier et mourir au moins dans la sagesse, sans condamner les autres hommes : *Nihil damnavi nisi me* [2].

Lucilius doit donc se retirer du monde simplement, sans éclat, sous prétexte de fatigue et de mauvaise santé : tirer gloire de sa retraite, c'est une espèce d'ambition. Il doit encore éviter l'originalité de ces philosophes qui cherchent moins à faire des progrès dans la sagesse qu'à se distinguer par une mise négligée, une barbe inculte et d'éternelles déclamations contre la vaisselle d'argent. Que notre cœur ne ressemble en rien à celui des autres hommes, mais que notre extérieur soit le même [3] : « *On vit à peu près comme les autres, sans affectation, sans apparence d'austérité, d'une manière sociable et aisée, mais avec une sujétion perpétuelle à tous ses devoirs* [4]. » C'est l'avis de Fénelon aussi bien que de Sénèque. Cette simplicité est souvent de la prudence. Plus d'un s'est compromis pour avoir étalé sa philosophie avec trop d'arrogance [5]. Et pourquoi faire tort à la philosophie qui déjà n'excite que trop d'aversions, même quand on la professe avec modestie? Loin de nous séparer des hommes, elle a pour objet de nous en rapprocher [6]. Sénèque

---

1. Absconde te in otio, sed et otium tuum absconde.... Non est quod inscribas tibi philosophiam.... Jactandi genus est, nimis latere.... *Lettre* LXVIII.
2. *Ibid.*
3. *Lettre* V.
4. Fénelon, *Instructions et avis*, II.
5. Multis fuit periculi causa, insolenter tractata et contumaciter. Vitia tibi detrahat, non alii exprobret : non abhoreat a publicis moribus.... *Lettre* CIII.
6. *Lettre* V. — Id agamus ut meliorem vitam sequamur quam

pousse si loin cette facilité et cette discrétion, pour rendre la vie simple et commode, qu'il va jusqu'à conseiller à Lucilius de célébrer les saturnales comme tout le monde, seulement avec la tempérance qui convient au philosophe[1]. On aime à voir chez le stoïcien ces prudentes concessions à l'opinion mondaine, que ne craignait pas de faire non plus saint François de Sales, pour rendre le commerce plus aisé et la religion plus aimable, sans toutefois en compromettre les saintes austérités.

Pour enlever Lucilius à toutes les espérances de haute fortune qui retardent ses progrès dans la philosophie, et pour rompre les liens qui l'attachent au monde, Sénèque fait souvent le plus pompeux éloge de la pauvreté, et, par une exagération stoïcienne, prêche le renoncement absolu. On conçoit cette doctrine chez un chrétien qui place au delà de cette vie les honneurs et la gloire, et qui, sacrifiant le présent à l'avenir, ne fait qu'ajourner son bonheur. On la conçoit encore dans le *Manuel* d'Épictète, où l'esclave fait de nécessité vertu et se venge de la richesse qui l'écrase, en la méprisant. Mais, dans la bouche de l'opulent philosophe, ces déclamations convenues, dont le fonds est tiré sans doute de la doctrine stoïque, manquent d'à-propos et d'autorité. Laissons donc ces histoires de Diogène et de son tonneau, de Cléanthe et de son puits, et tous ces exemples de pauvreté antique, qui pouvaient apprendre aux élèves de Sénèque le père, comment on rajeunit un lieu commun, mais qui ne devaient pas inspirer à Lucilius l'esprit de renoncement. Nous ne voulons voir

---

vulgus, non ut contrariam : alioqui quos emendari volumus, fugamus et a nobis avertimus.

1. Non excerpere se, non insigniri, nec misceri omnibus : et cadem sed non eodem modo facere. Licet enim sine luxuria agere festum dien. *Lettre XVIII.*

ici que ce qui est juste et sincère, ce qui est donné à la direction morale, sans nous arrêter à ces souvenirs surannés des écoles de philosophie et de déclamation.

Mais, si l'auteur s'exprime quelquefois à ce sujet avec une rigueur de convention, et montre une jactance d'humilité qui fait tort à ses prédications, le plus souvent il est simple et sensé. La philosophie, dit-il, n'interdit pas les richesses; c'est même une faiblesse de ne pouvoir les supporter. S'il est vrai qu'on doit vivre conformément à la nature, n'est-ce pas désobéir à ses volontés que de mettre son corps à la torture et de se nourrir des plus vils aliments? La philosophie recommande la frugalité, mais la frugalité n'exclut pas une certaine élégance. Il est grand celui qui se sert de vases d'argile comme s'ils étaient d'argent; il n'est pas moins admirable celui qui se sert de vases d'argent comme s'ils étaient d'argile. Seulement, il faut posséder les richesses sans qu'elles nous possèdent, et ne pas tellement nous les incorporer qu'on ne puisse nous les arracher sans nous faire une plaie vive[1].

Au milieu de ces concessions raisonnables, Sénèque est évidemment préoccupé des murmures qu'on élevait à Rome contre son opulence. De là ces recommandations sur la pauvreté volontaire, de là ces apologies détournées où il insinue qu'il n'est pas l'esclave de ses richesses et qu'il apprend chaque jour à s'en passer. C'est pourquoi il parle sans cesse de ses exercices de pauvreté : si le pauvre est plus tranquille, le riche montre un grand cœur en vivant comme s'il était pauvre; il faut rendre la pauvreté facile en s'y préparant[2].

---

1 *Lettre* V.
2. *Lettres* XVII, XVIII, XX.

Il peut paraître étrange de voir l'opulent philosophe, au milieu de ses palais, de ses jardins, de ses statues et de ses mosaïques, faisant, pour ainsi dire, les honneurs à la pauvreté. Sans doute l'imagination d'un riche blasé pouvait se complaire dans ces rêves d'humilité; mais des raisons plus sérieuses donnent du prix à ces méditations plus sages qu'elles ne paraissent. Dans une société aussi peu stable que celle de l'empire, il est naturel qu'un philosophe opulent, averti par les vicissitudes des palais, s'impose des privations, pour n'être pas pris au dépourvu, et comme le dit Sénèque lui-même, imite la recrue romaine, qui apprenait à faire les armes contre un mannequin[1]. Cette manière de s'amuser avec un malheur imaginaire, mais possible, est au moins spirituelle; il y entre même un peu de prudence. Sénèque se familiarisait d'avance avec la pauvreté, qu'il pouvait connaître un jour malgré son grand âge. Il vivait à la cour de Néron, il était riche, en crédit, éloquent : c'est plus qu'il n'en fallait pour prendre ses mesures afin de n'être pas surpris.

Mais, en s'exerçant à la pauvreté, il ne veut pas qu'on imite ces riches qui, pour obéir à un mode de temps et après avoir épuisé toutes les recherches de l'ostentation, s'amusent à jouer à la pauvreté[2]. A cette époque, la fatigue du luxe avait établi à Rome un usage bizarre. Les riches, dans leurs magnifiques demeures, se ménageaient un réduit qu'ils appelaient la *chambre du pauvre*, où ils se retiraient à de certains jours, pour y manger à terre, dans des vases d'argile, pour y goûter, en quelque sorte, les délices inconnues de la privation et de la misère. Était-ce pour rendre, par le contraste,

1. Exerceamur ad palum, et ne imparatos fortuna deprehendat, fiat nobis paupertas familiaris. *Lettre* XVIII.
2. *Lettre* XVIII. — *Consol. ad Helv.*, 12.

du prix à l'opulence, ou plutôt n'était-ce pas la dernière fantaisie de la satiété et de l'ennui aux abois? Sénèque veut que cet exercice soit une expérience et non pas une imitation de la pauvreté. Lucilius doit se réserver de temps en temps trois ou quatre jours et quelquefois davantage, pour coucher sur un grabat véritable, se nourrir de la plus chétive nourriture, afin de pouvoir se dire avec assurance : Voilà donc ce qui faisait l'objet de mes craintes. C'est ainsi qu'on amortit les coups du sort et qu'on dérobe, pour ainsi dire, ses armes à la fortune[1].

Ce n'est pas sans ingénuité que le maître nous met sous les yeux tous les détails de sa pauvreté factice. Il s'exerce non-seulement à ses privations, mais encore à la mauvaise honte qui l'accompagne. Ainsi, il se rend à sa campagne sur une misérable charrette traînée par des mules étiques et dirigée par un muletier à pied et sans chaussure. Il est heureux de cette équipée, et cependant il nous confie qu'il rougissait, quand il était rencontré par les petits-maîtres de Rome, qui faisaient voler des flots de poussière sous leur char précédé de coureurs numides et emporté par des mules appareillées[2]. Sans doute, cet exercice n'est pas aussi sérieux que l'exercice chrétien. Cette humiliation volontaire du riche qui se fait pauvre n'est souvent qu'un détour de l'amour-propre, une nouveauté piquante, une recherche d'élégance, un souvenir de l'antique pauvreté romaine. Mais à Rome, sous l'empire, à une époque où le culte de la richesse était une véritable idolâtrie, ces épreuves morales, dont il ne faut pas exagérer l'importance, ne sont

---

1. Grabatus ille verus sit et sagum et panis durus ac sordidus. Hoc triduo et quatriduo fer, interdum pluribus diebus : ut non lusus sit, sed experimentum. *Lettre* XVIII.
2. *Lettre* LXXXVII.

pas sans valeur, quand elles ne seraient qu'une protestation sensible en faveur des principes austères de la philosophie.

Si, en d'autres endroits, Sénèque foule aux pieds les richesses avec une fureur ambitieuse, ce n'est pas toujours pour étaler ses sentiments stoïques, mais parce qu'il sent ce que l'opulence lui a coûté. Ne fait-il pas un triste et involontaire retour sur lui-même quand il s'écrie : « Ah! si ceux qui désirent les richesses et les honneurs allaient consulter les riches et les ambitieux parvenus au faîte des dignités! » Et quand il ajoute : « La philosophie ne te laissera jamais de repentir[1]. » Ce n'est qu'un cri, un cri mal comprimé. Il ne pouvait en dire davantage, sans offenser l'empereur, dont il tenait son opulence. Mais, par cet accent de douleur, il nous marque que ces richesses ont coûté cher à son bonheur.

Pour prouver encore que ce n'est pas un vain étalage de maximes stoïques, faut-il rappeler que Sénèque offrit à l'empereur de lui restituer les richesses qu'il tenait de lui et qui n'étaient point légères à porter? Et, quoique des raisons diverses aient pu engager le philosophe à rentrer dans la retraite, au prix de son opulence, il faut convenir du moins qu'il se sentait assez de courage pour pratiquer ses maximes de pauvreté.

On attaque souvent les violentes sorties de Sénèque contre le luxe de son siècle, et l'on trouve sa morale inutile, parce qu'elle est outrée. Mais de grands moralistes chrétiens ne vont-ils pas plus loin encore; quel-

---

[1]. Utinam, qui divitias optaturi essent, cum divitibus deliberarent ! utinam, honores petituri, cum ambitiosis et summum adeptis dignitatis statum !... in philosophia nunquam pœnitebit tui. *lettre* CXV.

ques-uns ne poussent-ils pas la rigueur jusqu'à châtier le corps par les plus tristes macérations? Au lieu de permettre, comme Sénèque, de satisfaire aux exigences de la nature, ils se font gloire de la tuer. Est-ce à dire qu'on ne peut trouver dans leurs ouvrages de grandes idées et de belles résolutions? Nous les admirons au contraire; nous les goûtons parfois avec délices. On se sent plus fort et plus grand en les méditant. Cette protestation trop vive de l'esprit contre le corps, cette lutte pénible et hardie nous touche et nous élève. Quand l'opinion, l'habitude et mille sentiments se liguent avec la convoitise naturelle, et quand les hommes n'ont à leur opposer que des lueurs de raison et une volonté vacillante, faut-il s'étonner que les prédicateurs de religion et de morale nous arment d'une discipline rigoureuse, qu'ils emploient des expressions violentes pour nous ramener sans cesse au combat; en un mot, qu'ils mesurent leur effort à la résistance?

Dans presque toutes les lettres de Sénèque il est question de la mort. *Philosopher, c'est apprendre à mourir*[1]; et Sénèque était fidèle à ce principe du stoïcisme. Tout en reconnaissant que le mépris de la mort était le sujet favori des déclamateurs dans les écoles, comme l'auteur en convient lui-même, cependant je suis disposé à le croire sur parole, quand il ajoute : « Ce n'est pas pour exercer mon esprit que je ramasse tous les exemples de courage[2]. » Il faut se rappeler que Sénèque était d'une santé faible, que plus d'une fois il fut tenté de sortir de la vie pour échapper à ses souffrances, et qu'il ne fut retenu d'abord que par la vieillesse de

---

1. Montaigne, I, ch. xix. Tota philosophorum vita commentatio mortis est. Cicéron, *Tuscul.*, I, 30.
2. Decantatæ in omnibus scolis fabulæ istæ sunt.... non in hoc exempla nunc congero, ut ingenium exerceam. *Lettre* XXIV.

son père, et plus tard par les soins touchants de sa jeune épouse. Aussi trouve-t-on, dans ces longues réflexions sur le suicide, l'histoire des plus secrètes et des plus douloureuses pensées du philosophe.

Rien n'est plus nécessaire, dit-il, que la méditation de la mort. Tous les autres exercices peuvent être superflus : Vous avez préparé votre âme à la pauvreté? Mais peut-être vous conserverez vos richesses. Vous vous êtes armé contre la douleur? Mais une ferme santé pourra ne pas mettre votre courage à l'épreuve. Vous vous êtes fait une loi de supporter avec constance la perte de vos amis? Mais la fortune vous laisse les objets de votre affection. La mort seule est inévitable. Ces pensées générales n'ont point pour Sénèque un vif intérêt, et couvrent des préoccupations personnelles qui se font jour malgré lui. Ce qui s'agite sous ces réflexions, c'est la question du suicide, qui n'est pas un crime aux yeux du stoïcien, et qui devait être une ressource pour un vieillard accablé de maux et pour un ministre menacé d'une disgrâce prochaine. L'auteur n'expose pas un point de doctrine ; il pose des cas de conscience, et l'on sent que c'est pour son propre usage. Il s'excite, il se retient ; il fait des demi-confidences qu'il n'ose achever. Ce n'est pas la philosophie qui parle par sa bouche, mais mille sentiments souvent contraires, la crainte de la douleur, l'espérance d'une fin paisible, la peur de l'ignominie, l'amour d'un beau trépas. De là dans ces méditations je ne sais quel accent pathétique qui fait oublier qu'on lit un philosophe. On entend un personnage de tragédie, mais cette tragédie est de l'histoire.

Sénèque reconnaît lui-même ses contradictions[1].

---

1. Non possis itaque de re in universum pronuntiare. *Lettre LXX.*

Deux choses surtout le préoccupent, la décrépitude et la cruauté de Néron. Il ne faut point, par une mort volontaire, esquiver les maux naturels de la vieillesse, tant qu'elle vous laisse intacte la meilleure partie de vous-même. Mais si elle commence à ébranler l'âme, à la démolir, on peut abandonner cet édifice ruineux. Qu'on se garde bien cependant de se soustraire par le suicide aux douleurs d'une maladie qui respecte votre intelligence ; mourir ainsi serait une défaite [1].

Mais ce ne sont là que des réserves pour l'avenir qui n'ont pas un intérêt présent. Voici des dangers plus menaçants, les supplices et l'ignominie. Ici Sénèque réclame avec force, et non pas sans trouble, le droit de disposer de sa vie. Dans cette question plus que dans tout autre, dit-il, nous ne relevons que de nous-mêmes. Entre deux morts, l'une cruelle, l'autre facile, nous pouvons opter plus pour la douce. Sans doute, il est des philosophes qui condamnent le suicide, mais ils ne voient pas qu'ils ferment ainsi le chemin à la liberté.

Qu'on meure plus tôt ou plus tard, qu'importe? Bien ou mal mourir, voilà le point véritable. Or, bien mourir, c'est éviter le danger de mal vivre. Si donc il arrive au sage des disgrâces qui troublent son repos, il se met en liberté, non pas seulement quand la nécessité le commande, mais aussitôt que la fortune lui devient suspecte, le jour même, si de mûres réflexions lui en font un devoir. Quelquefois le sage fera mieux d'attendre le supplice qu'on lui prépare. A quoi bon prêter les mains au bourreau? Qu'il vienne, on l'attend [2].

Ces incertitudes sur ses résolutions futures, ce tumulte de pensées contraires, ces arguments si divers qu'il ac-

---

1. *Lettre* LVIII.
2. *Lettre* LXX.

cumule autour de lui, semblent prouver que Sénèque se fortifie de toutes parts contre l'ennemi, et qu'il se ménage une retraite honorable Quelquefois même, par une sorte de tactique généreuse, il défie la tyrannie pour la désarmer et marche au-devant de la mort pour la faire reculer.

En résumé, Sénèque excuse ceux qui cherchent dans le suicide un refuge contre les maux de la vie; il glorifie ceux qui, par une mort volontaire, sauvent leur dignité en frustrant la cruauté des tyrans; mais il condamne ces mélancoliques et ces dégoûtés qui ne cèdent qu'à une sombre fantaisie [1]. On s'étonne de ces longues méditations sur la mort et le suicide, et, au lieu de renverser simplement ce principe de la doctrine stoïque, on raille sans indulgence cette tristesse dont on suspecte même la sincérité. Mais, si l'on songe aux mœurs et aux lois de l'empire, si on se représente les scènes de carnage qui souillaient chaque jour les places publiques et le foyer domestique, si on rappelle enfin le temps de Tibère et de Néron, où depuis le sénateur qui lisait son arrêt dans les yeux de l'empereur jusqu'au plus obscur citoyen enveloppé dans une conspiration inventée à plaisir, jusqu'aux esclaves expirant dans les tortures légales et aux gladiateurs tombant chaque matin dans le cirque, tout tremblait sans cesse sous une menace de mort, pourrait-on s'étonner qu'un philosophe, exposé plus que tout autre aux coups de la tyrannie, ait exercé son courage

---

1. Vir bonus et sapiens non fugere debet e vita, sed exire. Et ante omnia ille quoque vitetur affectus, qui multos occupavit libido moriendi. *Lettre* XXIV.

Cf. Pline, *Lettres*, liv. I, 22. — Du reste, sous quelques empereurs, le suicide était, pour ainsi dire, encouragé, puisqu'on ne confisquait pas les biens des condamnés politiques qui s'exécutaient eux-mêmes et se tuaient sur un ordre.

dans ces tristes méditations, qu'il ait traité si souvent un sujet qui devait être pour tous les Romains la conversation de chaque jour, et qu'il ait résolu de prévenir par une mort éclatante les outrages d'un centurion ?

Quand on lit dans Rousseau la lettre de ce jeune homme qui, dans un désespoir d'amour, veut sortir de la vie et raisonne sur le suicide, on prend en pitié le sophiste ; mais ce n'est qu'avec un attendrissement viril qu'on relit ces fortes pages, où le philosophe, le Romain appelle à son secours toutes les ressources de son esprit, pour se préparer à une catastrophe inévitable.

D'ailleurs, en se rappelant dans les *Annales* de Tacite la fin de Sénèque, qui fut plutôt un meurtre qu'un suicide, on est heureux de voir qu'il prépare d'avance son courage, et on lui pardonne ses pensées trop stoïques sur la mort, puisqu'il l'a supportée avec la constance dont il se fait honneur dans ses écrits[1].

Ce mépris de l'opinion, de la fortune et de la mort remplit le livre de Sénèque et ceux des plus fameux stoïciens, d'Épictète et de Marc-Aurèle. Tous trois exposent la même doctrine, mais avec des caractères différents. Épictète l'esclave, avec un calme impassible, se retranche volontairement le goût de tous les biens dont la fortune l'a déjà privé ; Sénèque, qui vit à la cour, s'escrime d'avance contre le malheur, avec l'esprit d'un homme du monde et l'emphase d'un maître d'éloquence ;

---

1. Voici, par exemple, des paroles qui deviennent admirables quand on songe à la mort du philosophe : Non timide itaque componor ad illum diem, quo remotis strophis ac fucis, de me judicaturus sum ; utrum loquar fortia an sentiam : numquid simulatio fuerit et mimus, quidquid contra fortunam jactavi verborum contumacium.... eruditus sermo non ostendit verum robur animi ; est enim oratio etiam timidissimis audax : quid egeris, tunc apparebit, quum animam ages. Accipio conditionem. non reformido judicium. *Lettre* XXVI.

Marc-Aurèle, au faîte de la puissance humaine, n'ayant à redouter que ses passions, et ne trouvant au-dessus de lui que l'immuable nécessité, surveille son âme et médite surtout sur la marche éternelle des choses. L'un est l'esclave résigné qui ne craint ni ne désire ; l'autre, le grand seigneur qui peut tout perdre ; le troisième, enfin, l'empereur, qui ne relève que de lui-même et de Dieu.

Telles sont les principales idées qui animent les lettres de Sénèque, et dont nous avons essayé de montrer l'intérêt et de présenter l'excuse. Si on n'y trouve pas toujours la doctrine stoïque, on en respire partout l'esprit, tempéré, il est vrai, par l'ami de Lucilius ou exagéré par le maître d'éloquence, ou ennobli parfois par le lecteur de Platon. Loin de nous plaindre de cette inexactitude remarquée déjà par Quintilien, nous oserons en faire un mérite au moraliste pratique. S'il eût été plus stoïcien, plus systématique, on l'aurait relégué parmi les livres à consulter pour l'histoire de la philosophie, sans le lire, et on dirait de lui ce qu'Horace a dit de Chrysippe et de Crantor[1].

En faisant à Sénèque un mérite d'avoir transformé le stoïcisme, nous ne voulons pas faire l'éloge de l'inconséquence philosophique, ni rien dire non plus qui diminue le respect pour cette grande école qui, malgré son matérialisme métaphysique, sa dialectique subtile, son orgueil importun, n'en fut pas moins la plus héroïque de l'antiquité. Dans un temps d'extrême relâchement et de despotisme illimité où la conscience risquait de périr par la corruption et la peur, où pour résister à toutes les défaillances du dedans et tous les assauts du dehors, l'homme avait besoin de ramener en soi toute son éner-

---

1. *Épîtres*, liv. I, 2.

gie, elle a tendu tous les ressorts de la logique et de la morale pour rendre les âmes capables d'un effort surhumain. En dénaturant l'homme, en le dépouillant de ses passions, même des plus légitimes, en le réduisant à la seule liberté, elle a tenté de mettre les cœurs hors de prise. Ses dogmes hyperboliques sur l'invulnérabilité du sage, qu'il est facile de railler, ne sont pas méprisables, puisqu'ils ont obtenu la foi de quelques héros, et que ces martyrs de la doctrine, en essayant de prouver par leur exemple la vérité de cette chimère, sont morts en même temps pour l'honneur de la dignité humaine ; je ne méconnais pas même l'utilité de ces formules étroites dont l'exagération fastueuse de sa concision semble un défi jeté à la raison. Tout système de morale a besoin de ces formules dont la sécheresse impérieuse s'impose à l'esprit et à la mémoire, sert de ralliement, réunit les hommes sous une même discipline, et les soutient les uns par les autres. Mais le stoïcisme doctrinal, qu'on pourrait appeler la *folie* de la sagesse humaine, a été trop chimérique pour n'être point périssable. Le système, considéré dans sa rigueur, a perdu tout son intérêt ; ses hauteurs abruptes découragent même la curiosité, et l'on ne se soucie plus aujourd'hui d'aborder cette roide doctrine que du côté où elle descend vers nous par la pente adoucie de ces vérités plus modestes par lesquelles la raison pratique des moralistes l'a rapprochée de la nature humaine.

Selon nous, ce qui fait tort aux lettres de Sénèque, c'est plutôt qu'elles sont encore trop remplies de formules stoïciennes. Nous partageons les sentiments de l'un de ses disciples les plus sensés qui désirait le plus ardemment entrer dans la doctrine pour y trouver un refuge contre les troubles de son âme, mais qui se laissait arrêter aux abords, ne pouvant entendre sans impatience les formules ambitieuses et vaines de l'école. Ce capitaine des gardes de Néron, dont nous avons vu les angoisses morales, disait parfois à son maître, avec la franchise d'un soldat exaspéré par ces paradoxes sur l'invulnérabilité du sage : « Laissez donc là ces grands mots qui compromettent l'autorité de vos préceptes. Vous nous dites avec emphase que le sage ne peut être atteint par l'injure. Qu'entendez-vous par là? qu'il souffrira l'offense avec courage? Mais alors ce n'est qu'une banalité. Prétendez-vous assurer, au contraire, que personne ne tentera de lui faire une offense? A la bonne heure, c'est un bel avantage, ajoutait-il ironiquement, et du coup je me fais stoïcien. Vous dites encore que le sage n'est jamais pauvre; et, quand on vous presse, vous reconnaissez qu'il pourra bien manquer de vêtement et de nourriture. Est-ce bien la peine de nous renverser l'esprit par une affirmation hautaine, incroyable, et de se guinder si haut pour retomber dans une vérité vulgaire en changeant seulement le nom des choses[1]. » Nous aussi nous trouvons que ces lettres seraient plus utiles si l'auteur avait parlé plus souvent avec son bon sens et moins d'après l'école. Ainsi, il n'eût point présenté quelquefois à l'imitation de son disciple le modèle du Portique, ce sage abstrait qui n'a ni passions, ni besoins, que la douleur ne peut atteindre, et qui trouve son bonheur et sa gloire dans l'impassibilité la plus absolue. Sans doute il ne faut pas prendre à la lettre ce type du stoïcisme, dont Malebranche a montré tous les ridicules. Ce n'est qu'une sorte d'exemplaire philosophique, une abstraction faite homme, qu'on ne peut atteindre, mais dont il faut se rapprocher; et les Caton, les Tubéron, les Socrate, les Décius, tous ces sages et

---

1. Sénèque, *De la Constance du Sage*, ch. III.

ces héros politiques, consacrés par la philosophie ou le patriotisme romain, dont les noms sont l'ornement obligé de ces lettres, forment, pour ainsi dire, la légende de cette sorte de religion.

Cependant, malgré certaines réserves, il faut avouer que cette impassibilité et cette morgue stoïciennes sont fastidieuses, qu'elles ne peuvent servir à l'amélioration des mœurs, et, si on ne trouvait dans Sénèque que de ces tirades surhumaines, personne ne s'aviserait de montrer combien son ouvrage peut servir à une éducation morale.

Que le divin modèle du christianisme est plus humain et plus accessible! Jésus n'est pas impassible, il est soumis aux maux de l'humanité; il en a les tentations et les défaillances. Il a une mère, des amis, des disciples; s'il ne succombe pas à ses faiblesses, il les ressent. Il souffre, il est pauvre, humilié, mis en croix; il meurt pour ressusciter, mais il meurt. C'est un modèle qu'on ne peut atteindre, parce qu'il est Dieu; c'est un modèle qu'on peut imiter, parce qu'il est homme [1].

Celui du stoïcisme n'a point de passions, loin d'avoir

1. Avec quelle audace de langage Bossuet nous met sous les yeux ce caractère du modèle chrétien. « Il n'y a rien qui me touche plus dans l'histoire de l'Évangile, que de voir jusqu'à quel excès le Sauveur Jésus a aimé la nature humaine : il n'a rien dédaigné de tout ce qui était de l'homme : il a tout pris, excepté le péché, tout jusqu'aux moindres choses, tout jusqu'aux plus grandes infirmités. Que j'aille au jardin des Olives, je le vois dans la crainte, dans la tristesse, dans une telle consternation qu'il sue sang et eau dans la seule considération de son supplice. Je n'ai jamais ouï dire que cet accident fût arrivé à une autre personne qu'à lui : ce qui m'oblige de croire que jamais homme n'a eu les passions ni si délicates ni si fortes que mon Sauveur. Quoi donc, ô mon maître, vous vous êtes revêtu si franchement de ces sentiments de faiblesse, qui semblaient même indignes de votre personne : vous les avez pris si purs, si entiers, si sincères! » 2ᵉ serm. *sur la Compassion de la sainte Vierge.*

des faiblesses; il n'est pas au-dessus de l'humanité, mais en dehors. C'est une abstraction sortie des écoles, qui ne pouvait attirer la foule plus avide de préceptes consolateurs que de subtiles inventions; modèle vague et triste, qui ne servait qu'à alimenter les disputes dans les écoles, et qui pouvait tout au plus tenter quelques âmes orgueilleuses par la gageure d'une perfection impossible[1].

Heureusement Sénèque, infidèle à l'école, ou tempérant la rigueur du Portique, fait souvent de la vertu un portrait réel, sans vaine jactance, sans ostentation doctrinale. L'idéal du stoïcisme le fatigue et l'importune lui-même. Il aime parfois à se détendre l'esprit en des peintures morales purement raisonnables. Bien plus, à ce sage impassible, à cet exemplaire abstrait, produit de la scolastique stoïcienne, il refuse sa foi, et il ose le dire[2]. Il en parle comme d'un être fabuleux, comme du phénix qui n'existe que dans l'imagination des hommes. Combien il est plus intéressant quand laissant là, comme il le dit lui-même, le langage absolu du stoïcisme dogmatique, il ne parle plus que la langue modeste de la raison commune[3], quand il se plaît à peindre non-seulement la majesté de la vertu, mais ses grâces; qu'il la montre sous ses faces diverses, dans son élégance aussi bien que dans sa force, dans son affabilité et sa justice, enfin dans son humanité, non moins digne d'amour que

---

1. « Jésus diffère beaucoup des autres docteurs qui se mêlent d'enseigner à bien vivre : car ceux-ci ne seront jamais assez téméraires pour former sur leurs actions les règles de la bonne vie; mais ils ont accoutumé de se figurer de belles idées; ils établissent certaines règles, sur lesquelles ils tâchent eux-mêmes de se composer. » Bossuet, *ibid*.
2. Suadeo adhuc mihi ista quæ laudo, nondum persuadeo. *Lettre* LXXI.
3. Non loquor tecum sto lingua, sed hac submissiori. *Lettre* XIII.

de respect. C'est alors un soulagement pour nous de voir l'altier philosophe ne plus présenter à notre admiration que ce sage de second ordre, *secundæ notæ*, modèle difficile à imiter sans doute, mais dont la perfection n'est pas hors de la portée humaine.

Sénèque voudrait passer pour un pur stoïcien, mais il ne dépend pas de lui de le rester toujours. S'il pousse la liberté jusqu'à combattre certains dogmes stoïciens qui choquent sa raison, s'il se moque quelquefois des exaltés et des charlatans de son école qui froncent le sourcil pour en imposer au public par leur austérité de commande, s'il va jusqu'à se moquer de Zénon lui-même, il faut remarquer que le plus souvent il cherche à se mettre d'accord avec le stoïcisme et se défend toujours d'être un transfuge. Mais il est curieux de voir comment, malgré son goût pour la discipline, il se débat quelquefois dans ces dogmes étroits, et comment il s'en échappe malgré lui. On devine qu'il est souvent dans l'embarras, ne sachant comment concilier les exigences de l'école avec les inspirations de son bon sens et les réalités de la vie.

C'est ainsi qu'après avoir montré que le sage sera heureux au milieu des plus affreuses tortures, il mitige ses principes, fait des concessions raisonnables, et, pour se mettre à l'aise, se contredit. Après avoir prêché le renoncement et la pauvreté, il vante la médiocrité, reconnaît que la philosophie ne doit pas mettre le corps au supplice, que, si la frugalité est une vertu, elle peut n'avoir rien de repoussant, qu'il faut s'accommoder de tout état de fortune, et que c'est faiblesse de ne pouvoir supporter l'opulence[1].

Lorsque, avec les stoïciens, il demande l'impassibilité,

---

1. *Lettres* V, XIV.

et que, voulant extirper les passions, il réfute les péripatéticiens qui se contentent de les modérer, il se perd dans des distinctions où il fait voir qu'il penche du côté de ses adversaires, et qu'il ne cherche à tuer la sensibilité que pour ôter aux hommes la tentation de lui trop accorder[1].

Il en est de même quand il soutient que la perte d'un enfant, d'un ami, n'ôte rien au bonheur du sage. Il parle alors avec une inconséquence qui choque l'esprit, mais qui soulage le cœur. On aime à le voir donner de mauvaises raisons, s'entêter sur les mots, se faire violence pour fermer les yeux à l'évidence, et bientôt, vaincu par la vérité et par ses propres sentiments, reconnaître qu'en effet le sage pâlira, qu'il sera frappé de stupeur, sans admettre pourtant que ce sera un mal pour lui. Sénèque est visiblement mal à son aise lorsque, contrairement à la voix de son cœur, il se fait un devoir de ne pas abandonner les rigueurs du Portique[2].

Malgré ce grave défaut qui compromet quelquefois l'autorité du moraliste pratique, et que nous avons essayé d'excuser en l'expliquant, il ne faudrait pas condamner sans indulgence le philosophe pour avoir parlé avec cette rigueur indiscrète, pas plus qu'on ne condamne nos prédicateurs qui présentent souvent à notre admiration et à notre piété l'histoire de quelques saints tellement au-dessus de la nature humaine que leurs vertus paraissent impossibles à pratiquer.

Pour résumer ce que nous avons dit du stoïcisme de Sénèque, loin de blâmer le moraliste de l'inexactitude de la doctrine, sachons-lui gré d'avoir gardé sa liberté, et de n'avoir pas étouffé son bon sens et sa sincérité.

---

1. *Lettre* CXVI
2. *Lettre* LXXIV.

qui est mort, inanimé dans son livre, c'est le dogme stoïcien ; ce qui est durable, vif et pénétrant, c'est ce qu'il ne tire que de son esprit et de son cœur, ce qui est humain, simple, uni, en un mot, ce que son amitié pour Lucilius lui inspire de vérités accommodantes et pratiques.

Oui, ce qui rend le stoïcisme de Sénèque persuasif, c'est que, sous l'austérité du philosophe, on trouve un homme. Il suffit de parcourir le commencement de toutes ses lettres, où l'on rencontre toutes les sollicitudes de l'amitié, et cette grâce du sentiment qui ajoute l'autorité du cœur à celle de la doctrine, pour se convaincre que Sénèque n'était pas un stoïque impassible. Cela touche, réjouit et donne de la confiance au lecteur. On aime à voir encore comment, malgré sa morgue stoïcienne, il comprend et explique les sentiments humains et les affections sensibles, tout en les combattant. On les voit d'ailleurs paraître et percer à travers le manteau stoïque dont il se pare trop souvent[1]. On ne trouve pas chez lui ce renoncement absolu et ce goût de la perfection impossible qui paraît dans Épictète. A Dieu ne plaise qu'on en fasse un crime à cet esclave qui avait connu toutes les tortures physiques et morales de sa condition, et qui, par une sorte d'héroïsme nécessaire qui n'enlève rien à sa gloire, se retranchait aveuglément toutes les passions, tous les désirs qu'il ne pouvait satisfaire. Mais aussi on sait gré au grand seigneur, philosophe de profession, d'être resté lui-même dans ses écrits, de n'avoir pas étalé plus de rudesse pour se faire pardonner sa haute fortune, et de nous prouver sa sincérité en se montrant dans ses livres tel qu'il paraissait, lorsque, entouré d'hon-

---

1. Annæum Serenum, carissimum mihi, tam immodice flevi, ut, quod minimo velim, inter exempla sim eorum, quos dolor vicit. *Lettre* LXIII.

neurs et d'amis, il conversait avec urbanité dans ses beaux jardins[1].

Et ce qui prouve encore que Sénèque n'était pas un déclamateur, c'est le ton persuasif et plein d'onction qu'il prend sans effort quand il dépeint les plaisirs de la vertu et le calme d'une âme bien réglée[2]. Alors il est pénétrant et prouve par l'abondance, la grâce et la justesse de ses expressions qu'il a connu et goûté toutes les délices de la sagesse. C'est le sujet qu'il préfère ; de temps en temps il le traite avec amour, et l'on sent que c'est pour lui une occupation d'élite de décrire les paisibles et fortes joies de la véritable philosophie.

V

De la scolastique stoïcienne dans les lettres de Sénèque.

Nous n'avons pas fait difficulté de reconnaître que Sénèque s'est parfois trop étroitement attaché, pour un philosophe pratique, à certains dogmes outrés du stoïcisme et qu'il a vanté avec une emphase inefficace et importune l'idéal surhumain et chimérique de l'école. Et pourtant nous voudrions maintenant le défendre contre ceux qui lui reprochent d'avoir adhéré aveuglément aux erreurs les plus puériles de la doctrine. Qu'on ne se hâte

---

1. Qualis sermo meus esset, si una sederemus aut ambularemus, illaboratus et facilis, tales esse epistolas meas volo. *Lettre* LXXV.
2. Mihi crede, res severa est verum gaudium. *Lettres* XXIII, XCII, CXV, CXX.

« Cette joie dont je parle est sévère, chaste, sérieuse, solitaire et incompatible. » Bossuet, 4ᵉ serm. *sur la Circoncision.*

pas de nous accuser nous-même de contradiction. Quand on veut écrire avec justesse et mesure sur cet esprit si divers, tantôt indépendant, tantôt asservi, qui porte parfois sa chaîne avec orgueil, mais qui sait la rompre, qui passe de l'entêtement doctrinal aux libres effusions de son cœur et de sa raison, on risque fort de paraître se démentir. On a l'air de flotter entre la censure et l'apologie. Mais il faut prendre son parti de ces contradictions apparentes auxquelles vous expose l'étude d'un philosophe qui n'est pas toujours semblable à lui-même, qui passe tour à tour de la servitude à la liberté, qui parcourt tous les tons de la morale, qui par intempérence de langage tombe souvent dans les défauts qu'il prétend éviter, et qui, non-seulement dans l'ensemble, mais dans le détail même de son système, manque de rigueur et de fixité. Si nous paraissons vaciller sur cette doctrine mouvante, c'est que nous sommes obligé d'en suivre les ondulations. Ainsi, à peine venons-nous de blâmer Sénèque d'avoir été trop fidèle à certaines habitudes stoïciennes que nous allons le louer pour avoir, sur certains points, ouvertement rompu avec elles.

On a souvent reproché à Sénèque son goût pour les paradoxes et les subtilités de l'école, grave reproche, qui ferait tort au moraliste pratique, s'il était mérité, et dont il est juste d'examiner la valeur. La Harpe, pour répondre à l'admiration intéressée de Diderot, a déchiré Sénèque avec l'acharnement d'un ennemi personnel et le fanatisme d'un nouveau converti, comme si le philosophe romain était complice des impiétés de son trop fougueux admirateur. Il le raille surtout de son amour pour les subtiles inepties de la scolastique stoïcienne; et, dans l'égarement de sa haine, il ne voit pas que Sénèque ne soulève ces questions et ne traite ces paradoxes que pour donner à son disciple l'ensemble de la doctrine, ou pour le mettre en garde contre ces subtilités, sans adhérer pourtant à ces laborieuses folies. C'est ainsi qu'il explique à Lucilius plusieurs dogmes stoïciens : *si le bien est corps, si les vertus sont des êtres animés*, et quelques autres formules fort bizarres qu'on discutait dans les écoles.

Nous avons beaucoup de peine à comprendre de pareilles questions, aujourd'hui que la raison moderne plus pratique nous a débarrassés de ces arguties qui semblent un défi jeté au bon sens. On s'étonne qu'une si noble doctrine ait compromis sa gravité dans la recherche de semblables problèmes. Nous oublions trop vite qu'à bien des époques et surtout au moyen âge on a plus d'une fois agité des questions aussi peu sensées et avec une ardeur belliqueuse qui allait jusqu'à verser le sang. L'oisiveté, l'abus de l'esprit, les entraînements de la dialectique, n'ont-ils pas souvent donné naissance à des discussions aussi violentes que puériles ? Les Grecs qui conversaient beaucoup, qui philosophaient en se promenant, qui traitaient les questions les plus épineuses sur la place publique et dans les écoles, où l'on pouvait interpeller le maître, ont dû s'exercer de bonne heure à ces artifices de langage et de raisonnement qui finissaient par se transformer en dogmes. L'envie d'avoir raison, la mauvaise foi dont il est difficile de se défendre dans une discussion orale, le plaisir, encore nouveau, qu'on trouvait dans le jeu du mécanisme logique, tout contribuait à perfectionner cet art de la dispute captieuse. Faut-il rappeler les Gorgias, les Hippias, qui se vantaient de n'avoir jamais été vaincus ? Socrate lui-même fut obligé de mettre le sophisme au service de son bon sens pour réduire ces charlatans qui échappaient toujours aux plus solides raisons et qu'il ne put prendre que dans les filets de leur propre dialectique. Le génie subtil des premiers stoïciens grecs avait établi dans la doctrine un certain nombre de ces paradoxes qui reposaient souvent sur une équivoque, mais qui consacrés par le temps et l'autorité des maîtres avaient pris racine dans l'enseignement du Portique. Bien que l'esprit plus pratique des Romains répugnât tout d'abord à ces singulières propositions, il fallait bien, si on voulait passer pour un stoïcien instruit, les connaître et les examiner, soit pour en sonder la mystérieuse profondeur, soit pour en découvrir l'inanité.

Les détracteurs de Sénèque n'ont pas voulu voir que s'il s'aventure parfois dans cette sophistique, c'est uniquement pour complaire à Lucilius, qui, en adepte encore naïf, sollicite des explications sur ces vaines formules qu'il prend pour des articles de foi. Mais Sénèque déclare qu'en mettant la main à ces bagatelles difficiles il ne fait que céder à la demande formelle de son ami[1]. Bien loin d'aimer ces arguties, il les condamne. Selon lui, elles peuvent aiguiser l'esprit, mais elles ne manquent jamais de gâter le cœur par la vanité. Au risque de rompre avec les stoïciens, il ne craint pas de répéter sans cesse que ces subtilités importunent sa raison et la révoltent. Tantôt il s'en moque, tantôt il s'en indigne, et sur ce point son esprit et sa mauvaise humeur ne tarissent pas[2]. Quand il a pris sur lui d'exposer un de ces paradoxes, pour répondre à un vœu de Lucilius et pour compléter son instruction stoïcienne, il a soin de répé-

---

1. Morem gessi tibi. *Lettre* CVI. — Scire desideras. CIX. — Persolvi quod exegeras. *Ibid.* — Illud toties testor, hoc me argumentorum genere non delectari. LXXXV. Voy. *Lettres* LXVII, LXXXII, CXIII, CXVII, etc.

2. Magis indignandum de isto, quam disputandum est. *Lettre* CXIII.— Libet ridere ineptias græcas. LXXXII. — Dissilio risu. CXIII. — Latrunculis ludimus. CVI, etc.

ter, à la fin de sa lettre, qu'il faut laisser ces frivolités aux oisifs et entrer résolûment dans le fond et l'esprit de la doctrine. Non-seulement on a tort de reprocher à Sénèque son goût pour les subtilités de l'école, mais encore il faut reconnaître que tous les adversaires de la scolastique, c'est lui qui en a fait le mieux justice et qui s'en est moqué avec plus de finesse et de grâce.

Ce qu'on peut sans injustice reprocher à Sénèque, c'est qu'il ait jugé ces paradoxes dignes d'être réfutés. Oubliant ses spirituelles sorties contre la dialectique puérile, il se donne la peine d'expliquer, tout en les combattant, certains dogmes inutiles et tombe sous le coup de ses propres épigrammes. Il a du reste la bonne foi de le reconnaître et ne craint pas de convenir qu'il imite parfois ceux-là même dont il se raille [1]. Il cède à la tentation de montrer que lui aussi pourrait faire preuve d'adresse dans cette escrime de l'école. Même, on relèverait facilement quelques endroits de ses lettres où le maître parle en écolier non encore désabusé de certaines formules stoïciennes consacrées dans les cahiers de philosophie. Comment un si grave moraliste a-t-il pu s'engager quelquefois dans ces divisions et ces distinctions qui ne disent rien ni au cœur, ni à l'esprit? C'est que ces questions si vaines ne paraissaient pas aussi indifférentes à cette époque. Elles occupaient une grande place dans l'enseignement de la philosophie [2]. La polémique des écoles rivales leur avait donné de l'importance. Toute école de philosophie qui a des adversaires se fait une scolastique pour attaquer et se défendre. On vit en sécurité au centre d'un dédale dont l'ennemi ne connaît pas

---

1. Olim ipse me damno, qui illos imitor dum accuso et verba apertæ rei impendo. *Lettre* CXVII.
2. Non vitæ sed scholæ discimus. *Lettre* CVI.

les détours. Ne voulant pas se laisser battre, on s'entête, on subtilise, pour conserver un dogme intact; par respect pour les principes, on admet les plus futiles conséquences, les mots même deviennent sacrés et prennent la valeur des choses; et, pour ne pas trahir la doctrine dont on est le défenseur, on finit, dans la discussion comme à la guerre, par adopter ce principe : « *Dolus an virtus, quis in hoste requirat* [1] ? »

Le lecteur étranger à ces questions trouve ces disputes indignes des grands esprits qui les ont soutenues, parce qu'il n'entend point retentir à ses oreilles ces formules d'une autre époque. Leur nouveauté pour nous rend leur absurdité palpable. Et cependant ces subtilités que nous méprisons avec justice, couvrent souvent de grande idées aussi bien que d'ardentes passions. Tous ces fils déliés finissent par former la trame d'une doctrine, quand ils ne servent pas à tresser un nœud pour étouffer un adversaire.

Sénèque se donne la peine d'exposer et de combattre ces paradoxes de l'école, tout en les méprisant, parce que ces puérilités faisaient illusion de son temps, que de graves personnages les étudiaient en fronçant le sourcil et la mine rébarbative, comme il dit lui-même en se moquant [2]; enfin, parce qu'il veut faire entrer Lucilius l'épicurien dans le stoïcisme, en dirigeant ses études, en lui faisant embrasser toute la doctrine, mais aussi en le mettant en garde contre la sophistique de l'école. Il faut louer Sénèque d'avoir conservé son indépendance et rempli le devoir du véritable philosophe, quand il avertit les esprits curieux qui se perdent dans ces dédales

---

1. Virg., *Énéid.*, II, 390.
2. Hæc disputamus, attractis superciliis, fronte rugosa. *Lettre* CXIII. — Hoc est quod tristes docemus et pallidi. *Lettre* XLVIII.

de raisonnement, et qu'il les ramène aux solides méditations.

En résumé, bien qu'il soit arrivé quelquefois à Sénèque de s'arrêter, plus qu'il ne fallait, dans une de ces questions inutiles, pour prouver sans doute, comme Socrate, qu'il savait battre les dialectiques avec leurs propres armes, il est à remarquer cependant qu'il évite ces curiosités de l'école [1], que d'ordinaire il reste moraliste, et qu'il a le bon sens et le bon goût d'accommoder, autant que les principes stoïciens le permettent, la morale à la nature humaine, jugeant directement les actions à la lumière du sens commun, expliquant les faiblesses, donnant le remède des maladies morales, montrant le bien et le mal en homme sensé, qui tient moins à faire tomber l'esprit dans les piéges de la dialectique, qu'à l'éclairer par les préceptes d'une expérience appuyée encore sur les principes d'une forte doctrine.

Selon lui, il ne faut pas profaner la majesté de la philosophie par des disputes sans dignité et sans but moral [2]. Au lieu de la compromettre par des tours d'adresse qui peuvent embarrasser les ignorants ou amuser les délicats, il faut songer uniquement à réformer les mœurs. Prouver par les choses et non par les mots, agir sur l'imagination et l'esprit par des peintures éloquentes et des pensées lumineuses, toucher le cœur et l'entraîner par des maximes dont on apprécie immédiatement la vérité et que le bon sens accepte, telle est la tâche du véritable philosophe, de celui qui veut rendre les hommes meilleurs [3]. C'est là l'unique préoccupation de Sénèque;

1. Quanto satius est ire aperta via et recta. *Lettre* CII.
2. Non debet hoc nobis esse propositum, arguta disserere et philosophiam in has angustias ex sua majestate detrahere. *Ibid.*
3. Quid ista res me juvat? fortiorem faciet, justiorem, temperatiorem? *Lettre* CIX.
Non est jocandi locus : ad miseros advocatus es. *Lettre* XLVIII.

c'est elle qui lui donne cette apparence de directeur et lui fait répéter si souvent, sous tant de formes diverses, cette humble et morale pensée qui semble empruntée à la pratique chrétienne : « Ces sortes de questions font des hommes habiles et non des gens de bien. La sagesse est une science plus ouverte et plus simple[1]. »

VI

Sénèque comparé avec les directeurs chrétiens.

Pour prouver mieux encore combien l'enseignement moral de Sénèque est pratique, il convient de montrer comment dans ses lettres il a rencontré souvent les idées du christianisme, et presque son langage[2]. Aussi les chrétiens ont-ils revendiqué le philosophe païen. Le concile de Trente le cite comme il ferait un Père de l'Église,

---

1. Non faciunt bonos ista sed doctos. Apertior res est sapere, imo simplicior. *Lettre* CVI.
2. Nous n'indiquons ces rapports qu'au point de vue particulier de la direction morale. Il n'entre pas dans notre plan de relever toutes les ressemblances plus ou moins réelles qu'on a souvent signalées entre la doctrine stoïque et le christianisme. Cette comparaison a été faite dans bien des livres dont les conclusions sont fort diverses, entre autres dans l'ouvrage de M. Fleury, *Sénèque et saint Paul*, où l'auteur entreprend de prouver que le philosophe a connu l'apôtre. Mais nous aimons mieux renvoyer au livre de M. Aubertin *sur les rapports supposés de Sénèque et de saint Paul*, où il est démontré, d'une manière, selon nous, irréfutable, que ces ressemblances de doctrine sont toutes fortuites. Ce livre remarquable et trop peu connu annonce à la fois un érudit et un écrivain.

et saint Jérôme le place au nombre des écrivains ecclésiastiques et l'appelle *notre* Sénèque.

Sans doute il ne faut pas attacher un trop grand prix à ces hommages rendus au philosophe par saint Jérôme, Tertullien, et d'autres autorités chrétiennes, parce qu'on croyait alors qu'il avait été le disciple de saint Paul et qu'il tenait ses lumières de l'apôtre. C'était moins à sa profonde sagesse qu'à son prétendu christianisme qu'on faisait honneur. Mais il est d'autres témoignages plus désintéressés et plus précieux, ceux de Lactance, par exemple, qui, tout en sachant que Sénèque n'est qu'un païen, tout en déclarant qu'il est étranger à la véritable religion, ne laisse pas de reconnaître avec admiration que sur Dieu il a parlé comme les chrétiens[1].

Cependant, sur les grandes questions religieuses et morales, Sénèque ne fait que reproduire les idées de Platon, que Cicéron avait déjà répandues et popularisées, en leur enlevant les grâces subtiles de l'imagination grecque. Or si, sans avoir rien inventé, il a frappé davantage les chrétiens, c'est qu'il a fait descendre des hauteurs de la métaphysique, et entrer dans l'usage ces grandes idées renfermées autrefois dans les écoles, et qu'en les appliquant à la conduite particulière des hommes, il a trouvé ces nuances délicates qui vivifient la morale, en la rendant plus persuasive, et rencontré souvent les prescriptions que la religion chrétienne, si familière et si pratique, devait découvrir et ordonner. Nous devons examiner cette conformité de Sénèque et des directeurs chrétiens, pour montrer jusqu'à quel point le philosophe païen a pénétré dans ce que la mo-

---

1. Quid verius dici potest ab eo qui Deum nosset, quam dictum est ab homine veræ religionis ignaro? *Divin. Inst.*, II, 14. — Quam multa alia de Deo nostris similia locutus est! *Ibid.*, I, 4.

rale a de plus intérieur. Ici Bossuet pourra nous servir encore de commentaire.

Quoique Sénèque se contredise parfois, partagé qu'il est entre le panthéisme stoïcien et la philosophie de Platon, cependant il est évident qu'il admet un Dieu unique, dont la providence gouverne le monde, veille sur le genre humain et s'enquiert même des hommes en particulier. Le culte qu'il faut rendre à la divinité doit être tout moral. Il l'honore, celui qui la connaît, qui croit à sa toute-puissance, ainsi qu'à sa bonté[1]. Bossuet, dans un sermon sur *le Culte dû à Dieu,* ne fait que développer les idées de Sénèque dans le même ordre : On adore Dieu, dit-il, en connaissant qu'il est une nature parfaite, souveraine et bienfaisante ; telle est la division de son discours.

Selon Sénèque, on honore Dieu en l'imitant, en s'efforçant de lui ressembler[2]. *Soyons des dieux,* s'écrie Bossuet, *il nous le permet par l'imitation de sa sainteté*[3] Ce ne sont pas les richesses ni les honneurs qui peuvent nous rendre semblables à Dieu; Dieu est nu, Dieu est pauvre[4]. *Combien tous les arguments sont-ils éloignés de la force de ces deux mots : Jésus-Christ est pauvre, un Dieu est pauvre*[5].

Le Dieu de Sénèque n'est pas relégué au fond des cieux, il vit avec les hommes, il est avec nous, il est en

---

1. Deum colit qui novit... Primus est Deorum cultus, Deos credere; deinde reddere illis majestatem suam, reddere bonitatem sine qua nulla majestas est; scire illos esse qui præsident mundo, qui universa vi sua temperant, qui humani generis tutelam gerunt, interdum curiosi singulorum. *Lettre* XCV.
2. Satis illos coluit quisquis imitatus est. *Ibid.*
3. Fragment d'un serm. *sur la Nativité.*
4. Parem te deo pecunia non faciet; deus nihil habet ; prætexta non faciet; deus nudus est. *Lettre* XXXI.
5. Bossuet, *Serm. sur la Nativité.*

nous, il voit nos plus secrètes pensées[1]. Il nous traite comme nous le traitons. Sans lui on ne peut arriver à la vertu, ni surmonter la fortune. C'est lui qui nous envoie les bonnes résolutions, qui nous garde, nous soutient, et quelquefois nous abandonne. Il n'est pas d'honnête homme sans le secours de Dieu. On voit que Sénèque a presque rencontré la grâce chrétienne. Dieu nous donne la main pour nous élever; bien plus, il descend jusqu'à nous[2]; ou, pour résumer les idées du philosophe, disons avec le docteur chrétien : *Encore que Dieu soit éloigné de nous par ses divins attributs, il descend quand il lui plaît par sa bonté, ou plutôt il nous élève*[3].

Sur la prière, le langage du philosophe est encore celui d'un chrétien[4]. Il ne faut pas adorer Dieu *de la posture du corps et du mouvement des lèvres*[5]; on doit prier Dieu en esprit et avec confiance, et ne lui demander que la santé de l'âme et puis celle du corps[6] : *Viens demander à Dieu la conversion de ton cœur, expose-lui toutefois avec confiance les nécessités même corporelles*[7]. Ces paroles de Bossuet sont aussi de Sénèque. Enfin, le philosophe fait une vive sortie contre ceux qui adressent à

---

1. Prope est a te deus, tecum est, intus est.... hic prout a nobis tractatus est, ita nos ipse tractat. Bonus vir sine deo nemo est. *Lettre* XLI.

2. Nihil deo clusum est : interest animis nostris et cogitationibus mediis intervenit. *Lettre* LXXXIII.
Deus ad homines venit, imo quod propius est, in homines venit. Nulla sine deo mens bona est. *Lettre* LXXIII.

3. Bossuet, fragm. d'un serm. *sur la Nativité*.

4. Non sunt ad cœlum elevandæ manus, nec exorandus æditimus ut nos ad aures simulacri, quasi magis exaudiri possimus, admittat. *Lettre* XLI.

5. Bossuet, *Serm. du Culte dû à Dieu*.

6. Roga bonam mentem, bonam valetudinem animi, deinde corporis. *Lettre* X.

7. Bossuet, *ibid*.

Dieu des prières intéressées et honteuses pour lui demander la satisfaction de leurs grossiers désirs[1], et réprimande avec vigueur ceux que l'éloquent docteur apostrophait ainsi : *Vous prétendez que Dieu et les saints épousent vos intérêts et favorisent votre ambition*[2].

Sur l'immortalité de l'âme, Sénèque n'est pas toujours d'accord avec lui-même. Sans doute, il ne croit pas aux fables du paganisme, il craint même d'énoncer une pauvreté en disant qu'il n'y croit pas. Mais, pour ce qui est de l'autre vie, tantôt il raisonne en stoïcien, admet le dogme de l'anéantissement et le développe avec une sécheresse et une bravade insupportables, bien différent alors de Socrate, qui cherche du moins à décorer la mort d'un beau nom, en l'appelant un sommeil ; tantôt il aime à s'enchanter d'une belle espérance ; il ne fait plus le brave, et, appelant de tous ses vœux une autre vie, il rencontre les accents d'un chrétien. Il parle avec joie de ce jour où son âme, délivrée de la prison du corps, pourra revenir aux dieux dont elle émane ; pour lui la vie terrestre n'est que le prélude d'une vie meilleure; la mort n'est qu'un enfantement à l'immortalité. Toutes ces expressions sont chrétiennes. Sans doute les idées de Sénèque sont moins précises que celles de nos docteurs ; ce ne sont point des croyances arrêtées, mais les aspirations sont grandes et pleines de ce calme religieux qui prouve la sincérité[3].

Il imagine ensuite pour les grandes âmes une sorte de paradis où les secrets de la nature leur seront dévoilés, où toutes leurs ténèbres seront dissipées, où elles jouiront d'une sérénité sans fin. Mais ce qui est plus

---

1. Quanta dementia est hominum? turpissima vota diis insusurrant. *Lettre* X.
2. Bossuet, *sur le Culte dû à Dieu*.
3. *Lettre* CII.

chrétien encore, il exhorte son ami, pour mériter ce bonheur de l'autre vie, à se nourrir de ces méditations sur l'immortalité qui épurent nos pensées, à considérer les dieux comme des témoins, à leur faire agréer ses actions et à se préparer à l'éternité, en l'ayant sans cesse présente à l'esprit[1].

Dans toute cette belle méditation sur l'autre vie, où les expressions sont si sereines et le ton si pénétrant, on voit bien que Sénèque faisait usage pour lui-même de ces grandes idées de Platon, et que pour lui elles n'étaient pas seulement un texte de spéculation, mais encore une nourriture de l'âme[2].

Je reconnais que pour Sénèque, comme pour Tacite, ce bonheur de l'autre vie n'est réservé qu'aux grandes âmes ; ce ciel est fermé aux petits et aux infirmes, et la gloire céleste ne fait que couronner la terrestre. Mais du moins a-t-il bien vu par quels efforts et par quelles vertus on peut mériter cette immortalité, quand, plaçant dans le ciel Scipion l'Africain, non point pour avoir conduit de grandes armées, mais à cause de sa modération et de sa piété, il fait, pour ainsi dire, une épigraphe à l'oraison funèbre du grand Condé[3].

En effet, il recommande souvent toutes les vertus pacifiques, et s'élève quelquefois jusqu'à la conception d'une espèce de charité. Ce sentiment, que Cicéron appelait déjà *caritas*, est développé par le stoïcien, qui se considère comme citoyen du monde entier.

---

1. Hæc cogitatio nihil sordidum animo subsidere sinit, nihil humile, nihil crudele. Deos rerum omnium esse testes ait ; illis nos approbari, illis in futurum parari jubet et æternitatem proponere. *Lettre* CII.

2. Juvabat de æternitate animarum quærere, imo, mehercules, credere.... Dabam me spei tantæ : jam eram fastidio mihi. *Ibid.*

3. Non quia magnos exercitus duxit.... sed ob egregiam moderationem pietatemque. *Lettre* LXXXVI.

Il regarde tous les hommes comme tellement solidaires, qu'il compare l'humanité à une voûte dont toutes les pierres se soutiennent. Nous sommes tous les membres d'un seul corps, les hommes sont tous parents, puisqu'ils ont la même origine et la même destination. C'est la nature elle-même qui nous inspire un sentiment d'affection mutuelle et nous rend sociables. Aussi, est-ce un plus grand mal de faire que de recevoir une injure. C'est un petit mérite de ne pas nuire aux hommes, quand le devoir commande de les servir. Bien plus, tendre la main au naufragé, indiquer le chemin au voyageur égaré et partager son pain avec le misérable, ce ne sont là que les éléments de la morale [1].

Celui qui avait conçu de pareilles idées sur la charité devait reconnaître l'égalité. Selon Sénèque, tous les hommes sont égaux devant la philosophie. Nous sortons tous d'une même origine, qui est Dieu, et la vertu seule établit une différence parmi les hommes. La sagesse est à tous; elle peut tomber dans l'âme d'un chevalier, d'un affranchi, d'un esclave, vains noms inventés par l'ambition et le mépris [2]. Aussi n'est-il pas étonnant qu'inspiré par de pareils sentiments, Sénèque ait condamné avec éloquence, longtemps avant saint Augustin, les combats de gladiateurs [3], ni qu'il ait écrit, sur la manière de traiter les esclaves, une lettre tellement remplie de ce sentiment de la solidarité humaine, qu'on croirait lire le discours d'un tribun, tant son indignation est impru-

---

1. Naufrago manum porrigat, erranti viam monstret, cum esuriente panem suum dividat? etc..... *Lettre* XCV, XLVIII, CIII.

2. Quid est eques Romanus, aut libertinus, aut servus? Nomina ex ambitione aut ex injuria nata. *Lettre* XXX. Bona mens omnibus patet : omnes ad hoc sumus nobiles. *Lettre* XLIV.

3. Homo, sacra res homini, jam per lusum et jocum occiditur. *Lettre* XCV.

dente, tant est vif le sentiment des droits humains méconnus[1].

Ce sont, sans doute, ces admirables passages, remplis d'un esprit presque chrétien, qui font dire encore aujourd'hui à des adversaires de Sénèque qu'il avait emprunté sa morale à saint Paul, supposition gratuite qui ne fait que rehausser le mérite du philosophe païen, puisque ses détracteurs eux-mêmes semblent ainsi rendre hommage à la beauté de sa morale, tout en voulant lui en dérober la gloire.

Je ne fais point difficulté de reconnaître que toutes ces grandes idées de Sénèque ne sont qu'entrevues, qu'elles ne sont le plus souvent que les nobles aspirations d'un libre esprit qui s'élève un moment au-dessus de sa propre doctrine, et qu'on n'y rencontre pas le sentiment vraiment chrétien de l'humilité. Cette vertu n'était pas familière aux stoïciens. Ils font profession de braver la fortune, de provoquer le malheur et de s'égaler aux dieux. Ce langage, dont le sens est moins arrogant qu'il ne paraît, montre cependant les prétentions de la secte

Toutefois, on trouve chez les stoïciens une sorte d'humilité. Se soumettre sans murmurer aux lois éternelles, céder à la volonté de la nature de Dieu, reconnaître sa faiblesse et son peu d'importance dans ce

---

[1] Ce qu'il y a de plus hardi, c'est un parallèle des maîtres et des esclaves où Sénèque montre que ceux-ci sont souvent supérieurs à ceux-là, parce que, du moins, ils ne sont pas esclaves volontairement. Ces idées étaient d'autant plus dangereuses qu'il y avait à Rome des esclaves d'un grand mérite. Montrer le mérite des classes opprimées, c'est les appeler au droit commun. C'est là l'origine de toutes les révolutions sociales. Aussi Sénèque reconnaît son imprudence, sans pourtant en redouter les suites : dicet nunc aliquis me vocare ad pileum servos et dominos de fastigio suo dejicere. *Lettre* XLVII.

monde, voilà une espèce d'humilité qui souvent inspire Sénèque et qui remplit le livre de Marc-Aurèle. Mais à l'égard des hommes ils sont fiers et roides, et, s'ils supportent sans se plaindre la nécessité immuable, ils ne sont point endurants pour l'humanité.

On sait que les philosophes stoïciens, comme les chrétiens, étaient regardés de mauvais œil par les empereurs, qui les soupçonnaient de vouloir troubler l'État. Vespasien alla jusqu'à les chasser de Rome. Ces soupçons ne manquaient pas de fondement ou du moins de prétextes. La morale stoïcienne devait paraître provocante à des maîtres ombrageux, et tout prouve d'ailleurs que les stoïciens étaient audacieux dans leur langage, et que quelques-uns aspiraient à une sorte de martyre civique [1].

Sénèque, plus humain, témoigne, comme les chrétiens, de son respect pour les puissances, et justifie le stoïcisme en déclarant qu'il n'y a point de secte plus paisible et plus amie de l'humanité; il montre que les philosophes recherchant avant toute chose la paix que recommande la philosophie, ils sont pleins de reconnaissance pour ceux qui leur assurent cette sécurité à laquelle ils aspirent [2]. Épictète se défend à son tour, mais plus vivement : Que nous importent vos palais, vos clients, vos habits magnifiques, vos joueurs de flûte? Est-ce que nous vous les disputons? Là-dessus nous vous cédons, mais cédez-nous en retour sur la science et la morale que nous connaissons mieux que vous [3].

1. Plerique per abrupta, sed in nullum reipublicæ usum, ambitiosa morte inclaruerunt. Tacite, *Agr.*, 42.
2. Sénèque, *De la Clémence*, II, 5, 2.
Errare mihi videntur qui existimant philosophiæ fideliter deditos contumaces esse ac refractarios et contemptores magistratuum ac regum. *Lettre* LXXIII.
3. Epict., *Dissert.*, I, 29, 9; IV, 7, 33.

Rapprochement singulier qui fait honneur aux stoïciens! Les chrétiens, en butte aux mêmes soupçons et à de plus cruelles persécutions, se défendaient de la même manière, et, pour prouver l'innocence de leurs intentions, ils déclaraient qu'ils renonçaient aux biens de ce monde et qu'ils ne demandaient qu'à adorer avec un esprit pacifique le Dieu de leur religion.

Par ce qui précède, on voit que les idées du philosophe sont quelquefois si pures et si religieuses, qu'elles semblent empruntées à quelque Père de l'Église. Mais, si nous entrons plus avant dans l'étude de ces lettres, nous trouverons encore des sentiments et des prescriptions qui nous permettent d'appeler Sénèque un directeur de conscience.

Ainsi, son amitié pour Lucilius n'est pas une amitié ordinaire et mondaine. C'est une sorte d'union religieuse où les deux amis ne font qu'un seul cœur en philosophie. Le langage de Sénèque est celui d'un père spirituel : Lucilius est son enfant; ayant vu ses généreuses dispositions, il a mis la main sur lui, il l'a exhorté, il a guidé ses premiers pas; il ne cesse de le surveiller. Quand il apprend que son disciple devient meilleur et qu'il fait des progrès dans la pratique, le maître se réjouit, il l'encourage, il va jusqu'à le supplier de persévérer. Le vieux philosophe se sent renaître dans son ami comme le père reverdit dans la jeunesse de son fils. Il vit en esprit avec Lucilius, il l'entoure tellement de toute sa sollicitude qu'il assiste, pour ainsi dire, à toutes ses actions; en un mot, il est avec lui, *tecum sum*[1].

Le langage de Sénèque est encore celui d'un directeur moral, quand il donne des instructions sur la manière

---

1. Tecum sum. Sic vive, tanquam quid acias auditurus sim : imo tanquam visurus. *Lettre* XXXII. — Assero te mihi. Meum opus es. *Lettre* XXXIV. Voy. *Lettres* II, IV, V, XIX, XX, XXXI, etc.

d'enseigner la philosophie. Qu'on nous permette de dire que Sénèque a fait une excellente théorie du sermon moderne. Les Romains de cette époque, nous l'avons dit, avaient transformé l'enseignement de la morale, et les philosophes, renonçant à la forme didactique de la philosophie spéculative des Grecs, faisaient souvent de véritables homélies devant les hommes de toute condition et de tout âge qui se pressaient autour de leur chaire. Dans ces discours animés, dans ces harangues morales, qu'on appelait des *Exhortations*, l'orateur n'exposait pas une doctrine. il prêchait dans toute la force du terme, tantôt avec une conviction éloquente, tantôt avec une certaine ambition littéraire et mondaine. Il faut entendre l'accent indigné ou railleur de Sénèque quand il parle de ces vains orateurs qui ne voient dans la morale qu'une matière à d'élégants discours, qui ne songent qu'à leur réputation et cherchent l'applaudissement; non pas qu'il dédaigne l'éloquence, il l'admire, au contraire, quand elle est naturelle et sincère, quand elle n'est parée que de sa force virile, quand c'est le cœur qui la rencontre et non l'esprit qui la cherche. Quoi! vous pensez à vous faire admirer devant des malades qui implorent votre secours, vous n'offrez que des phrases à des désespérés qui tendent les bras vers vous. Apportez-nous la lumière de la vérité, exhortez-moi à supporter les difficultés de la vie, parlez-moi de piété, de justice, de tempérance, de chasteté; je n'ai que faire de vos gentillesses oratoires. Que je remporte quelque leçon salutaire, quelque résolution généreuse, et qu'en rentrant chez moi je sois meilleur ou plus capable de le devenir. Le philosophe doit réformer les mœurs, préparer les âmes avec art, puis les pousser avec vigueur, sans s'amuser à des arguments subtils, sans rechercher les délicatesses de l'esprit, et songer toujours que le discours le plus sensible et le plus profitable est celui qui ne s'attache qu'au remède et n'a pour but que le bien des auditeurs[1]. En un mot, Sénèque demande comme Bossuet : « Non un brillant et un fin d'esprit qui égaye, mais des éclairs qui percent, un tonnerre qui émeuve, un foudre qui brise les cœurs[2]. »

Sénèque avait entendu, dans sa jeunesse, les plus célèbres de ces orateurs nouveaux qui s'étaient si vivement emparés des âmes. Il nous les peint avec une certaine complaisance émue et souvent avec la plus lumineuse précision. L'éloquence de ces sages fait penser à celle de nos grands sermonnaires, et quelquefois on est tenté de placer un nom moderne au-dessous de ces portraits romains. Voici, par exemple, Sextius qui a vraiment les apparences d'un Bossuet. Il entraînait l'assemblée par sa parole hardie, pleine de mouvements imprévus et de comparaisons magnifiques. Même en lisant ses discours, Sénèque s'écriait encore : « Grands dieux! quelle vigueur et quelle âme? il est au-dessus de l'homme; il me renvoie toujours plein d'assurance et de foi. Dans l'enthousiasme qui me transporte, je défie la fortune et voudrais me mesurer avec elle. Si haut qu'il place le souverain bien, il ne le rend pas accessible à nos efforts, et en excitant en nous l'admiration de la vertu, il ne nous ôte pas l'espoir de la conquérir…. Croyons donc Sextius quand, joignant le geste à la parole, il nous crie : « C'est par ici que l'on monte au ciel; la frugalité, la tempérance, la constance, voilà les chemins. » Les deux Sextius,

---

1. Relictis ambiguitatibus et syllogismis. *Lettre* CVIII. Ad rem commoveantur, non ad verba composita. *Lettre* LII…. Undique ad te manus tendunt... veritatis lumen ostendas. *Lettre* XLVIII. Oratio remedio intenta et totum in bonum audientium versa. Aut sanior domum redeat, aut sanabilior. *Lettre* CVIII et *passim*.

2. Sermon *sur la parole de Dieu*.

le père et le fils, et Attalus, nous donnent l'idée d'une prédication sublime, inspirée et populaire[1].

Maintenant, si on veut voir un Fénelon antique, qu'on regarde ce portrait du philosophe Fabianus : « Il y a je ne sais quelle grâce et une beauté particulière dans cette abondance facile et paisible où tout coule sans déborder. Ses paroles sont choisies et ne sont pas recherchées, brillantes quoique empruntées au langage ordinaire. Ses pensées, bien que nobles et grandes, ne sont pas resserrées sous une forme sentencieuse. Vous trouverez peut-être qu'il manque de véhémence oratoire, d'aiguillons, d'éclairs.... Il est vrai, chacun de ses mots ne portera pas coup. Mais on se laisse charmer par tant de lumière, et on parcourt sans ennui ces vastes espaces. On sent qu'il est persuadé de tout ce qu'il dit; il n'a en vue que les bons sentiments et le progrès de la vertu.... En un mot, si les détails du discours ne se font pas remarquer, l'ensemble est plein de grandeur[2]. »

Il ne faudrait pas croire que Sénèque, en homme amoureux de belles paroles, n'exalte ces orateurs que pour leur talent. C'est de leur vertu surtout qu'il rend témoignage, de leur sincérité persuasive, de l'empire qu'ils exercent sur les âmes. Il mesure leur mérite, non

1. *Lettres* LIX, LXIV, LXXII.
2. Il importe de voir dans le texte la précision du trait : Habet ista res suam gratiam et est decor proprius orationis leniter lapsæ.... larga est, et sine perturbatione, non sine cursu tamen veniens.... electa verba, non captata, splendida tamen, quamvis sumantur e medio : sensus honestos et magnificos habes, non coactus in sententiam.... Deest illis oratorius vigor, stimulique, quos quæris, et subiti ictus sententiarum.... Non omne verbum excitabit ac punget, fateor.... sed multum erit in omnibus lucis, et ingens sine tædio spatium.... Liqueat tibi illum sensisse quæ scripsit.... ad profectum omnia tendunt, ad bonam mentem.... sine commendatione partium singularum, in universum magnificus.... *Lettre* C.

à l'éclat, mais à l'efficacité de leur éloquence. En effet, ces sages austères et convaincus parlaient de la vertu avec un enthousiasme si communicatif, ils lui rendaient par leur exemple un hommage si touchant que plus d'un auditeur, ému jusqu'au fond de l'âme, prenait la résolution de changer sa vie, de renoncer à l'ambition, au plaisir, enfin de dépouiller le vieil homme. Au sortir d'une leçon d'Attalus, Sénèque, jeune encore, fit le vœu auquel il resta toujours fidèle, de s'abstenir à jamais de certains raffinements du luxe et de la sensualité. Dans sa vieillesse il se rappelle avec bonheur ces jeunes transports suivis d'une espèce de conversion durable ; et s'il aime à raviver en lui ces beaux souvenirs, c'est moins pour célébrer les triomphes de l'éloquence que les victoires de la philosophie [1].

Après avoir tracé le devoir du maître, Sénèque n'oublie pas celui du disciple. L'un et l'autre ne doivent avoir qu'un but, le profit moral [2]. Il ne faut suivre les leçons des philosophes que pour se rendre meilleur, et pour emporter chez soi quelques vérités salutaires et pratiques. On pourrait, sans trop de scrupule, ranger tout cet ensemble remarquable de préceptes sous le titre que porte l'opuscule de Nicole : *De la manière d'étudier chrétiennement*. Montrant dans quel esprit il faut recevoir la vérité morale, Sénèque, en fin observateur, avec une gravité railleuse, passe en revue les divers caractères des auditeurs qui apportent aux leçons de la sagesse des dispositions plus ou moins frivoles. Il nous fait voir les mondains qui viennent, pour entendre, non pour apprendre, qui se soucient fort peu de se délivrer d'un vice, de prendre quelque règle de conduite, pour qui

---

1. *Lettre* CVIII.
2. Idem et docenti et discenti debet esse propositum : ut ille prodesse velit, hic proficere. *Ibid.*

l'école est un lieu de divertissement où l'on va comme au théâtre se faire caresser l'oreille par une belle voix. Il y a les gens à tablettes, les preneurs de notes, dont le zèle serait respectable s'ils marquaient la substance du discours, mais qui ne saisissent au vol que des paroles pour les débiter à d'autres qui n'en feront pas plus de profit ; vous en voyez qui paraissent fort touchés, qui reflètent sur leur visage tous les sentiments de l'orateur, se laissent allumer par son feu, mais s'éteignent en sortant ; enfin, des hommes graves, plus ravis par la beauté des pensées que des paroles, prennent sur place de bonnes résolutions, mais incapables de les porter bien loin, ils les perdent en route avant d'être rentrés chez eux. Pour bien faire, le disciple doit écouter le maître sans préoccupation étrangère à la philosophie. Qu'il ne soit pas délicat sur la forme, qu'il ne remarque ni les métaphores vicieuses, ni les expressions hors de mode [1]. Sénèque ne parle pas autrement que Bossuet, qui disait : « Il ne faut pas ramasser son attention au lieu où se trouvent les périodes, mais au lieu où se règlent les mœurs [2]. » Qu'on se borne donc à recevoir les leçons utiles, et qu'on s'en remplisse le cœur de manière à convertir le discours en actions : *Quæ fuerunt verba, sint opera.*

Les prescriptions de Sénèque sur la lecture ne sont pas moins pratiques. Il recommande à Lucilius de ne lire que des livres choisis, et de se contenter de ceux qui se rapportent aux mœurs [3]. Lui-même est si scrupuleux sur ce point qu'il s'excuse de lire la métaphysique de Platon, et qu'il se croit obligé de montrer que ces

---

1. Non ut verba prisca aut ficta captemus et translationes improbas, sed ut profutura præcepta et magnificas voces et animosas, quæ mox in rem transferantur. *Ibid.*
2. Sermon *sur la parole de Dieu.*
3. Quidquid legeris, ad mores statim referas. *Lettre* LXXXIX.

hautes spéculations ne sont pas sans profit moral, puisqu'elles nous apprennent à mépriser le corps, à révérer notre âme [1]. Il ne veut *que des lectures simples, éloignées des moindres subtilités, bornées aux choses d'une pratique sensible,* comme dit Fénelon [2]. Il faut apporter à ces lectures des dispositions sérieuses, et recevoir les grandes vérités à cœur ouvert, avec foi, de manière à les garder et à les approfondir, non pas seulement les classer dans sa mémoire, mais encore les digérer, les rendre siennes et les mettre en ordre pour les retrouver dans la pratique [3]. « *Il ne suffit pas*, dit Nicole, qui semble résumer Sénèque, *de savoir ces vérités d'une manière spéculative, ni qu'elles soient cachées dans quelques recoins de notre mémoire; il faut qu'elles soient vives et présentes à notre esprit, et qu'elles se présentent lorsqu'il est question de les mettre en pratique; ce qui ne se peut faire si nous n'avons soin de les imprimer non-seulement dans notre mémoire, mais aussi dans notre cœur* [4].

La méditation doit faire entrer dans le cœur ce que la lecture donne à l'esprit. Comme les directeurs chrétiens, Sénèque recommande de recueillir quelque pensée salutaire dans sa lecture du jour, et d'en faire un texte de réflexions morales. Tous les jours il faut se fortifier ainsi contre la pauvreté, la mort ou tout autre épouvantail de l'humanité [5]. Lui-même donne l'exemple de ces méditations, et souvent dans ses lettres il retourne en

---

1. *Lettres* LVIII, LXV.
2. *Instructions et avis*, II.
3. Quæ a sapientibus viris reperta sunt non satis credimus, nec apertis pectoribus haurimus. *Lettre* LIX.
Concoquamus illa : alioqui in memoriam ibunt, non in ingenium. *Lettre* LXXXIV.
4. Nicole, *Manière d'étudier chrétiennement*, fin.
5. Unum excerpe quod concoquas. Hoc ipse quoque facio. *Lettre* II. Voy. *Lettres* XLV, LIX, etc.

tous sens quelque grave pensée d'Épicure, apprenant ainsi à Lucilius comment on peut profiter de ses lectures et s'édifier le cœur.

Tant de prescriptions sur la culture morale ne suffisent pas à la sollicitude si attentive de Sénèque. Ce n'est point assez de recueillir l'éloquente parole des sages, de se nourrir de bonnes pensées par la lecture, de s'en pénétrer par la méditation journalière. L'âme n'est pas encore assez protégée contre elle-même, puisque dans la retraite la plus philosophique les passions ne laissent pas de mettre notre vertu en péril et d'ébranler nos plus fortes résolutions. Ici nous rencontrons une recommandation dont l'extrême délicatesse prouve que certains philosophes anciens, dans leurs préceptes, tenaient à ne rien oublier de ce qui peut assurer la perfection intérieure, augmenter la vigilance sur soi-même et faciliter le progrès moral. Sénèque engage son disciple à mettre, pour ainsi dire, son esprit sous la garde de quelque sage illustre des anciens jours, dont la mémoire vénérée devienne l'objet d'un culte, qui soit à la fois un exemplaire de vertu auquel on s'efforce de ressembler, et une sorte de témoin qu'on craint d'offenser. Faites-vous un portrait de son esprit et de son visage, vivez comme en la présence et sous le regard de ce surveillant invisible dont l'autorité sanctifiera vos plus secrètes pensées. Choisissez ainsi pour modèle et pour gardien celui dont vous admirez le plus la conduite et les maximes, Caton, par exemple ; ou si son austérité effraye votre faiblesse, prenez Lélius ou tel autre dont vous préférez l'esprit plus doux et la vertu plus indulgente. Sans vouloir faire une comparaison forcée et profane, il nous semble que l'âme chrétienne qui se place sous la garde d'un saint homme béatifié, qui en fait l'objet d'une dévotion particulière, qui se propose surtout de l'honorer en l'imitant, suit la recommandation de Sénèque, en ajoutant, il est vrai, à cette pratique froidement raisonnable de la philosophie le soutien de la prière et les délices d'un commerce mystique [1].

Il serait étonnant que dans ces préceptes si nombreux sur la surveillance morale, Sénèque n'eût pas rencontré l'examen de conscience. Non-seulement il le recommande, mais il le définit avec précision et le peint avec complaisance, en homme qui trouve une singulière douceur dans cette utile pratique. Selon lui, ce qui nous perd, c'est que nous ne songeons jamais à passer en revue nos actions. Lui-même nous apprend qu'il ne manquait pas à ce devoir de chaque jour, vantant le doux sommeil qu'il goûtait après cet examen scrupuleux qui soulageait son cœur. Il faut citer ce passage bien connu, mais si plein d'effusion et de grâce morale, qui nous permet d'ailleurs de pénétrer dans la vie intime du philosophe et d'assister à ses plus secrets sentiments : « Nous devons tous les jours appeler notre âme à rendre ses comptes. Ainsi faisait Sextius. Sa journée terminée, avant de se livrer au repos de la nuit, il interrogeait son âme : De quel défaut t'es-tu aujourd'hui guérie ? Quelle passion as-tu combattue ? En quoi es-tu devenue meil-

---

1. Aliquem habeat animus, quem vereatur, cujus auctoritate etiam secretum suum sanctius faciat.... illum tibi semper ostende, vel custodem vel exemplum. *Lettre* XI. Voy. *Lettres* XXV, CIV.
Remarquons en passant que ce précepte de la philosophie et de la religion peut être efficace aussi en littérature. Racine, qui poursuivait la perfection de l'art comme d'autres aspirent à la perfection morale, avait imposé cette règle à sa conscience littéraire : « De quel front oserais-je me montrer, pour ainsi dire, aux yeux de ces grands hommes de l'antiquité que j'ai choisis pour modèles ?... Voilà les vrais spectateurs que nous devons nous proposer, et nous devons sans cesse nous demander : que diraient Homère et Virgile, s'ils lisaient ces vers ? Que dirait Sophocle, s'il voyait représenter cette scène ? » *Préf. de Britannicus.*

teure?... Quoi de plus beau que cette habitude de repasser ainsi toute sa journée ! Quel sommeil que celui qui succède à cette revue de soi-même ! Qu'il est calme, profond et libre, lorsque l'âme a reçu ce qui lui revient d'éloge ou de blâme, et que soumise à sa propre surveillance, à sa propre censure, elle informe secrètement contre elle-même ! Ainsi fais-je, et remplissant envers moi les fonctions de juge, je me cite à mon tribunal. Quand on a emporté la lumière de ma chambre, que ma femme, par égard pour ma coutume, a fait silence, je commence une enquête sur toute ma journée, je reviens sur toutes mes actions et mes paroles. Je ne me dissimule rien, je ne me passe rien. Eh ! pourquoi craindrais-je d'envisager une seule de mes fautes, quand je puis me dire : Prends garde de recommencer, pour aujourd'hui je te pardonne[1]. » Quelle attention sur soi-même, quel accent de joie paisible et quelle gravité charmante dans cette confidence ! Outre la beauté morale de ces scrupules, on aime à contempler ce tableau domestique où un philosophe païen en face de lui-même, à côté de sa femme silencieuse, se confesse avec sincérité, s'absout à condition de ne plus retomber dans les mêmes fautes, et se juge enfin, non point, il est vrai, avec la terreur religieuse d'une âme qui rend compte à Dieu, mais avec cette attention indulgente qu'un homme qui ne relève que de sa conscience se doit à lui-même quand il ne veut pas se décourager dans la pratique du bien.

Sénèque n'est pas le premier auteur de ces préceptes, depuis longtemps recommandés par la philosophie. Tel de ces conseils a été donné déjà par Épicure, tel autre, nous venons de le voir, par Sextius. Nous le disons pour qu'on ne soit pas tenté d'attribuer à de prétendus rap-

---

1. *De la Colère*, III, 36. Voy. *Lettre* LXXXIII.

ports de Sénèque avec les premiers chrétiens cette sagesse qui peut paraître nouvelle. La gloire de Sénèque est d'avoir recueilli dans toutes les doctrines ces prescriptions éparses, d'en avoir compris l'utilité, d'en avoir fait usage pour lui-même, et, en les réunissant dans ses ouvrages comme il les pratiquait dans sa vie, d'avoir enrichi la science morale et l'art de conduire les âmes.

Dans cette comparaison de Sénèque avec les chrétiens, qui manque nécessairement de rigueur, puisque le dogme fondamental n'est pas le même, il ne faut pas vouloir énumérer toutes les ressemblances, de peur de soulever imprudemment des objections faciles et de forcer par trop d'insistance la vérité du rapprochement. En pareille matière, la raison et le goût littéraire vous commandent également de ne pas entreprendre un parallèle trop exact, d'indiquer les rapports les plus frappants, en se gardant bien d'employer l'appareil d'une démonstration régulière qui risquerait fort de ne paraître qu'un laborieux paradoxe. Notre dessein, en effet, n'est pas de confondre la doctrine stoïque avec le christianisme, mais de montrer simplement que la philosophie, au temps de Sénèque, était devenue si pratique, si attentive aux besoins les plus délicats de l'âme, si amoureuse de perfection intérieure, que son enseignement, malgré la diversité des dogmes, mérite l'honneur d'être rapproché de la direction chrétienne. Aussi, sans vouloir épuiser notre sujet, nous nous bornerons à signaler rapidement quelques points de ressemblance, ne fût-ce que pour éviter le reproche de les avoir omis.

On pourrait inscrire en tête de bien des lettres de Sénèque à Lucilius les titres que présentent souvent les lettres *spirituelles* de nos directeurs, sur le bon emploi du temps, sur les occasions et les tentations, sur la présence de Dieu, sur la mauvaise honte, sur les conversions lâches, sur la persévérance et l'impénitence finale, sur les maux attachés à un état de grandeur, sur la solide gloire, sur la préparation à la mort pour la rendre digne et courageuse. Il est arrivé plus d'une fois que des âmes chrétiennes un peu simples, peu versées dans la connaissance de l'histoire et des doctrines, ont trouvé dans certaines lettres de Sénèque un sujet d'édification et un aliment à leur piété, sans même soupçonner qu'elles étaient en commerce criminel avec un païen.

De pareilles méprises sont naturelles quand les sujets, le langage, l'accent contribuent également à l'illusion. Il n'est pas jusqu'à l'orgueil stoïque qui ne disparaisse quelquefois pour faire place à une résignation confiante et à une touchante humilité. Ainsi, sur les misères de la vie, Sénèque enseigne à se soumettre à la volonté de Dieu. La vie est rude, pleine de disgrâces, *non est delicata res vivere;* dans ce chemin pénible tout homme chancelle, fléchit et tombe; mais on doit supporter sans murmurer les nécessités de sa condition, recevoir les ordres de Dieu et s'abandonner à lui[1]. C'est dans cet esprit qu'il adresse à Lucilius malade une lettre sur le bon usage des maladies, où il montre que les souffrances sont une épreuve et une gloire pour la vertu[2]. Lui-même il donne l'exemple et se fait un honneur non pas seulement d'obéir à Dieu qui lui envoie ses maux, mais d'acquiescer à ses ordres rigoureux, sans tristesse, du fond de son cœur[3], disant comme Fénelon, avec une confiance moins

---

1. Optimum est, pati quod emendare non possis; et deum, quo auctore cuncta proveniunt, sine murmuratione comitari... hic est magnus animus qui se deo tradidit. *Lettre* CVII.
2. Est, mihi crede, virtuti etiam in lectulo locus.... o quam magna erat gloriæ materia, si spectaremus ægri. *Lettre* LXXVIII.
3. Non pareo Deo, sed assentior; ex animo illum, non quia necesse est, sequor. Nihil unquam mihi incidet, quod tristis excipiam, quod malo vultu. *Lettre* XCVI.

éloquente sans doute : « *Je baise la main qui m'écrase et j'adore le bras qui me frappe*[1]. »

Non moins sévère que les Pères de l'Église et les docteurs modernes, Sénèque condamne les spectacles, qui, pour lui, sont la perte des mœurs. Il montre que dans ces représentations périlleuses le vice se coule dans les cœurs sous des formes aimables, et que le théâtre développe en nous tous les germes de l'avarice, de l'ambition, de la concupiscence, de la cruauté, prévenant ainsi Nicole et Bossuet, dont les *Maximes et réflexions sur la comédie* ne font que présenter sur toutes ses faces la pensée du stoïcien [2].

Sans parler de beaucoup d'autres ressemblances qu'il y aurait un scrupule puéril à vouloir relever trop curieusement, on pourrait montrer Sénèque écrivant des lettres de consolation, faisant dans son traité *des Bienfaits* un recueil de cas de conscience sur la bienfaisance, et dirigeant contre les stoïciens relâchés qui levaient les scrupules avec des distinctions corruptrices, une sorte de *lettre provinciale*[3].

Le stoïcisme avait ses faux adeptes, qui affectaient d'en pratiquer les austères maximes, et ses sophistes, qui essayaient d'en faire fléchir les principes. Les doctrines philosophiques ne sont pas plus que les religions exemptes de ce mal inévitable dont ni les unes ni les autres ne

---

1. Fénelon, *Méditation pour un malade.*
2. Nihil est tam damnosum bonis moribus, quam in aliquo spectaculo desidere; tunc enim per voluptatem facilius vitia surrepunt.... avarior redeo, ambitiosior, luxuriosior, imo vero crudelior quia inter homines fui. *Lettre* VII.

« Toutes leurs pièces ne sont que de vives représentations de passions, d'orgueil, d'ambition, de jalousie, de vengeance, etc. » Nicole, *de la Comédie*, ch. VI.

3. Non debet excusationes vitio philosophia suggerere. Nullam habet spem salutis æger, quum ad intemperantiam medicus hortatur. *Lettre* CXXIII.

doivent être rendues responsables. Les hypocrites devaient être assez nombreux dans une secte qui avait adopté certaines marques extérieures, un costume, un maintien dont la dignité sévère imposait le respect à la foule. Une robe longue, des cheveux coupés ras, la pâleur de l'insomnie, une parole courte et rare, une démarche grave, un visage où se lisait la vertu[1], tel était l'extérieur d'un stoïcien, sous lequel se cachaient souvent des débauchés et des traîtres dont Tacite, Juvénal et Lucien ont fait justice. Sénèque ne parle point de leurs turpitudes, comme l'ont osé faire les satiriques; mais il n'épargne ni le faux zèle des uns, ni la sagesse banale des autres, ni surtout les dangereux sophismes de ces dialecticiens corrupteurs qui, sous l'autorité de la doctrine stoïque, fournissent aux vices des excuses, et enveloppent dans les formules sacrées de la philosophie leurs détestables maximes, enseignent, par exemple, que le sage seul sait faire l'amour, que seul il possède l'art d'être bon convive et de bien boire. Sous prétexte de ne refuser au sage aucune qualité, conformément à la doctrine, ils lui accordaient même la perfection dans le vice, et lui permettaient ainsi de satisfaire ses passions sans abjurer sa foi philosophique, et de pécher honnêtement. « Le malade, dit Sénèque, est hors d'espérance de guérir quand le médecin lui conseille de faire la débauche[2]. » On croit entendre Bossuet s'écriant : « O Seigneur, faites-nous justice contre ces ignorants médecins qui, pour trop épargner le membre pourri, font couler le venin au cœur[3]. » Il faut les comparer, dit encore Sénèque, « à ces empiriques dont l'enseigne annonce des remèdes, et

---

1. Juvénal, II, 15; III, 115. — Perse, III, 54. — Tacite, *Annales*, XVI, 32.
2. *Lettre* CXXIII.
3. Sermon *sur la Satisfaction*.

dont les tiroirs sont pleins de poisons[1]. » Hâtons-nous d'ajouter que ces sophismes étaient à Rome une importation étrangère, et que cette dépravation subtile des Grecs échoua devant la droiture romaine, comme la casuistique espagnole devant le bon sens français.

Cette conformité de la doctrine stoïcienne et du christianisme ne va pas toujours au fond des choses, et l'on aurait tort de trop s'étonner que Sénèque ait prévenu les chrétiens sur quelques points de direction, qu'il ait décrit et combattu les mêmes maladies morales. Si les sujets de ses lettres sont quelquefois les mêmes que ceux des *lettres spirituelles*, c'est que les hommes ont toujours les mêmes maux et ont besoin des mêmes remèdes. On ne s'étonne pas que les livres d'Hippocrate aient quelque ressemblance avec les livres des médecins modernes. Tout ce que nous voulons prouver par ce parallèle qu'on pourrait prolonger encore, c'est que le philosophe païen avait assez pénétré dans les consciences et dans la morale intérieure pour rencontrer quelques proscriptions et quelques habitudes chrétiennes, et pour nous mettre en droit d'appliquer à sa morale ces mots de Tertullien : « C'est le christianisme de la nature, le témoignage de l'âme naturellement chrétienne : *Testimonium animæ naturaliter christianæ*[2]. »

Si je me suis plu à noter les conformités, je dois aussi remarquer les différences. On ne trouve point dans les lettres à Lucilius l'âme de la direction chrétienne, ni ces sentiments si purs et si désintéressés que le dévouement religieux peut seul inspirer. Ainsi la véritable humilité, la simplicité, l'abandon, la mort à soi-même, tous ces sentiments qui inondent l'âme de Fénelon et

---

1. Medicos, quorum tituli remedia habent, pyxides venena. *Fragments.*
2. *Apologet.*, 17.

qui pénètrent même l'altier génie de Bossuet, manquent entièrement au moraliste romain.

Comme directeur et propagateur des idées morales, Sénèque n'a pas non plus le caractère que le christianisme a donné à quelques-uns de nos docteurs. La douceur, selon Bossuet, est le principal instrument de la conduite des âmes, et elle porte avec elle trois vertus principales : la patience, la compassion et la condescendance [1]. Ces vertus ne se rencontrent pas toujours dans Sénèque; s'il a de la patience, il n'a guère de compassion, car il plaint moins les vices qu'il ne les frappe et ne les raille. Pour la condescendance, qui consiste à se faire petit avec les petits, infirme avec les infirmes, « tous à tous, afin de les sauver tous, » cette vertu ne pouvait appartenir à un stoïcien qui ne s'adressait qu'aux esprits cultivés, et comptait pour rien la multitude.

C'est là, outre les dogmes qui diffèrent, le principal caractère qui sépare le moraliste de nos directeurs. Tandis que Fénelon se fait doux et simple, pour trouver accès auprès des cœurs, et s'insinue jusqu'à la racine du mal, tandis que Bossuet s'efface pour ne faire sentir que l'autorité de la parole divine, Sénèque se fait honneur de sa vertu, vante la philosophie avec une sorte d'orgueil personnel qui provoque la résistance plutôt que la soumission. Il aime à s'appesantir sur les folies humaines; il n'a pas cette indulgence et cette pudeur qui ne montrent les vices que pour engager les hommes à les fuir. Lui, il se plaît à les sonder, il les étale devant nous. Il éprouve un secret plaisir à les peindre, et à son horreur pour ces vices se mêle une certaine satisfaction de les avoir si bien démêlés et décrits. Il ne gémit

---

1. *Panégyr. de saint François de Sales*

pas, il raille; c'est un la Bruyère et non pas un Fénelon; et, quand il cherche à guérir ces plaies morales, il aime mieux employer le fer de la satire que le baume de la charité. Constatons, à l'honneur de la direction chrétienne, cette différence capitale, et puisque nous avons eu l'occasion de citer souvent Bossuet à la gloire de Sénèque, empruntons encore, pour être juste et mettre le philosophe à sa place véritable, ces paroles du grand docteur parlant des pharisiens : « Ce n'était pas la compassion de notre commune faiblesse qui leur faisait reprendre les péchés des hommes; ils se tiraient hors du pair; et, comme s'ils eussent été les seuls impeccables, ils parlaient toujours dédaigneusement des pécheurs[1]. » Dur reproche que Sénèque, sans doute, ne mérite pas toujours, mais auquel il s'expose souvent par sa jactance stoïque, sa dureté romaine et son mépris fastueux pour la multitude et l'humaine faiblesse.

Bossuet, dans ses sermons, fait quelquefois des allusions directes à Sénèque, et n'en parle jamais qu'avec une impatience hautaine. On dirait qu'il a redouté pour ses contemporains le prestige de cette doctrine en apparence si voisine du christianisme, et qu'il s'est fait un devoir de l'accabler en toute rencontre. Pour nous, au risque de paraître abandonner un moment le philosophe à la sévérité de ces condamnations souvent trop rigoureuses, nous devons citer ici quelques-uns de ces jugements, ne fût-ce que pour faire une sorte de réparation au grand évêque, que, par une licence qui l'eût choqué, nous avons si souvent rapproché de Sénèque, et que nous avons rendu comme malgré lui le complice de nos admirations profanes. Ne l'entendons-nous pas qui proteste contre notre entreprise et se révolte d'avance contre

---

1. *Sermon sur les jugements humains.*

nos indiscrètes comparaisons : « Laissez votre Sénèque avec ses superbes opinions.... Ce philosophe insultait aux misères du genre humaine par une raillerie arrogante[1]. » Avec quel éloquent dédain il adresse ces apostrophes aux chimériques maximes sur l'invulnérabilité du sage : « C'est le prendre d'un ton bien haut pour des hommes faibles et mortels. Mais, ô maximes vraiment pompeuses ! ô insensibilité affectée ! ô fausse et imaginaire sagesse, qui croit être forte parce qu'elle est dure, et généreuse parce qu'elle est enflée ! Que ces principes sont opposés à la modeste simplicité du Sauveur des âmes, qui, considérant dans notre Évangile ses fidèles dans l'affliction, confesse qu'ils en seront attristés : *Vos autem contristabimini*[2]. » Ailleurs il écarte de son discours « ces maîtres délicats qui louent la pauvreté parmi les richesses ou qui prêchent la patience dans la mollesse et la volupté[3]. » Son amère raillerie ne recule pas même devant un jeu de mots quand il peint les satisfactions intérieures de la sagesse stoïque, qui ne sont, selon lui, que les contentements profonds de l'orgueil : « N'est-ce pas l'orgueil qui a retiré tant de philosophes du milieu de la multitude ? Nous voulons, disaient-ils, vaquer à nous-mêmes : et, certes, ils disaient vrai ; c'était en eux-mêmes qu'ils voulaient s'occuper à contempler leurs belles idées, à se contenter de leurs beaux et agréables raisonnements, à se former à leur fantaisie une image de vertu de laquelle ils faisaient leur idole[4]. » Admirons les beaux emportements de cette éloquence sans souscrire à tous les arrêts de cette justice irritée. Que la direction morale de Sénèque n'ait pas

1. *Sermon sur la loi de Dieu.*
2. *Sermon sur la Providence.*
3. *Sermon sur la loi de Dieu.*
4. *Ibid.*

été aussi douce et compatissante que la charité pastorale, que le stoïcien ce soit proposé un idéal au-dessus de la fragilité humaine, que sa vertu ne soit pas exempte de contentements superbes, nous le reconnaissons avec Bossuet, sans nous laisser toucher par ce courroux plus rigoureux que juste. N'y a-t-il pas, en effet, une excessive rigueur à condamner, chez des païens, au nom d'une perfection plus haute, ce bel effort de perfection philosophique? Est-il équitable de railler les sages anciens pour s'être formé eux-mêmes une image de vertu dont ils ont fait leur idole? Puisqu'ils n'avaient pas reçu une loi morale toute faite, ne devaient-ils pas se la faire à eux-mêmes? Et si, par la pureté de leurs intentions, la force de leur esprit et leur bonne volonté souvent héroïque, ils sont parvenus à se tracer et à pratiquer des préceptes, sinon de tous points admirables, du moins dignes de respect, faut-il leur imputer à crime de n'avoir pas connu des vérités non encore révélées et des vertus que Dieu réservait à la foi nouvelle? Le christianisme primitif était plus clément, bien qu'il eût le droit de se montrer rigoureux au sortir des persécutions et qu'il fût encore tout ému de la lutte qu'il soutenait contre l'ancienne philosophie. Il reconnaissait dans la sagesse profane une sorte d'inspiration divine; il considérait les sages comme des précurseurs utiles de la religion; il osait parfois les proposer en exemple aux chrétiens eux-mêmes, et ne croyait pas que leur vertu ne fût que la parure de l'orgueil qui s'admire ou veut se faire admirer. Aussi bien le stoïcisme, malgré son faste, n'est pas toujours une morale de théâtre; il a aussi ses simplicités et ses abnégations, et à ceux qui lui reprochent de n'avoir travaillé que pour la gloire, Sénèque oppose cette déclaration de principes modestement cachée sous la forme d'un vœu : « Qu'on m'apprenne combien est sacrée la justice, qui ne regarde que le bien d'autrui et ne désire autre chose que d'être utile à tout le monde; qu'elle n'ait rien à démêler avec l'ambition et la renommée, et qu'elle se suffise à elle-même. Que chacun se dise : Je dois être juste sans récompense.... Il est indifférent que le monde connaisse ta justice. Quoi! tu ne veux pas être juste sans gloire? Mais, par les dieux, tu seras souvent obligé de l'être avec infamie; et alors, si tu es vraiment sage, tu trouveras même une douceur secrète dans un déshonneur qui s'est attaché à tes bonnes actions [1]. » Le stoïcisme, on le voit, connaît aussi le prix des vertus ignorées, des sacrifices gratuits et de ces immolations qui n'ont pour témoin que la conscience.

VII

Vie morale de Sénèque.

Cette propagande morale a-t-elle été aussi sincère qu'elle est éloquente? ou bien Sénèque ne fut-il qu'un brillant déclamateur, un hypocrite de vertu et un fanfaron d'héroïsme? Si telle était notre opinion, nous n'aurions pas entrepris l'étude de ses lettres, nous sentant peu de goût pour des exercices de rhétorique. Nous croyons, au contraire, qu'il fut un moraliste convaincu, timide et faible, si l'on veut, mais plein d'ardeur pour le bien, auquel il doit être beaucoup pardonné, parce que les fautes de sa vie sont de celles qui méritent

---

[1]. *Lettre* CXIII.

moins d'indignation que de pitié. Je me contente d'en appeler aux souvenirs de ceux qui connaissent la vie de Sénèque. Quel philosophe fut jamais soumis à de si pénibles, de si délicates épreuves, mêlé à de si terribles conflits, et fut plus excusable de n'avoir point conservé toute la fermeté de son jugement? S'il est encore permis de parler, selon l'usage antique, des jeux cruels de la Fortune, ne paraît-elle pas avoir pris plaisir à déconcerter la sagesse du philosophe, à le désarmer même de son courage? Elle lui ouvrit le chemin des honneurs et de la puissance, en offrant à sa vertu la tentation honorable d'élever, pour le bonheur du monde, un jeune prince de belle espérance; elle l'enchaîna à ce devoir par l'honneur, la reconnaissance, le sentiment du bien public; puis, quand elle l'eut attaché à ces grandeurs par les liens les plus difficiles à rompre, elle dévoila peu à peu l'effrayant caractère de ce royal élève; elle fit au précepteur devenu ministre une obligation civique de ne pas abandonner le souverain à ses sauvages emportements; elle obscurcit et troubla la conscience du sage en le plaçant entre des devoirs divers imposés d'un côté au philosophe, de l'autre au politique, et, par l'espoir qu'elle lui laissa longtemps de vaincre une nature indomptable, en ménageant toujours des excuses plus ou moins plausibles à la faiblesse, elle entraîna sa prudence d'abord à des concessions permises, ensuite à des complaisances coupables; enfin, quand elle eut ainsi compromis sa vertu, entaché sa renommée, elle le força de demeurer malgré lui au faîte de ces grandeurs qui faisaient son supplice, lui infligeant toutes les angoisses d'une disgrâce sans lui en laisser les consolations, lui refusant à la fois la ressource de fuir dans la retraite, l'espérance de vivre, l'occasion de mourir utilement, et le réduisit à la triste nécessité d'attendre de jour en jour son arrêt de mort, et de perdre même la gloire qu'il eût obtenue par un moins tardif trépas. Pour comble d'infortune, par une fatalité qui est la conséquence naturelle de cette vie équivoque, et qui s'attache encore à sa mémoire, le philosophe ne trouve pas auprès de la postérité toute l'indulgente justice qu'il mérite, parce que ses défenseurs reculent souvent devant une apologie qui pourrait préparer des excuses aux complaisants futurs d'un sanglant despotisme, et craignent, en plaidant la cause du moraliste, de paraître offenser la morale.

Et pourtant Sénèque a d'autant plus de droits à notre sympathie que son nom et sa mémoire ont été de tout temps en proie à une foule d'ennemis intéressés à les noircir. Comme il a excité l'envie par sa puissance et ses richesses, qu'il a été d'abord l'homme de confiance d'un prince redouté, et plus tard son conseiller importun et disgracié, il a été successivement exposé à la haine des adversaires et des courtisans du pouvoir impérial. Déjà, de son vivant, un célèbre délateur, orateur dangereux par son effronterie et son talent, se chargea de recueillir toutes les calomnies qui circulaient à Rome contre Sénèque, et dressa un acte d'accusation plein de malignité et de fureur, qui a immortalisé certains crimes prétendus du philosophe. Bien qu'il faille tenir pour suspects les témoignages violents de cet orateur vénal, il en est resté quelque chose, parce que les contradictions apparentes ou réelles qui existent entre la conduite et les maximes de Sénèque ont donné quelque vraisemblance aux plus odieuses accusations. Aujourd'hui encore, comme de son vivant, tout conspire à propager ces vieilles calomnies. D'abord les esprits honnêtes et droits, mais peu versés dans l'histoire, et qui n'ont pas pris la peine d'examiner les circonstances de sa vie, aiment à faire remarquer que ce stoïcien, tout en prêchant la pauvreté, a possédé des richesses royales, qu'il a vécu dans les sanglantes intrigues des palais tout en vantant les douceurs de la retraite, et que ce sage, qui prétend régenter le genre humain, a été le précepteur d'un Néron. D'autre part, de trop indiscrets défenseurs de Sénèque, en célébrant sa philosophie avec le désir visible d'humilier le christianisme, en compromettant ce sage païen dans leur polémique irréligieuse, ont soulevé contre lui la piété des fidèles, et par leur enthousiasme provocant ils ont fait croire que son discrédit et son déshonneur importaient à la religion. Les publicistes, pour mieux faire la leçon aux serviteurs du pouvoir, sont intéressés à ne pas ménager le ministre d'un tyran; les hommes de goût qui l'accusent d'avoir corrompu les lettres latines l'abandonnent volontiers à sa mauvaise renommée; même les innocents amateurs de l'antithèse croiraient manquer une belle occasion de montrer leur esprit, s'ils ne répétaient en vers et en prose que le rigide stoïcien n'était qu'un voluptueux qui buvait le falerne dans l'or. On comprend qu'à travers ces haines anciennes, ces passions récentes et ces injures commodes accumulées depuis des siècles, la renommée de Sénèque nous soit parvenue souillée et couverte d'ignominie.

Il n'entre point dans mon dessein de faire la biographie de Sénèque, ni son apologie. Je ne discuterai pas le témoignage d'une Messaline, qui l'accuse d'adultère, ni d'un Suilius, qui déclame contre son avarice. Que, du fond de son exil, il se soit humilié devant un affranchi pour obtenir son rappel, et qu'il ait persiflé un empereur imbécile auquel il devait sa grâce aussi bien que son malheur, j'en tombe d'accord, en regrettant qu'il n'ait pas eu la force de supporter sa disgrâce, ni la générosité de la pardonner. Mais, sans entrer dans les détails, j'aime à voir que Tacite, qui le traite partout avec honneur, nous le montre à la tête des gens de bien dans une cour abominable, retenant la jeunesse de Néron sur la pente du crime, déjouant l'ambition d'Agrippine, reculant la mort de sa plus implacable ennemie ; et si, le crime consommé, il mit dans la bouche d'un furieux, dont il était le secrétaire d'office, l'explication de ce meurtre impie, ce n'était pas du moins pour faire sa cour par une bassesse, mais pour épargner au monde de nouvelles fureurs et couvrir la majesté impériale[1].

Il serait étonnant qu'un philosophe renommé pour sa vertu, sans cesse attaqué par des ambitieux jaloux de sa puissance et des délateurs avides de ses richesses, ne nous eût pas laissé une réputation souillée par l'envie,

---

1. Sénèque ne s'en est pas moins déshonoré par cette lâche faiblesse, si peu digne d'un stoïcien. Mais on ne peut l'accuser d'avoir conseillé le crime. Schoell (*Hist. de la litt. rom.*) et d'autres critiques paraissent ne pas comprendre le récit trop concis de Tacite. Après la première tentative de parricide, Néron, fou de terreur, fait venir Sénèque et Burrhus, et leur déclare qu'il est perdu s'ils n'avisent à le sauver. Ils comprennent aussitôt qu'on leur demande un conseil meurtrier. Long silence, ils n'osent parler de peur de n'être pas écoutés. Enfin Sénèque, qui avait l'habitude de parler le premier, jette un regard significatif à Burrhus, le chef de l'armée, et lui adresse une question habile, tournée de manière à provoquer une réponse négative : « Peut-on ordonner le meurtre ? » Burrhus saisit l'intention de Sénèque et répond qu'il ne faut pas songer au meurtre, que les prétoriens sont trop attachés à la maison des Césars. C'était un refus caché sous les apparences du respect. Rien ne montre mieux comment les deux conseillers s'entendaient d'ordinaire dans ces conjonctures difficiles ; il leur suffit d'un regard pour se concerter. Néron ne comprend que trop bien ce regard, la portée de cette question, et fait sentir son mécontentement par un mot amer. Qu'on relise le passage de Tacite, qu'on se représente cette scène mystérieuse et l'on verra que Sénèque et Burrhus non-seulement ne sont pas complices du crime, mais qu'ils ont fait preuve d'un certain courage en résistant à un violent désir de Néron.

les médisances journalières des palais et ces mille bruits perfides qui, dans une cour impure, s'élèvent toujours contre l'honnête homme en crédit.

Mais, sans insister sur sa vie politique, il n'est pas hors de propos de pénétrer dans sa vie privée pour nous assurer qu'il pratique ses maximes et qu'il est digne de diriger les âmes vers la vertu.

Dès sa jeunesse, pendant ses études, il arrive le premier à l'école d'Attalus, il en sort le dernier; il poursuit même de ses questions son maître chéri jusqu'à la promenade. Il ne va pas au cours, comme ses condisciples, pour entendre une belle parole, mais pour y chercher des leçons dont il puisse faire usage. Le maître vante la pauvreté, Sénèque veut être pauvre; la tempérance et la chasteté, Sénèque sera chaste et tempérant. Et ce n'étaient point là de vaines résolutions inspirées par une ardeur juvénile. Il nous apprend qu'il garda son vœu en bien des choses, que dès lors il renonça à tous les raffinements du luxe, aux huîtres, aux parfums, aux bains chauds qui entretiennent la délicatesse. Au cours de Sotion, le pythagoricien, il promet de s'abstenir de viande; il se tient parole à lui-même[1], et pendant plusieurs années, il suit ce régime, qu'il n'aurait point quitté, s'il n'avait dû céder aux instances de son père qui craignait pour son fils la persécution dirigée alors contre les sectes d'Orient suspectes à Tibère.

Et plus tard, quand il est au comble de la puissance, si nous le suivons dans cette opulence qu'on lui a tant reprochée, et qui fait sa gloire, puisqu'elle rehausse sa tempérance, nous le voyons s'arranger une sorte de pauvreté factice, ne boire que de l'eau, ne vivre que de

---

1. Sæpe exire e schola pauperi libuit.... libebat circumscribere gulam et ventrem. Inde mihi quædam permansere. *Lettre* CVIII.

fruits¹, dormir sur une couchette qui ne garde point l'empreinte de son corps², se rendre à sa villa dans un équipage plus que modeste et non point par vanité de philosophe. Puisqu'il rougit de son appareil de campagnard quand il est rencontré par de brillants équipages, il nous prouve qu'il est de bonne foi dans sa simplicité³.

S'il est permis de le croire sur parole, il traite ses esclaves avec douceur, leur parle comme à des hommes et ne craint pas de souper avec eux, violant ainsi les usages du beau monde⁴. Quand même Tacite ne vanterait pas l'honnêteté de son commerce, ni son attachement pour Burrhus et cette union si rare entre deux hommes qui se partagent l'autorité, je croirais volontiers qu'il eut de véritables amis, celui qui sut écrire sur l'amitié avec une grâce si pénétrante. Jeunes et vieux, il cherche à les rendre meilleurs, les dirige dans l'étude de la sagesse, avec quelle sollicitude nous le voyons par les lettres à Lucilius. Enfin, faut-il rappeler le dévouement de sa jeune épouse, si honorable pour un vieillard, la tendresse presque paternelle du philosophe pour cet enfant qui veut mourir avec lui, et peut-on douter encore des qualités aimables de Sénèque et de ses vertus privées, quand on a vu dans les *Annales* couler le sang de Pauline ?

Je veux aller plus loin encore, et pénétrer jusque dans l'esprit de celui qui recommande à l'honnête homme de

---

1. Persimplici victu et agrestibus pomis ac profluente aqua vitam tolerat. Tac., *Ann.*, XV, 45.
2. Tali utor etiam senex, in qua vestigium apparere non possit. *Lettre* CVIII.
3. *Lettre* LXXXVII.
4. Rideo istos qui turpe existimant cum servo suo cœnare.... Sic cum inferiore vivas, quemadmodum tecum superiorem velles vivere. *Lettre* XLVII.

penser comme si le cœur avait un témoin [1]. Je le vois sans cesse occupé de morale, à table avec ses amis, à la promenade dans ses beaux jardins, sur son lit où le retient sa mauvaise santé. Il va jusqu'à rendre grâces à la maladie qui le défend contre les distractions [2]. Au milieu du monde, il porte avec lui quelque pensée morale dont il se nourrit en secret [3]. Il vit en présence de Dieu et dans la compagnie invisible de quelque sage des anciens temps, dont il porte l'image dans son cœur et dont il sanctifie ses pensées [4]. Ni le bruit du cirque voisin de sa maison, ni les délices de Baies, ce séjour du luxe et de l'élégance romaine, ne peuvent le distraire [5]. Et ce n'est pas de spéculations morales qu'il s'occupe ; il ne cherche qu'à se rendre meilleur, il ne s'entretient qu'avec son âme, il se gourmande, il s'encourage [6]. Si devant le public il étale parfois une vertu arrogante, dans les confidences de l'amitié il nous dévoile ses faiblesses. Il appartient, nous dit-il lui-même, à la classe de ces sages incomplets guéris de leurs vices, non de leurs passions. Mais il fait des progrès tous les jours ; il ne s'amende pas, il se transfigure [7]. Tous les soirs, quand on lui a retiré la lumière, à côté de Pauline, qui respecte son recueillement,

---

1. Sic cogitandum, tanquam aliquis in pectus intimum inspicere possit. *Lettre* LXXXIII.
2. *Lettres* LXIV, LXV, LXVI, LXVII.
3. Quocumque constiti loco, ibi cogitationes meas tracto, et aliquid in animo salutare verso. *Lettre* LXII.
4. Cum optimo quoque sum : ad illos, in quocunque loco, in quocunque seculo fuerint, animum meum mitto. *Lettre* LXII.
Aliquem habeat animus quem vereatur, cujus auctoritate etiam secretum suum sanctius faciat. *Lettre* XI.
5. *Lettres* LI, LVI, LXXVI, LXXXIII.
6. In hoc unum eunt dies, in hoc noctes : hoc opus meum est, hæc cogitatio, imponere veteribus malis finem. *Lettre* LXI, voy. *Lettre* XXVII.
7. *Lettres* LXXV, VI.

il fait son examen de conscience, revoit toute sa journée et se pardonne ses fautes à condition de ne plus y retomber. Dans sa jeunesse, il songe à bien vivre, dans sa vieillesse, à bien mourir [1]. Il repasse sans cesse dans son esprit le souvenir des plus nobles trépas, pour apprendre à braver la douleur, mais surtout il purifie son âme de ses passions, voulant finir, non-seulement comme un Romain, mais encore comme un sage. Aussi quand le centurion lui apporte l'ordre de mourir, il est prêt, et après avoir consolé ses amis qui savent comment il a vécu, il peut leur dire : Je vous lègue ce que j'ai de plus beau, l'image de ma vie [2].

VIII

Style de Sénèque.

Je voudrais arrêter ici cette étude sur Sénèque, s'il était possible de parler d'un si grand écrivain sans dire quelque chose de son style. Pour la langue et la diction, je renvoie à Quintilien, en cette matière juge excellent [3].

---

1. Ante senectutem curavi ut bene viverem, in senectute, ut bene moriar. *Lettre* LXI.
2. Quod unum jam et tamen pulcherrimum habebat, imaginem vitæ suæ relinquere. Tacite, *Ann.*, XV, 62.
3. Un esprit encore plus délicat que Quintilien a jugé la diction de Sénèque, c'est Sénèque lui-même. Sa critique du style est exquise, toute morale, étrangère aux raffinements de la rhétorique, et les expressions les plus sensibles y donnent du corps aux remarques les plus déliées.

Mais par une bizarre méconnaissance de lui-même, qui prouve

Je ne veux voir dans Sénèque que les habitudes de sa pensée. Étudier le style d'un philosophe, c'est encore observer la tenue de son esprit : *Non potest alius esse ingenio, alius animo color.*

Ces lettres paraissent avoir été composées vers l'an 59, l'année de la mort d'Agrippine. Le crédit de Sénèque était déjà affaibli; bientôt on voit mourir Burrhus, et les courtisans de l'empereur s'empresser pour accuser et perdre le philosophe désormais sans appui. Il pouvait donc déjà prévoir sa fin, et se dire, comme il fit en mourant : Après le meurtre de son frère et de sa mère, il ne reste plus à Néron qu'à faire mourir son précepteur. Cette date peut expliquer le découragement qu'on remarque dans ces lettres, et les longues méditations sur la retraite, sur la pauvreté et sur la mort.

Il est évident que dans ces lettres l'auteur n'a pas voulu donner un enseignement suivi et régulier. Cependant au moins son bon goût, Sénèque vante dans autrui toutes les qualités qu'il n'a pas, et blâme tous les défauts qui sont les siens. Le lecteur qui veut apprécier le style de l'auteur ne peut mieux faire que de lui emprunter ses jugements si fins et si solides.

Ainsi, en parlant de la corruption de l'éloquence, il marque, sans le savoir, ses propres défauts : *Quare alias sensus audaces et fidem egressi placuerint, alias abruptæ sententiæ et suspiciosæ, in quibus plus intelligendum est quam audiendum? Quare aliqua ætas fuerit quæ translationis jure uteretur inverecunde?* Lettre CXIV.

S'agit-il de ces pensées qui n'ont que de l'apparence et qui ne sont que des amorces au lecteur? Lui-même nous fournira de spirituelles expressions; il suffit de retrancher la négation : *Non habemus ista oculifera, nec emptorem decipimus, nihil inventurum quum intraverit præter illa quæ in fronte suspensa sunt.* Lettre XXXIII.

On voit, par ces citations, qu'on pourrait multiplier, que la critique la plus délicate du style de Sénèque se trouve dans Sénèque lui-même, et qu'il suffit de recueillir ses expressions pour marquer toutes les nuances de ses défauts. — Voy. *Lettres*, XL, LIX, XCV, C, CXIV, etc.

dant il ne se livre pas non plus à tous les hasards d'une correspondance familière. Tantôt il reprend un défaut de son ami et lui fait toutes les remontrances capables de le corriger, tantôt il attaque un vice de l'époque, pensant que Lucilius pourra profiter pour lui-même de ces réprimandes générales. Telle lettre n'est, à ce qu'il semble, qu'un feuillet détaché qu'il n'a pu faire entrer dans son grand ouvrage, aujourd'hui perdu, sur la philosophie morale ; telle autre, qu'un assemblage de pensées décousues qui n'ont pas trouvé place dans ses μελετήματα. Mais quel que soit le sujet qu'il traite, qu'il fasse une description, une satire ou sa propre apologie, qu'il parle de physique ou de littérature, il ne manque jamais de terminer par une exhortation morale.

Le style de ces exhortations est souvent emphatique. D'où vient que Sénèque, qui montre partout son indépendance philosophique, et qui d'autre part est si raisonnable quelquefois, si humain, si sincère, semble aimer cette enflure stoïcienne, et proclame les principes les plus outrés avec l'intempérance d'un adepte à peine sorti des écoles? Comment le public romain pouvait-il goûter ces méditations surhumaines, ces provocations indiscrètes et ces audaces de visionnaire luttant contre je ne sais quelle puissance occulte qu'on ne nomme jamais? Il paraît que ce défaut tient encore plus à une mode littéraire qu'à l'esprit de Sénèque. Nous voyons que toute la littérature de l'empire est stoïcienne. Lucain, Perse, Juvénal, Sénèque le tragique, Tacite, Martial même quelquefois, et d'autres encore, le prennent sur ce ton austère, et proclament tantôt avec mesure, tantôt avec un faste insupportable, les principes de l'école. Cette arrogance et cette enflure n'auraient pas été si générales, si l'opinion n'avait pas été flattée par cette sévérité poussée parfois jusqu'au ridicule. Cette mode s'explique : c'était une sorte de protestation contre le gouvernement corrompu et despotique des empereurs, un souvenir de l'ancienne république (car les stoïciens étaient disciples de Brutus et de Cassius aussi bien que de Zénon). On pourrait citer bien des preuves de cet engouement mi-stoïcien, mi-républicain. Un des personnages du *Dialogue des orateurs*, Maternus, a composé une tragédie de *Caton*, dont toute la ville s'entretient et dont on aime surtout l'audace. Ce n'est que par cette mode de stoïcisme qu'on peut expliquer la littérature du temps. Dans Sénèque le tragique, par exemple, Astyanax, sans attendre la mort, et après avoir tourné de tous côtés des yeux farouches, se précipite lui-même du haut de la tour, invention ridicule qu'un homme d'esprit n'eût pas hasardée dans une tragédie, s'il n'avait été sûr que le public applaudirait le suicide de ce petit stoïcien.

Ce qui excuse encore l'enflure de Sénèque et la vigueur outrée de son style, ce sont les vices de l'époque. Je n'entends point parler ici de la contagion du mauvais goût. Mais quand on songe aux mœurs de Rome, qui n'avait conservé de la république que la rudesse, aux crimes monstrueux de la politique, à la cupidité romaine qui épuisait le monde; quand on se représente ces festins où les riches blasés étalaient tout ce que la vanité en délire pouvait inventer; quand on se rappelle enfin ce que les historiens les plus véridiques et les plus froids nous racontent de cette époque unique dans l'histoire, il ne faut pas s'étonner qu'un moraliste ne trouve pas d'expressions assez violentes pour combattre de pareilles monstruosités; et il faut se garder de prendre pour de l'exagération ce qui n'est souvent que la vive peinture d'horreurs ou d'extravagances véritables.

Il en est de même quand il traite un autre de ses sujets favoris et qu'il dépeint l'inconstance de la fortune. Aujourd'hui, sous la protection de nos lois et de nos mœurs, le lecteur paisible est tenté de prendre pour des exercices de style ces éternelles redites sur la fragilité des grandeurs. Mais à Rome les révolutions journalières des palais et de la place publique qui livraient le monde en proie à d'horribles affranchis, et le génie, la vertu, la richesse à la rage des délateurs, donnaient à ces tableaux des vicissitudes humaines un à-propos douloureux auquel n'était point insensible la multitude innombrable des exilés. Sans entrer dans plus de détails, qu'on se rappelle seulement les premiers chapitres des *Histoires* de Tacite, ce récit succinct de tant de catastrophes de la nature et de la politique.

Un défaut plus grave qui tient à l'esprit même de l'auteur, c'est le manque de suite et d'exactitude. Sa manière de raisonner impatiente parfois le lecteur le plus dévoué. Il promet un beau sujet, votre curiosité s'éveille; mais à peine l'a-t-il effleuré, qu'il s'esquive; il revient sur la difficulté, vous le suivez de nouveau et il vous échappe encore. C'est un leurre charmant qui vous épuise. Il n'a pas de plan tracé d'avance, les mots l'entraînent; il se détourne de sa route pour cueillir une belle pensée, pour lancer un trait de satire.

Ce qui fait que Sénèque raisonne avec peu de rigueur, et que ses lettres sont remplies de ces demi-contradictions qui en rendent le résumé si difficile, c'est que son bon sens est en lutte avec sa doctrine et qu'il n'a pas le courage de suivre entièrement le stoïcisme, ni celui de s'en séparer. Un moment il enfle sa pensée; un instant après un trait vif et net fait crever le ballon. Il a trop d'esprit, d'abondance et de raison pour suivre uniment la doctrine du Portique. Dans une même page il est doux, austère, simple, outré, raisonnable et surhumain;

le lecteur déconcerté ne sait s'il doit admirer, s'il doit blâmer, et dans son incertitude et son trouble il arrive, selon son humeur, qu'il admire avec trop d'entraînement ou qu'il blâme avec trop de rigueur.

D'ailleurs, comme il ne donne pas une instruction suivie et qu'il développe ordinairement sa morale à propos d'un événement, d'un homme ou d'une chose qui l'a frappé, il a souvent de la peine à lier ce fait particulier aux conséquences philosophiques qu'il en veut tirer et aux idées générales qui règnent dans son esprit. De là, des sermons hors de propos, des tirades indiscrètes qui fatiguent à force d'étonner; de là des transitions qui n'en sont pas pour la raison et qui arrêtent le lecteur trop prudent pour s'engager sur ces ponts fragiles jetés trop commodément sur un abîme.

L'observation la plus fine qu'on ait faite sur le style de Sénèque est de Malebranche : il ressemble, dit-il, à ceux qui dansent, qui finissent toujours où ils ont commencé. Cette remarque est digne d'un cartésien amoureux des belles démonstrations et de cette lumière pure qui éclaire et qui persuade par évidence. Mais dans la morale pratique les fortes impressions valent mieux que les raisons lumineuses. Les raisons sont dans notre cœur; il faut les éveiller et secouer rudement le sommeil de la conscience. Voici comment Sénèque lui-même repousse les démonstrations peu cartésiennes, il est vrai, des stoïciens : *Satius est expugnare affectus quam circumscribere. Si possumus, fortius loquamur, si minus, apertius.*

Oserai-je hasarder une réflexion que m'a suggérée quelquefois la lecture de Sénèque. Ces redites, ces évolutions autour d'un sujet trahissent l'embarras du philosophe. Il y a des idées dangereuses (et tout le stoïcisme n'est-il pas une sourde révolte?), il y a des hardiesses que Sénèque veut et n'ose mettre en lumière. Il avance et recule, tourne autour de son idée, pour y attirer notre attention, non pas en la plaçant résolûment sous nos yeux, mais en la touchant du doigt à plusieurs reprises pour nous faire voir ce qu'il n'ose montrer. Sous la tyrannie il y a deux méthodes de dissimulation, celle de Tacite, qui condense sa pensée jusqu'à l'étouffer, et qui laisse à chaque lecteur le soin de l'interpréter dans la mesure de son audace ; celle de Sénèque, qui étourdit par son intempérance, brouille sa voie, et par mille retours dépiste le soupçon.

Mais quand on a relevé dans Sénèque les défauts qui tiennent à son esprit ou à son temps, son arrogance stoïque, son goût pour la déclamation qu'il semble emprunter à son père, son imagination trop hardie qui force les idées aussi bien que la langue, on ne peut plus qu'admirer ces pensées fortes et courtes qui s'attachent à l'esprit et qui sont comme les aiguillons de la morale. Si l'auteur ne vous réduit point par une démonstration pressante, si sa dialectique est quelquefois puérile, si le torrent de son esprit l'emporte sans cesse hors de la vérité qui l'occupe, du moins on rencontre partout de ces mâles résolutions qui honorent le philosophe, de ces mots rapides et profonds qui sont comme les cris de la conscience et de ces éclairs qui illuminent d'un seul coup tous les recoins de la morale. Aucun philosophe ne donne à l'esprit de si rudes secousses. De tous les moralistes de l'antiquité, c'est lui qui a le mieux connu et démêlé la conscience humaine, qui a le mieux saisi les raisons secrètes et subtiles qui nous gouvernent et tout ce jeu délié, insaisissable des passions qui se mêlent, se combattent, sans se détruire.

D'autres ont tracé d'une main plus sûre le plan de la morale universelle ; mais il faut arriver jusqu'aux écrivains chrétiens du dix-septième siècle, auxquels la charité et la confession ont donné des lumières nouvelles sur les âmes, pour trouver cette vue claire et pénétrante dans les choses de la conscience.

UN POËTE STOÏCIEN.

PERSE.

I

Caractère de ses satires.

En regard de Sénèque, qui fut le plus éloquent docteur du Portique, il convient de placer ici le portrait d'un jeune adepte dont l'éducation toute stoïcienne laisse voir combien était efficace l'influence que la doctrine exerçait alors sur les plus nobles familles de Rome.

Nous voudrions intéresser le lecteur à un poëte latin que peu de personnes ont le courage d'aborder, dont le langage trop dur et difficile à pénétrer repousse souvent la curiosité la plus intelligente et la plus résolue, et qui mérite pourtant de devenir le sujet d'une grave étude, non pas seulement à cause de son talent incontesté, mais pour avoir été le disciple passionné d'une grande philosophie, le censeur mélancolique de la corruption universelle sous le règne de Néron, l'interprète ardent et candide de la plus noble société romaine, de cette héroïque élite de philosophes et de politiques où s'était réfugiée, comme en un dernier asile, la conscience du genre humain. Sans prétendre explorer et traverser en tous sens les profondeurs de cette poésie obscure, hérissée et touffue, nous voudrions du moins y ouvrir quelques chemins praticables qui permettent à chacun de voir ce qu'il y a de grandeur austère et de sincère tristesse dans ces œuvres poétiques trop doctrinales, mais dont la monotonie ne manque pas d'une certaine majesté. On a beaucoup écrit sur Perse, et son petit livre est comme opprimé par les commentaires, qui malheureusement ne sont pas superflus. Les uns l'ont exalté sans mesure et l'ont loué en raison des peines qu'il leur a coûtées; d'autres l'ont décrié avec la légèreté et l'injustice de l'impatience; le grand nombre a trouvé plus commode de le vanter à tout hasard que de chercher à le comprendre. Pour nous, nous ne pouvons lire qu'avec sympathie et respect un livre où non-seulement nous voyons éclater sous une forme originale et avec une jeune virilité les sentiments personnels du poëte, mais où nous croyons saisir encore les opinions morales, politiques, religieuses et même littéraires de toute une famille stoïcienne aussi célèbre par ses vertus que par ses malheurs immérités, et qui versa son sang pour sa foi civique. On aborde avec plus d'indulgence et de recueillement cette poésie pénible quand on ne songe pas trop à la juger en critique littéraire et qu'on n'y cherche que le sévère plaisir de contempler des convictions généreuses. Aussi n'avons-nous pas le dessein de considérer Perse comme le rival d'Horace et de Juvénal; nous ne voulons étudier en lui que l'adepte du stoïcisme, le jeune enthousiaste patricien, mort à vingt-huit ans, qui a consumé sa courte vie à mettre en vers et à frapper laborieusement de fortes maximes, et qui, depuis son enfance jusqu'à sa mort, n'a fait que célébrer les rigueurs de la sagesse avec la candeur d'un lévite élevé et retenu dans le temple de la philosophie.

C'est en effet une sorte d'enseignement sacré que celui de la morale au temps de l'empire. La philosophie n'est plus comme autrefois une science spéculative, un objet de savantes disputes et l'amusement distingué des plus délicats. Le stoïcisme est sorti des écoles pour se répandre dans le monde, il ne tend plus qu'à la pratique : il a l'ambition de parler aux consciences, de façonner les âmes, et ses préceptes, adoptés avec ferveur, sont devenus des règles de conduite, souvent même des mots de ralliement politique, espèce de protestation superbe contre les mœurs du siècle et le despotisme impérial. Le stoïcisme et le christianisme, sans se connaître, essayaient de répondre également à des besoins nouveaux de perfection morale. Tandis que la foi chrétienne, répandue dans la multitude innomée et poursuivant sa marche souterraine, renouvelait mystérieusement les âmes des humbles et transformait souvent ces déshérités en héros, la vieille doctrine de Zénon, dégagée de son appareil scientifique et marchant au grand jour, conquérait la plus belle partie de la société romaine, lui inspirait des vertus plus provoquantes et la rendait capable d'une autre espèce de martyre. Comme les pauvres mouraient pour leur Dieu, les patriciens et les philosophes mouraient pour l'honneur de la dignité humaine. La philosophie, elle aussi, semble alors avoir sa milice qui prêche dans les écoles, dans les familles, quelquefois dans la rue, qui entreprend de former les hommes sur le modèle d'un idéal sublime.

qui exhorte, qui gourmande, qui console. Si l'on veut comprendre la noblesse, la portée et l'accent de ces satires toutes morales de notre poëte, il faut d'abord se représenter les caractères nouveaux de cette philosophie active, la gravité presque religieuse de ces sages dont Perse a été l'élève sans jamais sortir de leurs mains, qui l'ont inspiré, surveillé, encouragé, comme l'enfant chéri et le brillant espoir de la famille stoïcienne.

Déjà vers la fin de la république, mais surtout sous l'empire, à des époques également funestes et fertiles en désastres publics et privés, les plus honnêtes gens s'étaient jetés dans le sein de la philosophie, autrefois si suspecte et si décriée à Rome, et lui demandaient pour eux-mêmes ou pour leurs enfants une discipline morale. Les philosophes ne sont plus de simples professeurs, ils deviennent les conseillers des grands, souvent de vrais directeurs de conscience, guidant la famille dans les chemins de la perfection intérieure, enseignant à bien vivre et à bien mourir, exerçant en un mot une sorte de libre sacerdoce. Qu'on se rappelle seulement les traits de mœurs qui mettent en lumière le prestige et ce qu'on appelait la sainteté de cette philosophie active et militante, et qui font voir aussi quelles étaient les habitudes, l'autorité et l'ambition de ces moralistes-prédicateurs [1].

Telle était, il ne faut point l'oublier, la philosophie qui inspira les vers de Perse ; tel fut cet enseignement, plein d'énergie et de foi, qui a pétri l'âme du poëte ; pareils aussi furent les hommes avec lesquels il a vécu, et qui l'ont échauffé de leur génie et de leur éloquence. En essayant de peindre son éducation et sa vie, nous a-

---

[1] Voy. notre chapitre sur Sénèque, pages 2-10.

lons le voir maintenant au milieu de sa famille, dans cette société de sages ou de leurs disciples dont il fut l'écho, et l'on pourra saisir les opinions et les sentiments d'une illustre maison patricienne sous le règne de Néron, et se faire une idée de ce qu'on nous permettra d'appeler un salon stoïcien.

II

Une famille patricienne sous l'empire.

Nous n'avons sur Perse qu'une courte notice attribuée à Suétone, mais qui paraît être l'œuvre d'un ancien commentateur du poëte. Ce sont de simples indications sur sa vie, sa famille, ses maîtres, ses amis. Toutefois, en suivant ces légers vestiges, en recueillant çà et là tout ce qu'on sait sur les personnages connus qui l'ont entouré, on peut non-seulement se représenter la société dans laquelle il a vécu, mais encore, par des chemins détournés et comme par des portes dérobées, pénétrer dans l'intimité du poëte et forcer par plus d'un côté le mystère qui recouvre sa vie et ses ouvrages. Sa vie embrasse les trois dernières années de Tibère, les règnes de Caligula, de Claude et les huit premières années du règne de Néron, c'est-à-dire une des plus tristes époques de l'empire où la tyrannie cruelle et fantasque des princes et de leurs affranchis ministres et l'horrible désordre des mœurs provoquaient le plus violemment les regrets républicains dans les grandes familles et les protestations silencieuses ou hardies des philosophes. Né à Volaterre en Étrurie, ayant perdu de bonne heure son père, chevalier romain, il fut élevé avec beaucoup de sollicitude par sa mère, Fulvia Sisennia, matrone distinguée, qui, pour achever l'éducation de son fils, l'amena à Rome et le remit à l'âge de douze ans entre les mains d'un célèbre grammairien et professeur de belles-lettres, Virginius Flavus, dont Tacite nous apprend qu'il fut exilé plus tard pour avoir trop excité par son éloquence l'enthousiasme de la jeunesse. Nous verrons que les maîtres, les amis, les parents de Perse seront presque tous tôt ou tard condamnés à l'exil ou à la mort pour la fierté de leurs sentiments et de leur langage. Tous ceux qui l'entourent sont de futurs proscrits.

A seize ans, à l'âge où les jeunes Romains étaient émancipés et ne relevaient plus que d'eux-mêmes, le sage et timide adolescent vint se placer sous la règle et la discipline d'un philosophe renommé, Cornutus, dont il devint le disciple et l'ami, et qu'il ne quitta plus. On sait, que, selon un usage antique, les jeunes patriciens épris des nobles études s'attachaient à un homme distingué dont la parole et la conduite pouvaient leur servir d'exemple. Sous la république, quand l'éloquence était pour tous la principale étude, le jeune Romain dont le talent donnait des espérances était confié par ses parents au plus grand orateur : il le suivait partout, se modelait sur lui, assistait à tous ses discours, se familiarisant ainsi avec les luttes du Forum et apprenant en quelque sorte à combattre sur le champ de bataille même ; mais au temps de l'empire, quand l'éloquence fut pacifiée, que par la force des choses et des institutions elle dégénéra en innocente et stérile rhétorique, ou fut obligée de se renfermer dans les exercices pénibles du barreau, les plus graves esprits se tournèrent du côté des philosophes, leur demandant la haute culture morale et les principes de l'honnêteté privée. Le goût de la perfection morale remplaça l'ambition politique, et on rêva de devenir un sage comme on rêvait jadis de devenir un grand orateur. Toutefois, selon les mâles habitudes du caractère antique, la vertu n'était pas seulement recherchée comme une satisfaction tranquille du cœur, mais comme une arme propre à une nouvelle espèce de lutte et capable de servir de défense à la dignité de l'homme et du citoyen. Perse se donna donc tout entier à Cornutus comme à un directeur spirituel et à un gardien de son âme. Il demeurait avec lui, recueillant sans cesse ses paroles et ses exemples, essayant de se former sur le modèle d'un maître tendrement vénéré. C'était du reste une des premières et des plus délicates prescriptions de la morale pratique à cette époque de choisir pour compagnon et pour témoin de sa vie un homme irréprochable qui fût à la fois un guide et un médecin de l'âme. Sénèque a fait nettement la théorie de cette direction morale : « Le chemin de la sagesse est plus court par les exemples que par les préceptes. — La voix vive profite plus que la lecture. — Personne n'est assez fort pour se tirer tout seul du vice, il est besoin que quelqu'un lui prête la main et l'en dégage. — Choisissons un guide qui montre ce qu'il faut faire en le faisant lui-même et qu'on admire plus à le voir qu'à l'entendre. — Le philosophe est comme le médecin, qui ne saurait prescrire de loin ce qui convient à un malade; il faut qu'il lui tâte le pouls[1]. » Ces prescriptions de la philosophie sur la nécessité d'avoir un directeur n'ont jamais trouvé une raison plus docile à les suivre que dans ce jeune chevalier élevé par sa mère, et dont l'adolescence timorée redoutait pour sa vertu naissante les pé-

---

1. Sénèque, *Lettres à Lucilius*, VI, LII, XXII.

rils de la vie. Cornutus, qui fut un de ces sages comme les demandait Sénèque, a eu le bonheur de s'attacher un élève avide de perfection morale et capable de reconnaître les soins donnés à la culture de son âme. Il a dû être un homme de vertu et de grande autorité, s'il est permis de juger le mérite du maître par l'admiration et la reconnaissance attendrie du disciple. On ne trouve pas souvent, même dans les lettres de néophytes chrétiens qui ont témoigné leur gratitude à leurs directeurs, des sentiments si purs exprimés avec une si naturelle effusion et une si délicate sincérité :

« Mon but n'est pas, en vous adressant ces vers, d'enfler une page de bagatelles pompeuses pour donner, comme on dit, du poids à la fumée. Nous parlons ici seul à seul, et je ne résiste pas à ma muse, qui m'engage à vous ouvrir mon âme tout entière. Combien, mon cher Cornutus, mon doux ami, combien vous faites partie de moi-même, c'est un bonheur pour moi de vous le dire. »

.... Quantaque nostræ
Pars tua sit, Cornute, animæ, tibi, dulcis amice,
Ostendisse juvat [1].

Puis avec des hardiesses de style dont l'effort n'est que l'impatience impuissante qu'éprouve le poëte à ne pouvoir dépeindre une amitié si particulière, si vive et si profonde, il continue :

« Frappez un peu là sur mon cœur, vous qui savez si bien distinguer ce qui sonne creux et reconnaître si de belles paroles ne décorent que le vide; oui, je ne craindrais pas de demander ici le secours de cent voix à la façon des poëtes pour dire avec la plus pure sincérité

1. *Satires*, V, 19-24.

jusqu'à quel point je vous ai fait entrer dans les profondeurs de mon âme, pour exprimer par la parole tout ce que mon cœur renferme de sentiments ineffables. »

> Ut quantum mihi te sinuoso in pectore fixi,
> Voce traham pura, totumque hoc verba resignent,
> Quod latet arcana non enarrabile fibra [1].

Je ne sais si on trouverait ailleurs dans un auteur profane autant de grâce morale que dans les vers suivants, où Perse déclare lui-même les motifs de sa reconnaissance. Il doit son salut à son maître. A l'âge où commençaient pour lui les périls de la jeunesse et de la liberté, il a trouvé auprès de Cornutus une sollicitude tutélaire. Vers curieux et touchants d'un jeune païen que le plaisir effarouche, que l'indépendance inquiète et qui court déposer au plus vite son âme entre des mains sûres ! On n'a pas dû entendre souvent à Rome des jeunes gens s'effrayer ainsi à la vue de la charmante carrière qui s'ouvrait devant eux. Ce sont là des scrupules bien nouveaux et délicats où nous croyons reconnaître l'influence de l'éducation maternelle et de toute une famille composée, comme nous le verrons, de tout ce qu'il y avait de plus honorable à Rome :

« Lorsque, tout craintif, j'eus déposé la robe de pourpre gardienne de l'enfance et suspendu ma bulle en offrande devant les dieux lares, lorsque, entouré d'aimables compagnons, je dus au privilége de ma robe nouvelle de pouvoir promener mes regards dans le voluptueux quartier de Suburra ; au moment enfin où deux chemins s'ouvrent devant nous, où l'âme incertaine et tremblante ne sait pas lequel il faut suivre dans ce carrefour de la vie, je me mis sous votre discipline,

---

1. *Satires* V, 24-29.

et ma tendre jeunesse fut recueillie par vous, Cornutus, dans le sein de votre sagesse socratique. »

> Me tibi supposui; teneros tu suscipis annos
> Socratico, Cornute, sinu [1].

Alors commença cette éducation morale, cette direction spirituelle dont nous avons parlé. Le jeune homme donne au maître non son esprit à former, mais ses passions à dompter; il est entre ses mains comme l'argile sous les doigts du sculpteur.

« Une règle invisible, délicatement appliquée, redresse mes travers; l'homme passionné en moi se soumet à la raison et travaille à se vaincre lui-même; mon âme prend des formes plus pures sous les mains de l'artiste. Avec vous, je m'en souviens, je passais des journées entières, avec vous je donnais au dîner la première heure de la nuit. Travail, repos, tout était commun entre nous, également réglé, et c'était un modeste repas que celui qui égayait nos graves pensées. Le ciel, n'en doutez pas, a voulu enchaîner par des rapports constants ma vie avec la vôtre. »

> Tecum etenim longos memini consumere soles,
> Et tecum primas epulis decerpere noctes.
> Unum opus, et requiem pariter disponimus ambo,
> Atque verecunda laxamus seria mensa [2].

Nous aimons à citer ces vers, non-seulement parce qu'ils peignent avec vérité un intérieur domestique et les mœurs philosophiques de Rome, mais encore parce qu'ils ont une certaine grâce facile qui n'est pas ordinaire dans les satires de Perse. Après un premier effort

---

1. *Satires* V, 30-37.
   Ibid., 37-46.

pour témoigner toute sa reconnaissance, pour trouver des expressions rares capables de rendre des sentiments rares aussi, ses vers coulent de source avec une simplicité lucide. La pureté ingénue des sentiments y rayonne et leur donne une sorte de transparence, et, comme il arrive souvent en poésie, les pensées qui font le plus honneur à l'âme honnête de Perse sont de celles aussi qui font le plus honneur à son talent.

Cornutus a dû contribuer à faire un satirique de cet innocent jeune homme, que son ignorance de la vie, son éloignement du monde, semblaient destiner à d'autres occupations poétiques. Ce maître si grave et si doux dans l'intimité paraît avoir eu la parole mordante, et on peut le soupçonner d'avoir fait lui-même, sous une forme ou une autre, des satires [1].

A la fois stoïcien et philosophe prêcheur, c'est plus qu'il n'en fallait à Cornutus pour avoir le goût et le talent de la satire. On ne prêche pas sur la morale sans peindre les mœurs, sans trouver un certain plaisir à piquer le vice ou la sottise, et plus d'un prédicateur chrétien même a eu besoin de toute sa vertu pour ne pas céder à la tentation de mépriser trop ouvertement les hommes; mais le stoïcien, qui n'était pas retenu par la charité, qui faisait profession d'être libre et rude dans son langage, pouvait se livrer sans scrupule à ce dédain, et assaisonnait volontiers ses sermons de railleries. Bien plus, une certaine impertinence était le ton convenu de l'école et comme la prérogative de la philosophie. On ne paraissait pas assez vertueux, si on n'était un peu insolent. C'est ce que prouva Cornutus le jour où il fit gratuitement une injure à Néron. Le prince

1. Un grammairien du sixième siècle, Fulgentius (*Vocum antiq. interpret.*), cite même un vers d'une satire de Cornutus. Son témoignage, il est vrai, n'a pas grande valeur.

métromane, ayant formé le projet d'écrire en vers toute l'histoire de Rome, crut sans doute faire honneur au savant Cornutus en l'appelant à une sorte de conseil privé où on discuta sur le nombre de livres qu'il convenait de consacrer à un si grand sujet. Quelques familiers du prince ayant prétendu que quatre cents livres n'étaient pas de trop, Cornutus se récria, disant avec raison que personne ne lirait une œuvre de cette étendue. « Mais, lui fut-il objecté, votre Chrysippe en a composé bien plus. — Cela est vrai, répliqua Cornutus; mais les livres de Chrysippe sont utiles à l'humanité [1]. » Néron offensé l'exila. Voilà un trait qui fait connaître Cornutus et la plupart des stoïciens. Ce n'était pas assez pour eux de braver le siècle par leur air, par leur costume, par la liberté morale de leur langage ; ils tenaient encore à blesser les hommes et les puissants. La vertu leur semblait molle, si elle ne faisait sentir ses aspérités : ridicule véritable de la secte, que Tacite lui-même a blâmé, qu'il ne faut pas condamner trop sévèrement, parce qu'elle l'a payé assez cher sous les empereurs, ridicule éternel d'ailleurs dans toutes les sectes austères, dont de pieuses âmes aujourd'hui encore ne savent pas toujours se défendre, par cette fausse idée que la foi n'agit pas si elle ne heurte, que l'orgueil sied à la vérité, que l'insolence est le grand air de la vertu, la modestie un lâche abandon des principes, et la condescendance persuasive une faiblesse mondaine.

Autour de ce savant homme, qui fut un grand homme peut-être ou qui parut tel à ses contemporains, se groupaient un certain nombre de jeunes gens distingués, de bonne heure arrivés à la renommée ou à la gloire qui étaient unis à leur maître et entre eux par une sorte

---

1. Dion Cassius, LXII, 29.

d'amitié philosophique. On cite deux étrangers, deux Grecs, Petronius Aristocratès et Claudius Agathémère, dont on ne sait rien, si ce n'est que ce dernier était médecin, que tous deux étaient aussi remarquables par leur science que par leur vertu, *doctissimos et sanctissimos viros*, jeunes hommes du même âge que Perse, que le poëte admirait, dit-on, en tâchant de leur ressembler. Sans être des philosophes de profession, peut-être étaient-ils des gens du monde, comme on en voyait beaucoup alors, qui prêchaient la morale avec enthousiasme et avec toute l'âpreté stoïque, *acriter philosophantium*[1]. Ils paraissent avoir été de ces hommes de bonne volonté qui se faisaient un devoir et une gloire d'attaquer les mœurs en tous lieux, dans les conversations du monde, de ces sermonneurs officieux et obstinés, comme les voulait Sénèque, et qu'il encourageait en leur disant : « Ne laissez pas de trêve aux passions d'autrui, revenez sans cesse à la charge, et si l'on vous dit : « Jusques à quand déclamerez-vous ? » répondez : « Jusques à quand resterez-vous dans le mal[2] ? » On croit entendre Bossuet s'écriant : « Que tout le monde prêche dans sa famille parmi ses amis, dans les conversations. » Sermonner était devenu une véritable manie à cette époque, l'éloquence ne trouvant plus guère d'autre carrière que la morale. Le devoir philosophique commandait de passer même par-dessus les règles de la discrétion et de la civilité dans cette propagande morale dont certains livres de Sénèque nous donnent à la fois la théorie et la pratique. On est tenté de comparer à une société de puritains ce groupe de philosophes, de prêcheurs, de mécontents qui condamnent le siècle, et dont Cornutus, l'auteur d'un livre sur

1. *Vie de Perse.*
2. *Lettre* LXXXIX.

la Nature des dieux, est le docteur et pour ainsi dire le théologien[1].

D'autres esprits d'un caractère un peu différent, plus hommes de lettres que philosophes, devaient mêler à ces graves conversations de sages l'intérêt plus doux des entretiens littéraires. La maison était fréquentée par des poëtes, entre autres par Cœsius Bassus, qui fut, au jugement de Quintilien, le plus grand poëte lyrique de Rome depuis Horace, l'ami d'enfance de Perse, et qui, après la mort prématurée du satirique, demanda à Cornutus et obtint l'honneur de publier les œuvres du défunt. C'était à Rome un honneur en effet et un devoir pieux de se faire, après la mort d'un ami, l'éditeur de ses livres. Là paraissait aussi Lucain, qui venait entendre Cornutus, non pas sans doute pour recueillir des leçons de philosophie exacte, ni pour s'exercer aux sévères renoncements du stoïcisme, mais vraisemblablement pour profiter d'un enseignement littéraire et entendre des vers ; car ce sage si écouté était en même temps un grammairien commentateur de Virgile, de plus un poëte composant des satires et peut-être des tragédies. Une certaine espèce de tragédies était alors à la mode, pièces destinées à la lecture, dont celles de Sénèque peuvent nous donner l'idée, où l'on entassait les préceptes de l'école en vers sentencieux, où, sous le nom de personnages fabuleux, de Médée, de Thyeste, on trouvait l'occasion de faire la leçon aux princes et aux contemporains, qui étaient lues dans les cercles choisis des frondeurs politiques, et dont les graves et dogmatiques malices, colportées avec empressement, faisaient en un jour le tour de la ville. Nous savons que Perse et Lucain, s'étaient également exercés dans ce genre à l'exemple de

---

1. Ce livre existe encore : Περὶ τῆς τῶν θεῶν φύσεως.

Cornutus[1]. On peut se figurer le ton plein de gravité et de complaisance réciproque qui devait régner dans cette réunion d'élégants esprits appartenant à la même secte et au même parti politique. Le bouillant Lucain, avec l'hyperbole ordinaire de son langage, la première fois qu'il entendit la lecture d'un ouvrage de Perse, poussa des cris d'admiration : « Voilà de la vraie poésie ! Mes vers, à moi, ne sont en comparaison que bagatelles[2] ! » On reconnaît là l'intempérance de Lucain et la violence de ses premiers mouvements dans l'admiration ou dans la haine. Perse et Lucain ont-ils été bien unis ? On en peut douter. La solidité morale du satirique devait juger sévèrement la fougue inconstante et les déplaisantes contradictions de l'auteur de *la Pharsale*. Sans doute Lucain a pris plaisir dans son poëme à se montrer stoïcien, il exalte les héros de la république, il fait sonner haut le mot de liberté ; mais ce républicain d'imagination flattait Néron, et, dans le même ouvrage où il glorifiait avec une fierté sans mesure Caton et tous les soldats de la liberté, il adressait des vers adulateurs au tyran jusqu'au moment où, blessé dans son amour-propre de poëte par le prince, son rival en poésie, il fit contre lui des vers satiriques qu'il paya de sa vie. Lucain paraît avoir été un mondain entraîné par Sénèque à la cour, dont l'imagination mobile flottait entre tous les extrêmes, à la fois courtisan et déclamateur stoïque, enthousiaste inconsistant, couvrant sa faiblesse de jactance espagnole, qui vécut, comme il écrivait, avec emphase, qui garda cette inconséquence jusque dans sa mort, et, après avoir

---

1. Cornutus illo tempore tragicus fuit. *Vie de Perse.* — Lucain vait laissé une *Médée* inachevée : Perse avait composé une de ces tragédies romaines qu'on appelait *prétextes*.

2. *Vie de Perse.* Le texte ici paraît corrompu, mais l'exclamation de Lucain est assez vraisemblable.

lâchement dénoncé sa mère pour se sauver lui-même, revint à de meilleurs sentiments, récita à ses derniers moments des vers vaillants de son poëme, et crut peut-être mourir en héros pour s'être enivré une dernière fois d'héroïsme épique.

Ce fut pour des raisons analogues, on peut le croire, que Perse se tint sur la réserve avec Sénèque. Il le connut assez tard, dit le biographe, et ne se laissa pas prendre aux charmes de son esprit. On conçoit que Perse ne se soit pas livré à ce stoïcien homme de cour, à la fois philosophe et ministre de Néron, et qui pouvait, aux yeux des hommes sévères, passer pour un transfuge. Sa vie, son esprit, son style devaient également déplaire aux rigoureux adeptes du stoïcisme et à l'intégrité doctrinale de Perse. Les concessions faites par Sénèque aux nécessités de la politique et aux modes littéraires paraissaient être autant de démentis à sa doctrine. Comme ministre, il trahissait les principes ; comme philosophe, il donnait la main à toutes les écoles ; comme écrivain, sa manière facile et brillante et sa riche abondance s'éloignaient de la roide concision recommandée par la secte. Jusque dans le style, Sénèque était pour les gens rigides un esprit corrompu, et un corrupteur d'autant plus condamné que ses exemples étaient contagieux et que presque personne n'avait la force de résister à l'attrait de cette éloquence nouvelle. Nous savons d'ailleurs que Sénèque était sévèrement jugé par les philosophes et les mécontents politiques; et plus d'une fois dans ses ouvrages il s'est défendu à mots couverts, sentant le besoin de faire son apologie et de répondre aux murmures de l'opinion stoïcienne.

Parmi ces esprits d'élite et ces nobles caractères qui entouraient Perse, il faut enfin nommer le plus grand de tous, Thraséas, qui avait pour le jeune poëte, son proche parent, une amitié toute particulière. Perse a vécu dix ans dans la familiarité de ce grand homme, et l'accompagnait partout, même dans ses voyages[1]. Tandis que Cornutus a été le théoricien et pour ainsi dire le docteur de cette illustre compagnie, Thraséas en a été le politique militant. Si Thraséas n'était pas si connu, si son nom seul ne parlait pas assez haut, on serait en peine de trouver des paroles qui répondissent à l'admiration qu'inspire ce personnage, dont on a essayé, dans ces dernières années, de rabaisser le caractère en un savant ouvrage que nous épargnons en ne le désignant pas, comme s'il pouvait importer à quelqu'un d'avilir celui à qui Tacite a donné cette louange qu'il était la vertu même. Pour moi, je préfère Thraséas à Caton, qu'il avait pris pour modèle, et je le considère comme le plus bel exemplaire du stoïcisme raisonnable. Je ne sais ce qu'on peut reprocher à ce héros sans jactance, aussi doux que ferme, qui craignait, disait-il lui-même, de trop haïr le vice de peur de haïr les hommes, qui garda une bonne grâce tranquille et de la mansuétude dans des luttes où sa tête était en jeu, qui, sans jamais se soumettre à rien qui pût être réprouvé par sa conscience, n'exposa jamais non plus inutilement sa vie, la ménageant pour le bien public, et, sans faire au pouvoir une opposition jalouse ou tracassière, ni rechercher, comme les autres stoïciens, la popularité de l'impertinence, sut repousser au sénat toutes les mesures injustes, cruelles ou malséantes par son vote ou par son silence : car telle était l'estime qu'il inspirait que tout l'empire tenait les yeux fixés sur lui, qu'on recueillait non-seulement ses paroles, mais, si l'on ose dire, son silence, et que les provinces lointaines s'occupaient de ce

---

[1]. Ipse etiam decem fere annis summe dilectus a Pæto Thrasea est, ita ut peregrinaretur quoque cum eo aliquando. *Vie de Perse.*

que Thraséas *n'avait pas fait*. Néron lui-même était désarmé par ce paisible courage et rendait hommage à l'intégrité de cet homme, dont il aurait voulu, disait-il, être l'ami, et qu'il respecta jusqu'au moment où, fou de terreur après le meurtre de sa mère Agrippine, il ne put plus supporter le regard de cette conscience incorruptible, ni l'importune vertu de ce sénateur qui, seul, ne voulut pas s'associer par sa présence à l'apologie du parricide, et, pendant la lecture de la lettre de Néron, sortit du sénat. Sa mort, qu'on ne relit jamais dans Tacite sans une émotion nouvelle, est une des plus belles de l'antiquité. Cette dernière promenade dans ses jardins avec ces hommes et ces nobles dames qui s'empressent autour d'un proscrit aimé, cet entretien solitaire avec un philosophe sur l'immortalité de l'âme, sa prière aux assistants de se retirer pour ne pas partager son sort, ses supplications à sa femme qui veut mourir avec lui et qu'il conjure de se conserver pour leur fille, sa joie en apprenant que son gendre n'est pas condamné avec lui, les mâles et paternelles paroles qu'il adresse au jeune questeur lui-même chargé de surveiller sa mort, l'incomparable beauté de son exclamation suprême quand, regardant couler le sang de ses bras, il s'écrie : « Faisons cette libation à Jupiter Libérateur ! » tant de grandeur simple dans la mort comme dans la vie laisse à peine comprendre comment il s'est rencontré un écrivain honnête pour décréditer cet homme magnanime, qui, après avoir montré toujours une fermeté bienséante et discrète, a porté sa simplicité et sa douceur jusque dans l'appareil usité d'un trépas stoïcien.

On se figure aisément quelle a été l'influence de Thraséas sur Perse. Une familiarité intime de dix ans avec un si grand caractère a dû élever le cœur du poëte, ou du moins le retenir sur les hauteurs où l'avait déjà placé la fière doctrine de Cornutus. Il n'est pas souvent donné à un jeune homme généreux, épris d'études morales, de voir à ses côtés, dans sa famille, le modèle des vertus recommandées par la philosophie. Et combien ne doit-on pas s'attacher à une doctrine sublime quand on peut s'entretenir tous les jours avec l'homme qui, dans sa vie, en représente les principes! Je sais bien que la sombre ardeur de Perse, sa poétique roideur, ne ressemblent pas à la tranquille et naturelle intrépidité de Thraséas; mais l'un était un jeune homme enivré de fortes maximes, un solitaire échauffé par l'étude, l'autre un homme mûri par l'expérience, mêlé aux affaires et sachant se plier aux nécessités de la vie et de la politique. Pour moi, quand je lis certains beaux vers de Perse, je me figure volontiers qu'ils ont été inspirés par la vue de Thraséas. Qu'on nous laisse le plaisir de croire que le poëte pense à lui lorsqu'il s'écrie : « Puissant maître des dieux, pour punir les tyrans, montre-leur la vertu, et qu'ils sèchent de regret de l'avoir abandonnée. »

Virtutem videant intabescantque relicta [1].

Vers admirable d'énergique concision, où l'on croit voir Néron en présence de Thraséas. Quoi qu'il en soit de ces conjectures qu'on pourrait multiplier, les vers de Perse prennent un intérêt nouveau quand on songe qu'ils ont été écrits sous les yeux de ce touchant personnage, qu'il les a sans doute approuvés, et qu'ils ont peut-être remué ce grand cœur.

On risquerait de ne pas bien comprendre le caractère de Perse et de ses écrits, si nous négligions de parler des femmes qui l'ont entouré de leur sollicitude, à laquelle le poëte répondait, dit la notice, par une tendresse exem-

1. III, 38.

plaire. On a vanté l'amour qu'il avait pour sa mère, pour sa sœur, pour sa tante. La douceur de ses mœurs, d'ailleurs, et sa modestie virginale donnent à penser que son âme a dû beaucoup à la société de ces nobles femmes, d'autant plus que la chétive santé de ce bel adolescent de grande espérance rendait plus empressées autour de lui toutes ces mains diversement maternelles [1]; mais là encore, dans cette élégante et plus douce compagnie de matrones, Perse retrouvait les souvenirs, les traditions, les vertus du stoïcisme. Il a pu connaître dans son enfance une de ses parentes qui avait donné le plus étonnant exemple de ce courage viril que les Romains estimaient avant tout dans les femmes. Elle était, en effet, de la famille, cette Arria qui, pour encourager son mari Pætus à se soustraire au supplice par une mort courageuse, se frappa d'abord elle-même, et mourante, tirant de son sein le poignard tout sanglant, le présenta à son mari avec ces paroles immortelles : « Tiens, mon cher Pætus, cela ne fait pas de mal. » Ce trait d'héroïsme stoïque, cité, dit Pline, dans tout l'univers, célébré par Perse encore enfant dans ses premiers vers, aujourd'hui perdus, était le plus beau titre de gloire de cette famille, et devait être pour toutes les femmes de cette maison patricienne comme un modèle proposé à leur émulation. Nous pouvons juger de leurs sentiments par ceux d'une de ces matrones, cousine de Perse, de la seconde Arria, digne fille de la première, qui, malgré les prières de son mari Thraséas, voulut mourir avec lui, et, comme lui, se fit ouvrir les veines. N'est-il pas permis de supposer que ce sont les femmes de la famille de Perse qui, comme nous l'avons dit, se pressent autour

---

[1]. Fuit morum lenissimorum, verecundiæ virginalis, formæ pulchræ. *Vie de Perse.*

de Thraséas condamné et font cortége à son infortune? Il ne faut pas oublier qu'à cette époque les matrones se faisaient quelquefois instruire dans le stoïcisme, que dans ces temps de périls la plus grande gloire pour elles était de ressembler aux hommes, de braver par leurs discours et par leur conduite la corruption et la tyrannie du jour. Depuis que sous le règne de Claude, par un affranchissement subit, par une horrible nouveauté pour des Romains, les femmes, qui, sous la république, vivaient dans l'obscurité et la dépendance, s'élevèrent tout à coup, les unes par l'audace et le génie du crime, comme Agrippine, les autres, comme Messaline, par la fureur inouïe de leurs déportements, quand elles devinrent une puissance, jouèrent un rôle politique, se mêlèrent aux intrigues du palais, et, dans la première ivresse de leur émancipation, prirent plaisir à violer, non-seulement les lois de la vertu, mais les règles de la pudeur, alors, par une réaction naturelle, parurent des femmes honnêtes, étalant leur vertu comme d'autres étalaient leur indécence, demandant à la philosophie, avec des principes solides, des maximes agressives, empruntant aux hommes leur parole sentencieuse et brève, leur langage intrépide, et capables d'ailleurs d'égaler et de surpasser souvent leur héroïsme : vaillantes femmes, dont la force n'était pas toujours dépourvue de grâce, qui voulaient, en mourant, s'associer à la gloire de leurs époux, comme les femmes de Pætus, de Thraséas, de Sénèque, dont la fidélité et la mâle constance étaient ensuite proposées en exemple, et que, par une sorte de canonisation profane, l'admiration universelle mettait au rang des *femmes stoïques*. Perse n'a jamais vécu éloigné de ce cercle de graves matrones, composé de sa mère, de sa sœur, de sa tante et de ses admirables cousines. Il a trouvé un abri pour sa candeur, un encouragement pour sa jeune vertu dans cette société pudique et sévère où régnait le souvenir de la première Arria, et qui s'armait d'avance de courage contre des périls à venir et faciles à prévoir. Il a pu s'entretenir souvent avec la seconde Arria, qui se montra la digne fille de sa mère ; il a contribué sans doute à former l'esprit de la jeune Fannia, fille de Thraséas, celle qui devint la femme d'Helvidius, et qui donna plus tard pour la troisième fois dans cette famille l'exemple du même dévouement conjugal. Ainsi le poëte a trouvé autour de lui le stoïcisme sous toutes les formes, dans les doctes entretiens avec les philosophes, ses maîtres et ses amis, dans les conversations familières avec des politiques tels que Thraséas, et jusque sur le visage aimable de ces futures héroïnes[1].

On peut appliquer à toute cette famille ces mots de Tacite parlant de l'un de ses membres, d'Helvidius : « Il suivait les maximes de ces philosophes qui ne reconnaissent d'autre bien que la vertu, d'autre mal que le vice, et qui ne comptent la puissance, l'éclat du rang et tout ce qui est hors de l'âme ni pour un bien ni pour un mal. Opiniâtre dans l'honnête, inaccessible à la crainte, on ne pouvait lui reprocher peut-être qu'une passion, la dernière dont se dépouille le sage, l'amour de la gloire. » *Recti pervicax, constans adversus metus, erant quibus appetentior famæ videretur, quando etiam sapientibus cupido gloriæ novissima exuitur*[2]. Ces mécontents à

---

1. Pline le Jeune a beaucoup connu Fannia, et, en nous apprenant qu'elle ressemblait en tout à sa mère, il nous peint l'une et l'autre : « Quæ castitas illius! quæ sanctitas! quanta gravitas, quanta constantia!... Eadem quam jucunda, quam comis, quam denique (quod paucis datum est) non minus amabilis quam veneranda!... Utramque colui, utramque dilexi, utram magis, nescio. » *Lettre* VII.

2. *Hist.*, IV, 5 et 6.

principes inflexibles et de vertu rigide, dirigés par un esprit dogmatique, stoïciens de doctrine et de conduite, patriciens frondeurs, philosophes contempteurs du siècle, femmes courageuses prêtes, comme les hommes, à tout braver, forment un foyer d'opposition politique, morale et presque religieuse, et l'on est tenté de comparer de loin à une compagnie de jansénistes ce groupe sévère, espèce de Port-Royal romain résistant aux mœurs, aux exemples, aux entreprises d'une cour. Nous n'avons pas besoin de relever les différences. La tyrannie sous Néron est plus violente et plus insensée, le danger plus terrible, la résistance plus farouche, plus altière dans son mépris républicain pour les puissances et les hommes du jour. Qu'on se représente maintenant Perse élevé dans cette société intrépide, n'en étant jamais sorti, jeune, beau, choyé pour ses talents, aimé pour la douceur de ses mœurs, valétudinaire, entouré de ces nobles femmes de sa famille auxquelles il est tendrement attaché, retenu loin des vices par sa faible santé et sa modestie, et l'on verra quelle pouvait être la satire de cet honnête et sédentaire jeune homme sans expérience. Il répétera avec foi les maximes de ses amis, et pour ainsi dire, le catéchisme stoïcien ; il aura la rigueur, la tristesse, la roideur d'un solitaire ; il se plaira aux demi-allusions que l'on ne peut guère comprendre que dans son cercle : il parlera avec l'exagération vertueuse et l'innocence hardie d'un adepte, d'un néophyte qui contemple et juge la vie du fond d'un cloître stoïcien.

III

Idées religieuses de Perse.

Les satires de Perse, que nous allons maintenant parcourir, lues et applaudies dans cette société unie par la communauté des principes, prennent un intérêt tout nouveau quand on les considère, non pas comme les exercices poétiques d'un auteur laborieux, mais comme les professions de foi d'une généreuse famille. Sans doute, à voir d'abord les caractères extérieurs de cette poésie érudite, émaillée de souvenirs classiques où l'imitation est trop apparente et souvent tient même à se montrer, on peut être tenté de croire que le poëte n'a puisé son inspiration que dans les livres : ses satires en effet sentent l'étude et l'école, trahissent un jeune homme qui demeura toujours entre les mains d'un maître, dont l'esprit était asservi à des dogmes, et qui mourut d'ailleurs avant l'âge où le génie s'affranchit de l'imitation, entre en possession de lui-même et ne se laisse plus obséder par les réminiscences ; mais il est difficile de croire que ces vers quelquefois si frémissants ne furent que les exercices d'un écolier studieux, qu'ils ne sont pas sortis de l'âme, qu'ils ne sont point l'expression vivante des sentiments personnels du poëte et de plus l'écho des graves entretiens de cette élite que nous venons de faire connaître et à laquelle ces fières sentences étaient adressées, car le livre ne fut pas composé pour le public et ne parut au grand jour qu'après la mort du poëte. Qu'on nous permette donc de supposer que les sentences satiriques de Perse sont le fruit de son éducation domestique, les maximes de sa famille, le formulaire de sa religion, de sa morale et de sa politique. Ces déclarations de principes austères, cette censure chagrine des ridicules du jour, ce hautain mépris pour les gens à la mode ou en faveur, ces obscurs sarcasmes contre les princes et leurs satellites, tous ces sujets ordinaires de conversation entre patriciens philosophes sont venus se condenser dans les satires mystérieuses de Perse, et nous présentent, avec les sentiments particuliers du poëte, les étonnements, les révoltes, les chuchotements et les malices de toute une illustre compagnie.

Si nous tenons à connaître d'abord les idées religieuses qui avaient cours parmi les adeptes du stoïcisme, la deuxième satire, qui roule tout entière sur la religion, va nous montrer comment, à cette époque, les hommes les plus honnêtes et les plus éclairés comprenaient le culte qu'il faut rendre aux dieux et les prières qu'on doit leur adresser. Le poëte, passant en revue les principales folies pieuses de ses contemporains, flétrit le ridicule odieux de ces prières par lesquelles on demande au ciel la satisfaction de désirs criminels; il se moque de ces naïfs dévots qui s'imaginent que de vaines cérémonies couvrent ou rachètent la perversité du cœur; il fait voir combien ces vœux sont insensés, honteux, inefficaces, injurieux pour la Divinité; en un mot, il veut substituer aux pratiques extérieures et hypocrites de la superstition un culte tout intérieur et moral. C'était là un sujet traité par les sages de tous les temps et qui a dû être de bonne heure une des préoccupations les plus légitime de la philosophie. Le paganisme, en effet, tel que le peuple surtout le comprenait, était une religion toute grossière, sans morale et souvent contraire à la morale ; les sacrifices n'étaient offerts que par la peur ou par la convoitise, pour acheter en quelque sorte la faveur divine et pour obtenir des biens matériels ; de viles prières n'exprimant que des vœux intéressés ou coupables tentaient de faire des dieux les complices complaisants des hommes. Aussi voit-on que les plus grands philosophes ont fait effort pour épurer la religion et pour la rendre plus digne de la Divinité et de la conscience humaine. Pythagore, Socrate, Platon, Zénon, Épicure, tous les chefs d'école entreprennent tour à tour de corriger ce culte extérieur ou de le supprimer. Chez les Romains, Cicéron et Sénèque répandent et popularisent ces hautes idées de la philosophie grecque. Les stoïciens surtout, dont la métaphysique panthéiste pouvait se passer de religion positive, faisaient profession de mépriser les pratiques du culte et les sacrifices. La raison humaine s'élevait de tous côtés et depuis longtemps contre une religion corruptrice qui permettait à l'homme de se croire pieux alors qu'il n'était pas honnête et de s'acquitter envers les dieux avec des cérémonies minutieusement observées. Aussi, au moment même où la loi chrétienne, enfermée dans les catacombes, travaillait à extirper des cœurs ce paganisme dépravant, en haut, à la lumière du jour, dans une opulente demeure, dans une autre communauté de belles âmes, la raison profane faisait entendre les mêmes protestations, et sur ce point se rencontrait, sans le savoir, avec les nouveaux enseignements religieux du christianisme. Cette satire, à laquelle on pourrait donner pour titre *la Prière*, montre tout le mépris des stoïciens pour la dévotion païenne. Le poète n'attaque pas seulement les pieuses coutumes du peuple ignorant, qui ne mériteraient point les honneurs d'une pareille sortie ; il prend soin de nous informer qu'il s'agit ici des grands, des puissants du jour, qui demandent aux dieux avec une horrible naïveté l'accomplissement des plus vils désirs. A cette époque d'abominable corruption, le beau monde était encore dévot, et faisait de sa dévotion un commerce lucratif avec le ciel. On lui offrait des sacrifices comme on essaye de *corrompre un avide usurier*, selon le mot de Platon ; on lui adressait de cupides prières à voix basse, pour n'être pas entendu des hommes. Dans une religion formaliste, où la prière n'était pas une effusion du cœur, un hommage gratuit, mais une négociation de sordide intérêt, on priait en secret, non pour dérober humblement sa piété à tous les regards, mais pour cacher de honteuses sollicitations. On allait jusqu'à gagner le gardien du temple qui vendait la permission d'approcher de l'oreille du simulacre divin, ce qui faisait dire au contemporain Sénèque : « Aujourd'hui quelle est la folie des hommes? Ils murmurent à voix basse des vœux infâmes à l'oreille des dieux. Dès qu'on les écoute, ils se taisent. Ils n'oseraient dire aux hommes ce qu'ils disent aux dieux ! [1] » On comprend que, dans une pareille religion, des philosophes, Pythagore par exemple, voulussent que la prière fût toujours dite à haute voix, et qu'ils missent ainsi la dévotion qui était suspecte sous la surveillance de l'honnêteté publique. « On embarrasserait bien nos gens, dit Perse à son tour, si on les obligeait à publier leurs vœux, *aperto vivere voto* [2]. »

Perse nous met sous les yeux un de ces grands seigneurs hypocrites, faux philosophes, qui demande tout haut, et en apparence, les biens de l'âme avec les for-

---

1. *Lettres* XLI et X.
2. II, 7.

mules consacrées de la philosophie, mais qui au fond
de son cœur, et d'une voix inintelligible, ne forme que
des vœux ignobles. « Sagesse, honneur, vertu, voilà ce
qu'on demande tout haut, pour être entendu du voisin ;
mais voici la prière qu'on fait en dedans et qu'on murmure entre ses lèvres : « Oh! s'il m'était donné de voir
le magnifique convoi funèbre de mon oncle !... Si mon
pupille, dont je suis le plus proche héritier, et que je
serre de près, pouvait *recevoir son congé !* Car enfin ce
serait un bonheur pour lui : il a des ulcères, la bile
l'étouffe et le ronge.... Eh bien ! c'est pour faire de
pareils vœux, pour les faire bien dévotement, que vous
allez le matin plonger la tête dans le Tibre deux fois,
trois fois, et purifier vos nuits dans l'eau courante »
Perse, là-dessus, interpelle ce pieux personnage : « Ah
çà ! dites-moi donc un peu, pour qui prenez-vous Jupiter[1] ? » Ces vers sont pleins de force et d'esprit, mais d'un
esprit qu'il faut souvent un peu chercher. N'est-ce pas
une chose bien observée que le ton doux et charitable de
ces vœux meurtriers? Le bonhomme désire la mort de
ses parents, mais pour leur bien. On aura la délicatesse
de faire à l'oncle de belles funérailles. Ce pauvre pupille, chétif qu'il est, sera plus heureux quand la mort
l'aura délivré de la maladie. Tartufe n'eût pas mieux
dit, lui qui sait si bien

> .... Rectifier le mal de l'action
> Avec la pureté de son intention.

Cette polémique religieuse de Perse a de la portée, et
n'est pas seulement un jeu d'esprit poétique ; ce sont
les principes d'une haute philosophie, d'une morale

---

1. II, 8-18.

pure, opposés aux pratiques niaisement criminelles de la dévotion païenne. Ainsi parlaient Socrate et les chefs des grandes écoles que nous citerions volontiers ici, s'il ne valait mieux montrer, pour faire honneur à Perse, que ces beaux vers ont encore le mérite de devancer les enseignements de nos orateurs sacrés. Bourdaloue ne semble-t-il pas avoir présenté à l'esprit cette satire de Perse quand il dit : « Un des désordres des païens, si nous en croyons les païens eux-mêmes, c'était de recourir à leurs dieux et de leur demander, quoi ? ce qu'ils n'auraient pas eu le front de demander à un homme de bien.... Cela nous semble énorme, insensé ; mais en les condamnant n'est-ce pas nous-mêmes que nous condamnons[1] ? » Fénelon dira : « Ne prétendez pas rendre Dieu le protecteur de votre ambition, mais l'exécuteur de vos bons désirs. » Qu'on nous permette de faire un rapprochement plus singulier et plus curieux de Perse avec Bossuet, dont la brusquerie sublime et la familiarité hardie savent donner quelquefois à une sainte éloquence les allures de la satire. N'est-il pas en effet un grand satirique, Bossuet, quand il fait entendre les prières intéressées des faux dévots ? Admirable dialogue entre l'hypocrite, qui cherche à circonvenir Dieu même par de doucereuses paroles, et Dieu, qui repousse ses indignes prières. « Que vous seriez un grand et aimable Sauveur, si vous vouliez me sauver de la pauvreté ! — Combien lui disent en secret : Que je puisse contenter ma passion ! — Je ne le veux pas ! — Que je puisse seulement venger cette injure ! — Je vous le défends ! — Le bien de cet homme m'accommoderait. — N'y touchez pas, ou vous êtes perdu ! — Mon Sauveur, que vous êtes rude ! » Voilà le personnage de

---

1. *Sermon sur la Prière.*

Perse : il a changé de religion, mais il est resté le même. Ses demandes, ses plaintes discrètes, telles qu'elles sont exprimées par Bossuet, sa déconvenue, vous paraîtraient même plaisantes et feraient sourire, si l'éloquence impérieuse de la réponse divine ne vous rappelait à de plus graves sentiments[1].

Après avoir confondu l'hypocrite, le poëte libre penseur raille une autre espèce de superstition, celle de ces bonnes gens qui, en accomplissant toutes sortes de cérémonies minutieuses et vaines, demandent au ciel, par exemple, de préserver leur enfant du mauvais œil et de lui accorder la richesse, le succès en amour, d'impossibles prospérités, en un mot toutes les faveurs. Perse change de ton et se relâche de ses rigueurs pour décrire de si innocentes folies; dans des vers pleins de grâce, d'une grâce austère et concise, il nous découvre un intérieur romain et nous fait assister à une scène domestique ridicule et touchante dans sa naïveté. — « Voyez-vous cette grand'mère ou cette tante craignant les dieux! elle tire l'enfant du berceau, promène le doigt du milieu sur son front et sur ses petites lèvres humides, pour le purifier avec la salive lustrale. Elle est si sûre que c'est là le moyen de le préserver des mauvais regards! Cela fait, elle le secoue un peu dans ses mains, certaine que cet

---

[1]. *Sermon sur la nativité de Notre-Seigneur.* — Bossuet, selon son usage, a refait plus d'une fois ce dialogue. Ailleurs, l'orateur sacré ose employer contre les faux chrétiens des termes dont la noble trivialité nous paraîtrait aujourd'hui choquante : « Les affaires importantes qu'on recommande de tous côtés dans nos sacristies, ne sont-elles pas des affaires du monde? Et plût à Dieu du moins qu'elles fussent justes; et que si nous ne craignons pas de rendre Dieu et ses saints les ministres et les partisans de nos intérêts, nous appréhendions du moins de les faire complices de nos crimes!... C'est pourquoi, dit le Seigneur, je déteste vos observances : vos oraisons me font mal au cœur. » *Serm. sur la dévotion à la sainte Vierge.*

enfant, maigre et chétive espérance de la famille, va être, grâce à son humble prière, envoyé en possession des domaines de Licinus et des palais de Crassus. Que le roi, s'écrie-t-elle, que la reine le désirent pour gendre ! que les jeunes filles se l'arrachent un jour ! que, partout où il mettra les pieds, il naisse des roses ! Pour moi, ce n'est pas une nourrice que je chargerais de faire des vœux. Ne l'écoute point, Jupiter, quand même elle t'adresserait ces prières tout de blanc habillée [1]. » Le poëte stoïcien, fidèle à sa doctrine, n'admet que les prières qui ont pour objet les biens de l'âme, les seuls biens qu'on ne se repentira jamais d'avoir demandés. Quant aux avantages extérieurs et matériels que les nourrices, les femmes et les grands parents ne manquent jamais de comprendre dans leurs vœux à la naissance d'un enfant, ils peuvent devenir précisément une cause de malheur. Dans les sociétés antiques surtout, la richesse, les honneurs, la beauté amenaient souvent à leur suite bien des catastrophes, ainsi que Juvénal s'est donné la peine de le prouver dans sa dixième satire par de nombreux exemples tirés de l'histoire romaine. Ces sortes de prières peuvent être pernicieuses, disaient les philosophes; la prière exige beaucoup de prudence : il n'y a rien de plus fou que de demander étourdiment aux dieux des maux en pensant leur demander des biens et de chanter la palinodie un moment après. La prière en effet, chez les païens, établissant entre l'homme et les dieux une sorte de contrat que ceux-ci étaient censés exécuter à la lettre, il fallait bien peser ses paroles de peur de solliciter une chose qui pouvait être nuisible. Aussi les philosophes admiraient-ils la courte et vague prière des Lacédémoniens, qui, sans rien préciser, de-

---

1. II, 31-40.

mandaient simplement *l'honnête avec l'utile.* On vantait beaucoup encore cette autre prière, véritable chef-d'œuvre d'un poëte inconnu : « Puissant Jupiter, donne-nous les biens soit que nous les demandions, soit que nous ne les demandions pas, et éloigne de nous les maux, quand même nous te les demanderions[1]. » Prière plaisante pour nous, à ne considérer que la méticuleuse prudence des termes, mais admirable pourtant par la confiance qu'elle exprime en la Providence divine ! Tout cela fait comprendre pourquoi Perse se moque de ces vœux grossiers qui renferment un danger. S'il s'amuse à dévoiler sur ce point les piéges de la religion, c'est pour engager les hommes à élever leur pensée vers des biens plus nobles, à n'entretenir le ciel que des besoins de l'âme. Sa raillerie n'est pas une fantaisie légère d'irréligion ; elle est vive et accablante, tombant du haut d'une grande doctrine.

Toute cette polémique de la philosophie contre la superstition ne procède que par saillies et se découpe en quelques courts tableaux. S'il est des prières dangereuses, il en est aussi de bien embarrassantes pour les dieux. — « Voici un homme qui demande la santé, une vieillesse allègre : il n'y a rien de déraisonnable dans ses vœux ; mais cet homme est un grand mangeur qui, par ses excès de table, compromet tous les jours cette santé qu'il veut obtenir. Les plats énormes et les grosses viandes farcies empêchent les dieux d'accomplir sa prière, et Jupiter n'y peut plus rien[2]. » Autre exemple qui montre ce qu'il y a d'illogique, d'absurde dans certains sacrifices. — « Voyez ce paysan qui pour faire fortune immole un bœuf à Mercure, et la main dans le sang : O Mercure, fais prospérer mon domaine, donne-moi du

1. Platon, *le second Alcibiade,* §§ 1, 5 et 11.
2. II, 41-43.

bétail, donne des petits aux mères! — Eh! comment le peut-il, imbécile! quand tu immoles toutes tes jeunes bêtes? — Qu'importe? il égorge, il égorge toujours; la prospérité va venir, le domaine s'étendre, le troupeau grossir. Cela vient, dit-il, cela vient.... Cela vient si bien que, déconfit, désespéré, il s'écrie un jour en soupirant : Je n'ai plus qu'un écu dans ma bourse.[1] » Perse va plus loin encore et ose condamner certaines dépenses inutiles du culte public. On sait, par exemple, que l'or pris sur les ennemis était porté au Capitole, consacré aux dieux et souvent destiné à embellir leurs images. Par cela que les hommes sont cupides, ils s'imaginent que les dieux le sont aussi; ils prêtent à la majesté divine leurs propres convoitises. Dans un beau mouvement d'éloquence qui rappelle certaines apostrophes de Bossuet, il s'écrie : « O âmes courbées vers la terre, étrangères aux choses du ciel! pourquoi porter ainsi dans les temples la bassesse de vos pensées et croire que les dieux seront flattés par ce qui flatte la corruption de la chair! »

> O curvæ in terras animæ, et cœlestium inanes!
> Quid juvat hos templis nostros immittere mores,
> Et bona dis ex hac scelerata ducere pulpa [2].

Quel langage nouveau! quel singulier choix d'expressions qui seront chrétiennes! Combien ces vers concis renferment de substance religieuse et morale! S'ils

---

1. II, 44-51.
2. II, 61-63. — Ces expressions méprisantes pour désigner le corps, la chair, *pulpa, caro,* σάρξ, et d'autres analogues, ne sont pas, comme on le prétend quelquefois, des emprunts faits par la philosophie à la langue chrétienne. C'est au contraire le christianisme qui emprunta ces mots à la philosophie, parce qu'il dut naturellement parler la langue du temps. *Pulpa, caro* sont la traduction de σάρξ, mot qu'on rencontre plus d'une fois avec ce sens particulier dans les fragments d'Épicure.

nous frappent encore aujourd'hui, ils devaient, dans leur nouveauté hardie, aller bien plus avant dans les cœurs païens dignes de les comprendre. Le poëte découvre de plus en plus sa pensée, qui est de substituer à toutes les superstitions ineptes et trompeuses du paganisme un culte tout moral. Qu'importent aux dieux les riches sacrifices ? Ils n'ont que faire de notre or; ni l'opulence, ni les titres, ni les prodigalités de la dévotion ne les émeuvent en notre faveur. Il y a quelque chose de plus rare, de plus agréable au ciel. « Que n'offrons-nous aux immortels ce que ne pourra jamais leur offrir, dans ses plats magnifiques, la hideuse postérité de l'illustre Messala ? Une âme toute pénétrée des lois divines et humaines, la pureté jusque dans les derniers replis du cœur, un caractère tout imprégné de vertu et d'honneur. Que j'apporte au temple une pareille offrande et je n'aurai besoin que d'un simple gâteau pour faire agréer ma prière. »

> Compositum jus, fasque animo, sanctosque recessus
> Mentis, et incoctum generoso pectus honesto [1]...

Cette satire est un véritable sermon sur la prière et pouvait passer pour un excellent manuel de la piété païenne. La philosophie, dégagée de la superstition, est arrivée de progrès en progrès jusqu'aux confins du christianisme. Ce sentiment si profond de la moralité religieuse chez un poëte païen nous causerait plus de surprise, si ces hautes pensées n'avaient pas été mises depuis, par la foi nouvelle, à la portée de toutes les intelligences, et n'étaient devenues des vérités communes. Le plus pur esprit de la philosophie antique s'est concentré dans ces denses maximes qu'il faut relire plus d'une fois et mé-

[1]. II, 71-74.

diter, si on en veut recueillir toute la force. On sent aussi que le poëte les a tirées du plus profond de son cœur, qu'elles font partie de lui-même. Un certain accent nouveau, la hardiesse des expressions, une brièveté cherchée laissent voir qu'il s'efforce de faire tenir toute son âme dans cette profession de foi morale et religieuse. A beaucoup de ces vers, il ne manque que d'être plus lucides, plus accessibles, pour devenir populaires et pour être cités parmi les plus beaux de l'antiquité; mais l'obscurité n'est nulle part plus supportable que dans un pareil sujet; ce style d'oracle vous saisit en si religieuse matière. Ce sont les ténèbres d'un bois sacré. Ce que Sénèque disait de l'homme de bien, on peut le dire ici de Perse et de sa conviction sincère : « Il y a un dieu en lui, quel dieu, je l'ignore, mais il y a un dieu. »

Quis deus, incertum est, habitat deus [1].

IV

Idées morales de Perse.

Quant aux opinions purement morales de Perse, il serait superflu de les exposer en détail; ce sont les principes mêmes du stoïcisme que tout le monde connaît. Le disciple de Cornutus fait la guerre aux passions, à l'avarice, à la mollesse, à l'amour, à l'ambition. Sa pensée maîtresse est qu'il faut acquérir au plus tôt la liberté de l'âme, *libertate opus est* [2]. Les idées en elles-mêmes

1. *Lettre* XLI; Virgile, *Énéide*, VIII, 352.
2. V 73.

n'offrent rien de bien rare et se retrouvent dans tous les livres stoïciens ; mais une certaine conviction hautaine anime ces vers et les lance avec roideur contre les vices du jour. On croit y voir les mouvements saccadés de l'impatience que le siècle importune, une sourde colère qui se contient tout en se montrant, et qui frémit d'autant plus qu'elle n'a pas le droit de tout dire. De là tant de traits courts ou tronqués, des allusions lointaines et des épigrammes contre les puissants, contre les princes, et, selon toute apparence, contre la jeunesse folle et débauchée de Néron. Le mécontentement politique respire partout dans ces sentences doctrinales. Ne croyez pas que ces vers ne soient que d'innocentes maximes détachées d'un cahier de philosophie; ce sont des protestations ardentes sous la forme de vérités générales, mais dont la malignité publique savait l'adresse. A cette époque, on aimait à prodiguer le stoïcisme, comme en d'autres temps on a fait abus de la Bible. Les vérités philosophiques ou religieuses ont été souvent des mots de ralliement et le langage convenu du mépris pour tout ce qui est à la mode, en faveur, au pouvoir. Un certain accent de tristesse, l'affectation même de l'obscurité, le mystère d'un langage incomplet, tout cela donnait à penser qu'on ne disait pas tout ce qu'on avait sur le cœur, et en ce sens la brièveté même semblait une malice. Ces vers à l'air morose ressemblent à ces stoïciens mécontents qui, sans faire d'opposition directe, se promenaient dans les rues de Rome, les cheveux ras, le sourcil haut, le visage chagrin, et qui n'avaient pas besoin de parler pour déclarer leur mécontentement. Les délateurs ne s'y trompaient pas et disaient : Voyez cet homme, c'est un ennemi de l'État[1]! Cette morale d'é-

---

1. Un délateur redoutable, accusateur de Thraséas, appelait la

cole dans les satires de Perse, si on en comprend le ton, ne manque pas de courage. Le poëte a l'air d'un combattant qui, sans frapper personne, menace tout le monde. Sa tristesse hostile a quelque chose de provoquant. En retournant sans cesse ces maximes déplaisantes aux puissances et qui peuvent être redoutables, il offense, il irrite, et s'il ne se sert pas toujours de ses armes pour blesser, il affecte de montrer à tous qu'il les tient à la main.

Nous ne parlons que de cette hostilité générale sans relever les traits qui sont peut-être des agressions directes ou détournées, mais dont le sens précis nous échappe, et dont il ne serait permis de parler qu'en les discutant. Ici nous ne pouvons qu'étudier l'âme du poëte sans toucher à ce qui est incertain et en litige. Ce qu'on ne peut contester, c'est la foi de Perse dans le stoïcisme, c'est son enthousiasme moral qui éclate çà et là en admirables vers et qui sillonne d'éclairs l'obscurité ordinaire de ses ouvrages. Avec la candeur de la jeunesse et une sorte d'admiration fraîche pour les graves enseignements qu'il a reçus, il voudrait les propager, et, tout agité encore par les paroles de son maître, il se charge de les répandre par la prédication poétique. « Venez, jeunes et vieux, venez apprendre de Cornutus quel est le but de la vie, et faire provision de route pour la misérable vieillesse[1]. » L'indifférence publique pour la sagesse étonne son ingénuité; il ne peut comprendre que les hommes négligent leur perfection intérieure et remettent au len-

sévérité de Néron sur cette tristesse et ce silence des stoïciens : « Habet sectatores, qui nondum contumaciam sententiarum, sed habitum vultumque ejus sectantur, rigidi et tristes, quo tibi lasciviam exprobrent! » Tacite, *Ann.*, XVI. 22.

1. Petite hinc, juvenesque senesque,
Finem animo certum miserisque viatica canis. V, 65.

demain le soin de s'en occuper. Comme les sermonnaires chrétiens qui prêchent contre l'impénitence finale, il blâme cette éternelle attente et cette légèreté qui font toujours ajourner les bonnes résolutions. « Demain je m'y mettrai, dites-vous ? — Demain ce sera comme aujourd'hui. — Est-ce trop demander ? vous m'accorderez bien un jour, un seul ? — Mais ce jour, quand il sera venu, ce lendemain sera perdu à son tour. Ainsi de jour en jour vos années s'écoulent, et vous avez toujours devant vous un lendemain. Vous courez après vous-même, comme la seconde roue d'un char court après la première sans l'atteindre jamais[1]. » Que faut-il donc faire ? Dépouiller le vieil homme, *pelliculam veterem*. N'allez pas croire qu'il suffise, pour acquérir la liberté intérieure, de refuser une fois par hasard l'obéissance à ses passions et de dire : J'ai brisé mes fers ! Non, vos fers ne sont pas brisés. « Le chien qui lutte et se tourmente finit par rompre une maille et par s'échapper ; mais il traîne après lui dans sa fuite un long bout de sa chaîne[2]. » Ailleurs, dans une vive apostrophe à la jeunesse romaine, il résume les plus grands principes du stoïcisme en quelques vers remarquables que saint Augustin admire et transcrit comme un abrégé de la morale[3]. Les Pères de l'Église latine ont beaucoup lu Perse, ils le citent volontiers, et quelquefois, sans le citer, ils se servent de ses expressions, le poëte ayant résumé avec bonheur les maximes du Portique qui paraissaient avoir plus d'un rapport avec les principes moraux du christianisme. Dans les premiers temps de l'Église, les écrivains ecclésiastiques ne dédaignaient point la philosophie ; ils se

---

1. V, 66-72.
2. V, 158-60.
3. *Cité de Dieu*, II, 6.

liguaient souvent avec elle, et saint Jérôme ne faisait pas difficulté de dire : « Les stoïciens sont presque toujours d'accord avec nos dogmes, *stoïci in plerisque nostro dogmati concordant*[1]. » L'illusion était naturelle ; et quand on lit, par exemple, ces vers de Perse sans trop approfondir le sens stoïque de chaque mot, on croit lire des vers chrétiens : « Instruisez-vous, malheureux, étudiez les lois de la nature. Sachez ce que nous sommes et dans quel dessein nous avons été mis dans le monde, quel est l'ordre établi, comment dans la carrière de la vie il faut avec précaution tourner la borne et revenir à son point de départ,.... dans quelles limites on peut désirer, à quoi sert la monnaie reluisante, ce qu'on doit faire pour sa patrie et pour sa famille, ce que Dieu a voulu que vous fussiez sur la terre et quel rang il vous a donné dans la société humaine. »

> Disciteque, o miseri, et causas cognoscite rerum :
> Quid sumus, et quidnam victuri gignimur ; ordo
> Quis datus.............................
> .... Patriæ carisque propinquis
> Quantum elargiri deceat ; quem te Deus esse
> Jussit, et humana qua parte locatus es in re[2].

Si à la place de ce dieu vague et mal défini du Portique on mettait un dieu personnel ; si à cette loi immuable, à cette nécessité plus ou moins aveugle, qui est la puissance suprême du panthéisme stoïcien, on substituait la Providence divine, ces beaux vers, par le fond, la forme et le ton, pourraient passer pour des vers inspirés par le christianisme ; et du reste, tels qu'ils sont, ils ont mérité d'être adoptés par lui.

Ces enseignements ordinaires du stoïcisme sont re-

---

1. *Isaïe*, ch. x.
2. III, 66-72.

nouvelés dans les satires de Perse par une foi énergique et une sincérité vivante. Veut-on savoir jusqu'à quel point le poëte les aime, voyez comme il les défend quand on les attaque. Il ne manquait pas de gens à Rome qui riaient de cette haute et sévère morale. Le stoïcisme était souvent forcé de se défendre contre les railleries des mondains et se plaignait de ces épigrammes ou légères ou brutales, comme chez nous les sermonnaires se plaignent des sarcasmes du monde contre la religion et ses ministres. « Moquez-vous, disaient les voluptueux et les incrédules, moquez-vous de ces philosophes austères et arrogants qui censurent la vie des autres, tourmentent la leur et morigènent le public. » Tels étaient les discours des élégants frivoles, des gens du bel air que Sénèque fait parler. Perse, à son tour, nous fait entendre les propos stupides des centurions et des soudards qui n'estiment que la force du corps, gros rieurs d'autant plus odieux au poëte qu'ils étaient les soutiens de la tyrannie : « Un vieux bouc, une bête velue de centurion me dira. Je me trouve assez sage comme cela. Je me soucie bien de devenir un Arcésilas ou un de ces Solons chagrins qui, la tête penchée, le regard fiché en terre, marmottent je ne sais quoi, ont l'air de frénétiques qui mâchent du silence, qui pèsent des mots sur leur lèvre allongée et s'en vont méditant les rêves de quelque vieux cerveau malade, des rêves comme celui-ci : *que de rien ne vient rien, que rien ne peut se réduire à rien;* et c'est pour cela que tu maigris, philosophe, et que tu te prives de diner! cela en vaut bien la peine! — Là-dessus, le peuple d'applaudir et la grosse soldatesque de pousser de longs éclats de rire[1]. » Le langage de Perse est toujours d'une singulière violence quand il répond aux lourdes facéties

---

1. III, 77-87.

des centurions; il ne leur ménage pas les plus dures épithètes. A ces balourds brutaux, il se croit en droit de parler avec brutalité; à ces ignorants glorieux qui se piquaient de ne rien comprendre à la langue philosophique, et qui, au dire d'un ancien, pensaient qu'un coup de pied est un syllogisme, Perse riposte par une sorte de coup de poing poétique. De pareils vers devaient plaire à la société des patriciens et des philosophes hostiles au pouvoir. Avec ces puissances de bas étage, on se mettait à l'aise, on leur répliquait sans façon; et tandis qu'on était obligé d'envelopper sa pensée quand on voulait dire des vérités à la cour, cette fois on avait le plaisir de ne pas se gêner, et si on ne pouvait toucher au prince, on avait du moins la joie de malmener son satellite.

En parlant de ces sentiments hostiles aux princes, gardons-nous pourtant de croire que cette société de frondeurs soit composée, comme on le répète, de républicains faisant la guerre à l'institution impériale. Perse n'est pas plus républicain que Juvénal, sur lequel on a fait tant de phrases vaines. Nous avons trop l'habitude d'appliquer à l'antiquité nos distinctions et nos cadres politiques. La question n'était pas à Rome entre la république et la monarchie, par la raison qu'il n'y avait pas de monarchie. L'empire n'était qu'une forme de la république. Les institutions sont les mêmes, rien ne paraît changé; et si le pouvoir demeure entre les mains d'un seul, c'est une chose dont presque personne ne songe à se plaindre, d'abord parce que sous la république même les exemples n'étaient pas rares de la puissance gardée entre les mains d'un seul, ensuite parce qu'on était persuadé qu'un si vaste empire avait besoin d'une seule tête. Les conspirateurs mêmes ne songent pas à renverser les institutions : ils ne demandent qu'un meilleur gouvernement. Il y a dans Shakspeare un mot d'une profondeur historique admirable et qui peint bien l'état des esprits à Rome. Quand Brutus, après la mort de César, harangue la foule et annonce qu'il a tué le tyran pour rétablir la république, la foule s'écrie : « Nommons Brutus César! » Voilà bien les sentiments politiques des Romains depuis cette époque : on aspire à changer les hommes, non les choses. Ni Thraséas, ni Tacite, ni Juvénal, ni Perse, ni les patriciens si fiers, ni les philosophes si agressifs ne réclament une autre forme de gouvernement. Ils regrettent tous les vieilles mœurs de Rome, les anciens usages politiques qui ne sont pas incompatibles avec l'empire; ils s'indignent de voir le sénat envahi par des créatures du prince, par des affranchis : ils s'élèvent contre les abus du despotisme, ils détestent la folie de Caligula, l'imbécillité de Claude, la cruauté de Néron; ils déclament contre la corruption de la cour; mais qu'il paraisse un Nerva ou un Trajan, qu'ils reviennent les temps où il est permis de dire ce que l'on pense et de penser ce que l'on veut, ils se trouveront satisfaits et diront à l'envi qu'on est revenu aux plus beaux temps de Rome. On n'attaque pas l'empire, mais les mauvais princes; et les hommes héroïques qui ont engagé leur vie dans la lutte sont dévoués non à la république, mais à la chose publique.

V

Idées littéraires de Perse.

Les opinions littéraires de Perse et de ses amis touchent encore à la morale et à la politique. Les stoïciens formaient une sorte de parti dans les lettres, qu'ils ne séparaient pas des mœurs, et ils poursuivaient la corruption jusque dans le style. Chez tous les peuples, quand la littérature déchoit, on ne manque jamais d'imputer cette décadence au gouvernement. A Rome et dans les sociétés antiques en général, ces plaintes étaient assez fondées ; car dans ces sociétés libres l'éloquence politique jouait un si grand rôle, elle était si bien le premier mobile des ambitions et des courages, que sa chute a toujours entraîné celle des lettres et des nobles études. Aussi, lorsque sous Auguste la carrière fut fermée aux luttes de la parole, l'éloquence et la poésie, privées de grands sujets, de sujets vivants, furent obligées de se rejeter sur les plus minces matières et ne s'épuisèrent plus qu'à orner des bagatelles. L'art ne demandant plus ni passions hardies, ni talent vigoureux, chacun put le cultiver. Écrire devint une mode, une manie, une contagion, *scribendi cacoethes*[1]. On s'exerçait à la déclamation, on faisait de petits vers pour les débiter dans les festins, les compagnies et les lectures publiques. Les premiers empereurs encouragèrent ces occupations innocentes, qui substituaient les luttes de la vanité à celles de l'ambition. Mécène, en fin et délicat politique, honora la poésie, admit les poëtes à sa table, fit les honneurs de leur esprit, convia à d'inoffensifs débats littéraires les hommes de tous les partis, et parvint ainsi à calmer les courages encore émus des guerres civiles, à les distraire, à les charmer, à les réconcilier même, car le plaisir n'a point de drapeau. Auguste fonda des bibliothèques, des concours de poésie et d'éloquence, combla les poëtes d'honneurs, et se faisait un devoir d'assister à leurs lectures. Sous ses successeurs, grâce à la mode, aux encouragements

---

1. Juvénal, VII, 52.

des princes et à une certaine facilité de versification qui était devenue universelle, cette espèce de maladie littéraire fit de plus en plus des progrès jusqu'au règne de Néron, où dans la personne de l'empereur-poëte la métromanie monta sur le trône.

Ce que fut cette littérature mondaine, on le devine en voyant que Néron donne le ton et l'exemple. Chacun se piqua de faire des vers ou d'en citer dans les réunions. Les plus ignorants qui voulaient être du bel air se frottèrent de poésie au plus vite. Rien ne donne mieux l'idée de cette manie poétique que l'histoire de Calvisius Sabinus, un riche inepte et sans mémoire, incapable de retenir même les noms d'Achille ou d'Ulysse, et qui, pour rivaliser avec le monde élégant et pour avoir toujours des citations toutes prêtes, s'avisa de faire apprendre par cœur les poëtes grecs à des esclaves, à l'un tout Homère, à l'autre Hésiode, à neuf autres les neuf lyriques; puis il se mit à persécuter ses convives, à les harceler de citations que lui fournissaient ces esclaves couchés à ses pieds sous la table. On feignait d'être dupe de cette vaste érudition, et on se contentait de faire des plaisanteries que le bonhomme ne comprenait pas. « Vous devriez, lui dit un railleur, vous exercer à la lutte. — Eh ! comment le puis-je, moi chétif et malade? je me soutiens à peine. — Qu'à cela ne tienne : n'avez-vous pas parmi vos valets quelque gaillard robuste [1]? » De plus lettrés que Calvisius composaient eux-mêmes leurs vers, des lieux communs, des fadeurs, qu'ils récitaient solennellement dans les lectures publiques, ou qu'ils trouvaient moyen de se faire demander avec instance dans les réunions privées. Perse est le premier Romain qui ait attaqué avec une raison courageuse toute cette littérature de cour, dont

---

1. Sénèque, *Lettre* XXVII.

les exemples contagieux dépravaient le goût public. Nulle part il ne s'est montré plus finement original que dans cette satire littéraire. On sent qu'il a vu de près les ridicules qu'il dépeint; il ne parle plus en solitaire étranger au monde, il a dû être invité à quelques-uns de ces prétendus régals poétiques. L'austère jeune homme, accoutumé à de plus hautes pensées, pour qui la poésie est l'objet d'un culte comme la philosophie, ne peut tolérer ces frivoles outrages à un art qui lui est si cher. Il essaye de rire et ne peut que s'irriter. La satire, qui atteint çà et là Néron lui-même, est comme le manifeste littéraire du stoïcisme contre un prince qui, selon le mot de Maternus, profanait l'étude d'un art sacré : *studiorum sacra profanantem*[1].

Nous craindrions de ne rien apprendre à personne en donnant des détails sur les lectures publiques que tout le monde connaît. On louait une salle, on y disposait des banquettes, on faisait courir des annonces, on lançait ses esclaves par la ville pour inviter les amateurs, puis, le grand jour venu, le poëte montait sur l'estrade, bien peigné, avec une belle robe blanche, un grand rubis au doigt et après avoir adouci sa voix par une gorgée de boisson onctueuse, il lisait ses vers d'un œil tendre et mourant. « Voyez maintenant, dit Perse, nos grands niais de Romains se pâmer d'aise, pousser de petits cris de volupté à mesure que la tirade avance, les pénètre et chatouille leur sens[2]. » L'admiration est si vive et si bruyante, que le poëte lui-même, confus de plaisir et tout rougissant, est obligé d'y mettre un terme en disant : C'est assez! « Et c'est pour cela, ô poëte, que tu sèches et pâlis sur les livres! Où en sommes-nous? *En pallor seniumque, o*

1. Tacite, *Dialogue sur les orateurs*, 11.
2. I, 19-21.

mores [1] ! » Cette scène des lectures publiques se reproduit dans ces riches soupers où, tout en vidant les coupes, nos Romains, bien repus, demandent si on ne leur lira pas quelqu'une de ces poésies charmantes. Il ne manque jamais de se trouver là un amateur qui se lève, et, après avoir balbutié une excuse de sa voix naturelle, où son nez a plus de part que sa langue, change aussitôt de ton, et de son plus doux accent, de sa plus molle prononciation, distille les vers de quelque héroïde galante. La politesse veut que l'on applaudisse avec fureur. La gravité de Perse, sa sincérité, sont choquées surtout de ces exagérations de la louange mondaine, de ces mensonges polis qui vont si mal à des bouches romaines. Il ne voudrait pas pour lui-même de ces éloges de commande qu'on prodigue servilement à de riches métromanes. « Pour moi, s'il m'échappe en écrivant quelque trait heureux (je reconnais que c'est là un phénix bien rare); mais enfin s'il m'échappe un trait heureux, je ne craindrai pas la louange, car je n'ai pas un cœur insensible. Mais que je regarde comme la règle souveraine du goût vos exclamations d'usage : bien ! très-bien ! charmant ! non, je n'y puis consentir; car voyez ce que vaut ce cri : c'est charmant ! A quoi ne l'applique-t-on pas? Le refuse-t-on même à l'*Iliade* d'Attius ivre d'ellébore ? aux petites élégies que dictent nos grands, lorsqu'ils digèrent, et à toutes les bagatelles qu'on écrit sur un lit de citronnier [2] ? » Bien plus, ces louanges sont en quelque sorte achetées : on ne les donne pas, on les vend. Les applaudisseurs sont des convives, de pauvres clients que l'amphitryon-poëte nourrit et habile. « Vous servez sur votre table quelque mets délicat, vous donnez un manteau usé

---

1. I, 26.
2. I, 45-53.

à un de vos clients transis, et puis vous dites : « J'aime la vérité, dites-moi la vérité sur mes vers. — Eh! comment le peuvent-ils? Voulez-vous que je vous la dise, moi? Eh bien! vous êtes un vieil imbécile de faire de petits vers avec ce gros ventre[1]. » Le trait n'est ni spirituel ni poli, et nous ne le citons que pour montrer jusqu'où va l'impatience de ce satirique philosophe en présence de ces usages mondains qui lui semblent des attentats à la sincérité et à la dignité romaine.

Ces ridicules, assez innocents et pardonnables, du beau monde ne méritaient pas peut-être tant de colère, et Perse, quelque prompt qu'il fût à s'émouvoir, ne les aurait pas attaqués avec tant de mauvaise humeur, si ces travers de la littérature ne lui avaient paru annoncer une dégradation des mœurs d'autant plus dangereuse et haïssable que l'exemple venait de Néron. Le ressentiment politique donnait plus d'amertume à ces protestations littéraires. Mais si la susceptibilité morale du satirique peut nous paraître sur quelques points excessive, il faut du moins lui savoir gré d'avoir vu nettement, et un des premiers, quels défauts menaçaient la littérature romaine. Perse les a signalés avec une précision remarquable. Bien qu'il n'eût pas le goût très-pur, et qu'il soit loin d'avoir laissé dans ses ouvrages des modèles irréprochables, son honnêteté et celle de ses amis lui donnèrent une rare pénétration en des matières purement littéraires. Quand on a l'habitude de tenir haut sa pensée, on aperçoit de loin dans toute leur petitesse les ridicules du jour et les modes éphémères. Ainsi, sans parler des fadeurs ou des frivolités que nous avons fait connaître, la littérature était en proie à une autre maladie dont il reste des traces profondes même dans les

---

[1]. I, 54-57.

plus célèbres écrits du temps, dans Lucain, Juvénal et Sénèque, je veux dire le goût et la recherche d'un certain sublime, ce que Perse appelle

Grande aliquid, quod pulmo animæ prælargus anhelet¹.

La récitation répondait au style, et on enflait la voix pour débiter des vers enflés. On se croyait sublime et on n'était qu'ampoulé. Chez nous, Chateaubriand mit à la mode un style pareil dont nous nous sommes peut-être trop corrigés en nous jetant dans l'excès contraire. A Rome, sous l'empire, les poëtes ressemblaient à ce riche original qui, poussant plus loin que d'autres cette magnificence fastueuse, voulait que tout fût sublime chez lui, non-seulement le langage, mais les meubles et jusqu'à ses esclaves, qu'il choisissait parmi les plus grands pour que dans sa maison il n'y eût rien que de grandiose, *grandia vasa*, *grandes servos*.² Ce caractère nouveau de la littérature latine n'a point échappé à Perse, qui parle souvent avec une pénétrante ironie de cette grandeur chétive et vide, et d'un coup d'épingle réduit à rien cette boursouflure.

Une autre fantaisie, qui vient d'ordinaire aux littératures un peu épuisées, est de s'éprendre de ce qui est archaïque et de se plaire aux plus vieux et plus barbares souvenirs de l'histoire nationale. On espère retrouver un peu d'originalité dans la peinture des mœurs qui sont le plus loin de nous, et dont la rudesse peut faire un contraste piquant avec les élégances du jour. On mettait en vers les origines romaines. Néron n'avait-il pas le projet de chanter l'histoire de Rome en quatre cents livres ? De jeunes échappés des écoles osaient entreprendre de grandes épopées, en remontant jusqu'à

1. I, 14.
2. Sénèque le rhéteur, *Suasor*.

Romulus. De là un nouveau genre de poésie bizarre, rempli de lieux communs, toujours les mêmes sur les anciens héros. A côté d'apostrophes épiques et d'emphatiques expressions, on risquait les termes les plus bas et des trivialités rustiques sous prétexte de couleur locale, mélange de pompe et de bassesse qui produisait l'effet le plus discordant, et dont Perse fait la parodie dans ces vers : « Voici venir, apportant de grands sentiments héroïques, des écoliers qui jusqu'ici n'ont encore fait que des vers grecs, qui ne savent pas même, selon l'usage des écoles, décrire un bois sacré ni célébrer une riche campagne, et qui maintenant vous chantent pêle-mêle les corbeilles, le foyer, les cochons, les meules qui fument aux fêtes de Palès et Rémus, et toi, Cincinnatus, qui usais le soc dans le sillon quand ta femme accourut pour te mettre sur les épaules, devant les bœufs, la robe dictatoriale, et que le licteur rapporta lui-même la charrue à la maison... allez toujours, courage, ô poëte[1] ! » Il est impossible de rendre en traduisant toutes les intentions malignes de Perse; il ne se moque pas seulement de cette ambition poétique qui entraîne des jeunes gens sans talent et sans étude à célébrer les plus sacrés souvenirs de Rome : il raille cet art nouveau si plein de rhétorique prévue, où les termes les plus vulgaires et les plus beaux mots se donnent la main, où l'apostrophe est de rigueur et s'élance du sein de la platitude. Dans toutes les littératures, rien n'est plus vite banal que les hardiesses de mauvais goût, qui sont les plus faciles à imiter. Nous avons assisté en France à de pareils engouements; il y a une trentaine d'années, une jeune école de poésie exhuma aussi les idées et les images de notre antiquité nationale. Les

---

1. I, 69-75.

mêmes prétentions, qui chez nous ne furent pas non plus toujours plus heureuses, donnèrent naissance aux mêmes défauts, et particulièrement à cet amalgame hétéroclite de l'emphase et de la trivialité qu'on regarda comme une nécessité de genre et comme la langue naturelle du moyen âge. On bâtit même là-dessus plus d'une théorie littéraire qui n'est pas oubliée, et dont les vers de Perse sont une spirituelle critique.

La langue latine, comme le goût, avait fort à souffrir de ce retour à l'antiquité la plus reculée et la plus inculte. La vogue fut aux plus vieux auteurs; on préféra Ennius à Virgile, Lucilius à Horace, et les novateurs rétrogrades allaient même jusqu'à exhumer les mots depuis longtemps enterrés. Les Gracques paraissant encore trop modernes, on remontait jusqu'aux Appius, t plus d'un auteur, pour obtenir des applaudissements, se piqua de parler le langage de la loi des douze tables. Le public blasé encourageait cette barbarie raffinée. « Après cela, s'écrie Perse, demanderez-vous d'où nous vient ce pot-pourri de locutions étranges qui envahissent notre langue, qui la déshonorent, et font bondir d'aise sur leurs banquettes nos petits-maîtres bien bichonnés[1]? » Ne dirait-on pas que toutes les littératures sont destinées à tourner successivement dans le même cercle d'engouements et d'erreurs? A nous aussi on a conseillé en des livres de critique d'emprunter des termes du vieux langage français pour relever la fadeur de notre langue classique, comme si on pouvait rajeunir les choses en les vieillissant. On a repris des tournures oubliées, des mots qui souvent n'avaient d'autre mérite que de n'appartenir pas à notre temps. Ceux mêmes qui n'osaient pas innover dans la langue exaltaient du moins nos vieux

---

[1] I, 80-82.

auteurs aux dépens de nos classiques. On préférait Montaigne à Pascal, Régnier à Boileau. Que de grands écrivains n'a-t-on pas découverts tout à coup dans la poussière du moyen âge ! Ce retour à l'antique est du reste assez naturel et s'explique aisément. L'imitation continuelle et banale des plus purs modèles finit en effet par vous dégoûter de l'art régulier, et il arrive un moment où l'on retourne avec plaisir à la naïveté, à la négligence, à la barbarie même de l'antiquité, dont la rudesse paraît être de la force, la gaucherie une grâce, et dont les premiers bégaiements ont un charme enfantin pour la sénilité littéraire.

Cette trop courte satire embrasse pourtant et étreint dans sa concision nerveuse tous les ridicules littéraires du temps. Rien n'y manque, ni la manie d'écrire, ni la frivolité des sujets, ni la vaine ambition du style, ni le retour indiscret aux locutions surannées, ni la mollesse affectée du débit, ni cet art nouveau de payer des auditeurs et de s'assurer une approbation bruyante : tableau historique que d'autres, après Perse, ont essayé de retracer, mais qui n'est nulle part aussi complet et précis, et où le grave jeune homme, plus sage en cela que Quintilien, n'a point pactisé avec ces jeux d'esprit de la vanité, montrant le plus ferme jugement et une remarquable clairvoyance. La haute philosophie qu'il professait, son respect pour les lettres et pour les bienséances morales, la dignité de sa vie, l'ont rendu plus sensible que d'autres aux travers pernicieux qui commençaient à se montrer alors, dont peu d'esprits voyaient les inconvénients, et qui devaient aboutir à ces incroyables abus de la rhétorique où périt et disparut la littérature ancienne, où elle s'évanouit pour ainsi dire dans l'inanité de l'ostentation.

Il nous a paru que les satires de Perse, si peu lues

et d'un accès si difficile, pourraient obtenir du lecteur un moment d'attention, si nous prenions la peine d'en dégager l'esprit et de dérouler quelques-unes de ces pensées enveloppées dans des vers trop compactes. Entreprise un peu téméraire, nous le savons, où l'on risque de parler trop longuement d'un poëte concis et de ne pas dire assez d'un poëte obscur, où il faut oser braver la monotonie d'un sujet toujours sévère qui repousse tout agrément comme une inconvenance et une infidélité ; mais nous avons pensé que les tristesses d'une grande âme romaine méritaient d'être expliquées, et si en général on s'intéresse peu aujourd'hui à tout auteur qui paraît au premier abord avoir plus de doctrine que de passion, il ne peut être indifférent à personne de connaître les sentiments des grands personnages qui ont formé notre poëte et lui ont communiqué quelque chose de leur vertu héroïque. Ces vers, aujourd'hui refroidis, ont eu de la vie et de la flamme, ces maximes ont été des armes. La philosophie stoïque, déposée par un maître dans le cœur ingénu d'un enfant poëte, s'en est échappée en traits ardents, admirés par les Cornutus, les Thraséas, les Helvidius, les Arria, et par toute une vaillante famille, plus tard proscrite, qui, dans les circonstances les plus tragiques, a pu répéter quelques-uns de ces vers comme le symbole de sa foi ; car n'oublions pas que Perse a été le nourrisson d'une forte race, d'esprits, le jeune prodige de la famille, l'interprète applaudi de ses mépris et de ses haines, le poëte chéri d'un parti politique, et, s'il est permis d'employer un mot déplaisant quand il s'agit d'une société si distinguée et si honnête, le poëte prôné d'une coterie.

Il importe peut-être de donner un souvenir à Perse, parce qu'il est de moins en moins connu, et que bientôt il sera tout à fait délaissé. A mesure que la connaissance précise de la langue latine s'affaiblira, on négligera naturellement les auteurs qui demandent le plus d'effort, et Perse sera le premier qui descendra dans l'oubli. Dans cette étude toute morale que nous avons faite du poëte philosophe, nous ne voulons pas juger longuement la valeur littéraire de son petit livre. Perse a les défauts d'un écolier et les qualités d'un homme. Comme il a beaucoup étudié les philosophes et les poëtes et que sa mémoire est surchargée de souvenirs, il ne domine pas assez sa matière, il est souvent dominé par elle. Il va d'imitation en imitation, forçant les maximes du stoïcisme à entrer dans les formes poétiques de Virgile ou d'Horace. En voulant imprimer à ses emprunts une marque personnelle, il les retourne sur l'enclume, il martèle les idées et les mots pour dénaturer et rendre siens les débris poétiques dont il forge le métal rigide de ses vers; mais il y a quelque chose de généreux dans ce labeur : il tourmente sa matière à force de l'aimer. A des vérités qui lui sont chères, il voudrait donner une trempe inconnue et une pointe perçante. Jusque dans ses vers les plus originaux, on sent l'effort, et la plupart de ses plus admirables brièvetés ressemblent à des gageures. Les mots même qui sont sortis du fond de son cœur en ont été tirés avec peine ; ils ont passé, avant d'arriver à la lumière, par tous les saints replis de cette âme, *sanctosque recessus mentis,* où de froides maximes stoïques ont pris un singulier accent de sincérité émue. Perse est à tous égards le poëte du Portique, dont la doctrine recommandait l'effort, la tension de l'âme, l'énergie soutenue. Il semble que, même en écrivant, il ait voulu obéir à ces austères préceptes, et qu'il ait transporté jusque dans son style les habitudes de sa vie morale. S'il n'était pas mort si jeune, si son génie, enrichi par les expériences de la vie, avait eu le temps de prendre de l'ampleur et de la souplesse, il serait peut-être placé au rang des plus grands poëtes de Rome : quelques-uns de ses vers permettaient à ses amis de l'espérer ; il se serait associé avec enthousiasme aux périls de Thraséas et de sa famille ; par son talent, sa vertu, l'audace mal contenue de son langage, il aurait mérité de partager leur sort, et sans doute à une renommée poétique plus brillante il eût ajouté la gloire populaire d'un beau trépas.

LA VERTU STOÏQUE.

EPICTÈTE.

Si nous ne possédons plus aujourd'hui les discours de ces philosophes orateurs tels que les deux Sextius, Attalus, Fabianus et tant d'autres qui, dans leur école, par des exhortations véhémentes ou familières exaltaient les âmes et réveillaient les consciences, si toute cette prédication orale qui serait pour nous si curieuse et qu'on est en droit d'appeler l'éloquence de la chaire profane, ne nous est plus connue que par de courts fragments et par les témoignages d'admiration des auditeurs, nous retrouvons du moins la substance de cet enseignement pratique dans les ouvrages de Sénèque, dans les discours résumés d'Épictète et dans le livre de Marc-Aurèle où l'empereur philosophe fait si noblement son examen de conscience et se prêche lui-même. Ces trois plus illustres représentants du stoïcisme romain nous font voir successivement les grands caractères de cette doctrine morale ou plutôt de cette religion philosophique. Car, quelle que soit la fixité d'une doctrine, elle ne laisse pas d'être transformée par le génie de ceux qui l'enseignent. Le dogme peut rester le même tandis que l'accent change. Telle partie du dogme prend plus d'importance, telle autre s'efface et reste dans un demi-jour. L'immutabilité du christianisme n'empêche pas qu'il n'y ait une grande différence entre la sévérité de Pascal, la hauteur de Bossuet et les subtiles douceurs de Fénelon. A plus forte raison, dans une doctrine purement humaine doit-on rencontrer de ces changements qui, sans attaquer la permanence des principes, prouvent seulement la diversité des caractères et des temps. Ainsi Sénèque, Épictète et Marc-Aurèle prêchent la même morale, chacun avec une éloquence nouvelle, mais non pas avec la même autorité[1].

Celui qui manque le plus de cette autorité, qui est une si grande force dans l'enseignement de la morale pratique, c'est le ministre de Néron. Nous ne voulons pas retirer à Sénèque les éloges qu'il mérite et que nous lui avons donnés. Nous croyons qu'il a aimé la philoso-

---

1. Si notre dessein était d'exposer les dogmes et les formules du Portique, nous devrions réserver dans notre livre la plus grande place à Épictète qui est le plus rigoureux et le plus conséquent des stoïciens. Mais par cela même que sa doctrine est homogène, que sa vie est conforme à sa doctrine et que ce personnage est tout d'une pièce, une simple esquisse suffit. Pour éviter des redites sur le stoïcisme professé par Sénèque, par Perse et que nous retrouvons encore dans Marc-Aurèle, nous ne consacrons qu'un très-court chapitre à Épictète dont les sentiments droits et fermes, sans fluctuations et sans nuances, peuvent se peindre en quelques traits.

phie, qu'il l'a propagée avec autant d'ardeur que d'esprit; qu'il n'a pas simplement cherché dans la morale, comme on l'en accuse, un amusement et une matière à de beaux discours, mais qu'il s'est enchanté lui-même de ses nobles maximes et qu'il a fait plus d'efforts qu'on ne pense pour les pratiquer. Cependant il a été plutôt un amateur de la vertu qu'un homme vertueux. Il ressemble un peu trop à ces riches de l'époque qui, dans leur somptueux palais, se ménageaient une simple retraite, une chambre sans luxe, sans ornements, pourvue à peine de quelques meubles nécessaires, où ils se retiraient à de certains jours pour y faire un chétif repas dans de la vaisselle d'argile, pour coucher sur un grabat, essayant ainsi de donner le change au dégoût et à la tristesse de l'opulence. C'est dans une semblable retraite, dans ce qu'on appelait alors la *Chambre du pauvre*, que Sénèque semble avoir composé ses livres austères. Ses réflexions sur la vanité des grandeurs, bien que sincères, seront toujours suspectes, parce que la malignité, qui aime à relever les contradictions entre la conduite et les maximes d'un philosophe, trouve dans la vie de Sénèque une matière qui prête à l'épigramme. S'il avait été disciple de Platon, au lieu d'être celui de Zénon, on n'aurait pas trouvé assez de louanges pour ce grand seigneur qui, au comble de la puissance et dans une cour impure, faisait les honneurs à la philosophie. Le malheur de Sénèque est d'être stoïcien et d'appartenir à une doctrine qui prêche le renoncement; aussi, quand on parle de lui, on est toujours obligé de faire des réserves et, avant de l'admirer, il faut le défendre. C'est assez dire pourquoi, malgré sa profonde connaissance du cœur humain, sa singulière pénétration morale et la chaleur de son prosélytisme, il manque de crédit et d'autorité.

Épictète, au contraire, fut aussi stoïque dans sa vie que dans ses discours. Longtemps esclave, pauvre toujours, il eut le droit de vanter la pauvreté. Quand on l'entend mépriser les honneurs, les richesses, la gloire, on le croit sur parole, tant son courage est simple, ferme et paraît au-dessus des tentations. Les rigueurs du Portique n'avaient rien qui pût effrayer un homme accoutumé déjà à toutes les privations. Son héroïsme moral s'élève sans effort à la hauteur de ses maximes. Le peu que nous savons de sa vie semble emprunté à la légende des saints, et l'admiration qu'il excita parmi les païens tient du culte. Né en Phrygie dans le premier siècle de l'ère chrétienne, on le trouve à Rome du temps de Néron, où il devient dans sa jeunesse l'esclave d'un affranchi de l'empereur. On raconte que son maître brutal se donna le plaisir de tordre la jambe de son esclave dans un instrument de torture, et qu'Épictète lui dit tranquillement : « Vous allez me la casser. » Le maître ayant persisté dans ce jeu cruel, et la jambe étant rompue, le philosophe se contenta d'ajouter : « Je vous l'avais bien dit. » Ce trait d'insensibilité stoïque fut tellement admiré que plus tard Celse, le plus intraitable adversaire du christianisme, osait apostropher ainsi les chrétiens : « Est-ce que votre Christ, au milieu de son supplice, a jamais rien dit de si beau ? » A quoi Origène repartit simplement : « Notre Dieu n'a rien dit, et cela est encore plus beau. » Quoi qu'il en soit de cette histoire, qu'elle soit vraie ou arrangée par des admirateurs d'Épictète, il est certain que le philosophe resta boiteux toute sa vie. Ayant obtenu plus tard la liberté, il vécut à Rome dans une petite maison délabrée qui n'avait point de porte et qui ne renfermait qu'une table et une couchette. Il vécut seul la plus grande partie de sa vie, et s'il finit par prendre à son service une pauvre femme, ce fut pour confier à ses soins un enfant abandonné qu'il avait recueilli. Lorsque Domitien chassa les philosophes de Rome, Épictète, retiré en Épire, supporta l'exil avec la bonne grâce d'un stoïcien qui trouve partout sa patrie et se considère comme citoyen du monde. Pendant sa vie, il fut honoré, malgré son indigence, pour la pureté de ses mœurs et la sagesse de son enseignement; après sa mort, il fut célébré comme le plus sage des hommes. On lui composa cette épitaphe, où on le fait parler lui-même : « Je suis Épictète, l'esclave, le boiteux, le pauvre, mais cher aux dieux. » Un riche amateur acheta sa lampe de terre trois mille drachmes, et cette lampe, qui avait éclairé les veilles de la pauvreté, devint le précieux ornement d'une demeure opulente. Il n'est pas inutile de rapporter dans leur naïveté instructive ces témoignages de l'admiration contemporaine et de la dévotion philosophique. Il semble que ce sage, fidèle jusqu'au bout à ses maximes de renoncement, ait voulu dérober même son nom à la postérité. Ce nom d'Épictète n'est pas le sien, ce n'est qu'un adjectif qui signifie esclave. De plus, il paraît n'avoir rien publié. Épictète n'a pas même songé à la gloire, et ces belles leçons de courage qu'il prodiguait dans ses entretiens particuliers et ses leçons publiques seraient aujourd'hui ignorées, si elles n'avaient pas été recueillies par la reconnaissance d'un disciple.

Quand on connaît déjà le fond de la doctrine stoïcienne, on peut se figurer quelles doivent être les maximes d'un tel homme. « Supporte et abstiens-toi. » Voilà toute sa philosophie. Supporte les disgrâces, les malheurs et tout ce qui peut troubler ton cœur. Nos sentiments, nos pensées, nos actions sont, pour ainsi dire, sous notre main, nous pouvons les régler à notre gré : les biens, les honneurs et toutes les choses extérieures, il faut y renoncer tout d'abord. En circonscrivant ainsi le champ de la lutte, il est sûr de n'être point vaincu. Mépriser d'avance tout ce qui peut nous échapper est la seule manière de ne trouver pas de mécompte. Il ne se laisse pas tenter, comme Sénèque, par la richesse et la puissance. En ne désirant rien, il n'aura rien non plus à regretter. Aussi, comme il s'est mis entièrement hors de prise du côté de la fortune, il n'a pas besoin de lutter avec elle ; il ne lui dira pas d'injures, il ne la provoquera pas, il ne la mettra pas au défi, selon la coutume des stoïciens, qui déclament parce qu'ils sont mal assurés dans leur foi. Son langage sera toujours ferme, net, résolu, comme celui d'un soldat qui se sent inexpugnable ou décidé à périr, si on le force dans le refuge sacré de sa liberté intérieure.

Cependant, bien que le style d'Epictète soit simple et d'une nudité athlétique qui sied bien à cette morale militante, on y rencontre çà et là des images frappantes qui saisissent l'esprit et donnent un vif éclat à ces solides pensées. Il a le langage populaire, incisif et pittoresque. Des comparaisons tirées de la vie commune révèlent une certaine originalité plébéienne. Mais son imagination est tout entière au service du raisonnement, ses métaphores ne sont que des démonstrations, et ses allégories même ont la précision de la pure logique. Sa parole, libre comme son âme, affranchie des élégances convenues, ne dédaigne pas d'employer les expressions vulgaires, empruntées aux carrefours, et saisit parfois avec plaisir quelque mot trivial pour en accabler les objets de son mépris. Mais où paraît surtout la foi intrépide de ce prêcheur obstiné, c'est dans cette dialectique tranchante où il lutte avec les passions, où il les interroge, les fait répondre et les confond en quelques mots souvent sublimes. L'héroïsme stoïque y éclate en dialogues cornéliens.

Ce Socrate sans grâce ne s'amuse pas à faire tomber mollement un adversaire dans les longs filets d'une dialectique captieuse, il le saisit brusquement et l'achève en deux coups. On peut appliquer à cette éloquence le mot de Démosthène sur celle de Phocion : « C'est la hache qui se lève et retombe. »

Cette doctrine et ce langage ne pèchent que par un excès de force. Comme l'a dit Pascal : « Épictète connaît la grandeur de l'homme, il n'en connaît pas la faiblesse. » De là cette proscription impitoyable des sentiments les plus légitimes. Il n'est point permis de pleurer la perte de ses amis, de sa femme, de son enfant; il faut étouffer en soi la compassion et ne pas se laisser toucher par le malheur d'autrui. Hâtons-nous d'ajouter que ces maximes ne sont pas celles de l'égoïsme qui défend sa quiétude, mais de la prudence philosophique qui craint de compromettre l'invulnérabilité de l'âme. Tant d'héroïsme pourtant nous impatiente, et chacun est tout prêt à refuser sa sympathie à celui qui vous interdit la pitié : aussi ne pouvons-nous souscrire à l'opinion de ceux qui trouvent qu'Épictète a moins de roideur que Sénèque, qui lui reconnaissent un air plus affectueux et plus humain. Pour nous, nous préférons à cette dureté systématique les inconséquences de Sénèque, qui, après avoir prôné l'impassibilité, nous confie qu'il a versé sur son ami Sérénus des larmes réprouvées par la philosophie. Épictète assurément n'aurait pas tenu à passer pour un homme qui s'attendrît. Là n'est pas son ambition ni sa gloire. Il lui importe peu d'être aimable, pourvu qu'il assure par tous les moyens l'indépendance de son âme et la victoire de sa volonté. Sa morale de renoncement absolu est celle d'un pauvre, d'un esclave, d'un exilé, d'un infirme, d'un solitaire enfin qui n'a ni bien ni famille, et qui par son dénûment volontaire a mis la fortune dans l'impuissance de lui nuire. Ses maximes sont d'un anachorète païen, et l'on pourrait appeler sa doctrine de l'ascétisme stoïque.

Le livre le plus connu d'Épictète, le *Manuel*, ne fait pas connaître entièrement le caractère, l'esprit et le grand cœur de ce moraliste convaincu qui fut l'honneur du stoïcisme romain, son plus fidèle interprète et le plus bel exemplaire de ses vertus. Ces préceptes concis, condensés dans une sorte de *memento*, ont quelque chose de dur et de choquant dans leur brièveté impérative. La raison stoïcienne y proclame ses lois avec une impassibilité peu humaine, impose silence à toutes les passions, même aux plus respectables, se fait gloire de les tuer sans entrer avec elles en accommodement, et semble même vouloir réprimer les plus légitimes mouvements d'une sensibilité généreuse. A lire ces maximes rigoureuses, on est tenté de croire que ce moraliste législateur de la cité stoïque n'a pas d'entrailles, et, si on n'avait l'esprit touché par l'originale sincérité de ce langage, on ne verrait dans ce style lapidaire que les préceptes convenus d'un système chimérique ou les gageures d'une perfection impossible.

Les *Entretiens*[1] recueillis par Arrien de la bouche même d'Épictète complètent le *Manuel* et l'expliquent. Ils nous font voir le moraliste de plus près, plus au naturel, dans la familiarité de ses conversations philosophiques avec ses amis et ses disciples. Au lieu d'imposer des lois comme dans le *Manuel*, il discute, il cherche à persuader. Les plus dures pensées s'étendent dans ces libres improvisations, s'amollissent pour ne pas blesser

---

[1]. Nous recommandons l'excellente traduction de M. Courdaveaux, qui reproduit souvent avec bonheur l'énergique simplicité d'Épictète.

et se fondent parfois pour mieux se répandre. Une vive sollicitude pour le progrès moral de ses auditeurs, une certaine condescendance pour les faiblesses humaines tempèrent les rigueurs de la doctrine. En lisant les *Entretiens* on est tout étonné et charmé de se trouver en face d'un homme, quand jusque-là on n'avait contemplé dans le *Manuel* que la statue en marbre ou en bronze de 'idéal stoïcien.

A vrai dire, les *Entretiens* ne sont pas autre chose qu'une prédication morale, tantôt élevée, tantôt familière, selon les circonstances, et accommodée aux besoins de ceux qui ont recours à la sagesse du maître. Si le livre renferme un certain nombre de dissertations didactiques sur des points de doctrine, le plus souvent on y voit que le philosophe s'occupe, comme il le dit lui-même, à rehausser le cœur de ses disciples, ou bien encore à éclairer des inconnus qui lui proposent un cas de conscience. Tel discours n'est qu'une réponse à une de ces consultations morales, tel autre un appel à la dignité humaine et une exhortation à la vertu, tel autre une méditation éloquente sur la Providence, sur Dieu, sur les devoirs qu'il nous impose; véritables sermons qui annoncent et préparent l'éloquence chrétienne, où l'orateur, malgré la diversité des principes et des doctrines, traite souvent les mêmes sujets que nos prédicateurs, avec un zèle pareil de propagande, seulement avec la jactance de l'école et les brusqueries parfois peu charitables de la dialectique stoïcienne.

Pour montrer combien est sublime l'idée que s'était formée de la prédication philosophique ce noble esprit et ce vaillant homme, il faut citer quelques fragments d'un discours où, en lignes heurtées mais d'une énergie sans pareille, il esquisse le portrait du philosophe prêcheur portrait familier et vivant qui peut-être nous offre sa propre image. Personne dans l'antiquité n'a jamais affirmé avec cette décision et cette grandeur simple que l'enseignement de la morale doit être un apostolat. Je ne sais si, même de nos jours, on pourrait mieux définir le rôle du missionnaire chrétien. A un jeune homme qui vient lui demander conseil et se propose de se consacrer à la propagande hardie et populaire telle que la comprenaient les sages de l'école cynique, Épictète trace ses devoirs en des termes qui méritent tous d'être médités : « Examinons, lui dit-il, la chose à loisir. Mais sache tout d'abord que quiconque s'engage dans une si grande entreprise sans l'aide de Dieu devient l'objet de la colère divine, et qu'il ne fera rien que se couvrir de honte aux yeux de tous. » Avant tout, selon Épictète, il faut que le futur précepteur du genre humain[1] s'entreprenne lui-même, éteigne en lui ses passions, se purifie et se dise : « Mon âme est la matière que je « dois travailler, comme le charpentier le bois, comme le cordonnier le cuir.... » Ainsi préparé, il doit savoir encore qu'il est un envoyé de Jupiter auprès des hommes. Il faut qu'il prêche d'exemple et qu'aux pauvres, aux déshérités qui se plaignent de leur sort, il puisse dire : « Regardez-moi, comme vous je suis sans patrie, sans maison, sans bien, sans esclaves ; je couche sur la terre ; je n'ai ni femme, ni enfant ; je n'ai que la terre, le ciel et un manteau. » Puis, avec une énergie croissante, du ton le plus résolu, avec une trivialité qui ajoute quelque chose à la grandeur des pensées, il continue : « Prends conseil de Dieu, et s'il t'encourage dans ton entreprise, sache qu'il veut te voir grand ou roué de coups ; car n'oublions pas ce petit détail : il est dans l'ordre que notre philosophe soit battu comme un âne, et il

---

1. Ὁ παιδευτὴς ὁ κοινός.

faut que, battu, il aime ceux-là mêmes qui le battent, en père et en frère de tous les hommes[1]. »

Chose surprenante! Épictète va jusqu'à imposer à son philosophe le célibat, et donne des raisons qu'on peut faire valoir encore en faveur du célibat des prêtres : « Ne faut-il pas qu'il soit tout entier à son divin ministère[2]? Ne faut-il pas qu'il puisse traiter librement avec les hommes, sans être asservi à ces obligations vulgaires, sans être empêché par ces bienséances mondaines qu'il ne peut négliger qu'en perdant son titre d'honnête homme, qu'il ne peut respecter sans détruire en lui l'ambassadeur, le surveillant, le héraut envoyé par les dieux. Regardez : s'il est marié, le voici obligé de faire ceci ou cela pour son beau-père, le voici avec des devoirs envers les autres parents de sa femme, envers sa femme elle-même. Désormais il est absorbé par le soin de ses malades, par l'argent à gagner.... Que devient, dès lors, celui qui doit surveiller tous les autres, époux et parents? celui qui doit voir quels sont ceux qui vivent bien avec leur femme, qui vivent mal, quelles sont les familles heureuses ou troublées ? celui qui doit aller partout comme un médecin tâtant le pouls de tout le monde ? comment aura-t-il ce loisir, si les devoirs ordinaires le tiennent à l'attache ? »

On ne manquait pas à Rome de faire, contre ce noble célibat, des objections qu'on fait encore aujourd'hui : Votre philosophe, disait-on, ne contribuera pas à la conservation de la société. Épictète répliquait, avec sa fougue et ses vives saillies : « Au nom du ciel, qui sont les plus utiles à l'humanité, de ceux qui y introduisent deux ou trois marmots au vilain petit museau, ou de ceux

1. Καὶ δαιρόμενον φιλεῖν αὐτοὺς τοὺς δαίροντας, ὡς πατέρα πάντων, ὡς ἀδελφόν.
2. Τῇ διακονίᾳ τοῦ θεοῦ.

qui, dans la mesure de leurs forces, surveillent tous les hommes, examinant ce qu'ils font, comment ils vivent, en quoi ils négligent leur devoirs.... Notre philosophe a l'humanité pour famille, les hommes sont ses fils, les femmes sont ses filles. C'est comme tels qu'il va les trouver tous, comme tels qu'il veille sur tous, parce qu'il est leur père, leur frère et le ministre de leur père à tous, Jupiter[1]. »

A part ces formes du langage païen, où trouver une vue plus haute et plus nette de la mission religieuse et morale? Dans ces transports si raisonnables, Épictète n'a rien oublié, ni l'entière obéissance à Dieu, ni l'amour de la pauvreté, de la souffrance, de l'humiliation même, ni surtout l'amour des hommes. Mais laissons-le achever de peindre en traits rapides la beauté de ce sacerdoce; quelques mots admirables nous diront à quelle condition le philosophe prêcheur sera respecté : « Avant tout, il faut que son âme soit plus pure que le soleil. Autrement il ne serait qu'un coureur d'aventures et un homme de métier, si livré au mal lui-même, il s'érigeait en censeur des autres.... Et comment voulez-vous qu'il se fasse obéir, il n'y a que sa conscience qui lui donne du pouvoir.... Quand on le voit veillant et travaillant par amour pour l'humanité, quand on le voit s'endormant le cœur pur et se réveillant plus pur encore, quand on sait que toutes ses pensées sont les pensées d'un ami des dieux, d'un de leurs ministres, d'un associé à la souveraineté de Jupiter, quand enfin il est toujours prêt à dire : « O Jupiter, ô destinée, « conduisez-moi ! » ou bien : « Si telle est la volonté des « dieux, qu'il en soit ainsi ! » Pourquoi, dès lors, n'aurait-il pas le courage de parler librement à ceux qui

---

1. Τοῦ κοινοῦ πατρὸς ὑπηρέτης.

sont ses frères, ses enfants, en un mot, à sa famille ? — Voilà, disait en terminant Épictète au jeune homme qui le consultait, voilà sur quoi tu délibères. Et maintenant, si tu persistes, deviens le serviteur de Dieu, mais vois d'abord si tu es bien préparé[1]. » Quelle morale et quelle éloquence ! Il faudrait lire tout le discours et se laisser emporter par cette parole saine, forte, libre et toute jaillissante qui se répand en impatiences généreuses, en interrogations pressantes, où l'on sent partout comme la fureur de la vertu et de la piété, et où la plénitude d'un grand cœur précipite en tumulte un torrent de saintes pensées.

Bien qu'Épictète comprenne et recommande avec ardeur les principes généraux de la fraternité humaine, et qu'il s'élève avec le stoïcisme jusqu'à la conception d'une espèce de charité, ce n'est point de ce côté qu'il laisse aller son cœur. C'est vers la Divinité que s'échappent les sentiments contenus et refoulés de cette âme en apparence insensible. Quelle admiration pour l'ordre physique et moral de la nature, quelle obéissance à la raison immuable et éternelle, quel abandon à la Providence ! Cet homme si froidement raisonnable se livre à des emportements lyriques quand il parle de Dieu, des ses dons, de l'indifférence des hommes pour ses bienfaits. Au milieu d'une leçon, ses pressantes démonstrations se changent en hymne et, après avoir célébré les louanges de la Divinité, il s'écrie en terminant, avec son accent populaire : « Eh bien ! puisque vous êtes aveugles, vous le grand nombre, ne fallait-il pas qu'il y eût quelqu'un qui chantât pour tous l'hymne à la Divinité ? Que puis-je faire, moi, vieux et boiteux, si ce n'est de chanter Dieu ? Si j'étais rossignol, je ferais le métier de rossignol,

---

1. *Entretiens d'Épictète*, liv. III, ch. XXII.

si j'étais cygne, celui d'un cygne. Je suis un être raisonnable, il me faut chanter Dieu. Voilà mon métier et je le fais. C'est mon rôle à moi, que je remplirai tant que je pourrai, et je vous engage tous à chanter avec moi[1]. » Singulier changement qui s'est opéré dans les âmes ! le monde en détresse se tourne vers le ciel ; l'insensible stoïcisme a déjà des élans divins, et l'école est tout près de se transformer en temple de la prière.

Cette piété philosophique et cet abandon aux lois souveraines de la nature et de Dieu nous paraît la plus grande originalité des *Entretiens*. Le progrès moral est évident, et l'âme d'Épictète, dans ces belles méditations sur la Providence, est soulevée par un souffle nouveau répandu dans le monde. Nous ne dirons pas pourtant que ce livre est le dernier mot du stoïcisme. Cette belle et fière doctrine saura prendre bientôt un langage plus modeste et plus touchant. Dans le livre de Marc-Aurèle, la résignation est encore plus humble et plus pleine d'abandon. Il semble que la philosophie païenne, moins altière, se rapproche de plus en plus du christianisme qu'elle ignore ou qu'elle méconnaît, et soit prête à se jeter entre les bras du Dieu inconnu. Marc-Aurèle n'a plus rien de cette âpreté stoïque qui choque parfois dans les discours de ses devanciers. Il est doux, simple, aimable autant qu'un stoïcien peut l'être. Quelle délicatesse morale et quelle mansuétude dans cet examen de conscience d'un souverain philosophe ! Ses pensées sur la résignation, sur la tranquillité qu'il faut conserver dans la contemplation de notre faiblesse et de notre fragilité, sont d'une mélancolie virile qui vous pénètre et vous charme tout en vous troublant. Il garde dans ces

---

1. *Entretiens d'Épictète*, liv. I, ch. XVI.

tristes méditations une sérénité si pure, une douceur, une docilité aux ordres de Dieu qu'on ne trouve point avant lui et que la grâce chrétienne a seule surpassées. S'il n'a pas encore la charité dans toute la force du terme chrétien, il en a déjà l'onction, et on ne peut lire ce livre, unique dans l'histoire de la philosophie païenne, sans penser à la tristesse de Pascal et à la clémence de Fénelon.

L'EXAMEN DE CONSCIENCE
D'UN EMPEREUR ROMAIN.

MARC-AURÈLE.

I

Il faut s'arrêter devant cette âme si haute et si pure pour contempler dans son dernier et dans son plus doux éclat la vertu antique, pour voir à quelle délicatesse morale ont abouti les doctrines profanes, comment elles se sont dépouillées de leur orgueil et quelle grâce pénétrante elles ont trouvée dans leur simplicité nouvelle. Pour que l'exemple en fût plus frappant, la Providence, qui, selon les stoïciens, ne fait rien au hasard, voulut que le modèle de ces simples vertus brillât au milieu de toutes les grandeurs humaines, que la charité fût enseignée par le successeur des sanglants césars et l'humilité par un empereur.

Nous ne venons pas raconter l'histoire, d'ailleurs connue, d'un prince dont Montesquieu a pu dire : « Faites pour un moment abstraction des vérités révélées, cherchez dans toute la nature, et vous n'y trouverez pas de plus grand objet que les Antonins.... On sent en soi-même un plaisir secret lorsqu'on parle de cet empereur; on ne peut lire sa vie sans une espèce d'attendrissement. Tel est l'effet qu'elle produit qu'on a meilleure opinion de soi-même parce qu'on a meilleure opinion des hommes. » Bien qu'il soit opportun en tout temps de peindre une si belle vie, il n'entre pas dans notre dessein de toucher à ce règne sans exemple d'un souverain qui se conduisit toujours en sage, qui, sans pédantisme et sans utopie, fit couler dans ses lois, ses règlements, son administration, les principes rêvés par les philosophes, fut doux autant que ferme, sut faire la guerre sans l'aimer, gouverna le plus immense empire en magistrat d'une république, ne garda du pouvoir suprême que les soucis et les peines, et remplit les plus grands devoirs qui puissent être imposés à un homme, comme on remplit une modeste fonction, simplement, virilement, sans faste, même sans le faste de la vertu. On ne veut voir ici que le moraliste empereur qui, dans son livre des *Pensées*[1], dévoile ingénuement son âme, non pour la montrer au public, mais pour la connaître lui-même, pour en surveiller les faiblesses, pour s'exciter au bien, qui, dans le silence de ses nuits, sans confidents et sans témoins, se faisait comparaître devant sa conscience, méditait sur les grands problèmes de la vie et de la mort, et dont les observations morales, les notes intimes jetées ainsi sur le papier sans ordre, sans suite, selon ses préoccupations du jour, composent aujourd'hui pour nous un

---

1. Il faut lire Marc-Aurèle dans la traduction de M. Pierron, qui est plus exacte, plus romaine, plus vraie que celle de Dacier.

des plus aimables livres de l'antiquité, livre unique, qui est à la fois un soliloque souvent sublime et un examen de conscience.

L'examen de conscience n'était pas une coutume nouvelle, et depuis longtemps la philosophie recommandait cet exercice spirituel, qui semble n'avoir été pratiqué avec ferveur que sous l'empire romain. La politique n'offrant plus d'aliment aux esprits ni de matière à l'activité des citoyens, les réflexions morales et les exercices intérieurs de la pensée parurent avoir plus de prix. Le despotisme, en comprimant de toutes parts les âmes, les rejetait, les refoulait sur elles-mêmes. De là vient sans doute que cette vieille prescription pythagoricienne, sortie d'une école mystique, se répandit et fut adoptée par les autres sectes. Le bon Horace, moins léger qu'on ne pense, et qui avait aussi ses heures sérieuses, faisait à sa manière son examen de conscience, lorsque, dans son lit ou dans ses promenades solitaires, il songeait à se rendre meilleur, et se grondait doucement en homme du monde qui voudrait être honnête et en épicurien qui voudrait être sage. Un philosophe plus austère, un des maîtres de Sénèque, Sextius, se confessait lui-même tous les soirs, se demandait un compte exact de ses journées, et procédait à un interrogatoire de criminel. Sénèque nous a laissé un tableau plein de grâce sévère où il se met en scène, remplit envers lui-même les fonctions de juge, et se cite à son propre tribunal. Bien des âmes éprises de perfection morale ont dû imiter les philosophes de profession. Il faut que la coutume soit devenue assez générale alors, puisque le mordant Épictète, dans une spirituelle parodie, nous fait assister à l'examen de conscience du courtisan qui s'est proposé un idéal de bassesse comme un honnête homme se propose un idéal de vertu, qui s'interroge et se gourmande lui-même en voyant que son âme n'est point parfaite encore, c'est-à-dire entièrement conforme aux lois de la servilité. « Qu'ai-je omis, se dit-il, en fait de flatterie?... Aurais-je par hasard agi en homme indépendant, en homme de cœur? » Et, s'il se trouve qu'il s'est conduit de la sorte, il se le reproche, il s'en accuse. « Qu'avais-tu besoin de parler ainsi? se dit-il; ne pouvais-tu pas mentir[1]? » Ironie bien piquante, mais qui eût été incompréhensible, si cette peinture d'un examen de conscience fait à rebours n'avait été une allusion à un usage très-connu. Enfin on voit par un illustre exemple, par le livre de Marc-Aurèle, quelles pouvaient être les pensées d'une âme païenne recueillie en face d'elle-même, quels scrupules nouveaux tourmentaient les consciences, et de quel ton on s'encourageait à la perfection morale.

Cependant, si l'on veut pénétrer dans ce livre si simple, il faut le lire avec simplicité, écarter les discussions philosophiques, ne pas regarder au système qu'il renferme. On fait tort à Marc-Aurèle quand on rajuste en corps de doctrine ces pensées décousues, et que de ces libres et paisibles effusions on fait un sujet d'érudition ou de controverse. Ce n'est pas une œuvre de philosophie, mais, si l'on peut dire, de piété stoïque. On ne le comprend que si on le lit avec le cœur. Une âme qui se retire dans la solitude, qui veut oublier les jugements des hommes, les livres, le monde, qui ne s'entretient qu'avec elle-même et avec Dieu, ne doit pas être l'objet de curiosités vaines. Il y a comme une bienséance morale à l'écouter comme elle parle, avec candeur, à se laisser charmer par son accent. Serait-ce donc se montrer trop profane que d'apporter à la lecture et à l'étude de ce livre si pur quelques-uns des sentiments que nous

---

1. *Entretiens d'Épictète*, liv. IV, ch. VI.

croyons nécessaires pour bien goûter la mysticité de Gerson ou de Fénelon ?

L'antiquité n'a jamais produit un homme qui fût plus naturellement porté vers les méditations morales et plus amoureux du bien. Les circonstances de sa vie, ses parents et ses maîtres, les besoins de son époque aussi bien que son caractère, auraient fait de lui un philosophe de profession, si l'adoption d'Antonin ne l'avait élevé à l'empire. On a quelquefois remarqué dans la biographie des grands docteurs chrétiens qu'ils ont été comme prédestinés à devenir la lumière et l'honneur de l'Église, et qu'ils ont eu une sainte enfance. De même, Marc-Aurèle semble avoir passé ses premières années à l'ombre du temple, parmi les images de la religion et les enseignements de la philosophie. A l'âge de huit ans, on l'avait fait entrer par un honneur précoce dans le collége des prêtres de Mars, où il chantait les hymnes consacrés et figurait dans les processions religieuses. Il aurait pu dire, à peu près comme le petit Joas :

> J'entends chanter de Dieu les grandeurs infinies,
> Je vois l'ordre pompeux de ses cérémonies.

A douze ans, il était déjà un néophyte de la philosophie, il adopta les usages austères et le costume des stoïciens, il entra pour ainsi dire dans leur ordre. Malgré sa chétive santé, il couchait sur le plancher, et il fallut les instances et les larmes de sa mère pour qu'il consentît à dormir sur un petit lit couvert de peau. Du reste, sa famille semble avoir pris plaisir à protéger de toutes parts sa naissante vertu et la candeur de ce beau naturel. On ne l'envoya point aux écoles publiques, et il fut élevé dans la maison paternelle, où furent appelés auprès de lui les maîtres les plus célèbres, grammairiens, philosophes, peintres même et musiciens. Il passa une partie de sa jeunesse à la campagne, dans cette noble villa de Lorium, où l'empereur Antonin, son père adoptif, aimait à vivre sans cour, avec ses amis, en simple particulier, tout en remplissant avec fermeté ses devoirs de souverain. Combien l'exemple de ce prince si laborieux et si simple agit sur son âme, Marc-Aurèle nous le dit lui-même dans ses *Pensées*. Nous savons aussi par les lettres qu'il écrivait alors à son maître Fronton quelles étaient ses occupations à la campagne, comment il partageait ses journées entre les plaisirs champêtres et l'étude. Il chasse, il pêche, il s'exerce au pugilat, à la lutte, il se mêle aux vendangeurs. « J'ai dîné d'un peu de pain.... Nous avons bien sué, bien crié, et nous avons laissé pendre aux treilles quelques survivants de la vendange (il pense à faire la part du pauvre).... Revenu à la maison, j'ai un peu étudié, et cela sans fruit. Ensuite, j'ai beaucoup causé avec ma petite mère, qui était sur son lit[1]. » Puérilités, dira-t-on, fade innocence ! Non, de pareils détails ne peuvent être indifférents à ceux qui savent que la simplicité du cœur dans la jeunesse n'est pas seulement une grâce, mais une force, et que les plus hautes vertus des grands hommes n'ont été d'abord que d'aimables qualités. Et qui sait si ces causeries du jeune homme avec sa mère ont été inutiles au bonheur du monde ? Marc-Aurèle empereur, à la fin de sa vie, se recueillant et se traçant ses maximes, commence à peu près son journal par ces mots : « Imiter ma mère, m'abstenir comme elle non-seulement de faire le mal, mais même d'en concevoir la pensée. » Au milieu de ces calmes influences de la famille, de la campagne et de la philosophie, Marc-Aurèle garda cette pureté de l'âme et du corps à laquelle il attachait un si grand

---

1. *Lettres de Marc-Aurèle et de Fronton*, liv. IV, 6.

prix, que dans sa vieillesse il lui rendait encore hommage, lorsque, remerciant les dieux de tous les biens dont ils l'avaient comblé, il n'oubliait pas d'écrire : « Je leur dois encore d'avoir conservé pure la fleur de ma jeunesse, de ne m'être pas fait homme avant l'âge, d'avoir différé au delà même : » curieux témoignage où la pudeur de l'expression embellit encore la délicatesse du sentiment. Malgré l'universelle corruption, la philosophie, de plus en plus épurée et scrupuleuse, commence à comprendre que la chasteté peut être la parure même de la jeunesse virile, et ses enseignements sur ce point sont assez efficaces déjà pour conjurer tous les périls qui assiégent en tout temps un jeune et bel héritier de la puissance suprême.

Ce qui nous plaît et nous touche dans cette précoce sagesse, c'est qu'elle n'a pas été le fruit d'une éducation timide, efféminée ou étroite. La jeunesse de Marc-Aurèle fut celle d'un Romain, non asservie à des prescriptions minutieuses, mais libre, occupée de belles études, allant droit au bien volontairement, sans contrainte, et comme attirée par la beauté morale. En toutes choses, dans les sciences, dans les arts, dans les lettres, il considère seulement tout ce qui peut élever l'âme et former les mœurs. Il le fait bien voir dans son livre lorsque, reportant sa pensée sur sa jeunesse et son âge mûr, il rappelle tout ce qu'il doit à chacun de ses maîtres. De leurs leçons il n'a retenu que le profil moral. A son gouverneur il est redevable de ne pas craindre la fatigue ; Diogenète le peintre, qui sans doute était un libre penseur, lui a donné le mépris de la superstition et la force qui fait supporter chez les autres la franchise du langage ; Rusticus l'a éloigné des sciences purement spéculatives et l'a mis en garde contre la rhétorique ; il lui a prêté le livre d'Épictète : grand événement, à ce qu'il paraît, dans la vie de

Marc-Aurèle, puisque l'empereur, après tant d'années, croit devoir, pour ce service, témoigner tant de reconnaissance. Ce qu'il aime surtout à se rappeler de ses maîtres, ce sont leurs qualités personnelles et leurs exemples, qui l'ont encore plus touché que leurs leçons. Patience, fermeté ou égalité d'âme, douceur, bienfaisance, droiture, vertus de philosophe et d'homme du monde, voilà ce qu'il se représente en eux, avec une complaisance encore émue, voilà ce qu'ils lui ont appris. On a eu le courage de dire que cet hommage si naturel et si cordial de la reconnaissance envers ses parents et ses maîtres n'est que l'expression méditée de la vanité qui s'admire et de l'orgueil qui contemple et veut faire contempler aux autres ses propres perfections. Il faut être bien prévenu contre cette âme sincère qui, selon nous, bien loin de vouloir se parer de ses vertus, se dépouille au contraire de ses mérites pour les attribuer à ceux dont il n'a été que l'imitateur et le disciple. Un Marc-Aurèle qui a vécu au grand jour sur les hauteurs d'un trône, sous les yeux de tout l'empire, dont les maximes et la conduite conforme à ses maximes étaient connues et célébrées dans le monde entier, aurait-il eu besoin de recourir à ce détour misérable de la vanité et de se décerner à lui-même, avant de mourir, des louanges que personne ne songeait à lui refuser? N'est-ce pas lui qui a dit : « La fausse modestie est la forme la plus insupportable de l'orgueil! » Tant de simplicité dans un stoïcien et un prince peut étonner sans doute ; mais faut-il donc se défier des sentiments d'un homme parce qu'ils sont exquis? et la grandeur d'âme doit-elle être suspecte parce qu'elle est humble?

Si nous apercevions dans cet examen de conscience la moindre trace de vanité, nous n'aurions plus le courage de toucher à ce livre ; mais rien n'est plus contraire à ce soupçon que la vie de Marc-Aurèle et son caractère connu. Tout enfant, quand il portait encore le nom de son aïeul Verus, on remarquait déjà sa bonne foi, et l'empereur Adrien faisait sur son nom un gentil jeu de mots et l'appelait *Verissimus*. Plus tard, entouré, selon l'usage antique, de rhéteurs savants dans l'art d'orner les pensées, il se félicite de ne pas s'être laissé prendre à l'élégance affectée du style, et remercie un de ses maîtres de lui avoir appris à écrire simplement ses lettres. Dans son manuel, où il se parle à lui-même, il s'exhorte sans cesse à la vérité. Le moindre mensonge, fût-il dicté par les convenances officielles, lui paraît un outrage fait à sa propre dignité, au génie qui réside en lui. « Que toutes tes paroles aient un accent d'héroïque vérité. » Il s'indigne contre lui-même quand par hasard il se trouve en faute. « Seras-tu quelque jour enfin, ô mon âme, toute nue, plus visible à l'œil que le corps qui t'enveloppe? » Il se sent mal à l'aise derrière les conventions de langage, les bienséances de cour qui l'obligent à dérober quelquefois aux hommes ses véritables sentiments et se fait là-dessus des gronderies charmantes : « On doit pouvoir lire dans tes yeux à l'instant ce que tu as dans l'âme, comme un amant saisit dans un regard les pensées de sa maîtresse[1]. » Tel fut son amour pour la vérité, et si constant est chez lui le besoin de se découvrir qu'il a dû souvent renoncer au rôle étudié d'un souverain, pour n'avoir pas à subir vis-à-vis de lui-même l'humiliation secrète d'un mensonge même innocent. Dans cet examen de conscience qui est rempli de luttes paisibles et d'émotions intérieures, on sent partout ce conflit de l'homme qui voudrait être toujours sincère et de l'empereur qui n'a pas le droit de se montrer trop candide.

1. XI, 15. — Nous ne renvoyons au livre de Marc-Aurèle que quand il importe de voir le développement d'une pensée.

Quand on parcourt d'un esprit recueilli les *Pensées* de Marc-Aurèle, on croit entrer dans un monde qui n'est plus celui de l'antiquité. C'est encore la doctrine de Sénèque et d'Épictète; mais le stoïcisme a pour ainsi dire désarmé. Les mêmes principes ont perdu leur âpreté, leur roideur, leur pointe. Le stoïcisme n'a plus rien de menaçant; il ne poursuit plus le vice, il a renoncé aux formules absolues, à l'hyperbole, au faste, aux injures altières. On se sent comme enveloppé d'influences clémentes; on dirait que la fibre humaine s'est amollie. Peut-être le règne de cinq bons princes a-t-il pacifié les esprits et fait déposer les armes défensives d'une forte philosophie. Peut-être aussi ce changement tient-il à la haute condition de ce nouveau sage. Le doux et noble empereur, dans l'isolement de sa grandeur, placé au-dessus des hommes et de leurs atteintes, prévoyant d'ailleurs sa fin prochaine, a trouvé sans doute un plaisir triste à s'entretenir avec lui-même, à rendre, avant de quitter le monde, son âme conforme aux lois divines dont il nourrissait sa pensée, à se plonger enfin dans les calmes et sévères délices de la contemplation morale. Quoi qu'il en soit, le stoïcisme, jadis si fier, si provoquant, s'adoucit dans ce livre, devient humble, se répand en amour, en mélancoliques tendresses et rencontre çà et là dans ses désirs de perfection un langage presque mystique.

Qu'on se garde pourtant de croire que Marc-Aurèle est un quiétiste assoupi sur le trône, qui cherche à former son âme sur le modèle d'un idéal plus ou moins chimérique et délaisse le monde qui lui est confié pour ne vaquer qu'à lui-même. Son examen de conscience est celui d'un souverain qui se ramène sans cesse sous les yeux son devoir royal et se recommande surtout les vertus actives : « Songe à toute heure qu'il faut agir en Romain, un homme... Ce qui n'est point utile à la ruche n'est pas non plus utile à l'abeille. » Loin de penser que la rêverie pieuse est agréable à la divinité, il ne croit pouvoir lui rendre un plus bel hommage que le travail : « Offre au dieu qui est au dedans de toi un être viril, un citoyen, un empereur, un soldat à son poste, prêt à quitter la vie, si la trompette sonne[1]. » Il se redit souvent à lui-même qu'il a été mis à son poste pour aider au salut de la communauté. Bien qu'il aime à rêver à la fragilité humaine, ses rêveries mêmes le rappellent à son labeur de souverain : « La vie est courte; le seul fruit de la vie terrestre est de maintenir son âme dans une disposition sainte et de faire des actions utiles à la société... Veille au salut des hommes. » Est-il un pur contemplateur, celui qui écrivait à son propre usage qu'il faut faire consister sa joie et son repos à passer d'une bonne action à une autre bonne action? Sa recherche de la perfection intérieure n'a rien coûté à ses devoirs d'empereur. C'est sous la tente, en face des Barbares, à la veille d'une bataille peut-être qu'il se recueillait pour trouver de nouvelles raisons de bien faire, durant ses longues et lointaines expéditions qui l'avaient entraîné au delà du Danube. Le premier chapitre, par exemple, si doux et si tendre, où il rappelle longuement tout ce qu'il doit à ses parents et à ses maîtres, a été écrit pendant les loisirs d'un campement dans les marais de la Hongrie actuelle, et on ne peut lire sans être touché cette note finale, si insignifiante en apparence : « Ceci a été écrit dans le camp, au pays des Quades, sur les bords du fleuve Granua. » Ces pensées sont d'un homme qui ne décline pas sa charge royale, qui se ressaisit de temps en temps dans le trouble des affaires ou dans le tumulte des armes, et

---

1. III, 5. Voy. XI, 4; VI, 30; II, 5, etc.

non pas d'un quiétiste enfermé dans un oratoire philosophique.

En lisant les méditations d'un sage qui porta un si grand fardeau, on ne peut se contenter de connaître le moraliste, et la première curiosité est de surprendre çà et là, si l'on peut, les pensées de l'empereur. Il se laisse voir souvent, et il n'est pas impossible de se figurer quelquefois avec vraisemblance les circonstances au milieu desquelles il a fait telle ou telle réflexion. On le voit dans son lit, où il se gronde de sa paresse, et on entend le souverain faire la leçon au contemplateur avec une familiarité dramatique, « Le matin, quand tu as de la peine à te lever, dis-toi aussitôt : Je m'éveille pour faire l'ouvrage d'un homme... Ai-je donc été mis dans le monde pour me tenir bien chaudement sous mes couvertures? — Mais cela fait plus de plaisir. — Tu es donc né pour le plaisir?... C'est que tu ne t'aimes pas toi-même, autrement tu aimerais ta nature et la fonction qu'elle t'a donnée... Vois les artisans qui oublient le manger et le dormir pour le progrès de leur art... L'intérêt public te paraît-il donc plus vil et moins digne de tes soins[1]? » Dans ce dialogue, que j'abrége, où Marc-Aurèle s'accuse, se répond, s'accable, on voit comment le souverain fait taire le rêveur qu'il porte en lui, et à l'aide de quelle noble dialectique intérieure il s'arrache le matin plus encore aux douceurs de la méditation oisive qu'à celles de la paresse. On rencontre ainsi dans le manuel plus d'un précepte de conduite qui s'adresse au prince et non au philosophe, et dont la simplicité peut paraître surprenante à ceux qui savent ce qu'était un empereur romain. Un jour qu'il avait sans doute quelque tentation de faire un acte arbitraire, il écrivait sur ses

---

1. V, 1.

tablettes en forgeant pour son usage une sorte de barbarisme admirable qui exprime son horreur de la tyrannie : « Prends garde de *césariser*[1]. » S'il faut aux hommes un chef comme au monde un maitre, au troupeau un conducteur, ce chef n'est pas au-dessus des lois : « Ta vie séparée du corps de la société serait une vie factieuse. » En tout temps, en tout pays, ce sont les gouvernés qui cherchent à circonscrire, à limiter l'autorité souveraine, qui rappellent que le pouvoir absolu doit être éclairé par des conseils, retenu par la critique, et quand il se prononce dans le monde des paroles contre l'infaillibilité royale, elles ne sortent pas de la bouche des rois. Ici c'est l'empereur qui se donne ces leçons à lui-même, qui s'engage à se laisser redresser, à changer de pensée, pourvu que le changement ait pour motif une raison de justice. Les conseillers ne sont pas pour lui des importuns qu'il subit, mais des soutiens dont il a besoin : « Ne rougis pas du secours d'autrui ; ton dessein, n'est-ce pas, c'est de faire ton devoir, comme un soldat qui monte sur la brèche ? Eh bien ! que ferais-tu, si, blessé à la jambe, tu ne pouvais monter seul sur le rempart et si tu le pouvais aidé par un autre ? » Marc-Aurèle, pour mieux remplir son devoir, non-seulement veut aller au-devant des conseils amis, mais son équitable raison prête même des motifs honorables aux ennemis de son gouvernement, et s'explique noblement les protestations et les murmures : « Si les matelots injuriaient le pilote, et les malades leur médecin, ne serait-ce pas pour leur faire chercher un moyen de sauver, celui-ci ses passagers, celui-là ses malades ? » Sa magnanimité va plus loin encore, et, tout empereur qu'il est, il entre en communion de sentiments avec les grands citoyens considérés comme les martyrs

---

1. VI, 30.

du patriotisme et de la liberté, avec les victimes de cette puissance suprême dont il est lui-même revêtu, mais dont il a résolu de faire un meilleur usage que ses prédécesseurs. Dans le secret de sa conscience royale, il se félicite d'avoir pénétré dans l'âme de Thraséas, d'Helvidius, de Caton, de Dion, de Brutus; c'est à l'école de ces hommes qu'il a conçu l'idée « d'un État libre où la règle c'est l'égalité naturelle de tous les citoyens, et l'égalité de leurs droits, d'une royauté qui place avant tous les devoirs le respect de la liberté [1]. » Spectacle singulier, unique, que celui d'un prince qui, dans l'immensité de son pouvoir incirconscrit, se surveille, se limite, se jalouse, et, si l'on peut ainsi parler, est à lui-même un Thraséas!

Si Marc-Aurèle avait laissé dépérir l'autorité entre ses mains, s'il avait été une de ces âmes débiles et fastueuses, comme on en rencontre dans l'histoire, qui étalent de beaux principes pour couvrir l'incertitude de leurs vues pratiques et la langueur de leur action souveraine, qui désarment le pouvoir pour se le faire pardonner, et trahissent leur devoir ou par détachement philosophique, ou pour flatter l'opinion, ou pour se faire honneur de concessions spécieuses; s'il avait été un utopiste, on pourrait n'avoir qu'une médiocre estime pour ses professions politiques si hautes et si désintéressées; mais peu de monarques ont été plus que lui aux prises avec les terribles réalités du pouvoir, personne n'a rencontré plus d'occasions d'éprouver la valeur de ses grandes pensées. Sans parler de toutes les catastrophes qui ont affligé son règne, — pestes, disettes, débordements de fleuves, tremblements de terre, malheurs extraordinaires qu'il fallait combattre ou répa-

---

1. I, 14.

rer, — il a vu l'empire près de lui échapper, les révoltes de ses généraux, un prétendant à la tête d'une formidable armée, pendant que lui-même, loin de Rome, repoussait les Barbares au delà du Danube. Pendant un règne de dix-neuf ans, il fut obligé d'étendre de tous côtés sa main bienfaisante ou armée, envoyant des ordres précis, dirigeant le monde sans trouble, repoussant le mal, la rébellion même, sans esprit de vengeance, et de plus en plus affermi dans les maximes où il trouvait sa force et sa sécurité. Il est si loin d'être un utopiste qu'il prend en pitié « ces pauvres politiques qui prétendent traiter les affaires selon les maximes de la philosophie ; ce sont de vrais enfants.... N'espère pas qu'il y ait jamais une république de Platon ; contente-toi de faire avancer quelque peu les choses, et ne regarde pas comme sans importance le moindre progrès[1]. » Ainsi fait-il toujours, adoucissant les lois, réformant les mœurs d'une manière insensible, accommodant aux coutumes de son temps non-seulement sa politique, mais sa conduite personnelle, et portant la condescendance jusqu'à prendre part à des plaisirs du peuple romain qui lui paraissaient odieux, tant il craignait, en homme pratique, de vouloir devancer son siècle. Comme il ne pouvait supprimer par exemple les combats de gladiateurs, il en diminua du moins l'horreur en donnant à ces malheureux des fers émoussés. Combien le révoltaient la curiosité féroce du peuple romain, le tumulte de ses joies inhumaines, il nous le dit lui-même : « Tout cela est comme un os jeté en pâture aux chiens, un morceau de pain dans un vivier.... Assistes-y donc avec un sentiment de bonté et sans mépris insolent. » Ce haut et tranquille esprit, si fort au-dessus de son peuple, sait se plier aux nécessités de sa

---

1. IX, 29.

condition. Magistrat et non philosophe, il n'a pas le droit de rompre avec le siècle; il observe les usages, tout en les condamnant; il défend même à ses nobles dégoûts de paraître, n'oubliant jamais qu'il s'agit de se montrer en prince et non en sage, et que dans un chef d'empire une raison trop dédaigneuse des mœurs publiques est pour le peuple la plus choquante des offenses. Ce serait faire injure à un empereur de le proclamer le plus pur des moralistes, si on ne reconnaissait d'abord qu'il fut un souverain raisonnable et laborieux.

Ce bon sens si ferme, cette activité sans défaillance, cette raison judicieuse dans les petites comme dans les grandes choses est assurément ce qui peut le plus étonner dans un homme accoutumé aux méditations morales, et qui fait de la philosophie sa plus chère étude. N'était-il pas à craindre que ce sage, ce stoïcien couronné, ne cédât à la tentation de réformer le monde, d'imposer sa doctrine, et de rendre les hommes meilleurs malgré eux? Entouré de philosophes, ses maîtres, qui avaient dirigé sa conscience pendant sa jeunesse, il aurait pu, comme certains princes chrétiens trop zélés, rêver un royaume de Salente, une cité stoïcienne, et porter de tous côtés les règles rigides de sa philosophie. Il sut résister même à cet entraînement honnête, bien que le peuple romain eût été de tout temps soumis à de pareilles tentatives, et que, familiarisé avec l'antique magistrature de la censure républicaine et certaines réformes morales essayées par quelques empereurs, il n'eût rien trouvé de trop étrange dans un nouveau règlement sur les mœurs publiques et privées. Marc-Aurèle comprit que les princes doivent empêcher le mal sans décréter le bien, et que la contrainte de la vertu serait la plus insupportable des tyrannies, si elle n'était la plus impuissante et la plus inefficace. « Qui pourrait en effet changer les opinions des hommes, et, sans un libre consentement, qu'aurais-tu autre chose que des esclaves gémissant de leur servitude, des hypocrites? » Malgré la bienveillance ordinaire de ses jugements sur les hommes, il ne se fait sur eux aucune illusion, il les connaît, il connaît surtout son entourage, la cour qu'il juge. « Que sont ces gens qui traitent de haut en bas les autres? A qui ne faisaient-ils pas la cour naguère, et pour quoi obtenir?... Des gens qui se méprisent les uns les autres et se font des protestations d'amitié, qui cherchent à se supplanter et se font des soumissions. » Ailleurs il se parle à demi mot, mais on devine sa pensée. « Voilà donc pourquoi ils nous aiment, ils nous honorent! Habitue-toi à considérer dans leur nudité ces petites âmes. » Mais s'il conconnaît la cour, il contient ses mépris, il se fait même une loi de n'en plus dire du mal. Il a trop cédé quelquefois à la tentation de blâmer; heureusement il s'est ravisé. « Que personne ne t'entende plus critiquer la vie de la cour! » Non-seulement son austérité ne laisse point paraître de dédain, mais il se met en garde contre les jugements trop sévères qu'il pourrait porter sur les hommes et se trace cette règle équitable : « Il y a mille circonstances dont il faut s'informer pour prononcer sur les actions d'autrui. » Ne pas déclamer contre le vice, ne pas le flatter non plus, voilà sa maxime, qu'il condense en un beau mot : « Ne sois ni tragédien ni courtisan. »

En constatant que cet empereur philosophe n'a point trop prêché, qu'il a même quelquefois désespéré des hommes et les a jugés avec une certaine amertume, nous ne songeons pas à lui faire un mérite d'avoir regardé de haut l'humanité. Rien n'est plus facile à un souverain que de mépriser les hommes, de prendre en pitié le conflit des convoitises qu'il a souvent le tort d'exciter volontairement lui-même, et de rire des vices qu'il a créés autour de lui. Nous voulons simplement remarquer le sens pratique d'un prince qui appartient de cœur et d'esprit à une doctrine prêcheuse, qui, par son éducation, ses études, ses préoccupations journalières, sa foi philosophique, pouvait être tenté de faire de la propagande indiscrète et qui a pris sur lui de s'en abstenir, comprenant qu'un souverain qui veut régenter les âmes risque sa dignité, s'il est trop complaisamment écouté par les hypocrites, et son autorité, s'il n'est pas obéi. Sans commander toutefois, sans rien entreprendre sur la liberté intérieure de chacun, il ne s'est pas cru interdit d'agir en particulier sur les cœurs capables de le comprendre. Il se rappelle en plus d'un endroit et se précise les règles de la persuasion morale : « Tâche d'émouvoir sa raison par la tienne, montre-lui sa faute, rappelle-lui son devoir. S'il t'écoute, tu le guériras. » Par une ingénieuse et belle comparaison, il montre ce qu'il faut dans cette propagande intime d'inépuisable bonté, mais aussi de discrétion. Une âme qui veut en éclairer une autre doit ressembler à un rayon qui pénètre dans un lieu obscur. Le rayon s'allonge et s'applique au corps opaque qui s'oppose à son passage : là il s'arrête sans défaillir, sans tomber; ainsi l'âme doit se verser, sans épuisement et sans violence, en éclairant ce qui peut recevoir la lumière[1]; mais ce n'est point assez pour la raison de Marc-Aurèle d'aller ainsi mollement au-devant des âmes comme la lumière à la surface du solide, il veut encore pénétrer l'obstacle et s'ouvrir les voies les plus fermées par la force de l'amour. « Souviens-toi que la bonté est invincible.... Que pourrait faire le plus méchant des hommes, si dans l'occasion, alors qu'il s'efforce

---

[1]. VIII, 57.

de te nuire, tu lui disais d'un cœur paisible : — Non, mon enfant, nous sommes nés pour tout autre chose; ce n'est pas à moi que tu feras du mal, c'est à toi-même, mon enfant? Pas de moquerie, pas d'insulte, mais l'air d'une affection véritable. Ne prends pas un ton de docteur, ne cherche pas à te faire admirer de ceux qui sont là, mais n'aie en vue que lui seul[1]. » En entendant cet accent nouveau, qui ne pardonnerait à Marc-Aurèle d'avoir ainsi prêché dans l'intimité et devant peu de témoins? Une seule fois il sortit de cette réserve, malgré lui, dans une circonstance bien extraordinaire et mémorable. Alors que, déjà ruiné par l'âge et la fatigue, il se préparait à partir pour sa dernière expédition contre les Marcomans, où il mourut, les philosophes et le peuple romain, craignant, non sans raison, de ne plus revoir leur chef vénéré, le supplièrent de vouloir bien exposer avant son départ les préceptes de la morale, et l'on vit l'empereur, durant trois jours, parler sur les devoirs des hommes, exhalant en une fois ses grandes pensées devant les Romains, et, avant d'aller mourir sur les frontières, laissant son âme à son peuple.

Il fallait dire quelque chose du souverain avant de parler du philosophe. Un prince qui sur dix-neuf années de règne en a passé douze aux extrémités de son empire, sur le Danube et en Orient, n'est ni un quiétiste, ni un utopiste, ni un pédant couronné. Ses pensées ne sont pas des fantaisies d'imagination, des souvenirs d'école, des spéculations de moraliste oisif, mais le manuel pratique d'un empereur qui voudrait rester homme et médite les lois divines et humaines pour les mieux accomplir. Ces méditations n'ont rien de subtil, ces scrupules rien de timoré; ce n'est pas une âme dolente et molle

---

1. XI, 18, § 9.

qui se tourmente, mais un cœur droit et ferme, qui se possède, règne sur lui-même et garde sa force jusque dans ses dégoûts et ses tristesse. La philosophie ne l'a pas éloigné, mais rapproché des hommes, ou, si elle l'a élevé au-dessus d'eux, ç'a été pour lui faire contempler d'un regard plus clément, d'une vue plus désintéressée, les choses humaines. « C'est la philosophie, écrivait-il, qui te rend la cour supportable, c'est elle qui te rend supportable à la cour. » La méditation morale n'a donc été que la source vive où cette âme active se purifiait, mais en se retrempant. La philosophie fut pour Marc-Aurèle ce que fut la religion pour saint Louis.

II

En Marc-Aurèle, le dernier des grands moralistes païens, il y a deux hommes : celui des temps antiques qui regarde comme principal devoir l'activité civique; celui des temps nouveaux qui aime à se retirer en lui-même, à prendre soin de son âme, à se remplir de charité, à méditer sur le néant du monde et sur la loi de Dieu. Son livre est plein non d'idées, mais de dispositions chrétiennes. On dirait que le souffle errant de la foi nouvelle a rencontré et pénétré ceux-là mêmes qui se souciaient le moins d'en être touchés. Sans rien renier des principes de l'école, sans renoncer aux formules prétises et consacrées, sans soupçonner même d'autres vérités, le stoïcisme de Marc-Aurèle inclinait à une sorte de mysticisme, si on peut ainsi appeler le goût de la contemplation morale, l'indifférence au monde, l'abandon à la Providence et la délectation d'une âme ravie devant les lois divines.

Nous ne tenterons point de reconstruire un système de morale avec ces pensées éparses, ni de refaire ce qui a été déjà fort bien fait dans plus d'une étude philosophique. Selon nous, Marc-Aurèle n'a rien inventé, n'a rien modifié de propos délibéré dans l'enseignement qu'il a reçu de ses maîtres. Il se croit en possession de la vérité, et rarement un doute sur le fond du stoïcisme traverse son esprit. Et pourtant combien peu il ressemble à Sénèque et même à Épictète ! Le ton a changé, l'accent n'est plus le même, et il se trouve que les mêmes principes ont donné naissance à des pensées qui paraissent nouvelles. En général, dans l'étude des doctrines morales, on ne tient pas assez compte des hommes qui les ont professées Les principes se transforment selon le caractère des adeptes, et si la lettre subsiste, l'esprit varie. François de Sales et Fénelon, quoique fidèles à l'Église, diffèrent des autres docteurs. Et qui peut dire jusqu'à quel point leurs ouvrages, pourtant orthodoxes, ont modifié la manière dont on a compris depuis la doctrine chrétienne ? Ainsi Marc-Aurèle, tout stoïcien qu'il est, a renouvelé le stoïcisme sans en altérer les dogmes. La doctrine en passant par son cœur s'est imprégnée d'autres vertus.

Jusqu'alors l'antiquité païenne n'estimait point assez la douceur, qu'elle confondait souvent avec la faiblesse. Les citoyens au milieu des luttes républicaines avaien surtout besoin de vertus fortes, propres à l'attaque et la défense, et dont le mérite suprême était d'être indomptables. Sous le despotisme des césars, les âmes opprimées se ramassaient en soi, se roidissan' contre la tyrannie, et tenaient à paraître inflexibles. L'extrême liberté et l'extrême oppression demandaient également la dureté romaine. La philosophie dans ses nobles redites recommandait sans cesse l'effort dans l'activité civique ou dans la patience, comme on donne à des athlètes un règlement de palestre. Quels sont en effet les modèles proposés par la philosophie ? Un Caton d'Utique, un Brutus, des fanatiques qui ont poussé l'héroïsme jusqu'à la fureur, et d'autant plus vantés qu'ils passaient pour plus insensibles ; mais les esprits changent peu à peu. Déjà Sénèque se plaît à tracer le portrait d'un sage plus doux ; Thraséas réalise cet idéal, et l'on arrive ainsi au temps de Marc-Aurèle, où la douceur est mise au rang des plus belles vertus. Elle n'est plus, comme autrefois, renvoyée ou concédée aux femmes, elle devient un ornement de l'homme. De là ce mot de Marc-Aurèle, si peu antique, si inattendu : « La douceur et la bonté ont quelque chose de plus mâle. » Ce sont ces qualités surtout qu'il met en lumière quand il fait le portrait de ses parents et de ses maîtres. Dans son examen de conscience, sa préoccupation constante est de garder avec la fermeté la bienveillance. Alors même qu'il médite sur des vérités qui semblent le plus étrangères à ce sentiment, il en tire des conséquences lointaines qui font voir le prix et la justice de la bénignité, et, quelle que soit la longueur des détours, il revient sans cesse à cette qualité qui l'attire. Il cherche les pensées qui peuvent, comme il dit, « le rendre plus doux envers tous les hommes. » Cette vertu remplit si bien son cœur qu'il la déverse sur lui-même : « Il n'est pas juste que je me chagrine, moi qui n'ai jamais volontairement chagriné personne. » Partout dans ce livre les jugements sur les vices, sur le mal physique et moral, sur les désordres de la nature et de la société, respirent une clémence affectueuse, et nous allons voir comment cette âme élargie par l'amour enveloppe toutes choses, l'univers et l'humanité dans son universelle mansuétude. Marc-Aurèle ne bâtit qu'un temple, qu'il consacra à une divinité qui à Rome n'avait pas encore de nom, à *la Bonté*.

Grâce à ce fonds de mansuétude et de tendresse naturelle, Marc-Aurèle a mieux compris que ses devanciers l'idée stoïcienne de la fraternité humaine. On ne saurait trop redire que les plus belles idées morales sont comme non avenues dans le monde tant qu'elles ne se sont point incarnées dans un homme qui les comprend d'instinct et qui retrouve dans cet idéal sa propre nature. La philosophie a beau semer d'admirables principes, ils peuvent rester longtemps stériles. Sans doute il se trouvera des esprits logiques pour en tirer des conséquences, des orgueilleux pour s'en parer comme d'une brillante nouveauté, des hommes d'éloquence et de style qui en feront la matière de beaux discours; mais ces principes demeurent à peu près sans vertu, s'ils ne tombent dans une âme naturellement prête à les recevoir, qui les échauffe, les fasse germer et les nourrisse de sa propre substance. Ainsi l'idée de la solidarité humaine est vieille dans le monde, elle a passé de grands esprits en grands esprits, comme le flambeau des jeux antiques allait de main en main; les stoïciens romains et les déclamateurs même en ont fait le texte de leurs prédications morales. De Zénon à Épictète, la liste est longue de tous les philosophes qui tour à tour ont célébré ces vérités qui deviendront bientôt le fondement d'une société nouvelle; mais combien sont inefficaces ces fastueuses formules et ces recommandations froidement impérieuses! Ce ne sont que des conceptions de l'esprit, des fantaisies d'imagination attendrie, des velléités de bienveillance qui, pour être intermittentes, n'ont pas le temps de pénétrer dans les âmes ni de les féconder. C'est que, pour bien parler de l'amour, il faut de l'amour. Les plus nobles principes d'humanité ne valent que dans un cœur vraiment humain, dont la bienveillance est native. Même dans les sociétés modernes et chrétiennes, ne voyons-nous pas vingt manières de concevoir la fraternité ou la charité ? Depuis la fraternité meurtrière de 93 jusqu'à la charité pure, il est bien des degrés, et nous rencontrons successivement la philanthropie, la charité froide qui répète une formule consacrée, la charité orgueilleuse qui se croit meilleure que les autres, la charité mercenaire qui demande au ciel ou à la terre le prix de ses bienfaits. Il faut que de temps en temps une âme d'élite, par de beaux exemples ou même par de beaux accents dans un livre, nous fasse comprendre la fraternité véritable. De même, dans l'antiquité païenne, l'idée de la charité régnait sur tous les grands esprits du stoïcisme, qui la répandaient tantôt avec une autorité sèchement doctrinale, tantôt avec une éloquence brusque et choquante, presque toujours avec un dédain superbe pour les infirmités morales. Marc-Aurèle, tout pénétré de ces principes qu'il n'empruntait pas à l'école, et qu'il trouvait dans son cœur, eut la gloire non-seulement de les mieux comprendre, mais d'en trouver le langage. Il sut parler de la charité avec charité.

Nous négligeons ici les principes philosophiques sur lesquels repose cette charité et qui sont communs à tout le stoïcisme. On peut les résumer en quelques mots : nous sommes tous parents, non par le sang et la naissance, mais par notre commune participation à la même intelligence, par notre prélèvement commun sur la nature divine. De là tant de préceptes d'amour que Marc-Aurèle se donne à lui-même, et qui surabondent dans cet examen de conscience comme le sentiment qui les inspire : « Aime les hommes, mais d'un amour véritable ¹. » Il se reproche de ne pas savoir assez combien est intime la solidarité humaine, et il se dit : « Tu n'aimes pas encore les hommes de tout ton cœur ². » De là enfin le pardon des injures : « Ce n'est point assez de pardonner,... il faut aimer ceux qui vous offensent. » Les hommes se trompent, ils sont égarés par leurs faux jugements, et Marc-Aurèle rencontre le précepte évangélique : Pardonnez-leur, puisqu'ils ne savent pas ce qu'ils font. Il trouve des paroles de clémence même pour les ingrats, les fourbes et les traîtres : « Contre l'ingratitude, la nature a donné la douceur.... Si tu peux, corrige-les ; sinon, souviens-toi que c'est pour l'exercer envers eux que t'a été donnée la bienveillance. » En s'encourageant à bien traiter ceux-là mêmes qui l'offensent, il ne se croit pas magnanime, il satisfait le plus noble égoïsme, le plus délicat et le plus permis, qui consiste à se livrer sans contrainte à ses bons sentiments : « C'est se faire du bien à soi-même que d'en faire aux autres. » Lorsque dans son examen de conscience il s'interroge et se demande comment il s'est comporté jusqu'à ce jour envers les dieux et les hommes, il n'oublie pas d'ajouter « et envers mes serviteurs. » La charité domine si bien ses pensées qu'il n'admet que les prières où l'on demande à Dieu des biens pour d'autres encore que pour soi : « Il ne faut point prier, ou il faut prier ainsi simplement et libéralement. » Quand il veut se prouver que la bienfaisance doit être gratuite, sans désir de reconnaissance ou de gloire, il rencontre un sentiment et une image d'une simplicité ravissante : « Il faut être comme la vigne, qui donne son fruit et puis ne demande plus rien.... Ainsi l'homme qui a fait le bien doit passer à une autre bonne action, comme la vigne

---

1. Τούτους φίλει ἀλλ' ἀληθινῶς, liv. VII, 13.
2. Οὔπω ἀπὸ καρδίας φιλεῖς τοὺς ἀνθρώπους, liv. VII, 13.

encore qui se prépare à porter d'autres raisins dans la saison. Faut-il donc être du nombre de ceux qui ne savent pas ce qu'ils font! — Oui[1]. » Paroles d'autant plus remarquables qu'un stoïcien se piquait de se conduire toujours par des raisons précises, et traitait d'insensés tous ceux qui ne se rendent pas exactement compte de leurs actions? Marc-Aurèle, en tout fidèle à cette règle, en excepte la bienfaisance, rencontrant ainsi cet autre précepte évangélique sur la main droite et la main gauche. Nous verrons ici presque au hasard toutes ces pensées charitables, sans les rattacher les unes aux autres ni aux principes philosophiques dont elles découlent. Il faut, pour en jouir, les voir dans la liberté de leur effusion. Les pensées morales sorties du cœur ne doivent pas être strictement enfermées dans les formes d'une méthode scolastique; pour laisser sentir leur vertu et leur parfum, il faut qu'elles s'épanchent et se répandent.

On ne connaît pas entièrement Marc-Aurèle quand on n'a parcouru que les pensées du souverain et de l'homme sociable; il faut le suivre dans ses réflexions plus intimes, plus religieuses, que l'on est tenté d'appeler ses *élévations*. Sans doute il est plus facile dans une lecture solitaire de goûter la substance morale de ces pensées intérieures que de les exposer au grand jour et d'attirer sur ces pieuses méditations la curiosité profane de certains lecteurs. Une âme maîtresse de ses passions, qui fuit les troubles du monde, qui se tient au-dessus des nuages terrestres de la vie humaine et se recueille dans son apaisement, ne peut offrir aux yeux que l'uniformité du calme; mais ce calme même n'a-t-il pas sa beauté et sa grandeur? Quand on veut s'élever sur les hauteurs du sentiment moral, il faut savoir supporter la monotonie de la sérénité.

1. V, 6.

Ce n'est pas un spectacle sans intérêt et sans nouveauté que celui d'un païen si amoureux de perfection intérieure, qui s'est fait une solitude au milieu des affaires et des hommes, et, devant l'idéal de vertu que la philosophie lui propose, travaille à son âme avec une tendre sollicitude, comme un artiste qui voudrait accomplir un chef-d'œuvre, et qui naïvement, sans vanité, pour se satisfaire lui-même, retouche sans cesse son ouvrage. En sentant approcher la fin de sa carrière : « Tu es vieux, se dit-il, songe que l'histoire de ta vie est complète, que tu as consommé ton ministère... Pense à ta dernière heure. » C'est dans ces dispositions suprêmes qu'il se surveille, se gronde, s'encourage, se rassure, pour mettre la dernière main à sa culture morale.

Peu de nos livres de piété font aussi bien sentir ce qu'il peut y avoir de profit moral et de tranquilles jouissances dans la solitude que l'âme se fait à elle-même pour sanctifier ses pensées. Marc-Aurèle ne veut plus avoir souci que de son âme : « Chasse loin de toi la soif des livres... Il ne s'agit plus de discuter. » Comme l'*Ecclésiaste*, il craint de trouver dans de trop longues études trouble et affliction d'esprit : « C'est au dedans de toi qu'il faut regarder; là est la source du bien, source intarissable, pourvu que tu creuses toujours. » Mais ce n'est pas pour se livrer à de molles contemplations et à de vagues extases. Il tient son âme entre ses mains, il la possède, il ne la laisse pas errer, il la contraint « à soumettre les choses à un solide examen. » Il garde sous ses yeux un certain nombre de maximes courtes, fondamentales, qui assurent la sérénité de l'âme, « de même que les médecins ont toujours sous la main leurs instruments. » Il veut pouvoir dire à quoi il pense et pouvoir se répondre toujours à cette question : « Quel est l'usage que je fais aujourd'hui de mon âme ? » Si la rêverie incertaine le tente et risque de troubler la netteté de son esprit, il la chasse ou plutôt il l'éconduit avec une bonne grâce impérieuse, en maître qui, sans s'irriter, sait se défendre contre les importuns : « Que fais-tu donc ici, imagination ? Va-t'en, au nom des dieux ! Je ne me fâche point contre toi; seulement, va-t'en. » Il veut vivre en présence et sous les yeux de sa raison, qui est une partie de Dieu : « Comprends enfin qu'il y a en toi-même quelque chose d'excellent et de divin, et qu'il faut vivre dans l'intime familiarité de celui qui a au dedans de nous son temple. » Ainsi, dans cet examen de conscience, où l'amour des idées morales va quelquefois jusqu'à l'attendrissement, rien n'est pourtant livré aux aventures de l'imagination ni aux subtilités du sentiment. En se retirant en lui-même, Marc-Aurèle se rapproche de cette lumière que Dieu fait briller dans tous les hommes, et dans l'éloignement du monde et le silence des passions il veut contempler les lois de la raison pour les mieux aimer, pour leur mieux obéir.

Mais quelles joies dans cette solitude intérieure, et comme il s'exhorte à goûter cette paix que procure la parfaite ordonnance de l'âme ! « On se cherche, dit-il, des retraites, chaumières rustiques, rivages des mers, montagnes... Retire-toi plutôt en toi-même, nulle part tu ne seras plus tranquille. » Comme il se tient en garde contre les troubles, les dégoûts, le découragement, les tentations, pour se donner tout entier à la contemplation des vertus dont il voudrait faire la règle de sa vie ! « Si tu trouves dans la vie quelque chose de meilleur que la justice et la vérité, tourne-toi de ce côté de toute la puissance de ton âme;... mais, si tu ne vois rien de préférable, choisis, te dis-je, comme un homme libre, ce bien suprême [1]. » Jamais Marc-Au-

---

1. III, 6.

rèle, malgré les délicatesses de ce qu'on pourrait appeler sa *spiritualité*, ne parle de ces petites vertus raffinées que les âmes qui travaillent trop sur elles-mêmes finissent par imaginer. La magnanimité, la liberté, le calme, la sainteté de la vie, voilà les objets de ses désirs. La douce impatience de ces désirs donne quelquefois un certain pathétique aux apostrophes qu'il s'adresse à lui-même : « O mon âme, quand seras-tu bonne et simple ? » Quelquefois il se supplie lui-même de se donner au plus tôt les vertus qui le ravissent : « Embellis-toi de simplicité, de pudeur, d'indifférence pour tout ce qui n'est ni vice ni vertu. » Il lui arrive même de s'accabler en pensant tout à coup que son terme est proche et qu'il n'est pas encore détaché de toutes ses passions, comme s'il avait horreur de mourir dans une sorte d'impénitence finale : « Couvre-toi d'ignominie, ô mon âme, couvre-toi d'ignominie ! tu n'auras plus le temps de t'honorer. » On peut trouver dans l'antiquité des pensées plus nouvelles, mais rien n'est plus nouveau que ces tendresses morales, ces pudeurs de l'âme et ces accents ingénus avec virilité que l'éloquence stoïque n'avait pas encore rencontrés, et dont la simplicité veut être sentie et non louée.

C'est assurément une infirmité littéraire de notre sujet qu'on ne puisse parler de Marc-Aurèle sans avoir l'air de faire un panégyrique de saint. A notre époque surtout, où les grands hommes ne paraissent plus intéressants que par leurs faiblesses, et où le goût public ne supporte plus un éloge continu, ce n'est pas une entreprise sans difficulté et sans péril que la peinture d'un homme à peu près irréprochable, dont la raison fut si calme et la vertu si unie. Ce serait pourtant une injustice de n'en pas dire assez par la crainte d'en dire trop. Laissons-nous donc aller sans fausse honte aux sentiments que nous inspire ce beau livre, et achevons de faire connaître sans louanges une âme qui n'en a jamais demandé à personne.

Bossuet, traçant les règles de la vie chrétienne, s'écrie en plus d'un endroit : « Commençons à nous détacher des sens et à vivre selon cette partie divine et immortelle qui est en nous... Laissons périr tout l'homme extérieur, la vie des sens, la vie du plaisir, la vie de l'honneur. » Bossuet, sans le savoir, mais avec une exactitude littérale, fait le portrait de Marc-Aurèle, qui, s'entretenant sans cesse avec cette partie divine qui est en lui, a fermé son âme à la vie des sens, à la vie de l'*honneur*. La renommée, les acclamations populaires, la gloire même et le jugement de la postérité n'inspirent que des paroles de dédain à ce souverain si détaché du monde et si profondément entré dans la contemplation des vérités éternelles. On est tenté à chaque instant d'employer des expressions chrétiennes pour peindre ce pur et haut état d'esprit, et la langue de la philosophie antique ne suffit plus. Tout en remplissant toujours avec une ferme attention sa magistrature souveraine, Marc-Aurèle ne rêve que la vie cachée en Dieu, sans plus s'occuper des jugements humains. Aussi ne peut-on pas lui reprocher, comme à d'autres philosophes, de n'avoir travaillé que pour la gloire, et d'avoir sans cesse repoli ses vertus pour les faire briller aux yeux du monde. Toutes les apostrophes et les railleries adressées par les chrétiens au pharisaïsme stoïque n'atteignent pas Marc-Aurèle, et le fougueux Bossuet, dans ses emportements contre Sénèque et l'orgueil de la sagesse stoïcienne, est trop juste ou trop prudent pour rien hasarder contre lui. Sans doute l'empereur a dû beaucoup aimer la gloire, et il eût été indigne de régner, si son âme avait été indifférente à un beau nom ; mais, après en avoir goûté les douceurs, il en a été désabusé quand il connut quelque chose de meilleur. Il a repoussé cette passion après toutes les autres, cette passion, selon le mot de Tacite, qui est la dernière dont se dépouille le sage. « As-tu donc oublié, ô homme, écrit Marc-Aurèle, ce que c'est que la gloire? Pour moi, j'en suis revenu. » Ne croyez pas qu'il va déclamer contre elle et répéter les sentences convenues de l'école. Non, il est sur ce point en lutte avec lui-même ; il se reproche d'être encore sensible à l'approbation et au blâme, et prouve ainsi sa sincérité. Quand il se sent tenté par la gloire, il se rappelle aussitôt combien les hommes sont vains dans leurs jugements, injustes, inconséquents : « Quoi ! c'est dans les âmes des autres que tu places ta félicité !... Tu veux être loué par un homme qui trois fois par heure se maudit lui-même !... Pénètre au fond de leurs âmes, et tu verras quels juges tu crains... Il ne faut que quelques jours, et ceux-là te regarderont comme un dieu qui te regardent aujourd'hui comme une bête farouche. » Ici ce ne sont encore que des paroles de prince, de souverain qu'émeuvent sans doute certains murmures populaires contre un édit nouveau, et qui s'exhorte à ne pas se départir de ses bienfaisantes maximes, fussent-elles odieuses au peuple, qui ne les comprend pas. Il le dit du reste lui-même avec une fermeté pleine de grâce : « Ils te maudissent ; qu'y a-t-il là qui empêche ton âme de rester pure, sage, juste ? C'est comme si quelqu'un s'avisait de dire des injures à une source limpide et douce : elle ne cesserait pas pour cela de verser un breuvage salutaire. Et quand il y jetterait du fumier, elle aurait bientôt fait de le dissiper, de le laver ; jamais elle n'en serait souillée [1]. » Il a fini par se mettre si fort au-dessus des

1. VIII, 51.

jugements contemporains qu'il répète avec une satisfaction visible ce mot célèbre d'Antisthènes : « C'est chose royale, quand on a fait le bien, d'entendre dire du mal de soi. » On pourrait croire que ce ne sont là que les fières paroles d'un politique qui méprise le peuple encore plus que la renommée, si on ne le voyait si souvent mettre sous ses pieds toute espèce de gloire humaine avec le détachement d'un homme à qui Dieu suffit.

Pour échapper à des tentations qui sans doute le sollicitent encore, Marc-Aurèle se fait comme un pieux devoir de promener son esprit sur toutes les idées qui peuvent le désenchanter de la gloire. Il aime à se répéter que petite est la renommée même la plus durable, que tout passe en un jour, et le panégyrique et l'objet célébré, que ce qui survient efface bientôt ce qui a précédé, que toutes choses s'évanouissent, et il s'écrie enfin : « Après tout, que serait-ce que l'immortalité même de notre mémoire ? Une vanité. » Lui, l'empereur guerrier, victorieux, qui s'est consumé dans de longues et périlleuses expéditions, lui qui devait tenir, à ce qu'il semble, plus que tout autre à sa renommée militaire, puisqu'il la payait de sa santé, de sa vie, de son repos philosophique, il se prend en pitié, et c'est en pensant peut-être à ses victoires remportées sur les Barbares qu'il écrivait ces mots cruels pour lui-même et d'une amertume digne de Pascal : « Une araignée est fière pour avoir pris une mouche, tel homme pour avoir pris un levraut, tel autre des ours, tel autre des Sarmates. » C'est ainsi qu'en plus d'une occasion il rabat son propre orgueil, et que, pour mieux se désabuser, il étale devant lui-même et remue avec une sorte d'aigre plaisir toutes les inanités de la gloire, ramenant sans cesse son âme sur ces hauteurs d'où l'on voit à ses pieds les choses mortelles dans leur petitesse et leur rapide passage : « Contemple d'un lieu élevé ces troupeaux innombrables d'humains... Combien qui ne connaissent pas même ton nom ! combien qui bientôt l'oublieront !... Non, la gloire n'est pas digne de nos soins, ni aucune chose au monde [1]. » L'empereur philosophe, comme le roi sage de l'Écriture, laisse ainsi échapper son cri : Vanité des vanités, et tout est vanité; mais pourquoi ne dirions-nous pas que ce cri de Marc-Aurèle sort d'une âme plus pure, moins incertaine et moins troublée ? Tandis que le roi des Juifs, rassasié de voluptés, de science et d'orgueil, ne fait entendre que les amères paroles d'un épicurisme désabusé, qu'en accablant de son scepticisme toutes les plus nobles choses humaines il ose affirmer que le plaisir de l'heure présente est encore ce qu'il y a de moins vain, tandis qu'il n'est enfin poussé vers Dieu que par la terreur et le désespoir, Marc-Aurèle, sans colère contre les voluptés, qui lui sont indifférentes, plein de foi dans la raison et la justice, méprise le monde, non pour en avoir abusé, mais parce qu'il connaît quelque chose de plus grand, de plus beau, de moins périssable, et se laisse porter par l'attrait et l'amour vers son Dieu. Qu'importe en ce moment que le dieu qu'il adore ne soit pas le nôtre ? Nous ne comparons pas ici les doctrines religieuses, mais les âmes de deux hommes, et nous ne devons pas taire le sentiment que nous inspire dans le stoïcien non-seulement ce renoncement magnanime aux grandeurs humaines, mais encore cette adhésion si vive et si douce aux lois divines, son obéissance à Dieu, et, pour employer un mot chrétien, son entier abandon.

Ce n'est pas ici le lieu d'exposer ni de discuter ce qu'on pourrait appeler les idées religieuses de Marc-Aurèle. Son Dieu est la raison universelle, dont notre raison est une parcelle, la loi immuable de la nature. Il

---

1. IX, 30.

gouverne le monde, dans lequel il réside, avec lequel il se confond, il est le grand tout, il est la nature même considérée dans sa sagesse, son ordre, son harmonie. Comment ces lois immuables peuvent s'accorder avec l'idée d'une Providence et laisser place à la liberté humaine, comment cette Divinité peut devenir l'objet de l'adoration et de la prière, c'est ce que ce moraliste pratique, ennemi des spéculations métaphysiques, ne veut pas même se demander, laissant volontiers ces inconséquences, ces contradictions, se fondre et disparaître dans le vague, l'éloignement et la hauteur des principes. Tout ce qu'il lui importe de savoir, c'est que le monde est bien fait, qu'il forme comme une cité dont tous les membres doivent obéissance à la loi, et que l'homme qui dérange le plan de l'ensemble, soit en n'acceptant pas les accidents de la vie, soit en commettant une injustice, est un révolté contre la nature et un impie : « Que cela te suffise, que ce soient là les seules vérités...., afin de ne pas mourir en proférant des murmures, mais avec la vraie paix de l'âme. » De là un optimisme religieux qu'on voudrait pouvoir mieux s'expliquer, mais dont les effusions vous touchent tout en vous surprenant. Le mal physique disparaît aux yeux de Marc-Aurèle ; il n'est plus un mal, mais une nécessité de l'ordre universel ; les désordres de la nature ne sont qu'apparents, et sont appelés désordres parce que nous ne voyons pas comment ils se rattachent à l'harmonieux concert de tout l'ensemble. Mieux compris, ils auraient pour nous une sorte de grâce et d'attrait : « Ainsi le pain, durant la cuisson, crève dans certaines parties, et ces entre-bâillements, ces manquements, pour ainsi dire, au dessein de la boulangerie, ont je ne sais quel agrément qui aiguillonne l'appétit[1]. » Telle est sa foi en la justice divine, que, si elle

---

1. III, 2.

lui paraît en défaut, il réprime aussitôt sa pensée en se disant : « Tu vois bien toi-même que faire de pareilles recherches, c'est disputer avec Dieu sur son droit. » Pour lui, tout ce qui arrive arrive justement. Rien n'est défectueux ou manqué dans l'ordre de la nature, et si tel arrangement qui nous paraîtrait juste n'est pas, nous devons conclure qu'il ne pouvait, qu'il ne devait pas être. Qu'un panthéiste, un stoïcien, accepte avec une mâle résignation les lois générales de la nature, qu'il se soumette sans trouble à ce qui est inévitable, qu'il se soumette même de sa pleine et entière volonté à cet ordre universel qui l'opprime et l'écrase, on conçoit qu'un citoyen du monde fasse ainsi avec un sombre héroïsme tous les sacrifices que la cité lui demande ; mais Marc-Aurèle, dans la plénitude de sa foi, témoigne à ces lois non-seulement de l'obéissance, mais de l'amour ; c'est avec joie, une douce ivresse, qu'il court au-devant d'elles : « Je dis donc au monde : J'aime ce que tu aimes.... Donne-moi ce que tu veux, reprends-moi ce que tu veux.... Tout ce qui t'accommode, ô monde, m'accommode moi-même. Tout vient de toi, tout est dans toi, tout rentre en toi. Un personnage de théâtre dit : Bien-aimée cité de Cécrops ! Mais toi, ne diras-tu point : O bien-aimée cité de Jupiter ! » Il y a dans ces exclamations pieuses autre chose que de la froide soumission. Les âmes devenues plus affectueuses désirent aimer Dieu, et dans l'entraînement de cet amour elles vont au seul dieu qu'elles connaissent, sans se laisser rebuter par son insensibilité, et pour le seul plaisir de s'immoler à ses lois.

Cet optimisme religieux, ce parfait abandon paraît surtout dans les pensées de Marc-Aurèle sur la mort, qui remplissent ce livre et lui donnent un certain intérêt dramatique. On y voit partout que l'empereur, affaibli par l'âge et par la maladie, se sent en présence de la mort, qu'il s'exerce à l'envisager sans trouble, qu'il s'accoutume à elle et se prépare à lui faire bon accueil. Son manuel est plus encore une préparation à la mort qu'un recueil de préceptes pour la vie. S'il se hâte de purifier son âme, c'est qu'il lui reste peu de temps à vivre; s'il cherche à se détacher entièrement du monde, c'est qu'il veut pouvoir offrir à Dieu, au dernier moment, une soumission sans regrets. Selon lui, il faut remplir avec noblesse, avec dignité, avec une irréprochable correction toutes les fonctions morales que la raison divine nous impose et particulièrement la dernière de toutes, qui est de bien mourir. Il arrive ainsi peu à peu à se rendre le plus doux des hommes envers la mort. Et pourtant la doctrine stoïcienne ne lui permet pas de rien espérer au delà de cette vie, si ce n'est une durée inconsciente dans le sein du grand tout. Cette froide et peu consolante doctrine à laquelle il a donné sa foi, et qu'il regarde comme la raison et la vérité mêmes, ne laisse pas quelquefois de paraître insuffisante à cette âme si avide de justice et d'amour : « Comment se fait-il que les dieux, qui ont ordonné si bien toutes choses et avec tant de bonté pour les hommes, aient négligé un seul point, à savoir que les gens de bien, d'une vertu véritable, qui ont eu pendant leur vie une sorte de commerce avec la Divinité, qui se sont fait aimer d'elle par leur piété, ne revivent pas après leur mort et soient éteints pour jamais? » Il réprime aussitôt ce murmure, mais il en dit assez pour laisser voir que son âme aspire à un autre avenir que la triste immortalité promise par le stoïcisme. Sa foi religieuse s'empresse de s'incliner devant la bonté souveraine qui sait bien ce qu'elle fait et qui ne doit être ni interrogée ni offensée par un doute. Jusque là les stoïciens aimaient à provoquer la mort avec emphase, avec une sorte de courage insolent; ils couraient au-devant d'elle, et même dans leur soumission aux décrets de la nature il entrait souvent de la jactance ou de l'indifférence théâtrale. Ils méprisaient la mort, ils l'acceptaient en personnages de tragédie. Marc-Aurèle ne se montre pas en héros, il ne témoigne à la vie ni attachement, ni répugnance; il ne parle jamais du moment suprême qu'avec une simplicité placide, il a même coutume de n'employer que les expressions les plus atténuantes qui assimilent la mort aux fonctions les plus simples et les plus ordinaires de la vie. S'il faut partir, dit-il, il partira avec la bonne grâce que demande tout acte conforme à l'honnêteté et à la décence : « Va-t'en donc avec un cœur doux et paisible, comme est propice et doux le dieu qui te congédie. » Ce sont les dernières lignes du livre, interrompues peut-être par la maladie ou la mort. On se figure volontiers Marc-Aurèle laissant tomber de ses lèvres, avant de s'éteindre, un de ces beaux mots qu'on admire dans son manuel et qui respirent une résignation toute aimable : « Il faut quitter la vie comme l'olive mûre qui tombe en bénissant la terre sa nourrice et en rendant grâces à l'arbre qui l'a portée[1]. » Peut-être même, dans la crainte de demeurer trop longtemps dans un monde corrupteur et de se laisser aller à quelque faiblesse, a-t-il répété en mourant cet autre mot plus noble encore qu'il écrivait un jour dans le recueil de ses pensées : « Viens au plus vite, ô mort! de peur qu'à la fin je ne m'oublie moi-même[2]. » Exclamation singulière et touchante qui montre qu'à cette conscience délicate, la mort causait moins d'horreur qu'une faute contre les lois ou les bienséances morales! C'est ainsi que Marc-Aurèle, en se désaccoutumant peu à peu de

1. IV, 48.
2. IX, 3.

son corps, de ses passions, de la vie, est arrivé à dire dans son langage, comme l'âme chrétienne que fait parler Bossuet : « O mort, tu ne troubles pas mes desseins, mais tu les accomplis. Achève donc, ô mort favorable !... *nunc dimittis*[1]. »

Mais, pour ne parler ici que la langue de la sagesse profane, tout lecteur qui a vécu dans une intime familiarité avec les *Pensées*, qui les a comprises et goûtées, trouvera qu'il ne parut jamais dans le monde antique un homme plus digne que Marc-Aurèle de recevoir l'éloquent et dernier hommage que Tacite rendait un jour à un sage vaillant : « S'il est un asile pour les mânes des hommes pieux, si les grandes âmes ne s'éteignent pas avec le corps, repose en paix.... et rappelle-nous à la contemplation de tes vertus. » De tous les hommes magnanimes de Rome et de la Grèce, aucun ne s'est en quelque sorte mieux préparé à cette vie future que l'antiquité entrevoyait quelquefois dans ses rêves. Et si la doctrine stoïque empêchait Marc-Aurèle de l'espérer, il en a fait du moins l'objet de ses désirs, il a travaillé pour la mériter. Aussi des chrétiens charitables touchés de ces singulières vertus, ont-ils osé demander pour cette âme païenne la récompense des justes et imploré en sa faveur la miséricorde divine. Marc-Aurèle a-t-il pu recevoir le prix de sa bonne volonté, telle est la question qu'on a plus d'une fois agitée en des livres chrétiens, question honorable pour lui, mais inutile et même périlleuse, où la sévérité du dogme risque de n'être pas d'accord avec nos idées de justice, où trop de confiance peut être une témérité, où le doute surtout est imprudent, car quel espoir resterait-il aux vulgaires humains, si Marc-Aurèle n'avait pas trouvé grâce, et si vous n'aviez pas été

---

1. *Deuxième sermon sur la Purification*, fin.

recueillie avec amour par le suprême juge de nos incertaines doctrines, ô vous de toutes les âmes virilement actives la plus douce, la plus détachée de la terre et la plus pleine de Dieu?

La nouveauté et le charme de ce livre consistent dans une certaine mélancolie qui rappelle la tristesse chrétienne. Marc-Aurèle, en dehors de sa magistrature souveraine, qu'il exerce encore avec fermeté et dévouement, ne connaît plus rien dans la vie qui vaille la peine d'occuper ses pensées. Il n'a trouvé le bonheur « ni dans l'étude du raisonnement, ni dans la richesse, ni dans la gloire, ni dans les jouissances, nulle part enfin. » Au milieu de ce monde changeant, où tout lui paraît néant et fumée, il ne veut plus s'attacher à des ombres passagères : « C'est comme si, dit-il, on se prenait d'amour pour un de ces moineaux qui passent en volant! » A tous les dégoûts d'un cœur que rien sur la terre ne peut remplir, s'ajoute encore une certaine lassitude, la fatigue de la vie et des hommes. Il passe sans colère au milieu d'eux, il les supporte avec douceur; mais il ne tient pas à demeurer plus longtemps parmi des compagnons de misère qui ne partagent ni ses sentiments, ni ses principes. Cette âme délicate se sent égarée au milieu de la corruption contemporaine, solitaire dans sa grandeur, incomprise et abandonnée. L'uniforme répétition des choses l'ennuie comme un spectacle de l'amphithéâtre. Sa pensée, d'ordinaire si calme, rencontre parfois des paroles d'impatience pour peindre le rôle qu'il joue lui-même sur la scène du monde : « Assez de vie misérable, de lamentations, de grimaces ridicules! » Il lui tarde d'échapper à ces ténèbres, à ces ordures, et il finit par regarder la mort comme une délivrance : « Qu'y a-t-il donc qui te retienne ici?... Jusques à quand? » Mais cette tristesse ne ressemble à aucune autre, elle est presque toujours paisible et épanouie, si l'on peut dire. Ces plaintes ne sont pas d'un misanthrope dépité, mais d'un souverain accoutumé à contempler les choses de haut et de loin, et qui par son élévation échappe aux agitations, aux chétives passions qui l'entourent. On ne rencontre dans son livre rien de ce qui fait souvent l'éloquence des autres stoïciens, ni recherche littéraire, ni déclamation, ni savante ironie. C'est que Marc-Aurèle n'est pas un combattant, mais un juge de la vie humaine. Il doit sa tranquillité en face des hommes et des choses aux royales hauteurs où il a été obligé de tenir son esprit, et sa mélancolie n'est que de la sérénité voilée.

Ces désillusions et cette indifférence, qui finissent quelquefois par gagner des sociétés entières, sont ordinairement chez les peuples, comme chez les individus, les signes précurseurs du renouvellement des âmes. Ainsi le monde antique, las de plaisirs, d'orgueil, de science, se prenait en pitié par la bouche de son plus noble interprète. Tout ce qui avait été l'idole de la Grèce et de Rome descendait peu à peu dans le mépris. Par une sorte de juste expiation, le découragement que le despotisme impérial avait répandu dans le monde remonta jusqu'à l'innocent héritier de ce pouvoir accablant, et ce fut un empereur qui recueillit et concentra dans son âme tous ces dégoûts de la vie. Dans ce désabusement, on comprit mieux le prix de la vie intérieure, on fut moins citoyen pour être plus homme, on trouva un secours et des consolations dans la loi morale, on s'attacha à des vérités éternelles confusément entrevues, on s'inclina avec humilité devant la raison universelle, c'est-à-dire devant le seul Dieu qu'on pût imaginer. Les âmes flottantes, si du moins il y en eut beaucoup de semblables à celle de Marc-Aurèle, se sentaient attirées à l'amour divin, et, avant de rencontrer Dieu, étaient déjà saisies par la piété.

Le christianisme ne sortit pas, comme on l'a prétendu, de ce mouvement des esprits, mais il devait à la longue en profiter. Il ne s'accomplit pas dans le monde une grande révolution morale qui ne soit préparée, et les plus belles vérités passent devant les hommes sans les pénétrer, s'ils n'ont déjà le cœur ouvert pour les recevoir. Les Pères de l'Église qui ont été bien plus justes qu'on ne l'a été depuis envers la philosophie profane, qui ne craignaient pas de rendre hommage à la sagesse humaine et ne pensaient pas qu'elle fût l'ennemie de la loi divine, les Pères ont reconnu que la philosophie antique avait été une véritable préparation à la foi chrétienne. Ils admettaient un christianisme naturel que Tertullien appelle *testimonium animæ naturaliter christianæ*; ils donnaient le nom de chrétien à des sages tels que Socrate, qui avait comme marché à la rencontre de la raison éternelle et du Verbe divin; ils osaient dire, ces généreux adversaires, que Dieu avait suscité des philosophes parmi les païens comme il avait donné des prophètes aux Juifs pour les sauver. Aujourd'hui ces beaux sentiments de la primitive Église ne sont plus suivis, et les plus honnêtes défenseurs de la foi s'imaginent, on ne sait pourquoi, que le discrédit de la sagesse ancienne importe à la religion; ils se font un pieux devoir de rabaisser les sages de l'antiquité païenne, de choisir surtout les plus nobles pour les immoler sur l'autel, comme s'ils avaient la pensée que, plus la victime est belle, plus l'holocauste est agréable à Dieu.

Pour nous, qui ne croyons pas juste de demander à un sage païen des vérités qu'il ignore et qu'il ne peut donner, nous nous laissons simplement aller à la sympathie respectueuse qui nous inspire un prince qui ne connut d'autre faiblesse que celle de la clémence, auquel on n'a pu reprocher que l'excès de la vertu dont le monde avait alors le plus besoin[1]. Si comme philosophe il ne

---

[1]. Comme nous essayons de peindre une âme et non de raconter un règne, nous n'avons pas à discuter certains reproches adressés à la conduite politique de Marc-Aurèle. Mais pour ne point paraître esquiver une difficulté, nous devons donner, au moins en quelques mots, notre sentiment qu'on ne manquerait pas d'ailleurs de nous demander.

1° On lui reproche d'avoir témoigné trop de respect à son indigne épouse Faustine. A cela nous répondons que tout lecteur qui prendra la peine de parcourir la correspondance intime et authentique de Marc-Aurèle et de Fronton, trouvera bien invraisemblables ou fort exagérés les récits que de plats historiens ont débités sur les désordres publics et scandaleux de cette mère de onze enfants, qui fut toujours si tendrement aimée par son mari.

2° On lui fait un crime de n'avoir pas déshérité son fils Commode qui devint un prince abominable. Mais, étant données les mœurs et les institutions de l'empire, était-il donc si facile d'écarter du trône un fils de vingt ans? Il fallait ou le faire périr, ou le laisser régner.

3° Marc-Aurèle, dit-on, le sage, le philosophe, a persécuté les chrétiens. Cela est-il bien prouvé? Y eut-il sous son règne ce qu'on peut appeler une persécution? Avons-nous un édit qui ordonne de poursuivre les chrétiens? Non, mais nous possédons une lettre du prince, qui ordonne au contraire de poursuivre et de punir leurs accusateurs. Cependant, nous le reconnaissons, il y eut des martyrs sous son règne en Asie et dans les Gaules, loin de l'empereur. Ces martyrs sont-ils nombreux? Tous ceux dont on cite les noms appartiennent-ils à cette époque? Autant de graves questions qui ne sont pas résolues. Il est certain que le peuple exaspéré par des malheurs publics, excité par ses prêtres, demandait souvent aux gouverneurs le supplice des chrétiens, qui, par leurs insultes sacriléges aux dieux, paraissaient attirer sur l'empire la colère céleste. Les gouverneurs qui ne ressemblaient pas tous à Pline le Jeune, appliquaient alors à ces malheureux les anciens édits qui n'étaient pas abolis. Loin de nous la pensée de pallier les crimes de la superstition païenne; quand il s'agit de persécution, il ne faut jamais désarmer l'histoire qui seule peut venger les victimes. Mais l'innocence de Marc-Aurèle doit-elle être livrée sans défense à la calomnie? Les textes sur lesquels on s'ap-

fut pas toujours exact et conséquent, si sa raison, avide
de vérités consolantes, semble quelquefois flotter entre
le Dieu du stoïcisme et celui de Platon, c'est qu'elle

puie pour l'accabler sont obscurs, incertains, contradictoires. Pour
moi, je m'en rapporte à un clair témoignage qu'on ne récusera
pas, à celui de Tertullien, un des plus hardis et des plus libres
apologistes du christianisme. Vingt ans après la mort de Marc-
Aurèle, il disait du ton le plus décidé aux magistrats romains :
« Consultez vos annales, vous y verrez que les princes qui ont
sévi contre nous sont de ceux qu'on tient à honneur d'avoir eus
pour persécuteurs. Au contraire, de tous les princes qui ont connu
les lois divines et humaines, nommez-en un seul qui ait persécuté les chrétiens? Nous pouvons même en nommer un qui s'est
déclaré leur protecteur, le sage Marc-Aurèle.... S'il ne révoqua
pas expressément les édits contre les chrétiens, du moins les ren-
dit-il sans effet, en établissant des peines, même les plus rigoureuses, contre leurs accusateurs. Qu'est-ce donc que ces lois qui
ne sont exécutées que par des princes impies, injustes, infâmes,
cruels, extravagants, insensés, que n'ont jamais autorisées.... ni
un Antonin, ni un Vérus (Marc-Aurèle) ? » (*Apologet.*, ch. v.) Ce
témoignage péremptoire est encore confirmé par celui de Lactance
qui dit qu'après Domitien l'Église ne fut plus inquiétée sous les
bons princes, ses successeurs : « Secutisque temporibus, quibus
multi ac boni principes Romani imperii clavum regimenque te-
nuerunt, nullos inimicorum impetus passa (Ecclesia), manus suas
in orientem occidentemque porrexit. » (*De persecutione*, ch. III.)
On devrait se faire un scrupule d'accuser Marc-Aurèle de cruelle
intolérance quand l'Église elle-même nous crie par la bouche de
ses plus éloquents défenseurs : Non, je n'ai pas été persécutée,
mais j'ai été défendue par lui ; c'est grâce à sa douceur, à sa
connaissance des lois divines et humaines que j'ai pu étendre mes
bras en Orient et en Occident! — Je ne serais pas étonné maintenant qu'il se rencontrât quelqu'un pour retourner le reproche et
pour blâmer le doux empereur d'avoir trop mollement défendu la
société antique.

4° Faut-il dire quelque chose ici d'un autre reproche qui nous
causé quelque surprise et que vient de faire à Marc-Aurèle un
grave et brillant historien? C'est l'empereur philosophe, dit-il, qui
a perdu l'empire, faute d'esprit politique et pour n'avoir pas fait,
comme Constantin, du christianisme la religion de l'Etat. Autant
vaudrait conseiller au sultan actuel d'abjurer l'islamisme avec tout
son peuple, ou à la reine d'Angleterre d'imposer le culte catholique à la Grande-Bretagne.

cherche la lumière à tous les coins du ciel. Son esprit reste enfermé dans la doctrine stoïque, mais son âme s'en échappe et veut aller au delà. Il n'est pas un philosophe rigoureux, parce qu'il n'a pas d'entêtement doctrinal, et ses hésitations même sont la marque de sa sincérité. Il a pourtant renouvelé la morale antique, non par la force de son génie, mais par la pureté de son âme. Le Portique prêchait déjà le mépris du monde, la fraternité, la Providence, la soumission volontaire aux lois de Dieu. Marc-Aurèle, sans enseigner d'autres vérités, sans enrichir le stoïcisme d'un dogme, lui prêta du moins un accent nouveau, et répandit dans des préceptes, durs encore, sa tendresse naturelle. Par son exemple souverain aussi bien que par ses paroles, il essaya d'en faire une loi d'amour, d'amour pour les hommes et pour la Divinité; il trouva le langage de la charité et de l'effusion divine. Par lui, la philosophie profane fut conduite jusqu'aux confins du christianisme. Ce qui manquait encore à ces hommes de bonne volonté qui semblaient effleurés par la grâce, c'est un dogme religieux que le panthéisme stoïcien ne donnait pas. Ils avaient des désirs pieux et confus qui ne savaient où se prendre, et qui ne rencontraient devant eux qu'un Dieu obscur et sourd et un avenir sans espérance. A ce mépris du monde il fallait un dédommagement, un objet à tant de vague amour, à cette tristesse un espoir consolateur.

LA

PRÉDICATION MORALE POPULAIRE.

LES SOPHISTES GRECS SOUS L'EMPIRE.

I

La renaissance grecque après les douze Césars.

Cette morale profonde et délicate que nous admirons dans les livres de Sénèque, d'Épictète et de Marc-Aurèle, et dont la pureté ne pouvait convenir qu'à des âmes d'élite, ne laissait pas de se répandre de proche en proche dans le peuple, qui, sans la comprendre toujours, l'écoutait avec plaisir et l'accueillait avec des applaudissements. D'innombrables orateurs qui n'avaient qu'une demi-science, d'élégants déclamateurs à la recherche de succès oratoires, souvent aussi des sectateurs ardents de la philosophie, des sages proscrits et chassés de Rome, allaient à travers le monde et jusqu'aux extrémités de l'empire, jetant à tous les vents sur les places, dans les théâtres et les basiliques, les préceptes de la sagesse. Dans l'antiquité, même sous les gouvernements despotiques, la parole était libre, pourvu qu'elle ne parût pas séditieuse, et le premier orateur venu pouvait haranguer la foule. Dans le monde grec surtout les antiques usages de l'éloquence avaient survécu à la liberté. On s'explique ainsi comment les apôtres ont pu prêcher publiquement l'Évangile. Aux yeux des païens ils étaient des déclamateurs, des sophistes, des philosophes, moins sensés que les autres, mais qui avaient le droit, comme tout le monde, de répandre leurs visions. Il n'est pas hors de propos d'esquisser ici en traits généraux ces usages oratoires si peu connus, souvent puérils et ridicules, et qu'il importe de connaître parce qu'ils ont été favorables à la propagation non-seulement de la philosophie, mais du christianisme.

La renaissance littéraire, qui, sous le règne des Antonins, jeta un dernier éclat sur les lettres profanes, et que l'on compare quelquefois aux siècles des Périclès et d'Auguste, ne mérite pas cet excès d'honneur, malgré les grands noms de Marc-Aurèle, de Lucien et de Plutarque. Mais peut-être n'est-il pas dans l'histoire de l'esprit humain une époque qui présente plus de sujets d'études curieuses, qu'on l'envisage en philosophe, en chrétien ou en simple amateur des lettres. C'est le moment où la domination romaine, qui s'étend sur l'univers, a mis en contact tous les peuples et préparé le conflit des trois grandes civilisations antiques de la Grèce, de Rome, de l'Orient. Rome, par son génie politique et la puissance de ses institutions, possède et gouverne le monde; la Grèce, par les arts, par sa littérature, par sa langue devenue universelle, est la souveraine maîtresse des esprits et de l'opinion, tandis que le souffle religieux du christianisme effleure déjà les âmes et les pénètre quelquefois d'une influence qui ne tardera pas à devenir

LA PRÉDICATION MORALE POPULAIRE. 217

féconde. Notre dessein n'est pas de décrire cette lutte confuse d'où sortira une société nouvelle et régénérée ; nous avons voulu simplement faire sentir en deux mots quelle espèce d'intérêt l'approche d'une si grande révolution morale peut donner même à un modeste chapitre d'histoire littéraire.

Pour comprendre comment, au deuxième siècle de l'ère chrétienne, l'éloquence grecque refleurit tout à coup, et comment un si grand nombre de sophistes et d'orateurs parut à la fois dans toutes les parties de l'empire romain, il faut se rappeler que l'art de la parole ne fut jamais négligé par les Grecs aux plus tristes époques de leur décadence. Durant la domination macédonienne et sous la conquête romaine, ils mirent à profit les loisirs de la servitude pour se livrer plus que jamais à des études oratoires, que la chute de leurs institutions libres semblait pourtant rendre inutiles. De citoyens qu'ils étaient, ils se firent hommes de lettres, et, avec l'insouciance d'un peuple qui n'a plus de patrie, ils se répandirent sur le monde, apportant aux nations les plus éloignées leurs arts, leurs mœurs élégantes et surtout leur rhétorique. En effet, les rhéteurs de la Grèce s'emparèrent de l'Asie, à la suite des armées d'Alexandre ; et de l'Hellespont jusqu'à l'Inde et l'Égypte, leur enseignement jeta des semences qui ne furent pas perdues. Sur tout le rivage asiatique de la Méditerranée, il se forma des colonies qu'on pourrait appeler les colonies de l'intelligence, et qui, de proche en proche, finirent par gagner tout l'Orient. D'un autre côté, la conquête romaine ouvrit aux Grecs le chemin de l'Occident. On sait comment les philosophes et les rhéteurs de la Grèce furent reçus à Rome, avec quelle admiration par les uns, avec quelle défiance patriotique par les autres A la fin de la république, ils sont déjà les maîtres et les confidents des plus illustres personnages romains. Au temps de l'empire, l'oubli des anciennes traditions, la corruption des mœurs, le goût des lettres, les exigences et les caprices du luxe mirent de plus en plus la société romaine sous la dépendance des Grecs, qui avaient su se rendre nécessaires par leurs talents sérieux ou frivoles, par la science, par l'éloquence aussi bien que par les mille futilités de leurs arts voluptuaires. Aussi, dès le deuxième siècle, la langue latine est déjà corrompue et porte des traces visibles de la barbarie naissante. Après Tacite, à une époque si rapprochée du siècle d'Auguste, les Romains ne peuvent plus citer dans leur littérature un seul nom digne d'estime, tandis qu'une nouvelle floraison des lettres grecques permet d'appeler le siècle des Antonins une renaissance. Ainsi ce petit peuple vaincu, humilié, souvent méprisé, n'a pas cessé de s'occuper des lettres, qui étaient son meilleur patrimoine. Ne pouvant plus produire des œuvres originales, il étudia du moins les anciens modèles, et fit des efforts pour empêcher que la tradition fût interrompue et que la littérature pérît dans cet interrègne du génie. Il semble comprendre que la culture littéraire n'est pas seulement une gloire, mais encore une puissance, et, après bien des siècles d'attente, à travers bien des vicissitudes, il a été récompensé de sa persévérance et de sa religion ; il a vu la langue de ses vainqueurs submergée, engloutie par la sienne, et il a eu ce singulier honneur de prêter à Rome, devenue la capitale du monde, un dernier éclat, comme pour éclairer son triomphe.

Après les règnes de Néron et de Domitien, et les terribles révolutions qui avaient agité l'empire, l'avénement de Nerva et des Antonins fut comme un immense soulagement pour Rome et les provinces. La protection de quelques princes éclairés et justes ranima tout à coup l'éloquence grecque, qui paraissait éteinte. Une foule incroyable d'orateurs apparaît alors et se met en mouvement depuis l'Asie jusqu'à la Gaule. Ils vont de ville en ville, réveillant partout l'amour du beau langage. Les disciples rivalisent avec les maîtres, qui se multiplient chaque jour. Il semble que le monde, si longtemps atterré par une abominable tyrannie, ait retrouvé tout à coup la parole, et qu'il éprouve le besoin d'en abuser, comme pour se dédommager d'un trop long silence. Parmi ces orateurs, communément appelés sophistes, les uns, qui n'ont fait que de l'art pour l'art, méritent leur nom dans son acception injurieuse; les autres, en mettant leur éloquence au service de la morale, ont droit à plus de respect. Sans prétendre, dans cette étude, tracer toute leur histoire, nous voudrions faire connaître en quelques mots, d'après les témoignages de l'antiquité, leurs mœurs, leurs habitudes, leur caractère et leur talent[1].

II

Les sophistes rhéteurs.

Malgré la protection de ces empereurs amis des lettres on ne verra point renaître cette saine et vigoureuse éloquence des anciens temps, qui puise sa force dans un grand intérêt public et qu'animent une conviction pro-

1. Nous devons prévenir le lecteur que les traits servant à composer le tableau qui va suivre ne sont pas tous empruntés à la même époque. Mais il n'y a pas d'inconvénients à confondre ici les temps, parce que les usages de la sophistique n'ont pas sensiblement varié.

fonde et un patriotisme héroïque. Les orateurs peuvent avoir encore de l'imagination, de la facilité, connaître tous les agréments du style et de la diction ; il ne leur manque qu'une chose : la matière même de l'éloquence. L'administration romaine tient l'empire dans une muette dépendance et envoie partout ses magistrats et ses règlements ; les provinces reçoivent des ordres de Rome sans les discuter, et la politique est tout entière dans le conseil du prince. Les tribunaux offriraient encore une belle carrière au talent, si cette vaste centralisation ne faisait point partout le vide, en évoquant toutes les causes qui, par l'importance des intérêts, pourraient agrandir les débats judiciaires. A une pareille époque, une seule espèce d'éloquence pouvait convenir : je veux parler du genre asiatique, qui prit naissance au temps d'Alexandre, au moment de la décadence des Grecs, qui fleurit sous la domination macédonienne, fut de plus en plus en honneur depuis la conquête romaine et qui paraissait inventé tout exprès pour un peuple asservi. En effet, les Grecs, dépouillés de leurs institutions, condamnés à la tutelle de leurs vainqueurs, trouvaient encore, amoureux qu'ils étaient de beaux discours, une ressource et une occupation dans cet art oriental qui consiste à cacher le vide des pensées et la faiblesse des sentiments sous le luxe des images et le faste des paroles. Déjà, au temps d'Auguste, Denys d'Halicarnasse avait jeté un cri d'alarme en voyant les progrès de cette rhétorique impudente et orgueilleuse qui avait remplacé l'ancienne éloquence, semblable *à une courtisane qui s'impose à une honnête maison et fait la loi à la mère de famille.* C'étaient là sans doute de justes, mais d'inutiles regrets ; les Grecs continuaient à cultiver cet art mensonger qui leur permettait du moins de parler encore, alors qu'ils n'avaient plus rien à dire ; ne voulant pas renoncer à la parole qui jadis avait fait leur gloire, ils cherchaient à se faire illusion à eux-mêmes et aux autres, et, pour n'avoir pas l'air d'être privés de cet antique patrimoine de l'éloquence, ils s'attachaient de plus en plus à ce style asiatique qui avait l'avantage de couvrir leur indigence d'un superbe vêtement.

Il ne serait pas juste d'attribuer uniquement à leur abaissement politique la frivolité des exercices oratoires que nous essaierons de décrire. De tout temps, ils ont fait volontiers de la parole un amusement et un spectacle. Même aux plus beaux jours de la démocratie, ils aiment déjà les disputes inutiles, les artifices de la pensée et du style, les surprises de la dialectique. Le succès de Gorgias, de Protagoras et des autres sophistes contemporains de Socrate, montre assez combien les Grecs estimaient les futilités brillantes et difficiles. Aussi, quand la conquête romaine leur permit de se livrer entièrement à leur goût littéraire, on voit qu'ils se rejettent avec plaisir et sans effort sur les plus minces bagatelles qui peuvent leur offrir un sujet de discours. Comme les intérêts et les passions de la vie publique leur sont interdits et ne fournissent plus rien à leur faconde naturelle, ils ont recours à la fiction. Ils transportent leur imagination dans ces temps heureux où Périclès et Démosthènes parlaient du haut d'une véritable tribune ; ils aiment à s'enchanter, dans la servitude, de ces souvenirs patriotiques. Ils se figureront, par exemple, qu'ils vivent à l'époque des guerres médiques ; ils prendront le rôle d'un orateur populaire et poursuivront de leurs invectives, à cinq siècles de distance, Darius ou Xerxès. Les noms des fameuses victoires remportées sur les Perses retentissaient si souvent dans leurs discours, que les Grecs eux-mêmes riaient quelquefois de cette indignation surannée à propos d'événements si lointains et donnaient à l'un de ces sophistes le sobriquet de *Marathon*[1]. C'étaient là leurs sujets favoris qui produisaient toujours le plus d'effet, et pour lesquels ils réservaient leurs plus beaux mouvements d'éloquence. Dans le genre judicaire, ils inventaient des causes fictives aussi bizarres que possible, assez romanesques pour piquer la curiosité, assez embarrassantes pour donner à tous les auditeurs l'envie de chercher le mot d'une énigme; par exemple : *l'auteur d'une sédition doit être puni de mort, celui qui l'apaise a droit à une récompense; l'auteur de la sédition l'apaise lui-même et demande la récompense*[2]. Il s'agissait de plaider pour ou contre cet accusé imaginaire. Ou bien on remontait jusqu'aux temps fabuleux et on faisait parler quelque héros d'Homère : *discours de Ménélas quand Hélène vient de lui être ravie; ce qu'a pu dire Hector en apprenant que Priam s'est assis à la table d'Achille.* Il est inutile de distinguer ici toutes les variétés de ces déclamations plus ou moins ingénieuses et presque toujours puériles. Qu'il nous suffise de savoir que la singularité du sujet et du titre était le plus sûr moyen d'éveiller l'attention. Allécher les curieux par une amorce nouvelle, annoncer une histoire impossible, proposer un problème qui n'a point de solution raisonnable, faire voir ainsi d'avance les difficultés que l'orateur s'engage à surmonter, c'était déjà se donner un beau prestige : une faconde élégante, émaillée d'atticismes, ou relevée par toutes les enluminures du style asiatique, faisait le reste.

1. Philostrate, *Vie des Sophistes*, II, 15.
2. On peut être curieux de savoir comment le sophiste a résolu la question : *Lequel des deux a précédé, de la révolte ou de la tranquillité? Reçois d'abord la punition de la première, et prends, si tu peux, la récompense due à la seconde.* Philostrate, I, 26.

Les diverses espèces de panégyriques fournissaient surtout une ample matière aux discours. On faisait l'éloge des dieux, des héros, des empereurs, des magistrats, des villes, éloges faciles dont la monotonie ne rebutait personne, parce que la flatterie, pour être goûtée, n'a pas besoin d'être exquise et qu'on pouvait toujours lui donner un nouveau prix par l'excès de l'adulation. Cependant ces orateurs n'étaient jamais plus admirés que lorsqu'ils avaient le bonheur de trouver un sujet où la louange fût un tour de force. Célébrer Jupiter ou Achille, ce n'était point merveille, les moins habiles pouvaient le tenter et s'en tirer avec honneur. Mais ne fallait-il pas un rare génie pour faire le panégyrique de la fièvre, de la goutte ou pour chanter le vomissement ? Il faut remarquer que ce n'étaient point les orateurs médiocres et méprisés, mais les plus grands talents de l'époque, qui s'engageaient dans ces belles entreprises [1]. Ils pensaient que c'étaient là d'excellents exercices, que l'art éclate d'autant plus que la matière est plus vile, et, comme on disait alors, que plus la terre est ingrate et rebelle, plus il y a de mérite à en faire sortir des fleurs. Ils suivent à la lettre ce principe d'Isocrate : que le discours a naturellement la vertu de rendre les choses grandes petites, et les petites grandes. Aussi cette mode, qui n'était pas nouvelle dans l'histoire de la sophistique, excitait l'émulation des orateurs, qui se mettaient en quelque sorte au défi et composaient à l'envi des panégyriques dont les

---

1. Lucien a fait l'éloge de la *mouche*, Fronton de la *poussière*, de la *fumée*, de la *négligence*, Dion Chrysostome de la *chevelure*, du *perroquet*, etc. Au cinquième siècle, Synésius, qui fut un grand évêque, fera le panégyrique de la *calvitie*, long ouvrage où toutes les sciences sont mises à contribution pour apprendre aux hommes ce qu'il y a non-seulement de bonheur, mais aussi de mérite à être chauve.

objets allaient toujours en décroissant. Le chantre de l'âne fut bientôt éclipsé par celui de la souris; celui-ci dut se déclarer vaincu en entendant célébrer le hanneton. A l'époque dont nous parlons, on en était à la mouche, au cousin, à la puce. Où se seraient-ils arrêtés s'ils avaient connu le microscope?

Ces choses, et d'autres encore, n'étaient pas seulement des exercices de style, destinés à tomber dans l'oubli. Au contraire, un public, avide d'émotions littéraires, attendait avec impatience ces merveilles oratoires, que le sophiste se chargera bientôt de déclamer lui-même sur la place publique, dans un théâtre, dans une basilique ou bien encore dans la salle spacieuse qu'un riche amateur des lettres met à la disposition d'un auditoire choisi. Deux jours à l'avance, des esclaves ont parcouru la ville pour avertir les invités, des banquettes sont louées, l'estrade est élevée et le fauteuil est couvert d'un coussin moelleux. L'heure est venue où l'on entendra ce discours dont l'indiscrétion de quelques amis a déjà révélé les beautés. Le sophiste paraît, portant avec grâce son manteau de pourpre; ses cheveux sont parfumés, ses joues brillantes de fard, et sur sa tête on admire une couronne de fleurs ou de laurier artificiel, dont les baies sont autant de rubis. Après le compliment d'usage, adressé à l'auditoire avec un sourire insinuant et bien étudié d'avance, il entre en matière et ajoute aux charmes de son discours par la douceur de sa prononciation, par l'élégance de ses poses nonchalantes et le mouvement calculé de ses mains, où étincellent des pierreries. Nous savons avec quel art les sophistes récitaient, par quel débit charmant ils faisaient valoir les choses les plus indifférentes, comment ils caressaient l'assemblée de la voix et du geste, comment enfin ils amollissaient la langue grecque, qu'ils trouvaient trop rude malgré son harmonie, et faisaient à peine sentir les consonnes pour donner encore plus de suavité à leur diction. On trouve dans les auteurs du temps bien des traits et des détails qui, réunis et rapprochés, peuvent servir à composer le portrait naturel du sophiste élégant. Mais il y a plus d'une manière de se singulariser. D'autres, qui aiment mieux déclamer dans la rue que dans les demeures opulentes, et qui, plus particulièrement adonnés à la philosophie, veulent attirer l'attention par une autre bizarrerie non moins raffinée, par l'ostentation de l'austérité ; ceux-là marchent pieds nus et laissent voir, avec non moins d'orgueil, leur chevelure hérissée, leur barbe inculte, les trous de leur manteau et leurs ongles menaçants. L'éloquence était devenue une représentation théâtrale, dont la mise en scène n'était point négligée, où l'orateur prenait le costume de son rôle, et par la beauté de son ajustement ou par l'horreur de ses haillons, par sa voix mielleuse ou la rudesse de son accent, s'emparait à la fois des yeux et des oreilles pour obtenir plus sûrement ce qu'il cherchait surtout, les applaudissements.

L'admiration du public ne faisait point défaut à ces artistes de l'éloquence. L'orateur prenait toutes les peines du monde pour assurer son succès, et l'auditoire y mettait assez de complaisance pour ne pas l'en priver. Les louanges, les interruptions flatteuses, les battements de mains ne paraissaient que des témoignages trop ordinaires d'une satisfaction modérée, qui ne suffisaient ni à l'ambition de l'orateur, ni à l'enthousiasme de l'assemblée. Le sophiste n'était content que lorsque, après un mot d'un effet inattendu, après une tirade enlevée avec une impétuosité irrésistible, il entendait des acclamations, des cris, quand il voyait les auditeurs s'agiter sur leurs bancs, se livrer aux transports d'une fureur bachique, secouer leurs vêtements, quelquefois se lever et courir comme des insensés. Je n'entrerai pas dans le détail des formules admiratives, dont la liste serait longue ; qu'il nous suffise de savoir que le public criait : Des couronnes ! des couronnes ! Aussi, le sophiste vraiment habile, qui connaissait le prix de la gloire et qui était assez riche pour la payer, ne manquait pas de s'adresser à des entrepreneurs de succès oratoires. Ceux qui se respectaient le plus, et qui avaient assez d'amis pour mettre en branle l'admiration de l'auditoire, avaient grand soin de les convoquer et ne s'en cachaient pas. Marc-Aurèle, passant à Smyrne, demanda au célèbre rhéteur Aristide quand il aurait le plaisir de l'entendre. Celui-ci lui répondit : « Proposez-moi un sujet aujourd'hui et je parlerai demain ; je ne suis pas de ceux qui n'ont qu'à ouvrir la bouche pour en jeter des phrases ; j'ai besoin de méditation. » C'était assez modeste pour un sophiste ; mais avec quelle candeur il ajouta aussitôt : « Vous voudrez bien, seigneur, permettre à mes amis d'assister à la séance. » L'empereur y consentit. « Vous leur permettrez aussi d'applaudir et de se récrier de toutes leurs forces. » Marc-Aurèle sourit et répondit finement : « Oh ! cela dépend de vous[1]. »

Les applaudissements et les démonstrations furieuses d'un enthousiasme, véritable ou simulé, étaient d'un usage si général, que, plus tard, on les entendait retentir, même dans les temples chrétiens. En lisant les homélies des Pères de l'Église, on s'aperçoit souvent qu'ils sont interrompus par des cris d'admiration ; et ces orateurs sacrés, qui avaient renoncé à la gloire et dont le zèle était tout apostolique, respectent ordinairement ces anciennes coutumes et ne songent pas à les condamner.

---

1. Philostrate, II, 9.

On trouve dans les sermons de saint Augustin bien des preuves de cette tolérance, qui paraissait alors toute naturelle. Un jour, prêchant sur la concupiscence, il fit une si vive peinture, que le peuple couvrit sa voix d'applaudissements et de cris; le grand docteur se contenta de reprendre son discours en disant : « Pourquoi vous récriez-vous, si ce n'est parce que vous vous êtes reconnus[1]? » Tout le monde a lu dans Fénelon ce récit d'une naïveté sublime où l'évêque d'Hippone raconte lui-même que, dans un sermon sur les jeux sanglants du Cirque, il remporta la véritable victoire de l'éloquence, qui est de convertir les âmes : « Je crus, dit-il, n'avoir rien gagné pendant que je n'entendais que leurs acclamations; mais j'espérai quand je les vis pleurer. Les acclamations montraient que je les avais instruits et que mon discours leur faisait plaisir; mais leurs larmes marquèrent qu'ils étaient changés[2]. » Voilà une éloquence dont les sophistes ne se doutaient pas, l'éloquence des larmes, qui devait bientôt jeter dans le plus profond mépris toute cette rhétorique inutile et indécente. Dans les temples latins, ces témoignages d'admiration, qui nous semblent aujourd'hui indignes de la majesté du lieu, ne manquaient pas d'une certaine dignité; mais les Grecs, même au sein du christianisme, conservèrent encore leurs manières extravagantes et ces usages chers aux sophistes. Saint Jean-Chrysostome a réprimé plus d'une fois ces désordres d'un enthousiasme trop profane : « Dans les églises, je ne condamne point les louanges, mais je ne puis souffrir ces mouvements de pieds, ces cris discordants, ces mains que vous agitez dans les airs, cette gesticulation indiscrète et tous ces usages impies et hon-

---

1. *Sermons*, XLV.
2. *De doct. christ.*, liv. IV.

teux que vous apportez des cirques et des théâtres[1]. »
Les Grecs étaient incorrigibles et demeuraient fidèles à
ces étranges coutumes. Le christianisme changeait les
cœurs et les mœurs, mais ne changeait pas les manières
de ce peuple, que Juvénal a eu raison d'appeler la *nation
comédienne.*

Nous n'avons vu jusqu'ici le sophiste que dans les
réunions particulières et choisies. Mais ce n'était là
qu'un petit théâtre pour les débutants, les caractères
timides, les faibles voix ou les modestes ambitions. La
grande gloire, il fallait la chercher sur les places publiques, au milieu de tout un peuple assemblé. Quand
ces orateurs nomades avaient fait quelque part une ample
récolte de couronnes et d'argent, ils se gardaient bien
de prolonger leur séjour, de peur de laisser l'enthousiasme se refroidir, et se hâtaient de chercher ailleurs
de nouveaux honneurs et d'autres avantages. Ils étaient
presque toujours reçus avec une curiosité impatiente.
Quand le bruit se répandait qu'un sophiste allait arriver,
la vie était en quelque sorte suspendue, toute une population courait à sa rencontre, les ouvriers mêmes
désertaient les ateliers et les jeunes gens surtout s'attachaient à lui, selon l'énergique expression d'un ancien,
comme le fer à l'aimant[2]. S'il n'y avait point dans la
ville un autre sophiste célèbre, le nouveau débarqué se
contentait de prononcer un de ces discours d'apparat
où entrait nécessairement le panégyrique de la cité, où
il prouvait longuement que la ville avait été fondée par
Hercule ou par quelque autre dieu. Mais si la place
était déjà occupée par un orateur en renom, l'étranger,
selon l'usage, le provoquait à une sorte de tournoi ora-

1. *Homélies sur Isaïe*, II.
2. Thémistius, *Orat.*, IV

toire[1]. Refuser la lutte était impossible, c'était se déclarer vaincu d'avance, détruire soi-même la bonne opinion qu'on avait donnée de son talent, et se couvrir de honte. Aussi, quelle angoisse pour un vieil athlète obligé de se mesurer avec un jeune homme et de risquer dans une bataille décisive son ancienne renommée! Honneurs, réputation, fortune, il faut tout livrer aux hasards d'une improvisation aventureuse. Malgré la futilité de ces luttes singulières, le spectacle était émouvant et dramatique. Plus d'une fois on vit un sophiste, en entendant les brillantes nouveautés de son adversaire, les frémissements de la foule, ses applaudissements, ses clameurs, en sentant que sa propre gloire, si lentement amassée, allait lui échapper en un moment, perdre contenance, chercher avec effort une réponse embarrassée, et, comme étouffé par l'émotion et la rage de l'impuissance, pâlir, chanceler et tomber mort sur la place[2]. Mais aussi, quel triomphe pour le vainqueur! On le reconduisait en grande pompe jusqu'à sa demeure; le magistrat romain lui faisait cortége à la tête de ses soldats; on l'appelait un rossignol, une sirène; on lui donnait le titre de prince, de roi, et les plus fanatiques l'entouraient avec amour et baisaient avec dévotion ses mains, ses pieds, sa poitrine, comme la statue d'un dieu[3].

On se figure aisément avec quel art et quels soins les sophistes devaient se préparer de pareils triomphes, quand on sait que ces témoignages bizarres de l'enthousiasme en délire n'étaient pas stériles et rapportaient autant d'argent que de gloire. Cependant le plus sûr

---

1. Σοφιστικοὺς ἀγῶνας.

2. Niger, malade, ayant une arête de poisson dans la gorge, courut se mesurer avec un sophiste voyageur qui passait par la ville; il déclama et mourut. (Plutarque, *Préceptes de santé*, 32.)

3 Eunape, *Vie de Prohæresius*.

moyen de s'enrichir était de réunir autour de sa chaire une foule de disciples qui recueillaient avidement les paroles du maître pour se rendre dignes à leur tour de si grands honneurs, et qui payaient largement ce noviciat de l'éloquence. C'était à la fois le profit et la marque de la supériorité. Aussi les plus grands orateurs étaient-ils fiers de ce nombreux cortége qui les accompagnait en public et les suivait même quelquefois dans leurs voyages. Il n'est sorte de ruses qu'ils n'aient inventées, afin de se procurer des disciples, et, pour grossir leur auditoire, ils ne se faisaient pas scrupule de débaucher celui d'un rival par des flatteries, des cadeaux et d'autres moyens encore plus ingénieux. On raconte l'histoire d'un sophiste débutant, sans talent, mais non pas sans esprit, qui, désirant à tout prix se faire un nom, s'avisa de prêter de l'argent sans intérêt à tous ceux qui voulaient bien lui en emprunter, à la seule condition qu'ils seraient assidus à ses déclamations ; l'absence était considérée comme une banqueroute, et le débiteur insolvable livré à la rigueur des lois. Mais les plus illustres de ces sophistes n'avaient besoin que de leur réputation pour attirer un concours incroyable de jeunes gens de tous les pays ; et Scopélien, par exemple, qui déclamait à Smyrne, voyait autour de lui tout un peuple de disciples accourus de la Grèce, de l'Assyrie, de la Phénicie, de l'Égypte. Malheureusement ils ne pouvaient pas toujours, dans leurs courses vagabondes, traîner à leur suite tous ces satellites dévoués ; mais leur esprit inventif leur fournissait, dans une occasion solennelle, le moyen de se faire un cortége honorable : témoin ce sophiste voyageur, qui, débarquant à Rhodes pour donner une grande fête oratoire, pensa qu'il était de sa dignité de se montrer avec son escorte ordinaire, et, trouvant sur le port des rameurs et des matelots de loisir, il les enrôla, acheta des costumes, et après les avoir habillés comme des amateurs de la belle éloquence, il fit dans l'assemblée une entrée magnifique à la tête de cette armée navale[1].

Bien que le bruit qui se faisait autour de leur nom fût l'ouvrage de cette habileté dans la mise en scène autant que de leur éloquence, ils ne laissaient pas de prendre leur gloire au sérieux, et se plaçaient naturellement au-dessus de tous les hommes. Un jour, un empereur proposait à l'un d'eux de l'élever aux plus hautes dignités ; celui-ci répondit avec un orgueil candide qu'il n'aspirait pas à descendre et qu'il resterait sophiste[2]. Un autre, envoyé en ambassade auprès d'Antonin, et mortifié de ce qu'on ne l'avait pas encore remarqué au milieu des courtisans, s'écria : « César, fais donc attention à moi. » Le prince, irrité de cette insolence, lui répartit : « Je te connais ; tu es cet homme qui soigne si bien sa chevelure, ses dents et ses ongles[3]. » Même devant leur auditoire qu'ils ménageaient, nous l'avons vu, avec la délicatesse la plus raffinée, il leur arrivait parfois d'étaler une jactance qui passe les limites de l'audace et du ridicule ; on peut s'en faire une idée par cet exorde de Polémon : « Athéniens, on dit que vous êtes de bons juges en éloquence ; je saurai tout à l'heure si vous méritez votre réputation[4]. » Enfin leur vanité était si susceptible, si connue, si facilement pardonnée, qu'un de ces orateurs aimés du public, apercevant dans l'assemblée un auditeur endormi, osa descendre de son estrade, pompeusement, à pas comptés, et, avec la dignité qui convient à un grand homme outragé, il

---

1. Diogène Laerce, *Vie de Bion*.
2. Φήσας τὸν σοφιστὴν εἶναι μείζονα. Eunape, *Vie de Libanius*.
3. Philostrate, II, 5.
4. Philostrate, I, 25.

réveilla l'attention de l'innocent dormeur par un majestueux soufflet[1].

Comment n'auraient-ils point perdu l'esprit, ces enfants gâtés de la mode et ces favoris de la popularité, quand ils voyaient accourir au-devant d'eux la foule ignorante et lettrée, quand les princes leur envoyaient de l'argent, des esclaves, des chevaux; lorsque, dans quelque désastre public, les villes les choisissaien comme ambassadeurs pour défendre leurs intérêts; quand ils savaient que des rois indiens écrivaient des extrémités du monde à un roi d'Occident pour le prier de leur faire cadeau d'un sophiste[2]; quand des règlements et des lois leur conféraient des prérogatives et des immunités; quand de pieux admirateurs de l'art oratoire leur offraient parfois des libations comme à des dieux; quand enfin on élevait à l'un d'eux une statue colossale avec cette inscription : *Rome, reine du monde, au roi de l'éloquence*[3]. Ils étaient à la fois étourdis et enivrés par la fumée de la gloire et celle de la richesse. Dans leur maison, en voyage, ils étalaient un faste royal. Polémon ne sortait que sur un char magnifique attelé de chevaux phrygiens ou gaulois, suivi d'une troupe de valets et d'une meute de chiens; et quand Adrien allait déclamer, ses auditeurs admiraient d'abord le frein d'argent de ses coursiers et les pierres précieuses qui couvraient l'orateur.

Nous ne disons rien de leurs mœurs, on peut les deviner. Le cœur est trop près de l'intelligence pour que la corruption de l'une ne passe point à l'autre; il n'était point possible de se livrer tout entier à ces jeux

---

1. Philostrate, II, 8.
2. Athénée, XIV.
3. Η ΒΑΣΙΛΕΥΟΥΣΑ ΡΩΜΗ ΤΩΝ ΒΑΣΙΛΕΥΟΝΤΑ ΤΩΝ ΛΟΓΩΝ. Eunape, *Vie de Prohæresius.*

frivoles de l'esprit, à ces recherches minutieuses de la vanité, sans renoncer à la véritable estime de soi-même et à la fierté d'un honnête homme. Aussi leurs dissensions, leurs jalousies, leur avarice sont aussi célèbres que leur arrogance, et leur vie voluptueuse a été telle qu'elle a donné naissance à un proverbe : Vivre comme un sophiste.

Si nous avons emprunté à Philostrate, à Eunape, et en général aux auteurs de l'époque les détails les plus singuliers, ce n'est point pour faire croire que tous les sophistes fussent au même degré déraisonnables, mais uniquement pour montrer, par des exemples frappants, quel était le caractère de cette éloquence. On voit ce qu'elle était devenue, faute de sujets : une vaine déclamation, un jeu théâtral, avec des poses d'histrion et des costumes éclatants, un chant efféminé, enfin le digne amusement d'une société oisive et servile. Rien de grand, rien de sensé ne pouvait sortir de ces joûtes intéressantes sans doute, parfois tragiques et pourtant ridicules, parce que le prix de la lutte n'était que la satisfaction d'un amour-propre et que la lutte elle-même n'était que le combat de deux vanités. Le style valait les pensées et ne pouvait être qu'un assemblage ingénieux de vieilles métaphores rajeunies, d'expressions détournées de leur sens ordinaire pour leur donner un air de nouveauté, de mots poétiques semés avec art, comme les rubis sur le manteau de l'orateur, et une harmonie toujours également musicale dont la fadeur est bientôt un tourment pour l'oreille. Mais on est tenté d'avoir de l'indulgence pour ces défauts odieux, quand on songe que les Grecs de cette époque ont eu du moins le mérite de rester fidèles à leurs traditions littéraires, qu'ils n'ont pas renoncé, malgré le malheur des temps, au culte de l'éloquence, qu'ils ont essayé, n'importe comment, de l'honorer encore avec une persistance qui est plus respectable que les ouvrages qu'elle a produits. Ne faut-il pas compâtir aux efforts de cette passion toujours vivante qui leur fait chercher partout, dans la mythologie, dans l'histoire, dans les lieux communs de la morale, une matière à des discours? S'il était permis d'emprunter le langage emphatique de l'époque et d'expliquer notre pensée par une comparaison que le sujet autorise et qui est dans le goût des sophistes, nous dirions que les Grecs de la décadence ressemblent à ces animaux industrieux que leur instinct pousse à construire des ponts sur les lacs et les rivières, et qui, alors même qu'ils sont en captivité, continuent encore à rassembler tous les débris, tous les objets qu'ils rencontrent, comme des matériaux d'une inutile construction; ou bien pareils à ces quadrupèdes agiles et charmants qui sautent de branche en branche dans les libres forêts, et qui, prisonniers dans une cage étroite, trompent ce besoin de mouvement qui est leur nature, en faisant tourner sans cesse une roue mobile; ainsi les Grecs, dans la servitude, pour satisfaire encore cet instinct de l'éloquence, ont cherché de tous côtés une matière solide sans pouvoir la trouver, et par des exercices puérils donné le change à leur activité naturelle. Est-ce de leur faute si la conquête romaine leur a enlevé, avec la liberté, les véritables éléments du discours oratoire, et ne doit-on pas les plaindre en voyant la grâce et la gentillesse de leur esprit tourner sans repos dans le même cercle de phrases élégamment banales, en voyant condamnés à ce travail stérile les fils dégénérés de Périclès et de Démosthènes?

III

Les sophistes philosophes.

Parmi ces orateurs errants qui remplissaient le monde de leur parole et de leur gloire, il en est un petit nombre qui ont fait de l'éloquence un noble usage en répandant partout les préceptes de la morale. Il faut remarquer ici qu'aux plus tristes époques de l'histoire ancienne, c'est la philosophie seule qui soutient encore les esprits et les âmes, et résiste à cette lente dégradation morale qui menace de tout envahir. Pendant que la politique est impuissante, que les princes ne peuvent rien ou ne tentent rien pour relever les mœurs, pendant que le monde se plonge de plus en plus dans la corruption ou s'amuse à des futilités sophistiques, quelques philosophes, à la faveur de ces usages qui permettaient au premier venu de prendre la parole dans les assemblées, se glissent au milieu de la foule tumultueuse et font entendre, non sans péril parfois, quelques leçons de sagesse. C'est la philosophie qui est la dernière gardienne de la raison et de la dignité dans les sociétés antiques. Elle survit aux lois, aux institutions, aux mœurs; elle échappe même à la tyrannie, parce qu'elle peut se réfugier dans l'invisible sanctuaire d'un cœur honnête. La matière ne lui manque jamais, puisque l'âme humaine étant le sujet de ses études, elle porte avec soi le sujet de ses méditations. Bien plus, le malheur des temps ne fait souvent que raviver sa force, la corruption des mœurs l'irrite, la dégradation des caractères l'anime d'une ardeur plus généreuse, et la vue de la servilité lui fait sentir tout le prix de la liberté intérieure. Aussi ne faut-il point s'étonner si les dernières paroles sensées, éloquentes, sortent de la bouche des philosophes.

Cependant il faut reconnaître que l'enseignement philosophique était bien déchu. Il s'est fait simple et modeste, et, renonçant aux grandes idées et aux problèmes savants qu'il agitait autrefois, il ne donne plus que des préceptes de conduite. Ce n'est plus le temps où de puissantes écoles établissaient, chacune à sa manière, les règles de la morale, et fondaient de vastes systèmes dont les principes et les conséquences étaient défendus avec une sorte de foi jalouse. Les hautes études de la philosophie se sont affaiblies ; on n'aime plus les recherches abstraites ni les déductions rigoureuses, et même on peut dire que les disciples ne comprennent plus la parole du maître. Les doctrines rivales de Platon, d'Aristote, de Zénon, d'Épicure, qui alors se partagent les esprits, se sont fait tant d'emprunts et de concessions réciproques, qu'on a de la peine à distinguer, dans les ouvrages du temps, ce qui appartient aux unes et aux autres. Les philosophes se disent encore de telle ou telle école, ils en portent le nom et souvent le costume, mais ils ne s'aperçoivent pas qu'ils sont infidèles à la doctrine qu'ils enseignent. Celui-ci se croit stoïcien et adopte les idées de Platon sur l'âme et l'immortalité ; celui-là, voulant s'éloigner un peu des sévérités du Portique, glisse à son insu dans les molles délices d'Épicure. Tous ces compromis et ces transactions entre les diverses écoles amènent le discrédit de la philosophie dogmatique. Quand les doctrines ne s'affirment pas fortement elles-mêmes, quand elles ne sont pas exclusives, quand elles pactisent avec l'ennemi, elles ne peuvent plus compter sur des adeptes dévoués. Aussi, soit affaiblissement général des études, soit indifférence, soit tolérance excessive, presque tous les bons esprits de ce siècle s'abstiennent de traiter les hautes questions de la métaphysique et de la morale, ou, s'ils le tentent quelquefois, ils confondent tous les systèmes et ne laissent voir trop souvent que leur légèreté et leur ignorance. La philosophie aspire à devenir populaire, elle s'abaisse, elle se fait toute à tous, et, pour être comprise et acceptée, elle puise ses idées non plus à la source élevée du dogme, mais dans le réservoir commun qu'on appelle le bon sens public ; elle se rapproche de plus en plus de la pratique, et se contente de donner des prescriptions salutaires et incontestables, qu'elle rédige en maximes et qu'elle décore d'ornements littéraires. De là une nouvelle espèce d'éloquence qui n'est pas sans portée ni sans mérite, celle de ces orateurs philosophes qu'on appelle aussi des sophistes, et qui seraient dignes d'un nom plus honorable. Pour faire connaître leur caractère, leurs mœurs et leur rôle, nous choisirons comme exemple Dion Chrysostome, qui touche à l'époque des Antonins, et qui attire, plus que tout autre, l'attention par la singularité de sa vie, par ses talents et sa vertu. D'abord sophiste, puis philosophe, jeté dans l'exil à la suite d'une imprudence glorieuse, pendant quelques années errant et misérable, reçu plus tard dans la familiarité de deux empereurs, il ne se démentit ni dans la bonne ni dans la mauvaise fortune, et, en donnant partout sur son passage des leçons aux particuliers, aux villes, aux souverains, il nous fera voir quel était alors l'enseignement populaire de la morale.

Nous ne voulons pas tracer ici toute l'histoire de cette philosophie active et militante qui, dans l'affreuse dégradation de la décadence antique, tenait les consciences en éveil, et, avant le christianisme, offrait quelque soutien à la dignité humaine. Qu'il nous suffise de faire en peu de mots, pour Dion Chrysostome, ce que nous avons fait avec plus de détail pour Sénèque, et de montrer dans ses discours les principaux caractères de cette propagande morale. Ces deux philosophes, dont la destinée a été aussi différente que le génie, ont rempli chacun le rôle qui convenait à son éducation, à son genre de vie, à la nature de son éloquence. L'ingénieux et brillant Sénèque, l'homme des pensées profondes et des nobles compagnies, nous fait voir le directeur de conscience parlant aux âmes d'élite, instruisant les particuliers et retenant sous sa discipline volontairement acceptée une sorte de clientèle patricienne. Dion, l'homme du peuple, le pauvre, l'exilé, l'orateur errant de ville en ville, de province en province, nous représente le prédicateur populaire. Et puisque dans ce livre nous avons eu souvent l'occasion de comparer l'enseignement de la morale profane à celui de la religion chrétienne, disons que si Sénèque rappelle les grands directeurs du dix-septième siècle ouvrant les trésors de leur doctrine et de leur expérience à des âmes choisies capables de les comprendre, Dion fait penser aux moines mendiants allant de contrée en contrée évangéliser les multitudes [1].

Il naquit à Pruse, petite ville de la Bithynie, où, jeune encore, il se fit un nom par son éloquence. Le peuple ayant tenté, pendant une émeute, de mettre le feu à sa maison, il abandonna sa patrie, à laquelle il avait déjà

---

1. Dion a bien conscience de son rôle; il reproche aux autres philosophes de ne pas s'adresser à la foule, εἰς πλῆθος οὐκ ἴασιν; ils désespèrent, sans doute, de pouvoir la rendre meilleure, dit-il, ἀπεγνωκότες ἴσως τὸ βελτίους ἂν ποιῆσαι τοὺς πολλούς, *Disc.*, XXXII. — Du reste, les stoïciens, autrefois si dédaigneux pour le peuple, comprennent de plus en plus qu'il faut prêcher tout le monde, même les femmes et les esclaves. *Senserunt hoc stoici qui servis et mulieribus philosophandum esse dicebant.* Lactance, *Instit. div.*, III, 23.

rendu des services comme premier magistrat, et vint à Rome chercher une plus haute renommée. Là il eut la hardiesse de venger, par un violent pamphlet, un noble personnage que Domitien avait fait mourir. Proscrit, menacé du dernier supplice, il s'enfuit et disparut dans l'exil. Jusque-là il n'avait été qu'un sophiste amoureux de lui-même et de la gloire; maintenant le malheur l'a changé en philosophe. Pendant ses longs voyages, il ne porte sur lui qu'un dialogue de Platon et un discours de Démosthènes, et, couvert d'un manteau qui annonce la pauvreté, il gagne sa vie par des ouvrages serviles. Mais s'il cachait son nom, il ne put cacher son éloquence; et il arriva plus d'une fois que les particuliers et le peuple en foule entouraient ce pauvre et ce mendiant, et demandaient à l'entendre. C'est ainsi que, fuyant toujours le ressentiment impérial, il parvint jusqu'aux limites de l'empire romain, dans le pays des Gètes, apportant les lumières de la philosophie à une colonie grecque perdue dans ces contrées barbares, lorsqu'on apprit tout à coup la mort de Domitien et l'élection de Nerva. Les légions romaines, campées dans les environs, irritées de cette mort, se préparaient à la révolte et voulaient refuser le serment au nouvel empereur, lorsque Dion s'élança sur un autel, et, après avoir jeté ses haillons, se fit connaître aux soldats, leur raconta son histoire, ses malheurs, leur peignit la cruauté de Domitien, les vertus de son successeur, et, par sa vive éloquence autant que par la surprise de ce coup de théâtre, les fit rentrer dans le devoir. C'est alors que finit l'infortune de Dion, qui put revenir à Rome, où il vécut dans les bonnes grâces de Nerva et de Trajan. Ce n'est là que le cadre de sa vie, que nous allons remplir en esquissant l'image de ce philosophe pratique qui ne promène pas son éloquence par le monde uniquement pour se faire admirer, mais encore pour instruire les peuples, que nous allons voir prêchant la sagesse chez les Grecs, les barbares, à Rome, à Athènes, à Rhodes, en Égypte, en Asie, se donnant à lui-même une sorte de mission philosophique.

Nous avons vu que Dion ne fut d'abord qu'un sophiste, non moins extravagant que les autres. Je ne sais s'il poussa aussi loin que ses rivaux l'oubli de la décence et de la modestie, mais on peut affirmer que, dans le choix de ses sujets, il ne montra pas plus de raison, et qu'il s'est distingué par l'audace de ses paradoxes, par l'appareil de son style et par ces jeux d'esprit qui n'avaient que le mérite de la difficulté vaincue. La sophistique avait ses habitudes, et, pour ainsi dire, ses modes. Attaquer, par exemple, les grands hommes et surtout les philosophes les plus respectés, c'était se signaler par une hardiesse qui mettait toujours en relief un jeune orateur; Dion se fit une gloire de déclamer contre Socrate et Zénon, de leur lancer des invectives grossières, et d'appeler leurs disciples des pestes publiques et la ruine des cités. Une autre mode fort goûtée voulait qu'on étalât dans des pièces descriptives toutes les magnificences du style et le luxe inutile de l'imagination; Dion, suivant l'usage, déploya les riches couleurs de son éloquence dans ses descriptions fastueuses. Enfin, pour prouver la souplesse de son talent, il avait composé de ces petites merveilles de langage que nous avons décrites, et célébré le perroquet et la puce. Rien ne manquait à sa renommée de sophiste, et peut-être eût-il continué à poursuivre cette gloire frivole, si les loisirs douloureux de l'exil ne l'avaient rappelé à de plus sérieuses pensées.

Devenu philosophe, il changea non-seulement son langage, mais son genre de vie. A cette époque, la philosophie était une espèce de religion qui imposait à ses adeptes au moins l'extérieur de la vertu. Les sophistes se reconnaissaient à leurs mœurs licencieuses et à leurs manières arrogantes, les philosophes à la dignité de leur conduite et de leur maintien. On entrait dans la philosophie par une sorte de conversion édifiante; on ne pouvait en sortir que par une apostasie scandaleuse. C'est ce que prouve, et l'heureux changement qui s'est opéré dans la vie de Dion, et l'exemple contraire d'un certain Aristoclès, péripatéticien grave et modeste qui, dans sa vieillesse, s'avisa de se faire sophiste. Il parcourut tous les théâtres de l'Italie et de l'Asie pour prendre part aux luttes de déclamation, et, adoptant les mœurs de sa nouvelle profession, affligea les honnêtes gens par l'éclat de ses désordres [1].

Dion lui-même a raconté sa conversion avec une ingénuité intéressante. Pendant son exil, on le regardait presque toujours comme un vagabond et un mendiant, mais quelquefois aussi on le prenait pour un sage. Il se laissa donner ce titre pour ne pas résister au public, et ce nom, d'abord accepté à la légère, finit par lui porter bonheur. Une fois qu'il eut la réputation d'un philosophe, tout le monde venait le consulter sur des cas de conscience, si bien qu'il fut obligé, pour n'avoir pas l'air d'un ignorant, de réfléchir sur les devoirs moraux. En y songeant, il s'aperçut bientôt que tous les hommes n'étaient que des fous occupés d'argent, de vanités, de plaisirs ; mais il se hâte d'ajouter, avec une véritable humilité de sophiste vaincu par la philosophie, qu'il vit alors

---

[1]. Synésius, *Dion*. — On pourrait citer plus d'une conversion pareille à celle de Dion. Le sophiste Isée, l'Assyrien, avait passé sa jeunesse dans la débauche la plus raffinée. Tout à coup il devint sage. Quelqu'un lui montrant une femme et lui demandant s'il la trouvait belle, Isée répondit : *Oh ! mon cher, je n'ai plus mal aux yeux.* Philostrate, 1, 20.

pour la première fois sa propre folie[1]. Dans cet enseignement nouveau, il sentait si bien son inexpérience qu'il se contentait, dit-il, de débiter les maximes et de refaire les discours de Socrate, et, longtemps encore après son retour à Rome, il n'osait exprimer ses propres pensées, tant il était persuadé de son ignorance. Ces aveux de Dion ont du prix quand on sait qu'ils ont été faits devant le peuple d'Athènes : touchante confession, dont l'extrême simplicité peut surprendre de la part d'un sophiste naguère enflé de lui-même.

Pour Dion, la morale n'est pas une vaine spéculation, mais un ensemble de préceptes qui n'ont de valeur que dans la pratique. Il ne suffit pas de se proclamer philosophe, il faut prouver par ses actions qu'on mérite ce titre. « Que penseriez-vous, s'écrie-t-il, d'un homme qui vous dirait : Je suis laboureur, et qui, sans posséder ni champ ni instruments de travail, passerait sa vie au milieu des voluptés de la ville? Vous auriez le droit de lui répondre : Tu n'es qu'un oisif[2]. » C'est ainsi que la philosophie a sa besogne, son genre de vie et son costume, enfin sa discipline. Elle impose le respect de soi-même et le culte des dieux. Si vous observez ces règles salutaires, vous êtes un philosophe; mais si vous vivez comme le vulgaire, vous avez beau vous décorer d'un nom honnête, vous ne serez qu'un arrogant, un insensé, un voluptueux : « Savez-vous ce qu'est un sage? dit-il en faisant un retour sur sa vie de sophiste et en brûlant ce qu'il avait adoré : c'est l'homme qui ne se soucie ni de la richesse, ni de la gloire, ni des couronnes olympiques, ni des inscriptions flatteuses gravées sur les co-

---

1. Καὶ μάλιστα καὶ πρῶτον ἐμαυτὸν καταμεμφόμενος. *Disc* XIII, p. 424. Edit. Reiske.
2. *Discours LXX sur la philosophie.*

lonnes ; c'est celui qui, toujours grand et magnanime jusque dans la pauvreté, garde avec soin la dignité de son âme et la liberté de sa langue. Oui, l'indépendance de la parole est nécessaire au philosophe s'il veut remplir tous ses devoirs. C'est beaucoup, sans doute, que de rester fidèle à la vertu et de la cultiver pour soi-même; mais ne faut-il pas encore rappeler les hommes à la sagesse par des exhortations persuasives, et si elles ne suffisent, par les plus durs reproches? Et il ne s'agit pas seulement d'instruire les particuliers, mais aussi le peuple, la multitude turbulente, pourvu que l'occasion soit favorable[1]. » Ce qui est nouveau dans les maximes de Dion, c'est l'énergique recommandation de la propagande populaire. La philosophie n'est plus, comme autrefois, une science patricienne ni le partage d'un petit nombre d'initiés. Il faut la mettre à la portée de tout le monde sans se laisser rebuter ni par les obstacles, ni par les injures et les railleries. Si l'on se moque de vous en voyant votre renoncement, votre modeste appareil et vos humbles sentiments, si l'on vous couvre d'ignominie, eh bien! soyez philosophe jusqu'au bout, et répandez vos innocentes leçons avec la bienveillance d'un père, d'un frère et d'un ami[2].

Ces préceptes, que nous avons recueillis çà et là dans les discours de Dion, prouvent que la philosophie aspirait à devenir une sorte de ministère. Le sophiste converti veut convertir à son tour, et nous verrons tout à l'heure avec quelle fermeté et quelle persévérance. Bien plus, il console le malheur; on l'appelle auprès des

---

1. *Disc.* LXXVIII, ἰδίᾳ ἕκαστον ἀπολαμβάνων, καὶ ἀθρόους νουθετῶν.

2. *Ibid.* — Qu'on se rappelle Épictète s'écriant avec son accent le plus héroïque : « Il faut que, battu, il aime ceux qui le battent, parce qu'il est le père et le frère de tous les hommes. »

malades et des affligés, comme il paraît dans ce passage remarquable :

« La plupart des hommes ont horreur des philosophes comme des médecins ; de même qu'on n'achète les remèdes que dans une grave maladie, ainsi on néglige la philosophie tant qu'on n'est pas trop malheureux. Voilà un homme riche, il a des revenus ou de vastes domaines, une bonne santé, une femme et des enfants bien portants, du crédit, de l'autorité, eh bien ! cet homme heureux ne se souciera pas d'entendre un philosophe ; mais qu'il perde sa fortune ou sa santé, il prêtera déjà plus facilement l'oreille à la philosophie ; que maintenant sa femme, ou son fils, ou son frère vienne à mourir, oh ! alors, il fera venir le philosophe, il l'appellera pour en obtenir des consolations, pour apprendre de lui comment on peut supporter tant de malheurs[1]. »

On aime à penser que Dion pratiquait cet art délicat de relever le courage et de consoler l'affliction. Il serait possible de noter, dans ses discours et ses dissertations morales, bien des endroits qui n'auraient pas été déplacés dans une exhortation privée et familière ; mais, après avoir fait connaître le néophyte de la philosophie, hâtons-nous de suivre l'orateur sur les places publiques, dans les assemblées, à la cour des empereurs, pour voir comment, fidèle à ses principes de propagande, il instruit les peuples et les souverains.

Dans le palais de Trajan, qui aimait à l'entendre, Dion prononça plusieurs discours sur les devoirs de la royauté. Le rôle que prit le philosophe à la cour est aussi digne que modeste : « Comment pourrais-je, dit-il, trouver des paroles assez efficaces et touchantes, moi qui

---

1. Ἀξιοῦσι ἀφικνεῖσθαι τὸν φιλόσοφον καὶ παρηγορεῖν. *Dis*, XXVII, p. 529.

ne suis qu'un homme errant, accoutumé au travail des mains et qui n'ai fait de la philosophie que pour moi-même, comme les ouvriers en travaillant sifflent ou chantent à demi-voix, sans faire profession de chanteurs ? » Après s'être concilié la bienveillance de l'empereur par cette humilité qui paraît sincère, il prend pour texte ce vers d'Homère :

C'est Jupiter qui donne les trônes [1],

il le développe en montrant que le bon roi doit être pieux, bienfaisant, inspirer le respect plutôt que la terreur, en un mot, imiter la nature divine qui ne fait pas seulement sentir au monde sa majesté mais encore sa providence. Ce qu'il faut admirer dans ce discours, ce n'est pas ce lieu commun, bien qu'on puisse dire qu'après le règne de Domitien, ces banales maximes avaient dû reprendre tout l'intérêt de la nouveauté, mais c'est la dignité avec laquelle l'orateur évite l'adulation. Il était facile, et plus d'un courtisan pouvait dire qu'il était nécessaire de glisser dans le discours d'agréables flatteries. Dion se hâte de dévoiler son caractère et de marquer le ton de sa parole : « Ne craignez pas, dit-il, que je veuille vous flatter ; il y a longtemps que j'ai donné des preuves de mon indépendance. Autrefois, quand tout le monde se croyait obligé de mentir, moi seul je

---

1. On rencontre déjà chez les philosophes certaines formes oratoires consacrées depuis par la prédication chrétienne. Ainsi Dion prêche sur un *texte* qu'il emprunte au livre par excellence, à Homère. Avant d'entrer dans son sujet, à la fin de l'exorde, il invoque la Persuasion, les Muses et Apollon, comme les orateurs chrétiens implorent le secours d'en haut. Il ne faut pas trop s'étonner de ces ressemblances. Le christianisme se conformait aux usages, en animant, il est vrai, d'un esprit nouveau, plus sincère et plus religieux, ces vieilles formes oratoires et poétiques.

n'ai pas craint de dire la vérité au péril de ma vie ; et maintenant qu'il m'est permis de parler avec liberté, je serais assez inconséquent pour renoncer à ma franchise alors qu'on la tolère ! Et pourquoi mentir ? pour obtenir de l'argent, des louanges, de la gloire ? Mais de l'argent, je n'ai jamais consenti à en recevoir, bien qu'on m'en eût souvent offert, et ma fortune elle-même, je l'ai partagée, je l'ai dissipée pour les autres, comme je ferais dans la suite encore si j'avais quelque chose à donner [1]. »

Aussi n'est-ce point en son propre nom qu'il prend la parole ; il a reçu une sorte de mission divine. S'il vient annoncer que la royauté dérive de Jupiter, s'il impose aux rois la nécessité de la justice et de la bienfaisance, il ne tient ce langage que pour obéir à un devoir religieux et pour exécuter les ordres de la Divinité. Que l'éloquence de l'orateur ne soit pas celle de Platon, que les idées n'en soient pas toujours nouvelles, ni l'expression originale, qu'importe ! Mais en considérant le caractère de Dion, qui fait de haut la leçon aux princes avec autant de modestie que de liberté, en entendant cette parole grave et ferme, en se rappelant que ce n'est point par accident, mais en plus d'une occasion, et toujours avec solennité, que Dion présente les devoirs de la royauté dans un discours oratoire, en présence de l'empereur et de sa cour, on est tenté de l'appeler, faute d'un mot antique, le prédicateur ordinaire de Trajan [2].

---

1. *Disc.* I.
2. Nous sommes en droit d'employer de ces mots empruntés à l'éloquence chrétienne, parce que nous les trouvons déjà dans les philosophes. Dion prétend faire de l'*éloquence sacrée*, πρόρρησιν ἱεράν (*Disc.* XVII, p. 464) ; il appelle le philosophe prêcheur l'*interprète véridique de la nature immortelle*, προφήτην τῆς ἀθανάτου

Dans les assemblées populaires, Dion se montra plus grand orateur et philosophe plus intrépide. Là, il s'agissait d'abord de conquérir le silence à force d'habileté et de courage, de dominer une multitude grossière, insensible aux préceptes de la morale, de supporter les railleries et les interruptions, et d'affronter tous les périls de l'éloquence. Les précautions que prend l'orateur pour se faire écouter, les tours et les retours de sa parole, son insistance, ses artifices nous laissent deviner les divers mouvements de la foule capricieuse. Ce ne sont plus seulement des discours, mais aussi des scènes de mœurs, des tableaux animés qui représentent vivement la curiosité, l'enthousiasme, l'indifférence, la colère du peuple, et toutes les agitations de la place publique. Enfin, nulle part on ne voit mieux le caractère et le personnage de ce philosophe prêcheur. Nous le rencontrons d'abord sur les rives du Borysthènes, dans le pays des Scythes, où, devant une colonie grecque à demi barbare, il explique, dans un temple de Jupiter, l'origine du monde, de ce ton religieux qu'il affecte quelquefois avec une certaine grandeur. Plus tard on le retrouve aux jeux Olympiques, où la Grèce assemblée célèbre la fête du Maître des dieux. Pendant les jeux et les spectacles, tout à coup on entoure Dion, parce qu'on soupçonne que sous ses haillons se cache un grand orateur. La foule accourt et tourbillonne autour de lui, comme les petits oiseaux, dit-il, voltigent autour d'un hibou. On l'encourage, on le presse, on veut l'entendre.

φύσεως ἀληθέστατον (XII, p. 397), il est un messager divin (I, p. 63). Dion a bien le rôle des prédicateurs que Bossuet appelle les *ambassadeurs de Dieu*. Saint Paul disait : *legatione fungimur tanquam Deo exhortante per nos*. (*Corinth.*, II, 5, 20.) Nous ne faisons ces rapprochements que pour montrer la gravité religieuse de l'enseignement philosophique.

Il finit par céder à cette curiosité si flatteuse, et se fait voir à tout le peuple. Mais de quoi parlera-t-il? Il n'est rien, il ne sait rien, il n'a pas d'éloquence, il n'est qu'un pauvre exilé qui revient du pays des Gètes. Doit-il parler de ses voyages, ou bien du dieu dont on célèbre la fête? Il y a dans cet exorde une maladresse volontaire et sans doute préméditée, qui devait exciter l'attention et la sympathie de l'immense auditoire. Mais après ces longues hésitations, il prononce un discours admirable sur les attributs de Jupiter, dont la statue faite, dit-on, par Phidias, est sous ses yeux, et dans un commentaire poétique il interprète la pensée du grand artiste et montre toutes les vertus du dieu qui respirent dans sa sublime image. C'était un spectacle bien fait pour saisir les âmes, que l'apparition de cet inconnu, de ce mendiant qui, devant tout un peuple, déroulait dans un langage splendide les beautés de l'art et de la religion [1].

Mais l'occupation la plus constante et la plus pénible de Dion, ainsi qu'il le déclare lui-même, a été d'apaiser les tumultes populaires et les séditions si fréquentes en Orient. Les villes grecques de l'Asie Mineure, toujours jalouses les unes des autres, se disputaient la prééminence, chacune voulant devenir la métropole de la province. Voici à quelle occasion ces jalousies dégénéraient en émeute : Comme le préteur romain rendait la justice tour à tour dans les principales villes de son gouvernement, et que ces grandes assises, accompagnées de fêtes religieuses, attiraient tous les habitants de la contrée, il y avait souvent des rencontres fâcheuses entre les citoyens de deux villes rivales. Des rhéteurs et des sophistes ne manquaient pas d'attiser les haines et les querelles. On s'injuriait dans les rues; on en venait aux

---

1. *Disc.* XII.

mains, et telle etait la turbulence ordinaire de ces réunions fédérales que les Romains, sans y faire plus d'attention, haussaient les épaules en disant : « Que voulez-vous ? ce sont des Grecs ! » Au milieu de ces tumultes, Dion se présente comme un médiateur *qui porte le caducée*; il ne se range d'aucun parti et prêche la concorde en puisant dans la philosophie ces lois éternelles sur la société humaine qui doivent présider à l'union des citoyens. Il s'élève bien au-dessus de ces mesquines dissensions et atteint quelquefois à une haute éloquence, trop haute pour être comprise, lorsque, montrant le bel ordre qui règne dans la nature, le cours inoffensif des astres qui vivent en paix, pour ainsi dire, il s'écrie : « Voyez ces corps gigantesques qui se meuvent, sans se blesser, dans une majestueuse amitié, et vous qui habitez une petite ville, sur un coin de la terre, vous ne pouvez vous tenir tranquilles ! [1] »

C'est dans Alexandrie que Dion eut à braver la plus forte tempête. Cette ville, le port le plus commode de l'Orient, était le réceptacle de tous les vices de l'Europe et de l'Asie. Romains, Grecs, barbares, y apportaient les mœurs les plus étranges et toutes les corruptions de l'univers. Le grand nombre de matelots, de courtisanes, de sophistes et de charlatans de toute espèce, qui remplissaient la ville de cris indécents, ne permettait pas de prononcer, dans les assemblées, une parole raisonnable. Les philosophes étaient conspués, et quand il en paraissait un dans les rues avec sa longue barbe et sa chevelure négligée, on le poursuivait de huées, on le tirait par le manteau, et s'il n'avait pas l'apparence d'un homme capable de se défendre, on allait même jusqu'aux mauvais traitements. Au milieu de cette multitude désor-

---

1. *Dics.* XL.

donnée, un jour de fête, pendant que la foule contemple les courses des chars et les tours des saltimbanques, Dion demande le silence. Les cris, les plaisanteries, les injures ne l'empêchent pas d'annoncer à cette populace grossière et frivole qu'il se propose de la rappeler à la décence. Il se fait écouter parce qu'il mêle heureusement à des leçons morales l'éloge de la ville. Une fois maître de l'attention, il ajoute aux exhortations pressantes les plus sévères reproches, et, grâce à ce mélange habile de louanges et de critiques, grâce à sa propre modestie, à son langage insinuant, aux histoires curieuses dont il sème son discours, aux vers des poètes dont il orne ses réprimandes, il arrive sans encombre à sa péroraison, en conservant jusqu'au bout la contenance et la liberté d'un philosophe militant [1].

C'est qu'il n'est pas, il s'en vante lui-même, il n'est pas de ces sages de cabinet qui ne sont sages que dans les petites réunions, et qui, désespérant de corriger le peuple, ou redoutant ses clameurs, se forment tout doucement, avec un soin infini, un auditoire choisi et favorable; mais il n'est pas non plus de ces cyniques de carrefour qui, dans les rues et sous les portiques s'amusent à taquiner les passants, attroupent autour d'eux des matelots et des esclaves, harcèlent la foule de leurs impertinences, et livrent ainsi à la risée des ignorants la sainteté de la philosophie. Il ne fera pas non plus comme ces sages à la fois timides et insolents, qui, au milieu d'une assemblée, hasardent quelques leçons de morale d'un ton chagrin, excitent les colères de la multitude par l'indiscrète hardiesse de leur langue, et, après avoir provoqué une sorte d'émeute, quittent la place et disparaissent dans la foule. Dion qui tient toujours à n'être

---

1. *Disc.* XXXII.

pas confondu avec des sophistes avides et vaniteux, définit son rôle avec une simplicité noble et courageuse en disant à cette populace impatiente qui le harcèle de ses quolibets : « Écoutez-moi, vous ne trouvez pas tous les jours un homme qui vous apporte de libres vérités avec un cœur pur et sincère, sans souci, ni de gloire, ni d'argent, sans autre mobile que sa bienveillance et sa sollicitude pour autrui, et résolu à supporter s'il le faut, les moqueries, le tumulte, les clameurs du peuple [1]. » Cependant, quelles que soient la fermeté et la modestie de cet orateur philosophe, nous ne voudrions pas exagérer sa valeur. Il reste encore en lui quelque chose du sophiste, et, malgré sa conversion éclatante, il n'a pas entièrement dépouillé le vieil homme. On le sent au luxe de son style et à l'abondance souvent stérile de ses préceptes moraux, qui ne sont pas soutenus par une forte doctrine et qui partent plutôt de sa mémoire que de son cœur. Ce qui nous intéresse en lui, ce que nous avons voulu mettre en lumière, ce n'est point son talent, ni sa philosophie, mais ce rôle singulier de sermonnaire païen.

Bien qu'on doive blâmer ces jeux de la parole que nous avons décrits, et qu'il soit permis de dédaigner la faiblesse inefficace de la morale populaire à cette époque, il faut se garder d'être trop sévère, et rendre justice même aux sophistes. La bizarrerie de leurs mœurs, leurs vices et leurs ridicules ne nous feront pas oublier qu'ils ont propagé la culture littéraire, entretenu l'amour du beau langage, recommandé l'étude des modèles qu'ils savaient mieux admirer qu'imiter. Comme il ne leur était plus donné d'être de véritables orateurs, ils furent du moins de bons maîtres de rhétorique et de philosophie. Entre l'éloquence politique des républiques an-

1. *Disc.* XXXII.

ciennes, qui n'était plus, et l'éloquence religieuse, qui n'était pas encore, ils ont été des intermédiaires utiles en transmettant de l'une à l'autre les belles formes oratoires qui méritaient de ne pas périr. Sans doute ils ont fatigué la langue, mais, en la tourmentant, ils l'ont conservée. Que le christianisme vienne la mettre au service d'une doctrine, d'une foi et de nobles passions, elle reprendra sa vigueur et son accent. Bien plus, pendant que les plus frivoles de ces sophistes amusent les imaginations et empêchent le peuple d'oublier les plaisirs de l'esprit, les plus sérieux, tels que Dion, en répandant la morale, préparent la multitude à entendre des homélies. Enfin il est certaines habitudes de la sophistique qui ont contribué indirectement à la propagation du christianisme. Ces usages du discours public, ce droit pour le premier venu de prendre la parole dans les cirques, les théâtres, les assemblées, ce droit même de dire des injures au peuple, toutes ces libertés dont les païens avaient tant abusé, permettaient aux premiers chrétiens de haranguer la foule sans l'étonner. On pouvait couvrir leurs discours de huées, railler la simplicité incomprise de leur éloquence, les traiter d'insensés et d'impies ; mais enfin, grâce à l'usage établi, on les écoutait. Si les cœurs étaient encore fermés à la religion nouvelle, les oreilles étaient ouvertes.

Comment ces libertés profanes de la rhétorique ont préparé la carrière à l'apostolat chrétien, nous le voyons par le plus illustre exemple. Quand saint Paul paraît dans Athènes, on s'empresse de le mener à l'aréopage, sur la colline de Mars, non pas, comme on le répète à tort, pour le forcer à se défendre, mais au contraire pour que de ce lieu élevé tout le peuple puisse entendre l'éloquent étranger. On espère une belle fête oratoire et des nouveautés piquantes ; on prend l'apôtre pour un de ces philosophes à figure austère, pauvres, errants, qui ne manquaient pas de passer par Athènes pour consacrer leur gloire devant les juges les plus délicats de l'éloquence. Il est sollicité à publier sa doctrine, comme plus tard, aux jeux Olympiques, Dion Chrysostome, malgré ses haillons, sera contraint par les instances du peuple à prononcer un discours sur les attributs de Jupiter. On écoute d'abord, non sans faveur, ce philosophe prêcheur de nouvelle espèce annonçant le *Dieu inconnu* avec une véhémence si peu étudiée; on paraît même sensible à la beauté de ses divins emportements. Mais quand il vient à parler de la résurrection des morts, les assistants, désappointés, se moquent, et disent : « Que nous veut ce discoureur ? » Ainsi la plus belle des scènes chrétiennes n'a été pour les Athéniens qu'une représentation oratoire manquée. A leurs yeux saint Paul n'était qu'un sophiste voyageur, de tous les sophistes le plus étrange [1].

---

1. *Les Actes des Apôtres* (ch. xvii) présentent avec une vive couleur historique même le côté païen de ce tableau :

19. Là-dessus ils le prirent et le menèrent à l'aréopage....
20. Car vous nous dites des choses dont nous n'avons jamais entendu parler....
21. Or, tous les Athéniens, et les étrangers qui demeuraient à Athènes, ne passaient tout le temps qu'à dire et à écouter quelque chose de nouveau....
32. Lorsqu'ils entendirent parler de la résurrection, quelques-uns s'en moquèrent, et d'autres dirent : Nous vous entendrons là-dessus une autre fois.
33. Ainsi Paul sortit de leur assemblée.
34. Quelques-uns néanmoins s'attachèrent à lui et crurent.

Le christianisme, on le voit, se répandait à la faveur de ces usages bizarres et souvent frivoles que nous venons de décrire. On accourait pour entendre un sophiste, et on était converti par un apôtre.

Jusqu'ici, dans nos études sur les moralistes de l'empire, nous avons pris plaisir à contempler le noble effort de la philosophie qui aspirait à régénérer les âmes, mais dont malheureusement les entreprises et les conquêtes étaient enfermées dans de fort étroites limites. Car, bien que la doctrine stoïque renonçât de plus en plus aux démonstrations savantes, et qu'elle affectât même la simplicité d'un enseignement religieux, elle ne parlait ni à l'imagination ni au cœur, elle n'offrait au peuple que des préceptes et non pas des espérances ou des consolations. Le stoïcisme n'avait de prise que sur les esprits élevés qui se sentaient une grande ambition morale. Aussi cette belle lumière ne frappait pour ainsi dire que les cimes du monde romain, et quand elle descendait jusqu'à la multitude, ses rayons affaiblis, selon l'exquise comparaison de Marc Aurèle, ne pouvaient percer le corps opaque qui lui faisait résistance. Si nous voulons maintenant connaître les obstacles que rencontra la philosophie, il faut quitter les hauteurs où nous nous sommes longtemps arrêtés, et nous placer au milieu des misères d'une société non moins brutale que raffinée, frivole, horriblement corrompue, sceptique, et qui allait au hasard se plongeant chaque jour davantage dans les ténèbres de la superstition et de l'incrédulité. L'histoire des sophistes nous a montré déjà quelle était la futilité des exercices et des plaisirs littéraires; Juvénal nous fera voir la hideuse décadence des mœurs publiques et privées, tandis que Lucien nous peindra l'état des esprits. La philosophie, qui recrute les âmes une à une, ne pouvait relever le monde de cette universelle déchéance. Pour purifier cette vaste et profonde corruption, il fallait un souffle plus puissant et comme une tempête religieuse et morale.

LA SOCIÉTÉ ROMAINE.

JUVÉNAL.

I

Caractère de ses satires.

On éprouve plus d'un embarras à parler de Juvénal. Sans vouloir énumérer tous les périls du sujet, il en est deux que nous pouvons indiquer ici, l'un moral, l'autre littéraire. Il est à peine besoin de signaler le premier, car personne n'ignore que si les vers du poëte doivent être rangés parmi les plus éclatants de la poésie latine, les choses qu'il représente inspirent souvent l'horreur et le dégoût. Dans une étude où il faut savoir avant tout respecter le lecteur, où, pour employer une expression de Juvénal, *maxima debetur reverentia*, il n'est pas possible de suivre l'auteur dans le détail de la corruption qu'il flétrit. Il ne faut pas que la critique s'expose au juste reproche qu'on peut faire au poëte lui-même d'avoir épouvanté la pudeur en prêchant la vertu. Dans cette galerie de tableaux que nous avons à parcourir, il en est beaucoup qu'il faut couvrir d'un voile. Heureusement le silence est quelquefois aussi expressif que les paroles, et il est des choses que l'on juge par cela qu'on n'en parle pas. Devant les tribunaux, le public sait à quoi s'en tenir et n'a pas besoin d'entendre l'affaire quand le huis clos a été ordonné.

Mais il est un autre scrupule qui, pour être purement littéraire, ne laisse pas de vous gêner. Ce poëte toujours irrité, qui a poussé la fureur du langage jusqu'à la déclamation, est ordinairement célébré par la critique sur un ton non moins déclamatoire. Il semble qu'en parlant de lui on soit obligé par la tradition de forcer la voix. A part quelques esprits délicats qui ont eu le courage de le louer simplement, la plupart de ses admirateurs le vantent à grands cris et épuisent en sa faveur tout le vocabulaire des louanges hyperboliques : *Il manie le glaive de la satire, il secoue une torche, il agite son fouet, il fait pâlir les tyrans.* Voilà quelques-unes de ces expressions que l'on répète, et sur lesquelles on renchérit depuis le seizième siècle. Les métaphores peuvent changer avec le temps et la mode, elles restent toujours aussi violentes. Juvénal est certainement de tous les poëtes latins celui dont on parle avec le plus de véhémence. Mais ce langage exagéré et vague, sans nuance comme sans mesure, a le tort de ne rien apprendre. Qu'il nous soit donc permis de parler avec simplicité et modération d'un poëte qui n'est pas toujours simple et modéré. C'est l'ordinaire châtiment des esprits excessifs, des imaginations intempérantes, d'être loués avec une vaine emphase et de provoquer une admiration qui les défigure en les exaltant. Comme ils produisent surtout un grand effet sur les esprits inexpérimentés ou facilement inflammables, ils communiquent à leurs panégyristes quelque chose de leur indiscrète chaleur. En retour, ils ne reçoivent que des hommages plus ardents que justes. Essayons, sans vouloir ni déprécier ni surfaire Juvénal, de le dégager de ces fastidieuses et fausses louanges sous lesquelles on opprime sa véritable gloire, et, sans préoccupation étrangère à la poésie, dans tout le désintéressement de la critique, tâchons de rendre une exacte justice à un poëte qui est assez grand pour se passer des vains honneurs et des pompes de la rhétorique.

Quand on étudie un auteur, le premier soin doit être et la première curiosité est toujours de connaître sa vie, ses opinions, sa doctrine, ses mœurs. A tort ou à raison, on espère, en interrogeant sa biographie, apprendre quelque chose sur son caractère et son talent. Soit qu'on veuille chercher d'avance des raisons pour l'estimer, soit qu'on prétende simplement s'éclairer sur la nature de ses inspirations, on tient à savoir quel est l'homme avant de juger le poëte. On essaye de se le figurer, on s'en fait une image plus ou moins précise. Il importe qu'elle soit fidèle, car c'est un peu à la lumière de cette idée préconçue qu'on lira ses ouvrages. Surtout quand il s'agit d'un satirique, cette curiosité est vive et légitime. On se demande si celui qui invective contre son siècle a le droit de le condamner, si son ardente critique a de l'autorité, s'il est sincère, véridique, raisonnable. Malheureusement nous n'avons sur Juvénal qu'une bien courte notice attribuée à Suétone, et dont le texte corrompu se prête à bien des conjectures. Ce qu'elle nous apprend de plus positif et de plus curieux, c'est que le poëte naquit à la fin du règne de Caligula, au commencement de celui de Claude; qu'il n'écrivit rien jusqu'à l'âge de quarante ans, se contentant de se livrer à des exercices oratoires, sans cependant suivre le barreau, sans ouvrir une école de rhétorique. Il était rhéteur, mais pour son plaisir, un rhéteur amateur[1]. Sous le règne de Domitien il composa quelques vers satiriques contre le pantomime Pâris, favori du prince. Le succès que cette courte satire obtint auprès de quelques amis discrets l'engagea sans doute à cultiver ce genre de poésie. Mais longtemps il n'osa lire ses vers, même devant un petit auditoire. Ce ne fut que bien tard, à l'âge de quatre-vingts ans, sous le règne d'Adrien, d'un prince ami des lettres, qu'il hasarda ses malices, dans deux ou trois lectures, devant une nombreuse assemblée dont les trop vifs applaudissements peut-être amenèrent la disgrâce du poëte. La cour, qui favorisait beaucoup un certain acteur, s'imagina que les anciens vers contre l'histrion Pâris, et publiés alors pour la première fois, étaient une satire contemporaine et présente, et, sous d'autres noms, une allusion à son comédien favori, et, comme pour répondre à une malice par une autre malice, déguisant sa vengeance sous des honneurs spécieux, fit nommer le poëte octogénaire préfet d'une légion au bout du monde, en Égypte ou en Libye, peut-être dans les oasis où l'on envoyait souvent les exilés. Le vieux poëte ne tarda pas à mourir d'ennui et de chagrin dans ce lointain exil.

Cette biographie courte, sèche et vague, nous apprend bien peu de chose sur les sentiments et les mœurs du poëte, et ne peut guère servir à expliquer son talent. On y voit pourtant que Juvénal ne manquait pas de prudence, qu'il savait se contenir, prendre ses précautions, éviter les périls, et si, à la fin de sa vie, il encourut une trop cruelle disgrâce, ce fut par un de ces accidents

---

1. *Ad mediam fere ætatem declamavit.*

auxquels sont exposés tous les satiriques. C'est une petite vengeance de cour provoquée par une plaisanterie mal comprise, un châtiment infligé à l'indiscrétion, à la médisance, et non pas, comme on le prétend, au courage politique. Il faut encore relever dans cette biographie insignifiante ce détail qui nous est donné sur la persistance avec laquelle Juvénal s'est livré jusqu'à l'âge de quarante ans aux exercices des rhéteurs. N'est-ce pas la longue habitude de ces discours faits uniquement pour l'ostentation qui a donné à ses satires un certain air déclamatoire? N'est-ce pas dans ces officines du beau langage, où l'on tenait plus à l'éclat du style qu'à la vérité et à la modération des pensées, qu'il a pris ce ton uniforme dans son exagération que Boileau a caractérisé avec une si exacte justesse :

> Juvénal, élevé dans les cris de l'école,
> Poussa jusqu'à l'excès sa mordante hyperbole.

D'autre part, il n'est pas inutile de remarquer dans cette notice que la longue carrière du poëte embrasse les règnes des derniers Césars, depuis Claude jusqu'à Domitien, et coïncide avec l'époque la plus honteuse et la plus abominable de l'histoire romaine. Pendant près de soixante ans, il a vu toutes les folies du despotisme et les turpitudes des mœurs publiques et privées. Ne pouvant pas écrire pendant ces longues années d'extrême servitude, il a noté en silence toutes les bassesses et les infamies dont il était témoin, refoulant son indignation, accumulant ses colères avec ses observations morales, et quand enfin le règne de quelques princes raisonnables et débonnaires, de Nerva, de Trajan, d'Adrien, lui permit d'exprimer ses sentiments et de peindre ce qu'il avait vu, il parla peut-être avec d'autant plus de passion qu'il s'était plus longtemps contenu. Juvénal s'est trouvé à peu près dans les mêmes circonstances que Tacite. L'un et l'autre, réfugiés dans l'obscurité (aussi leur vie est à peine connue), semblent avoir fait comme une provision de haine qu'ils ont plus tard répandue dans leurs ouvrages. Ils ont attendu pour écrire ou pour publier leurs écrits ces temps heureux et rares où, sous quelques bons empereurs, il fut permis de penser librement et de dire sa pensée. Seulement il y a cette différence, qui tient sans doute à la différence de leur vie et de leur caractère, que Tacite parle en politique, en homme d'État, avec une mélancolie concentrée et la pénétration d'un esprit pratique qui ne paraît pas être resté étranger aux affaires, tandis que Juvénal, fidèle aux habitudes oratoires de sa jeunesse et de son âge mûr, se déchaîne contre les mœurs du siècle avec un emportement d'orateur et ces habiles violences de langage dont il avait fait une si longue étude dans les écoles. Ainsi, même en lisant sa courte biographie, on entrevoit et on devine les deux principaux caractères de ses satires, une colère qu'on peut croire sincère et qui n'est que trop justifiée par le spectacle des mœurs contemporaines, et les habitudes invétérées d'un déclamateur.

Puisque l'histoire de sa vie ne nous fournit que des renseignements incomplets et peu lumineux, il faut le consulter lui-même. Dans sa première satire, il a pris la peine d'indiquer les motifs qui l'ont engagé à marcher sur les traces de Lucilius et d'Horace. Ces motifs ne sont pas seulement ceux d'un moraliste qui veut faire honte à la corruption du siècle, mais aussi ceux d'un poëte qui tient à renouveler la matière épuisée de la poésie. On conçoit bien, même en si triste sujet, ces préoccupations littéraires chez un rhéteur de talent qui, après avoir recherché si longtemps les vains artifices de la parole, a fini par en sentir le vide et se moque maintenant volontiers des amplifications oratoires et poétiques. On voit qu'il est à la recherche de matières moins usées. D'orateur qu'il était il veut se faire poëte, mais non pas à la façon de ceux qui récitent leurs vers dans les lectures publiques et qui fatiguent leur auditoire par leurs insipides lieux communs. Voilà bien longtemps déjà que, dans les réunions littéraires, il prête son attention ou son oreille à de froides lectures, il veut se faire entendre à son tour et prendre en quelque sorte une revanche : « Quoi ! je serai toujours un simple auditeur et je n'aurai pas la parole pour répliquer, moi qui ai tant de fois été tourmenté par la Théséide de l'enroué Codrus ! C'est donc impunément que l'un m'aura récité ses comédies, l'autre ses élégies[1] ? » Le rhéteur émérite sera donc aussi poëte, mais poëte original ; son ardente ambition l'élèvera au-dessus des banalités de la poésie contemporaine, si dégénérée. A cette époque, tout le monde se mêlait de faire des vers ; on en récitait non-seulement dans les lectures publiques, mais dans les réunions privées, et tel était l'empire de la mode, que les riches ignorants eux-mêmes se croyaient obligés d'en régaler leurs convives, et ne manquaient pas à table de fatiguer la patience des parasites dont les applaudissements ne coûtaient que le dîner. La métromanie était devenue un fléau pour la société élégante, et comme sous les Césars on ne pouvait guère s'exercer sur des sujets importants et réels, on revenait sans cesse aux vieilleries de la mythologie, à laquelle on ne croyait plus, mais qui ne laissait pas d'être, de tous les thèmes poétiques, le plus commode, parce qu'il avait été traité depuis des siècles, qu'il se prêtait facilement aux imitations et qu'il n'était pas compromettant par son actualité. Aussi

---

1. *Satires*, I, 1.

Juvénal éprouvait-il un véritable dégoût en entendant ces éternelles descriptions dont il disait avec une juste impatience : « Personne ne connaît mieux sa propre maison que je ne connais, moi, le bois de Mars et l'antre de Vulcain, voisin des roches éoliennes. On ne nous chante que les vents et les tempêtes, les enfers et les supplices infligés par Éaque aux ombres[1]. » Dans cette première satire, qui est comme le sommaire et le programme de toutes celles qui vont suivre, Juvénal se découvre à nous, sans le vouloir peut-être, et dévoile ses intentions et ses secrètes espérances. Il aspire à la gloire poétique, il est encouragé par la faiblesse des versificateurs qu'il n'aura pas de peine à éclipser, il se sent capable de faire des vers comme tout le monde, et « ce serait vraiment, dit-il, une bien sotte discrétion d'épargner le papier qu'un autre, à mon défaut, ne manquera pas de salir[2]. » Pour échapper aux misérables redites des grands et des petits poëtes ses confrères, il se met à la recherche d'un sujet nouveau. Quel sera-t-il ? La satire, qui, à cette époque, était bien faite pour échauffer le génie et lui fournir d'inimitables peintures. Juvénal a l'air de comprendre ce qu'il y a d'horrible originalité dans ces tableaux de la dégradation romaine. Jamais les hommes n'avaient été plongés dans une pareille corruption, personne, par conséquent, n'avait pu la peindre ; jamais non plus, il l'affirme lui-même, jamais dans l'avenir on ne pourra pousser plus loin le vice et la folie, et ce dévergondage criminel restera comme la limite extrême de l'humaine dépravation. Ses tableaux monstrueux seront donc uniques et ne risqueront pas d'être surpassés par les peintres futurs ; et alors s'excitant lui-même dans

1. I, 7.
2. I, 18.

son entreprise non moins littéraire que morale; il s'écrie :
« Allons, partons, déployons toutes nos voiles [1]. » Et
maintenant le voilà parti, ouvrant son aile à tous les
souffles de l'éloquence.

Mais n'allons pas croire que dans cette expédition,
en apparence si hardie, contre les mœurs du siècle et
dans cette course aventureuse, sur une mer semée d'écueils, l'irascible pilote se laisse aveugler par sa généreuse fureur et oublie de diriger son vaisseau. Il a beau
me dire et répéter qu'il n'est pas maître de lui, qu'à la
vue de tant d'horreurs nouvelles et de gigantesques ridicules, il est difficile de ne pas écrire de satire, que la
colère l'enflamme et dévore son cœur, que si la nature
lui a refusé le génie, l'indignation du moins lui dictera des vers, tant d'emportement ne me fait pas trembler pour le poëte, et je suis bientôt rassuré en voyant sa
prudente manœuvre. Dans sa fougue apparente, il se
fait retenir par un interlocuteur bien avisé qui lui montre les périls d'un trop libre langage [2]. Ceux qui aspirent à la réputation de bravoure et qui sont bien aises de
laisser croire qu'ils ne savent pas se posséder, tiennent
toujours en réserve un ami qui joue le rôle de modérateur et qui les empêche d'aller trop loin. Ils semblent
dire : Ah ! qu'il m'en coûte de céder à de timides conseils ! Je ne craindrai pas d'attaquer tous les scélérats,
même les plus puissants et les plus redoutables, mais
retenez-moi ou je fais un malheur ! On se donne ainsi
le double avantage de paraître intrépide et de rester
prudent, et avec les brillants dehors de l'audace on
ne risque pas sa sécurité. C'est ainsi que Juvénal déclare hardiment qu'il ne reculera pas devant les dan-

1. I, 149.
2. I, 150-171.

gers de la satire personnelle ; il n'est personne qu'il craigne de nommer ; que lui importe le ressentiment de tel ou tel? Heureusement le pusillanime interlocuteur est là pour tempérer cette noble fureur, pour lui montrer que le temps n'est plus où Lucilius se faisait l'exécuteur des crimes, qu'il faut savoir ménager les vivants, que c'est un terrible métier que celui de médire. Juvénal se laisse persuader par son ami, et résigne son courage à n'attaquer que ceux qui ne sont plus. On dirait que c'est pour rassurer tout le monde qu'il place exprès à la fin de son discours, tout à l'heure si menaçant, à l'endroit le plus apparent, ces mots où il entre autant d'habileté que de jactance : « Eh bien, soit, je verrai du moins ce que l'on permet contre ceux dont la cendre repose le long de la voie Latine et de la voie Flaminienne [1]. » Nous voilà donc expressément prévenus, l'audace du satirique n'ira que jusqu'à immoler des morts. On est un peu surpris de voir ces précautions, ces réserves, chez un poëte qui passe trop souvent pour n'avoir consulté que son courage. Gardons-nous de blâmer cette discrétion, légitime assurément dans ces temps terribles où il était pardonnable à un poëte de s'assurer contre les cruelles fantaisies des princes et les vengeances certaines des puissants, mais reconnaissons aussi que le caractère de Juvénal n'est pas celui qu'on lui attribue communément, et que l'héroïsme n'est pas ce qui recommande ses satires. Ces prudentes déclarations du poëte promettant d'épargner les vivants et de ne dire la vérité qu'aux morts, peuvent nous servir, du reste, à saisir le véritable caractère de ses ouvrages. La satire de Juvénal ne s'attache qu'au passé, ne raconte le

---

1. ....*Experiar quid concedatur in illos,*
Quorum Flaminia tegitur cinis atque Latina. (I, 170.)

plus souvent que des faits depuis longtemps accomplis. Ce sont des discours sur les mœurs générales de Rome, disons en deux mots que c'est de la peinture historique et de la satire rétrospective.

Ce peintre historien décrit non ce qu'il voit, mais ce qu'il a vu, ce qu'il a entendu dire, ce qu'il se rappelle. Son indignation n'est pas une douleur présente ni une colère subite excitée par le spectacle de la dégradation publique. Le souvenir, loin d'effacer les objets, les grossit quelquefois, et il est difficile de ne pas exagérer les choses quand on les tire de sa mémoire et qu'on laisse à l'imagination le soin de les arranger et de les embellir. Combien il est à craindre aussi qu'en voulant réveiller en soi des sentiments éteints ou endormis, on ne les excite avec effort, on ne s'échauffe hors de propos, et qu'à l'émotion refroidie on ne substitue l'indiscrète chaleur de la rhétorique! De là, dans Juvénal, une éloquence dont la sincérité paraît souvent suspecte, des tirades brûlantes qui vous laissent indifférent, de rapides et d'admirables mouvements où l'on s'achoppe à une froide plaisanterie, des expressions qui détonnent, des colères qui ne sont pas proportionnées aux crimes, enfin toutes sortes de faux procédés et d'éclats manqués qui nous avertissent que la fureur du poëte est souvent jouée ou du moins qu'elle ne suffit pas à son éloquence. Nous n'irons pas jusqu'à dire avec un éminent critique que Juvénal est un moraliste insouciant et un artiste de beau langage, parce que nous croyons qu'un homme honnête, convaincu, peut avoir toutes sortes de fâcheuses apparences quand il a été gâté par des habitudes de déclamateur. Juvénal a de l'ardeur et de la passion, le rhéteur n'a pas étouffé en lui le moraliste et le citoyen. Ses ouvrages sont tout pleins de sentiments patriotiques. A ce titre, il nous paraît d'autant plus curieux à étudier, qu'il est le plus souvent l'interprète de l'opinion publique, le puissant porte-voix des idées dominantes et des préjugés romains. En lisant ce rhéteur poëte, accoutumé à n'exprimer que des pensées connues et courantes, on apprend à connaître non-seulement ce qu'on faisait à Rome, mais encore ce qu'on y disait. Nous allons parcourir quelques-uns de ces tableaux d'histoire qui nous retracent avec de si fortes couleurs la vie et les sentiments de la société romaine, les princes, les patriciens, les affranchis, les étrangers, les riches et les pauvres, et nous tâcherons d'expliquer en passant les colères du satirique, ses préventions surannées, ses sentiments traditionnels de vieux quirite irrité non-seulement contre la corruption, mais aussi contre le changement des mœurs, ne comprenant pas toujours les idées nouvelles de l'époque ni les innovations salutaires, mais presque toujours respectable jusque dans ses erreurs, ses violences et même, si on ose le lire, jusque dans l'impudeur de son honnêteté antique [1].

II

Les Césars.

Dans cette revue des principaux personnages et des différentes classes de la société dont Juvénal nous peint le caractère et les mœurs, il est naturel de commencer par les princes, les Césars, auxquels le poëte n'a pas

---

1. M. Despois vient de traduire Juvénal et Perse avec beaucoup d'esprit, de vigueur et non sans réserve, là où elle est nécessaire.

épargné les invectives. Aussi bien, quand on lit ses satires sans une attention profonde, et si l'on s'est laissé prévenir par les éloges convenus de certains admirateurs de Juvénal, on est tenté de croire qu'il est surtout inspiré par des sentiments politiques. Ainsi que nous l'avons dit déjà, on a fort exagéré les traits austères de sa physionomie ; on lui arrange un rôle, on lui prête une opposition systématique au gouvernement des empereurs, on le montre enfin comme un Caton, dont la satire est une espèce de prédication républicaine. Qui n'a rencontré des phrases telles que celles-ci : « Quoi ! faire l'éloge des anciens temps de la république, porter au ciel tous les grands hommes qu'elle a produits, attaquer tous les tyrans depuis Auguste jusqu'à Domitien, n'en pas épargner un seul, n'est-ce pas faire assez la censure du pouvoir impérial ? » On dit encore : « Juvénal comme stoïcien, franc et sincère, austère républicain, aurait cru avilir son caractère d'homme et de philosophe, s'il eût fléchi le genou devant le pouvoir. » Ces phrases emphatiques et d'autres pareilles sont bien éloignées de la vérité. Il ne faut point parler en style tragique de ce libre langage autorisé à l'époque où Juvénal écrivait, au temps de Trajan et d'Adrien. L'exemple de Pline le jeune, dans le *Panégyrique de Trajan*, nous montre qu'il était alors permis d'attaquer les précédents empereurs. Dans ce discours solennel, prononcé dans le sénat, destiné à flatter le prince régnant, et qui est resté comme le modèle le plus achevé de la louange officielle, on voit que le délicat orateur ne se fait aucun scrupule de censurer les règnes passés. Les nouveaux princes, successeurs des douze Césars, parvenus à l'empire par l'élection, par l'adoption, et non point par la guerre civile ou les sanglantes révolutions des palais, avaient la prétention assez légitime d'être les restaurateurs de l'antique liberté. Comme ils n'avaient pas d'intérêt dynastique à défendre, qu'ils n'avaient aucune solidarité avec leurs prédécesseurs, ils les livraient volontiers à la malignité, à l'indignation des orateurs et des poëtes. De là vient que le discours adulateur de Pline n'est souvent qu'une forte satire, détournée ou violente, contre les premiers empereurs : « Avant vous, les princes (si on en excepte votre père et peut-être un ou deux autres, encore est-ce trop dire) préféraient dans les citoyens le vice à la vertu[1]. » Il appelle Domitien « une bête féroce enfermée dans son antre et buvant à loisir le sang de ses proches[2]; » il se félicite qu'on ait exterminé le monstre. Pline ne prouve pas seulement par l'exemple de son discours, rempli de traits satiriques, que cette liberté de langage est tolérée et qu'elle est agréable au prince, il constate formellement, par des déclarations explicites, ce droit nouveau de mépriser les mauvais princes : « De tous les mérites de notre empereur, il n'en est pas de plus grand ni de plus populaire que la liberté qu'il laisse de faire le procès aux tyrans. » Il retourne avec plaisir et avec une grande insistance cette pensée : « J'estime à l'égal de tous vos autres bienfaits le droit que nous pouvons exercer chaque jour, de faire justice des tyrans qui ne sont plus.... Souvenons-nous que le plus bel éloge qu'on puisse faire de l'empereur vivant, c'est de censurer ceux d'avant lui qui méritèrent le blâme[3]. » Il est donc évident qu'on avait alors la faculté d'attaquer et d'injurier les princes qui n'étaient plus, et cette espèce de satire politique, bien loin de déplaire aux puissances, était souvent le plus sûr moyen de faire sa

1. *Panég.*, ch. XLV.
2. *Ibid.*, ch. XLVIII.
3. *Ibid.*, ch. LIII.

cour. De même il était loisible aux poètes et aux orateurs d'exalter les héros de la république, et le temps n'était plus où il y avait quelque danger à les célébrer. Admirez, nous dit-on, l'intrépidité de Juvénal qui ose chanter les vertus de Caton, vanter Thraséas et Helvidius, qui les montre « la tête couronnée de fleurs, célébrant, la coupe à la main, la naissance de Brutus et de Cassius[1]. » Excepté sous la tyrannie ombrageuse de Tibère et dans quelques circonstances particulières où l'éloge de ces républicains était une allusion provoquante et la satire du présent, les poètes pouvaient tout à leur aise porter aux nues les héros du patriotisme romain et même les hommes qui avaient combattu César et qui étaient morts pour la liberté. Que de fois Caton n'a-t-il pas été célébré par Horace, par Virgile, par Lucain, par Sénèque, le ministre de Néron ! Avec quelle force et souvent quelle emphase ! Au temps de Juvénal, ce langage en apparence si fier était plus que jamais à la mode. Sous le règne de Trajan on vantait à l'envi l'ancienne constitution, ou croyait sincèrement y être revenu. Le peuple et le prince lui-même vivaient dans cette flatteuse illusion. On le voit bien par le langage de Pline, qui ne croit pas être hardi et qui n'est que courtisan quand il compare les services de Trajan à ceux des Brutus « qui chassèrent les rois[2]. » Trajan rend au sénat sa majesté, il relève le patriciat, il ne redoute pas les descendants des héros, ces derniers fils de la liberté, *ingentium virorum nepotes, illos posteros libertatis*[3]. Ainsi la satire des mauvais princes, l'éloge des héros de la république sont comme une nécessité du style officiel. Voilà le plus méticuleux des orateurs qui,

1. *Satires*, V, 37.
2. *Panég.*, ch. LV.
3. *Ibid.*, ch. LXIX.

en plein sénat, dans un discours de remerciment, en
langage de cour, n'imagine rien de plus flatteur que
d'immoler au nouvel empereur tous les règnes précédents. Ce fin appréciateur des convenances sait bien que
l'éloge de la république sera bien accueilli par Trajan,
qui veut paraître avoir rétabli les anciennes institutions.
Le discours de Pline montre clairement quel était le
courant de l'opinion à Rome, quelle était la volonté du
prince, quel langage lui faisait plaisir. Déclamer contre
le despotisme et les sanglants abus du pouvoir, accumuler les invectives contre les Césars, c'est la flatterie
la plus délicate qu'on puisse offrir alors à un maître
clément. Il ne messied pas à un courtisan de faire de
la satire politique, et il se trouve que les panégyriques
du prince régnant sont des pamphlets contre ses prédécesseurs. C'est donc commettre une étrange méprise
et dépenser inutilement son admiration que de se récrier sur la hardiesse de Juvénal. Loin d'être un citoyen farouche qui fait aux princes une opposition éclatante, qui attaque le pouvoir, il ne lui coûte pas, dans
la satire sur la misère des hommes de lettres, de chanter les bienfaits du prince régnant et de célébrer sa munificence : « Les lettres ne trouvent que dans César
leur soutien et leur espérance; seul dans ce siècle il a
jeté un regard favorable sur les muses affligées, lorsque
déjà nos poëtes les plus célèbres essayaient, pour vivre,
de se faire baigneurs à Gabies et boulangers à Rome,
lorsque d'autres ne voyaient ni honte ni abjection à
prendre le métier de crieur, lorsque, chassée des vallons de l'Hélicon et des bords de l'Aganippe, Clio allait,
mourante de faim, mendier à la porte des riches [1]. »
Dans un mouvement d'enthousiasme et de reconnais-

---

1. *Satires*, VII, 1-7.

sance, Juvénal excite l'ardeur de la jeunesse et l'engage à mériter les faveurs du prince : « Courage, jeunes poëtes, il vous regarde, il vous anime, l'auguste chef qui ne demande qu'à placer sur vous ses bontés [1]. » Comme notre intention n'est pas de déprécier Juvénal, nous admettons volontiers qu'il n'y a rien que d'honorable dans ces transports de reconnaissance, que ces louanges adressées à un prince favorable aux lettres sont méritées, mais du moins faut-il reconnaître qu'on ne trouve pas dans ce dithyrambe le langage d'un intraitable républicain, hostile à l'institution impériale, ni cette sauvage vertu dont on fait si gratuitement honneur au satirique.

Peut-être n'est-il pas inutile de rappeler ici, pour expliquer encore les fréquentes sorties de Juvénal contre la tyrannie, que ces sortes de sujets étaient sans cesse traités dans les écoles de déclamation où le poëte avait fait jusqu'à l'âge de quarante ans son apprentissage. On y faisait à outrance de la satire historique, on s'y déchaînait contre les tyrans, contre les Pisistratides, par exemple, contre Denys, les Tarquins, on les immolait dans des phrases pompeuses, et cette espèce de manie oratoire était poussée si loin que les esprits raisonnables, entre autres Quintilien et Tacite, n'ont pu s'empêcher de témoigner leur mépris pour ces puérils exercices. Juvénal lui-même, pour peindre la triste condition d'un rhéteur, croit devoir nous le montrer mourant d'ennui, et se brisant la poitrine dans sa classe nombreuse où les écoliers jugent et mettent à mort les cruels tyrans :

Quum perimit sævos classis numerosa tyrannos [2].

1. *Satires*, VII, 20.
2. *Satires*, VII, 151.

Il est probable que Juvénal, suivant l'usage établi, s'était souvent livré à de pareilles déclamations et que, devenu poëte satirique, il se laissait entraîner encore de ce côté par la pente de son esprit, par de vieilles habitudes et le souvenir de ses triomphes oratoires.

Mais si nous tenons à prouver que Juvénal n'est pas tel qu'on le présente souvent, qu'il n'est pas un fier héritier du civisme antique, qu'il n'a pas de principes arrêtés, exclusifs et provoquants, qu'il ne mérite pas enfin d'être appelé un âpre et inflexible professeur de liberté,

Acer et indomitus libertatisque magister [1].

nous n'irons pas jusqu'à dire qu'il ne fût qu'un politique indifférent et un simple déclamateur. Sans doute il n'a point ce profond regret des anciennes institutions qu'on retrouvait encore dans les grandes familles patriciennes, et dont Tacite a été le sombre interprète; mais n'a-t-il pas conservé le sentiment de la vertu romaine, un goût très-vif pour l'antique simplicité gardienne des mœurs, un mépris sincère et bien romain encore pour la mollesse et la servilité, et par-dessus tout une juste horreur de la dégradation publique? Comme jugements historiques sur le passé, sur les personnages, les mœurs de la cour, des grands et du peuple, ses satires ont pour nous un grand prix. Il complète Tacite sans trop renchérir sur lui, et son emportement poétique ne l'empêche pas d'être quelquefois, sur certains hommes, moins sévère que l'historien. Dans ses portraits des Césars, l'originalité puissante de son pinceau ne l'entraîne pas hors de la vérité, et il se trouve que les solides peintures du poëte s'accordent avec les sim-

---

1. *Satires*, II, 77.

ples procès-verbaux de l'impassible Suétone. Que de mots justes et profonds, quelle lumineuse brièveté et quelle mordante énergie dans ces vers politiques qui peignent les princes et le peuple, le despotisme insensé des uns, la lâche corruption de l'autre, sa vile indifférence, sa curiosité féroce, immortels tableaux qui peuvent être regardés comme les plus beaux exemplaires de la poésie oratoire, qui s'emparent si bien de toutes les mémoires qu'on est dispensé de les reproduire et de les citer, et dont l'incomparable éclat ne sert pas seulement à éblouir l'esprit, mais illumine jusqu'en ses profondeurs l'histoire romaine[1]. En retranchant à Juvénal le courage politique, il est juste de lui laisser la haute valeur d'un poëte historien.

III

Les patriciens.

Si l'on veut bien comprendre la nature et la portée des inspirations civiques de Juvénal, il faut parcourir les principales classes de la société romaine en commençant par les plus élevées. Après les empereurs, nous rencontrons les patriciens et les affranchis. La déchéance des anciennes familles, l'élévation subite des parvenus de race servile, voilà des spectacles qui devaient irriter surtout un satirique romain et révolter un citoyen. Ces

---

1. Qu'on se rappelle, par exemple, la peinture si vivante et si horriblement comique de ce qu'on peut appeler la *Terreur* sous Tibère (*Sat.*, X, 56-89), et la parodie d'une délibération du sénat (*Sat.*, IV).

deux classes, d'ailleurs, étaient le plus en vue et sollicitaient l'attention publique. Les uns en traînant dans la fange du vice et dans l'abjection de la misère l'illustration d'un nom antique et révéré ; les autres, en étalant leur opulence souvent acquise par le crime ou par de honteux métiers, attiraient également les regards et la haine des esprits honnêtes. C'est là qu'on trouvait les folies les plus éclatantes, les aventures célèbres et les grands scandales. Il n'est donc pas étonnant qu'un satirique se soit acharné sur les riches et les nobles, sur ceux qui donnaient le ton et l'exemple de la dépravation. Aussi voit-on que dans la satire des femmes (nous nous garderons bien d'en parler longuement), Juvénal s'attaque surtout aux matrones, aux patriciennes ou à ces grandes parvenues qui occupaient le premier rang à la cour des princes. C'était en effet pour les Romains, sous le règne de Claude et de Néron, un sujet d'étonnement et d'indignation que l'affranchissement subit des femmes, qui, sous la république, faisaient si peu parler d'elles. Il vint un moment où tout à coup les Agrippine, les Messaline et leurs pareilles se firent comme un jeu de constater leur émancipation et leur puissance nouvelle, non-seulement par l'éclat de leurs crimes, mais encore par l'ostentation de leurs désordres. Les matrones et les célèbres affranchies, maîtresses des grands personnages, en renversant les barrières de la décence publique, portèrent le dernier coup aux mœurs romaines. Si Juvénal dirige sur elles ses impudiques sarcasmes, ne croyons pas que sa colère soit la haine d'un plébéien jaloux qui se plaît à dénoncer la honte des grandes familles ; n'y voyons que la tactique ordinaire et légitime d'un moraliste satirique qui porte tout son effort sur les infamies qu'une haute fortune peut rendre contagieuses et sur des déportements illustres.

Un des plus beaux morceaux du poëte et des plus justement admirés est précisément la satire *sur la Noblesse*, qui passe pour un chef-d'œuvre comme traité moral sur la matière, et qui nous paraît plus intéressant encore comme peinture historique. Juvénal y veut prouver que la noblesse n'est rien si elle n'est pas soutenue par le mérite personnel; qu'un homme nouveau, utile à la république, est bien au-dessus d'un patricien dégénéré, oisif, vicieux, qui n'a que des ancêtres. On connaît les vers de Boileau résumant Juvénal avec un peu de sécheresse didactique :

> Ce long amas d'aïeux que vous diffamez tous
> Sont autant de témoins qui parlent contre vous,
> Et tout ce grand éclat de leur gloire ternie
> Ne sert plus que de jour à votre ignominie.

Que de fois de semblables idées n'ont-elles pas été reprises dans notre littérature, tantôt avec une autorité religieuse par nos prédicateurs, et surtout par Massillon, tantôt avec amertume et malice par nos poëtes comiques, par Corneille dans *le Menteur*, par Molière dans *le Festin de Pierre;* au dix-huitième siècle surtout où l'instinct démocratique et la passion de l'égalité s'emparant des solides pensées de Juvénal, les détaillaient, pour ainsi dire, en traits menus et les aiguisaient en mortelles épigrammes contre les priviléges! Mais si la satire de Juvénal a été comme un réservoir commun où les écrivains modernes, poëtes, orateurs, pamphlétaires, ont souvent puisé leurs inspirations, il n'en faut pas conclure que le satirique latin n'a exprimé que des pensées originales, qu'il a eu le premier la hardiesse d'attaquer un antique préjugé et qu'on doit lui attribuer, à la fois, le mérite du courage et celui de l'invention. Nous l'avons déjà dit, Juvénal n'a pas le génie créateur.

Artiste doué d'une imagination forte, fécond en ressources de style, il est un décorateur de pensées communes, qui renouvelle par l'audace de l'expression et de la couleur les lieux communs de la morale et de la politique, et les principes déjà vulgaires depuis longtemps répandus par les orateurs et les philosophes. En effet, bien avant le poëte, sous la république, dans les perpétuelles dissensions du peuple et des patriciens, la satire contre la noblesse était déjà le thème commode de l'éloquence tribunitienre. Plus d'un homme nouveau défendant sa candidature au Forum, plus d'un orateur populaire déclamant contre le sénat, avait déjà lancé contre ses adversaires les rudes pensées de Juvénal. Dans un discours célèbre, Marius, le soldat parvenu, avait traité avec une brutale naïveté le sujet entrepris plus tard par le poëte, et l'ardeur de la haine politique, l'intérêt personnel, une ambition furieuse inspiraient à cet agitateur du peuple, à ce tribun illettré, d'éloquentes vérités, de magnifiques images que le rhéteur poëte n'a eu que la peine de recueillir et d'orner, sans pouvoir conserver, dans ses vers désintéressés, la sauvage énergie de cette formidable harangue [1].

Mais ce n'était pas seulement sur la place publique et dans le tumulte des discussions civiles que l'on déclamait contre la noblesse. Le sujet était devenu banal à force d'être traité par les philosophes grecs et romains, par les stoïciens surtout, qui aimaient à prendre pour texte de ce qu'on peut appeler leurs sermons moraux l'égalité humaine : « Un vestibule rempli de portraits enfumés ne fait pas la noblesse, » disait Sénèque en employant déjà et l'idée et l'image que Juvénal ne fera que développer. Toutes ces redites de la

---

1. Salluste, *Jugurtha*.

philosophie étaient tombées depuis longtemps dans le domaine commun de la poésie et servaient de matière aux exercices oratoires dans les écoles de déclamation. L'excellent Plutarque, en réfutant ces idées égalitaires, nous apprend, par exemple, que la comparaison si connue des nobles et des coursiers dégénérés, ce brillant morceau de Juvénal, si heureusement traduit par Boileau :

> Mais la postérité d'Alfane et de Bayard,
> Si ce n'est qu'une rosse, est vendue au hasard,
> Sans souci des aïeux dont elle est descendue,
> Et va porter la malle ou tirer la charrue.

était une similitude déjà ancienne, familière aux sophistes. On sait qu'il y avait dans les écoles de rhétorique un fonds d'idées, d'images, d'expressions qui servait à tous les orateurs, dont chacun à son tour affublait son éloquence, à peu près comme les acteurs de nos petits théâtres, qui se succèdent dans le même rôle, trouvent sans frais, dans le magasin du costumier, les brillants oripeaux qui ont déjà fait honneur à bien des épaules. C'est se faire illusion sur la portée philosophique de Juvénal que de le regarder comme un esprit novateur, quand on peut s'assurer qu'il se contente de faire parler l'opinion commune, de rajeunir des sentiments devenus populaires et d'appliquer à de vieilles idées les ressources, admirables d'ailleurs, de son industrie poétique.

Mais la partie historique de cette satire offre plus d'intérêt et de nouveauté. Des détails précieux que l'histoire peut recueillir, des peintures de la vie romaine sous l'empire renouvellent ce thème usé d'une déclamation contre la noblesse. En poésie il n'y a point de vieux sujets, quand le poëte est de son temps, quand il mêle à des idées morales apprises dans les livres des traits empruntés à la vie contemporaine, quand il décrit ce qu'il voit, qu'il note les sentiments du jour et qu'il répand sur un fond commun de vérités devenues universelles une couche solide de couleur locale. Tandis que Boileau disserte sur la noblesse avec plus de vigueur que d'imagination, et traite cette question morale avec une clarté un peu pédantesque, Juvénal, avec ce vif sentiment de l'histoire qui, selon nous, fait son plus beau mérite, nous transporte tout d'abord à Rome, dans une de ces grandes maisons dont l'atrium est orné de portraits de famille. Ils sont là les héros antiques assistant eux-mêmes à la vie molle, infâme, de leurs descendants dégénérés : « Qu'importent les arbres généalogiques? Que sert, ô Ponticus, de pouvoir vanter une longue série d'aïeux, de montrer les portraits de ses ancêtres, les Émilius debout sur leur char triomphal, les Curius déjà mutilés, un Corvinus que le temps a privé d'une épaule, un Galba qui a perdu le nez et les oreilles? A quoi bon étaler avec orgueil sur un vaste tableau de famille des maîtres de cavalerie, des dictateurs enfumés, si, en présence des Lépides, on vit sans honneur? A quoi bon les images de tous ces grands guerriers, si vous passez au jeu toute la nuit, et cela devant le vainqueur de Numance; si vous vous couchez au lever de l'aurore, à l'heure où les généraux, élevant leurs aigles, marchaient au combat[1]? » Il n'y a rien d'oiseux, de froid ni de tranquillement didactique dans ce beau contraste si nettement accusé des pères et des fils où tout est en image et d'un relief plastique. C'est un tableau tout fait qu'un peintre n'aurait que la peine de transporter sur la toile[2].

1. VIII, 1-12.
2. Ce tableau existe en effet dans la galerie du Luxembourg.

Pour comprendre l'indignation du poëte contre les jeux de hasard, il faut se rappeler qu'ils étaient devenus une des plus vives passions de l'époque, que l'opinion les condamnait sévèrement, les regardait comme une occupation honteuse ou criminelle, et que sous la république ils étaient même interdits par la loi. Le changement des mœurs fit tomber en désuétude cette loi d'un autre âge, et les princes eux-mêmes, bien qu'ils fissent effort quelquefois pour conserver les anciennes coutumes, furent les premiers à la violer, et ne craignirent pas de donner l'exemple de cette regrettable infraction qui blessait le vieux sentiment romain. Auguste paraît avoir été grand joueur, si l'on en croit cette épigramme sanglante faite contre lui pendant la guerre contre Sextus Pompée : « Battu deux fois sur mer, que fait Octave pour vaincre à son tour? il ne cesse de jouer. » Claude jouait même en voiture; Néron hasardait jusqu'à

M. Couture paraît avoir eu sous les yeux les vers de Juvénal quand il représentait une orgie romaine à l'époque des Césars. Une troupe de convives, hommes et femmes, épuisés par les plaisirs, étourdis par les vapeurs du vin, à demi plongés dans le sommeil, essaye encore de ranimer la joie qui ne peut renaître. Un lourd ennui pèse sur tous ces fronts patriciens aussi flétris que les fleurs qui les couronnent. Dans la salle spendide du festin se dressent d'espace en espace de blanches statues, images des vieux Romains, qui semblent contempler dans l'immobilité du marbre et de l'impassible vertu leur méprisable postérité. Le peintre n'a fait que développer, à l'aide du pinceau et dans les conditions que demande la peinture, ces vers du poëte :

« Si coram Lepidis male vivitur......
............Si luditur alea pernox
Ante Numantinos. »

Et l'on pourrait écrire sous forme de légende, au bas de cette grande page d'histoire, ces autres vers de Juvénal empruntés à la même satire :

« Incipit ipsorum contra te stare parentum
Nobilitas, claramque facem præferre pudendis. »

400 000 sesterces sur un coup de dé. Dans sa première satire, Juvénal développe davantage sa pensée et donne quelques détails sur ces divertissements nouveaux de la cupidité et de la mollesse oisive : « Quand la manie des jeux a-t-elle été plus effrénée? On ne se contente plus de venir avec sa bourse affronter les chances de la table fatale, on joue avec le coffre-fort à ses côtés. C'est là que vous voyez de belles batailles, alors que le maître demande et que son intendant refuse le nerf de la guerre, l'argent. N'est-ce pas le comble de la fureur que de perdre 100 000 sesterces, tandis qu'on refuse à un esclave transi la tunique dont il a besoin[1]? »

La déchéance du patriciat ne date pas de l'empire. Déjà vers la fin de la république, à partir des guerres civiles de Marius et de Sylla, bien des nobles se tenaient éloignés des affaires, et par prudence, par fatigue, par amour des plaisirs, oubliaient les devoirs que leur imposait un nom fameux, cherchant dans un épicurisme inoffensif leurs délices et leur sécurité. Beaucoup d'hommes nouveaux les éclipsaient au Forum, dans les armées, et les travaux de la guerre surtout, qui effrayaient la mollesse des riches et des grands, étaient de plus en plus abandonnés aux pauvres et aux plébéiens. Comme il arrive toujours, le patriciat perdit son prestige avec son activité virile, on ne craignit plus de lui manquer de respect dans les écrits, de lui dire les plus dures vérités, et les poëtes même, qui autrefois ménageaient l'honneur si susceptible de cette redoutable aristocratie, osaient lui tenir un langage qui jadis eût été puni par l'exil ou réprimé par le bâton. Les héritiers des grands noms se croyaient le droit de mépri-

---

1. I, 88-93.

ser plus que jamais le peuple, composé en grande partie d'étrangers venus de tous les coins de l'univers, d'esclaves affranchis de la veille, sachant à peine parler latin, n'ayant rien de romain, pas même la langue. Mais les nobles avaient beau montrer les images de leurs ancêtres et les bustes de cire qui décoraient leurs portiques, on leur demandait non ce qu'avaient été leurs pères, mais ce qu'ils étaient eux-mêmes; on opposait à leur vie stérile l'activité industrieuse des classes populaires. On surprend dans Juvénal un de ces colloques entre l'orgueil des nobles devenus inutiles à l'État, et l'insolence nouvelle des plébéiens fiers de leurs services, de leurs richesses acquises par le travail, et réclamant non plus comme autrefois par la bouche des tribuns, mais par celles des poëtes, contre ce dédain immérité : « Qu'êtes-vous donc, vous autres, le dernier rebut de la populace; aucun de vous ne pourrait seulement nommer la patrie de son père. Mais moi, je descends de Cécrops. — Vive donc le fils de Cécrops, réplique ironiquement le poëte; cependant, c'est dans cette vile populace que tu trouveras le Romain éloquent, l'orateur capable de défendre par la parole le noble ignorant; c'est de cette vile populace que sort le jurisconsulte qui débrouille les lois et en explique les énigmes. Il est plébéien le jeune soldat qui vole aux bords de l'Euphrate; qui, dans son ardeur guerrière, se range autour des aigles qui veillent sur le Batave vaincu. Mais toi, tu n'es rien que le descendant de Cécrops et tu ne ressembles pas mal à un buste d'Hermès qui ne dit rien et ne fait rien. Tu n'as sur lui qu'un avantage : il est un homme de marbre, tu es une statue vivante, voilà toute la différence [1]. » Bien que ces sarcasmes rappellent les violences tribunitiennes, nous

---

1. VIII, 54-55.

ne croyons pas que les vers de Juvénal soient inspirés par la haine politique. Le poëte n'est pas l'ennemi des patriciens, il ne parle pas au nom des affranchis, des parvenus, des nouveaux enrichis qui remplissaient alors l'ordre équestre et même le sénat, et dont l'élévation subite et scandaleuse l'afflige, au contraire, et l'irrite ; il n'exprime que les sentiments traditionnels d'un Quirite qui estime le travail, les fortes vertus, le courage militaire, toutes les qualités enfin que les nobles avaient perdues, et s'il oppose à leur molle inertie l'ardeur laborieuse des classes populaires, ce n'est point pour immoler la noblesse à la jalousie du petit peuple, mais pour remplir son devoir de moraliste politique qui vante la vertu partout où il la rencontre.

Ce vieux sentiment romain dont Juvénal est le fougueux interprète était révolté non-seulement par l'inaction des patriciens, mais encore par des usages nouveaux, quelquefois assez innocents, qui s'étaient introduits dans la société élégante des nobles et des riches. Ici il faut remarquer que le satirique, imbu d'antiques préjugés, accoutumé d'ailleurs aux violences oratoires, manque parfois de mesure et de discernement, et qu'il flétrit certains plaisirs à la mode qui n'ont rien de répréhensible, comme s'il s'agissait des entreprises les plus criminelles. Je ne lui reproche pas d'avoir raillé des usages dont la nouveauté pouvait choquer les idées reçues (il faut faire la part des préventions contemporaines), mais je m'étonne qu'il se mette en frais d'éloquence contre de simples travers, et qu'il s'emporte contre des manies qui demanderaient tout au plus une épigramme. Dans cette peinture des mœurs patriciennes, citons un de ces passages où le poëte n'a pas proportionné la colère au crime, et où l'on trouve la preuve de cette rhétorique outrée et sans nuance qui traite un ridicule pardonnable comme un exécrable forfait. Sous le règne de Néron, la mode s'établit parmi les gens du beau monde, à Rome, de conduire soi-même son char dans les promenades, et de faire, pour son plaisir, l'office de cocher. On sait que Néron aimait beaucoup les chevaux et qu'après avoir fait dans ses jardins privés son apprentissage d'automédon, il lui prit fantaisie de montrer son talent au peuple dans le cirque Maxime [1]. Naturellement les grands et les riches imitèrent le prince qui donnait le ton et faisait la mode. Par élégance mondaine, par esprit d'imitation ou pour occuper leur oisiveté, quelques patriciens se mirent à conduire leur char, à prendre soin eux-mêmes de leurs chevaux, à faire enfin ce qu'on fait aujourd'hui sans s'exposer au mépris public. Il faut en convenir, cette coutume paraissait odieuse à certains préjugés qui voyaient dans ce divertissement une occupation servile et une infraction à l'ancienne simplicité. Malgré cela, n'est-ce pas se mettre en trop grande dépense de colère et d'indignation que de dire d'un air sombre et tragique : « Le long des sépulcres qui enferment les cendres et les ossements de ses ancêtres, l'épais Damasippe fait voler son char rapide, et lui-même, oui, lui-même, il enraye, quand il le faut, les roues de sa voiture, lui, un consul? C'est pendant la nuit, je le veux bien ; mais la lune le voit, les astres, témoins de cette honte, fixent sur lui leurs regards. Bien plus, quand le temps de son consulat sera expiré, Damasippe, à la clarté du soleil, tiendra en main les guides, et loin de redouter la rencontre d'un ami respectable par son âge, il osera le saluer le premier avec son fouet ; vous le verrez délier lui-même les bottes de foin et verser l'orge à ses bêtes

---

[1]. Suétone, *Néron*, 22. Tacite, *Ann.*, XIV, 14.

fatiguées[1]. » Ne dirait-on pas qu'il s'agit du crime d'Atrée et que le soleil est tenté de reculer d'horreur? N'est-ce point faire un trop grand tapage poétique que d'évoquer les ancêtres indignés dans leurs tombes, d'appeler en témoignage la lune et les étoiles, et d'exaspérer le ciel contre la frivolité tout au plus indécente d'un petit-maître? Juvénal n'a qu'une arme pour combattre le crime et le ridicule, il poursuit de légères erreurs comme des monstres, et dans cette chasse haletante, il lui arrive souvent de vouloir tuer un oiseau avec un épieu. —

Dans d'autres scènes qui nous présentent la vie et les mœurs des patriciens, le courroux du poëte est mieux justifié. Il vint un moment à Rome (on peut observer dans l'histoire de la noblesse moderne une pareille révolution) où les patriciens, par ostentation du vice, par satiété, adoptèrent les mœurs de la populace, échangeant les raffinements d'une vie élégante contre les plaisirs plus grossiers de la multitude. Au dix-huitième siècle, en France et en Angleterre, on vit une semblable dépravation dont le Juvénal français, Gilbert, a fait justice. Le bonheur et la gloire consistaient non pas à mener une vie licencieuse, mais, comme on disait alors, à *s'encanailler*. C'est encore Néron qui paraît avoir mis à la mode cette singulière manière de se divertir : « Le prince, déguisé en esclave, dit Suétone, couvert d'un bonnet de laine, courait les cabarets, la nuit, et vagabondait dans les rues[2], etc. » Nulle part l'exemple du prince ne fut plus puissant qu'à Rome, où la terreur et la servilité propageaient la contagion venue d'en haut, comme l'a dit le poëte Claudien :

Regis ad exemplum. Componitur orbis.

1. VIII, 146-154.
2. Suétone, *Néron*, 26. Tacite, *Ann.*, XIII, 25.

C'est ainsi que Damasippe, l'élégant consul qui conduisait lui-même son char avec la bonne grâce que vous savez, quand il a donné l'orge à ses chevaux chéris, se hâte de courir au cabaret où il est reçu avec une familiarité populaire qui peut flatter un grand seigneur. Le Syrien, parfumeur du coin, avec ses mains grasses, accourt à sa rencontre, le salue affectueusement en lui donnant les noms de maître et de roi. La servante accorte de l'endroit s'empresse d'apporter une bouteille. Notre patricien compte passer toute la nuit dans ce bouge, tandis que l'Arménie, le Rhin ou le Danube réclament la vigueur de son bras et de sa jeunesse. Ici nous entrevoyons l'intérieur d'un tapis-franc où les nobles blasés, comme certains héros de roman que nous connaissons, allaient observer sans doute les mœurs du peuple et savourer les plaisirs de l'égalité [1] : « Le descendant des nobles familles, envoie-le, César, envoie-le faire la guerre à l'embouchure des fleuves. Mais d'abord fais chercher ce futur général dans le grand cabaret. C'est là qu'on le trouvera couché à table avec un assassin, au milieu de matelots, de voleurs, d'esclaves fugitifs, parmi des bourreaux, des faiseurs de cercueils et des prêtres de Cybèle renversés sur le dos à côté de leurs tambours muets. Là règne la libre égalité, les coupes sont communes ; un même lit pour tous, pas de place de faveur à table. Si un de tes esclaves, Ponticus, se conduisait ainsi, que lui ferais-tu ? Tu l'enverrais sans doute en Lucanie ou dans les cachots de Toscane. Mais vous qui vous nommez le fils d'Énée, vous vous pardonnez tout, et ce qui serait une honte pour un goujat

---

1. Juvénal va nous ouvrir un de ces refuges nocturnes de malfaiteurs, où s'entasse la population interlope des grandes villes, où les jeunes Romains allaient étudier les *Mystères* de Rome.

devient le bon ton pour les descendants de Volèse et de Brutus[1]. »

Ce ne sont là que des fantaisies dégradantes auxquelles se livraient les nobles, les plus jeunes surtout, par ennui, par esprit d'imitation; mais, selon Juvénal, « malgré l'infamie de tels exemples, il en est de plus odieux encore. » Il nous apprend qu'une partie de la noblesse romaine non-seulement corrompue par ces mœurs étranges, mais ruinée de fond en comble, tomba dans la dernière abjection. Les fils de famille, oubliant ce qu'ils devaient à leur nom, firent tous les métiers. Le poëte, dans ses différentes satires, nous peint souvent la misère des grandes maisons et nous fait comprendre en même temps comment la fortune des patriciens a été dévorée. Quand même l'histoire ne dirait pas que la noblesse romaine a été dépouillée par la cruelle jalousie des princes, ruinée par ses propres folies et les plus bizarres prodigalités, les vers épars de Juvénal et de nombreuses allusions suffiraient à nous révéler les causes de cette misère patricienne. Les catastrophes politiques, les délations intéressées, les trahisons de la cupidité, les extravagances d'un luxe monstrueux et le délire de l'ostentation réduisirent à l'extrême pauvreté un grand nombre de patriciens et leur enlevèrent avec la fortune tous les sentiments d'honneur. On en vit qui, pour subsister, se mêlèrent à la foule des clients, à la multitude famélique assiégeant la demeure des riches et demandant la sportule. Ils assistent à l'appel des noms et attendent leur tour : « Le riche fait appeler par un crieur tous ces fiers descendants d'Énée, car eux-aussi fatiguent la porte de sa maison, comme nous autres, pauvres gens[2]. » Heureux encore quand ils se résignent

1. *Satires*, VIII, 171-182.
2. I, 100.

à n'être que d'illustres mendiants! Il en est de moins scrupuleux encore qui, cédant à l'appât d'un métier lucratif, ne rougissent pas de se faire histrions. A Rome, les acteurs n'étant que des esclaves, un homme libre montant sur la scène perdait son titre de citoyen et devenait infâme. Qui ne connaît les cris de douleur de ce chevalier romain, de Labérius, auteur de mimes, qui, pour avoir lancé quelques épigrammes contre Jules César, reçut l'ordre du tout-puissant dictateur de remplir lui-même, moyennant 500 000 sesterces, un rôle dans une de ses pièces malignes? C'était le châtiment le plus terrible qu'un homme d'esprit, abusant du pouvoir suprême, pût infliger à un adversaire. Dans un admirable prologue qui nous est parvenu, le noble poëte exhale ses plaintes : « Quoi ! après soixante ans d'une vie sans reproche, sorti de mon foyer chevalier romain, je reviendrai chez moi comédien! » Il faut avoir lu ce beau morceau où le sentiment de l'humiliation a rencontré des accents si virils, pour comprendre ce qu'il y avait de honte chez les Romains à paraître sur un théâtre. Eh bien, au temps de Néron, il arriva plus d'une fois que non-seulement des chevaliers, mais les héritiers des plus grands noms historiques furent réduits par la misère à se faire histrions, à jouer dans des farces grossières, à remplir, par exemple, le rôle d'un esclave crucifié sur la scène pour ses méfaits. « Ah ! s'écrie le poëte, qu'on aurait bien fait de crucifier tout de bon ce vil descendant de Lentulus ! » Sans s'arrêter à flétrir les fils indignes de tant de grands hommes, Juvénal s'irrite contre le peuple qui supporte un pareil spectacle et qui applaudit à leur infamie. Avec des sentiments vraiment patriotiques, il semble comprendre que l'honneur des grandes familles est comme le patrimoine de toute la nation, et que tout le peuple est intéressé à ne pas voir dégrader les beaux noms : « N'allez point excuser le peuple. Il faut que le peuple aussi ait un front qui ne rougit pas ; lui qui ose regarder des patriciens farceurs, qui écoute des Fabius va-nu-pieds, qui a le courage de rire des soufflets qu'on donne aux Mamercus. A quel prix ont-ils vendu leur personne ? Eh ! que m'importe ? Ce que je sais, c'est qu'ils la vendent, et cela, sans qu'un Néron les y force ; oui, ils la vendent sans façon au préteur Celsus, président des jeux[1]. » Assurément, dans ces éloquentes sorties contre la dégradation patricienne et l'indifférence populaire, il y a autre chose que de la rhétorique. C'est la vieille Rome qui élève la voix pour défendre sa gloire et pour maudire ces générations nouvelles dont l'avilissement la confond, et qu'elle s'étonne d'avoir portées dans son sein.

Cela n'est pas encore le dernier degré de la bassesse. Rome a subi un spectacle plus honteux, elle a vu des patriciens gladiateurs. A cette époque de folies monstrueuses où la conscience humaine parut entièrement renversée, on cherchait la honte, on tirait vanité de son infamie, on mettait son ambition à la rendre célèbre, et de même que Messaline rassasiée de plaisirs clandestins, trouvant son ennui dans l'obscurité du crime et la langueur dans la sécurité, imagina de donner aux Romains le spectacle d'un adultère public; ainsi l'on vit des nobles qui, après avoir tout épuisé, cherchèrent encore leur bonheur et une sorte de gloire dans l'excès de la honte et dans l'étalage pompeux de leur dégradation. Voici un de ces nobles dissipateurs réduit à descendre dans l'arène du cirque, et qui se fait appareiller avec quelque esclave barbare; c'est Gracchus, qui par l'éclat

---

1. VIII, 185-194.

de sa naissance l'emporte sur les Fabius, les Marcellus, les Émiles, sur tous les spectateurs assis aux premiers rangs, sur celui-là même qui payait sa bassesse. Il a si bien perdu toute pudeur, que dans ce combat singulier il choisit le rôle qui permet aux spectateurs de contempler son visage et d'applaudir le descendant d'une illustre famille. Il est inutile de décrire ici longuement l'armure des deux combattants [1]. Qu'il nous suffise de rappeler qu'on mettait en présence deux combattants diversement armés : le mirmillon, couvert d'un casque, protégé par un bouclier, tenant une espèce de glaive recourbé, et le rétiaire, vêtu d'une simple tunique, la face découverte, portant un filet qu'il cherchait à lancer sur son adversaire pour le tuer ensuite avec un trident, quand le lourd gladiateur était embarrassé dans les mailles. Pour le mirmillon, l'art consistait à esquiver le filet; pour le rétiaire, à fuir s'il avait manqué son coup, à ne pas se laisser atteindre et à saisir le moment favorable. C'était à la fois un combat et une course, où les chances étaient à peu près égales, un spectacle plein de péripéties charmantes pour les Romains, et où la force pesante luttait contre la ruse agile. Naturellement, l'effronté patricien prend le rôle du rétiaire pour n'avoir pas à cacher son visage, à masquer sa honte : « Gracchus paraît dans l'arène, non pas avec les armes du mirmillon, sans la faux, sans le bouclier, sans se couvrir le visage d'un casque; il dédaigne, en effet, il déteste un appareil qui ne permettrait pas de le reconnaître. Le voilà, voyez-le, il agite son trident. Après avoir balancé son filet qui pend le long de son bras, s'il vient à manquer son coup, il lève vers les spectateurs son vi-

---

[1]. M. Gérome l'a mise sous nos yeux dans un tableau fort remarqué à une des dernières expositions.

sage découvert, et parcourt en fuyant tout le cirque pour mieux se faire voir. C'est bien lui, croyons-en sa tunique, les broderies d'or qui partent de ses épaules et les cordons flottants de sa mitre salienne. Cependant le mirmillon, forcé de combattre contre un lâche Gracchus, est plus sensible à cet affront qu'à toutes les blessures [1]. » Qui le croirait? les malheureux qui exposaient leur vie dans le cirque avaient aussi leur point d'honneur et tenaient à combattre un brave. L'adversaire de Gracchus, en poursuivant ce fuyard, ne sait pas que celui-ci ne prolonge sa course et ne fait le tour de l'arène que pour mieux s'offrir à tous les regards; il prend cette ruse de l'impudence pour de la lâcheté, il est humilié de vaincre sans péril. Il ne manquait plus à ce patricien que d'être méprisé par un gladiateur et de paraître indigne d'un esclave barbare. Toutes ces peintures historiques de la dégradation patricienne sont du plus bel effet, d'une couleur solide, et nous paraissent animées par une éloquence sincère. Un sentiment vif et présent de la dignité romaine relève encore ces beaux vers si curieusement travaillés. L'honneur de Rome, le respect du passé, une sorte de piété politique pour d'héroïques souvenirs, tous les sentiments d'un citoyen contristé par la honte des mœurs nouvelles sont exprimés avec toute la force qu'un art puissant peut prêter à une colère véritable. Ce qui domine dans la morale du poëte, c'est le patriotisme.

Mais comme moraliste philosophe, Juvénal ne va pas au delà des idées de son temps, et jugeant comme le vulgaire, esclave de la coutume, il ne songe pas à condamner des choses aussi condamnables que celles qu'il flétrit. Prenons pour exemple ce qu'il dit des jeux du

---

1. VIII, 199-209. — Les femmes mêmes descendent dans l'arène. Voy. *Sat.*, I, 22; VI, 251.

cirque. Il voit bien ce qu'il y a d'abject dans l'impudeur de ce patricien qui se fait gladiateur, mais il ne pense pas à blâmer la barbarie des Romains et leurs cruels plaisirs. Sur ce point il n'a que les sentiments du peuple endurci par l'accoutumance, et non pas les idées plus pures d'un sage qui devance son siècle. Je sais bien qu'il ne faut pas faire au poëte un trop dur reproche, il partageait l'insensibilité morale de presque tous ses contemporains, et cet aveuglement qu'on retrouve dans la plupart des écrivains, poëtes, orateurs, historiens de l'époque. Pline, le bon Pline, loin de trouver quelque chose à redire à ces affreux spectacles, félicite Trajan d'avoir réveillé les désirs et le goût du peuple pour ces sortes de jeux; il dira, par exemple, avec une tendre férocité, qu'un mari affligé par la mort de sa femme, ne peut mieux faire que de donner une de ces fêtes sanglantes pour honorer une chère mémoire[1]. Mais, bien que cette dureté fût naturelle au caractère romain, je m'étonne que Juvénal, qui a écrit de si beaux vers sur la pitié, qui parle quelquefois avec une grâce si pénétrante des pauvres, des esclaves, ait pu voir avec indifférence verser à flots le sang des misérables, et qu'il ne se soit point avisé de diriger contre cette barbarie le courant de sa trop facile indignation. Pourquoi ne pouvons-nous pas le ranger parmi ces âmes d'élite qui, au temps de Cicéron déjà, trouvaient que ces spectacles étaient cruels et inhumains? N'avait-il pas lu Sénèque, ou n'avait-il pas compris cette belle pensée du stoïcien : « L'homme, cet être sacré, on se fait un jeu, un passe-temps de l'égorger. » Il y avait donc à Rome des âmes capables d'éprouver de l'horreur à la vue de ces plaisirs impies. Juvénal n'a point cette délicatesse de sentiments

---

[1]. *Lettres*, VI, 34.

ni cette portée philosophique. Dans les jeux du cirque, la honte d'un patricien gladiateur offense plus ses regards que le sang humain inutilement versé. Sénèque, philosophe, disait : *Homo sacra res homini.* Juvénal, politique, gardien de la gloire romaine, dirait volontiers : *Sacra res patricius.*

IV

Les affranchis.

Dans cette lutte qui paraît si furieuse contre les scandales de la société romaine, le satirique combat deux sortes d'ennemis bien différents et fait face à la fois aux grands qui sont descendus trop bas et aux petits qui montent trop haut. En se rangeant contre les nobles du côté du peuple, en préférant au patriciat avili le mérite plébéien, Juvénal conserve le préjugé antique contre la classe des affranchis. S'il respecte le citoyen, quelque pauvre qu'il soit, le Quirite proprement dit, *ima plebe Quiritem*, il déteste les parvenus échappés à la servitude qui renouvellent la population romaine appauvrie et qui s'élèvent à la richesse, aux honneurs. Pour nous, qui jugeons froidement les choses au point de vue du progrès humain et social, nous n'avons pas à partager le chagrin du satirique, et nous regardons comme une révolution salutaire cette émancipation tant maudite par les Romains. Les affranchis, les hommes libres sortis de la classe servile, exerçaient seuls l'industrie et les arts utiles pendant que les nobles ne savaient soutenir ou restaurer leur fortune que par l'usure et la concussion, en opprimant les particuliers ou les provinces, et méprisaient tous les travaux, excepté ceux de la guerre et de l'éloquence. Il était temps que les hommes de loisir fissent quelque place aux hommes laborieux, que le travail des mains et les applications utiles de l'intelligence fussent mis en honneur. La classe des affranchis, déjà vers la fin de la république, renfermait d'ailleurs un grand nombre d'hommes distingués par des talents de toute espèce et qui s'étaient fait un nom. Dans l'antiquité, l'élévation des affranchis peut être comparée à l'avénement de la bourgeoisie dans les temps modernes.

Ce fut la politique des empereurs de leur accorder une place de plus en plus considérable dans l'État. Tandis que l'ancien patriciat repoussait les hommes nouveaux et croyait souiller les honneurs en les accordant à des Marius ou à des Cicéron, les princes s'entourèrent d'affranchis et en firent des personnages. C'était un moyen d'humilier l'aristocratie et de lui prouver qu'on pouvait se passer d'elle ; politique analogue à celle de Louis XI, qui pour réduire les prétentions des seigneurs féodaux, donna tant d'importance aux petites gens, et prit pour ministres et pour familiers son barbier Olivier le Daim et son compère Tristan. Que dans ces choix étranges, qui faisaient murmurer les Romains, les Césars aient souvent plus consulté leurs caprices que l'intérêt de l'État, qu'ils aient cherché surtout dans ces parvenus complaisants, encore accoutumés à l'obéissance servile, des instruments peu scrupuleux de leurs passions, nous sommes loin de le nier ; mais, à considérer les choses de haut et par leurs résultats, ils faisaient une œuvre de justice sociale ; ils combattaient, sans le savoir, le mépris qu'on avait à Rome pour l'industrie et le travail des mains, et, à la longue, ébranlaient quelques-uns des préjugés séculaires sur lesquels reposait l'institution de l'esclavage.

Mais les patriciens, le peuple même, si fier de ses priviléges et de son titre de Quirite, si prévenu contre la race servile, ne pouvaient supporter cette élévation indécente des affranchis. Tous les hommes de lettres, excepté quelques philosophes de profession, déclament contre ces vils favoris de la fortune, et Juvénal, comme toujours, n'est ici que l'écho bruyant de cette animadversion populaire. Avec quelle amertume et quelle ironie injurieuse il fait allusion à la coutume qui permet à de riches affranchis de devenir chevaliers, tandis que le descendant pauvre d'une grande famille, n'ayant plus la fortune exigée par la loi, est chassé de l'ordre équestre ! Ovide se plaignait déjà de cette puissance de l'argent : « Le sénat est fermé aux pauvres; c'est le cens qui donne les honneurs. » Juvénal, avec plus d'imagination et une raison moins calme, nous met sous les yeux cette triste exécution d'un patricien au profit d'un esclave enrichi. Nous sommes au théâtre, où le maître de cérémonies, qui place les spectateurs, s'arrête devant les bancs réservés aux chevaliers et met à la porte quelque fils de famille devenu pauvre qui n'a plus le droit de s'asseoir sur les gradins privilégiés : « Sortez, dit l'ordonnateur, sortez, si vous avez quelque pudeur ; levez-vous de ce coussin qui n'appartient qu'aux chevaliers, vous dont la fortune ne répond plus aux exigences de la loi. Qu'à votre place siégent ici les fils des prostitueurs qui ont reçu le jour dans quelque lupanar. Ce n'est qu'au fils d'un opulent crieur qu'il convient de s'asseoir et d'applaudir sur ce banc, parmi l'élégante descendance d'un gladiateur et d'un maître d'armes[1]. » Je crois entendre dans ces vers de Juvénal la voix de l'opinion publique et le bruit de la rue poursuivant de ses huées les prétentions nouvelles, l'assurance

---

1. III. 153-158.

effrontée de ces parvenus, qui imitaient maladroitement les belles manières du monde, Mascarilles romains qui suppléaient à tout par leur impertinence. Ils ne connaissent pas leur père; ils ne savent quelle est leur patrie, mais ils se sentent assez forts déjà pour soutenir leur droit et pour résister au mépris public. Entendez comme ils parlent à la porte d'un palais opulent où l'on distribue la sportule à la foule des clients. Nobles ruinés, magistrats affamés, affranchis aisés, mais dépendants du patron, tout le monde se presse, se dispute pour être servi le premier. Il s'agite une question de préséance : « Donnez, dit le patron, donnez d'abord au préteur, ensuite aux tribuns. — Mais, répond le crieur, cet affranchi est venu le premier. — Oui, je suis le premier, me voici Eh ! pourquoi ferais-je des façons pour défendre mon rang ? Je ne me dissimule pas que je suis né sur les bords de l'Euphrate, et les trous de mes oreilles percées comme des lucarnes l'attesteraient au besoin ; mais les cinq boutiques me produisent quatre cent mille sesterces de revenus. Est-ce que la pourpre sénatoriale rapporte autant ? On en peut douter, quand on voit dans les champs Laurentins un Corvinus garder lui-même un troupeau qui n'est pas le sien. Moi, moi, je suis plus riche que Pallas et Licinus : d'où je tire cette conséquence que les tribuns doivent passer après moi. C'est fort bien, s'écrie ironiquement Juvénal, qu'il ne cède point le pas à un tribun revêtu d'une magistrature sacrée, cet homme qui vint naguère ici comme un esclave avec les pieds marqués de craie ; car aujourd'hui, parmi nous, on ne reconnaît plus que la sainte majesté de l'argent. »

Quandoquidem inter nos sanctissima divitiarum Majestas [1].

[1] *I*, 99-112.

Quel renversement des mœurs et des idées romaines ! un préteur, un tribun en fonctions fendant la presse des clients pour prendre part aux libéralités d'un riche, et, de plus, obligés de se ranger devant un affranchi. Quel sujet de douloureux étonnement pour les citoyens qui vantaient avec orgueil l'ancienne discipline et la dignité du peuple-roi ! Rien ne révèle mieux le progrès qui s'est accompli dans la condition des affranchis que le langage de ce ci-devant esclave portant encore les stigmates de la servitude. Quelle confiance en lui-même, comme il se redresse, et avec quelle tranquille insolence ! Il ne se donne pas la peine de dissimuler son origine servile ; il montrera, s'il le faut, non sans jactance, ses oreilles percées et les marques ineffaçables de son abjection passée. Pourquoi donc cacherait-il son origine, quand il se rappelle que ses pareils ont été plus puissants que des rois, qu'un Pallas, un Tigellinus ont été les maîtres du monde, et que le plus fier Romain était heureux de faire sa cour même à leur portier[1]. Dans sa tragédie peu connue d'*Othon*, Corneille, qui comprenait si bien l'histoire morale de Rome, a rendu avec une grande vigueur et beaucoup de vérité historique les sentiments de ces parvenus puissants :

> Quelque tache en mon sang que laissent mes ancêtres
> Depuis que nos Romains ont accepté des maîtres,
> Ces maîtres ont toujours fait choix de mes pareils
> Pour les premiers emplois et les secrets conseils ;
> Ils ont mis en nos mains la fortune publique,
> Ils ont soumis la terre à notre politique.
> Patrobe, Polyclète, et Narcisse et Pallas
> Ont déposé des rois et donné des États….
> . . . .

---

[1]. Pallas n'a pas été moins adulé que Séjan dont un chevalier romain osait dire en plein sénat : « Janitoribus ejus notescere pro magnifico accipiebatur. » Tacite, *Ann.*, VI, 8.

Vinius est consul et Lacus est préfet :
Je ne suis l'un ni l'autre, et suis plus en effet ;
Et de ces consulats, et de ces préfectures,
Je puis, quand il me plaît, faire des créatures.
(Acte II, sc. II.)

C'est ainsi que devaient parler à Rome ces affranchis redoutés qui, par le talent, l'intrigue ou l'opulence, étaient devenus les premiers personnages de l'empire. Le temps était venu où ils pouvaient enfin lever la tête et opposer leur dédain fastueux aux longs mépris des hommes libres et des nobles. L'insolence gagnait de proche en proche, descendait de degrés en degrés, et il n'est pas de si mince affranchi, arrivé à la fortune par le commerce, l'industrie, l'économie, qui, dans sa mesure, ne dût trancher du Pallas, prendre sa revanche et humilier à plaisir ce patricial pauvre et mendiant qui ne pouvait plus faire sonner que le nom des ancêtres.

Juvénal, comme la plupart des anciens, ne trouve que des paroles de haine et de dégoût pour peindre cette espèce de révolution sociale qui nous paraît aussi juste qu'inévitable. Au nom de ces vieux préjugés contre l'industrie et les métiers utiles, il attaque la fortune souvent fort légitime de ces parvenus, et se livre à d'aveugles colères auxquelles nos idées modernes ne permettent pas de nous associer. Plus d'une de ces tirades emportées nous laisse fort tranquilles, et n'a pas d'autre effet que de nous montrer dans tout son jour ce mépris traditionnel des hommes de loisir et des gens de lettres pour le travail et les arts mécaniques, pour les industries les plus nécessaires et les professions non libérales. Le séjour de Rome est devenu insupportable au mérite honnête, disait-on. « Quittons notre patrie, s'écrie un ami de Juvénal ; qu'Artorius y vive ainsi que Catulus ;

qu'ils y restent, les gens qui ne reculent devant aucun moyen de faire fortune. » Quels sont donc ces grands criminels, qu'ont-ils fait? Ces hommes que maudit Juvénal sont tout simplement des ingénieurs, des industriels, des commerçants : « Qu'ils y restent, ces entrepreneurs à qui tout est facile, qui savent bâtir une maison, nettoyer le lit des fleuves, les ports, les égouts, porter les cadavres au bûcher, offrir à l'enchère comme huissiers priseurs des esclaves à vendre[1]. » Eh bien, diront les modernes, y a-t-il de quoi se récrier? Exercer la profession d'architecte, entreprendre le curage des ports, des fleuves, cela ne vaut-il pas mieux que de mendier à la porte des grands et de passer tout le jour au cirque, *panem et circenses?* Puis venaient les plaisanteries ordinaires sur les vils expédients, sur la fortune rapide de ces parvenus, sur l'impertinence de ces misérables qui se conduisent en princes, achètent la faveur du peuple par des jeux, des spectacles publics, et s'ouvrent ainsi le chemin des honneurs : « Autrefois joueurs de cor, musiciens ambulants, courant de cirque en cirque dans les petits municipes, après avoir fait voir dans toutes les villes leurs joues enflées par la trompette, les voilà qui osent donner des jeux aujourd'hui, et au moindre signal du peuple, ils font tuer le gladiateur, en gens qui savent faire leur cour à la multitude. Au sortir de l'amphithéâtre, ruinés qu'ils sont par cette munificence, ils prennent à ferme les latrines publiques. Et pourquoi non? Ne sont-ils pas de ceux que la fortune se plaît à tirer de la condition la plus abjecte pour les élever au faîte des grandeurs, chaque fois qu'elle veut s'amuser un peu aux dépens des hommes[2]? » Juvénal

---

1. III, 29-33.
2. III, 34-40.

n'a eu que la peine de recueillir et d'aiguiser les rudes épigrammes, les sarcasmes populaires qu'on a dû lancer mille fois à ces nouveaux riches, à Rome comme depuis en France, et par lesquels se vengeaient les privilégiés de toutes sortes et les grands déchus : « Peut-on se contenir quand cet homme qui le dispute en richesse à tous nos patriciens, n'est autre que mon barbier, qui dans ma jeunesse faisait tomber, au petit bruit strident de son rasoir, le poil gênant de mon menton[1] ? » On faisait des mots pleins de sel romain sur ces esclaves venus d'Asie, des va-nu-pieds, *nudo talo*, aventuriers bithyniens, cappadociens, galates, qui exerçaient à Rome le métier de faux témoins, juraient pour de l'argent, amassaient une fortune et finissaient par entrer dans l'ordre équestre, chevaliers asiatiques, chevaliers bithyniens, *equites asiani, equites bithyni*, comme nous dirions aujourd'hui *chevaliers d'industrie*. On voit que le mot n'est pas plus nouveau que la chose. On s'indignait aussi, cette fois en tremblant, contre les affranchis ministres des princes, contre un Tigellinus qu'on osait à peine nommer par crainte des délateurs, et on disait tout bas en rappelant ses crimes et en voyant son insolence : « Quoi ! celui qui versa le poison à trois de ses oncles, se fera porter sur un lit de plume, et du haut de sa litière nous insultera de ses regards dédaigneux[2] ! » Enfin, c'étaient d'éternelles railleries sur le faste ridicule, les belles manières d'emprunt, les affectations prétentieuses de ces parvenus qui, à peine sortis des ergastules ou de la boutique, imitaient les nobles façons, les raffinements et l'élégante mollesse des petits maîtres :

« Comment résister à la satire, dit Juvénal, quand on

1. I, 24.
2. I, 158-162.

voit Crispinus, un homme de la populace égyptienne, un esclave venu de Canope, qui rejette sur ses épaules, avec tant de grâce, son surtout de pourpre tyrienne, qui agite à ses doigts en sueur ses bagues d'été pour les rafraîchir, et ne se sent pas la force de porter dans cette chaude saison ses lourdes pierreries d'hiver [1]. » Dans la première ivresse de la puissance, de la vanité et de la richesse, ces parvenus dépensent l'argent aussi facilement qu'ils le gagnent, et ne savent qu'imaginer pour se mettre hors de pair. Ils achètent des palais près du Forum, ils élèvent au centre de la ville de superbes portiques où ils pourront conduire leur char à l'abri du soleil et de la pluie, des portiques assez longs pour y lasser leurs coursiers, et qui offrent encore cet inappréciable avantage que la corne de leurs mules n'y risque pas de se salir. Tel eunuque, affranchi de Claude, fait construire des bains d'une magnificence inconnue, et prétend par son faste éclipser le Capitole. Un autre se fait gloire de lutter avec les plus célèbres gourmands, et donne six mille sesterces pour un poisson, heureux de faire dire autour de lui que le fameux Apicius, en comparaison, était économe et frugal. Et qu'était-il donc jadis, ce délicat prodigue? Il vint à Rome, vêtu de grosse toile d'Égypte, criant dans les rues et vendant à prix débattu des silures du Nil, poissons de son pays, des compatriotes qui ne valent pas mieux que lui. Il est vrai qu'aujourd'hui l'ancien revendeur est prince des chevaliers [2]. N'insistons pas davantage sur ces murmures de l'opinion publique et ces railleries populaires que Juvénal a condensées dans ses satires avec cette force de style qu'on lui connaît, et, nous le croyons aussi,

1. I, 26-29.
2. IV, 5; VII, 180; XIV, 91; IV, 23-33.

avec un accent d'indignation véritable que certains critiques refusent de reconnaître. Toutes les anciennes idées romaines sur la distinction des classes étaient confondues, et le poëte citoyen n'avait pas besoin d'exciter sa verve pour protester contre ce renversement des mœurs et des institutions consacrées par le temps. Il faut d'ailleurs se rappeler qu'un grand nombre de ces affranchis se sont élevés par le crime, par des complaisances infâmes ou meurtrières, qu'ils étaient redoutés autant que méprisés, et que les grotesques extravagances de ces parvenus et leur ostentation provoquante semblaient vouloir appeler la satire. Mais nous ne devons pas oublier non plus que cette transformation de la société romaine fut un bienfait pour le monde ; que les empereurs, favorables à cette émancipation des affranchis, tout en agissant dans l'intérêt de leur despotisme ou en obéissant à des caprices, étaient les instruments aveugles d'un progrès moral ; qu'en admettant la race servile aux honneurs, en lui ouvrant l'ordre équestre et le sénat, ils effaçaient la distinction des classes et préparaient l'avenir. Quand on vit partout dans les honneurs, dans les magistratures, d'anciens esclaves remarquables quelquefois par leur talent ou leur mérite, on s'accoutuma à l'idée qu'ils étaient des hommes, qu'ils pouvaient être des citoyens, et l'on comprit mieux, une fois qu'elle fut réalisée dans les mœurs, cette égalité humaine proclamée depuis longtemps par les philosophes. Enfin des préjugés funestes tombèrent, ces injustes et trop aristocratiques préventions contre le travail, le commerce, l'industrie ; et comme une barrière rompue en entraîne toujours une autre, il devait arriver que l'avénement des affranchis amenât peu à peu l'abolition de l'esclavage. Aussi, tout en admirant le grand poëte et les ressources de son talent satirique, faut-il signaler, sans le lui reprocher toutefois, la courte vue du philosophe.

V

Les étrangers, les Grecs.

En parcourant les tableaux historiques de Juvénal, on assiste à un double mouvement qui s'opère dans la société romaine, à deux sortes de révolutions pacifiques également irrésistibles et salutaires qui transformèrent le monde en établissant peu à peu l'égalité sociale et l'unité politique. Pendant que les hommes de race servile, émancipés par le travail et la richesse, se glissent dans les honneurs et marchent de pair avec les hommes libres, les provinces, jusque-là traitées en pays conquis, obtiennent l'une après l'autre le droit de cité. Les provinciaux, à leur tour, deviennent des Romains, et, comme les affranchis, vont s'asseoir au sénat. On ne reconnaît plus la Rome d'autrefois depuis qu'elle a été défigurée par les mœurs nouvelles de ces étrangers qui accourent de toutes parts, non-seulement pour se disputer les honneurs maintenant accessibles à tous, mais avec l'espérance de faire fortune, n'importe comment, dans la capitale de l'empire, au centre de la richesse, sur le plus grand marché du monde, dans la ville des faveurs et des plaisirs. Rome devient le rendez-vous de tous les aventuriers, et, comme disait Tacite[1], c'est là que tous les crimes et toutes les infamies affluent de

---

1. *Ann.*, XV, 44.

tous les points du monde. Du fond de l'Asie, de l'Égypte, de la Gaule, de la Grèce, accouraient une foule de gens exerçant des métiers suspects, faux témoins, cabaretiers, prostitueurs, trafiquant de toutes choses et apportant des vices inconnus. « C'est l'argent, dit Juvénal, l'infâme argent qui introduisit d'abord dans Rome les mœurs étrangères. »

> Prima peregrinos obscena pecunia mores
> Intulit [1].

Ce changement dans les mœurs et la physionomie extérieure de la ville humiliait et révoltait tous ceux qui vivaient *more majorum*, et surtout les écrivains dont l'imagination était restée fidèle aux anciennes coutumes, et qui se faisaient à la fois un honneur et un devoir de célébrer la discipline romaine. Qu'on entende cet ami que Juvénal fait parler dans la troisième satire et qui s'expatrie parce que le séjour de Rome lui est insupportable : « Romains, je ne puis souffrir une ville devenue grecque. Que dis-je? de la foule d'étrangers qui nous infestent, cette lie achéenne ne forme que la moindre partie. Depuis longtemps, en effet, l'Oronte syrien paraît avoir mêlé ses ondes à celles du Tibre, et nous a porté la langue, les mœurs de l'Asie, les lyres triangulaires de ses musiciens, les tambours du pays et les courtisanes qui se vendent aux environs du cirque. Courez à elles, vous à qui peut plaire une fille barbare coiffée d'une mitre brodée[1]. » Parmi ces étrangers sortis de tous les coins de l'univers, il en est que Juvénal s'est amusé à peindre avec autant d'esprit que de mauvaise humeur : ce sont ceux qui ont le plus de crédit à Rome,

---

1. *Sat.*, VI, 298.
2. III, 60-66.

qui paraissent les plus insinuants, les plus habiles, les plus dangereux, les Grecs. Cette prévention des Romains contre la Grèce est fort ancienne, et ici encore Juvénal n'est que l'interprète de toutes les doléances que l'on faisait à Rome depuis la première apparition des Grecs au temps de Caton. On se rappelle les plaintes éternelles, parfois fort singulières, du rigide censeur, et ses sarcasmes contre ces étrangers, contre leur philosophie suspecte, leur rhétorique décevante et même leur médecine homicide. L'inculte esprit latin repoussait ces nouveautés et ces raffinements, et non-seulement les plébéiens hostiles aux lettres, qui regardaient l'ignorance comme une vertu civique, mais aussi les écrivains qui empruntaient tout à la Grèce, qui admiraient et copiaient les œuvres de ses poëtes, se croyaient obligés d'insulter ces trop aimables étrangers. Plaute, imitateur des Grecs, ne se fait aucun scrupule de les maltraiter, contrairement même à la vraisemblance dramatique; il est bien sûr de réjouir et de flatter son grossier public en présentant ces gens habiles, ces beaux parleurs comme des débauchés, des intrigants et des coquins. De là dans la comédie et dans le langage populaire un certain nombre d'expressions proverbiales qui témoignent naïvement de ce mépris romain : faire la débauche c'est *vivre à la grecque* (*pergræcari*); la mauvaise foi, c'est *la foi grecque* (*græca fides*). On dit d'un personnage qui, sur la scène, médite une friponnerie : Voyez, il est en train de philosopher (*philosophatur*); autant d'épigrammes patriotiques fort agréables à des Romains qui se défiaient des lettres, de la science, et pensaient que la rusticité est la compagne inséparable de la vertu. Cicéron lui-même, sorti des écoles d'Athènes et de Rhodes, si grand admirateur de la Grèce, formé par elle, feignait de partager cette prévention générale, et dans ses discours publics se ménageait un succès oratoire en faisant du caractère grec un portrait peu flatteur[1]. Tout ce dédain, sincère ou joué, cette défiance si vigilante, n'empêchèrent pas les Grecs de faire la conquête de Rome et d'imposer à de farouches vainqueurs leurs arts, leurs coutumes, leurs modes et jusqu'à leurs plaisirs. Était-ce pour Rome un bonheur ou un malheur que ce changement dans les mœurs et cette politesse nouvelle? Question difficile à résoudre, mais qui n'en était pas une pour des Romains accoutumés à regarder l'élégance de l'esprit et des manières comme une dépravation. Ils ne pensaient pas que la conquête du monde, le pillage, l'excès de la richesse auraient amené la corruption sans les Grecs, et que les arts, les lettres, la philosophie avaient du moins adouci les caractères et donné un certain vernis et des apparences honnêtes à des passions désordonnées qui n'eussent pas été moins vives pour être restées brutales. Néanmoins, on rendait les Grecs responsables de tous les maux, sans se demander s'ils avaient apporté le vice ou s'ils l'avaient orné : « Plus cruel que les armes, dit Juvénal en vers célèbres, le luxe nous dévore et venge l'univers vaincu. La débauche a déchaîné sur nous tous les crimes, toutes les infamies, depuis qu'a péri la pauvreté romaine. C'est l'opulence qui amena sur nos collines la mollesse de Sybaris, les mœurs de Rhodes, de Milet et de cette Tarente couronnée de fleurs, ivre et parfumée[2]. » Juvénal est trop Romain pour ne pas trouver que les Grecs ont tous les défauts ; il répète ce qu'on disait déjà du temps de Plaute : ils sont voluptueux, perfides, menteurs. Elles sont aussi vieilles que faciles, ces plaisanteries sur la véracité douteuse des Grecs. S'il s'ag-

---

1. *Pro Flacco*, I, 28.
2. VI, 292-297.

de l'âge d'or où régnaient la vertu et la pudeur, où l'on ne savait pas encore ce que c'était qu'un voleur, le poète, trop Latin, nous dira : « C'était le temps où les Grecs n'osaient pas encore se parjurer[1]. » En rapportant un trait de la mythologie ou de l'histoire héroïque des Grecs, il ne manquera pas d'ajouter en passant : « Si sur ce point on peut en croire la Grèce (*si Græcia vera*)[2] ; » comme si la mythologie romaine était plus vraie et moins mensongère. Il ne lui coûtera pas d'attaquer les historiens grecs, et l'exagération d'Hérodote racontant l'invasion de Xerxès : « Nous croyons que le mont Athos a été traversé par des voiles, et tout ce que la Grèce menteuse nous débite dans ses histoires ; que la mer, couverte de vaisseaux, a offert aux chars de l'armée perse une route solide ; nous croyons que des fleuves profonds ont été mis à sec et avalés par le Mède dînant, et toutes les belles choses que nous chante le rhéteur Sostrate tout en sueur[3]. » Ainsi, selon Juvénal, la religion, l'histoire des Grecs ne sont pas plus véridiques que la parole et les témoignages des particuliers dans la vie civile.

Ces sortes d'épigrammes lancées en passant et en toute occasion, et qui remontent au temps de Caton, sont des taquineries romaines trop prévues pour être amusantes. Nous aimons mieux nous arrêter un instant devant le vigoureux portrait que Juvénal nous a laissé des Grecs de son temps, et qui est à la fois un beau morceau de poésie et d'histoire, bien qu'on puisse soupçonner le satirique d'avoir outré la vérité jusqu'à la caricature. Les Grecs asservis, appauvris par la domination de Rome, n'ayant plus d'occupations politiques, accou-

1. VI, 16.
2. XIV, 240.
3. X, 175-178.

rent dans la ville des richesses, du luxe, de la volupté, pour y faire valoir grands et petits talents. Leurs métiers utiles ou frivoles, leur esprit délié, leur beau langage, leur entrain et leur civilité empressée les font bien accueillir par les riches qui aiment la flatterie délicate et des subalternes bien élevés. Ils ont pour parvenir, et le prestige du talent et le génie de l'intrigue, personnages dangereux, moitié Figaro, moitié Tartuffe, aussi souples que constants, sachant s'introduire dans les familles et y rester, enfin, par la douceur et la patience de leurs empiétements, dominer leurs protecteurs. Les voilà qui s'abattent sur Rome par volées ; ils viennent on ne sait d'où, de Sicyone, d'Andros, de Samos, d'Alabande : « Ils vont se loger aux Esquilies ou au mont Viminal, pour être l'âme des grandes maisons, en attendant qu'ils en deviennent les maîtres. Ils ont le génie prompt, une audace sans scrupule, la parole rapide et plus précipitée que celle d'Isée. Dites-moi un peu, comment vous figurez-vous un Grec ? Il y a en lui je ne sais combien de personnages. Grammairien, rhéteur, géomètre, peintre, baigneur, augure, funambule, médecin, magicien, il est tout ce qu'on veut, il sait tout faire. Un de ces petits Grecs affamés monterait au ciel pour vous complaire. Aussi bien, ce n'était pas un Maure, ni un Sarmate, ni un Thrace, ce Dédale qui s'avisa de s'attacher des ailes; c'était un Athénien[1]. » Veut-on savoir pourquoi le Romain est exaspéré contre les Grecs ? C'est que dans ce grand art de séduire, il ne peut lutter avec ces subtils étrangers, qu'il n'a ni leur grâce ni leur dextérité, et qu'il se laisse devancer par eux dans la faveur des grands. Sur ce terrain glissant, le Grec agile prend le pas sur le lourd Quirite qui voudrait bien arriver le premier. Ces

---

1. III, 70-80.

cris patriotiques de citoyen protestant contre le succès de ces habiles étrangers ne ressemblent pas mal aux plaintes de l'impuissance jalouse : « Quoi ! ce Grec signerait avant moi ! Il sera couché sur le meilleur lit à table, un aventurier que le vent a poussé à Rome avec des figues et des pruneaux ! N'est-ce donc rien que notre enfance ait respiré l'air de l'Aventin et se soit nourrie des fruits du Latium[1] ? » Mais il ne s'agissait pas d'être né dans le voisinage du Capitole et d'avoir mangé des légumes sabins pour marcher lestement sur le chemin de la fortune. Les Grecs ont un secret que les Romains n'ont pas, bien que ceux-ci ne manquent pas de bonne volonté, l'art de flatter. S'il faut en croire Juvénal, ils sont capables de tout sans se mettre en peine de donner à leurs louanges quelque vraisemblance. Ici le poëte exagère et nous semble calomnier l'esprit des Grecs, qui devaient être plus habiles que cela et tourner mieux leurs compliments : « Ajoutez que cette race, qui connaît les secrets de l'adulation, vantera la conversation d'un sot, la beauté de quelque laide figure, dira à un malade efflanqué qu'il a les épaules d'Hercule, d'Hercule élevant dans ses bras, pour l'étouffer, le terrible Antée[2]. » Ces sortes de contre-vérités sont trop grossières pour qu'on puisse les attribuer aux Grecs, qui ne mériteraient plus assurément d'être appelés par le poëte lui-même *adulandi gens prudentissima*. La flatterie, quelque effrontée qu'on la suppose, y va plus doucement ; elle exagère les qualités réelles, et ne s'avise guère d'attirer l'attention sur des défauts visibles et choquants. Nous préférons les vers où Juvénal met en scène la complaisance des Grecs et la facilité avec laquelle ils prennent tous les rôles et tous les

1. III, 81-85.
2. III, 86-89.

visages. Dans la vie comme sur le théâtre, ils sont de grands acteurs : « C'est une nation comédienne par nature. Tu ris, le Grec éclate de rire ; s'il voit couler les larmes d'un ami, il pleure, sans avoir le moindre chagrin. Si tu demandes du feu par un temps un peu froid, vite il endosse un lourd manteau. J'ai chaud, dis-tu, aussitôt il sue[1]. » Cet art de flatter était en Grèce une véritable profession, une sorte de métier reconnu, auquel bien des gens étaient forcés de demander leur subsistance. Comme dans l'antiquité, presque tout le travail était concentré entre les mains des esclaves, les pauvres ne pouvant lutter contre la concurrence écrasante des bras serviles, durent se faire parasites, complaisants, bouffons, colportant dans les maisons riches leurs bons mots et leurs compliments, et cherchant leur vie dans la seule industrie qui leur fût accessible. Une ample provision de mots piquants rassemblés de toutes parts, appris par cœur, tel était le capital roulant de ce singulier commerce qui ne laissait pas de rapporter des intérêts. Lucien, dans un charmant dialogue, a prouvé avec une docte ironie que ce vil métier est un art. Athénée cite les noms et les saillies de ces artistes quelquefois renommés. A la longue, cette profession devint nécessaire, et l'on eut son flatteur à Athènes comme on avait son singe. De la Grèce elle passa à Rome, où des mœurs plus rudes et grossières rendirent d'abord le métier fort pénible. La jovialité romaine avait fait du parasite un souffre-douleur, et au milieu de la joie brutale des festins, c'était plaisir pour les convives de casser la vaisselle sur la tête du malheureux, de lui jeter de la cendre dans les yeux, de lui lancer des débris de meubles. Pour des Romains, c'étaient là de bons tours et de spirituelles

1. III, 100-103.

espiègleries. A Rome, la force d'âme, une bonne humeur intrépide étaient plus nécessaires au parasite que l'esprit, et, de plus, pour bien faire son métier, comme le dit Plaute, il fallait être de la famille des *duricrânes*. Mais à mesure que les mœurs s'adoucissent et deviennent plus élégantes, la profession se transforme et s'ennoblit. Il ne s'agit plus de faire le bouffon ni d'endurer les coups. Dans Térence, Gnathon le parasite fait la théorie de cet art plus raffiné qui consiste, non pas à plaisanter, mais à caresser la vanité des riches : « Quoi qu'ils disent, je l'approuve ; s'ils disent le contraire, j'approuve encore. On dit non, je dis non ; on dit oui, je dis oui. C'est le métier qui rapporte le plus aujourd'hui[1]. » Le parasite s'est fait adulateur, et dans cette profession rendue plus difficile, naturellement les Grecs réussissent mieux que les Romains. Ce n'est pas que ceux-ci fussent plus fiers et plus dignes ; eux aussi se faisaient les commensaux des grands, sollicitaient la confiance et la libéralité des riches, et, selon l'usage, cherchaient à faire coucher leur nom sur un testament ; mais dans leurs ménages, ils manquaient de dextérité, comme le reconnaît Juvénal : « La partie n'est pas égale ; il doit l'emporter sur nous celui qui peut nuit et jour changer de visage, envoyer des baisers et des louanges[2]. » Cette inégalité dépite les Romains, tous ces clients besoigneux qui sont évincés au profit des Grecs. Je crois entendre leurs plaintes dans les vers de Juvénal : « Il n'y a point de place pour un Romain là où règne un Protogène, un Érimarque, un Diphile. La jalousie, qui est le vice de leur nation, ne leur permet pas de partager un ami ; ils veulent l'avoir tout seuls. Car, aussitôt qu'ils ont versé dans l'oreille

---

1. *Eunuque*, acte III, sc. ii.
2. III, 104-106.

crédule du patron un peu de ce poison dont la nature et leur patrie les a pourvus, moi, Romain, je suis éconduit, on m'interdit la porte[1]. » Pour être juste, il faut reconnaître qu'il entrait bien un peu de patriotisme dans cette jalousie, et que la passion du poëte était assez clairvoyante. En effet, les Grecs, partout répandus et partout nécessaires, transforment insensiblement la société romaine, lui imposent leurs coutumes, s'emparent de l'éducation, des écoles, donnent le ton dans les festins et les compagnies, et pénètrent dans l'intérieur des familles où ils courtisent tout le monde, même la grand'mère. Tartuffe s'assure de madame Pernelle. Ils font si bien qu'il devient de mode de ne parler que grec. C'est le langage favori des dames romaines ; c'est en grec qu'elles disent des tendresses à leurs amants, c'est en grec qu'elles font l'amour, *concumbunt græce*. Non-seulement les mœurs sont devenues grecques, la littérature elle-même va le devenir. Après Juvénal on ne saura plus parler latin. Quels sont les auteurs distingués que nous allons rencontrer ? Un Apulée, un Fronton, tandis qu'une nouvelle floraison des lettres grecques permettra d'appeler le siècle des Antonins une renaissance. Ainsi ces petits Grecs si méprisés, *Græculi*, par leurs talents et par leurs vices, et surtout pour être restés fidèles à leurs traditions littéraires et à leurs mœurs polies, se sont emparés peu à peu du monde romain. Malgré les préventions injustes ou légitimes, ils se sont partout insinués dans cette société qui paraissait si bien défendue par sa discipline et sa défiance, et en répandant partout leur esprit par une longue suite d'insensibles infiltrations, il ont fini par opprimer même la langue de leurs vainqueurs.

1. III, 119-124.

VI

Les religions orientales

Au-dessous du monde élégant et riche où les Grecs exerçaient surtout leur influence, une autre invasion d'étrangers bien plus dangereuse menaçait dans Rome, devenue cosmopolite, la morale païenne et l'antique religion. Des croyances et des superstitions nouvelles apportées par les Orientaux se répandaient dans le bas peuple et minaient sourdement les derniers fondements de l'ancienne société. Notre dessein ne peut pas être de traiter ici en quelques mots cet intéressant sujet qui touche à l'histoire de la plus grande révolution morale, et, par certains côtés, à l'établissement du christianisme. Dans les étroites limites où nous devons nous renfermer, c'est assez pour nous d'indiquer ce tableau historique en empruntant tous les traits à Juvénal et en nous plaçant encore une fois au point de vue de ses préventions et de ses haines patriotiques. Ce n'est pas que le poëte soit un païen fort dévot ; il traite bien légèrement les dieux du paganisme et les croyances autrefois les plus respectées. Il ne faut pas se laisser tromper à son apparente piété. Sans doute il dira, par exemple, que les mœurs sont perdues depuis que la religion romaine a été altérée ; il vantera la naïve piété des premiers âges, les dieux indigènes du Latium ; il prouvera que la vieille probité était attachée au vieux culte, et qu'elle a disparu avec lui. Mais ce ne sont là que des regrets politiques, les plaintes du citoyen célébrant le temps passé, des phrases de déclamateur quelquefois, et non pas une profession de foi religieuse. Au contraire s'il trouve l'occasion de se divertir aux dépens de la mythologie et des fables poétiques de la Grèce qui sont une partie importante de la religion païenne, il fera montre de son incrédulité. Lucien ne parle pas des dieux avec plus d'irrévérence. « Le bon temps pour les hommes était celui où l'Olympe n'était pas encore peuplé de tant de divinités, le temps où Junon n'était encore qu'une petite fille, Jupiter un simple particulier ; où l'on ne banquetait pas encore au-dessus des nuages, où il n'y avait pas d'échanson divin, où chaque dieu dînait seul, où le ciel, moins chargé d'habitants, pesait moins sur les épaules du malheureux Atlas. C'était aussi le bon temps que celui où les enfers n'étaient pas inventés, où il n'y avait pas de Pluton, pas de supplices, ni roue, ni rocher, ni vautour ; où toutes les ombres étaient heureuses pour n'être pas soumises à des tyrans infernaux [1]. » Juvénal fait la parodie de l'Olympe, naturellement, sans affectation d'impiété, sans audace, avec le ton leste et dégagé d'un homme qui s'adresse à des lecteurs aussi incrédules que lui. En plus d'un endroit il constate le discrédit dans lequel la Fable est tombée : « Qu'il y ait des mânes, un royaume souterrain, des grenouilles noires dans le Styx, une barque de Caron, c'est ce que ne croient plus même les enfants [2]. » A cette époque, l'incrédulité était devenue générale, et des grands, des philosophes, des hommes de lettres, avait passé même dans le peuple. Mais, ainsi qu'on l'a souvent remarqué dans les sociétés désabusées de leurs croyances, il se fit à Rome un sourd travail

1. XIII, 38-52.
2. II, 149-151.

religieux, incertain, sans but précis. D'effroyables malheurs à la fin de la république, la désoccupation politique sous l'empire, une vague inquiétude, le besoin de remplacer des croyances surannées, tout ramenait la conscience humaine déconcertée à des idées et à des pratiques religieuses. Les hommes d'élite cherchèrent dans la philosophie, plus que jamais, des consolations et des espérances, s'abritant sous les principes des écoles accréditées, et, comme on le voit par l'exemple de Sénèque, d'Épictète, de Marc Aurèle et de bien d'autres, répandant les principes de la sagesse avec l'accent de la piété et transformant l'enseignement philosophique en touchante prédication. D'autre part, le peuple incapable de se faire initier aux doctrines philosophiques, se rejetait sur les superstitions étrangères dont la nouveauté l'étonnait, et qui, d'ailleurs, allaient au-devant de sa naïve crédulité. Dans cette multitude hétérogène qui composait alors la population romaine et qui affluait de toutes parts dans la capitale de l'empire, Juvénal a démêlé tous les cultes avec plus ou moins de clairvoyance et décrit les pratiques des prêtres avec le double mépris de l'incrédulité et du patriotisme. De satire en satire, nous pouvons passer en revue cette longue suite de superstitions étrangères. Vous voyez là les prêtres de Cybèle, les corybantes, les galles, qui, après avoir parcouru pendant le jour les rues de Rome, exécutant leurs danses sacrées avec mille contorsions, au son des cymbales et d'autres instruments, vont le soir dormir dans les cabarets, ignobles vagabonds, s'il faut en croire le satirique, qui cherchent un refuge nocturne dans les lieux mal famés, et s'endorment, épuisés de fatigue, parmi des voleurs et des assassins, à côté de leurs tambourins muets [1]. Ces peintures de

---

1. VIII, 175.

mœurs si vivement colorées et parfois trop précises dans leur impudeur, ne sont pas inutiles à l'histoire, et nous mettent sous les yeux les turpitudes de ces mystères de Cybèle, les bizarres cérémonies auxquelles préside quelque fanatique en cheveux blancs, les consultations clandestines données aux dames romaines par ces imposteurs révérés. Celles-ci les font venir dans leurs maisons où le chef de la bande, coiffé de la mitre phrygienne, entouré de ses affreux acolytes, rend ses oracles, commande les offrandes, les ablutions lustrales, les abstinences. Pour écarter les malignes influences et pour expier les fautes, il exige de la dame, à son propre profit, le sacrifice de ses belles robes, il la force de faire le tour du champ de Mars sur ses genoux ensanglantés. C'est par de tels prestiges qu'il établit son empire, ce pontife menteur avec son troupeau de prêtres vêtus de lin, à la tête rasée, vagabond sacré qui se moque des pieuses lamentations auxquelles il a condamné le peuple imbécile de ses fidèles[1].

Les astrologues chaldéens inspiraient plus de confiance encore depuis que la chute de la religion, l'oubli des anciennes pratiques, le discrédit des oracles, ne laissaient plus aux Romains le moyen de connaître l'avenir. Les oracles de l'astrologie remplaçaient ceux de Delphes qui ne parlaient plus[2]. Ce silence date de l'ère chrétienne, le fait est certain, attesté par un grand nombre d'écrivains qui l'expliquent diversement. Les chrétiens prétendaient que la venue du Christ avait chassé les démons, qui se servaient des oracles pour abuser l'esprit des hommes; Lucain donnait une raison assez spécieuse quand il disait que les princes et les rois,

---

1. VI, 511-541.
2. Delphis oracula cessant. VI, 555.

par crainte des réponses indiscrètes, avaient tout simplement fait taire les dieux :

Et superos vetuere loqui.

Il est plus naturel de penser que le peuple, rendu moins crédule, avait découvert la fraude. Quoi qu'il en soit, les Chaldéens héritèrent de toute la confiance que les oracles avaient perdue. On avait beau les chasser de Rome, ils revenaient toujours[1]; les plus influents d'entre eux étaient précisément ceux qui avaient été exilés, qui sortaient de prison et qui avaient vu la mort de près. On se passionnait pour eux, on les regardait comme des martyrs, et la persécution ajoutait à leur autorité. Il serait sans intérêt d'énumérer ici et de décrire toutes les pratiques bizarres, puériles, ou inhumaines des cultes asiatiques, par lesquelles le monde romain donnait le change à ses besoins religieux. Ces prêtres, ces aruspices, ces astrologues, ces médecins exploitant une science mystérieuse, règlent dans le dernier détail la vie des dames romaines. Ils leur promettent ou un amant fidèle ou un héritage, et, quand elles sont malades, ils leur mettent entre les mains un obscur grimoire, un livre de nombres que celles-ci consultent pour peu qu'un œil les démange, ou pour savoir à quelle heure il faut prendre de la nourriture. Il y a des superstitions dispendieuses pour les classes aisées, il en'est pour les pauvres, à la portée de toutes les bourses. Tandis que la femme du peuple va consulter les diseurs de bonne aventure qui stationnent dans le cirque et qu'elle expose sa main et son visage à des devins de carrefour, auxquels elle soumet des affaires de cœur et demande, par exemple, « si elle ne ferait pas bien de planter là

---

1. Tacite, *Hist.*, I, 22.

le cabaretier pour épouser le fripier, » la riche matrone s'adresse à des prêtres qui coûtent plus cher et qu'elle fait venir à grands frais de la Phrygie ou de l'Inde[1].

Il y aurait un curieux chapitre à faire sur les préventions romaines contre la religion juive que Juvénal, comme tous les écrivains de l'époque, a rangée parmi les superstitions étrangères et les jongleries orientales. Mais ce serait faire trop d'honneur à quelques vers satiriques que de raconter longuement comment les Juifs se sont établis et multipliés à Rome, et pourquoi ils ont soulevé tant de haines. Constatons seulement que le poëte, sans ignorer leurs coutumes, ne comprend pas leurs croyances et ne s'est point fait initier à leur loi. Il les juge comme le vulgaire, il répète ce qu'on disait sans doute autour de lui; mais dans la naïveté de son ignorance, il nous fournit quelques détails qui ne sont pas sans prix. En histoire, rien n'est souvent plus instructif que les erreurs passionnées des contemporains. Juvénal est encore l'organe de l'opinion publique quand il considère les Juifs comme des ennemis de l'État, bien plus, comme les ennemis du genre humain : « Ils sont accoutumés, dit-il, à mépriser les lois romaines; ils ne pratiquent, ils ne révèrent que la loi judaïque, je ne sais quelle loi que Moïse leur a transmise dans un livre mystérieux.... Ils n'indiqueraient pas le chemin à un voyageur qui n'est pas de leur secte; ils ne montreraient une fontaine qu'aux seuls circoncis[2]. » Le poëte, comme tout le monde à Rome, avait bien observé les mœurs des Juifs, leur isolement, leur horreur à la fois religieuse et nationale pour les païens; mais, comme tout le monde aussi, il n'avait pas daigné se faire expliquer

---

1. VI, 553-591. — Divitibus responsa dabit Phryx augur et Indus.

2. XIV, 100-104.

la loi de cette tourbe méprisée. Quand Juvénal s'avise de parler de leur religion et de découvrir les secrets de ce culte incompris, il n'est que l'écho de bruits populaires, et ne donne que des explications aussi vagues que légères. Savez-vous pourquoi les Juifs se conduisent ainsi et se croient meilleurs que les autres ? « C'est, dit-il, que leur père imagina de passer dans l'oisiveté le septième jour de chaque semaine [1]. » Singulière raison qui prouve combien peu un poëte satirique se met en peine d'examiner et de comprendre ce qu'il déteste. Juvénal, Tacite et les autres écrivains profanes ne connaissent de la religion juive que ce que de lointaines rumeurs, les moqueries du peuple, leur ont appris. Peut-être ont-ils vu quelques cérémonies extérieures de ces étrangers mal famés; mais sans se demander quel est le sens de ces pratiques, ils les jugeaient à première vue honteuses et ridicules. Ce culte si fort au-dessus du paganisme, ce culte tout moral d'un Dieu unique qui ne souffrait dans son temple ni statues ni images, échappait à l'intelligence de ces hommes dont l'imagination, du moins, était restée idolâtre. Le peu de renseignements certains qu'ils avaient obtenus sur cette secte obscure ne servait souvent qu'à égarer davantage leur jugement, parce qu'ils parlaient avec tout l'aplomb de l'ignorance qui se croit savante. Ainsi, comme Juvénal avait sans doute entendu dire que le temple de Jérusalem était sans toit, qu'il ne renfermait pas d'images sensibles de la Divinité, que les Juifs priaient en se tournant du côté de l'orient, il ne lui en fallait pas davantage pour affirmer avec assurance « qu'ils n'adorent que la puissance des nuages et le ciel [2]. » Et pourquoi un poëte romain

---

1. XIV, 105.
2. *Ibid.*, 94.

se serait-il donné la peine d'approfondir les croyances d'une populace misérable, dont les mœurs faisaient horreur, paraissaient farouches et inhumaines, et qui n'exerçait d'ailleurs à Rome que des métiers vils ou suspects? On sait par de nombreux témoignages des anciens que les Juifs s'étaient établis et rassemblés dans les plus bas quartiers de Rome, au delà du Tibre (le Ghetto, où ils sont confinés aujourd'hui, est une partie du Transtévère où ils avaient volontairement fixé leur résidence il y a près de deux mille ans). Dans ce pauvre faubourg où l'on paraît avoir relégué les industries insalubres et le commerce innommé des grandes capitales, ils faisaient toutes sortes de petits trafics, marchands d'allumettes, chiffonniers, revendeurs, ou bien encore interprètes de songes et diseurs de bonne aventure. Juvénal les représente aussi comme des mendiants que l'on a internés, sans doute après quelque persécution, dans une forêt voisine de Rome, près de la fontaine Égérie, où ils payent au peuple romain un droit de stationnement : « Ce lieu consacré et les bois de cette sainte fontaine sont loués à des Juifs qui n'ont d'autre mobilier qu'un panier et le foin de leur lit.... Chaque arbre est forcé de payer au peuple un prix de location, et depuis que les muses en ont été chassées, toute la forêt mendie [1]. » Cependant, malgré ce mépris que les hautes classes, les lettrés et la foule des païens ressentaient pour ces étrangers, hostiles aux lois romaines, *ennemis de l'humanité*, la doctrine et le culte des Juifs se répandaient peu à peu dans le peuple, et l'on voit qu'au temps d'Horace, de Perse, de Sénèque, le monde païen leur avait emprunté, sans s'en douter, certaines coutumes et pratiques religieuses dont on comprenait mal

---

1. III, 13-16

peut-être le sens et la portée. Les ablutions, le jeûne, les lampes allumées, le repos du septième jour, étaient des usages assez généralement adoptés pour que les écrivains de l'époque aient cru devoir s'en moquer ou s'en indigner. La propagande des Juifs, fort active, était favorisée par l'état des esprits, par le discrédit de l'ancienne religion, par le goût pour la superstition nouvelle ou les initiations clandestines, et surtout par les vagues aspirations de cette foule cosmopolite qui composait la population romaine, et qui, sans patrie, sans ressources, sans croyances, allait chercher dans une association puissante non-seulement un soutien, mais un culte et des espérances. Il semble même que cet esprit de prosélytisme que les païens avaient remarqué ne se soit pas toujours renfermé dans les dernières classes de la société, et qu'il ait essayé de faire quelques conquêtes dans le plus beau monde. Juvénal nous montre une Juive qui s'introduit dans la maison d'une matrone à qui elle explique la Bible pour de l'argent : « Alors s'approche une Juive qui vient de quitter son panier et son foin, et, tremblante, elle mendie à l'oreille. C'est pourtant l'interprète des lois de Solyme, la grande prêtresse de la forêt et la messagère fidèle du ciel. La dame lui met dans la main quelque monnaie, sans se montrer trop généreuse, car c'est à bon marché que les Juifs vendent leurs visions[1]. » Que dans ces consultations furtives il y ait eu beaucoup de curiosité féminine, frivole et oisive, nous sommes disposé à l'admettre et nous n'attachons pas plus d'importance qu'il ne faut aux passages de Juvénal que nous venons de citer. Mais, enfin, nous voyons que la religion juive fait des progrès à Rome, qu'elle attire les misérables et même l'attention

---

1. VI, 542-547.

dédaigneuse des écrivains profanes, que l'on s'inquiète de voir les coutumes incomprises de ce peuple méprisé se répandre de plus en plus. Le vieil esprit romain, de toutes parts débordé, en est réduit à se défendre par des cris d'alarme ; il voudrait repousser ces mœurs et ces doctrines étrangères qui le dénaturent ; il sent confusément que l'art grec dans les classes élevées de la société, la superstition orientale dans les rangs inférieurs du peuple, transforment le monde, et, de même qu'Horace disait : La Grèce conquit Rome, ainsi Sénèque, faisant allusion aux Juifs qu'il confondait peut-être avec les chrétiens, s'écriait avec douleur : Les vaincus ont donné des lois aux vainqueurs ; *victi victoribus leges dedere.*

VII

Les pauvres.

Dans cette revue rapide de toutes les classes de la société romaine, nous devons nous occuper un moment de la plus nombreuse et la plus confuse, d'où sortaient toutes les autres, où elles rentraient, de la classe des pauvres. Si Rome, ainsi que nous venons de le voir, était devenue le rendez-vous de tous les peuples, et offrait à tous les aventuriers le moyen de faire fortune par leurs arts, leur industrie, leur commerce, leurs superstitions lucratives, les mendiants aussi de tous les pays y affluaient, comme il arrive dans les capitales, où la misère attend les reliefs de l'opulence. La mendicité se promène dans les rues, s'établit sur les ponts et les quais, revêt toutes les formes, quelquefois semble exercer un petit métier et trouve mille moyens de solliciter la pitié. Celui-ci dit la bonne aventure ; celui-là, pour n'avoir pas à raconter sans cesse son malheur à chaque passant, porte suspendu à son cou le tableau qui représente son naufrage. La Juive pénètre en tremblant dans les maisons et mendie timidement à l'oreille des dames romaines ; elle dresse sa jeune famille à demander l'aumône [1]. La mendicité donne lieu à une horrible industrie ; on vole et on mutile des enfants qu'on envoie dans les carrefours étaler leurs hideuses infirmités pour exciter la compassion au profit des bourreaux. Sans nous arrêter sur cette mendicité qui n'est point particulière à l'antiquité, on peut dire que presque tout le monde était pauvre à Rome. Le peuple romain tout entier ne vivait que de libéralités. Le gouvernement se chargeait de lui fournir tout ce dont il avait besoin, des jeux et du pain. Les riches nourrissaient leurs clients, « la foule des quirites en toge qui se disputaient la sportule [2] ; » tous tendaient la main devant une porte opulente, magistrats, patriciens, affranchis, confondus dans l'égalité de la misère. La principale cause du mal était l'extension de la grande propriété qui envahissait des provinces entières, transformait en pâturages ou en jardins improductifs la terre habitée par les hommes, et par des usurpations continuelles que le gouvernement même des empereurs ne pouvait empêcher, dépeuplait les campagnes et réduisait les laboureurs à chercher un asile dans Rome en n'emportant dans leur suite que leurs dieux pénates et leurs enfants : « Vous compteriez à peine, dit Juvénal, ceux qui ont à pleurer aujourd'hui le champ usurpé de leurs pères [3]. » Même dans les

---

1. V, 8; IV, 117; XIV, 301; VI, 34 , V, 11.
2. I, 101.
3. Dicere vix possis quam multi talia plorent. XIV, 160.

satires où le poëte ne songe pas à peindre le paupérisme romain, on rencontre bien des détails particuliers sur les causes de ruine si nombreuses à Rome où tout était poussé à l'extrême. On y est écrasé par les nécessités du luxe : « Tous nous vivons ici dans une pauvreté ambitieuse,

> Hic vivimus ambitiosa
> Paupertate omnes[1].

Chacun s'habille comme le riche ; on emprunte de l'argent pour faire figure, et l'on sait à Rome où mènent les dettes et l'usure. La plébéienne pauvre imite la matrone qui se fait porter sur les épaules des esclaves syriens. Elle aussi veut paraître aux jeux en grand appareil. Elle louera des habits, des coussins, une litière, un cortége : « Les femmes n'ont plus aujourd'hui la pudeur de la pauvreté. »

> Nulla pudorem
> Paupertatis habet[2].

L'ostentation d'un luxe insensé renverse les plus grandes fortunes. On dévore sans souci son patrimoine, revenus, argent massif, troupeaux, domaines ; on est forcé de vendre son anneau de chevalier, et « Pollion mendie le doigt nu[3]. » Qu'est-il besoin de relever ici, d'après Juvénal, toutes les causes particulières ou générales de cette pauvreté qui offrait à Rome de si tristes et de si honteux spectacles ? Pour soupçonner et reconnaître l'étendue et la profondeur du mal, il suffit de se rappeler, dans presque tous les écrivains de l'empire, et surtout

1. III, 182.
2. VI, 358.
3. XI, 43.

dans les philosophes, ces éternelles invectives contre le luxe, qui nous semblent aujourd'hui des lieux communs d'école et des exercices de rhétorique, mais qui, dans l'antiquité, sont aussi raisonnables qu'éloquentes. Tous ces discours sur l'inégalité des conditions, sur l'insensibilité des riches et leurs dépenses extravagantes, ces appels à la générosité, ces éloges du pauvre dont on ne se souciait guère autrefois, tout cela nous avertit que le monde païen, éclairé enfin par l'excès de la misère, s'éveille à la charité. Le paganisme s'est attendri et réclame en faveur des misérables par la bouche de ses philosophes, de ses poëtes et même de ses rhéteurs, qui font de la pitié le texte de leurs déclamations. Ne dédaignons pas ces protestations de la conscience humaine qui commence à entrevoir la justice sociale et des devoirs nouveaux; ce ne sont pas des cris de révolte, mais de douleur ; et si le poëte, comme toujours, n'a pas montré beaucoup d'originalité dans ses injures contre le faste stérile et le luxe destructeur, s'il est encore ici l'interprète de l'opinion générale, sachons reconnaître du moins, sous la véhémence de ses paroles, l'opportunité de la plainte. Ce concert de malédictions et de conseils pacifiquement comminatoires va continuant pendant tout l'empire; Lucien mêlera à la forte voix de Juvénal sa raillerie lucide et son ironie pénétrante, jusqu'au moment où les orateurs chrétiens, poursuivant le même but, mais changeant de langage, ajouteront à ces invectives contre les riches des accents de tendresse pour les pauvres, et feront de la charité un devoir religieux.

Bien que la littérature fût plus que jamais cultivée, et peut-être à cause de cette culture générale, les hommes de lettres n'étaient pas les moins malheureux. Une concurrence sans frein avait gâté et perdu les professions libérales que les riches ne soutenaient plus, appauvris qu'ils étaient eux-mêmes par de vaines profusions. Depuis qu'une rage incurable d'écrire possédait tant de gens, l'éloquence et la poésie ne nourrissaient plus la plupart des hommes de talent, réduits souvent pour vivre à louer leurs bras et à prendre des métiers de rechange. Les riches et les protecteurs se mêlaient de faire des vers, et, comme leurs futiles compositions ne leur coûtaient pas beaucoup de peine, ils ne songeaient guère à récompenser celles d'autrui. Les Mécènes nouveaux aimaient mieux entretenir à grands frais des bouffons, des jongleurs, des magiciens, des lions apprivoisés, et réserver leur argent pour les bizarres fantaisies du luxe. Leur générosité allait bien quelquefois jusqu'à mettre à la disposition d'un poëte une de leurs maisons inhabitées pour y faire des lectures publiques : ils lui prêtaient la grande salle, leurs clients et leurs claqueurs : mais le mobilier improvisé, l'estrade, les banquettes, restaient à la charge du poëte, qui n'était pas assez riche pour acheter si cher sa renommée. Après avoir fait crouler les banquettes sous les applaudissements, il est surpris par la faim. Pour un Lucain qui peut dormir et rêver dans les beaux jardins de son opulente famille, combien d'autres n'ont que la gloire, n'obtiennent que des couronnes de lierre et de maigres statues, trop fidèles images, hélas! du poëte affamé, qui accuseront auprès de la postérité l'ingratitude du siècle! les historiens, dont le travail exige encore plus de temps, de constance, de papier et de dépenses, gagnent moins qu'un greffier ; les maîtres de la jeunesse se rompent la poitrine dans les écoles, meurent d'ennui et de dégoût, obligés de répéter sans cesse les mêmes refrains de rhétorique, et, tout en montrant une patience qu'un père même n'aurait pas, ils sont frustrés de leur salaire, parce que les parents de leurs élèves ont besoin de tout leur argent pour subvenir à des folies somptueuses, pour payer des maîtres d'hôtel et des cuisiniers fameux : « Ce qui coûte le moins à un père, c'est l'éducation de son fils [1]. » Aussi le malheureux rhéteur finit par abandonner son école pour suivre le barreau, où il espère que son éloquence sera mieux récompensée. Là encore, il rencontre la misère. La profession d'avocat, autrefois si honorable, qui menait à la gloire et à la fortune, était bien dégénérée. Sous la république, l'avocat souvent ne recevait pas d'honoraires, mais sa nombreuse et reconnaissante clientèle le payait en suffrages dans les élections. Sous l'empire, quand l'éloquence du barreau perdit son influence politique, la profession ne resta plus gratuite, et une honteuse vénalité, souvent flétrie par les écrivains du temps, déshonora presque tous les grands orateurs. Les plus renommés se font accusateurs publics, les instruments des vengeances impériales, et leur avidité, soutenue par une éloquence féroce et sanguinaire, recueille les dépouilles des victimes. Princes et particuliers prodiguent l'argent à ces terribles talents; on les adule, on les comble de cadeaux, on leur envoie, pour leur faire honneur, des objets d'art, vases précieux, statues, et jusqu'à de riches vêtements. Marcellus Eprius et Vibius Crispus se firent ainsi une fortune dont l'énormité fut un scandale. Mais, lorsque le gouvernement modéré de quelques empereurs mit fin à ces continuelles accusations et ferma cette horrible carrière, les avocats dont le nombre s'était fort accru par l'appât d'un gain facile offert à la méchanceté non moins qu'au talent, furent forcés de se rabattre sur les causes privées dont ils avaient dédaigné les trop faibles bénéfices. La place était occupée par les praticiens qui, profitant de cette absence des avocats, étaient deve-

---

[1]. Voir sur la misère les classes lettrées toute la septième satire.

nus fort nombreux aussi et avaient d'ailleurs gâté le métier par la modestie de leurs prétentions. Comment les plus avisés de ces orateurs essayèrent de vaincre la concurrence et par quels singuliers expédients ils attirèrent l'attention et la confiance des clients, nous le voyons dans les satires de Juvénal. Les trafiquants de la parole eurent recours à toutes les ruses du charlatanisme mercantile. Ils plaidèrent en grand appareil, tâchant d'éclipser leurs rivaux par l'étalage de leur luxe et se faisant payer en proportion de leur magnificence. Il y en eut qui, pour rappeler la noblesse de leur famille, avaient fait faire en airain, dans le vestibule de leur maison, un de leurs ancêtres monté sur un char triomphal; tel autre s'élevait à lui-même une statue équestre, en ayant soin de donner à son image une fière tournure et un air intrépide. Martial montre plaisamment l'ouvrier fondeur ajustant de son mieux l'avocat sur son coursier de métal. Quand on allait plaider, on se faisait porter au tribunal en litière, avec un long cortége de clients et d'esclaves. Juvénal ne peut se contenir en voyant dans les rues un avocat dont la pauvreté est notoire, Mathon le ventru, emplissant de sa rotondité une litière qu'il possède de la veille. On se rendait à la basilique en robe de pourpre, et on faisait voir en plaidant ses doigts chargés de bagues, ornés d'améthystes. Comment offrir de faibles honoraires à un homme qui paraît si riche ? « Cicéron lui-même n'aurait pas de succès s'il n'avait une grande bague au doigt. » L'avocat Paulus n'ayant pas de pierres précieuses en louait pour la circonstance, et passait dès lors pour un bon orateur. Le public ne peut plus se figurer qu'on soit éloquent avec un extérieur modeste. Mais ce grand train et ces coquetteries dispendieuses n'étaient pas à la portée de tous. Le plus grand nombre restait plongé dans l'obscurité et la misère, et ne gagnait pas de quoi payer son loyer : « Si, par aventure, l'avocat, en plaidant quatre procès de suite, obtenait une pièce d'or, il fallait la partager avec les praticiens qui l'avaient aidé. » Souvent ils ne recevaient de leurs clients que des honneurs qui ne les faisaient pas vivre : « Romps-toi la poitrine, malheureux, pour trouver, après la fatigue d'un triomphe oratoire, l'échelle qui conduit à ton grenier décorée de palmes verdoyantes. » Ou bien on les payait en nature, on leur envoyait un jambon, des poissons, des oignons, quelques bouteilles de petit vin. Faut-il croire Martial disant d'un certain avocat qu'il mettait ses loisirs à profit en conduisant des mules quand les causes ne venaient pas ? Le fait n'est pas invraisemblable quand on voit dans Juvénal que les poëtes sont réduits à se faire crieurs publics, boulangers ou baigneurs. Cette dégradation de la poésie et de l'éloquence tenait à la même cause, à la décadence du goût, qui ouvrait la carrière des lettres à l'ignorance, et qui, en permettant à chacun de faire des vers ou des discours, amena tous les maux de l'excessive concurrence, le charlatanisme des uns et la misère des autres.

Après avoir recueilli dans Juvénal les plaintes et les amères réclamations de l'universelle pauvreté, nous ne devons pas oublier dans cette étude satirique de la société romaine les hommes placés au dernier degré de la condition humaine et sociale, les esclaves. Ils sont, en effet, des hommes aux yeux du poëte qui les protége et les défend contre la dureté des maîtres. Le stoïcisme avait déjà rendu familiers au monde ancien ces sentiments de clémence. La philosophie, dans ses discours qui nous paraissent aujourd'hui des lieux communs, et qui étaient souvent d'admirables prédications morales, touchantes par leur nouveauté et leur hardiesse, ne ces-

sait de rappeler l'égalité de tous les hommes, la communauté de leur origine, et à force de répéter que les esclaves valent quelquefois les maîtres, qu'ils peuvent avoir plus de qualités et de vertus, elle avait fini par désarmer l'aveugle barbarie du préjugé antique. Certaines circonstances politiques facilitaient l'intelligence de ces idées qui, dans un autre temps, n'auraient pas si bien pénétré dans les esprits. Les proscriptions, à la fin de la république, les délations journalières, sous les premiers Césars, mettaient en quelque sorte les maîtres à la merci de leurs esclaves, confidents de leurs secrets. Depuis qu'une tyrannie vigilante surveillait les paroles, les gestes et même les pensées, chacun était intéressé à s'assurer, par de bons traitements, la fidélité et le dévouement de ceux qui pouvaient être des espions domestiques. Le peuple même, que renouvelait sans cesse la race servile, en grande partie composé d'affranchis, était, sans le savoir, d'accord avec les philosophes, protestant quelquefois contre la barbarie des lois relatives aux esclaves, et montrant au doigt dans les rues ceux qui passaient pour des maîtres cruels. Il fallait que ces idées et ces sentiments sur l'esclavage fussent devenus bien vulgaires pour qu'on les retrouve même dans les exercices oratoires proposés par les rhéteurs à leurs écoliers. Juvénal est-il l'écho des déclamateurs, des philosophes ou de l'opinion générale, il est difficile de le décider. Seulement il est remarquable que ses satires qui n'épargnent personne, ne renferment sur les esclaves que des paroles de mansuétude. Le poëte, ordinairement si bon citoyen, oubliera son patriotisme pour montrer aux Romains d'une manière frappante, combien sont injustes les préventions contre la race servile :
« Qu'étaient donc, après tout, les ancêtres des plus nobles familles de Rome? Des esclaves fugitifs, des

pâtres, ou ce que je ne veux pas dire[1]. » Il parlera comme Sénèque et les philosophes : « L'âme et le corps d'un esclave sont pétris du même limon que les nôtres. »

Animas servorum et corpora nostra
Materia constare putat paribusque elementis [2].

Il déplore l'insensibilité des maîtres, qui oublient de donner une tunique à leur esclave transi. Comme sa conscience révoltée se soulève contre ce père de famille, fidèle aux cruelles habitudes d'un autre âge, insensible aux idées nouvelles d'humanité, qui donne à ses enfants le déplorable exemple de sa barbarie stupide envers ses serviteurs, qui fait de sa maison un lieu de torture où l'on n'entend que le bruit des verges, des chaînes, et les cris des malheureux! En plus d'un endroit, Juvénal peint avec indignation les caprices féroces de ces matrones qui, pour le motif le plus futile, pour un détail de toilette, une boucle de cheveux à leur gré mal arrangée, faisaient déchirer de coups une pauvre fille. Les femmes, plus attachées aux anciennes coutumes, et dont l'esprit était moins ouvert que celui des hommes aux influences de la philosophie, continuaient à penser qu'envers un esclave tout est permis. Il y a dans Juvénal un dialogue saisissant qui nous montre comme en présence et en lutte le vieux préjugé et l'idée nouvelle. Une femme impérieuse et colère s'écrie : « Qu'on mette cet esclave sur la croix. — Par quel crime, demande le débonnaire mari, a-t-il mérité le supplice? quel est le dénonciateur? où sont les témoins? Écoute, quand il s'agit de la vie d'un homme, on ne saurait y regarder de trop près. — Que me chantes-tu là, un esclave est-il un

---

1. VIII, 275.
2. XIV, 16.

homme? *Ita servus homo est* [1]? » De longues réflexions en diraient moins que ces quelques mots surpris dans une querelle de ménage.

Nous ne prétendons pas avoir fait de Juvénal une étude complète, et nous savons de combien il s'en faut. Un nombre infini de détails intéressants, mais épars, comme on en rencontre dans tous les ouvrages satiriques, n'ont pas pu trouver place dans le cadre que nous avons choisi. Il nous resterait encore à l'envisager comme poëte, à faire un examen plus délicat de son talent et de son style. Qu'il nous suffise d'avoir détaché de ces peintures historiques ce qui peut éclairer l'histoire générale de Rome sous l'empire. Malgré l'exagération quelquefois suspecte de son langage, ce fidèle interprète des opinions vulgaires fait bien connaître l'esprit de son temps, par cela précisément qu'il s'est formé, non dans les écoles de philosophie dont l'enseignement devance souvent le siècle, mais dans les officines de la rhétorique, où l'on ne met en œuvre que des idées communes et déjà répandues. C'est pourquoi on rencontre chez lui tant de préventions romaines fortement enracinées et un certain nombre de sentiments nouveaux, confus, mal compris, qui percent çà et là dans ses satires avec une étonnante vigueur. Qu'il nous soit permis de rappeler et de présenter en raccourci cette suite de tableaux où Juvénal a peint les différentes classes de la société romaine. On y voit comment le patriciat, jadis exclusif et jaloux, est écrasé par les empereurs, avili par sa propre corruption et de toutes parts envahi. Avec lui tombent de vieilles barrières et les priviléges d'un peuple et d'une caste. Les affranchis arrivent à la lumière, prennent leur place au soleil et ouvrent la voie à ceux qui marchent

---

1. VI. 219-222.

derrière eux et qui seront affranchis demain. En même temps, pendant que les préjugés contre la race servile sont surmontés par la force des choses, s'affaiblissent et s'effacent, Rome devient le refuge de tous les vaincus, les étrangers pénètrent dans la cité et étendent chaque jour leur pacifique conquête. Les Grecs, par le prestige de leurs arts et leur habileté insinuante, s'emparent des classes élevées et imposent aux vainqueurs leurs mœurs, leur langue et leur littérature. Dans les bas-fonds, les Asiatiques, les juifs, les chrétiens, propagent leurs croyances méconnues et préparent obscurément l'avenir. La multitude des pauvres, mécontente du présent, murmure, se plaint et proteste contre cette société épuisée qui ne sait rien faire pour eux. Enfin les esclaves comptent pour quelque chose et sont au moins réhabilités par la pitié. Il se fait partout un sourd et vaste travail de lente transformation. L'institution politique seule demeure, mais sous ce solide édifice qui abrite tant de pensées hétérogènes et d'éléments disparates, tout se mêle, se confond, aspire à l'unité, se nourrit d'inquiètes espérances. Même en lisant le satirique Juvénal, on sent que le monde ancien troublé éprouve de vagues tressaillements et qu'il porte dans ses flancs les germes d'une doctrine et d'une société nouvelles.

LE
SCEPTICISME RELIGIEUX
ET PHILOSOPHIQUE.

—

LUCIEN.

Il est dans l'histoire ancienne, une époque qui mériterait la plus délicate étude, et que peu de personnes prennent la peine d'aborder, soit que les événements politiques y manquent de cette grandeur qui attire l'attention, soit que la multiplicité des détails ou l'insuffisance des renseignements découragent la curiosité. Nous aimons, en général, que l'histoire ressemble à une belle pièce de théâtre, où l'intérêt se concentre sur un petit nombre de personnages, autour desquels se groupent tous les faits, où une certaine unité d'action saisit fortement le lecteur et soulage la mémoire. Mais lorsqu'à cette simplicité lumineuse succède la confusion, quand le drame se complique, que les caractères, les mœurs, les passions qui paraissent sur la scène, n'ont plus cette netteté si nécessaire et si agréable, bien des esprits aiment mieux renoncer au spectacle que se donner la peine de le démêler. Ces réflexions s'appliquent aux premiers siècles de l'ère chrétienne, où s'accomplit la plus prodigieuse révolution morale dont le monde fut témoin, qui nous intéresse à plus d'un titre, et en deçà desquels cependant s'arrête, en quelque sorte l'érudition classique. Tout le monde lit volontiers et connaît bien encore l'histoire du premier siècle et celle des douze Césars, parce qu'elle est aussi claire que dramatique. On est encore en présence de la vieille société romaine, dégénérée, sans doute, mais conservant sa langue, ses doctrines, sa religion, et quelque chose de son caractère et de ses mœurs. Mais, à mesure qu'on avance, toutes les choses se confondent de plus en plus. Autour de l'institution politique, qui seule demeure immobile, tout se dégrade, se dissout et se transforme. La littérature latine dépérit et cède la place à la renaissance grecque ; l'antique religion est altérée par des superstitions inconnues ; la philosophie épuisée ou s'évanouit en stériles déclamations, ou essaye de relever son autorité par des dogmes mystérieux. Pendant ce temps, des idées nouvelles, jusque-là comprimées, se font jour, des croyances longtemps contenues sur les frontières de l'Orient s'infiltrent de toutes parts dans l'empire. De là, un mélange bizarre de pensées, de sentiments, d'opinions, qui s'unissent ou se combattent sans se comprendre. Les religions et les doctrines en présence, au lieu de se renfermer dans leurs principes, de conserver chacune son caractère, essayent dans la lutte de se donner le prestige qui fait la force de la religion ou de la doctrine rivale. On voit des sectes chrétiennes qui voudraient se rattacher à quelque système célèbre de philosophie, tandis que le paganisme a ses visionnaires et ses illuminés, et que de simples philosophes prétendent opérer des miracles. Il n'entre pas dans notre dessein de décrire ce chaos, encore moins de le débrouiller. Il nous suffira, dans les étroites limites où nous sommes enfermé, d'esquisser une faible partie de cette histoire morale, à l'aide des spirituels documents que nous fournit Lucien, le dernier grand moraliste de la décadence [1].

I

De tous les grands écrivains du deuxième siècle, Lucien est, sans comparaison, celui qui nous fait le mieux connaître, et le seul qui mette en pleine lumière, les misères de cette société vieillie et malade qui ne se connaissait pas elle-même, et sentait si peu sa propre décadence. Avec la sagacité d'un philosophe et cette curiosité toujours éveillée des esprits naturellement railleurs, il a saisi et dépeint tous les vices et les ridicules dont ses contemporains ne paraissent pas avoir eu conscience. Dans la plupart de ses nombreux ouvrages, il semble n'avoir eu d'autre dessein que de montrer à la postérité quelles étaient les mœurs, les croyances de son temps. Il ne donne pas au hasard, et en passant, des renseignements épars et incomplets, comme on en peut tirer de tous les moralistes; on dirait que, de propos délibéré, il se soit fait le peintre de son siècle, et qu'il n'ait d'autre

[1]. Tout le monde peut lire facilement aujourd'hui les œuvres complètes de Lucien dans l'élégante traduction de M. Talbot.

intention, en écrivant, que de nous en laisser le tableau. Pour bien apprécier ce mérite singulier de Lucien, il faut le comparer aux grands écrivains de l'époque, qui tous vivent en quelque sorte hors de leur temps, ou ne voient pas ce qui les entoure. Épictète, qui cependant ne manque ni de pénétration ni de causticité, reste enfermé dans son école, et juge la vie comme pourrait le le faire aujourd'hui un moine du fond de son cloître; Marc Aurèle, le philosophe empereur, ne regarde qu'au dedans de lui-même, ne surveille que son âme, et goûte paisiblement les joies morales du plus noble et du plus innocent ascétisme; Plutarque, qui nous a laissé toute une bibliothèque de morale, qui a écrit sur tant de sujets divers, songe bien plus à répéter les opinions de l'antiquité, qu'à nous retracer celles de ses contemporains. Il n'y a peut-être pas deux écrivains plus différents que Lucien et Plutarque, et qui, par leur caractère et leur génie, présentent un plus frappant contraste. Il suffirait de les opposer un moment l'un à l'autre pour voir clairement ce qu'il y a de vie, d'originalité, de nouveauté dans les ouvrages du satirique. L'honnête Plutarque, qui a passé presque toute sa vie dans sa retraite de Chéronée, au milieu des plus beaux souvenirs de l'histoire, et qui, pendant ses loisirs studieux, a recueilli dans ses immenses lectures les maximes des sages pour nourrir son esprit et fortifier son âme, peut être considéré comme le dernier des anciens. En effet, il vit moins dans le temps présent que dans l'antiquité qu'il admire et qu'il aime. Ses nombreuses biographies, animées par une tranquille, mais constante émotion, montrent que son imagination se plaisait surtout dans le passé. Ses œuvres morales, remplies d'historiettes, d'anecdotes, de réflexions empruntées aux philosophes, aux historiens, aux poëtes, prouvent encore qu'il regarde toujours derrière lui pour contempler les beaux exemples de la vertu et de la sagesse antiques. En religion, il a toute la foi d'un bon païen et le zèle qu'on peut attendre d'un prêtre d'Apollon. Les lumières qu'il a puisées dans la philosophie ne l'empêchent pas de pousser quelquefois la crédulité jusqu'à la superstition. Alors même qu'il pourrait avoir des doutes sur les croyances vulgaires de la mythologie, il évite de les faire partager à ses lecteurs, soit qu'il se fasse scrupule de trahir ses devoirs de prêtre et de troubler la dévotion des simples, soit que la grâce de ces fictions religieuses s'imposât naturellement à son esprit poétique. Si on considère le style et les habitudes de l'écrivain, on verra qu'il semble converser avec tranquillité, qu'il admire plus qu'il ne blâme, que son langage est presque toujours digne et décent, que, dans la polémique même, il conserve encore quelque chose de sa mansuétude, et qu'il porte partout dans l'histoire, comme dans la morale, un esprit modéré, un jugement équitable, une imagination riante. Lucien, au contraire est le plus hardi des novateurs et le plus impertinent des moralistes. Il n'aime que la satire qu'il sait rendre redoutable, non-seulement par ses injures et ses sarcasmes, mais encore par la vérité si précise de ses observations malignes. Lui aussi prétend donner de bons conseils, et il en donne d'excellents, mais avec quelle audace de langage, quel mépris pour la décence, et quelle ironie mortelle! Tout ce qui attire le respect et la vénération des hommes devient l'objet de ses épigrammes. S'il attaque les institutions, les mœurs, les croyances, ce n'est point pour faire triompher un parti ou une doctrine; il n'appartient à aucune secte, il ne fait la guerre que pour son compte, par joyeuse humeur, pour venger la raison offensée et satisfaire son bon sens. Il harcèle les philosophes aussi bien que les dieux, et souvent il se plaît à les mettre en présence les uns et les autres, à les faire dialoguer, à leur prêter des paroles qui ruinent la religion par la philosophie et la philosophie par la religion. Ses ouvrages, courts, légers, d'un style preste et agile, semblent faits pour courir, pour passer de main en main, et par leur forme variée, leur brièveté amusante, rappellent le talent de nos pamphlétaires et de nos journalistes. Si Plutarque doit être regardé comme le dernier des anciens, Lucien peut être appelé le premier des modernes.

Une esquisse rapide de sa vie n'est pas inutile pour juger le caractère de l'homme et les mœurs de son temps. Il naquit à Samosate, en Syrie, vers la cent-quarantième année de notre ère. C'est dans sa ville natale qu'il fit ses études. Pour comprendre comment un auteur si renommé par son atticisme a pu se former dans un canton reculé de l'Asie, il faut se rappeler que les arts et les sciences de la Grèce s'étaient partout répandus en Orient et que la langue grecque était devenue universelle. Le père de Lucien, qui tenait à donner à son fils une profession lucrative, le plaça en apprentissage chez son oncle maternel qui était statuaire. Le futur satirique raconte lui-même, avec agrément, cet épisode de sa jeunesse : « Il m'arriva ce qui ne manque pas d'arriver à tous les commençants ; mon oncle me tendant un ciseau, me dit de tailler légèrement une tablette de marbre qui se trouvait là devant nous... Moi, en novice, je frappai trop fort et la tablette se brisa. Mon oncle, tout en colère, trouvant sous sa main une courroie, me donna une de ces leçons qui ne sont ni douces, ni encourageantes. Voilà comme je fus initié au métier, j'y débutai par des pleurs. Je me sauve et cours à la maison avec force sanglots et les yeux pleins de larmes ; je raconte l'histoire de la courroie, je montre mes meurtrissures et, après bien des plaintes sur la brutalité de mon oncle, j'ajoute qu'il m'a traité de la sorte par jalousie, qu'il a craint de se voir un jour surpassé par moi dans son art. Ma mère fut indignée et ne se fit pas faute de maudire son frère ; puis, le soir venu, j'allai me coucher encore tout pleurant et je songeai toute la nuit[1]. » On reconnaît déjà dans ce récit de ses malheurs enfantins la simplicité malicieuse qu'on remarque dans tous les ouvrages de Lucien. Il rêva donc toute la nuit, et, dans ses songes, il vit apparaître la Sculpture et la Science en personne qui cherchèrent à l'entraîner, chacune de son côté. La Sculpture lui promit la gloire de Phidias ; la Science fit briller à ses yeux les honneurs, les richesses, le crédit qu'elle assurait à ses disciples. Lucien, qui avait déjà trop de raisons de ne pas aimer la statuaire, prit aussitôt son parti et travailla pour devenir sophiste. Après avoir plaidé quelque temps devant les tribunaux d'Antioche, voyant que le barreau lui offrait peu de ressources et ne lui permettait pas de donner carrière à son talent, il résolut d'aller chercher la grande gloire de l'éloquence sur les places publiques, devant tout un peuple assemblé. Il parcourut l'Asie, la Grèce, la Gaule, déclamant à la manière des sophistes, donnant des représentations oratoires, et recueillant dans ses courses errantes autre chose encore que des applaudissements. Nous savons, par son propre témoignage, qu'il obtint les plus grands succès dans les exercices ingénieux et difficiles de cette éloquence alors en vogue, qui consistait à surprendre tout d'abord l'attention par la singularité du sujet, à l'allécher par une amorce nouvelle, en annonçant une histoire impossible, un problème qui n'a point de solution raisonnable, à

---

1. *Le Songe.* 3.

effrayer d'avance les auditeurs par les difficultés que l'orateur s'engageait à surmonter. Il ne dédaigna pas non plus ces tours de force de l'éloge et du panégyrique où les sophistes aimaient à se signaler, où ils célébraient, par exemple, les mérites du perroquet, de la souris, du hanneton et d'autres bêtes plus petites encore et plus difficiles à chanter. Il faut lire son éloge de la mouche, pour se figurer les merveilles microscopiques de cette éloquence : « Son vol n'est pas, comme celui des chauves-souris, un battement d'ailes continu, ni un bond comme celui des sauterelles; il n'a pas non plus la roideur stridente des guêpes. C'est avec une molle aisance qu'elle se dirige à son gré dans les airs. Elle a encore cet avantage qu'elle fait entendre en volant une espèce de chant, mais qui ne ressemble ni au bruit agaçant des cousins et des moustiques, ni au lourd bourdonnement des abeilles, ni aux terribles menaces des guêpes. On dirait le chant mélodieux et doux de la flûte comparé à la trompette et aux cymbales[1]. » Après avoir consacré plusieurs pages à cette description minutieuse et quelquefois spirituelle, après avoir fait intervenir Homère, il termine par ces mots : « J'aurais beaucoup à dire encore, mais je m'arrête pour n'avoir pas l'air, selon le proverbe, de faire d'une mouche un éléphant. » C'était se tirer d'affaire en homme d'esprit et prouver du moins qu'on se moquait soi-même de son sujet. Tels étaient les discours que souvent tout un peuple attendait, on sait avec quelle impatience, pour lesquels toute une ville se rassemblait sur les places, dans les théâtres, qui faisaient déserter même les ateliers, et qui rapportaient aux orateurs, non-seulement d'immenses profits, mais encore tous les honneurs que

---

1. *Éloge de la Mouche*, 2.

pouvait inventer le délire de l'admiration. C'est à ces bagatelles laborieuses que la servitude universelle de l'empire romain et la décadence du goût avaient condamné les meilleurs esprits et les plus grands talents.

Après avoir séjourné quelques années dans la Gaule, il descendit en Italie et visita Rome, dont la corruption fut pour lui un sujet d'étonnement et qu'il a peinte dans un de ses ouvrages. Il revint bientôt en Grèce et se fixa quelque temps à Athènes. A l'âge de quarante ans, il s'aperçut qu'il prodiguait inutilement son génie dans les déclamations frivoles de la sophistique, et résolut d'en faire un meilleur usage. C'est alors qu'il composa toutes ces œuvres si charmantes et si sensées, où il se moque sans fin de la philosophie, de la religion, confondant toujours dans la même satire les folies éternelles de l'homme et les extravagances de son temps. Plus tard, on voit que ce frondeur impie occupe une place élevée dans l'administration de l'Égypte, et exerce d'importantes fonctions qui lui ont été confiées par l'empereur ; preuve évidente qu'à cette époque l'opinion des grands et du souverain tolérait toutes les licences de la pensée, et pardonnait même au sacrilége, pourvu que la politique fût respectée. Il parvint à une extrême vieillesse et mourut à quatre-vingts ou quatre-vingt-dix ans. Ses biographes se sont donné beaucoup de peine pour savoir à quelle maladie, à quel accident il faut attribuer sa mort ; il nous semble qu'après avoir constaté son grand âge, ils auraient pu se dispenser de ces recherches, et que la mort d'un vieillard de quatre-vingt-dix ans ne demande pas tant d'explications. D'après une tradition fort suspecte, il aurait été déchiré par des chiens, juste punition, dit Suidas, d'un blasphémateur qui avait fait l'enragé contre le christianisme. Les chrétiens que le satirique avait si cruellement raillés, sans les bien connaître, ont dû facilement accepter ce conte qui les vengeait de leur ennemi. En effet, il n'est pas d'auteur ancien qui ait attiré sur lui tant d'imprécations. Les copistes même qui nous conservaient ses ouvrages n'ont pas pu résister à la tentation de lui dire des injures, et, aujourd'hui encore, on peut lire, dit-on, sur les marges de certains manuscrits : Maudit Lucien, impie, exécrable bouffon ! C'est ainsi qu'il est parvenu jusqu'à nous, au milieu des huées et des cris de fureur de ceux-là mêmes qui propageaient ses livres. Nous allons voir par quelles hardiesses il a soulevé ces haines, et par quelles grâces élégantes il a obtenu de ses ennemis que ses œuvres ne fussent pas détruites dans le cours des âges.

Dans ce grand nombre de pamphlets et de petits livres satiriques qui nous restent de Lucien, nous devons parcourir et juger d'abord ceux qu'il a dirigés contre la religion païenne, parce que l'incrédulité de l'auteur est ce qui frappe surtout les yeux quand on ouvre son recueil. Bien avant Lucien, le paganisme avait été attaqué, et les dieux livrés au ridicule par des poëtes et des philosophes. On sait qu'Aristophane, qui pourtant n'était point partisan des innovations religieuses, ne se faisait point scrupule de prêter sur le théâtre un rôle ignoble, honteux ou risible à quelques dieux de second ordre, qui paraissaient avoir un bon caractère et accepter la plaisanterie, à Bacchus, par exemple, qui aurait eu mauvaise grâce, en effet, de ne pas permettre les libertés qu'il provoquait lui-même pendant ses fêtes. C'est une chose assez étrange pour nous de voir comment, même aux époques de crédulité et de superstition, on traite sans façon certains petits dieux, tandis qu'on impose le respect envers les maîtres de l'Olympe. On se rappelle comment Euripide fut forcé par les spectateurs de rétracter sur la scène une parole malsonnante, prononcée contre Jupiter, tandis qu'ils laissaient passer sans protestation bien des impiétés et applaudissaient aux hardiesses du poëte-philosophe. A Rome, comme en Grèce, vers la fin de la République et sous les empereurs, les esprits cultivés ne croyaient plus à la fable. Les politiques même, qui considéraient la religion comme le plus ferme appui de l'État, ne craignaient pas de faire quelquefois les esprits forts et de se moquer des superstitions les plus utiles; on connaît le mot de Caton sur les aruspices, ainsi que les plaisanteries de Cicéron sur la mythologie. Lucrèce, plus hardi, avait poursuivi de ses invectives éloquentes et condamné, au nom de la science et de la morale, ces divinités impuissantes et méprisables. Sénèque, plus calme et plus accoutumé à l'incrédulité, écrivait sans passion et tout naturellement, que c'est une niaiserie et un enfantillage de déclarer qu'on ne peut pas y croire. Cependant, il faut reconnaître qu'en général les hommes d'esprit et les philosophes, sans honorer les dieux, les laissaient du moins en repos, et n'empêchaient pas les simples de leur offrir leurs hommages et leurs sacrifices. La politique leur faisait respecter les rites sacrés, et les courtisans étaient trop bien avisés pour médire de l'Olympe, depuis que l'apothéose y plaçait les empereurs. D'ailleurs, pourquoi se serait-on donné la peine de détruire une religion qui n'avait point de rigueurs, qui n'imposait aucun joug incommode, et qui, loin de réprimer les passions, les rendait aimables et les ornait de mille images gracieuses? La mythologie eut donc moins à craindre les libertins que les honnêtes gens. La corruption des mœurs se conciliait avec la foi païenne, et les plus dissolus, pour se mettre à l'aise et suivre toutes leurs fantaisies, ne croyaient pas nécessaire de se révolter d'abord contre la religion. Cela nous fait comprendre pourquoi la fable, que personne n'était intéressé à détruire, régna si longtemps sur les imaginations, et, dans les siècles les plus éclairés, fut tolérée avec tant de complaisance, malgré sa fausseté manifeste.

Mais à l'époque de Lucien, comme il arrive souvent dans les vieilles sociétés, où l'excès du scepticisme ramène à la crédulité, la superstition avait remplacé la foi antique et naïve. Non-seulement le peuple restait toujours attaché à son culte, mais encore les dogmes mystérieux de l'Orient, les religions de l'Asie et de l'Égypte venaient confirmer le paganisme, le renouveler, et, par des cérémonies et des pratiques nouvelles, lui rendre en partie ce qu'il avait perdu de prestige. Cette renaissance religieuse, qui dégradait de plus en plus les esprits, et dont on retrouve la trace jusque dans l'enseignement philosophique, excita la verve de Lucien, qui entreprit de ruiner d'un seul coup toutes les superstitions, en portant tout son effort sur les croyances les plus anciennes et les plus respectées, sur la mythologie elle-même. Dans ses attaques contre les dieux, sa stratégie fut aussi neuve qu'habile. Il ne fit pas rire à leurs dépens par légèreté, comme avait fait Aristophane, mais bien de propos délibéré; il ne leur fit pas non plus la guerre au nom d'une métaphysique savante ou d'une morale épurée, comme Lucrèce ou Sénèque; il se proposa simplement, pour les faire juger et les couvrir de mépris, de les montrer tels qu'ils étaient. Il imagina de petits dialogues, courts et faciles à retenir, où il les faisait parler les uns avec les autres, sans façon, dans le négligé de leur vie familière, en ne leur prêtant qu'un langage vraisemblable et conforme à leur caractère traditionnel. Il employa le procédé de ces politiques frondeurs qui, pour discréditer un gouvernement ou un monarque, recueillent la chronique scandaleuse des palais. Il fut, si l'on peut ainsi parler, le Brantôme, le Saint-Simon ou le Tallemant de la cour céleste. Les dieux paraissent devant nous, causant à leur aise, comme ils peuvent causer quand ils ne sont pas en représentation et qu'ils ne sont pas entendus par les hommes. Sans rien exagérer, sans faire de caricature, et en restant fidèle aux fables les plus accréditées, il les montra dans l'intimité de leur vie domestique. En lisant ces dialogues si naturels, on assiste au mauvais ménage de Jupiter et de Junon, aux infortunes conjugales de Vulcain, aux grossières disputes d'Hercule et d'Esculape, qui, pour une question de préséance, se querellent comme des manants. Ce sont de petites scènes comiques, pleines d'esprit et de malice, dans leur apparente simplicité Tout le monde connaît, par exemple, cette fable qui représente Minerve sortant tout armée du cerveau de Jupiter. Lucien la raconte avec une espèce d'innocence assez bien jouée dans le dialogue suivant :

Vulcain. Que faut-il que je fasse, Jupiter? Me voici, comme tu me l'as fait dire, avec une hache bien tranchante.

Jupiter. A merveille, Vulcain, eh bien! fends-moi la tête en deux.

Vulcain. Tu veux voir si je serai assez simple pour prendre au sérieux.... Tout de bon dis-moi ce qu'il y a pour ton service.

Jupiter. Je te l'ai dit : fends-moi la tête. Si tu refuses, tu sais ce qui t'attend quand je me mets en colère. Il s'agit de frapper de toutes tes forces et tout de suite. Je ne puis plus vivre avec ces douleurs qui me déchirent le cerveau.

Vulcain. Prends garde, Jupiter, que nous n'allions faire là une imprudence, ma hache est bien affilée et....

Jupiter. Frappe toujours, Vulcain, ne crains rien; je sais ce qu'il me faut.

Vulcain. C'est bien malgré moi, mais je vais frapper. Comment faire autrement quand tu commandes? Que vois-je? Une jeune fille tout armée. Ah! je m'explique, Jupiter, ce grand mal de tête [1].

Un autre accouchement non moins merveilleux, la naissance de Bacchus, devient le sujet d'un dialogue plus simple et moins dramatique encore, mais dont l'intention est facile à deviner. Il ne faut pas à Lucien beaucoup d'appareil théâtral. Une conversation tout ordinaire et commune entre un visiteur et un portier fera l'affaire. On ne peut rien imaginer de plus banal, mais la satire est d'autant plus vive et surprenante, qu'on ne s'attend pas à la rencontrer dans cet échange de phrases vulgaires. Seulement, pour comprendre la scène, il faut se la jouer à soi-même, se figurer les gestes des deux personnages, leur mine et leur physionomie :

Neptune. Peut-on, Mercure, voir en ce moment Jupiter?
Mercure. Non, Neptune.
Neptune. Annonce-moi toujours.
Mercure. N'insiste pas, te dis-je; le moment est mal choisi.
Neptune. Est-ce qu'il est avec Junon?
Mercure. Non, c'est tout autre chose.
Neptune. J'entends; Ganymède est là-dedans.
Mercure. Ce n'est pas cela. Jupiter est un peu souffrant.
Neptune. De quoi? Mercure, tu m'étonnes.
Mercure. J'ai honte de le dire, mais c'est comme cela.
Neptune. De le dire à moi qui suis ton oncle!
Mercure. Eh bien! Neptune, il vient.... d'accoucher [2].

Nous ne pouvons citer ici que les moins légers de

---

1. *Dialogue des Dieux*, VIII.
2. *Dialogue des Dieux*, IX.

ces dialogues, et cependant, en lisant même ce bavardage insignifiant, on saisit toute la portée de cette satire. Ce qu'il faut remarquer surtout, c'est la bonne foi de l'auteur, qui ne défigure jamais la fable, qui ne cède pas à la tentation de faire des peintures grotesques et infidèles, et qui raconte l'histoire des dieux avec l'exactitude d'un mythographe. La seule licence qu'il se permette, c'est de dire en prose, en prose attique, ce qu'on admirait en vers, et de remplacer le prestige poétique par une certaine couleur familière, ou, comme nous dirions aujourd'hui, bourgeoise. Le plus dévot des païens ne pouvait pas accuser Lucien d'impiété, et il est même probable que plus d'un esprit simple lisait ces mémoires anecdotiques de l'Olympe, sans se douter que ce fussent des comédies. Molière, qui, dans l'*Amphitryon*, a su prendre le ton de Lucien, fait dire à l'un de ses dieux :

> Il faut sans cesse
> Garder le décorum de la Divinité;
> Il est de certains mots dont l'usage rabaisse
> Cette sublime qualité,
> Et que pour leur indignité
> Il est bon qu'aux hommes on laisse.

Le procédé de Lucien est précisément de dépouiller les dieux de leur décorum, de les faire agir et parler conformément à leur caractère véritable, mais sans emphase et sans étiquette. Il leur enlève surtout ce cortége de belles épithètes et d'expressions homériques qui, dans l'ancienne poésie, ajoutait à leur grandeur, à peu près comme une suite nombreuse et brillante rehausse la majesté royale.

Il ne faudrait pas penser que la seule familiarité du langage dût être considérée par les contemporains comme une grande preuve d'irrévérence. A cette époque, les dieux n'avaient plus cette majesté qu'Homère leur avait donnée. Leur intervention perpétuelle dans les affaires humaines, et dans les occasions qui méritaient le moins leur présence, les cérémonies du culte où ils figuraient et jouaient un rôle qui n'était pas toujours imposant, les chants éternels dont ils étaient l'objet, tout avait contribué à les tirer de ce mystère qui inspire le respect. Ils ne paraissaient plus dans ce lointain qui est si favorable à la poésie aussi bien qu'à la piété. Les poëtes, en rapportant toutes sortes de traditions particulières et locales, qui sont à la religion ce que les anecdotes sont à l'histoire, avaient accoutumé les hommes à rire quelquefois de ces divines aventures, et conformant leur ton à leur sujet, en étaient venus à parler de l'Olympe avec une dévote légèreté. Aussi, n'y a-t-il point une grande différence entre les vers de certains poëtes et la prose de Lucien. Seulement, tandis que les uns, qui ne songent qu'à chanter, célèbrent tout uniment la mythologie, Lucien arrange les scènes avec une industrieuse malice qui fait ressortir l'absurdité de ces récits surannés. La familiarité du langage n'avait donc rien qui pût étonner et causer du scandale; l'impiété était tout entière dans la conduite de la pièce et dans l'arrangement du dialogue.

Ce qui nous plaît dans *les Dialogues des Dieux*, ce qui nous inspire une véritable estime pour le caractère de Lucien, c'est que, malgré toute sa haine contre la religion et son humeur satirique, qui se donne une si libre carrière, il a su rester en deçà de la parodie. Rien ne nous paraît plus misérable en littérature que cet art grimacier qui consiste à surprendre l'esprit par le contraste choquant d'un plat langage appliqué à de nobles choses. Ajoutons que rien n'est plus facile : plus les objets de cette grossière satire excitent l'admiration, moins vous aurez de peine à les dégrader, à les rendre ridicules. Il n'a point fallu beaucoup d'efforts pour *travestir* la Bible, Homère, Virgile; et le sot farceur qui s'aviserait de barbouiller le visage à la Vénus de Milo serait sûr de faire rire les badauds. Tel n'est pas le procédé de Lucien. Il n'a point cru qu'il fût permis, pour rendre la raillerie plus populaire, d'être injuste, de mauvaise foi, bouffon. Sa critique est exacte, il rapporte les traditions fabuleuses dans leur intégrité Quand elles sont trop connues, il n'en donne que le fond et la substance; il dirige ensuite le dialogue de ses personnages de manière à relever les impossibilités physiques de la fable, à mettre en évidence les contradictions, à tirer de certains faits acceptés par la piété des conséquences naturelles et légitimes qui montrent ce qu'il y a de puéril, d'immoral, de honteux dans la conduite des dieux. Cette critique est sérieuse, pénétrante, vraiment philosophique; et sans ajouter aucun détail burlesque, par la seule habileté avec laquelle il met les dieux aux prises les uns avec les autres, en leur faisant dire d'utiles vérités dans le langage assorti à chaque caractère, il dissipe les trompeuses illusions de la fable et l'expose aux yeux de la raison. Ce que nous avons le plus admiré dans Homère ne paraît plus qu'une rêverie enfantine; notre imagination déconcertée n'ose plus approuver ce que notre bon sens vient de condamner. Comment peindre cette candeur si bien jouée avec laquelle l'auteur a porté le doigt sur toutes les turpitudes de la religion sans paraître y toucher, en désignant ce qu'il n'a pas l'air de vouloir montrer! Il est plus facile de comprendre que d'expliquer par quels ménagements et quelles gradations il ramène peu à peu les choses divines à la mesure des choses terrestres, et comment il efface insensiblement la fameuse distance qui sépare le sublime du ridicule.

La comédie divine de Lucien, comme la comédie humaine de Ménandre, doit son intérêt et sa grâce à la vive observation des mœurs, à la vérité du langage, au naturel des passions. Mais, tout en se moquant de tous les dieux, sans en épargner aucun, il ne croit pas nécessaire, pour les avilir, de dénaturer leur histoire. Il ne voudrait pas, pour en avoir plus facilement raison, les enlaidir et les déshonorer par d'indignes et mensongères peintures. Il est même curieux de voir avec quel scrupule il respecte quelquefois la couleur poétique de ces aimables et folles légendes. Y a-t-il un sujet qui prête plus à la caricature que les bizarres galanteries de Jupiter?

> Car de voir Jupiter taureau,
> Serpent, cygne, ou quelque autre chose,
> Je ne trouve pas cela beau,
> Et ne m'étonne pas si parfois on en cause.

Eh bien! ce terrible mécréant racontera ces trop légères aventures avec une parfaite véracité, sans même essayer de ternir l'éclat de ces fictions ingénieuses. Celui qui tiendrait à nous les faire admirer ne mettrait point dans ses tableaux un plus frais coloris. Voici, par exemple, Zéphire qui raconte à son confrère Notus l'enlèvement d'Europe dont il a été témoin :

« Europe était descendue sur le bord de la mer en jouant avec ses jeunes compagnes, quand Jupiter, sous la forme d'un taureau, vint se jouer avec elles et les surprit par sa beauté. Sa blancheur était irréprochable, ses cornes courbées avec grâce, son regard on ne peut moins sauvage. Il bondissait, lui aussi, sur le rivage et mugissait avec tant de douceur qu'Europe s'enhardit jusqu'à monter sur son dos. Aussitôt Jupiter prend sa course, s'élance vers la mer, emportant la jeune fille, et se jette à la nage. Elle, effrayée de l'aventure, se tient d'une main à la corne pour ne pas glisser, et de l'autre retient sa robe que soulève le vent[1]. »

Quel est le poëte admirateur complaisant de la fable qui nous a laissé une plus juste peinture et plus finement détaillée? Ovide, Horace, Moschus, et tous ceux qui se sont fait un plaisir de décrire le même enlèvement, n'ont pas mieux dit. On se demande : où donc est la satire? tant Lucien a su garder sa gravité. La satire est dans l'exclamation de Notus qui, malgré son apparente naïveté, a bien l'air d'un vent persifleur quand il s'écrie : « Le charmant spectacle, Zéphyre, la jolie scène d'amour, de voir Jupiter à la nage, et portant son amante! » Une imperceptible ironie voltige à travers ces récits, et, sans froisser l'imagination charmée, provoque pourtant le plus doucement du monde le sourire de la raison. Sans doute Lucien n'a pas toujours de ces attentions délicates et de ces tempéraments exquis. Quand il est question de quelque vilenie céleste, d'un gros ridicule, d'une fable trop honteuse ou absurde, il en plaisante avec la plus audacieuse liberté. Comme on le peut penser, ce n'est ni le respect, ni la pruderie qui retiendront sa langue. Mais qu'il s'agisse de quelque divinité dont les erreurs se peuvent pardonner, d'une immortelle trop sensible qui a des peines de cœur, comme cet impitoyable railleur saura compatir à de si tendres faiblesses! Il trouve souvent l'occasion d'exercer sa clémence. Toutes les belles habitantes du ciel ont eu leurs passions plus ou moins coupables; la

---

1. *Dialogues marins*, **XV.**

Lune elle-même, la chaste Lune, s'est un jour compromise et a fait parler d'elle,

Depuis Endymion on sait ce qu'elle vaut.

Mais son amour est si honnête et si touchant, que Lucien se laisse attendrir; et quand il met en scène cette discrète amante, il ne lui prête que de ravissantes paroles. Vénus a surpris les sentiments secrets de cette déesse jusque-là irréprochable, elle la fait causer, et finit par lui demander si Endymion est beau :

« Pour moi, Vénus, répond la Lune, je le trouve le plus beau du monde; surtout, lorsque s'étant fait un lit de son vêtement sur la pierre, il dort tenant à peine ses traits qui semblent couler de sa main gauche, tandis que la droite, mollement repliée sur sa tête, encadre avec grâce son visage et que, dans cet abandon du sommeil, sa bouche exhale en cadence une haleine d'ambroisie. Alors je descends en silence, marchant sur la pointe du pied, de peur de l'éveiller en sursaut et de l'effrayer.... Tu connais ces douceurs. Qu'ai-je besoin de te dire le reste, sinon que je meurs d'amour[1]. »

Ici la satire s'est transformée en délicieuse idylle. C'est ainsi que Lucien, quand il rencontre une de ces fables qui réjouissent l'esprit, ne se sent point le courage de les profaner; il semble qu'il se laisse gagner et désarmer par la grâce de ces antiques fictions; il les reprend avec un plaisir d'artiste, il les embellit et les décore de son plus beau style. Tout en raillant avec finesse, n'a-t-il pas l'air de dire : C'est dommage que ces gentillesses ne soient que des niaiseries? Tant il est vrai que la mytho-

---

1. *Dialogue des Dieux*, XI.

logie régnait encore sur les imaginations les plus désabusées ! Les esprits forts pouvaient en rire, ils demeuraient sous le charme.

On a souvent comparé Lucien à Voltaire, et nous croyons en effet que les ressemblances sont assez frappantes et reconnues pour qu'il nous soit permis de n'en point parler et d'éviter ainsi un long et fastidieux parallèle. Mais il ne nous paraît pas inutile de marquer en passant quelques différences. Tous deux ont attaqué la foi antique, en s'acharnant l'un sur la Bible, l'autre sur les poëmes d'Homère, qui étaient la Bible du paganisme. Mais, comme nous l'avons dit, Lucien expose avec un soin fidèle les traditions dont il veut se moquer. Telle est son exactitude, que le recueil de ses pamphlets religieux pourrait devenir pour nous un excellent dictionnaire de mythologie. Il dédaigne cet art perfide qui consiste à mutiler un texte, à en dénaturer l'esprit pour rendre la satire plus piquante et plus facile. Qui pourrait affirmer que Voltaire a toujours également observé les règles d'une guerre loyale? Ainsi que nous venons de le voir encore, Lucien ne commence point par parodier la fable, il la méprise comme philosophe, il s'en amuse comme poëte. Loin de flétrir d'avance et de déflorer par la grossièreté préméditée du langage les créations de la naïveté primitive, il leur laisse quelquefois toute leur élégance, au point qu'un lecteur peu attentif et non prévenu pourrait se méprendre sur ses secrètes intentions. Voltaire ne comprend pas ou du moins paraît ne pas comprendre la beauté des livres saints, il dénigre et travestit les plus touchantes histoires, qui mériteraient d'être épargnées au moins comme une admirable poésie. Après Voltaire, il a fallu rétablir ce qu'on appelle les beautés du christianisme; il n'était pas besoin, après Lucien, qu'un Chateaubriand païen vînt restituer à la fable sa vérité poétique. On s'explique cette différence, quand on sait que Voltaire se proposait de mettre l'irréligion à la portée du peuple, et de fasciner, par des prodiges d'esprit, non-seulement les hommes cultivés, mais encore le public vulgaire. Lucien ne s'adresse qu'à des raffinés, à des beaux esprits plus difficiles à contenter, et qui ont trop bien lu les poëtes pour souffrir ces profanations dont on peut amuser l'ignorance. Nous ne connaissons pas assez le caractère personnel de Lucien pour affirmer qu'il fut plus honorable que celui de Voltaire. Le Grec n'était pas plus honnête, si l'on veut, mais il était plus attique, dans le sens ancien du mot. L'atticisme, entre autres avantages, a celui de mettre un frein à l'injustice naturelle de la passion, de réprimer les saillies trop aventureuses, d'imposer aux écrivains la justesse, la mesure, et par suite une certaine équité, et de leur donner enfin de ces scrupules littéraires qui remplacent quelquefois ceux de la conscience.

Il faut convenir qu'à cette époque il était bien facile de déconsidérer les dieux; il suffisait, comme a fait Lucien, d'exposer en quelque sorte, sur un théâtre, toute la cour céleste comme une troupe d'acteurs, et de livrer les spectateurs à leurs propres réflexions sur la moralité de la pièce. Le public éclairé devait aussitôt faire justice de ces inventions vieillies, qui choquaient ouvertement les idées du jour. Le temps est un grand satirique, il se charge tout seul de rendre ridicules les opinions, les personnages, les costumes, le langage des siècles passés. Comme la religion était restée immobile, tandis que la morale humaine avait fait sans cesse des progrès, il en résultait naturellement que les hommes avaient le droit de se croire meilleurs que les dieux. C'était là une anomalie singulière dans le monde païen. Les mêmes crimes qui étaient autorisés par l'exemple de la Divinité étaient condamnés par la philosophie et par les lois. Lucien nous a peint cette situation étrange et l'embarras où pouvait alors tomber un homme qui ne sait s'il doit suivre les lois où la religion : « Encore enfant, lorsque je lisais dans Homère et dans Hésiode les guerres et les séditions, non-seulement des demi-dieux, mais des dieux eux-mêmes, leurs adultères, leurs viols, leurs rapts, leurs procès, leurs expulsions de pères, leurs mariages entre frères et sœurs, je me figurais que tout cela était fort beau et je n'en étais pas médiocrement charmé. Mais lorsque, entrant dans l'état viril, je vis les lois ordonner le contraire des poëtes, défendre l'adultère, la sédition, le rapt, je fus dans un grand embarras, ne sachant plus quel parti prendre. Je ne pouvais croire que les dieux eussent été adultères et factieux, sans le trouver honnête, ni que les législateurs eussent prescrit tout le contraire, sans le juger utile[1]. » Ces paroles éclairent et justifient les attaques de Lucien contre le paganisme. D'une part, il était légitime de ruiner une religion corruptrice ; de l'autre, il était facile, surtout à un écrivain si fertile en ressources, de livrer à la risée publique des dieux, que non-seulement une morale délicate devait flétrir, mais encore que la loi positive aurait condamnés aux peines les plus infâmes, s'ils avaient été traduits, comme de simples mortels, devant les tribunaux.

Cependant le paganisme subsistait encore malgré la philosophie, et, bien qu'il ne fût point difficile, même aux esprits les moins pénétrants, de remarquer cet écart entre la morale et la religion, le culte n'était pas abandonné. Au contraire, il se fit à cette époque une espèce de restauration religieuse, qui dut consolider le paga-

---

1. *Ménippe*, 3.

nisme, lui donner des fondements nouveaux, ou du moins étayer son élégante vétusté. On peut juger de sa solidité par la résistance que cet édifice ruineux opposa aux efforts et à l'héroïsme des premiers chrétiens. Comment se fait-il que ces dieux, si souvent bafoués et condamnés depuis longtemps par les philosophes et le bon sens populaire, aient encore conservé des fidèles, et même qu'ils aient inspiré un fanatisme furieux? C'est que l'ancienne mythologie avait été comme régénérée et consacrée de nouveau par l'introduction des cultes étrangers venus de l'Orient. Les mythes de la Syrie, de l'Inde, de l'Égypte, semblèrent confirmer la fable, et prêtèrent à des fictions usées un sens profond et mystérieux. Des philosophes et des érudits cherchèrent à concilier les dogmes des différentes religions, les poëtes et les artistes en confondirent les images. La mythologie devint plus respectable quand elle ne fut plus aussi claire, et l'obscurité des symboles réveilla la curiosité des indifférents. Le zèle des lettrés se ranima quand on put être à la fois crédule et savant. On peut constater dans Lucien lui-même la trace de ces changements accomplis dans les idées religieuses. Dans une de ses plus libres fictions, il suppose que les dieux de la Grèce sont émus en voyant l'Olympe envahi par un si grand nombre de divinités étrangères. Dans une assemblée générale, Momus demande la parole, se fait accusateur public, et, après avoir signalé d'anciens abus, déclamé contre les bâtards de Jupiter, auxquels la faiblesse paternelle a ouvert le ciel, il prend à partie Anubis et ses monstrueux compagnons, qu'il apostrophe en ces termes : « Mais toi là-bas, la tête de chien, l'Égyptien emmaillotté dans les linges, qui es-tu, mon ami, et comment te mêles-tu d'être dieu avec tes aboiements? Que nous veut ce taureau bigarré de Memphis, qui se fait adorer, qui rend des oracles, qui a des prêtres? J'ai honte de vous parler des ibis, des singes, des boucs et de tant d'autres plus ridicules encore qui, de l'Égypte, se sont glissés, je ne sais comment, dans le ciel. Et vous les supportez, ô Dieux, quand vous voyez qu'on leur rend autant et plus d'hommages qu'à vous-mêmes? Toi, Jupiter, comment peux-tu souffrir ces cornes de bélier qu'on t'a plantées au front[1]. » Le bon Jupiter n'est pas du tout fâché de porter ce nouvel ornement, qui a l'avantage de le rendre incompréhensible ; il interrompt Momus pour lui répondre d'un air important, et en faisant entendre plus qu'il ne dit : « Ce sont là des symboles dont on ne doit pas se moquer, quand on n'y est pas initié. » Pour mettre un terme à tous ces abus, l'assemblée divine rend le décret suivant : « Attendu qu'un grand nombre d'étrangers, non-seulement Grecs, mais barbares, tout à fait indignes de partager avec nous le droit de cité, se sont fait inscrire, on ne sait comment, sur nos registres et, dès lors passés à l'état de dieux, ont rempli le ciel, à ce point que notre banquet n'est plus qu'une vulgaire cohue.... Attendu que ces insolents ont pris le pas sur les anciens et les véritables dieux, qu'ils se sont adjugés les premières places en dépit de tous nos usages nationaux et que, sur la terre même, ils prétendent aux premiers honneurs[2].... » Le décret prononcé, Jupiter était sur le point de faire une grande bévue, en proposant à l'assemblée de voter par main levée ; heureusement il se ravise en pensant que le suffrage universel donnerait la majorité précisément à ceux qu'il s'agit d'expulser. Il aime mieux faire un acte d'autorité et commande de procéder aussitôt à l'exécu-

---

1. *L'Assemblée des Dieux*, 10.
2. *L'Assemblée des Dieux*, 14.

tion de la loi. Ces citations tronquées, tout en nous dérobant les détails les plus piquants de la satire, nous permettent cependant de juger l'état religieux du monde païen. La fable, décriée par la philosophie, prenait plus d'empire en se transformant. De nouveaux noms, de nouvelles images, des symboles inconnus, venaient rajeunir le paganisme, et par la bizarrerie de leurs mystères, attiraient à la fois la superstition stupide de la foule et la curiosité raffinée des érudits et des philosophes.

On se ferait une fausse idée de Lucien, si on se le figurait comme un incrédule qui se contente de relever les puérilités du culte et les scandales de l'histoire divine. Les traits du satirique ont souvent plus de portée, et, après avoir traversé la mythologie, vont frapper le fond plus solide de la philosophie. Il faut distinguer ici deux espèces de pamphlets. Les uns, *les Dialogues des Dieux*, par exemple, nous initient gaiement à la vie domestique des habitants de l'Olympe et nous font assister, en témoins indiscrets, à leurs entretiens intimes; agréable persiflage, où l'ironie ne manque pas de réserve, parce que la nature du sujet et la vérité poétique exigent que l'auteur prête à ses personnages un langage vraisemblable, conforme à la tradition, et le retiennent ainsi dans de certaines limites fixées par le bon goût. Les autres sont des dialogues fantastiques tels que *l'Icaroménippe, Timon le Misanthrope*, etc., qui ne représentent que des scènes imaginaires, et dont les acteurs sont entièrement entre les mains de Lucien. Dans ces vives satires, pures créations du caprice, où il n'est plus gêné par les textes précis de la fable, il peut être à la fois plus hardi, plus violent et plus bouffon. Sous le nom et le masque de quelque philosophe libre penseur et intrépide bavard, il joue lui-même un rôle dans la comédie. Il n'a rien à ménager, rien à craindre sous les haillons de Diogène. Au contraire, la vraisemblance lui donne le droit et lui fait même un devoir d'être effronté et insolent. A l'abri de cette fiction, il jugera sans scrupule comme sans péril le ciel et la terre. Il n'attaque plus seulement les dieux du paganisme, mais toutes les croyances religieuses, et confond dans le même mépris les légendes fabuleuses et la science théologique des philosophes. Un de ses plus grands divertissements consiste à montrer la folie de ceux qui croient à l'intervention des dieux dans les affaires humaines. Ménippe, qui voulait savoir à quoi s'en tenir sur le gouvernement divin du monde, a consulté tous les philosophes, qui ne lui ont rien appris de certain. Il prend le bon parti et se glisse, il serait long de dire comment, dans l'Olympe, où il voit Jupiter dans l'exercice de ses sublimes fonctions. Le souverain de l'univers est, ce jour-là, de mauvaise humeur, parce que les hommes paraissent l'oublier, que les divinités de l'Égypte menacent son culte, et qu'on ne parle pas plus de lui que d'un trépassé. Cependant, il veut bien s'occuper un peu des affaires terrestres et prêter l'oreille aux vœux des mortels. L'un lui demande un royaume, l'autre le gain d'un procès, celui-ci la mort de son frère, celui-là de sa femme. Bientôt il laisse là les hommes et s'avise de régler un instant le monde physique. Il envoie négligemment et sans beaucoup de réflexion la bise souffler en Lydie, soulève une tempête sur l'Adriatique, fait tomber dix mille boisseaux de grêle en Cappadoce, et tout cela exécuté avec une majestueuse insouciance, il se dirige vers la salle du festin : « C'était l'heure du souper. » Pour qui a vu tous les détails de cette satire, il est évident que Lucien a voulu peindre, non pas le Jupiter de la fable, mais la

Providence divine, telle que se la figurent les philosophes aussi bien que les poëtes. Dans ce passage et dans beaucoup d'autres semblables, on voit qu'il n'est pas même déiste. A-t-il voulu insinuer, comme on le prétend quelquefois, le fatalisme d'Épicure ? Il est difficile de l'affirmer. Il nous paraît inutile, d'ailleurs, de rechercher curieusement à quelle secte il appartient. Car les grands railleurs ne se mettent pas en peine d'avoir une doctrine ; ils se gardent bien de s'enchaîner à un système. Il est dans leur goût, aussi bien que dans leur rôle, de fronder l'erreur et non point d'apporter la vérité. Quand même ils ne seraient pas sans cesse entraînés par la mobilité de leur humeur, un instinct secret les avertirait que, pour railler commodément et sans danger les principes d'autrui, il ne faut pas en avoir soi-même, qu'on est ainsi plus léger, moins vulnérable, et pour ainsi dire, hors de prise, et que la plus sûre manière de faire la guerre est de n'avoir rien à défendre.

Si l'on veut savoir au juste ce qu'étaient devenus les dieux, comment on les traitait, jusqu'où allait l'insolence de l'incrédulité, il faut entendre les paroles que Lucien met dans la bouche de Timon le Misanthrope. On ne peut pas imaginer une profession d'impiété plus claire et plus complète : « O Jupiter, protecteur des amis, des hôtes, des compagnons, du foyer, dieu des éclairs, des serments, assembleur de nuages, maître du tonnerre, ou sous quelque autre nom que t'invoque l'enthousiasme insensé des poëtes, surtout quand ils sont embarrassés pour la mesure des vers ; car alors tous ces noms sont commodes pour soutenir les chutes et remplir les vides du rhythme ; qu'est devenu le fracas de tes éclairs, le mugissement de ton tonnerre, la flamme blanche et terrible de la foudre ? Tout cela, on n'en peut plus douter, n'est que bagatelle, fumée poétique, vain tapage de mots. Ton arme si vantée, qui frappe de loin, toujours sous ta main, elle s'est éteinte, on ne sait comment, elle s'est refroidie et n'a pas gardé la moindre étincelle de colère contre les méchants. A l'homme sur le point de se parjurer, la meche d'une lampe de la veille ferait plus de peur que la flamme de cette foudre irrésistible. Il semble que tu ne lances qu'un vieux tison dont ni le feu, ni la fumée ne sont à craindre et dont l'unique effet est de vous couvrir de suie.... Avant peu tu ne seras plus, ô le plus grand des dieux, qu'un Saturne dépossédé, dépouillé de tous ces honneurs[1]. » Jupiter finit par ouvrir l'oreille et devine aussitôt d'où lui viennent ces injures : « Quel est cet insolent bavard, dit-il, c'est sans doute un philosophe. » C'était, en effet, la philosophie qui prononçait en riant l'oraison funèbre du paganisme. Il ne faut pas y voir les blasphèmes vulgaires d'un bouffon sacrilège, d'un cynique perdu dans la foule, ignoble disciple de Diogène, accroupi dans un carrefour, et dont les passants méprisaient les aboiements. L'auteur est le plus bel esprit de l'époque, l'écrivain le plus renommé, un homme parvenu à la gloire, à la fortune, aux honneurs, un haut fonctionnaire que l'empereur a investi de sa confiance, et qui administre une des plus importantes provinces de l'empire. En proférant de pareilles impiétés, il fallait être certain d'avoir pour complices la société élégante, les lettrés, les philosophes, le monde officiel. Ce qui rend encore ces plaisanteries plus redoutables, c'est que Lucien n'est pas un esprit follement aventureux, qui profane au hasard et à l'étourdie les choses sacrées. Il sait donner de

---

1. *Timon ou le Misanthrope*, 1.

l'autorité à son irréligion. Sa science profonde de la mythologie, ses nombreux et longs voyages, qui lui ont permis de voir par ses yeux dans les pays les plus divers, toutes les honteuses pratiques du paganisme, l'étude qu'il a faite de tous les systèmes philosophiques, tant de connaissances précises lui permettent de frapper juste et de donner à ses coups cette sûreté qui les rend mortels. Si la forme de ses ouvrages est légère, piquante et faite pour allécher les imaginations frivoles, le fond est assez solide pour servir d'aliment à la réflexion des plus graves esprits et des honnêtes gens. Car Lucien fait assez voir que ses intentions sont sérieuses, son but élevé, qu'il a un dessein moral qui est de tirer les hommes de leur ignorance et de leur imbécilité. Quelquefois il laisse échapper des paroles qui renferment encore plus d'indignation que de sarcasme, et qui prouvent que ce rieur obstiné assistait, non sans tristesse, au spectacle de la comédie humaine. Tant de superstitions, s'écrie-t-il quelque part, demandent un Héraclite et un Démocrite, l'un pour en pleurer, l'autre pour en rire. Voilà le véritable Lucien : un Héraclite pour la pensée, un Démocrite pour l'expression.

II

Bien que Lucien soit un grand moraliste à la façon de Théophraste et de la Bruyère, nous négligeons à dessein, dans cette étude rapide, la peinture générale des folies humaines, des vices et des travers qui sont de tous les pays et de tous les temps. Nous voulons voir surtout quel était, à cette époque, l'état des esprits, des opinions, des croyances, des doctrines. Cependant il faut dire au moins quelques mots de son œuvre la plus populaire, les *Dialogues des Morts*. Lucien est l'inventeur de cette forme littéraire que les modernes lui ont si souvent empruntée. C'était une heureuse idée, qui devait paraître bien piquante quand elle était neuve, et qui permettait au moraliste de parler avec la plus entière liberté, et de mettre en lumière la vanité de nos préjugés terrestres en faisant converser ensemble, sur les affaires de ce monde, des personnages qui n'avaient plus d'intérêt à mentir. Ces dialogues de Lucien ne ressemblent pas entièrement à ceux de Fénelon et de Fontenelle qui les ont pris pour modèles. Les modernes se servent ordinairement de ces fictions pour mettre en présence des caractères historiques appartenant à des siècles, à des pays différents, et rapprochent ansi les hommes célèbres de tous les âges pour les faire disserter sur la politique, sur la guerre, sur les arts, curieuses conversations où les plus grands esprits se jugent les uns les autres. Chez nous, les dialogues des morts sont presque toujours destinés à éclairer l'histoire ; dans Lucien, ils sont au service de la morale. Dans les enfers, le philosophe rencontre le roi, le riche est coudoyé par le pauvre, et comme ils sont tous détrompés de leurs erreurs, que les rangs sont effacés, et que, dans le royaume de Pluton règne la plus parfaite égalité, nous entendons porter sur la vie humaine des jugements véritables, où il n'entre aucun de ces préjugés qui tiennent dans le monde à la différence des fortunes et des conditions. Dans son premier dialogue, Lucien nous révèle ses intentions et montre assez clairement le but de son ouvrage. Diogène donne ses commissions à Pollux, qui, selon la fable, remontait tous les deux jours sur la terre. Qu'il dise à

Ménippe le Cynique de venir dans les enfers, où il pourra rire tout à son aise, mieux que là-haut, où l'on ne sait pas bien de quoi il faut se moquer. Ce sera plaisir pour lui de voir les riches, les satrapes, les rois humiliés et confondus dans la foule. Qu'il dise, en passant, aux philosophes de renoncer à leurs vaines disputes sur les choses qu'ils n'entendent pas ; aux riches, qu'ils ne pourront pas emporter leur or si péniblement amassé, et qu'ils devront descendre là-bas avec une seule obole pour payer leur passage : « Mais aux pauvres, dont le nombre est grand, dis-leur de ne plus pleurer, de ne plus gémir : apprends-leur qu'ici règne l'égalité. » Voilà le programme et l'annonce de cette satire, qui est plus mordante que variée. Vanité des grandeurs, des richesses, de la beauté, de la philosophie, tel est l'éternel sujet de ces dialogues, que la vive imagination de l'auteur ne laisse pas devenir monotones. On y voit Crésus et Sardanapale se lamenter en regrettant leurs trésors et leurs délices pendant que Ménippe, qui n'a jamais possédé que sa besace et son bâton, les taquine et les poursuit de ses railleries. Philippe, roi de Macédoine, est assis dans un coin et raccommode de vieux souliers, et Darius, Xerxès et les despotes de l'Orient mendient dans les carrefours. Socrate lui-même n'est pas épargné. Le gardien du Styx, Cerbère, prétend que ce sage, qui à sa mort a montré tant de fermeté, n'est pas descendu dans les enfers avec autant de courage qu'on le suppose. Il pleurait comme un enfant ; seulement, quand il vit que la mort était inévitable, il se donna des airs courageux pour se faire admirer des spectateurs : « En général, j'en pourrai dire autant de tous les gens de cette espèce ; tant qu'ils ne sont qu'à l'entrée des enfers, ils font les braves, les héros ; une fois entrés, on sait à quoi s'en tenir. » Lucien cherche moins à mettre en doute la constance de Socrate qu'à railler la jactance des philosophes contemporains, qui prêchaient le mépris de la mort et se faisaient honneur d'une intrépidité stoïque qu'ils n'avaient pas. On peut trouver que la morale contenue dans ces dialogues est bien commune. Nous sommes accoutumés à entendre ces leçons sur le néant des grandeurs, des plaisirs, des vertus apparentes ; nos moralistes et nos orateurs sacrés proclament ces vérités avec une autorité plus haute, et y ajoutent des enseignements plus efficaces et plus purs sur la rémunération et la justice divines. Mais au temps de Lucien, ces fictions cruelles, où la faiblesse de l'homme, ses erreurs, ses passions sont jugées avec une brutale franchise, ne manquaient pas d'à-propos ni de portée. C'était une protestation contre le luxe insolent des grands, une consolation pour les pauvres et les opprimés. A une époque où la richesse était l'objet d'une sorte d'idolâtrie, où la mode des apothéoses et les excès de l'adulation plaçaient les hommes à une si grande distance les uns des autres, ce n'était pas un lieu commun sans mérite et sans intérêt de montrer dans les enfers une espèce de république égalitaire, où il n'y a plus d'autres malheureux que les lâches qui tiennent à la vie et regrettent encore leur injuste félicité.

Lucien n'aime pas plus les philosophes que les dieux ; il leur fait la guerre avec non moins de persistance et plus d'emportement. Les courageux pamphlets, où il bravait la fureur de toutes les sectes, nous présentent des scènes de mœurs qui nous permettent de voir ce qu'était devenu l'enseignement moral dans ce siècle de décadence et de confusion. La philosophie ne pouvait plus être respectée par les honnêtes gens et les bons esprits, comme aux beaux temps de la Grèce et de Rome.

Elle était déchue dans l'opinion depuis que les sophistes en avaient fait une profession et un art mercenaire. En voulant devenir, de jour en jour, plus populaire et pratique, elle avait renoncé aux hautes études spéculatives qui seules peuvent lui donner de la vigueur et de la solidité, et qui ont encore cet autre avantage de la rendre inabordable à tous ceux qui ne se sentent ni talent ni vocation. Mais, dès qu'elle ne fut plus une science difficile, qu'elle se contenta de répandre des préceptes connus et de faire des exhortations morales, elle devint trop accessible à tout le monde pour que le premier venu ne fût pas tenté d'enseigner ce qu'il n'avait pas besoin d'apprendre. C'était, d'ailleurs, un bon métier qui, sans exiger un long apprentissage, rapportait souvent de l'honneur et toujours de l'argent. Jugez si les sages se multiplièrent. Comme la mode voulait que les riches et les grands eussent à leur solde, et pour ainsi dire dans leur domesticité, un de ces orateurs qui savaient traiter les banalités de la morale, une foule de gens sans aveu, doués de quelque faconde, devinrent philosophes pour trouver accès dans les maisons opulentes. Des parasites, des flatteurs, d'habiles hypocrites, s'affublèrent d'un costume dont la simplicité sordide et quelquefois l'indécence semblaient annoncer la pauvreté volontaire et le noble dédain de tous les préjugés : « Il est une espèce d'hommes qui depuis peu monte, comme une écume, à la surface de la société, engeance paresseuse, querelleuse, glorieuse, irascible, extravagante, gonflée d'orgueil et d'insolence et, comme dit Homère, « de la terre inutile fardeau. » Ces gens-là, partagés en troupes, après avoir imaginé divers dédales de raisonnements, se sont appelés stoïciens, académiciens, épicuriens, péripatéticiens.... Sous le nom respectable de la vertu dont ils se sont affublés, le sourcil haut la barbe longue, ils s'en vont couvrant leurs mœurs infâmes sous un dehors plâtré, semblables à ces acteurs de tragédie auxquels il suffit d'ôter leur masque et leur robe brodée d'or pour n'avoir plus devant soi qu'un pauvre hère qui se loue sept drachmes pour la représentation..... En présence de leurs disciples, ils exaltent la constance et la tempérance, ils mettent sous leurs pieds richesses et plaisirs, mais, une fois seuls et sans témoins, qui pourrait dire jusqu'où va leur gourmandise, leur lubricité, leur empressement à lécher la crasse des oboles[1]. » Si nous en croyons Lucien, on était bientôt en état d'exercer ce métier lucratif. Quelques formules d'école plus ou moins bien apprises, voilà pour l'instruction. Quant à l'appareil nécessaire pour parler avec autorité, ce n'était pas non plus une grande dépense de se procurer un manteau troué, une besace, un bâton, de laisser croître ses cheveux, sa barbe, ses ongles. Des maçons, des cordonniers, des ouvriers sans salaire, alléchés par le profit, deviennent philosophes, après avoir pris soin de se noircir la peau au soleil, « pour prendre la teinture de la vertu. » Les promenades publiques sont remplies de ces savants, portant des livres sous le bras gauche, marchant en troupe, et dont les phalanges vont à la rencontre les unes des autres pour disputer sur des mots. Dans les rues, dans les carrefours, ces sages discutent et s'injurient, tandis que le peuple grec, toujours avide de bruit et de spectacle, accourt de tous côtés, pour admirer à la fois leur parole facile et leur impudence. Il faut voir, dans Lucien, ces rudes joûteurs, la face rougie par la violence des efforts et le désir de parler, le cou gonflé, les veines saillantes, essuyant, du creux de leur main, la sueur qui les inonde; il faut

---

1. *Icaroménippe*, 29

les suivre surtout dans l'intérieur des maisons où ils vont porter leur importune et redoutable sagesse. Ils entrent dans une salle de festin, où ils ont flairé un bon repas plus encore que le vice, ils apostrophent l'amphitryon, lui reprochent d'avoir une maîtresse et le sermonnent sur son luxe et son intempérance. On finit par les apaiser, on les fait asseoir à la table, et bientôt ils trouvent qu'on ne leur rend pas assez d'honneurs, se plaignent de n'être pas assez bien servis, dissertent tant bien que mal au milieu des pots, ou courbés sur leur assiette avec la plus austère attention, « ils ont l'air d'y chercher la vertu. » Selon l'occasion, flatteurs éhontés ou censeurs insolents, si l'adulation n'est pas bien payée, ils ont recours aux injures. Sachant qu'on leur donnera, par égard pour leur habit, ou pour échapper à leur mauvaise langue, ils spéculent sur la sottise et la peur, et, dans leurs fréquentes visites, lèvent des tributs. Les plus cyniques cachent des morceaux de viande dans leur besace, ceux qui se respectent attendent qu'on leur offre de l'argent et des cadeaux. Cela s'appelle, dans leur argot : tondre les moutons. Enfin, quand ils ont amassé bien des oboles et des drachmes, un beau jour, ils achètent des vêtements moelleux, de beaux esclaves, des maisons, et, jetant sur les grands chemins leur misérable manteau, ils disent, avec un soupir de satisfaction, un long adieu au tonneau de Diogène. Quelque exagération que l'on suppose dans ces peintures satiriques, et mille autres pareilles de Lucien, on voit que la morale n'était plus, comme autrefois, une science, mais une routine vulgaire et une application de la rhétorique. Comme il arrive toujours, la philosophie elle-même fut rendue responsable de ces hontes. A force de mépriser les disciples, on fut naturellement porté à ne plus respecter les maîtres illustres de l'antiquité. Toute sagesse doctrinale, les systèmes, le génie, la bonne foi, la vertu de leurs inventeurs devinrent le jouet d'un scepticisme moqueur. Ces belles et fortes doctrines, autrefois propagées, avec une grâce et une discrétion toute patricienne, par les Platon, les Cicéron, les Sénèque, ou avec la puissante originalité des Zénon et des Antisthène, furent méconnues et conspuées par les esprits délicats tels que Lucien, quand on les vit colportées par d'ignobles et avides trafiquants et célébrées avec toutes les impudeurs d'une déclamation triviale.

La chute des études spéculatives, qui avait rabaissé la philosophie en la mettant à la portée de tout le monde, eut encore pour effet de la livrer à une autre espèce de charlatans plus dangereux. Quand on n'eut plus de principes certains, ni foi religieuse, ni convictions raisonnées, on tomba dans une sorte de mysticisme grossier; on crut à la magie, aux enchantements divinatoires, à la sorcellerie et à d'autres pratiques nouvelles, absurdes, mystérieuses, empruntées à l'Orient. La philosophie, à son tour, eut ses superstitions. Alors parurent des visionnaires, des imposteurs, des gymnosophistes, des prophètes, des faiseurs de miracles, tels qu'Apollonius de Tyane, par exemple, qui étonnèrent le monde, ou par leur prodigieuse austérité, la sainteté affectée de leur vie ou leur prétendu pouvoir surnaturel. Le plus fameux de ces charlatans, qui a effacé tous les autres, sinon par sa gloire, du moins par la bizarrerie de sa mort, fut Pérégrinus, un aventurier qui, après avoir couru tous les pays, après avoir embrassé le christianisme, revint à la philosophie cynique et promena longtemps en Italie sa folie, son orgueil et sa bassesse. Il allait par les rues sans vêtement, se barbouillait le visage de boue, se rasait la moitié de la tête, et, dans les places publiques, se donnait le fouet à lui-même ou se faisait fustiger par les autres. Son audace, les injures qu'il lançait à tout le monde, même à l'empereur, le firent partout chasser, mais lui attirèrent l'estime et l'admiration du peuple. Tour à tour exalté par les uns, menacé d'être lapidé par les autres, il résolut de frapper les imaginations par une extravagance qu'on n'avait jamais vue, et fit courir le bruit qu'il monterait sur un bûcher aux jeux Olympiques et qu'il se brûlerait, comme Hercule, aux yeux de toute la Grèce assemblée. Lucien fut témoin de cette mort étrange, et nous en a fait le récit. La foule était immense pour assister à un spectacle si extraordinaire ; on blâmait, on approuvait le dessein de Pérégrinus, quand il parut, suivi de ses disciples et d'une multitude considérable. Il fit lui-même son oraison funèbre, raconta sa vie, longuement, en homme qui craint d'arriver trop vite à la péroraison. Quel vivant tableau que celui de cette assemblée agitée de mouvements divers, attendrie, curieuse ; ceux-ci touchés jusqu'aux larmes, ceux-là craignant de manquer un spectacle qu'ils attendaient sur place depuis plusieurs jours. « Les plus niais de l'assistance se mettent à larmoyer et à lui crier : « Conservez-vous pour les Grecs ! » Mais d'autres, plus fermes, lui crient : « Ne vous démentez « pas. » Ces mots ne troublèrent pas peu le vieillard ; il espérait que tout le monde le retiendrait, qu'on ne le laisserait pas se jeter dans le feu, qu'on le forcerait à rester en vie. Mais ce cri imprévu : « Ne vous démentez pas, » lui donne un coup, ajoute à la pâleur de son teint déjà cadavéreux, le fait trembler, ma foi, et arrête net sa harangue[1]. » Cependant il fallait tenir sa promesse ; au lever de la lune, qui devait servir de décor à la pièce, il s'avance dans son costume ordinaire, portant un flam-

---

1. *La mort de Pérégrinus*, 33.

beau. Les philosophes cyniques qui lui font cortége mettent le feu au bûcher, heureux et fiers de consommer un sacrifice sublime, qui doit être un éternel honneur pour la secte. « Pérégrinus ayant déposé sa besace, sa fameuse massue d'Hercule, son manteau, est là devant nous en chemise, et quelle chemise ! Il demande de l'encens pour le jeter dans le feu ; on lui en donne ; il le jette et s'écrie en se tournant vers le midi (car le midi joue aussi un rôle dans cette tragédie) : « Mânes de mon « père et de ma mère, recevez-moi avec bonté ! » Cela dit, il s'élance dans le brasier et disparaît dans l'immense flamme qui s'élève[1]. » Lucien n'est pas le moins du monde ému et garde le plus cruel sang-froid. En revenant d'Olympie, il s'amuse le long de la route à mystifier les gens attardés, en leur racontant qu'au moment où Pérégrinus se précipitait dans le feu, il y avait eu un tremblement de terre, et qu'un vautour s'était échappé de la flamme en criant d'une voix humaine : « J'abandonne la terre et je monte vers l'Olympe. » Il n'est pas nécessaire de montrer quels furent les sentiments du satirique incrédule assistant, par hasard, au suprême effort du charlatanisme philosophique. Par une de ces rencontres heureuses, qui ne sont pas rares dans l'histoire de la Grèce où souvent les extrêmes se touchent, la fortune, en rapprochant Lucien de Pérégrinus, donnait pour témoin à la plus héroïque imposture de l'antiquité le bon sens le moins capable de se laisser duper, et, par une sorte de juste châtiment, ne réservait ainsi à la vanité, s'immolant pour la gloire, que la seule immortalité du ridicule.

Il faudrait multiplier beaucoup ces scènes de mœurs si l'on voulait signaler toutes les aberrations et les ma-

---

1. *Ibid.*, 36.

ladies morales de cette époque, unique dans l'histoire. Mais, sans aller plus loin, l'esprit de Lucien lui-même et le caractère de ses ouvrages, ne montrent-ils pas assez la déchéance des études philosophiques et le mal qui en résulte? Si, en recueillant ses opinions, on cherchait à lui composer une doctrine, on verrait à quoi se réduisaient alors les croyances des hommes les plus distingués par la science et le talent. Non-seulement il rejette les dieux du paganisme, mais encore il n'admet pas l'existence d'un Dieu quelconque. Il ne connaît pas même ces vagues aspirations vers une divinité inconnue, incompréhensible, qu'on rencontre çà et là dans quelques rares philosophes du temps, et surtout chez des stoïciens, tels qu'Epictète et Marc-Aurèle. Athée dans toute la force du terme, il ne se met pas en peine de faire croire qu'il ne l'est pas. C'est tout au plus s'il semble quelquefois reconnaître la puissance d'un destin aveugle, dont les hommes sont les esclaves et les victimes. La liberté humaine n'est qu'une illusion ; tandis que nous nous croyons les maîtres de nos actions, nous sommes poussés à notre insu par une nécessité fatale. La vie est une comédie qui se joue sur le théâtre du monde, et dont la fortune est le directeur; l'un remplit le rôle d'un roi, l'autre d'un valet, et souvent les acteurs changent de costume, et après avoir représenté le grand personnage de la pièce, finissent par devenir des comparses. Ce qu'on raconte des enfers n'est pour lui qu'un conte d'enfant; il n'y a pas de vie future. Malgré certaines réserves qui sont accordées à la bienséance littéraire, et qui marquent simplement les scrupules d'un homme d'esprit, il ne témoigne pas plus de respect à la philosophie elle-même qu'aux philosophes. Elle n'est pour lui qu'un art futile, qui sert à tisser des toiles d'araignée. Les disputes sont au moins inutiles, quand elles ne sont pas ineptes. Ou Lucien n'a point de doctrine ou il cache la sienne, faisant gloire de n'en point avoir. Son scepticisme de bel esprit et d'artiste n'a rien de systématique. Ce n'est point par la dialectique et le raisonnement qu'il est arrivé à douter de toutes choses. Car lorsqu'il passe en revue toutes les sectes, il se moque de Pyrrhon, et, comme Molière, il lui prouve avec le bâton que la douleur est une réalité. Le scepticisme de Lucien n'a donc rien de doctrinal, et n'est que l'expression d'une humeur moqueuse, de l'indifférence, de la désillusion et du sens commun. Les seules vérités qu'il proclame sont de celles que l'expérience fournit, qui ne demandent pas d'examen, qui ne reposent pas sur des principes scientifiques, et que le monde élégant adopte sans savoir d'où elles viennent. La religion est un amas de fables, la métaphysique la science des chimères, et la morale est l'art de vivre en galant homme et d'échapper aux soucis, aux passions, au ridicule.

III

Pendant que la religion et la philosophie païennes, de plus en plus discréditées, présentaient le spectacle de l'anarchie et de la plus étrange confusion, le christianisme poursuivait sa marche silencieuse et commençait à paraître au grand jour. En se répandant dans toutes les provinces de l'empire, il attirait de plus en plus l'attention des moralistes et des satiriques, qui, jusque-là, l'avaient trop méprisé pour lui faire l'honneur de s'en moquer. Lucien, si curieux observateur de toutes les folies, ne pouvait pas manquer de rencontrer et de peindre cette folie nouvelle, qui, à ses yeux, surpassait toutes les autres.

Pour apprécier les jugements que cet humoriste, plus exact qu'on ne pense, a portés sur les chrétiens, et pour achever de décrire l'état de l'opinion à cette époque, qu'il nous soit permis d'esquisser en quelques traits l'histoire du christianisme naissant au point de vue païen. Il n'est pas inutile de montrer quelle idée les plus excellents esprits et la multitude se faisaient d'une doctrine dont la sublimité paraissait si bizarre et qu'on persécutait sans la comprendre.

Il n'est pas de plus triste spectacle que celui de ces persécutions sans cesse renaissantes, dont la fureur semble inexplicable. Qu'un Néron, un Domitien aient fait tant de martyrs, il n'y a point là de quoi s'étonner, puisque leurs affreux caprices n'avaient pas besoin de prétextes pour verser le sang. Qu'une foule aveugle, attachée à son culte, ait applaudi dans les amphithéâtres à la mort de pauvres esclaves, qui paraissaient aussi criminels que méprisables, on le conçoit encore, quand on connaît les mœurs de la populace romaine. Mais que des esprits d'élite, désabusés d'ailleurs de toutes les fables du paganisme, aient méconnu une si pure morale, que les gouverneurs de provinces aient recherché partout et traduit devant leur tribunal les sectateurs d'une religion inoffensive, que des empereurs cléments n'aient point fait plus d'efforts pour arrêter la poursuite juridique de tant d'innocentes victimes, on ne peut le comprendre que lorsqu'on songe aux lois de l'empire, aux préjugés du temps et aux mœurs des premiers chrétiens eux-mêmes.

On sait avec quelle facilité et quelle complaisance le paganisme ouvrait ses temples aux cultes étrangers.

Rome, surtout, donnait l'hospitalité à tous les dieux, comme elle octroyait le droit de cité aux peuples conquis. Les nations soumises à l'empire romain pouvaient suivre leur religion en toute liberté et conserver leurs cérémonies. Le paganisme n'était point jaloux et ne devait pas être intolérant, puisqu'il n'avait point de dogmes établis. La politique seule intervenait quelquefois pour limiter cette liberté religieuse, qui pouvait compromettre la sûreté de l'État. Ainsi il existait à Rome une certaine loi interdisant de reconnaître aucun dieu qui ne fût approuvé par le sénat. Cette loi ne fut jamais abolie, et nous voyons les meilleurs empereurs, ceux-là mêmes qui essayent d'arrêter les persécutions, la respecter encore, puisque tout en défendant de rechercher et d'accuser les chrétiens, ils défendent aussi de les absoudre, une fois qu'on les a traduits devant la justice. C'était une arme terrible entre les mains d'un proconsul. Lorsque la multitude ameutée dénonçait les chrétiens et demandait leur mort, le magistrat condamnait sans scrupule, et donnait souvent à un abus de pouvoir toutes les apparences de la légalité.

Mais cette loi n'aurait pas été toujours invoquée, ni appliquée avec une atroce sévérité, si l'opinion ne s'érait pas soulevée contre les chrétiens. Ils furent poursuivis, non pas tant parce qu'ils paraissaient coupables, mais parce qu'ils étaient odieux. Sans connaître ni leur doctrine, ni leurs mœurs, on les détestait comme une troupe imbécile et malfaisante. Les plus illustres écrivains, Tacite, Suétone, Pline le Jeune, Lucien, se font les échos de cette réprobation universelle, et nous verrons tout à l'heure qu'en plaignant quelquefois leurs malheurs, ils ne leur témoignent qu'une sympathie injurieuse. Qui ne connaît ce beau récit de Tacite peignant la première persécution ordonnée par Néron, où les chrétiens sont couverts de peaux de bêtes pour être déchirés par les chiens, enduits de résine pour brûler comme des flambeaux? L'historien est ému en racontant cette lamentable histoire ; mais tout en prenant parti pour des malheureux qu'on insulte en les faisant mourir, il reconnaît que ce sont de grands coupables, il les accuse de tous les crimes sans rien spécifier, et les regarde enfin comme des ennemis du genre humain. S'il blâme Néron, ce n'est pas de les avoir livrés au supplice, mais d'avoir ajouté à un châtiment mérité les raffinements de son ingénieuse barbarie, et changé en jeu cruel, en fantaisie d'artiste sanguinaire, un acte de justice. Quand on songe que Tacite écrivait au commencement du deuxième siècle, plus de quarante ans après cet horrible événement, qu'il a eu le temps de recueillir toutes les informations, quand on voit que, malgré son exactitude et son équité ordinaires, il se fait une si fausse idée du christianisme, on peut se figurer quels devaient être les sentiments de la foule ignorante, puisqu'un si noble esprit, si curieux, si bien informé, et qui fut toujours l'éloquent apologiste de toutes les victimes impériales, ne trouve, en parlant des chrétiens, que des paroles de mépris et d'horreur. Suétone va plus loin encore que Tacite, et, en rapportant l'histoire de ces cruautés, il en fait honneur à Néron et les met au nombre de ses actions méritoires. Tous deux s'imaginaient que le christianisme n'était qu'une superstition infâme, mêlée de magie et de maléfices. On continuait à confondre les chrétiens avec les juifs, et, comme ceux-ci, de tout temps détestés à Rome, étaient devenus plus odieux par l'incroyable obstination qu'ils avaient montrée dans la défense de Jérusalem, le patriotisme romain se soulevait contre eux et rendait la haine plus implacable. Après la deuxième persécution, qui eut lieu sous Domitien, les chrétiens trouvèrent quelque justice et même quelque protection auprès de ses successeurs. Trajan, Adrien, Antonin, Marc-Aurèle, sans les défendre toujours avec assez d'énergie, donnèrent aux gouverneurs des provinces des instructions plus clémentes, qui prouvent que la haine inspirée par le christianisme n'était plus si aveugle, et que les chrétiens étaient devenus assez nombreux pour mériter des ménagements. Cependant le peuple les poursuivait toujours, les dénonçait aux proconsuls, et les martyrs se multiplièrent, surtout dans les provinces les plus éloignées de l'empire, où les ordres du souverain étaient moins bien exécutés qu'à Rome. On peut voir dans les lettres de Pline à Trajan quel était alors l'embarras d'un magistrat dans cette question délicate de la liberté de conscience. Pline est le modèle de l'honnête païen, un esprit modéré, aimant la justice et craignant de l'appliquer ou avec trop de mollesse ou avec trop de rigueur. Gouverneur de la Bithynie, il écrit à l'empereur pour lui demander ses ordres et lui exposer ses propres scrupules. Il ne sait comment il faut juger les chrétiens, ni sur quoi tombe l'information, ni quel doit être le châtiment. Est-ce le nom qu'on punit en eux, sont-ce les crimes attachés à ce nom? Cependant, dans ces informations judiciaires, il apprenait à mieux connaître le christianisme. En interrogeant les accusés qui, par faiblesse ou par repentir, avaient renié leur religion, il voyait que cette superstition nouvelle n'était pas si dangereuse. Ceux qui abjuraient lui disaient que toute leur erreur avait consisté à s'assembler pour chanter les louanges du Christ, comme s'il avait été Dieu, qu'ils s'engageaient par serment, non à quelque crime, mais à ne pas commettre de vol et d'adultère. Pline est d'avis d'employer la clémence, dont il a déjà lui-même constaté les bons effets. Avec une satisfaction naïve et cette douce vanité qui est le trait de son caractère, il nous apprend que, depuis son administration, les temples sont plus fréquentés, que les sacrifices naguère négligés recommencent, et que le commerce de victimes est en bonne voie de prospérité. Cette lettre, qui fait honneur aux lumières et à la modération de Pline, est en même temps une apologie involontaire du christianisme. Aux yeux de ce magistrat assez clairvoyant, les chrétiens ne sont plus une secte impie, détestable, une peste publique, comme les appelaient Tacite et Suétone, mais des égarés qu'on peut ramener, si l'on fait grâce au repentir. Les deux historiens les calomniaient, parce que, n'ayant pas eu l'occasion de les connaître, ils se faisaient les organes des préjugés populaires. Le gouverneur d'une province, à qui ses fonctions permettaient d'être mieux informé, leur rend plus de justice, adoucit la loi en leur faveur, et semble même plaider leur cause.

Après avoir relevé les jugements que les esprits les plus distingués et les plus graves portaient sur le christianisme; après avoir constaté la profonde ignorance des uns, la pitié discrète des autres, nous nous hâtons de consulter Lucien, qui nous présente une face nouvelle de l'opinion à cette époque. La lumière se fait de plus en plus, et, quoi qu'on en ait dit, le satirique ne connaît pas trop mal les chrétiens. On ne peut pas le soupçonner de leur être favorable, il les raille, au contraire, avec beaucoup de bonne humeur et d'indifférence; mais comme il rit de ce qu'il ne comprend pas, il arrive que ses moqueries tournent à la gloire de la religion nouvelle, et qu'à son insu, et sans le vouloir, il lui rend le plus précieux hommage, celui d'un ennemi dont les injures se changent en éloges. Le charlatan Pérégrinus, on se le rappelle, avait un moment embrassé le christianisme, et par ses manières de prophète et d'inspiré avait abusé ses frères, comme il trompait les philosophes. Lucien raconte avec quelle sollicitude, à ses yeux ridicules, ces sectaires adoucirent la captivité de ce malheureux : « Quand il fut dans les fers, les chrétiens, faisant de son aventure une calamité publique, mirent tout en œuvre pour le délivrer. Mais la chose n'étant pas possible, ils lui prêtèrent du moins secours avec le zèle le plus ardent et le plus infatigable. Dès le point du jour on voyait déjà devant la prison une foule de vieilles femmes, de veuves et d'orphelins. Les chefs de la secte avaient même trouvé moyen de passer la nuit avec lui en corrompant les geôliers; ils se faisaient apporter toutes sortes de mets, ils se livraient à leurs saints entretiens, et le grand Pérégrinus (on le nommait encore ainsi) était appelé par eux le nouveau Socrate. Même de plusieurs villes d'Asie vinrent des députés envoyés par les chrétiens pour assister notre homme, pour lui servir d'avocats ou de consolateurs. Ils font voir en effet une diligence incroyable quand il s'agit des intérêts de la communauté. En un mot, rien ne leur coûte. Aussi Pérégrinus, sous le prétexte de sa prison, vit-il arriver l'argent de toutes parts, et se fit-il un assez gros revenu[1]. » Lucien croit esquisser un tableau plaisant, et il fait une admirable peinture des mœurs chrétiennes. Si l'on ferme les yeux sur les intentions malignes de l'auteur, que peut-on demander de plus exact et qui donne une plus juste idée de la primitive charité? Il n'est pas moins bien renseigné sur la doctrine que sur les mœurs du christianisme : « Ces malheureux, dit-il, se figurent qu'ils sont immortels et qu'ils vivront éternellement. De là vient qu'ils méprisent la mort et se livrent volontairement au supplice. Leur premier législateur leur a fait

---

1. *La mort de Pérégrinus*, 12.

croire encore qu'ils sont tous frères une fois qu'ils ont changé de culte, qu'ils ont renié les dieux de la Grèce, qu'ils adorent le sophiste crucifié et vivent selon ses lois. De là vient aussi qu'ils méprisent tous les biens et les mettent en commun, sans pouvoir dire pourquoi, par obéissance aveugle. Si donc il se présente parmi eux un imposteur et un habile homme qui sait s'y prendre comme il faut, il s'enrichit très-vite en riant sous cape de leur simplicité[1]. » A part les épigrammes et le ton léger, que de vérité dans cette satire ! Mais que les railleurs sont maladroits quand ils jugent ce qu'ils n'ont pas compris ! Il n'est pas un mot, dans ce curieux passage, qui ne glorifie les victimes de la raillerie. Toutefois n'oublions pas de remarquer la véracité de Lucien et l'exactitude de ses informations. Les chrétiens commencent à être mieux connus sans être beaucoup plus estimés.

Tacite et Suétone ignoraient entièrement leurs mœurs et leur doctrine, et les regardaient comme des malfaiteurs et des magiciens ; les empereurs les défendaient dans l'intérêt du repos public et de la justice sociale, sans savoir s'ils étaient des innocents persécutés ou des novateurs redoutables. Pline soupçonnait déjà qu'ils pouvaient n'être pas des criminels ; enfin Lucien est mieux informé, il a entendu parler de leurs dogmes, il a vu leurs mœurs fraternelles, et, bien que leur étrange conduite lui paraisse le comble de la folie, il laisse voir du moins que la communauté chrétienne n'était plus considérée comme une faction impie et mystérieuse. Les chrétiens ne sont plus des coupables, mais des insensés. Véritable progrès de l'opinion qui devait désarmer bien des fureurs ! Car si les politiques étaient

---

1. *Ibid.*, 13.

prompts à réprimer le crime, ils pouvaient être moins sévères pour la démence.

Ainsi, grâce à Lucien, nous connaissons l'état de la société antique au deuxième siècle de l'ère chrétienne. Le paganisme, envahi de tous côtés, est transformé par des superstitions étrangères, déshonoré par des pratiques occultes et surtout miné, ici par l'incrédulité, là par la religion nouvelle. Il a perdu son autorité, et jusqu'à son prestige poétique. Le peuple demeure attaché à son culte, par habitude, par grossièreté brutale. Mais les beaux esprits, les hommes cultivés ne se donnent plus la peine de déguiser leur impiété et leur athéisme. La philosophie elle-même est avilie depuis que, renonçant aux fortes spéculations, elle se borne à répéter ce qu'elle ne comprend plus. Les sectes se sont mêlées et confondues, ne savent plus au juste quels sont leurs principes, et ne se distinguent entre elles que par le costume et la bizarrerie de leur appareil théâtral. Un nombre infini de déclamateurs parasites ont pris le manteau de philosophes, s'asseoient à la table des grands, promènent dans les rues leur vanité importune, et proclament à tout venant les préceptes usés de leur sagesse vénale. L'enseignement de la morale, autrefois sacré, est devenu un métier de bas étage, livré à l'ignorance ou à l'imposture. Cependant le christianisme, toujours incompris, méconnu, méprisé, continue à recruter dans l'ombre les paisibles ennemis de ce vieil établissement qui semble tomber de lui-même. Quel eût été le rire de Lucien, si un de ces visionnaires, qu'il a si bien raillés, lui avait annoncé que bientôt le monde appartiendrait à ces dupes charitables de Pérégrinus, à ces *disciples du sophiste crucifié?* Et pourtant c'est lui, le satirique mal avisé, qui les servait sans le vouloir, et mieux que personne, en détruisant dans les esprits la foi et le respect du passé, qui est la dernière force des sociétés. Car il ne faut pas se tromper sur les intentions de Lucien. Il ne se contente pas de railler les mœurs contemporaines, de signaler les hontes et les misères de la décadence. Sa critique embrasse tous les siècles précédents, et se fait le juge irrévérencieux de toute l'antiquité. Religion, systèmes, méthodes, doctrines morales, depuis Homère, tout est analysé avec une sûreté de bon sens qui donne de l'autorité au scepticisme et le rend contagieux. Comme si l'admiration pour les grands hommes était encore une forme de la superstition, il se fait un jeu d'attaquer la science, la sagesse, l'héroïsme des anciens, et Socrate mourant n'est pas mieux traité que Jupiter. Si, pour lui, la religion est une machine de rebut et hors d'usage, la philosophie dogmatique est un objet de peu de valeur dont on peut se défaire à vil prix. N'est-il pas permis d'employer ce langage, quand nous voyons que, dans une de ses plus ingénieuses fictions, il met à l'encan et vend à la criée les sages les plus illustres, les fondateurs des anciennes doctrines? Combien donnez-vous de Pythagore, de Socrate, de Chrysippe, d'Épicure? Celui-ci vaut quelques mines, celui-là quelques oboles. Il semble que la succession de la défunte antiquité soit ouverte. Lucien n'a pas mal réalisé, pour son temps, le vœu que formait, pour le nôtre, un célèbre pamphlétaire de nos jours, qui demandait la liquidation générale de la société.

Le monde antique, on le voit, se détruisait, pour ainsi dire, de ses propres mains, rejetant avec mépris tout ce qui l'avait jusque-là soutenu et charmé, répudiant même sa gloire. Il prend en dégoût la poésie et la science dont il s'était enivré, et renverse étourdiment ses plus belles doctrines, à peu près comme le convive fatigué trouve son dernier plaisir à briser le vase qui lui versa la joie. La société grecque et romaine n'attend plus rien de sa religion, ni de sa philosophie. Longtemps elle avait essayé de combattre l'indifférence ou la corruption et avait fait de généreux efforts pour se retirer de la nuit où elle descendait chaque jour davantage. Les Sénèque, les Épictète, les Dion et leurs pareils réveillaient les cœurs, et s'ils ne pouvaient remplacer la religion, ils tentaient du moins de donner un prestige religieux à la sagesse humaine. Mais peu à peu la philosophie se décourage et perd, avec sa vaillance, son autorité. Quelques grandes âmes égarées dans ce monde frivole et dépravé cultivent encore la vertu pour elles-mêmes, mais n'ont plus l'espoir de la répandre. Elles en font l'objet d'un culte solitaire. Il vient un moment où Marc-Aurèle, qui peut juger le monde de haut, désespère et demande à mourir pour n'avoir point à rester plus longtemps « dans ces ténèbres et ces ordures. » La société antique n'a plus confiance dans ses doctrines qui lui paraissent épuisées. La foule ne tient pas à les connaître et souvent les beaux esprits ne les connaissent que pour les profaner. Tandis que la multitude grossière tourne le dos aux anciens sages et, entraînée par un secret instinct, court en aveugle au-devant de toutes les nouveautés venues de la Perse, de la Chaldée, de l'Égypte, les hommes cultivés, sans souci de l'avenir, s'amusent à railler le passé. En vain l'honnête Plutarque, retiré en province, attardé dans le siècle, garde une sorte de piété patriotique aux héros et aux sages de l'antiquité et se propose de ranimer l'admiration. Dans les compagnies élégantes, au contraire, dans les écoles de philosophie et d'éloquence, on se fait un jeu savant de déclamer contre les grands hommes, et les jeunes orateurs s'exercent à déchirer Socrate ou Zénon. Pendant quelque temps on aura encore de l'esprit et de la science au service de ce scepticisme futile, mais bientôt on ne se donnera plus la peine d'étudier ce qu'on ne respecte plus. La littérature elle-même périra et sera réduite aux banalités de l'ignorance et aux légèretés du dédain. Ce qui reste de talent est consacré à la satire. Le dernier grand poëte de Rome, Juvénal, le dernier grand écrivain de la Grèce, Lucien, sont également des satiriques. Le monde ancien n'a plus de génie que pour se condamner ou pour se moquer de lui-même. Cette satire universelle contre les dieux, les héros, les sages, constate la décadence et la précipite. Car pour les sociétés comme pour les individus, le dernier degré de la chute est le mépris de soi-même. Bientôt une nouvelle lumière attirera ces esprits désabusés et le christianisme n'aura plus de peine à recueillir ce monde qui défaille et s'abandonne.

FIN

TABLE DES MATIÈRES.

Préface de la deuxième édition........................ I
Préface de la première édition....................... III
La Morale pratique dans les lettres de Sénèque............ 1
Un Poëte stoïcien. — Perse............................ 101
La Vertu stoïque. — Épictète......................... 155
L'Examen de conscience d'un empereur romain. — Marc-Aurèle.. 171
La Prédication morale populaire. — Dion Chrysostome...... 215
La Société romaine. — Juvénal......................... 255
Le scepticisme religieux et philosophique. — Lucien....... 333

FIN DE LA TABLE

41 785. — PARIS, IMPRIMERIE LAHURE
9, rue de Fleurus, 9.

Librairie HACHETTE et Cie, boulevard Saint-Germain, 79, à Paris.

BIBLIOTHÈQUE VARIÉE, A 3 FR. 50 LE VOLUME, FORMAT IN-16

Chefs-d'œuvre des littératures anciennes

ANTHOLOGIE GRECQUE, traduction sur le texte publié par F. Jacobs, avec des notices sur les poètes de l'Anthologie. 2 vol.

ARISTOPHANE : *Œuvres complètes*, traduction française par M. C. Poyard; 9e édit. 1 vol.

DIODORE DE SICILE : *Bibliothèque historique*, trad. et annotée par M. F. Hœfer. 4 vol.

ESCHYLE : *Les tragédies*, traduction française par M. Ad. Bouillet. 1 vol.

EURIPIDE : *Théâtre et fragments*, traduction française par Hinstin. 2 vol.

HÉRODOTE : *Histoires*, traduction française avec notes par P. Giguet; 6e édit. 1 vol.

HINSTIN : *Chefs-d'œuvre des orateurs attiques*. 1 vol.

HOMÈRE : *Œuvres complètes*, traduction française par P. Giguet; 15e édit. 1 vol.

HORACE : *Les œuvres d'Horace*, traduction française par Jules Janin; 6e édition. 1 vol.

JUVÉNAL et PERSE : *Œuvres*, suivies des Fragments de Lucilius, de Turnus et de Sulpicia. Traduction publiée avec les imitations et des notices par E. Despois. 1 vol.

LUCIEN : *Œuvres complètes*, trad. française par M. Talbot; 4e édition. 2 vol.

LUCRÈCE : *De la nature*, traduction française par M. Patin. 2e édit. 1 vol.

PLAUTE : *Les comédies*, traduction française par M. Sommer. 2 vol.

PLUTARQUE : *Les vies des hommes illustres*, traduction française par M. Talbot. 4 vol.

— *Œuvres morales et œuvres diverses*, traduction française par M. Bétolaud. 5 vol.

SÉNÈQUE LE PHILOSOPHE : *Œuvres complètes*, traduction française par M. J. Baillard. 2 vol.

SOPHOCLE : *Tragédies*, traduites en français par M. Bellaguet. 1 vol.

Ouvrage couronné par l'Académie française.

TACITE : *Œuvres complètes*, traduites en français par J.-L. Burnouf. 1 vol.

THUCYDIDE : *Histoire de la guerre du Péloponèse*, traduction française par M. Bétant. 1 vol.

TITE-LIVE : *Histoire romaine*, traduction française par M. Gaucher, professeur au lycée Condorcet. 4 vol.

VIRGILE : *Œuvres complètes*, traduction française par M. Cabaret-Dupaty. 1 vol.

XÉNOPHON : *Œuvres complètes*, traduction française par M. Talbot; 5e édit. 2 vol.

Chefs-d'œuvre des littératures étrangères

BYRON (Lord) : *Œuvres complètes*, traduites de l'anglais par Benjamin Laroche. 4 vol., qui se vendent séparément :
I. *Childe-Harold*. 1 vol. — II. *Poèmes*. 1 vol. — III. *Drames*. 1 vol. — IV. *Don Juan*. 1 vol.

CERVANTES : *Don Quichotte*, traduit de l'espagnol par M. L. Viardot. 2 vol.

DANTE : *La divine comédie*, traduction par Pr A. Fiorentino; 13e édition. 1 vol.

OSSIAN : *Poèmes gaéliques*, traduits de l'anglais par P. Christian. 1 vol.

SHAKESPEARE : *Œuvres complètes*, traduites de l'anglais par M. E. Montégut. 10 volumes, qui se vendent séparément.

Ouvrage couronné par l'Académie française.

Les tomes I, II et III comprennent les comédies; les tomes IV, V et VI, les tragédies; les tomes VII, VIII et IX, les drames; le tome X, Cymbeline, les poèmes, les petits poèmes et les sonnets.

— *Hamlet*, tragédie traduite en prose et en vers par M. Th. Reinach, avec le texte en regard. 1 vol.

41785. — Imprimerie LAHURE, rue de Fleurus, 9, à Paris. 2-1900.

www.ingramcontent.com/pod-product-compliance
Lightning Source LLC
Chambersburg PA
CBHW052032230426
43671CB00011B/1617